THE CULTURE OF THE EUROPEANS

도널드 서순

유럽 문화사
I
1800~1830

서막

THE CULTURE OF THE EUROPEANS

도널드 서순 지음 | 오숙은·이은진·정영목·한경희 옮김

뿌리와
이파리

Originally published in English Language by HarperCollins Publishers Ltd. under the title:
THE CULTURE OF THE EUROPEANS © Donald Sassoon, 2006
All rights reserved

Translation © 2012 PURIWA IPARI Publishing Co.
translated under licence from HarperCollins Publishers Ltd.

Korean translation rights arranged with HarperCollins Publishers Ltd.
through EYA(Eric Yang Agency).

이 책의 한국어판 저작권은 EYA(Eric Yang Agency)를 통해
HarperCollins Publishers Ltd와 맺은 독점계약에 따라
도서출판 뿌리와이파리가 갖습니다.
저작권법에 의해 한국 내에서 보호를 받는 저작물이므로
무단전재와 복제를 금합니다.

최고의 마에스트로,
에릭 홉스봄에게

머리말 11
문화가 흘러넘치고 | 문화와 문화생산 | 문화와 돈 | 시간과 공간

— I —
1800~1830
서 막

제1장 **문화 팽창의 근원** 41
인구 | 부 | 정치 | 교육

제2장 **승리한 언어들** 71
글말의 매력 | 언어와 시장 | 프랑스어의 패권 | 그럼, 영어는?

제3장 **출판** 106
책과 돈 | 책의 역사 | 팽창 | 국민문화

제4장 **행상문학** 129
싸구려 책들 | 행상과 서적상 | 이야기, 카나르, 발라드 | 도서대여 | 소리내어 읽기 | 출간 형태

제5장 **근본을 찾는 이야기들** 169
국가 건설 | 호메로스를 찾아서 | 민중문화 | 사가

제6장 **동화** 195
옛날 옛적에 | 이야기의 기록

제7장 **소설** 217
국민시인 | 저급장르 | 진짜 같은 이야기 | 소설이란 무엇인가? | 소설과 부르주아

제8장 **선구자들** 252
성공을 따라서 | 편지쓰기 | 공포

제9장 '밝은 광채 속'의 월터 스콧 285
빛나는 별, 스콧 | 스콧과 유럽 대륙

제10장 문화적 패권 314
패배한 자들 | 국민성과 성

제11장 이것은 픽션이 아니다 349
역사와 종교 | 여행 | 실용서

제12장 뉴스와 이미지 371
신문광고 | 정기간행물 | 이미지의 인쇄

제13장 음악시장 396
기록된 음악 | 기보법 | 음악출판 | 악기 | 노래로 부르는 텍스트 | 춤곡

제14장 청중과 공연자 435
청중의 문제 | 연주회장 | 공연자들

제15장 오페라 474
이탈리아 장르, 오페라 | 빛나는 별, 로시니

제16장 연극 505
딱 한 번뿐인 예술 | 배우 | 관객이 만족할 때까지

제1부 후주 539

II

1830~1880
부르주아 문화

제17장 민중을 위한 책
제18장 신문과 잡지, 그리고 삽화
제19장 중요한 건 돈이다
제20장 연재소설
제21장 문화의 억압
제22장 사랑받은 작가들
제23장 위대한 장르들
제24장 여성과 소설
제25장 후발주자들의 도전
제26장 자기계발
제27장 음악, 작곡가, 비르투오소
제28장 오페라의 대성공
제29장 연극
        제2부 후주

III

1880~1920
혁명

제30장 통신혁명
제31장 노동자, 유대인, 여성
제32장 소설의 국제화
제33장 졸라: 돈, 명성 그리고 양심
제34장 범죄 이야기와 과학소설
제35장 남녀노소를 위한 대중소설
제36장 대중언론
제37장 쇼
제38장 음악
제39장 기록된 소리
제40장 움직이는 이미지
제41장 영화: 유럽 영화와 미국 영화
제42장 문화적 공황
        제3부 후주

IV
1920~1960
국가

제43장 국가와 시장
제44장 문화와 공산주의
제45장 파시즘
제46장 대중문화: 미국의 도전
제47장 전간기의 영화
제48장 제2차 세계대전 이후의 영화
제49장 더 많은 책들
제50장 대중적 장르: 범죄와 미래
제51장 언론
제52장 만화
제53장 실황 공연
제54장 노래의 승리
제55장 라디오
　　제4부 후주

V
1960~2000
대중매체

제56장 텔레비전: 보편적 매체
제57장 텔레비전 장르의 흐름
제58장 텔레비전의 분화
제59장 외출: 영화관과 극장
제60장 '다른' 유럽의 문화: 공산주의
제61장 독자들의 세계
제62장 폭발하는 팝

결론　월드와이드웹

감사의 말
옮긴이의 말
제5부 후주
참고문헌
찾아보기

일러두기

1. 한글 전용을 원칙으로 하고, 필요한 경우에 원어나 한자를 병기했다. 고유명사의 원어는 제5부에 실린 찾아보기에 병기했다.
2. 인명, 작품명, 정기간행물 제호, 지명 등은 국립국어원의 외래어 표기법을 따랐지만, 관례로 굳어진 경우는 예외를 두었다.
3. 단행본, 장편소설, 희곡, 정기간행물, 신문, 음반에는 겹낫표(『』), 단편소설, 시, 기사, 논문에는 홑낫표(「」), 오페라, 연극, 쇼, 영화, 드라마, 텔레비전 프로그램, 라디오 프로그램, 노래, 만화, 그림에는 홑꺾쇠(〈 〉)를 사용했다.
4. 원문에서 이탤릭체로 강조한 부분은 굵은 글씨로 표기했다.
5. ( ) 안의 내용은 저자가 쓴 것이고, 〔 〕 안의 내용은 옮긴이가 보충한 것이다.
6. 고유명사에 붙은 정관사(예를 들어 영어의 the, 프랑스어의 la, 이탈리아어의 il 등)는 한글 표기에 넣지 않았다. 다만 『르몽드』, 〈라트라비아타〉처럼 관례로 굳어진 경우는 예외를 두었다.
7. 도판은 독자들의 이해를 돕기 위해 뿌리와이파리 편집부에서 넣었다. 퍼블릭 도메인을 중심으로 저작권을 침해하지 않는 도판을 썼지만, 혹시라도 저작권을 침해한 것이 있다면 알려주기 바란다.

머리말

문화가 흘러넘치고

2000년 12월의 평일 아침 아홉 시, 사우스런던의 사우스클래펌 지하철 역은 '튜브'(런던의 지하철)를 타려는 사람들로 여전히 붐빈다. 이 노선은 케닝턴 역에서 갈라져, 몇몇은 시티로 들어가고, 몇몇은 웨스트엔드로 간다. 웨스트엔드에 가면 열차는 승객을 대부분 토해내고, 이 사람들은 하루의 나머지 시간을 사무실이나 상점에서 보낼 것이다. 열차 안에서 어떤 이들은 할 일이 없는 사람 특유의 따분하고 멍한 표정을 짓고 있고, 몇몇은 광고를 흘끔거리거나 '지하의 시'를 읽고 있다. '지하의 시'란 1986년 런던에 사는 어느 미국인 작가가 승객들이 시를 만나게 해주려고 시작한 기획이다. 그 덕분에 사람들은 셸리의 「오지만디아스」("나는 옛날 땅에서 온 나그네를 만나……")를 읽는다. 평생에 첫 경험일지도 모른다. 그러나 대부분의 사람들은 다른 일로 바쁘다. 몇몇 여자들은 잡지를 본다. 어떤 사람들, 특히 운이 좋아 자리에 앉은 이들은 일간신문을 읽는다. 그들 가운데 어떤 젊은 남자는 가장 많이 팔리는 타블로이드판 신문인 『선』을 정신없이 보고 있다. 한 젊은 여자 역시 많이 팔리는 일간지 『데일리 메일』

을 읽는다. 하지만 이 열차 한 량에는 영국의 일간지가 거의 다 등장한다. 다른 여자가 읽는 자유주의적인 『가디언』도 있고, 금융기관에 근무하는 것 같지는 않은(넥타이를 매지 않았고, 잿빛 양복을 입지도 않았다) 남자가 손에 든 『파이낸셜 타임스』도 있다. 하지만 일간지의 '베스트셀러'는 파는 게 아니라 무료로 주는 것으로, 이 신문에는 『메트로』〔Metro: 대도시나 런던을 가리키기도 하고, 지하철을 가리키기도 한다〕라는 어울리는 이름이 붙어 있고, 이것은 스톡홀름, 프라하, 부다페스트, 암스테르담, 로마, 토론토, 아테네, 바르샤바, 헬싱키에서도 구할 수 있다.

어떤 이들은 책을 읽는다. 제목은 짐작하기가 쉽지 않다. 아마 현재의 베스트셀러일 것이다. 훈련을 받은 눈이라면 주변 세상을 까맣게 잊은 젊은 여자―아마 학생일 것이다―가 읽고 있는 펭귄 클래식의 독특한 검은색 표지를 알아볼 수도 있을 것이다. 『보바리 부인』일까? 제인 오스틴 작품일까? 톨스토이 작품 가운데 짧은 편에 속하는 것일까? 고급문화에 탐닉하는 이라면 즐거운 마음으로 그런 추측을 해보며 이렇게 생각할 것이다. 문명은 아직 끝나지 않았어. 고급문화는 여전히 살아 있어. 어떤 사람(나이가 든 편이다)은 빠른 속도로 십자말풀이를 완성해가고 있다. 다른 사람(젊은 축에 속하는 남성)은 신경을 곤두세운 채 닌텐도 게임보이를 갖고 논다. 반사신경은 틀림없이 발달하겠다. 어떤 승객들은 아주 작은 이어폰을 귀에 꽂고 있다. 전선은 가방이나 재킷 속으로 사라져, 눈에 보이지 않는 CD플레이어나 카세트플레이어에 연결되어 있다. 아이팟은 아직 나오기 전이다.

튜브는 문화를 소비하며 흔들흔들 움직이고 있다.

승객들은 대부분 라디오를 들으면서 하루를 시작했을 것이다. 아니면 급하게 아침을 먹으며 텔레비전으로 아침방송을 보았을지도 모른다.

자녀들과 함께 본 이도 많을 것이다. 아니면 어제 신문이나 오늘 신문을 읽은 이들도 있을 텐데, 이런 신문은 신문배달원이 자기 구역을 돌며 배달한다. 승객 가운데 상점이나 식당에서 일하는 이들은 싫든 좋든 음악을 들으며 하루의 나머지 시간을 보낼 것이다. 또 어떤 사람들—많은 수의—은 몸소 문화생산업에 종사할 것이다. 책이나 음반을 팔 수도 있고, 출판사에서 일할 수도 있고, 녹음이나 영화 또는 비디오 스튜디오에서 일할 수도 있고, 텔레비전이나 라디오 방송국에서 일할 수도 있고, 런던에 사무실을 둔 잡지사나 신문사에서 일할 수도 있고, 점점 성장하는 소프트웨어나 컴퓨터 서비스 부문에서 일할 수도 있다. 그들은 영국 문화부가 '창조산업'이라고 부르는 부문에 고용된 90만 명 가운데 한 명이다. 창조산업이란 '개인의 창조성, 기술, 재능에 기반을 두고, 지적 재산의 생산과 활용을 통하여 부와 일자리를 창조할 잠재력을 가진 산업'이다.[1]

하루 일이 끝나면 런던 사람들 가운데 일부는 그대로 도심에 남아 친구나 사랑하는 이를 만날 것이다. 아니면 혼자 또는 다른 이들과 함께 영화관, 극장, 연주회장, 오페라하우스, 클럽, 또는 음악을 들으며 술을 마시고 이야기를 나눌 수 있는 와인바나 펍에 갈 것이다. 그러나 다수는 집에 갈 것이고, 집에 가면 텔레비전 앞에 앉을 것이다. 텔레비전은 다른 가족이나 아이들이 이미 켜놓았을 수도 있다. 아이들은 학교에서 하루를 보내며, 바람직한 경우라면, 문화를 흡수하고 왔을 것이다. 어떤 이들은 컴퓨터 앞에 앉아 게임을 하거나 인터넷 서핑을 할 수도 있다. 텔레비전에 재미있는 프로그램이 없으면, 전에 녹화해놓은 프로그램이나 가게에서 빌려온 비디오를 볼 수도 있다. 아니면 라디오를 듣거나 책을 읽을 수도 있다. 수많은 책이 '책의 죽음'을 예언했음에도, 책은 여전히 저술되고, 출간되고, 지난 수백 년보다 훨씬 더 많이 팔리기 때문이다. 물론 출근하거나 등교하지 않는 이들도 있다. 어떤 이들은 실업자이지만, 그래도 텔레비전이나 라디오는 있다. 그러나 다수는 노동하는 세월을 끝낸 퇴직자다. 그들은 텔레비전을 보거나, 라디오를 듣거나, 책을 읽거나, 취미생활을 하거나, 자원봉사 조직에서 비상근으로 일을 하거나, 간혹은 강좌에 참석하거나 새로운 기술을 익히면서 하루를 보낸다.

유럽의 다른 도시들에서도 비슷한 광경이 펼쳐진다. 세계의 거대한 문화 중심지로 꼽히는 런던만큼 선택의 폭이 넓지는 않을지 몰라도, 그래도 엄청나게 넓다.

이렇게 문화적 산물이 풍부하게 공급되는 상황, 아주 많은 이들이 당연하게 여기고 있는 상황에 이르는 데에는 사실 오랜 시간이 걸렸다. 200년 전인 1800년에 클래펌 역의 지하철 승객에 해당하는 이들 대부분이 읽거나 쓸 수 없었다. 학교교육은 의무가 아니었다. 대학에는 극소수 엘리트만 다녔다. 유급휴가는 없었다. 사람들은 퇴직을 하지 않았지만, 어차피 젊어서 죽었다. 사람들 대부분은 책 살 돈이 없었고, 심지어는 도서대여점에서 빌릴 수도 없었다. 들판이나 공장으로 일을 하러 가는 이들은 거의 아무것도 읽지 않았다. 음악이라고 해봐야, 일요일에 동네교회에서, 또는 1년에 몇 번 열리는 축제나 장에서 경험하는 것뿐이었다. 간혹 민요가 있고, 또 간혹 싸구려 소설이나 발라드가 있었지만, 독서의 즐거움은 대체로 중간계급—그리고 어쩌면 그들의 하인들—에 한정되어 있었다. 이 중간계급은 그때 세계에서 가장 부유한 나라였던 대영제국에서도 좁은 층이었다. 물론 특권은 귀족이 더 많이 누렸다. 그들은 연주회나 쇼와 마찬가지로 책도 쉽게 이용할 수 있었다. 그러나 1800년에는 제 아무리 귀족이라도 2000년의 평범한 상점 점원보다 문화적으로 궁핍한 상태였다.

지난 200년에 걸쳐 문화소비가 엄청나게 증가한 셈이다. 바로 그 역사가 이 책의 주제를 이룬다.

문화와 문화생산

문화란 이상하고 함의가 많은 말이다. 오늘날 일반적인 이야기에서 문화는 1871년 에드워드 버닛 타일러가 『원시문화』에서 제시한 것처럼 주로 인류학적인 의미로 쓰인다. "폭넓은 민족지학적 의미에서 문화나 문명이란 인간이 사회의 한 구성원으로서 획득한 지식, 믿음, 예술, 도덕, 법률, 관습을 비롯한 다른 모든 능력과 습관을 포함하는 그 복잡한 전체를 말한다."[2] 물론 타일러는 카를 마르크스와 마찬가지로 훌륭한 빅토리아 시대 사람으로서 '저급한 부족들'의 문명과 '고급한 민족들'의 문명을 구별했다. 페르낭 브로델이 지적했듯이, 단수로 쓴 '문화'는 복수의 '문화들'과 의미가 매우 다르다.[3] 단수는 절대론적이고, 복수는 상대론적이다. 문화들은 일군의 가치와 더불어 일군의 관행을 뜻하며, 우리가 먹는 음식, 우리가 입는 옷, 우리가 추구하는 여가의 종류, 우리가 지키는 제의, 우리가 수용하거나 만들어내는 전통, 우리가 따르는 관념들을 포함한다. 이때 문화는, 현대적인 표현을 쓰자면, 생활양식이다.

문화의 근대적 기원은 계몽주의까지 거슬러 올라가는데, 이때 문화는 문명과 우수성을 뜻하기도 한다. 문화에 관한 낙관적 관점—어떤 이들은 지금 시점에서 돌이켜보며 대단히 순진하다고 말하겠지만—은 1787년에 콩도르세가 제시했다. "이 행성에 문명이 넓게 펼쳐지면, 전쟁과 정복, 노예제와 빈곤이 사라지는 것을 목격하게 될 것이다."[4] 비관적 관점, 곧 오늘날까지 지속되는 반동적인 반계몽주의적 입장에서는 문화가 확산되면 새로운 공중의 천박한 취향 탓에 어쩔 수 없이 질이 떨어질 거라고 주장한다. 문명화된 우수성(모두에게 퍼지건, 소수에게 국한되건)이라는 문화 개념은 독일인이 19세기에 문화라는 말을 쓰는 방식에 구체화되어 있다. 이것은 또 매슈 아널드가 『문화와 무질서』(1869)에서 문화를 정의한 방식이기도 하다. "그것은 완벽에 대한 사랑에 기원을 두고 있기에 완벽의 연구다. 그것은 단지 순수한 지식을 향한 과학적 열망의 힘만이 아니라, 선한 일을 하고자 하는 도덕적이고 사회적인 열망의 힘에 의해서도 움직인다."[5] 여기에는 정치적인 숨은 의미가 있을 수밖에 없다. 다양한 문화들 사이의 충돌, 지배적인 사회집단들과 종속적인 사회집단들 사이의 충돌을 암시하기 때문이다.

'문화'라는 말은 특히 지난 수십 년 동안 급격히 확산되었는데, 이때는 보통 '정체성'의 의미로 쓰였다. 특정한 나라 내부에 다양한 '문화들'이 존재한다는 이유로 '다문화' 사회라는 딱지를 붙였다(이 말은 은근히 19세기가 '단문화'였다고 암시하지만, 사실 그때는 계급·지역적 분열이 훨씬 더 심각했다). 미국 의회도서관 도서목록을 쓱 훑어보기만 해도 다양한 종류의 문화를 조명하고자 하는 출간물 수백 종이 눈에 띈다. 정부의 문화, 대립 문화, 탈중심의 문화, '변명 문화', '위험 문화', '비난 문화', '배려 문화', '만족 문화', '교실 침묵의 문화', 소음 문화, 테러 문화, 시민 문화, 공모 문화, 검열 문화, ……. 이때 문화라는 말은 그저 일군의 믿음, 어떤 경향, 어떤 상황을 가리킬 뿐이다.

문화의 개념은 또 문학, 음악, 영화, 공연 같은 구체적 산물을 가리킬 수도 있다. 여기에서는 우리 모두에게 익숙한 오랜 전투가 계속되고 있다. '고급' 또는 '좋은' 문화와 '저급' 또는 '대중' 문화의 구분을 확립하는 데에, 다시 말해 '선'과 '악'의 차이를 확립하는 데에 꽤 많은 에너지를 쏟아붓고 있는 것이다. 전체적인 논쟁은 흔히 제인 오스틴이 바버라 카틀랜드〔연애소설을 많이 쓴 20세기 영국의 대중작가〕보다 나은가 하는 문제로 요약된다. 제인 오스틴을 읽은 이는 바버라 카틀랜드를 안 읽었고, 또 그 역도 마찬가지일 가능성이 크기에, 이 질문은 현실에서는 좀더 정치적인 문제를 감추고 있다. 다시 말해 누가 답을 정하느냐 하는 것이다. 이것은 권력의 문제다. 물론 아주 간단하게 상식적인 반격에 나설 수도 있다. 이것은 심미적 판단의 문제로 보이므로 어쩔 수 없이 상대주의로 흐를 수밖에 없다고 말하면 된다. 어떤 이들은 바버라 카틀랜드를 더 좋아하고, 어떤 이들은 제인 오스틴을 더 좋아한다. 어쩌면 어떤 이들은 어떤 특정한 시기에는 바버라 카틀랜드를 더 좋아하고, 다른 시기에는 제인 오스틴을 더 좋아할 것이다. 또 책이란 어차피 그것을 읽을 때마다 똑같은 영향을 주지는 않는다. 남편에게 넌더리가 난 중년 부인이 매혹적인 다른 남자를 만난 뒤에 읽은 『안나 카레니나』는 20년 전 그녀가 열여덟 살 때 읽은 『안나 카레니나』하고 의미가 같지 않을 것이다.

가치판단이 아니라 분류하는 일을 하는 사서들은 오스틴과 카틀랜드의 차이를 말할 수 없다. 둘 다 영국 소설가로서, 둘 다 듀이분류체계에 따라 '823'이라는 범주에 안정되게 분류되어 공통점만 강조된다. 세금을 거두는 기관도 마찬가지로 균형 잡힌 관점을 갖고 있다. 제인 오스틴과 바버라 카틀랜드는 다른 모든 책, 신문, 잡지(예외가 없다)와 부가가치세율이 같다(영국에서는 0퍼센트다). 인쇄된 텍스트의 신성한 지위(연극과 영화는 다르다)는 이런 식으로 법적으로 확립되어 있다.

그러나 오스틴과 카틀랜드에게는 영국 소설가라는 사실 이상의 공통점이 있다. 둘 다 매우 인기가 있다. 그리고 둘 다 죽었지만 여전히 출판사에 큰돈을 안겨준다. 대체로 그들은 흔히 여성 연애소설—여주인공이 남자를 얻는 과정을 다룬 이야기―로 분류되는 장르 안에서 글을 쓴다. 제인 오스틴은 지금까지 200년 동안 읽혔지만, 카틀랜드는 아직 그 점에 관해 뭐라고 말하기는 이르다. 하지만 두 사람의 작품 모두 인쇄업자, 교정자, 서적상, 독자로 이루어진 산업·상업적인 그물망의 일부를 이루며, 둘 다 (이 부분에서는 제인 오스틴이 앞서기는 하지만) 비평가, 영화 제작자, 에세이작가, 대학교수, 학자에게 자료를 제공한다. 이런 작가들은, 작곡가, 연주자, 배우, 프로듀서, 영화제작자와 마찬가지로, 홀로 고립된 상태에서 제품을 생산하지 않는다. 그들은 공중을 대상으로 쓴다(또는 작곡하고, 영화를 만드는 따위의 일을 한다). 그들의 생산물은 다양한 방식으로 배포된다. 책은 대출도서관, 신문의 연재물, 서점을 통해 유통된다. 영화는 영화관과 텔레비전을 통해 배급된다. 음악은 연주회장에서 공연된 뒤, 음반과 라디오 프로그램으로 유통되며, 최근에는 인터넷에서 내려받는다. 문화생산물이 유통되는 방식은 그 내용을 규정한다. 그 생산물이 목표로 삼는 공중도 같은 역할을 한다. 문화생산에는 맥락, 그물망, 일군의 관계가 있다. 한 시대의 '고급'문화는 다른 시대의 '대중'문화가 된다. 르네상스의 걸작, 따라서 관례에 따라 '고급문화'라고 할 수 있는 〈모나리자〉는 오늘날 세계에서 가장 대중적인 이미지의 하나다. 『천로역정』은 오랫동안 대중적 기독교의 모범으로 간주되었다. 그러나 오늘날에는 이것을 '상업적'이라고 볼 수 없다. 일이 거꾸로 진행되기도 한다. '민중'에서 '엘리트'로 나아갈 수도 있는 것이다. 민요는 한때 낭만주의자들이 숭배했고, 지금은 몇몇 민중지향적인 중간계급 모임에서 숭배한다. 페로나 그림 형제 같은 작가들이 다시 쓴 동화는 귀족교육의 한 부분으로 편입되었다. 재즈는 지적인 중간계급의 엘리트 장르가 되었다.

문화, 모든 문화는 자기 자신을 먹이로 삼아 움직여나간다. 문화생산자, 작가나 예술가는 동시에 소비자이기도 하다. 어떤 전기작가들은 문화생산자들의 주제에 영향을 준 것이 가족이나 환경이라고 이야기하지만, 아마 가장 큰 영향은 그들의 형제들이 무엇을 했느냐, 어머니가 그들을 어떻게 대했느냐, 현실의 '역할모델'이 누구였느냐가 아니라, 그들이 흡수한 문화에서 찾아야 할지도 모른다. 소설과 노래를 쓰는 재능을 가진 이들도 처음에는 읽는 사람이었고 듣는 사람이었다. 작가들은 작가가 되기 전에 그들이 사랑하는 작가처럼 되고 싶은 독자였다. 여기에서 모방과 혁신 작업이 시작된다.[6]

문화는 전에 생산된 것들 가운데 이용할 수 있는 모든 것을 먹이로 삼아 몸집을 키우며 나아간다. 때로는 여러 번 시도되어 입증된 공식을 써먹기도 하고, 때로는 근본적 혁신을 감행하기도 한다. 무엇이 '먹혀들지'는 아무도 확실하게 알지 못한다. 실패율이 높기에, 신중하게 굴려면 보수적으로 될 수밖에 없다. 그래서 어떤 이들은 공중이 이미 좋아하는 것을 생산하지만, 경쟁이 치열한 시장이기에 혁신적인 태도가 보답을 얻기도 한다. 문화의 역사에는 혁신과 마찬가지로 지속도 내재되어 있다. 지난 200년 동안의 혁명적인 기술 발전—녹음, 영화, 라디오, 텔레비전—은 문화를 전례 없이 널리 확산시켰지만, 보수와 혁신의 끊임없는 투쟁을 바꾸어놓지는 못했다.

문화는 자신의 시장을 창조한다. 문화의 생산은 더 많은 문화를 향한 욕망을 부추긴다(어떤 이들은 심지어 특정한 장르에 '중독'되었다고도 한다). 문화산업은 자신을 먹이로 삼는 무한한 쾌락산업이다. 이런 뜻에서 모든 소비는 쾌락주의적이라고 할 수도 있다. 음식, 옷, 자동차, 가구, 기계장치 등등 가릴 것이 없다. 문화생산자는 이 점을 의식한다. 그러나 소비의 쾌락은 소유의 쾌락이기도 하다. 소비자는 결코 고립된 개인으로서 소비의 대상과 마주하지 않기 때문이다. 우리는 다른 이들은 가지지 않은 것을 원하면서, 동시에 모두가 갖고 있는 것을 원한다. 시장 안에 있다는 것 자체가 사회적 행위다.

구매행위는 흔히 정체성을 암시한다. 나는 기독교인이어서 성서를 샀다. 나는 지식인이어서 프루스트를 샀다. 나는 젊은 건달이고 여자를 좋아하니까 『플레이보이』를 샀다(그러나 다른 이들은 내가 스스로 환상을 꾸며낼 상상력도 없어서 그런 잡지의 힘을 빌려 궁상맞게 자위나 하는 사람이라고 생각할지도 모른다).

문화를 본뜨고 번안하고자 하는 유인은 오래된 것이며, 과거에도 주목을 받았듯이, 보수와 지속을 뒷받침하는 큰 힘이다. 낭만주의의 건설자 가운데 한 사람인 시스몽디는 『유럽 남부의 문학』(1813) 앞머리에서 고전주의의 '굴종적 모방'을 이렇게 배격했다.

> 새로운 나라들은 열광적으로 감탄하며 외국 문학을 채택하곤 했다. 다른 민족의 천재가 위대함과 아름다움의 완벽한 본보기로 제시되었다. 자발성은 억눌리고 그 자리에는 대신 굴종적 모방이 들어앉았다. 눈앞에 있는 본보기에 완전하게 들어맞는 것을 재생산하고자 하는 욕망 때문에 그 나라 고유의 소설 정신의 발달은 희생되었다.[7]

시스몽디의 설명을 따르면, 로마인은 그리스인을 추종했다. 아랍인은 아리스토텔레스 숭배에 몰두했다. 이탈리아인과 프랑스인은 고전을 본떴으며, 독일인, 폴란드인, 러시아인은 프랑스의 문학규칙을 받아들였다. 그러나 시스몽디는 이것이 모두 과거 일이라고 주장했다. 근대는 과거에 대한 전례 없는 존중(고전적 소설, 건축 따위)과 더불어 새로운 것을 새로운 방식으로 말하고자 하는 전례 없는 충동을 동반했다. 이것은 같은 것을 반복해서 말하고자 하는 압력이 강했던 과거와 대조되는 현상이었다.

진보를 위해서는 다행스럽게도, 지속의 정신은 혁신의 정신에 의해 균형을 잡을 수 있었다. '고객에게 그들이 아는 것을 주자'는 외침은 '고객에게 뭔가 새로운 것을 주자'는 외침을 낳는다. 전위는 뒤에 있는 사람들을 위해 위험을 무릅쓰고 길을 뚫는 이라고 볼 수 있다. 그들은 실패하면—자주 실패하지만—홀로 실패하며, 동시대 사람들의 몰이해에 가슴 아파하고, 미래세대는 자신을 이해해줄 거라고 스스로를 위로한다. 그러나 실패하지 않을 경우에는 덜 용감하지만 더 주도면밀한 추종자들에게 문을 열어주게 되고, 이 추종자들은 문화적 위신이라는 면에서는 결코 얻지 못하는 것을 현금으로 보상받게 된다. 혁신적이거나 실험적이거나 전위적인 문화는 과거와 단절하고자 하는 자의식적 욕망이다. 문화와 예술은 대체로 점진적으로 진화해왔으나, 늘 그 흐름을 중단시키는 새로운 것들이 등장했다. 그러나 혁신이 매우 계획적으로 이루어진 것은 최근의 일이다. 쇤베르크는 음악을 듣는 방식을 바꾸려고 했고, 조이스는 소설을 쓰고 읽는 방식을 바꾸려 했으며, 칸딘스키나 잭슨 폴록은 그림을 그리는 방식을 바꾸려 했다. 이 가운데 많은 부분이 이해를 받지 못했는데, 그것은 이런 문화적 도발의 계획적 성격과 관련되어 있다.[8]

이야기에서 플롯의 중요성은 제한적이다. 블라디미르 프로프가 주장했듯이, 어쩌면 플롯의 개수는 한정되어 있을지도 모른다.[9] 등장인물 수도 한정되어 있을지 모른다. 그러나 이것은 대부분의 서양음악에서 음은 일곱 개뿐이라고 말하는 것과 같다. 중요한 것은 그 이야기를 하는 방식이다. 저자가 주인공 자신인가, 아니면 독자를 이끌고 가는 주제넘은 서술자인가? 이야기가 중간부터 시작되는가? 독자에게 얼마나 많은 해석의 자유를 허용하는가?[10] 독자의 감정을 잡아내는 데에는 무한히 많은 방법이 있다.

　독자와 청자에게도 역할이 있다. 그들은 자신의 환경과 경험을 가져와 자신이 소비하는 것을 이해한다. 롤랑 바르트가 '저자의 죽음'을 이야기했을 때, 그 말은 일단 '텍스트'(그림이나 음악일 수도 있다)가 공적 영역으로 나오면 그때부터 저자는 자신의 창조물을 지배하지 못하고 청중이 지배한다는 뜻이었다. 많은 문학비평이 저자와 텍스트를 살피는 일에서 벗어나지 않았다. 그러나 텍스트는 다양한 방식으로 판독될 수 있기에, 단일한 의미를 드러내는 경우는 거의 없다. 텍스트는 '문화의 헤아릴 수 없이 많은 중심들로부터 가져온' 인용투성이다.[11] 원래의 뜻이라는 건 없다. '수용이론가' 한스 로베르트 야우스가 주장하는 대로, 소비자는 자신의 기대지평을 가지고 텍스트에 다가간다.[12] 두 독자가 일관되게 똑같은 문화적 연상을 할 가능성은 없다.[13] 이를테면 탐정소설이 한 문학장르에 속한다는 것을 알지 못하고 그것을 읽는 것과 그 장르의 관습을 완전히 알고 읽는 것은 전혀 다른 경험이다.

　장르는 늘 후천적으로 구축된다. 이를테면 『니벨룽겐의 노래』 같은 12, 13세기 서사시 텍스트는 19세기에 들어와 '게르만 세계관'을 찾고자 하는 욕망에서 독일 영웅 서사시로 분류되었다.[14] 여기에서 우리에게 중요한 것은 문화적 형식 또는 장르―예를 들어 서한체 소설―가 퍼지면서 새로운 환경에 적응하는 방식이다. 많은 서사 장르, 이를테면 범죄 이야기나 서사시는 일반적인 호소력이 있어서 거의 변하지 않고 종교, 문화, 민족의 경계를 가로지르는 것처럼 보인다. 이를테면 음식에서도 비슷한 일이 일어난다. 원래 음식에는 독특한 '지방적' 특질이 있다고 여겨진다. 그래서 우리는 '이탈리아', '프랑스', '중국' 음식을 이야기한다. 세계화 시대에 지방 음식은 이민자들(이탈리아인과 중국인)이 수입하거나 엘리트가 채택해서, 그리고 좀더 최근에는 국제적 기업들의 영업에 힘입어 세계적인 음식이 되었다. 그래서 미국의 패스트푸드—패스트푸드의 전파는 미국 문화의 전진을 둘러싼 불안과 비슷한 불안을 불러오는 듯하다—는 원래 세계 여러 지역에서 발전한 음식에 바탕을 두고 있지만, 특정 집단 안에서 엄격하게 전해져 내려오는 전통에 얽매이지 않는 자유로운 실험을 거쳐서 폭넓은 다인종 공동체의 입맛에 맞게 바뀐다(이렇게 해서 카레를 곁들인 파스타, 무한하게 다양한 맛을 내는 아이스크림, 우리가 현재 퓨전음식이라고 부르는 것이 만들어진다). 그 결과물은 보통 원래의 이름을 유지(피자, 타코스, 케밥)하거나 원산지로 여겨지는 곳을 암시(햄버거, 프렌치프라이, 프랑크푸르트 소시지)하는 방식으로 특정한 '민족적' 기원의 표시를 담는다. 여기서 미국적인 것은 그것을 파는 기업의 세계적 영향력을 가리킨다고 말할 수 있다. 이탈리아인은 에스프레소 커피와 피자를 발명했고, 아이스크림으로 명성이 높을지 모르지만, 이런 생산물을 판매하는 세계적 체인은 스타벅스, 피자헛, 하겐다즈 같은 이름으로 장사를 하는 미국 기업들이다.

문화도 비슷하게 움직인다. 그렇다고 책이 피자와 비슷하다거나 영화가 아이스크림과 비슷하다는 건 아니다. 문화상품은 특질, 계급, 차별의 상징들을 담고 있기 때문이다(물론 몇몇 음식도 마찬가지다. 어떤 치즈는 다른 치즈보다 더 '고상'하고, 어떤 와인은 다른 와인보다 더 '훌륭'하다). 그러나 주요한 점에는 차이가 없다. 곧, 자본주의 생산은 표준화가 핵심이다. 그래도 문화생산은 공식을 적극적으로 따를 때에도, 가장 '자본주의적'일 때에도, 훨씬 더 많은 분화가 이루어진다. 한 권의 책, 한 곡의 노래,

한 편의 희곡이 모험적인 투자인 것이다.

반복과 혁신, 복제와 번안이 이 게임의 이름이라고 할 수 있다. 『일리아스』의 전제, 곧 왕비가 남자와 눈이 맞아 달아나고 그녀를 구출하기 위한 원정대가 출발한다는 이야기는 다른 데에서도 찾아볼 수 있다. 오랜 전쟁이 끝난 뒤에 병사가 귀향한다는 이야기도 마찬가지다(『오디세이아』의 전제). 유럽인이 신데렐라, 셍드리용, 세네렌톨라, 아셴푸텔 따위로 부르는 이야기는 어떤 한 지역에서 나온 것일 수도 있다. 아니면, 더 가능성이 크게는, 여러 지역에서 나왔지만 플롯(더 높은 지위에 속한 인물과 결혼을 하여 괴로운 유년에서 벗어난다)의 기본요소들이 고쳐지고 꾸며지고 다른 요소들과 얽힌 것일지도 모른다. 그런 까닭에 서사 장르들의 경계는 단번에 확립되지 않고 늘 유연한 것이다.[15] 나아가 성공한 장르와 텍스트는, 모방되고 번안된다는 바로 그 이유 때문에 그 현지화된 지방적 특질을 버리고 더 넓은 세계로 나아갈 수 있게 해주는 요소들을 획득한다. 장르는 생존을 위해 진화할 수밖에 없다.[16]

문화와 돈

이런 맥락에서 고급문화와 저급문화 각각의 장단점을 둘러싼 유명한 논쟁은 하나의 마케팅 행위로 보아야 한다. 고급문화의 특징은 사회의 한정된 부문을 상대하며, 단지 시간을 즐겁게 보내는 방법만이 아니라 상징적 가치―부르디외가 '문화자본'이라고 부른 것[17]―의 획득을 약속한다는 것이다. 나는 제인 오스틴(또는 톨스토이나 프루스트 등)의 작품을 읽음으로써 즐거움을 맛볼 뿐 아니라 나 자신을 차별적 범주를 이루는 고급문화 클럽 구성원과 동일시하게 된다.

비평가, 학자를 비롯한 전문가들은 누가 이 클럽에 포함될 것인지를 결정하는 책임을 지고, 그들의 작품들이 나머지보다 훨씬 더 긴 수명을 누릴 수 있도록 보장한다. 이 과정은 때로는 느리게 진행되기도 한다. 제1차 세계대전까지 '퇴출' 상태였던 보들레르는 1920년대에 단계적으로 승격되었다. 정전을 어떻게 확정할 것이냐 하는 문제는 '지식인'을 비롯한 엘리트가 벌이는, 문화적 가치의 위계 규정을 둘러싼 투쟁의 한 부분을 이룬다.

대중적이라는 말은 많은 언어에서 그저 성공적인 것만이 아니라 (흔히 성공을 거두었다는 바로 그 이유 때문에) 엘리트가 아닌 '대중'에 속하는 것을 뜻한다. '대중'문화는 수식어를 붙이지 않은 문화와, 민속신앙은 신앙 또는 종교와, 대중예술은 예술과, 민간의학은 의학과 균형을 이룬다.[18] 그러나 유럽의 역사에서 대중문화가 문화권력을 가진 이들의 영향에서 어떤 식으로든 벗어난 적은 한 번도 없었다. 민속신앙 축제들은 전복효과를 가지고 있는지도 모르지만, 기독교를 '아래로부터' 발산되는 힘이라고 단순하게 규정할 수는 없다. 현대 대중문화의 어떤 표현들은 그 기원이 '전복적'인 것일지 모르지만, 성공을 거두는 만큼 더 넓은 상업적 체계의 일부로 편입된다.

어떤 문화이론가들은 '대중'문화를 소비자문화로 규정한다.[19] 그러나 이것은 정확한 규정이 아니다. 문화는 모두 소비되니까. 플로베르와 톨스토이는 지금까지, 그들보다 대중적인 현대 작가들보다 아마 더 많이 팔렸을 것이다. 어떤 이들은 대중문화의 '공식을 따르는' 측면을 강조한다. 이를테면 로버트 스콜스는 기존 장르의 관습을 단순하게 재생산하는 공식추종 작가와 '천재성 있는 작가'를 구별한다. '천재성 있는 작가'는 새로운 가능성을 의식하기에, 또는 전통을 새로운 현실상황에 적응시킬 수 있기에 소설 장르를 풍요롭게 해주는 작가다.[20] 그럴지도 모른다. 그러나 공식이라는 말이 단지 다양한 생산물이 파생될 수 있는 어떤 틀을 뜻하는 것이라면 모든 문화는 '공식을 따른다'고 말할 수 있다. 연속성과 반복은 새로운 일이 아니다. 르네상스 미술도 다수가 한정된 수의 주제에 기초를 두고 있다.

그래서 나는, 고급과 저급의 구별은 자주 하겠지만, 이것을 대체로 청중과 시장의 문제로 볼 것이다. '고급'문화에 참여하는 모든 이를 모은 공동체와 '대중'문화에 참여하는 모든 이를 모은 공동체의 차이는 흥미를 끈다. 이 '공동체'들은 획일적인 블록이 아니다. 그 경계는 투과성이 있다. 다양한 문화상품을 이해하고 감상하는 데에 필요한 문화적 장비를 이용할 수 있는 기회는 항상 가변적이기 때문이다. 글을 읽지 못하는 이들, 책 살 돈이 없는 이들, 책이 없는 집에서 자라는 이들, 책 읽을 시간이 없는 이들은 자신이 제인 오스틴을 좋아하는지 좋아하지 않는지(모두가 제인 오스틴을 꼭 좋아해야 하는 건 아니므로) 판단하게 해줄 교육의 기회를 박탈당한다. 인류의 꽤 많은 부분이 이런 곤경을 겪는다. 유네스코에 따르면, 2000년의 세계에는 약 8억 6,000만 명의 성인 문맹자가 있었다(그 가운데 3분의 2는 여성이다).[21]

오늘날 적어도 서양에서는 사람들이 200년 전보다 살림이 나아지고 돈과 시간이 더 많고 교육도 더 많이 받기에 고급문화와 저급문화 양쪽의 소비가 엄청나게 늘어났다. 물론 놀랄 일은 아니다. 청중은 200년 전의 문화생산자들이 상상도 못할 만큼 늘었다. 바흐가 300곡 가까운 칸타타를 쓴 것은 엄밀하게 말하자면 라이프치히의 성 토마스 교회의 회중을 위해서였다. 〈요한 수난곡〉, 〈마태 수난곡〉, 〈B단조 미사〉, 〈푸가의 기법〉도 마찬가지다. 오늘날 바흐의 작품은 비록 히트곡 인기 순위에는 못 오를지 몰라도, 그가 예상은커녕 꿈도 꾸지 못했던 엄청난 수의 청중과 만나고 있다.

인류는 전쟁수행 능력을 발전시켜 전보다 더 빠른 속도로 더 많은 사람들을 죽이기도 하지만, 동시에 문화도 더 많이 소비한다. 인류는 다양한 방식으로 문화를 소비하는데, 무엇보다 시장에 의존한다. 문화적 산물의 생산, 유통, 판매에 의존하는 것이다. 최근으로 오면서 공공 소유의 문화확산 수단에 기대기도 한다. 다시 말해 교육체계, 무엇보다도 공공방송에 의존하는 것이다. 문화시장, 그리고 그 시장을 지탱하는 분업이 이 책의 주제다. 나는 다양한 문화형식의 관례적인 역사들―문학의 역사, 영화의 역사, 음악의 역사 따위―을 단순하게 조합하는 것을 피하여, 문화생산의 시장을 폭넓게 살펴보려고 노력했다.

물론 많은 문화가 현금거래관계 밖에서 교환된다. 우리는 대화를 나누고, 서로 음악을 연주해주고, 농담을 한다. '공동체'문화의 전통적 형식―이를테면 교회에서 노래를 부르는 것―도 여전히 존재한다. 어떤 '공연'은 사람에 따라 참아주기 힘들어서 그렇지 여전히 공짜다. 정치인은 아기에게 입을 맞추고, 정중히 인사하고, 유권자와 악수를 한다. 목사는 성경을 두드리고, 죄를 비난하고, 악마를 따돌린다. 왕세자비는 전율을 느끼며 애도하는 군중이 지켜보는 가운데 땅에 묻힌다. 많은 이들이 개탄하듯이, 사적 영역에서 진행되는 문화의 많은 부분이 시장에, 자본주의에 병합된다. 그러나 문화 외에도 사적 영역에서 진행되는 다른 많은 생산―자신이 먹을 것을 재배하고, 자신의 음식을 조리하고, 자신의 옷과 가구를 만드는 것 따위―또한 시장에 장악당해왔다.

이 책은 아무런 거리낌도 없이 사업으로서의 문화, 직업으로서의 문화에 초점을 맞춘다. 여기서 서술되는 문화 이야기는 시장을 위한 생산의 이야기다. 이것은 런던 지하철의 승객들, 다른 나라의 비슷한 이들, 또 지난 200년간 그들과 비슷한 처지에 있었던 이들이 평생을 사는 동안 시간을 즐겁게 보내기 위해 해온 일의 이야기다. 다만 그 영역을 그들이 읽는 것, 듣는 것, 보는 것으로 좁힐 뿐이다.

 문화에서 곧 돈이 핵심이지만, 그렇다고 돈이 다는 아니다. 문화는 쾌락과 위신을 줄 수 있다. 그래서 어떤 이들은 회계사보다는 작가가 되고 싶어하고, 어떤 이들은 스크루드라이버를 제조하는 대신 책을 출판하고 싶어한다. 그들 가운데 많은 이들이 차라리 회계 일을 하거나 스크루드라이버를 만든다면 돈을 더 많이 벌 텐데도.

 문화생산의 세계는 꽤 큰 위험에 둘러싸여 있다. 비용이 많이 들어가는 영화는 위험도가 높은 일이다. 그러나 소설쓰기도 마찬가지다. 영화제작자는 하나의 구상에서 출발하는 반면, 출판업자들은 많은 경우 아직 발표되지는 않았지만 이미 써놓은 다수의 소설 가운데에서 선택을 한다. 후반에 개입하는 셈이다. 이 소설이 이윤이 날 만큼 많이 팔릴까? 이것이 그들의 도박이다. 책 한 종을 생산하는 데에는 꽤 많은 비용이 들어간다. 편집하고, 조판을 해서 인쇄하고, 배본하고 영업해야 한다. 그렇게 해서 출간된 소설 가운데 일부만 이윤을 낸다. 그 가운데 극소수만 아주 큰 이윤을 낸다. 어떤 책은 단기간에만 이윤을 내고, 어떤 책은 오랫동안 이윤을 낸다. 죽은 작가가 불멸의 지위에 오르면 몇 세대의 출판업자들이 돈을 번다.

 하지만 이 모든 것 뒤에는 인정받지 못한 채 홀로 고통을 겪는 이들의 우주가 있다. 마치 난자에는 결코 이르지 못할 운명이지만 창조 과정에는 없어서는 안 될 수많은 정자들이 있듯이.

시간과 공간

이야기는 1800년에서 시작한다. 적어도 유럽의 경제적이고 사회적인 핵을 구성하는 나라와 지역(영국, 프랑스, 이탈리아 반도, 독일어권 지역)에서 문화사업이 산업화 이전 단계에서 벗어나는 때가 이 18세기와 19세기 사이에 놓인 한 해이기 때문이다. 이때부터 어느 만큼은 일관성 있게 책을 읽는 공중이 나타나기 시작한다. 그리고 그와 더불어 다수의 인쇄업자와 출판업자, 도서대여점망, 정식 도서시장도 나타난다. 1800년 전에는 유럽에서 드문 일이었던 연주회장 공연도 발전하기 시작한다. 악기, 특히 피아노는 과거에 귀족 가정에서 그랬던 것처럼 새로운 중간계급의 가정 어디에서나 볼 수 있게 된다. 인쇄기술의 발달은 악보의 확산을 돕는다. 음악의 거장들이 유럽을 순회하고, 오페라 가수들도 그 뒤를 따른다. 이전에는 궁정의 후원으로 공연되었던 오페라가 관람료를 내고 온 부르주아 관객 앞에서 공연되는 일이 늘어난다. 국가의 극장 통제가 줄고, 검열이 완화된다. 그 결과 극장도 늘고 관객도 는다. 작가, 극작가, 작곡가, 가수, 배우 같은 문화생산자들이 계속 늘어난다. 영국 같은 몇몇 나라에서 이미 번창하던 일간지와 정기간행물의 중요성이 커진다. 여기에서도 기술 발전과 더불어 규제 철폐—세금 인하와 검열 완화라는 의미에서—가 판매에 뚜렷한 영향을 준다.

이런 과정은 물론 새로운 상업문화의 주요 소비자인 중간계급의 발달과 짝을 이룬다. 그러나 그런 소비는 중간계급에 한정되지 않는다. 점점 늘어나던 공장 프롤레타리아와 집안 하인들도 싸구려 팸플릿이나 잡지를 소비하기 때문이다. 이 가운데 어떤 것도 새롭게 생겨난 것은 아니었다. 그 기초는 그전 수십, 수백 년 동안에 다져진 것이기 때문이다. 그러나 19세기에 들어오면서 변화의 속도가 빨라지고, 계속 가속이 붙는

다. 교육의 성장도 이 과정을 돕는다. 교과서시장이라는 보조시장을 형성하고, 교사의 수를 늘리고, 새로운 세대의 독자와 작가를 위한 기초를 닦기 때문이다.

이 책의 제1부(1800~30)와 제2부(1830~80)—29개의 장으로 이루어져 있다—는 기본적으로 두 가지 형식으로 소비되는 문화를 다룬다. 하나는 인쇄된 텍스트(책, 신문, 이미지, 악보)이고, 또 하나는 공연이다.

제3부(1880~1920)는 문화 확산에 완전한 혁명을 일으킨 발전들에 초점을 맞춘다. 무엇보다도 영국과 프랑스에서 신문과 정기간행물의 대중시장이 나타난다. 연재만화와 범죄소설 같은 새로운 문학장르들이 인기를 얻는다. 축음기의 발명은 음악의 소비와 생산의 방식을 완전히 바꾸어놓는다. 그전에는 음악을 들으려면 다른 사람의 공연에 참석하거나 스스로 연주를 해야 했다. 이제는 위대한 전문가들의 음악을 집으로 가져다가 되풀이해서 귀담아들을 수 있었다. 음악생산은 음악이 녹음되고 판매될 수 있는 다양한 체재를 따라갔다. 영화의 발명과 대중화와 더불어, 모든 사회계급을 상대하는 이 새로운 문화형식이 민주시대의 '민주적' 문화의 선구자가 되었다. 이것이 진정한 대중연예의 시작이다. 영화는 또 문화에서 자급자족에 가까웠던 유럽의 상황—이것이 19세기 전체를 지배하던 상황이었다—에 종지부를 찍는다. 유럽인은 점차 미국에서 나온 문화생산물, 특히 영화와 음악을 소비하기 시작했다.

미국의 전진—특히 새로운 대중예술인 영화와 대중음악(녹음된 형태와 방송 양쪽 다)에서 두드러졌다—은 제4부(1920~60)의 주요 주제 가운데 하나다. 내가 말하는 '유럽 문화'는 단지 유럽인이 생산하는 것만이 아니라 유럽인이 소비하는 것까지 의미하기 때문이다. 이 부분의 다른 주요 주제는 문화에 대한 국가의 개입이다. 이것은 19세기에 행해졌던 정치적 검열과 도덕적 검열을 뛰어넘는다. 늘 성공을 거둔 것은 아니지만, 새로운 유형의 권위주의 체제―특히 소련이 두드러지지만, 파시스트 이탈리아와 나치 독일도 마찬가지다―는 특정한 문화적 경향들을 강화하고 다른 경향들은 막으려 했다. 그러나 국가 개입의 가장 중요한 형식은 방송에 대한 개입이었다. 방송은 영국이나 프랑스처럼 정치·경제적 자유주의가 지배하는 나라들에서도 직접 또는 간접적으로 정부의 통제를 받았다.

마지막 제5부는 지금도 우리를 둘러싸고 있는 세계―문화를 소비하거나 생산하는 것이 유럽인의 주된 활동이 된 세계―를 살핀다. 제5부는 텔레비전의 등장으로 시작되며, 세 장에 걸쳐 방송의 발달, 방송 장르의 분화, 미국의 텔레비전 프로그램이나 아이디어 수출이 지닌 의미와 영향, '공공서비스' 방송이 갖는 중요성의 점진적 감소, 현대 텔레비전의 문화 현상을 짚어본다. 그 뒤에 나오는 장들은 대중용 페이퍼백 책들과 정기간행물의 발달, 텔레비전이 영화에 미친 영향, 대중음악의 폭발적인 성장, 극장의 생존을 살핀다. 많은 논쟁을 불러일으킨 미국의 문화적 패권 문제가 제5부 모든 장의 중심에 놓여 있다.

이 연구의 지리적인 범위는 유럽―러시아와 보스포루스 해협에서 포르투갈과 아일랜드까지, 스칸디나비아에서 시칠리아까지 펼쳐져 있는, 뚜렷하게 확정되지는 않은 지역―이다. 영국, 독일, 프랑스 같은 몇몇 핵심적인 나라와 더불어 이탈리아와 러시아는 다른 나라들보다 훨씬 더 많이 다루었다. 이것은 이들이 나머지 유럽 지역에 특정한 문화적 산물과 장르를 수출하는 데에 큰 역할을 한 직접적 결과다. 이를테면 19세기에 문학, 특히 대중소설 분야는 프랑스와 영국이 지배했다. 기악에서는 독일과 러시아가 지배했다. 오페라는 이탈리아가 통치했다. 멜로드라마는 프랑스에 속했다. 오페레타는 처음에는 프랑스 것이었지만, 그후에는 오스트리아로 넘어갔다. 물론 나는 개척자만이 아니라 뒤늦게 참여한 자들도 다루려고 노력했다. 그리고 언어의 장벽을 뚫고 국제적인 성공을 거둔 예외도 많이 다루었다. 피노키오를 만들어낸 이탈리아 작가 카를로 콜로디, 1896년에 국제적인 베스트셀러 『쿠오 바디스』를 낸 폴란드 작가 헨리크 시엔키에비치, 주변부인 덴마크에서 역사상 세계적으로 가장 유명한 동화작가의 한 사람이 된 한스 크리스티안 안데르센 등이 그런 사람들이다.

나는 문화적 과정의 흥망도 살피려고 노력했다. 문화적 산물이 한 나라에서 다른 나라로 가는 과정, 현지 환경에 적응하거나 다른 매체로 변환되는 과정, 다양한 민족주의와 편견들이 특정 문화를 보호한—늘 해로운 결과만을 낳은 건 아니다—과정을 살펴보았다. 장기적인 경향은 소비, 통신, 국제교역의 성장이라는 전체적 패턴을 따라 더 큰 동질성과 표준화를 향해 나아가는 것이었다. 기술 개선과 혁신은 시장의 팽창을 가능하게 해주었지만, 문화운영자들은 더 조심스러워지기도 했다. 기술혁명이 이루어졌지만, 장르 생산에서는 보수적 태도가 나타났다. 멜로드라마를 예로 들어보자. 19세기에 극장을 자주 찾은 중간계급과 연재소설 독자들에게 인기가 있었던 멜로드라마는 수많은 텔레비전 연속극에서 성공적으로 살아남는다. 소극은 시트콤으로 환생한다. 범죄 이야기는 전 세계 텔레비전 화면에서 그 어느 때보다 인기가 높다. 중세 서사시는 과학소설과 연재만화에서 새로운 생명을 찾았다. 오페라 가수들이 발산하던 매력은 스타 영화배우나 아이돌 가수에게서 찾아볼 수 있다.

더 많은 청중을 찾으려는 노력 때문에 문화생산물은 어쩔 수 없이 세계를 여행한다. 이 경향은 결코 균일하게 진행되지 않지만, 그럼에도 표준화를 향해 나아가는 힘이다. 이것을 새로운 현상으로 볼 수는 없다. 신성한 텍스트를 기초로 한 세계종교의 형성은 많은 이들이 '지구촌'이라고 부른 것을 만들어낸 가장 분명한 예이기 때문이다. 표준화의 다른 예들도 있다. 이를테면 세계의 거의 모든 곳에서는 이제 법적으로 한 해가 1월 1일에 시작된다—심지어는 기독교가 소수 종교이고 종교 달력이 서양의 달력과 공존하는 곳에서도 마찬가지다. 그러나 이런 관습은 최근에 나타난 것이다. 중세에 독일, 스위스, 포르투갈, 스페인에서 한 해는 크리스마스에 시작되었다. 베네치아에서는 3월 1일에 시작되었다. 영국에서는 3월 25일에 시작되었다. 프랑스에서는 부활절(물론 해마다 바뀐다)에 시작되었는데, 샤를 9세 때인 1564년에 이르러 1월 1일이 공식적인 한 해의 출발점으로 채택되었다. 러시아는 표트르 대제 치세인 1725년에 그 뒤를 따랐고, 영국은 1752년에 따랐으며, 그 뒤에 나폴레옹은 이 제도를 유럽의 많은 지역에 강요했다.[22]

오늘날 전 세계의 의미 있는 소수 집단들도 똑같은 영화, 똑같은 텔레비전 프로그램을 보고, 똑같은 음악을 듣고, 똑같은 국제적 베스트셀러를 읽는다. 때로는 비유적인 의미가 아닌 진짜 문화전쟁이 벌어지지만, 이 전쟁은 국경을 넘어 초국가적으로, 공통의 통신수단을 이용하여 벌어진다. 이것은 문화적 산물의 운동에 따른 불가피한 결과다.

나는 지난 200년 동안 유럽인이 이용할 수 있었던 문화적 산물들에 대한 생산, 유통, 소비를 이 이야기에 담아내려고 노력했다. 이 산물들에는 소설, 논픽션, 교과서, 자기계발서, 신문, 정기간행물, 그리고 연주회 음악, 악기, 악보 따위가 포함된다. 나는 가수, 작곡가, 연주의 대가들을 다루었다. 또 오페라를 포함해 다양한 연극 관련 장르를 다루었다. 음악의 녹음과 그것이 음악생산을 바꾼 방식도 다루었다. 영화의 탄생과 20세기 내내 영화가 진화한 과정도 다루었다. 방송의 탄생과 성장도 다루었다. 대중음악을 포함한 다양한 형식으로 음악이 전파되는 과정도 다루었다. 이를테면 연재소설과 연재만화처럼 몇몇 서사장르들이 연결되는 과정과 언론의 팽창도 다루었다. 책과 정기간행물에서 삽화가 차지하는 역할도 다루었다. 결론에서는 문화소비의 이전 형식들—이를테면 박물관—의 부활과 더불어 인터넷의 발달을 살핀다.

 미술은 빼놓았는데, 여기에는 한마디 설명을 붙이는 것이 좋겠다. 물론, 미술을 포함시키면 그렇지 않아도 두꺼운 책이 훨씬 더 두꺼워졌을 것이다. 그러나 미술을 배제한 데에는 그보다 더 중요한 이유가 있다. 미술시장(회화와 3차원 오브제)은 기본적으로 상대적으로 한정된 엘리트(수집가, 화랑주, 박물관장, 미술비평가)가 예술이라고 규정한 물건을 매매하는 투기적인 시장이다. 실제로 미술시장은 주식시장과 어느 정도 상관관계가 있다.[23] 물론 늘 그런 건 아니었다. 과거에 후원자들은 자신이 쓰려고 그림을 의뢰했다. 이때는 다시 팔 때의 가치는 상관없었다. 그러나 우리가 관심을 갖는 시기에는 이런 활동이 대체로 공적 조직의 손으로 넘어갔고, 이들은 더 넓은 공동체를 대신하여 한때 귀족이 맡았던 기능을 수행했다.

 낮은 비율을 차지하는 매우 실험적인 표현물을 제외하면, 사람들은 대부분 굳이 전문가에게 묻지 않고도 무엇이 소설이나 희곡이고 무엇이 음악인지 알 수 있다. 그러나 현대미술은 다르다. 미술전문가들은 썩어가는 물고기나 벽돌더미가 화랑에 전시되고 수상작품이 되는 사실을 두고 사람들이 던지는 농담에 짜증이 나고 지겨울지도 모르지만, 문학상에서는 이와 비슷한 야유가 거의 나오지 않는다는 사실에 주목할 필요가 있다. 공쿠르 상이나 부커 상을 탄 소설에 이의를 제기하는 이들이 늘 있지만, 아무도 그것의 소설로서의 지위 자체를 문제 삼지는 않는다. 단지 그 소설이 우수하다는 주장을 문제 삼을 뿐이다. 배우들이 모래에 묻혀 연기를 해야 하더라도, 사뮈엘 베케트의 『행복한 나날』은 여전히 엄연한 희곡이다. 가끔 제임스 조이스의 『피네건의 경야』나, 음악에서 전복적 선율을 목표로 한 의도적인 불협화음 또는 완전한 정적(존 케이지의 악명 높은 '작곡' 〈4분 33초〉) 같은 경우에는 지위 자체가 문제가 되기도 한다. 그러나 대부분의 음악은 그 자체로 인지할 수가 있다. 새로운 건축이 과감할 만큼 대담하다고 하더라도, 건물이란 결국에는 서 있기 마련이다. 그러나 미술에서는 혁신이 더 쉬울 뿐 아니라, 전에 이루어진 일을 약간 고치는 것만으로는 미술가로서 생존할 수가 없다.[24] 제인 오스틴이 다시 태어나 바버라 카틀랜드의 책을 본다고 상상해보자. 오스틴은 그 책을 비웃을지도 모르고, 그 '대담한' 뻔뻔스러움에 놀랄지도 모른다. 그러나 그것이 자신과 같은 소설가가 쓴 소설이라는 사실은 의심하지 않을 것이다. 모차르트는 비틀스를 못마땅해할지 모르지만, 그래도 〈다이아몬드가 가득한 하늘의 루시〉를 하나의 음악으로 인정할 것이다. 그러나 미켈란젤로가 잭슨 폴록의 작품과 마주했을 때 그것이 존경받는 현대 거장의 작품임을 헤아릴 가능성은 거의 없다.

    음악, 인쇄물, 영화, 공연 따위의 시장과 비교할 때 미술시장은 (엄청난 돈이 돌고 있음에도) 매우 좁다. 이것은 유일무이한 물건을 파는 시장이다. 각 미술생산물의 가치는 시장에 의해 결정된다. 곧, 어떤 사람이 얼마나 낼 준비가 되어 있느냐가 결정한다. 이 가치는 또 두 가지 기대에 의해 결정된다. 하나는 미술작품의 미래가치이고, 또 하나는 전문가가 승인하는 심미적 가치다. 생산물의 투기적 성격은 모두에게 분명하다. 그러나 복제가 가능한 상품은 다르다. 전문가들이 톨스토이를 바버라 카틀랜드보다 나은 작가로 간주한다고 해서 그의 책이 그녀의 책보다 더 비싼 건 아니다. 값비싼 학술서적이 싸구려 책보다 더 '나은' 건 아니다. 높은 가격은 단지 출판업자가 그 책이 많이 팔리지 않을 거라고 생각했다는 뜻일 뿐이다. 사람들은 2억 5,000만 달러의 제작비가 든 영화나 소규모 제작비로 만든 영화나 똑같은 값을 치르고 본다.[25]

미술의 금전적 가치는 그 재판매 가치에 의해 결정된다. 그러나 다른 모든 문화적 산물은 그렇지 않다. 아무도 『전쟁과 평화』를 그 값이 오를 것이라는 이유로 사지 않는다(물론 희귀한 판본일 경우는 다르지만, 그때도 중요한 것은 텍스트가 아니라 그 물건의 희귀성, 곧 그것이 유일무이한 물건에 근접한다는 점이다). 값이 계속 떨어질 거라고 일반적으로 예상되면 경매가는 급격히 곤두박질칠 것이다. 물론 많은 구매자들이 모네를 벽에 걸어놓고 기쁨과 만족을 얻는다. 가구와 마찬가지다. 그러나 몇 년이 지나면 가치가 반으로 떨어질 것이라고 생각하면서도 어떤 그림에 수백만 달러를 지불할 사람은 많지 않다. 이런 계산은 이 작업에서 검토하는 문화시장에는 아주 낯선 것이다. 오늘 신문은 50펜스쯤 한다. 그러나 내일이면 아무런 가치도 없다.

'예술'은 정의한다는 것이 불가능하므로(예술은 그것을 정의할 책임이 있는 이들이 예술이라고 말하는 것이라는 동어반복적 정의를 빼면) 흔히 다른 영역을 넘나든다. 그래서 행위예술은 박물관이나 전시관이라는 배경에서 이루어진다 하더라도, 정식으로 연극 공연이라는 일반적 범주에 속한다. 이를테면 암스테르담의 스테델레이크 미술관은 1975년에 독일 예술가 헹크 유리안스의 행위를 매일 오후 1시부터 2시까지 한 달 동안 샀다. 이 예술가는 이 기간 동안 '공연을 하지 않았'기에 '일상적'으로 행동했다고 한다. 그러나 이 기간에 유리안스는 미술관에 의해 예술작품이 되었다.[26] 따라서 그는 실제로는 공연을 하고 배우처럼 행동한 것이나 마찬가지다.

복제 가능한 모든 미술품, 다시 말해 포스터, 모조품, 책 속의 미술작품, 판화(희귀한 판화는 빼고)는 미술시장에서 배제되므로 이 책에는 포함된다. 우리 세계는 기록된 텍스트를 습득할 기회가 소수 엘리트가 아닌 대다수에게 열려 있는 세계이지만, 그럼에도 이미지, 시각적인 것이 압도적으로 지배하고 있다. 그러나 이미지의 법적 소유는 이 세계와 별 관련이 없다. 공적 소비라는 관점에서 볼 때 중요한 것은 그것이 공적으로 전시되느냐 하는 사실이다. 미술은 일단 미술책, 포스터, 엽서에 복제되면, 다시 말해서 일단 대량생산되는 상품으로 변형되면 아주 많은 청중에게 다가갈 수 있다. 이렇게 매우 쉽게 눈에 띈다는 사실은—텔레비전, 신문, 정기간행물, 영화, 학교교육 덕분에 미술교육이 점점 더 널리 퍼졌다는 사실과 더불어—미술전시회의 성공에 결정적으로 중요하며, 이런 전시회는 1960년대 이후 수백만 명의 관람객을 끌어들였다.

여기에서 살펴보는 문화적 산물—그 등장, 판매, 소비, 거래—은 다양한 목적에 이용된다. 문화적 산물에는 상징적 가치가 있다. 그것은 정체성을 규정한다. 위엄과 명성을 부여한다. 일자리를 제공한다. 정보를 제공한다. 위로를 해준다. 무엇보다도 우리가 시간을 즐겁게 보내는 데에 도움을 준다. 그렇게 하찮아 보이는 것—전쟁과 평화, 병마와 싸우는 일, 먹거리와 집을 확보하는 일 같은 묵직한 일들과 비교할 때 하찮다는 것이다—을 추구하는 데에 그렇게 많은 노력을 기울인다는 것이야말로 문명의 특징이다.

I

1800~1830

서막

제1장

문화 팽창의 근원

인구

1800년에 책을 사고, 도서대여점에서 책을 빌리고, 신문과 잡지를 구독하고, 연주회에 참석하고, 극장에 가고, 악기와 악보를 사서 집에서 음악을 연주할 의도와 능력이 있었던 유럽인은 누구였을까?

이 급속하게 발전하는 문화시장의 잠재력은 어떠했을까? 그 성장 가능성을 가늠해보는 일은 순전히 추측에 기댄다. 그러나 문화시장은 가난한 나라보다는 부유한 나라에서, 작은 나라보다는 큰 나라에서 더 크게 성장하리라고 가정하는 것이 합리적이다. 실제로, 부유한 이들이 가난한 사람들보다 더 많이 소비한다는 것은 '보편적으로 인정되는 사실'이다. 크고 부유한 나라는 인구가 적고 궁핍한 나라보다 더 많이 소비한다.

오늘날에는 유럽연합—나라도 아니고 언어적 통일체도 아니지만—이 세계에서 가장 큰 문화시장이다. 유럽연합의 인구는 4억 5,000만 명쯤으로 중국이나 인도에 상대가 안 되고, 부에서는 미국이나 일본에 상대가 안 되지만, 앞의 두 나라보다는 더 부유하고 뒤의 두 나라보다는 더 크다. 거의 모든 유럽인이 책, 라디오, 음반, 신문을 살 경제적 여유가 있으며, 실제로 거의 모두가 텔레비전을 갖고 있다. 이에 반해 인도에서는 2003년에 '겨우' 8,200만 가구가 텔레비전을 갖고 있었다.[1)]

그러나 1800년의 유럽은 완전히 달랐다. 유럽은 가난했고, 상대적으로 인구도 적었다. 믿을 만한 자료는 없지만, 전체 인구가 1억 9,500만 명이었다는 것이 그럴듯한 추정치다.

러시아 인구는 4,000만 명이 안 되었다. 그다음이 프랑스로 2,930만 명이었다. 오스트리아 사람들을 제외한 독일어 사용자가 2,450만 명이었다. 오스트리아 제국의 인구가 2,330만 명으로, 현대 루마니아보다 조금 많았다. 그다음이 이탈리아에 있는 국가들로 인구는 1,830만 명이었고, 그다음이 스페인으로 1,060만 명이었다. 그 무렵 수립된 대영제국의 인구는 불과 860만 명이었다.[2)]

1850년에는 유럽인의 수가 거의 50퍼센트 늘어 2억 8,800만 명이 되었다. 1900년에는 4억 2,200만 명이 되었다. 이런 전례 없는 성장은 대륙의 모든 나라에서 나타났고, 가장 부유했던 영국에서 특히 눈에 띄었다. 영국 인구는 19세기에 세 배 이상으로 늘었다. 심지어는 아일랜드도, 1845년의 혹심한 가뭄 뒤의 높은 사망률에도 불구하고, 1800년에서 1850년 사이에 인구가 500만 명에서 660만 명으로 늘었다. 1900년에는 450만 명으로 줄었지만, 그것은 굶주림보다는 이민 탓이었다(물론 이민의 원인은 대체로 굶주림과 가난이었다).

1850~1900년에는 유럽인들이 계속 건강해지고 수명도 길어졌지만, 인구는 전만큼 빠르게 늘지 않았다. 전염병은 전보다 줄고 전쟁은 거의 일어나지 않았지만, 산아제한으로 가족 규모가 줄고 이민이 대규모로 이루어졌다. 이민은 유럽, 북아메리카를 비롯한 전 세계 문화시장의 발달에 꽤 큰 영향을 미쳤다.

아일랜드 대기근 때 구빈원으로 몰려든 소작농들. 감자마름병으로 인한 감자흉작으로 촉발된 이 기근으로 약 100만 명이 죽고 100만 명 이상이 외국으로 이주하여 인구가 20~25퍼센트나 줄어들었다.

오늘날 우리는 이주노동자가 이른바 '제3세계'에서 온다고 생각한다. 그러나 19세기에는 이민자 대부분이 유럽인이었다. 18세기의 가장 큰 '이민'은 강요된 이민이었다. 노예무역에 의한 이민이었으니까. 전체로 보면(1500년에서 19세기 중반까지) 이것이 세계사상 가장 큰 규모의 강요된 이민으로, 아프리카인 1,100만~1,200만 명이 노예가 되어 캐나다에서 브라질에 이르는 아메리카로 실려갔다. 19세기 초 10년 동안에 노예무역은 폐지되었지만, 아프리카에서는 19세기 내내 내부이동이 꽤 큰 규모로 일어났는데, 그것은 대체로 아프리카의 여러 전쟁 때문이었다. 중국에서는 1842년에 조약항이 열리면서 수백만 명이 동남아시아, 오스트레일리아, 캘리포니아로 이동했다.[3] 제법 많았던 중국, 인도, 일본 출신 이민자 대부분은 아시아의 다른 지역과 카리브 해로 향했고, 소수는 미국이나 라틴아메리카로 떠났다. 그러나 그 숫자는 유럽 이민자들에게는 상대가 되지 않았다.

　1851년에서 1915년까지 유럽인 4,100만 명이 남북아메리카와 오스트레일리아로 건너갔다. 처음(1846~65)에는 대부분 영국인(70퍼센트)이었고, 그다음이 20퍼센트를 차지한 독일인이었다. 그러나 1891~1915년에는 이탈리아인(26퍼센트)이 이민 대열에서 영국(25퍼센트)을 아슬아슬하게 제치고 선두로 나섰다. 19세기에 이주한 유럽인은 미국(70퍼센트), 캐나다(6퍼센트), 오스트레일리아(6퍼센트)처럼 영어가 지배하는 지역에 정착했다. 10퍼센트는 아르헨티나, 6퍼센트는 브라질로 갔다.[4] 1860년에서 1913년까지 해마다 평균 12만 5,000명의 영국인이 유럽을 떠났다. 절정을 이룬 1887년에만 20만 2,000명이 미국으로 향했다. 그들은 박해나 기아를 피해서 간 게 아니었다. 자신의 삶을 향상시킬 수 있다는 전망에 매력을 느낀 것이었다.[5] 식민지의 확산은 유럽 출신 정착민들에게 더욱 넓은 공간을 제공했다. 그리고 이 정착민들은 20세기 후반의 경제적 이민자들보다는 꽤나 유리한 위치에 있었다. 신무기와 강력한 국가의 후원이 있었기에, 받아들여달라고 구걸하는 대신 그냥 밀고 들어갈 수 있었던 것이다.

　이런 이민은 높은 수준의 언어적 동질성을 확립하거나 강화하여 문화시장에 큰 영향을 미쳤다. 라틴아메리카나 미국으로 간 폴란드인, 독일인, 이탈리아인, 유대인, 스웨덴인의 자녀들은 스페인어, 포르투갈어, 영어 사용자가 되었다. 1790년의 첫 인구조사에 따르면, 미국에서 영어 사용자는 아메리카 원주민과 아프리카 노예들을 제외하고 400만 명이 조금 넘었다. 19세기 말에는 이 수가 5,000만 명으로 늘어났다.

　미국으로, 영국 식민지나 자치령으로 떠난 이민은 길게 보면 영어를 뺀 다른 유럽어의 순손실이었다. 이민자들의 상대적으로 높은 문자해득률은 미국의 문화시장을 더욱 팽창시켰다. 자유의 여신상 받침대에 새겨진 에마 래저러스의 유명한 소네트에 나오는 유럽의 '사람 바글거리는 해안'의 '불쌍하게 버려진 자들'은 뒤에 남은 사람들만큼 무지하지 않았다. 1900~10년에 미국에 들어간 사람들 가운데 4분의 3이 글을 읽을 줄 알았다. 터키인의 문자해득률은 56퍼센트였고(1995년의 이집트 문자해득률과 같다), 이탈리아인은 남부인은 거의 70퍼센트, 북부인은 85퍼센트에 육박했다. 보헤미아인, 아일랜드인, 아르메니아인, 유대인은 모두 90퍼센트가 훨씬 넘었다(각각 96.8퍼센트, 96퍼센트, 92.1퍼센트, 93.3퍼센트였다).[6]

이민은 새로운 형태의 문화보존을 낳았다. 많은 부분 구전되었던 '조국'의 문화는 이민자들이 새로 택한 나라에서 계속 진화했고, 매우 정성스럽게 보존되었다.[7] 이민자들은 고국 문화의 특정한 특징들—음식이나 음악 같은 대중적 요소인 경우가 많았다—을 골라 그것을 정체성의 상징으로 바꾸었다. 새로운 나라에서 이들은 잃어버린 세계의 기억을 소중하게 보존하고 간직하는 경우가 많았는데, 정작 고국에서는 그런 기억이 근대성의 무게에 눌려 빠르게 사라져갔다. 그래서 19세기 말에 작곡된 유명한 〈오 나의 태양〉(1898) 같은 이탈리아 노래들은 1960년대 말에도 뉴욕 리틀이탈리아의 주크박스에서 계속 흘러나왔지만, 밀라노의 술집이나 카페에서는 좀처럼 들을 수가 없었다. 그곳에서는 대신 엘비스 프레슬리와 그를 본뜬 이탈리아 가수들의 노래가 흘러나왔다.

다문화사회의 많은 집단 가운데 한 집단의 구성원이 된 이민자들은 설사 소수민족 집단거주지에 산다 해도, 다른 경우보다 훨씬 더 빠르게 '이질적'인 문화적 경향을 흡수했다. 이렇게 이민은 문화적 혁신을 매우 잘 수용해내는 주민을 만들어냈다. 문화사업가도 문화적으로 다양

"여신의 입술이 소리없이 외친다./ '그 땅에서 지치고, 가난하고,/ 움츠러들어 자유롭게 숨쉬기를 갈망하는 자들,/ 사람 바글거리는 그 땅의 불쌍하게 버려진 자들은 내게 다오./ 이들, 집 없고 폭풍에 내던져진 자들은 내게 보내다오./ 나 여기 황금의 문 옆에 등불을 들고 섰노니.'" 이민자들의 관문 뉴욕 항의 리버티 섬에 서 있는 자유의 여신상 받침대에는 에마 래저러스의 「새로운 거상」이 새겨져 있다.

한 사회를 염두에 두고 생산을 해야만 둘 이상의 집단에 다가갈 수 있었다. 이런 과정에서 20세기 미국 문화산업의 주목할 만한 성공이 나타나게 된 것이다.

    이민자의 도시집중 또한 문화산업의 성장에 이바지했다. 이민은 국제적 도시화의 한 형태로, 많은 사람들이 '조국'의 시골을 떠나 외국의 도시로 이동했다. 거칠게 말하자면, 이민자는 문화적으로 후진적인 시골벽지를 떠나 자기 주장이 강하고 번창을 거듭하는 도시, 근대성의 보금자리로 가며, 그곳에는 도시 중간계급이 꽤 큰 규모로 존재하기에 문화시장의 꾸준한 발달이 보장된다. 문화생산은 더 큰 중심지에 자리를 잡는 경향이 있었다. 중세 이후 유럽에서 문화의 중추는 시골이 아니라 도시, 시골생활이 아니라 도시생활이었다. 일찍이 12세기부터 밀라노, 제노바, 베네치아, 피렌체 같은 이탈리아의 큰 도시, 나아가 런던, 파리, 쾰른, 브루게, 툴루즈, 세비야가 보여준 교역과 문화로 고동치는 활기는 시골의 무기력과 선명한 대조를 이루었다.[8] '백치상태인 시골의 삶'이라는 카를 마르크스의 매도에는 일리가 있다.

19세기 영국에서 번창했던 연극, 그리고 제법 큰 규모의 언론과 출판 산업은 그 도시 규모의 산물이었다. 1851년, 큰 나라 가운데 처음으로 영국에서 도시인구가 농촌인구를 넘어섰다. 수많은 도시를 거느린 독일에서도 1891년이 되어서야 가능했고, 프랑스는 1931년까지 기다려야 했던 일이었다. 그러나 영국에서는 사람들이 단 하나의 도시로 지나치게 몰려들었고, 이 도시가 당대의 가장 발달한 문화시장의 본거지가 되었다. 이 도시 런던은 1800년에 세계에서 가장 큰 도시로, 인구가 100만 명에 이르렀다. 런던은 영국 주민 10퍼센트가 사는 곳이었다. 파리는 크기도 절반이었고, 주민은 프랑스 인구의 2.5퍼센트에 지나지 않았다.[9] 다른 도시들은 한참 뒤졌다. 커다란 다국적 제국의 수도였던 빈의 인구는 25만 명에 불과했고, 베를린은 17만 2,000명에 지나지 않았다. 유럽에서 도시 문명이 가장 오래된 이탈리아의 도시들은 더 작아서, 오직 35만 명의 인구를 거느린 나폴리만이 유럽의 더 큰 나라와 겨룰 수 있었다. 로마, 밀라노, 베네치아의 인구는 채 20만 명이 되지 않았다.

빠른 운송수단과 산업화된 통신망이 없었던 시대라 사람들 사이의 직접적인 연결은 지금보다 훨씬 중요했다. 저자들은 다른 생산자들(출판사, 인쇄소 따위)이 일하는 곳으로 갔다. 프랑스에서는 작가의 명성이 대체로 파리에서 만들어졌다(그래서 지방의 젊은이가 명성을 얻으려고 수도로 가는 소설이 그리도 많은 것이다). 그것은 런던도 마찬가지였지만, 아주 유명한 소설가들은 어디든 원하는 곳에서 살 수 있었다. 월터 스콧은 스코틀랜드에서, 마리아 에지워스는 아일랜드에서, 제인 오스틴은 (생전에는 알려지지 않았지만) 햄프셔에서 살았다. 토머스 드퀸시는 19세기 초 영국에서 두 번째로 중요한 문학 중심지였던 에든버러에서 12년을 보냈다. 에든버러에서는 당대의 주요 문학잡지(『블랙우즈 에든버러 매거진』과 『에든버러 리뷰』)가 나오기도 했다.

부가 문화를 누리는 데에 필요한 여가를 제공한다는 것은 피할 수 없는 사실이다. 그러나 많은 농민공동체도 긴 겨울의 몇 달 동안에는 강요된 여가를 즐길 수 있었다. 이들은 18세기와 19세기에 장시간노동을 하던 산업 프롤레타리아보다 분명히 많은 여가를 누렸다. 중세 말기 유럽에서 사람들은 '남는' 시간에 뭘 했을까? 어떤 이들은 카드놀이를 하고, 이야기를 하고, 뒷공론을 즐겼다. 교회는 일요일이면 일종의 연예를 제공했다. 거기에는 노래도 있었고 설교도 있었다. 산업화 이전 사회에서 우리가 여가활동이라고 부를 만한 것 가운데 많은 부분은 종교 축제에 참여하거나 불규칙하게 일에서 벗어나 쉬는 식의 비문학적인 형태로 모자라지 않게 제공되었다.[10] 그런 여가활동의 대부분은 시장 바깥에서 이루어졌다. 문화는, 제한적이었을지는 몰라도, 어쨌든 '공짜'였다.

19세기에 이루어진 통신과 운송의 혁명은 문화시장들의 통일을 촉진하는 데에 결정적으로 이바지했다. 음악가, 배우, 이야기꾼, 가수들만이 아니라 책, 신문, 정기간행물, 악보들이 더 빠르게 이동하자, 지방시장은 전국적 시장이자 국제적 시장이 되었다. 더 좋고 더 빠른 배가 등장했으며, 운하망이 넓어지고 도로가 개선되었다.

영국(리버풀)과 미국을 잇는 대서양 횡단 항로들이 빠르게 발전했다. 1869년부터는 수에즈 운하 덕분에 유럽과 아시아의 교역이 더 빠르고 안전하게 이루어질 수 있었다. 1830년에는 런던에서 보낸 편지가 배를 타고 희망봉을 돌아 인도의 뭄바이(봄베이)까지 가는 데에 다섯 달에서 여

페르디낭 드 레셉스 주도 아래 10년간의 공사를 거쳐 1869년 11월 17일에 포트사이드에서 열린 수에즈 운하의 개통식. 운하는 런던과 뭄바이의 거리를 21,400킬로미터에서 11,472킬로미터로 줄여주었다.

덟 달이 걸렸다. 답장을 보낼 경우, 우기를 감안하면 편지를 한 번 주고받는 데에 2년이 걸릴 수도 있었다는 뜻이다. 그러나 수에즈 운하가 개통된 뒤로 편지는 증기기관차, 기선, 낙타로 알렉산드리아를 거쳐 수에즈까지 갔고, 35일이면 목적지에 닿을 수 있었다.[11] 덕분에 책을 보내는 비용은 1840년에서 1880년 사이에 75퍼센트나 떨어졌다.[12]

이런 발전은 각 나라와 대륙 전체의 문화적 통합에 큰 영향을 미쳤다. 모든 것이 점차 동질화되고 표준화되었다. 1790년대에 프랑스에서 확립된 미터법이 앵글로색슨 세계를 제외한 여러 지역에서 측정단위로 널리 채택되었다. 지구상의 모든 지점의 경도를 측정하는 기준이 되는 그리니치 자오선은 1885년에 국제적으로 인정받았다. 철도가 놓이기 전에는 시간이 도시마다 약간씩 달랐다. 그러나 19세기 말에는 일정한 시간대들이 확립되었다.[13]

전국적인 철도망은 전국 단위 언론의 확립에 핵심적인 역할을 했지만, 영국에서는 잡지와 책의 유통이 우수한 우편제도 덕을 많이 보았다.[14] 1850년에 이르자 유럽의 거의 모든 나라에 철도가 놓이게 되었다. 핀란드, 스웨덴, 그리스, 루마니아, 불가리아, 포르투갈은 예외였지만, 이 나라들도 이후 20년 안에 따라잡게 된다.

부

오늘날 고도로 발전한 사회에서는 대부분의 사람이 글을 읽을 수 있지만, 많은 오락물—텔레비전, 라디오, 녹음된 소리, 영화—이 그 능력을 요구하지 않는다. 그러나 19세기에는 독서가 핵심적인 문화활동이었다. 원래 독서는 대체로 중간계급과 상층계급으로 제한된 활동이었다. 흔히 번영, 산업화, 도시화가 문자해득률을 높임으로써 잠재적인 독자를 늘렸다고들 생각한다. 그러나 한 나라의 부가 늘어난다고 반드시 글을 읽을 줄 아는 사람들의 비율이 높아지는 건 아니다. 글을 읽을 수 있는 능력과 실제 독서 사이에도 확실한 상관관계가 있는 것은 아니다.

문자해득률은 동유럽이 서유럽보다 훨씬 낮았지만, 1800년에는 두 지역 사이의 경제적 격차가 두드러지지 않았다. 서유럽의 1인당 국민총생산은 유럽 평균보다 겨우 7퍼센트 높을 뿐이었다. 그러나 부의 격차는 19세기 내내 벌어졌다. 그럼에도 문자해득률의 격차는 크게 달라지지 않았다.[15] 1859년에 스코틀랜드는 잉글랜드보다 가난했지만 문자해득률은 더 높았다―잉글랜드는 1886년에 이르러서야 스코틀랜드의 1859년 수준에 도달했다. 유죄판결을 받은 범죄자들(모든 의미에서, 꼼짝 못하는 연구재료다)을 대상으로 한 연구를 보면, 1830년대 스코틀랜드의 범죄자들이 잉글랜드 범죄자들보다 교육수준이 높았다.¹⁶⁾ 19세기 초반의 스위스에서는 인구의 70퍼센트가 글을 읽을 수 있었다. 그 무렵에는 가난했지만, 그럼에도 스위스는 처음으로 초등학교 무상 의무교육을 실시한 나라들 가운데 하나였다.¹⁷⁾ 1880년에 핀란드에서는 완전 문맹자가 2퍼센트 이하였는데, 이 비율은 훨씬 부유했던 프랑스의 문맹률보다도 낮은 것이었다. 아이슬란드는 곤궁에 빠져 있던 18세기에도 문자해득률이 높았다.¹⁸⁾

그러나 의문의 여지가 없는 사실은 글을 읽는 능력이 보편화되지 않은 상황에서는 그것이 언제나 계급, 그리고 흔히 젠더와 관련된 문제라는 것이다. 이것은 중세 유럽에서도 사실이었고, 글을 읽는 능력이 브라만 계급(사제와 법의 제정자)과 크샤트리아 계급(통치자와 군인) 남자들의 특권이었던 중세 인도에서도 사실이었다.¹⁹⁾

또 중세 도시들과 비교할 때 고대의 큰 도시―특히 비잔티움―가 글을 깨친 이 또는 교육을 받은 이의 비율이 더 높았을 가능성이 크다. 물론 윌리엄 해리스도 말했듯이, "그리스·로마 세계에서 얼마나 많은 사람들이 글을 읽을 수 있었고, 반半문맹이었고, 완전 문맹이었는지, 그 수를 정확하게 알 수 없다는 것은 명백하다".²⁰⁾

'서양'은 확실히 중국이나 아랍 세계보다 문화적으로 뒤떨어져 있었다. 아랍 대학들은 볼로냐 대학, 옥스퍼드 대학, 케임브리지 대학이 등장하기 오래전부터 이미 크게 번성했다. 10세기 알하캄 2세 치세에 안달루시아 코르도바의 왕립도서관에는 책이 약 40만 권 있었다. 반면 스위스의 유명한 성 골 대수도원의 도서관에는 책이 약 400권 있었다.²¹⁾ 보통사람들의 철학적 자각이라는 면에서 보자면, 비잔티움이 중세 로마나 런던보다는 우위에 있었을 것이다. 적어도 이것이 카파도키아 교부들 가운데

스위스에서 가장 오래된 성 골 대수도원 도서관은 8~15세기 필사본 2,100권과 15세기 후반 인쇄본 1,650권을 포함해 16만 권을 소장한 아름다운 도서관이지만, 10세기에는 장서가 400권쯤에 불과했다.

한 사람인 니사의 성 그레고리우스 같은 사람들의 증언에서 얻게 되는 인상이다. 성 그레고리우스는 4세기의 콘스탄티노플에서 목격한 신학적 토론에 대한 열정에 놀라기도 했고, 조금 경계심을 느끼기도 했다.

> 도시 어느 곳에서─골목에서든, 거리에서든, 광장에서든─환율에 대해 물어도, 돌아오는 것은 창조된 것과 창조되지 않은 것에 관한 철학적 강연이다. 빵의 가격과 가치에 관해 물어보라. 그들은 '아버지'가 우월하고 '아들'이 종속적이라고 대답할 것이다. 공중목욕탕이 충분한지 물어보라. 그러면 아들이 무에서 만들어졌다는 대답이 나올 것이다.[22]

평균적으로 남성보다 여성에 문맹자가 많았다. 상류사회도 마찬가지였는데, 그것은 18세기에 중간계급과 상층계급 여성들이 남성들보다

소설을 더 많이 읽고, 편지와 일기도 더 많이 쓰게 되기 전에는 달라지지 않았다. 흔히들 아내가 남편보다 여가가 더 많았으리라고 생각하지만, '유한부인'이라는 말을 너무 말 그대로 받아들이지 않는 게 좋다. 이 부인들 가운데 다수는 하인을 다섯에서 열 명까지 부려야 했는데, 이 숫자는 오늘날 대부분의 소기업이 고용하고 있는 인력보다 많다.[23] 집안 살림을 책임지는 감독직 하인(이를테면 집사)을 고용할 경제적 여유가 있는 사람들은 귀족이나 진짜 부자들뿐이었다. 부가 이 수준에 이르면 남녀가 모두 제법 많은 여가시간을 갖게 되지만, 그래도 남성의 활동범위—여우사냥, 인맥관리, 여행, 극장가기, 클럽 가입, 매춘부 찾아가기, 공공장소에서 술마시기 따위—가 여성보다 넓었다.

소설읽기가 중간계급과 상층계급 여성들의 주요한 일이었다는 증거는 확실치 않다. 이것은 이를테면 18세기 러시아와 이탈리아보다는 영국과 프랑스에 해당되는 말일 것이다. 영국과 프랑스에서는 여성들이 도서대여점을 비롯해 책을 이용할 수 있는 곳에 드나드는 것이 금지되지 않았고, 명확하게 중간계급과 상층계급 여성을 독자로 겨냥하는 여성 작가와 잡지가 많기 때문이다. 1810년에 스탈 부인은 베를린보다 프랑스의 문학살롱에서 여자와 남자가 한데 어울리는 일이 더 자주 일어난다고 썼다. 어떤 이들은 런던의 남성전용 클럽들 또한 여성을 받아들이지 않았고, 이것이 영국 여성의 지적 생활에 피해를 주었을 거라고 주장할지도 모르겠다(그 역이 진실일 수도 있다).[24]

1693년부터 런던에서 발간된 『레이디스 머큐리』는 사랑, 결혼, 섹스, 드레스에 관한 문제들에 답을 제시하고자 했다. 이 잡지가 큰 성공을 거두자, 몇 년 뒤인 1704년에는 경쟁지인 『레이디스 다이어리』가 발간되기 시작했다. 여자들이 여성용 잡지만 읽은 건 아니었다. 리처드 스틸의 문학·정치평론지『태틀러』(1709)는 꽤 많은 여성독자를 모았다. 또 여자들이 '여성적'인 문제들에 관해서만 읽은 것도 아니다. 1749년에 1실링짜리 월간지『레이디스 매거진Ladies' Magazine』은 이른바 목격담의 형식으로 살인을 비롯한 범죄 이야기를 자세하게 실었다. 또 다른『레이디스 매거진Lady's Magazine』은 1770년에 매호 자수패턴과 악보를 나누어주었으며, 소설을 연재하고 독자들이 투고한 작품들을 실었다. 또 많은 여성잡지가 주부에게 음식을 준비하고 보존하는 법, 낭비를 줄이는 법, 가계부 쓰는 법 같은 살림기술을 알려주겠다는 의도를 가지고 있었다. 이런 잡지들은 나중에는 돈 많은 남자를 잡는 법이나 유행을 아는 여자가 옷 입는 법 같은 더욱 유용한 조언들을 담기도 했다.[25]

이런 종류의 문화는 뒷날 등장한 부르주아 소비주의의 선구였다. 물론 이런 문화가 꽃을 활짝 피우려면 더 결정적인 변화가 일어나 전례 없는 범위의 다양한 상품들이 제조되어야 했다. 19세기 초에는 생산이 아직 산업화되지 않았고, 소비모형은 여전히 귀족적이었다.[26] 본격적인 부르주아 소비주의는 아직 자신의 에토스를 찾지 못했다. 소비주의도 섹스와 같아서 무엇을 살 것인가, 언제 살 것인가, 어디에서 살 것인가 하는 문제들과 관련된 일군의 믿음을 요구하기 때문이다. 19세기가 흘러가면서 몇몇 선진국에는 축하카드, 크리스마스의 상업화, 윈도쇼핑, 광고 같은 오늘날 우리에게 익숙한 소비사회의 측면들이 나타나기 시작했다. 1800년에는 부모 가운데 자녀에게 장난감을 사준다는 생각을 하는 사람이 거의 없었을 것이다. 그러나 1900년에는 일반적인 일이 되었다.[27]

문화소비의 발달에서 핵심적인 요인은 유행이었다. 유행은 소통, 동조욕구, 그리고 집단귀속 개념을 수반한다. 특정한 종류의 옷 같은 문화

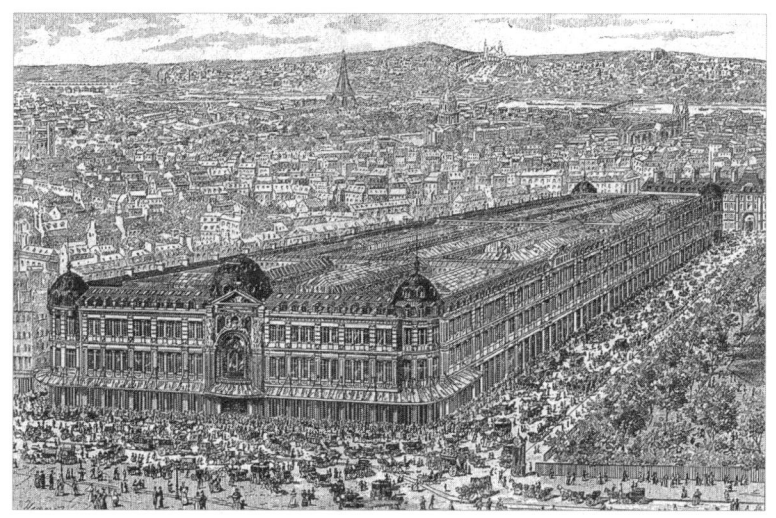

근대 자본주의의 수도 파리에서 1852년에 문을 연 세계 최초의 백화점 봉 마르셰. 화려한 내외관과 온갖 상품으로 '사치의 민주화'를 부추긴 이 백화점은 베르사유 궁전에 버금가는 '소비의 궁전'이었다.

적 물품을 사는 것, 또는 특정한 방식으로 행동하는 것은 우리가 누구인지 또는 무엇이 되고 싶은지를 알리는 여러 방법 가운데 하나다. 물론 이것은 자본주의 사회가 오기 오래전에 시작된 일이다. 르네상스 시대의 군주들은 눈에 띄게 소비를 즐겨서, 마치 뒷날의 벼락부자들처럼 유행을 따르고 자신들을 구별하려 했다.[28]

회화에서, 그리고 그보다는 훨씬 규모가 작지만 음악에서도, 일찍이 17세기부터 상당히 중요한 시장이 있었다. 이를테면 이탈리아 화가들은 유럽 전체를 포괄하는 시장에서 활약하며 자기 생산물의 꽤 많은 부분을 외국인에게 팔았다.[29]

자본주의적 소비를 다른 소비와 구별하는 특질은 자본주의적 소비는 그 자체가 자신의 이후의 성장을 위한 메커니즘이라는 점이다. 문화시장의 성장은 시장경제의 일반적 확장의 한 부분이었다. 이런 성장으로 인해 문화생산자와 후원자 사이의 후원관계는 축소되다가 결국 사라지게 되고, 그 자리에는 상업적 연계가 들어서게 된다. 이것이 돈을 내는 고객들로 이루어진 시장을 위해 쓰고 작곡하고 그리는 이들, 곧 직업적 전문가들이 등장하는 조건이 되었다.

그러나 문화시장은 다양하다. 한 화가가 평생에 걸쳐 먹고사는 데에는 상대적으로 작은 규모의 부유한 고객만 있으면 된다. 그러나 독립적인 직업작가에게는 꽤 큰 규모의 대중이 필요하다—그래서 이런 작가들은 18세기 무렵에야, 그것도 상대적으로 발전한 시장경제를 갖춘 나라에만 나타났던 것이다. 당연한 일이지만, 성공을 거둔 작가들은 이런 발전을 환호로 맞아들였다. 올리버 골드스미스는 1762년에 이렇게 말했다. "영국의 얼마 안 되는 시인들은 이제 왕에게 생계를 의지하지 않는다. 그들에게 공중 말고 다른 후원자는 없다. 공중은 하나의 집단으로 생각할 때 훌륭하고 관대한 주인이다."[30] 그러나 모두가 이렇게 열광한 건 아니었다. 새뮤얼 존슨은 이렇게 말했다. "작가가 늘 자기 마음대로 주제를 선택하는 것은 아니다. 자기 앞에 놓인 과제는 무엇이든 받아들일 수밖에 없다."[31] 익숙지 않은 다수보다는 자신이 아는 후원자 한 사람을 만족시키는 쪽이 더 쉬울지도 모른다. 사실 골드스미스 자신도 채권자들의 닦달에 시달린 끝에 소설 『웨이크필드의 목사』를 60파운드에 팔아야 했으니, 스스로 바랐던 만큼 자유롭지는 않았다. 그는 호사스러운 생활 방식 탓에 번역이든, 고전 축약이든, 영국과 그리스, 로마의 역사에 관한 짧은 글이든 맡기는 일이란 일은 다 받아들일 수밖에 없었다.[32]

글쓰기는 오늘날까지도 독특한 직업으로 남아 있다. 연기를 비롯한 다른 예술적인 일과 마찬가지로 글쓰기도 돈과는 관계 없는 강력한 유인을 제공하는데, 이 유인은 위신, 명성, 사명감이나 소명감의 형태를 띤

다. 그러나 결국 어떤 작가들은 제인 오스틴처럼, 쾌락과 명성을 위해 하는 일이 수지맞는 일이기도 하다는 것을 깨닫게 된다. 오스틴은 『분별과 다감Sense and Sensibility』을 자비로 출판했고, 『오만과 편견』, 『에마』, 『맨스필드 파크』로 번 돈 몇백 파운드를 고맙게 여겼다. 그러나 이렇게 상대적으로 적은 액수의 돈이 거의 알려지지 않은 작가들에게까지 돌아가려면 반드시 독자, 인쇄업자, 출판업자, 도서대여점, 잡지, 평론가 따위로 이루어진 전체 구조가 갖추어져야 한다. 심지어 모든 작가가 다락방에 틀어박혀 돈 따위는 전혀 바라지 않고 오로지 글을 쓴다는 것만으로 만족한다 해도, 이와 같은 다른 요소들은 여전히 모두 필요할 것이다. 굶주리는 창조적 작가는 낭만적인 글에서 빠질 수 없는 존재이지만, 무일푼의 출판업자나 가난한 인쇄업자—그런 업자가 있다 하더라도—는 시의 영감을 불러일으키지 못한다. 하지만 기꺼이 문화에 돈을 쓰고자 하는 부유한 공중은 이들 모두에게 필요하다.

정치

인구가 중요하듯이, 부도 중요하다. 정치도 중요할까? 문화시장의 성장과 정치제도는 관련이 있을까? 권위주의 체제보다 자유주의 체제에서 책이나 신문이 더 많이 팔리고, 연극이 더 많이 공연되고, 음악을 더 많이 듣게 될까? 19세기 영국과 프랑스는 거대한 문화시장을 가지고 있었고, 문화생산물의 주요 수출국이었고, 그 무렵의 유럽에서 가장 자유주의적인 나라였다. 또 가장 부유하기도 했다. 그런데 어느 요인이 더 중요했을까? 돈일까, 자유일까? 오늘날 어떤 이들은 그 둘이 함께 간다고 주장한다. 19세기 초에 자유주의적인 정신을 가졌던 스탈 부인 같은 이들도 그렇게 생각했을 터이다. "영국과 미국의 예는 자유로운 제도가 국민의 지식과 지혜를 더 풍부하게 해준다는 것을 보여준다."³³⁾

20세기가 되자 자유주의자들에게 아주 편안했던 이 가설의 근거가 흔들리게 되었다. 권위주의 체제, 특히 공산주의 체제가 문화의 주요 소비자이자 생산자로 등장했기 때문이다.

문화생산의 양으로 볼 때, 그리고 논란의 여지는 더 있지만 그 질(간단치 않은 개념이다)로 볼 때, 소련은 다른 대부분의 나라에 밀릴 게 없었고, 그것은 유럽 동부와 중부의 공산주의 국가들도 마찬가지였다. 공산주의 체제에서 러시아인은 미국인보다, 폴란드인은 이탈리아인보다 독서량이 많았다. 옛 소련의 중앙아시아 주민은 문자해득률과 문화적 다양성이라는 면에서, 중앙아시아의 나머지 지역 대부분이나 중동의 주민보다 나았다. 누군가는 서양의 문화생산물 전체에 접근하지 못했다는 점을 큰 손실로 여길지 모르지만, 다른 누군가는 러시아 사람들이 공항소설 같은 싸구려 소설들을 빼앗긴 덕분에 어쩔 수 없이 톨스토이를 읽었다고 주장할 수도 있다. 그러나 공산주의가 무너지면서 톰 클랜시를 읽는 기쁨의 문이 열리고, 대신 안톤 체홉이 희생되었다. 검열은 확실히 주요한 제약이지만, '자유'시장 또한 생산과 소비를 제약한다. 상업적이지 않은 것은 생산될 가능성이 줄어들기 때문이다.

18세기와 19세기에 이루어진 검열의 주요한 결과 한 가지는 금서 값의 상승이었다. 탄탄하게 자리를 잡은 큰 출판사들에게 금서 거래는 위험하긴 하지만 이윤이 많이 남는 장사일 수 있었다. 18세기 프랑스에서는 돈만 있으면 금서를 비교적 쉽게 손에 넣을 수 있었다는 사실을 보여주는 증거가 있다.³⁴⁾ 책 거래의 많은 부분은 떠돌이 행상이 장악했는데, 이들은 늘 돌아다녔으며 금서나 해적판을 갖고 다니는 일도 많았다. 은

루이스 캐럴의 『이상한 나라의 앨리스』(1865)에 실린 존 테니얼의 원작 삽화. 이 책은 1931년에 중국 후난성에서 금서로 지정되었는데, 동물을 의인화해서 인간과 동급으로 놓았다는 것이 그 이유였다.

밀한 상인들의 그물망은 검열이라는 제한 덕분에 번창하는 판매자들로 이루어진 더 넓은 그물망의 한 부분이었다.[35]

검열의 중요한 효과는 억지력이었다. 외설적인 소재나 정치적으로 과감한 소재를 말썽나지 않을 수준에서 다루고 싶어하는 작가들에게 명확한 기준을 제시한다는 것은 어려운 일이기 때문이다. 검열자들 자신도 이런 문제를 의식하고 있었다. 1750년대에 프랑스에서 도서 검열을 담당했던 크레티앵 기욤 드 말제르브는 『서점에 관하여』(1759)에서 '외설적인' 책과 '단순히 음탕한' 책을 구별해야 한다고 썼다. 전자는 몰수해야 하지만, 라블레의 작품 모두와 라퐁텐의 이야기들을 몰수하는 결과를 피하려면 후자는 눈감아주어야 한다는 것이었다.[36]

검열로 인해 출판업자가 망할 수도 있었다. 프랑스의 맘 출판사는 1810년에 경찰이 스탈 부인의 『독일론』 재고를 몰수하는 바람에 파산했다.[37] 국가의 검열보다 훨씬 더 큰 억제 역할을 했던 것은, 잘 팔리고 사람들 입에 오르내릴 만한 것을 출판해야 한다는 상업적 요구와 당국의 비위를 거스르는 데에 대한 공포 사이에서 늘 균형을 잡아야 했던 출판업자들의 자기검열이었다. 출판업자들이 흔히 조언을 구하는 기성 작가들 또한 장애가 될 수 있다. 어떤 작가들은 그들 자신의 영역이나 자리에 대한 무의식적 방어 때문에 여느 국가검열 못지않게 엄격해지기도 한다. 그래서 탄탄하게 자리를 굳힌 시인이었던 토머스 무어는 출판업자 존 머리가 바이런의 『돈 주안』을 출판하는 문제를 놓고 조언을 구했을 때 그 부도덕성을 들어 출판을 말렸다.[38] 그럼에도 머리는 출판을 했고, 『돈 주안』은 물론 베스트셀러가 되었다(한편으로는 바로 그 부도덕성 덕에).

그러나 유럽에서는 19세기를 거치면서 문화에 대한 정치적 규제가 꽤 느슨해졌다. 그 과정은 결코 균일하지 않았고, 자유화 뒤에도 이따금씩 퇴행하곤 했지만, 기본적인 경향은 자유주의였다. 19세기 중반이 되자 언론, 출판, 극장에 대한 세금도 줄어들고, 이전 어느 때보다도 자유로워졌다. 영국에서는 1836년에 신문의 인지세가 인하되고, 1855년에는 폐지되었다. 1843년에는 연극의 상연을 몇 개의 극장으로 제한했던 법규도 사라졌다.

검열은 기록된 텍스트보다 연극을 비롯한 다른 공연에 훨씬 더 큰 영향을 끼쳤다. 이런 이중기준은 오늘날까지 유지되고 있다. 전체적으로 검열은 대중적인 문화생산물일수록 더 엄격했다. 버라이어티쇼는 오페라보다, 연재소설은 합본보다, 보급판은 호화장정본보다, 텔레비전은 영화보다, 영화는 연극보다 더 심한 검열을 받았다.

교육

그렇지만 문화시장의 팽창에서 국가의 역할이 순전히 부정적이었던 것은 결코 아니다. 경제발전에 헌신하는 강고한 중앙집권적 정치체제는 시장의 통합을 촉진했다. 국가 교육체계는 교과서를 위한 시장을 제공했고, 사람들에게 국어를 가르쳤으며, 미래의 독자를 만들어냈다. 학교는 아이들을 지역이나 가족의 문화에서 끌어내어 다른 문화와 대면하도록 강요했다. 단지 하루에 몇 시간이든 1년 내내든, 가족 환경에서 분리되는 것은 문화적 활력을 높이는 또 하나의 요인이다. 이것은 가족의 가치와 교육체계의 가치가 뚜렷하게 다를 때 특히 중요한 의미를 갖는다.

국가가 교육에서 지배적인 역할을 한 것은 겨우 19세기부터의 일이다. 다른 시대에는 개입하는 경우가 드물었지만, 개입한다 해도 정치적인 목적으로 개입했다. 17세기 스코틀랜드에서는 국교를 강요하기 위해 개입했다. 18세기 러시아에서는 정치적 중앙집권화를 달성하려고 개입했다. 영국에서는 1881년에 이르러서야 뒤늦게 초등교육을 의무화할 수 있었다. 국가는 이때 사설교육기관을 거의 독점하고 부유한 계급들의 요구에 부응했던 국교와 비국교 성직자의 저항을 극복해야 했다. 부유한 계급들은 왜 자신들이 그동안 내왔던 자기 자녀의 교육비에 더해 다른 사람 자녀의 교육비까지 대야 하는지를 이해할 수가 없었다.[39] 사실 1816년에는 50퍼센트가 넘는 어린이가 학교에 다니고 있었고, 1835년에는 80퍼센트가 다니고 있었다.[40] 프랑스에서도 1882년에 의무교육이 도입되었을 때(페리 법), 이미 꽤 많은 아이들이 학교에 다니고 있었다.[41] 미국에서는 1918년에야 모든 주가 초등교육을 의무화했는데, 다만 매사추세츠 주는 먼저 1852년에, 뉴욕 주는 1853년에 의무화했다.

전 국민이 글을 읽을 줄 안다는 것만으로는 전 국민을 책의 독자로 만들기는 고사하고 도서시장도 만들어내지 않는다. 문맹은 당연히 책을 못 읽지만, 그렇다고 책 읽는 데에 글 읽는 능력만 있으면 되는 건 아니다. 책을 사거나 빌리려면 돈이 있어야 한다. 일에서 벗어난 시간이 있어야 한다. 책을 읽게 하는 사회적 유인이 있어야 한다. 책을 이해하려면 교육을 받아야 한다. 19세기에 이런 조건을 모두 갖춘 이는 드물었다. 20세기에 들어 마침내 8시간노동이 대부분의 노동자들에게 현실이 되자, 이번에는 책과 경쟁하는 새로운 값싼 여가활동들이 나타났다. 영화, 라디오, 그리고 무엇보다도 텔레비전이 그 예인데, 이런 것들을 즐기는 데에는 아무런 기술도 필요없었다. 독서에 이르는 길에는 늘 장애물이 가득했다.

더욱이 글 읽는 능력을 확산시키는 동력은 책을 읽고자 하는 욕망이 아니다. 부모가 자식을 학교에 보내는 이유, 국가가 학교교육을 의무화하는 이유는 책을 읽히려는 게 아니다. 19세기가 흘러가면서 글을 아는 노동계급과 더 큰 규모의 중간계급이 점점 더 필요해졌다. 그전에는 대부분의 직업에서 글 읽는 능력은 필요없었다. 그러나 이제는 글을 읽을 줄 알면 자녀의 인생에 더 많은 기회가 열린다는 게 분명해졌다. 낮은 지위에 있는 이들에게 사회적 출세는 글을 읽는 방법을 배우게 하는 강력한 유인이었다. 더 높은 지위의 사회집단에서 태어난 이들에게는 글을 읽는 것은 그 세계의 일부였고, 필수적인 사회적 기술이었다. 그러나 예전부터 늘 그랬던 것은 아니다. 샤를마뉴 대제나 앨프레드 왕은 읽고 쓰는 법을 배우지 않았다.[42] 그렇다고 그들이 무지하거나 게을렀던 건 아니다. 아인하르트는 유명한 『샤를마뉴의 생애』(830)에서 이 황제가 라틴어를 말하고, 그리스어를 이해할 수 있었고, 문법·수사학·천문학·수학 교육을 받았으며, "글씨 쓰는 법도 배우려고 침대 베개 밑에 서판과

백지를 넣어두곤 했다. 시간이 나는 대로 글씨쓰기를 익히려는 것이었다. 그러나 적당한 때를 놓치고 늦은 나이에 시작한 탓에 성공을 거두지 못했다"고 썼다.[43]

문자해득률은 국가의 의무교육이 등장하기 전부터 비록 불규칙하게 나마 꾸준히 높아져왔으리라고 생각하고 싶겠지만, 그렇다는 증거는 사실상 거의 없다. 피렌체에서는 1911년보다 1338년에 더 많은 아이가 학교에 다녔다. 중세에 이탈리아 북부는 유럽 최고의 문자해득률을 자랑했지만 그 뒤로는 낮아졌다.[44] 스페인은 1625년 무렵에는 문자해득률이 프랑스나 영국과 거의 같았던 듯하지만, 1860년에는 문자해득률이 유럽 최하위로 꼽혔다. 심지어 1920년대에도 스페인 사람 절반 이상은 글을 읽지 못했다.[45]

15세기의 활자 발명 이후 문자해득률은 독일 남부의 (가톨릭) 국가들을 제외하면 유럽에서는 가톨릭 지역보다 개신교 지역에서 더 빠르게 높아졌다. 19세기 중반에 유럽에서 문자해득률이 가장 높은 지역은 독일, 네덜란드, 스위스, 그리고 스칸디나비아 나라들이었다.[46]

유럽에서 문자해득의 경계를 짓는 선은 어디에 그어졌을까? 프랑스의 지리학자들은 이 선이 프랑스를 중앙에서 둘로 나눈다고 믿었다. 마지올로 선—1877년에 17세기와 18세기 프랑스인의 문자해득을 연구한 책을 낸 루이 마지올로의 이름을 딴 것이다—은 서쪽 생말로에서 시작하여 제네바까지 이어졌다. 이 선의 북쪽은 학교교육과 문자해득(자기 이름을 쓸 수 있는 능력으로 규정되었다) 수준이 높았던 반면, 프랑스 남부는 지중해의 태양과 후진성에 푹 빠져 있었다.

이 경계선은 1820년대에 표면화되었고, 교권에 반대하던 공화주의자들은 교회의 권력이나 가톨릭의 힘은 무지와 등식을 이룬다며 이것을 적극적으로 활용했다. 하지만 그들은 반동적인 방데 지역의 높은 문맹률이 반동적 성향 탓이라고 주장하면서도, 마찬가지로 독실한 가톨릭교도 지역인 알사스의 문맹률이 낮다는 사실은 외면했다.[47] 문자해득을 기준으로 한 남북분열은 네덜란드, 이탈리아, 영국 같은 다른 나라에서도 발견된다.[48]

반가톨릭주의자들의 주장에도 일리가 있다. 18세기까지 로마 가톨릭 교회는 문자해득이 루터 사상의 시골 전파를 촉진한다고 생각했고, 그래서 그라츠-세카우의 주교는 18세기 말에 '유독한 이단의 원천을 말려버리기 위해' 시골학교들을 없애야 한다고 주장했다. 이 주교는 세속 당국과 싸우다 졌지만, 문자해득 대중화에 대한 가톨릭의 공포를 하나의 징후로서 보여준다.[49] 그 결과는, 이탈리아의 오스트리아 영토에서는 19세기 초에 초등교육이 어떤 형태로든 시작되었는데도 교황령에서는 가톨릭 교회가 계속해서 교육의 확대에 단호하게 반대하는 모습으로 나타났다.[50] 스페인에서는 18세기 중반이라는 늦은 시기까지 종교재판소가 『샤를마뉴 이야기』나 『예수 그리스도 수난사』 같은 대중적인 역사서의 출간마저 금지했다.[51] 러시아에서는 표트르 대제(1672~1725)와 예카테리나 여제(1729~96) 같은 근대화에 앞장선 통치자들이 문맹퇴치운동을 시작했지만, 성공은 거두지 못했다. 1850년까지도 러시아 사람들은 대부분 문맹이었다.[52] 이것이 그리 놀랄 일은 아니다. 유럽 동부와 중부의 많은 나라들처럼 러시아에도, 프랑스나 영국에는 18세기 초부터 존재했던 문학단체, 직업작가, 상업적으로 성공한 출판사나 서점이 없었기 때문이다. 무엇보다도 러시아에는 자식을 가르칠 유인이 될 만한 사회적 유동성이 없었다.

가난한 사람들의 교육은 영국에서도 불필요하거나 위험한 일로 간

조지 크룩섕크가 1840년에 그린 〈벌집 영국〉. 부제가 '개인의 악덕, 사회의 이익'인 『꿀벌의 우화』에서 맨더빌은, 이 풍요로운 벌집이 개인의 사치와 탐욕, 오만 덕이고, 노동자들은 가난하지 않으면 일하려 하지 않으므로 "가난을 덜어주는 것은 속 깊은 일이지만, 가난을 없애주는 것은 바보 짓"이라고 썼다.

주되었다. 1723년에 버나드 맨더빌은 『꿀벌의 우화』 신판에서 이렇게 주장했다. "사회가 행복하려면…… 사회의 다수가 가난할 뿐 아니라 무지할 필요가 있다. …… 일하는 것과 비교할 때, 학교에 가는 것은 게으른 일이다." 100년 뒤에도 그런 생각은 흔했다. 1807년에는 초등교육을 제공하려는 법안이 상원에서 부결되었다. 반대한 이들 가운데에는 캔터베리 대주교와 왕립학회 회장도 있었는데, 그들의 주장에 따르면 노동계급에게 교육을 제공하고자 하는 계획은,

> 그들의 도덕과 행복에 해를 준다. 그들은 교육을 받으면, 그들의 사회계급에 따라 운명으로서 맡겨진 농업이나 다른 노동하는 자리에서 착한 종이 되는 대신 자신의 운명을 경멸하게 될 것이다. 복종하는 대신 파당을 짓고 고집을 부릴 것인데, 이 점은 제조업이 활발한 군에서 분명하게 나타난다. 또

그들은 선동적인 팸플릿, 사악한 책, 기독교에 반하는 출판물을 읽을 수 있게 될 것이며, 상급자에게 무례하게 굴 것이다.[53]

그들의 말이 완전히 틀리지는 않았을 터이다. 유럽사에서 큰 혁명(1640년의 영국, 1789년의 프랑스, 1917년의 러시아)을 밀어붙인 이들은 문맹과는 거리가 멀었다. 현대의 테러리스트 또한 무지렁이 농민인 경우는 거의 없다. 권위에 도전하는 경향이 생기는 것은 교육의 혜택 가운데 하나다. 1829년에 프랑스의 어느 기자는 노동자들이 도서대여점을 이용하게 되면 술을 덜 마실지도 모르지만, 결과적으로 그들의 독서가 그들의 음주보다 사회복지에 더 큰 피해를 주게 된다면 어쩔 것이냐고 썼다.[54] 1798년에 빈에서는 프랑스 혁명의 영향을 두려워하여 모든 도서대여점의 문을 닫아걸어 버렸다. 이 조치는 1811년에 해제되었다. 그러나 사실 빈 사람들은 걱정할 필요가 없었다. 베를린에는 도서대여점이 60개 있었지만, 빈에는 겨우 네 개밖에 없었으니까.[55]

공식 학교교육의 확산이 반드시 문자해득 확대의 필요조건인 것은 아니다. 스웨덴 왕 칼 11세와 루터교회는 1686년에 문자해득운동을 벌였다. 그 성공은 놀라웠다. 1740년에 스웨덴인 90퍼센트 이상이 읽기시험을 통과했던 것이다. 아이들은 부모와 이웃이 가르쳤고, 부모와 이웃은 사제들이 가르쳤다. 가정과 마을의 모든 사람이 1년에 한 번씩 시험을 보았다. 시험에 떨어진 사람은 성찬식에 참여하거나 결혼할 수가 없었다. 그러나 여성교육을 특히 우선했던 이 운동을 벌인 이유는 기본적으로 보수적이었다. 문자해득이 확대되면 종교 텍스트가 더 널리 확산되리라고 본 것이다. 어쨌든 스웨덴은 18세기 유럽에서 문자해득률이 가장 높은 나라가 되었다. 스코틀랜드의 한 복음전도사는 스웨덴을 여행하던 중에

스웨덴의 문맹퇴치는 독실한 루터교도였던 칼 11세의 몫이었다. 그는 모든 백성이 신의 거룩함을 알 수 있도록 교리문답서를 배우게 하고 성가집을 편찬해 보급했으며, 성서를 새롭게 번역해 내도록 지시했다. 성서는 사후인 1703년, 아들인 칼 12세 치세에 출간되어 '칼 12세 성서'로 불린다.

이렇게 썼다. "열 살이나 열두 살 이상인 사람 가운데 글을 못 읽는 이는 거의 만날 수가 없다."[56] 18세기 말 이전에 거의 100퍼센트에 가까운 문자해득률을 달성한 많은 지역이 신교의 영향력이 강한 곳이었다. 스코틀랜드 저지대, 프랑스의 위그노교도 지역, 독일의 루터주의 요새들, 스위스의 칼뱅주의 요새들이 그런 곳이었다.[57] 영국은 초등 의무교육 원칙을 가장 늦게 채택한 나라로 꼽히지만, 대부분의 교구에는 16세기에도 학교가 있었을 테고, 어쩌면 그 이전부터 있었을지도 모른다. 1470년대에는 영국인의 40~50퍼센트가 자기 이름을 쓸 수 있었다.[58]

문자해득률을 측정하기란 쉬운 일이 아니고, 그 의미도 분명치 않다. 심지어 오늘날에도 우리는 문자해득이 정확히 무엇을 가리키는지 잘 알지 못한다. 그리고 그 정의를 바꾸면 통계에 중대한 차이가 나타날지도 모른다. 이를테면 1992년에 미국의 전국교육통계센터에서 발표한 정부보고서 「미국의 성인 문자해득률」은 미국 사회에 경종을 울렸다. 미국인 47퍼센트가 문자해득의 다섯 범주 가운데 가장 낮은 두 범주에 속해 있었기 때문이다. 이것은 그들이 간단한 신문기사도 못 읽고, 심지어는 버스시간표조차 못 알아본다는 뜻이었다. 하지만 10년 뒤에 나온 새로운 보고서는 통계학자들이 애초에 자료를 오독했고, 문맹률은 처음의 '거의 50퍼센트'가 아니라 사실 5퍼센트에 지나지 않는다고 의기양양하게 발표했다.[59]

전통적인 문자해득률 조사는 혼인신고서에 자기 이름을 쓰는 것과 같은 단순한 일을 할 수 있는 이들의 수를 알아내는 것이었다. 그러나 이러한 '서명용 문자해득'은 간단한 산문의 한 문단을 실제로 읽으려고 하고 또 읽을 수 있는 사람들의 수를 제대로 보여주지는 못한다.[60]

인쇄된 텍스트를 판매하는 시장이 발달하려면, 그저 자기 이름을 쓸 수 있는 정도가 아니라 몇 쪽 길이의 간단한 이야기나 신문기사나 삽화 밑에 붙는 일련의 설명 같은 상대적으로 복잡한 텍스트를 읽을 만큼의 문자해득력을 갖춘 사람들이 있어야 한다. 이런 유의 문자해득력을 재는 만족스러운 통계는 없다. 심지어는 초등학교 졸업자 숫자도 마땅하지 않다. 글을 읽는 능력은 그 기술의 습득뿐만이 아니라 지속적 사용과도 관련되기 때문이다. 일상에서 읽기가 불필요한 환경에 사는 사람들은 읽는 법을 잊어버리곤 한다. 이 모든 면을 고려하면, 19세기 중반 유럽 인구 가운데 반(러시아를 포함하면 그 이상일 터이다)이 완전히 문맹이었고, 이들 외에 25퍼센트가 간단한 텍스트도 이해하지 못했을 가능성이 크다.[61]

그러나 자기 이름을 쓸 줄 아는 능력에 관한 자료가 적절한 비교자료는 될 수 있다. 잠재적 독자 수는 '서명 수준의 문자해득자' 수에 비례할 수도 있기 때문이다. 이를테면 1860년대 말에, 책시장은 자기 이름을

디킨스의 소설 『골동품 상점』에서 글씨쓰기를 연습하는 키트. 로버트 마티노의 1852년 그림. 하지만 키트는 혼인신고서에 제 이름을 쓰는 문자해득률 조사는 통과할지 몰라도 책시장의 독서공중은 아니다.

쓸 수 없는 이들이 인구의 70퍼센트에 이르렀던 이탈리아보다 그런 '서명 문맹자'가 25~30퍼센트에 '불과'했던 영국과 프랑스에서 훨씬 더 발달했다.62)

하지만 이런 통계는 얼마나 믿을 만할까? 심지어 19세기 이탈리아에 관해서도 우리는 극히 의심스러운 통계를 근거로 한 현대의 추정치에 기대고 있다. 이탈리아에는 스웨덴 같은 주교의 조사도 없었고, 혼인신고서에 서명하는 전통도 없었으며, 1860년까지는 심지어 통일된 나라도 없었다.63) 어쨌든, 19세기에 이탈리아 사람들은 대부분 이탈리아어를 말하지도 못했다. 설사 자유롭게 읽을 수 있었다 하더라도 오직 자기 지역의 방언만 이해할 수 있었을 텐데, 그런 방언으로 기록된 문헌은 별로 없었다.

19세기 말에 이르면, 병역 덕분에 프랑스에 관한 쓸 만한 자료를 손에 넣을 수 있다. 1881~1900년에 조사한 징집병 600만 명 가운데 8퍼센트는 읽지도 쓰지도 못했고, 2퍼센트는 읽기만 했으며, 87퍼센트는 둘 다 할 수 있었지만 초등학교를 제대로 마치지는 못했다. 이 가운데 간단한 책이나 신문을 읽을 수 있는 사람은 얼마나 되었을까? 잠재적 독자라면 적어도 초등학교는 마쳐야 한다고 가정—너그러운 가정이다—할 경우, 프랑스에서 그 수는 3퍼센트를 훌쩍 넘어서지는 못했을 것이다. 독일에서도, 1800년에 인구 2,200만 명 가운데 4분의 1이 읽을 수 있었다고는 하지만, 실제 독서공중은 약 30만 명이었을 것으로 추정되어왔다.[64]

출판업(책과 신문)의 관점에서 보면, 초등교육의 확산보다는 고등교육의 확산(1790~1810년에 두드러졌다)이 더 중요했다. 고등교육—성인 초기까지 이루어지는 모든 교육으로 정의된다—은 단행본, 잡지, 평론지, 교과서에 대한 수요를 창출했다. 고등교육 덕분에 중간계급 가운데 책의 세계에 접근할 수 있는 이들의 비율이 점점 높아졌다. 전문직(의사, 법률가, 교사)의 확산으로, 지적 자본을 소유하고 정보를 알고 일정한 문화적 지위에 이르는 일이 더욱 중요해졌다.[65]

더 큰 단위로 나아가는 것이 기본적인 경향이었다. 혁명 전의 유럽을 지배하던 수많은 작은 국가들은 사라졌다. 글말이 국어가 되고, 방언은 긴 쇠퇴과정을 밟기 시작했다. 경제적 통합은 관세장벽의 점진적 저하와 보조를 맞추어 19세기 내내 진행되었다. 인구가 커지고, 더불어 교육도 성장했다. 문화시장이 엄청나게 팽창할 수 있는 기초가 놓인 것이다.

제2장

승리한 언어들

글말의 매력

19세기를 거치면서 나라마다 국어가 생겨나고, 지역어local language는 방언dialect으로 지위가 떨어졌다. 그러나 지켜줄 군대가 없다고 해서 방언이 용도 못 써보고 죽지는 않는다. 국어는 최후의 승리는 자기 것임을 안다는 듯이 아량을 베풀 수 있다. 덕분에 사사로운 영역에서는, 곧 집에서, 술집과 카페에서 수다를 떠는 노인네들 사이에서, 문간에 서서 뒷말하는 여인네들 사이에서는 방언이 살아남는다. '진짜' 언어란 글로 쓰인 언어, 미래의 언어, 법과 질서의 언어, 교육에 쓰이는 언어다. 여태 방언을 쓰는 아이들 가운데 똑똑한 녀석들이 더 나은 장래를 찾아 들어가는 학교와 대학에서 이 언어를 쓴다. 방언을 쓰는 사람들을 징집해 시민과 애국자로 탈바꿈시키는 군대에서도 이 언어가 지배한다. 행정조직에서 군림하는 언어도 국어여서, 관료들이 지킬 규칙, 채워넣을 서식, 적어낼 공문서 모두가 하나의 언어로 쓰인다. 권력과 부, 일자리가 있을 만한 곳은 어디나 국어가 호령한다. 배움의 큰 중심지인 도시에서도 국어가 호령한다. 브르타뉴어가 끝내 프랑스어에 무릎꿇고, 게일어가 결국 영어에

항복한 곳이 바로 도시였다. 이탈리아어, 표준 독일어, '바른' 영어가 생겨난 곳도 바로 도시였다. 지배하지 못하면서도 문학을 만들어낼 수 있는 언어는 유럽에서는 찾아보기 힘들다. 유럽이 아닌 다른 곳을 그 언어가 지배하는 경우 말고는.

언어는 권위 있는 문학 텍스트라는 뒷배 없이는 살아남기 어렵다. 그렇지만 산스크리트어, 고대 그리스어, 라틴어 같은 글말들은 그 언어로 지은 문학과 그 문학에 빌붙는 기득권 조직(교사, 행정가 따위) 덕분에 '죽은 언어'이면서도 방언보다 오래 살아남았다. 늦게는 1814년까지, 프랑스어로 번역된 문건에는 라틴어 문건이 가장 많았다.[1] 무엇보다도 국어는 근대국가라는 뒷배를 가졌다는 데에서 둘도 없는 이점을 갖는다. 그게 없었다면, 원래 리스본 방언이었고 루이스 드 카몽이스(1524년께~80)가 '민족적' 서사시 『우스 루시아다스』에 썼던 글말인 포르투갈어는, 카탈루냐어와 안달루시아어처럼 카스티야어에 무릎꿇는 운명을 피할 수 없었을 것이다. 그러나 브라질과, 아프리카의 넓은 지역을 아우르는 제국을 등에 업은 포르투갈어는 세계에서 가장 많이 쓰이는 입말 가운데 하나가 되었다.

수많은 이탈리아 방언 가운데 시칠리아어와 베네치아어 같은 몇몇 방언은 기록문학을 만들어냈다. 그러나 무엇보다도 독보적이었던 방언은 토스카나어였는데, 그것은 유럽 전역에서 우러름을 받았던 단테, 프란체스코 페트라르카, 조반니 보카치오 같은 뛰어난 작가들 덕분이었다. 덕분에 토스카나어는 이탈리아 식자층이 쓰는 글말이 되었고, 1861년에 이탈리아가 통일된 뒤에는 마침내 모든 이탈리아인이 쓰는 언어가 되었다. 그때 평소에 이탈리아어로 말하는 사람은 토스카나에는 40만 명, 로마에는 7만 명, 아마 나머지 지역들에는 16만 명뿐이었을 것이고, 거의 모두 식자층이었다—다 합쳐봐야 전체 인구 2,000만 명 가운

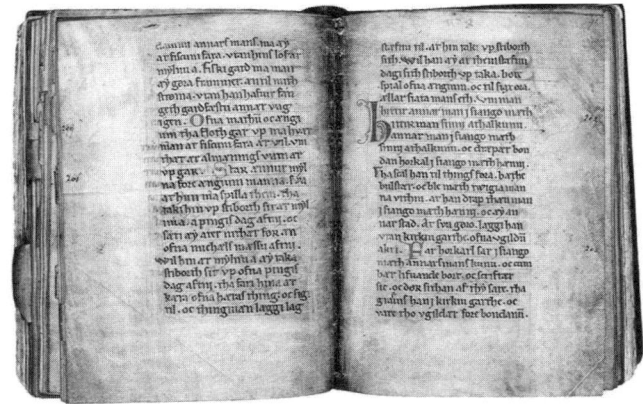

토박이말 필사본 중 가장 오래된 것으로 알려진 1250년 무렵 스칸디나비아 지역의 교회법 법전. 라틴어가 학자들의 공용어로 쓰인 17세기까지는, 프랑스어, 에스파냐어 같은 로망스어가 토박이말이었다.

데 63만 명에 지나지 않았다.[2]

방언에 견주어 글말이 가진 이점이 더 있다. 기록할 수 있기에, 보존하고 운반하고 보급하기가 더 쉽고, 그래서 가르치기도 더 쉽다. 글로 쓰인 텍스트는 문화시장 팽창에서 화폐 같은 것이다. 텍스트는 언제든 팔릴 수 있다. 그러나 구연문화는 기보법이 만들어지기 전의 음악처럼 공연하는 순간에만 팔릴 수 있다.

물론 문화시장이 발달하기 오래전부터 글은 있었다. 기호와 글을 구분하는 문제는 제쳐놓고(올빼미 그림은 '올빼미'라는 낱말이나 '뜻글자'만큼이나 올빼미라는 관념을 나타내는 훌륭한 방법이다), 현재 역사학계의 일반적인 견해에 따르면, 약 3,500년 전 지중해 동부에 살았던 사람들이 자모字母—여기서 기호는 사물이 아니라 소리를 나타낸다—를 발견했다. 그러나 정보를 기록하는 방법이 서로 다른 환경에서 독립적으로 발견되었을 가능성도 충분히 있다.[3] 자모는 말을 기록하는 방법으로 가장 널리 쓰이는 형식이 되어, 지중해 연안 전역, 유럽, 북아프리카, 중앙아시아와 인도에서 쓰였고, 마침내는 한국에서도 채택되었다(15세기에 조선은 그때까지 써오던 한자를 대신할 한글을 만들었다).

그러나 남아메리카에서는 스페인인들이 들어오고 나서야 글을 사용했고, 사하라 남쪽은 아랍 상인들에 의해 글이 확립되었다. 유라시아 대륙의 주요 종교―유대교, 힌두교, 불교, 기독교, 이슬람교―는 모두 책에 기반을 두었지만, 아프리카의 아산티족이나 키쿠유족의 종교, 또는 남아메리카 잉카의 종교, 심지어는 잉카인들과는 달리 글을 썼던 마야인들의 종교도 그렇지 않았다.[4]

글은 '고급'어, 곧 글말 형태―고전 만다린어[관화官話라고도 부르는 북방 중국어], 미슈나 히브리어(랍비 히브리어), 고전 아랍어(알 푸샤), 산스크리트어, 라틴어―와 '저급' 민중어가 함께 쓰이는 일종의 다이글로시아(같은 공동체 안에 두 언어가 공존하는 현상)를 낳거나 강화했다.[5] 학문적이고 고도로 성문화된 언어는 거의 모두 남성으로 구성된 지식인들만 쓰는 경향이 있었다. 어머니에게 배우는 어미말인 토박이말vernacular과는 달리, 고급 글말은 주로 공식교육을 통해 남성에서 남성으로 전해졌으며, 일상대화에서는 거의 쓰이지 않았다.[6] 18세기 이전에 라틴어로 적은 책 수만 권 가운데 여성이 쓴 책은 사실상 한 권도 없었다.[7] 그리고 16세기 유럽에서 인쇄된 '고급' 문학 대부분은 라틴어, 러시아어, 교회 슬라브어로 쓰였다. 1600년 무렵, 보들리 도서관에 소장된 책 6,000권 가운데 영어로 적힌 책은 36권에 지나지 않았다.[8]

러시아에선 18세기까지 교회 슬라브어가 글말이었다. 교회 슬라브어를 썼다는 것은 키릴문자를 차용했다는 뜻이었다. 벨로루시어, 세르비아어, 마케도니아어, 불가리아어, 그리고 19세기까지는 라틴어의 한 갈래인 루마니아어까지도 키릴문자를 썼다. 그러니 러시아어가 글말이 된

1764년 로모노소프를 방문한 예카테리나 2세. 이반 표도로프의 1884년 작품. 로모노소프는 물리학, 천문학, 화학, 지리학, 언어학, 문학 등 거의 모든 분야에서 당대의 일류 학자였다. 라부아지에보다 먼저 질량보존의 법칙을 발견했고, 망원경으로 금성을 관찰하여 금성에 대기가 있을 거라는 가설을 최초로 내놓았으며, 수은의 응고를 최초로 기록했고, 남극 대륙의 존재를 이론적으로 예측했다.

것은 아주 최근 일이다. 그것은 처음 러시아어를 글말로 썼던 미하일 로모노소프(1711~65) 덕분이었다. 로모노소프는 과학자였고, (러시아 바깥에는) 이름이 알려지지 않은 천재였으며, 모스크바 대학 설립자였고, 옛 교회 슬라브어와 토박이말을 결합해서 문법책을 쓴 사람이었다.[9]

국어가 성립되면서 많은 가능성이 열렸다. 국어의 성립은 '보편'어였던 라틴어에 맞선 싸움과 경쟁자가 될 만한 방언들과의 싸움, 이렇게 두 전선에서 벌어졌던 싸움의 결과였다. 라틴어가 사라진 것은 일종의 민주화였는데, 덕분에 새로운 사회집단들이 문화시장으로 들어설 길이 넓어졌으며, 새로운 장르의 글(서사문학과 대중적인 논픽션)이 확산될 수 있었기 때문이다. 텍스트에 기반한 문화의 성립은 언어적 균질화로 나아가는 길에 꽤 강력한 자극제가 된다. 공식어―사실은 우세한 '방언'―가 바로 '언어'가 되는 것이다.

'민족적'인 토박이말을 쓰자는 주장은 근대 이전에도 꽤 있었다. 단테가 쓴『속어론』(1304~05)은 이탈리아어를 채택하자는 뜻을 담은 (라틴어로 쓴) 팸플릿이었다. 조아캥 뒤 벨레가 쓴『프랑스어의 옹호와 선양』(1549)도 프랑스어를 쓰자는 주장을 담고 있었다.

'국어' 또는 '공식어' 수준으로 올라간 언어는 보통 정치 엘리트들이 일상적으로 쓰던 입말이었다. 영어는 런던에서 쓰던 말이었다. 프랑스어는 파리와 그 주변지역에서 쓰던 말이었다. 그러나 예외도 있다. 이탈리아어는 피에몬테 지방과 사보이 왕가―이탈리아 통일을 이끌었고 첫 통치자들을 배출한―에서 쓰던 언어가 아니었다. 피에몬테와 사보이 왕가에서 쓰던 방언은 이탈리아어보다는 프랑스어에 가까웠다. 피에몬테 사람들은 사르데냐―이곳도 사보이가 통치했다―를 알아들을 수 없는 방언을 쓰는 사람들이 사는 야만의 땅이라고 여겼다.[10] 하지만 그 피에몬테 사람들조차 자기네 말을 다른 지역에 강요하려고는 하지 않았다. 이탈리아어의 문화적 성립은 만장일치로 이루어졌다. 사람들은 새로운 국가의 언어는 마땅히 이탈리아어가 되어야 한다고 생각했고, 실제로 그렇게 되었다. 그러나 이탈리아인 대부분은 이탈리아어를 하지 못했고, 이탈리아의 초대 국왕 비토리오 에마누엘레 2세도 신하들에게 말할 때 이탈리아어가 아닌―그는 이탈리아어를 잘하지 못했다―제 고장 방언을 썼다.[11]

지배적인 언어를 쓰기로 결정하는 강력한 동기가 된 것은 자기발전이었다. 아일랜드에서는 게일어가 1690년대부터 내리막길을 걷기는 했지만 영어가 지배하는 와중에도 19세기까지는 너끈히 살아남았다. 그러나 흉년―1845년부터 1850년까지의 '대기근'―이 들고 25년이 지나는 동안에 아일랜드인들은 영어를 쓰게 되었다. 거기에는 영국의 압박보다는 부모의 선택 탓이 더 컸다. 의욕이 넘치는 부모들은 영어를 할 줄 알게 되면 아이들의 앞날이 더 나아지리라고 믿었다. 아일랜드인들은 아일랜드 민족주의를 고취시키는 데에도 영어를 썼고, 게일어는 낙후된 시골에서나 쓰는 말로 남았다.[12] 영국 문화생활에서 더블린이 큰 몫을 한 것도 영어가 승리하는 데에 더욱 힘을 보태주었다. 더블린에는 유명한 대학 한 곳이 자리잡고 있었고, 그곳은 또한 출판의 중심지였다(더블린의 인쇄소는 런던보다 싸고 효율적이었다).[13] 그래서 런던에서 책을 낸 작가들은 대부분 더블린에서도 책을 냈다. 더블린에서 먼저 내는 때도 있었다. 그러므로 아일랜드는 결코 뒤떨어진 식민지가 아니라 지식 생산의 주요한 중심지였다.

하나의 민족이라면 제 민족 '나름의' 언어로 쓴 문학이 필요하다는 생각이 지배적이었기에, 민족주의적인 지식인들은 조금은 제멋대로이긴 했지만 자기들이 민족문화라고 정의한 것을 글로 적는 일에 착수했다. 독일 학자 프리드리히 슐레겔(1772~1829)은 1815년의 빈 강연에서, 문학이란 "한 시대의 정신과 한 민족의 성격이 스스로를 표현해내는" 수단이며, "예술적이고 완성도 높은 문학은 두말할 것 없이 한 민족이 가질 수 있는 가장 큰 이점 가운데 하나"라고 설명했다.[14]

애국적인 지식인들은 문학을 통해 '자기네' 언어를 고귀하게 만들고자 했다. 옳은 생각이었다. 허공으로 사라지고 마는 말보다는 글로 적은 말이 더 중요했다. 처음으로 인쇄된 번역 성서들은 21세기까지 보기좋게 살아남은 여러 글말로 된 것들이었다. 독일어(1466), 이탈리아어(1471), 프랑스어(1487), 네덜란드어(1526), 영어(1535), 스웨덴어(1541), 덴마크어(1550) 성서가 그랬다. 유럽 곳곳, 특히 가난하고 억압받거나 힘없는 민족들에서는 지식인들이 교과서와 사전을 내놓았고, 알

요제프 크리후버가 1865년에 그린 부크 스테파노비치 카라지치. 카라지치는 세르비아 글말을 개혁하고, 독일어와 얀 후스의 체코 알파벳의 음소 원리에 따라 세르비아 키릴 알파벳을 표준화했다. 세르비아의 민담과 민요를 수집하여 민담 연구의 토대를 놓았으며, 유럽에서도 이름이 높아 야코프 그림, 괴테, 랑케 같은 이들과 친교를 나누었다.

맞은 입말을 써서 민간설화를 수집했다.

주요 사전들이 세상에 나오기 시작한 때는 17세기였으나, 본격적인 사전의 세기는 19세기였다. 1854년에 그림 형제는 독일어 사전의 표준인『독일어 사전』첫 권을 펴냈다(1954년에야 완간되었다). 여기에 자극을 받아 에밀 리트레의『프랑스어 사전』, 네덜란드의『네덜란드어 사전』, 나중에『옥스퍼드 영어 사전』(1857~1928)으로 알려지게 된『새 영어 사전』이 나왔다.

19세기는 본격적인 문법의 세기이기도 했는데, 문법학에서는 독일 학자들이 빼어났다. 여러 슬라브어들의 글말 형태가 독일 학자들이 설정한 학문적 기준을 바탕으로 표준화되었다. 실제로 독일인들이 여러 슬라브어 문법책을 쓰기도 했는데—게오르크 자무엘 반트케(폴란드어), 예르네이 코피타르(슬로베니아어), 요제프 도브로프스키(체코어)—모두 1808년께에 출판되었다.[15] 헝가리에서는 페렌츠 커진치(1759~1831)가 이끈 언어개혁운동을 통해 외국어를 번역해서 새 낱말들을 만들어내고, 문법규칙을 표준화하고, 새 낱말 수천 개를 만들어 어휘를 풍부하게 했다.[16] 헝가리 귀족들은 헝가리어가 마자르족 정체성에 없어서는 안 될 것이라고 보았다. 언어가 근대화되면서 헝가리어로 쓴 문학이 시를 중심으로 발달했다. 미하이 초코너이 비테즈, 산도르 페퇴피, 미하이 뵈뢰슈머르치 같은 이가 대표적인 문인이었다.[17]

불가리아와 세르비아에서는 슬라베노세르비아어가 그리스정교회의 전례에 쓰이는 언어였지만, 일반인들은 그 언어를 쓰지 않았다. 그러다가 부크 스테파노비치 카라지치(1787~1864)가 글말을 확립하려고 문법책(1814)과 사전(1818)을 만들어 내놓았다. 이 글말은 헤르체고비나 농민들이 쓰던 입말을 바탕으로 한 것이었지만 세르비아와 크로아티아 대부분 지역에서 알아들었다. 크로아티아의 민족주의 지식인들은 근대적인 세르보크로아트어를 발전시키기 위한 기초로 슈토바키아 방언—한때 두브로브니크의 르네상스 작가들이 썼던—을 선택했다.[18] 유럽 남동부 여러 지역에서 언어를 통일하려는 시도는 20세기까지 꾸준히 이어졌다.

알바니아—아직 세상에 알려지지 않았던—에서는 주요 방언 네 개가 수백 년 동안 줄기차게 싸우면서 여러 결과를 낳았다. 마침내 1909년부터 제2차 세계대전 사이에 북쪽 방언 Gheg이 공식어로 선언되었다—아직도 코소보에선 이 방언으로 말한다. 하지만 전쟁이 끝난 뒤에는 북방 방언과는 사뭇 다른 남쪽 방언 Tosk이 '알바니아어'로 선언되었다. 그러나 남쪽 방언이 '온 민족이 말하는' 언어로서 완전한 승리를 거두게 된 것은 1980년대 중반에 이르러서였다. 알바니아가 독립국이 되고도 70년이 넘게 지난 뒤였다.[19]

발칸 반도에서는 민족문학을 세우기가 특히나 힘들었다. 오스만 제국이 지배하던 몇백 년 동안 실질적인 지방귀족 엘리트도, 심지어는 작가와 독자를 배출하는 중간계급도 전혀 없었기 때문이다.[20] 투르크인들이 쫓겨난 19세기 후반, 발칸 반도에는 농민들이 압도적으로 많았고, 이렇다 할 민족적 부르주아지는 없었다—헤겔과 마르크스는 이들을 '비역사적 민족'이라고 불렀다. 마침내 어느 정도 국가의 모습을 갖추었을 때에는 문화적 정체성이라곤 찾아보기 힘든 군사-정치 엘리트들에게 주로 지배당했다(탈식민지 사회에서는 흔히 보이는 현상이다). 외세의 지배를 받는 작고 가난한 나라에서 글말문화를 성취하기란 쉬운 일이 아니다. 지방 엘리트들은 대개 외국이나 외국인 학교에서 공부했기에 지역 주민과는 공통점이 거의 없었다.

이를테면 알바니아에는 1887년까지 알바니아어 넷 가운데 어느 한 언어로라도 가르치는 세속학교가 단 한 곳도 없다가, 마침내 코르처에 한 곳이 설립되었다. 그러나 그곳도 사내아이들만 들어갈 수 있었다. 계집아이들이 학교에 가려면 4년을 더 기다려야 했다. 그때까지 중간계급 알바니아인들은 루마니아, 불가리아, 이탈리아, 이집트로 이민 갔던 돈 많은 동포의 자금으로 운영되는 외국 학교에서 교육을 받았다. 알바니아가 독립국이 된 1912년까지 학교에서는 주로 터키어, 그리스어, 세르비아어를 썼고, 이따금 이탈리아어도 썼지만, 알바니아어는 전혀 쓰지 않았다.[21] 맨 처음 나온 '알바니아' 신문은 그리스어와 이탈리아어로 쓰였다(『알바네세 디탈리아』, 1848). 알바니아어를 어떻게 적을지도 문제였다. 자모를 표준화하기 위해 1908년에 열린 '마나스티르 회의'에서는 라틴문자와 아랍문자 사이에서 난항을 거듭한 끝에 결국 라틴문자가 채택되었다.[22] 문자를 바꾸는 일은 생각보다 자주 일어난다. 다른 나라의 지배를

11월 22일은 알바니아 알파벳의 날이다. 1908년 11월 14~22일, 오스만 제국령 마나스티르에서 50명이 참석한 '마나스티르 회의'에서 이들의 주도로 6개나 되었던 알바니아어 표기법을 라틴문자로 통일했다.

받는 힘없는 나라에서는 특히 그렇다. 서유럽 나라 대부분은 수세기 동안 똑같은 로마문자를 썼지만, 터키는 1928년에 근대화를 이끈 케말 아타튀르크 독재 치하에서 자모를 아랍문자에서 로마문자로 바꾸었다. 아제르바이잔은 1940년에 아제리어(터키어와 비슷하다)를 적는 데에 아랍문자를 버리고 키릴문자를 선택했다. 그러다가 공산주의가 무너진 뒤 10년에 걸쳐 로마문자로 바꾸기 시작해서 2001년에 마무리지었다.

폴란드어는 15세기 말부터 점점 더 중요해져서, 다민족 폴란드-리투아니아 연방에서는 라틴어 대신 폴란드어가 행정어가 되어갔다. 이렇게 된 데에는 종교개혁의 영향을 받아 폴란드 글말이 발달한 덕도 있었다. 17세기에 이르면 폴란드어는 리투아니아와 루테니아 귀족들이 쓰는 문화어가 되었다. 그러나 폴란드에서조차도 폴란드어가 민족정체성을 확립할 수는 없었다. 그때 폴란드 민족에는 폴란드어가 아닌 우크라이나어, 벨로루시어, 리투아니아어를 쓰는 농민들도 포함되어 있었기 때문이다. 대신에 민족을 하나로 묶어준 강력한 요소는 가톨릭이었다. 이를테면 성화 〈쳉스토호바의 검은 성모〉는 종교의 상징이자 민족의 상징이었다.[23]

폴란드는 더는 국가가 아닌 시기도 있었지만, 적어도 그전에는 국가였다. 국가라는 지위가 없으면 문학을 생산하기가 쉽지 않다. 1991년에야 독립국이 된 마케도니아는 그전에 국가였던 적이 한 번도 없었고, 19세기까지는 문자로 기록된 문학도 전혀 없었다.[24] 핀란드어의 글말 형태는 14세기부터 있었지만, 핀란드 문학 또한 비교적 최근에 생겼다. 1820~60년에야 비로소 여러 방언 가운데 핀란드어가 두각을 나타냈고, 얼마 안 되는 핀란드 인구가 두 개의 주요 어군(슬라브어 계통과 독일어 계통) 사이에 오랫동안 끼여 있었으며, 1809년까지 600년 동안 스웨덴의 속국이었다가 그다음에는 러시아 차르의 지배를 받았고, 더구나 상층계급이 쓰는 언어가 스웨덴어였다는 사실을 고려하면, 그리 놀랄 일도 아니다.[25]

노르웨이어도 꽤나 늦어서야 글말이 되었다. 노르웨이는 1523년부터 덴마크의 지배를 받다가 1814년의 킬 조약으로 스웨덴에 넘어간 뒤 1905년에 가서야 독립국이 되었다. 합의된 언어는 없었다. 19세기에 지배계급들은 리크스몰로 알려진, 덴마크어에 가까운 언어로 말했고, 1929년부터는 보크몰('책말' 또는 글말)로 말했다. 민중은 란스몰('시골말')로 말했는데, 오늘날 이것은 뉘노르스크(새 노르웨이어)로 알려져 있다. 결국 '책말'이 민중어를 눌러서, 오늘날 민중어를 쓰는 사람은 15퍼센트에 미치지 못한다.[26]

언어가 사멸하는 것을 보고 감상에 빠질 수도 있겠지만, 언어가 같아

⟨쳉스토호바의 검은 성모⟩. 야스나 고라의 바오로회 수도원에 있는 성화로, 폴란드의 성유물이자 국가상징물의 하나다. 17세기에 폴란드가 스웨덴의 침공을 받았을 때 검은 성모가 큰 홍수를 일으켜서 전쟁의 판도를 바꾸고 야스나 고라의 수도원을 지켰다는 전설이 전해 내려온다.

지면 문화시장이 팽창하기 쉬워지는 게 사실이다. 큰 시장은 약한 시장을 밀어낸다. 18세기 스코틀랜드에서 독서공중이 점점 영어 쪽으로 눈을 돌렸을 때, 스코틀랜드 작가들도 그랬다. 게일어는 이따금 시(이를테면 로버트 번스의 시)에 쓰였을 뿐, 19세기를 거치면서 웨스턴 제도 같은 변두리 지역에서 말고는 입말로도 쓰이지 않게 되었다. 그 과정은 1861년에서 1913년 사이에 150만 명의 스코틀랜드인들—1911년 전체 인구의 30퍼센트에 해당한다—이 삶의 터전을 떠나면서 가속되었다.[27] 그러나 문화 전체로 보면, 언어를 잃은 게 득이 되었다. 영어 덕에 스코틀랜드(또는 아일랜드) 문화의 요소들이 다른 작은 민족들은 상상도 못할 만큼 널리 퍼지고 번안될 수 있었으니까.

언어와 시장

1848년의 프랑크푸르트 국민회의에서 야코프 그림은 이렇게 선언했다. "민족의 자궁을 이루는 것은 강이나 산이 아니다. 오직 언어만이, 산 너머 강 건너로 흩어져 있는 한 민족의 테두리가 되어준다." 이때 그림이 옹호한 것은 반세기 넘게 민족주의자들 사이에서 널리 통용되었던 생각―민족이란 같은 언어로 말하는 모든 이의 본질이라는 생각―이었다.[28] 그러나 독일인은 모두 '독일어'로 말하긴 했지만, 그때는 아직 루터 성서에 쓰였던 고지高地 독일어의 후예가 마침내 승리를 거두고 (표준) 독일어가 된 상황이 아니었다. 독일인들이 말했던 '독일어'는 너무 다양해서, 서로 이웃한 지역이 아니면 소통이 안 될 지경이었다. 언어에 통일성이라곤 전혀 없었기에, 그림이 한 말이 맞는다면, 민족을 이루는 본질도 없었다. 민족이라는 것과 더불어 '독일인'이라는 것도 머릿속으로 구성해내야 했던 관념이었다.

프랑스도 마찬가지였다. 19세기가 시작될 즈음, 프랑스 영토에 사는 이들 가운데 프랑스어로 말하는 사람은 소수에 지나지 않았다. 대다수는 이런저런 갖가지 방언을 썼다. 100만 명은 브르타뉴어를 썼고, 또 100만 명은 독일어, 10만 명은 바스크어를 썼으며, 그 밖에 플랑드르어나 이탈리아어를 쓰는 이들도 있었다. 프랑스 남서부 지역은 언어학적으로 수많은 사투리patois로 갈기갈기 찢어져 있었다. 19세기가 끝날 즈음에도 파리에서 몇 킬로미터 떨어진 피카르디에선 파리 시민들이 도무지 알아듣지 못하는 방언으로 말하는 이들이 많았다. 마르세유의 사정은 한 위대한 언어학자가 선언한 대로였다―"통역가가 필요하다."[29] 브르타뉴, 리무쟁, 프로방스의 법정에는 19세기가 끝날 때까지 통역가가 필요했다.[30]

대수도원장 앙리 그레구아르(1750~1831) 같은 프랑스 혁명가들은 방언들의 강한 기세에 낙담했다. 노예제 폐지와 유대인 해방(1788)을 위한 싸움을 이끈 용사였던 그레구아르는 사투리에 반감을 갖게 되었다. 1794년('하나이며 나뉠 수 없는 공화국 2년'), 그레구아르는 「사투리들을 없애고 프랑스어를 보편적으로 쓰게 해야 하는 이유와 방법」이라는 단호한 제목의 글을 발표했다.[31] 그러나 그 정책은 제목이 시사하는 것보다는 덜 억압적으로 실행되었다. 혁명가들은 사람들에게 자기 말을 알아듣게 하려면 지역어를 써야 했다. 그레구아르와 편지를 주고받았던 수도원장 샹봉이 국민의회가 결의한 법령을 설명하려고 페르피냥에서 카탈루냐어를 써야 했던 까닭이 바로 여기에 있었다.[32] 그레구아르는 프랑스어가 유럽 곳곳에서 사랑받으며 쓰이고 있는데도 정작 프랑스에서는 말하는 이가 거의 없다고 탄식했다. 프랑스 시민들은 브르타뉴어, 노르만어, 피카르디어, 왈론어, 플랑드르어, 샹파뉴어, 프랑슈콩테어, 카탈루냐어, 가스코뉴어, 랑그도크어 따위로 말했다. 코르시카에선 이탈리아식 사투리로 말했다. '프랑스' 라인 강 유역에서는 개탄스럽게도 독일어로 말했고, 식민지에는 '천한 검둥이 말'(크리올어)을 쓰는 곳도 있었다. 그 결과 프랑스인 600만 명은 프랑스어를 한 마디도 못하고 또 600만 명은 프랑스어로 일상적인 대화를 이어가지 못한다고, 그레구아르는 덧붙였다. 프랑스어가 보편어가 되지 못하면, 행정은 앞으로도 줄곧 '지체 높은 계급들' 차지가 될 터였다.

엄밀히 말하면, 16세기부터 국가업무에는 프랑스어를 쓰도록 강제했으나, 개인업무는 저마다 하고 싶은 대로 하도록 내버려두었다. 그러다가 그레구아르가 쓴 보고서를 토대로 마련된 1794년 7월 20일의 공화국 법령은 모든 계약서는 프랑스어로 적어야 한다고 규정했다.[33] 이것이 시작이었다. 교육, 사회·지리적 이동, 정실情實주의, 억압, 행정의 확대, 언론, 책, 징병제가 나머지 과정을 처리했다. 한 언어 쓰기가 진행되었고, 사투리들의 저항이 만만치 않았으나, 마침내 프랑스어가 승리를 거두었다. 사투리는 집안과 마을에서만 쓰이게 되었다.

물론 프랑스 바깥에서 프랑스어를 쓰는 이는 많았다. 특히 왈론(벨기에의 한 지역으로, 벨기에는 1830년에 프랑스어를 쓰는 왈론과 네덜란드어를 쓰는 지역들이 합쳐져서 탄생했다)에선 랑그도일langue d'oïl(근대 프랑스어는 여기에서 기원했다)이 널리 퍼졌으나, 프랑스 남동부 대부분은 여전히 랑그도크langue d'oc의 이형들로 말했다. 스위스도 프랑스어를 썼는데, 스위스는 1815년에 프랑스의 뇌샤텔 군郡, 발레 군, 제네바 군이 여러 말을 쓰는 헬베티아 연방으로 통합된 새 나라였다. 캐나다를 비롯한 식민지에도 프랑스어를 쓰는 이들이 있었다. 이렇게 프랑스어를 쓰는 공동체들이—적어도 부분적으로—살아남게 된 까닭은, 비록 그네들 나라에서는 소수 언어였다 해도 더 넓은 세계에서는 주요 국제어였기 때문이다. 덕분에 문화산업에서 나오는 이익이 제법 많았다. 1760년대에 프랑스 정부가 금지했던 책들 가운데 60퍼센트가 국경 바깥, 주로 플랑드르와 스위스에서 출간된 것으로 집계되었다.[34]

프랑스어를 쓰는 벨기에 부르주아지는 처음엔—비교적 최근까지—프랑스어를 공식어로 삼음으로써, 그다음에는 프랑스 문학을 자기네 문학으로 여김으로써 계급정체성을 세워나갔다.[35] 덕분에 왈론 사람들은 더 넓고 국제적으로 힘있는 언어공동체와 손잡을 수 있었던 반면, 플랑드르 작가들은 그 지역 화가들과는 달리 자기네가 생산한 문학을 나머지 세계에 거의 알리지 못했다. 언어가 이르지 못하는 곳에도 그림은 이른다. 국제적인 언어로 글을 쓰는 것도 도움이 된다. 만약 에르제와 조르주 심농(가장 유명한 벨기에 작가들이다)이 그들 작품의 주인공 탱탱과 매그레 반장에게 플랑드르어로 말하게 했다면, 과연 국제적으로 이름을 떨칠 수 있었을까?

플랑드르 문화가 바깥 세상으로 나가려면 프랑스어로 바뀌어야 했다. 그래서 벨기에 작가 샤를 드 코스테르는 인기 있는 『울렌슈피겔의 모험』(1867)을 프랑스어로 썼다. 이것은 중세 독일의 악한소설을, 스페인과 성직자의 반계몽주의에 저항하는 플랑드르 영웅 이야기로 고쳐쓴 작품이다. 덕분에 울렌슈피겔은 널리 이름을 날렸다.

프랑스가 끌어당기는 힘이 그처럼 대단했기에, '벨기에 문학'이 자립성을 가졌다고 생각하는 곳은 벨기에 말고는 어디에도 없었다.36) 벨기에의 민족적 자존심이 치른 대가는 컸다. 모리스 마테를링크(1911년에 노벨상을 받았다), 조르주 심농, 마르그리트 유르스나르 같은 유명한 20세기 벨기에 작가들이 파리로 건너갔고, 세상은 그들을 프랑스 작가로 여겼다. 하지만 그들은 그저 스위스 출신 작가 장 자크 루소와 뱅자맹 콩스탕 같은 '프랑스' 문학의 큰 기둥들을 뒤따른 것뿐이었다.

1800년에, 독일어, 영어, 프랑스어가 쓰이는 영역은 독일, 잉글랜드, 프랑스 영토보다 넓었다. 그때 오스만 제국의 지배를 받았던 그리스도 마찬가지였다. 그리스는 크기도 작고 인구도 적은 나라였다. 아테네는 1834년에 수도가 되었을 때에도 주민이 1만 명뿐인 가난한 마을이었다. 그리스 전체 인구는 65만 명쯤이었고, 대부분 글을 몰랐다. 문화시장이 발달하는 데에는 엄청난 장애물이 가로놓인 셈이었다. 그런 형편인데도 책생산이 나름 중요한 의미를 가진 것은 그리스가 아니라 해외에 사는 그리스인들 때문이었다. 특히 그 무렵 그리스인들의 도시로는 세계 최고였던 알렉산드리아(이집트)에서는, 꽤 큰 규모의 지식인 공동체가 반터키

프레더릭 로빈슨이 1909년에 그린 『파랑새』의 표지그림. 벨기에 작가들은 프랑스어로 폭넓은 독자를 만나고, 그리하여 '프랑스' 작가로 여겨진다. 『파랑새』와, 단테의 『신곡』에 나오는 파올로와 프란체스카의 사랑 이야기에서 소재를 딴 상징주의 희곡의 대표작 『펠레아스와 멜리장드』를 쓴 모리스 메테를링크 또한 벨기에에서 법대를 졸업하고 파리로 이주해 프랑스어로 글을 썼다.

민족주의의 기초를 찾아 유럽과 유럽 문학 쪽으로 눈길을 주고 있었다.

앞에서도 살펴보았듯이, 이탈리아는 상황이 달랐다. 나라 밖에서 이탈리아어로 말하는 곳은 거의 없었고, 실상 나라 안에도 없었다. 언어 문제를 다루게 된 것도 정치적으로 통일된 뒤의 일이었다. 1862년, 교육부 장관 에밀리오 브롤리오는 이탈리아에서 가장 유명한 작가 알레산드로 만초니를 위원장으로 한 위원회를 구성해, 라 부오나 린구아(바른 언어)를 '보편화'할 방도를 결정하도록 했다. 프랑스에서 그레구아르가 똑같은 일을 하려고 애썼던 때로부터 70년 뒤의 일이었다. 그러나 위원회는 아무런 합의도 이끌어내지 못했고, 만초니는 물러났다. 토스카나어의 어떤 갈래를 채택할 것인가를 두고 의견이 크게 갈렸다. 문학 언어인 피렌체 식자층이 쓰는 언어로 할 것인가, 아니면 피렌체 민중이 쓰는 언어로 할 것인가?[37]

사실 1950년대까지도 이탈리아인 대부분은 일상에서 방언을 널리 썼다. 만약 가까운 장래에 그 방언들이 멸종하게 된다면—지금 신세대들은 지역 방언을 거의 하나도 모른 채 자란다—그것은 아마 계획적인 정치 행위에 의해서라기보다는 대중교육, 국내이주, 그리고 무엇보다도 텔레비전 때문일 것이다.

이처럼 오래 계속된 다이글로시아는 나중에 자세히 검토하게 될 하나의 현상, 곧 이탈리아에 대중문학이 전무하다시피 했다는 사실을 부분적으로 설명해준다. 16세기와 17세기에는 이탈리아어가 라틴어 다음으로 지배적인 유럽어였다. 그러다가 프랑스어에 자리를 내주었다. 이탈리아 문학평론가 알베르토 아소르 로자의 말을 빌리면, 600년 동안 이탈리아 문학은 "이탈리아어로 말하지 않는 사람들로 이루어진 광활한 바다를 떠다녔다".38) 지역 방언으로만 말했던 사람들 대다수는 글을 몰랐다. 그랬으니 자기 글이 널리 읽히길 바라는 작가라면 소수 엘리트가 쓰는 언어를 써야만 했다. 그래서 어쩔 수 없이, 텍스트를 기반으로 한 더욱 폭넓은 대중문화를 구축하는 일이 조금은 어려워졌다. 19세기 이탈리아에서 민중 서사는 프랑스나 영국에 상대가 되지 못했다. 이탈리아어의 좁은 언어적 기반이 그것을 가로막았던 것이다.

하지만 상층계급의 마음을 끌기만 한다면, 방언도 문학시장에서 쓰일 수 있었다. 밀라노 시인 카를로 포르타와 그의 맞수였던 로마의 위대한 시인 주세페 조아키노 벨리가 맞이했던 대조적인 운명이 그 점을 흥미롭게 보여준다. 나폴레옹 시대에 활약했던 포르타는 살아서 대단한 인기를 누렸지만, 벨리는 그러지 못했다.39) 밀라노 방언은 사회적인 지위의 높낮이에 상관없이 모두가 쓰던 언어였다. 밀라노 식자층은 프랑스어도 썼지만, 이탈리아어는 쓰지 않았다. 그래서 포르타가 쓴 시들은 책으로 출간되고, 교육받은 공중 사이에 유포되었다. 포르타는 단테의 『신곡』까지 밀라노어로 번역하려고 했다.

벨리가 쓴 풍자적 소네트는 로마 방언으로 쓰였는데(그리고 포르타가 밀라노어로 쓴 시에 고무되었는데), 익명의 전단, 곧 16세기부터 내려오는 불경한 운문인 파스퀴나테pasquinate(이렇게 불린 까닭은 그 전단들이 파스퀴노 조각상에 붙어 있었기 때문이다) 전통을 바탕으로 하고 있었다. 그러나 밀라노, 베네치아, 나폴리의 경우와는 달리 로마 엘리트들은 로마 방언을 쓰지 않았다. 이 방언을 썼던 사람들, 곧 민중은 글을 몰랐다. 포르타에겐 시장이 밀라노와 밀라노 지방으로 국한되었지만, 벨리에게는 시장이 아예 없었다. 벨리는 바보가 아니었다. 자기가 쓴 시가 팔리지 않으리라는 걸 알고 있었다. 벨리가 글을 쓴 목적은 그가 민중의 생각이라고 믿는 것을 묘사하기 위해서, 일종의 문학인류학을 내놓기 위해서였다. 벨리는 시집 머리말에 이렇게 적었다. "여기서 나는 무지한 평민의 생각을 그린다."⁴⁰⁾ 벨리는 소네트를 쓴 이가 자신이라는 것을 밝힌 적이 없었고, 가톨릭교도로서 양심의 가책이 마음을 짓누를 때에는 그 주제넘은 시들을 태워버리려고 했다. 벨리의 이름이 세상에 알려진 것은 그가 세상을 떠난 뒤인 1886~89년에 루이지 모란디가 그의 시들을 모아 선집을 엮어내면서였다.⁴¹⁾

부유한 도시에서는 연극에 방언이 성공적으로 쓰일 수 있었다. 18세기 베네치아에서 카를로 골도니는 세련되고 박식한 관객들을 위해 베네치아 방언으로 희곡을 썼다. 그 탓에 시장이 한정되었다. 베네치아는 너무 작았고 골도니의 적은 너무 많았으므로, 더 큰 영광과 더 많은 돈을 얻으려면 다른 곳으로 가야 했다. 적어도 골도니 생각으로는 그랬다. 그러나 잘못 생각한 것이었다. 골도니는 1762년에 파리로 가서 이탈리앵 극

로마의 파스퀴노 광장에 있는 파스퀴노 조각상과 그 받침대에 붙은 파스퀴나테. 기원전 3세기 작품으로 추정되는 이 대리석상은 15세기에 로마에서 발굴되었고, 16세기부터 로마 방언으로 풍자시를 써서 파스퀴노 상에 붙이는 관습이 생겨났다. 이 '말하는 조각상'은 로마를 통치하던 교회의 부정한 행위와 실정에 대한 민중의 불만을 대변했고, 풍자문을 뜻하는 영어 단어 패스퀴네이드가 여기서 나왔다.

장을 운영했으나, 파리 시민들이 기대한 것은 익살스러운 이탈리아식 즉흥극이었다. 그러다가 장차 루이 16세가 될 이의 결혼을 축하하려고 프랑스어로 쓴 희극 『까다롭고도 친절한 사나이』가 마침내 성공을 거두어 왕실연금을 받게 되었지만, 프랑스 혁명 뒤에는 연금 지급이 중단되었고, 그는 가난에 시달리다 세상을 떠났다.

19세기 내내, 그리고 이후에도, 극장에서는 지방 사투리를 써도 되었다. 지방의 부르주아계급이 방언을 더 편해했기 때문이다. 극작가 루이지 카푸아나는 더 크게 성공하려고, 이탈리아어로 쓴 희곡들(『자친타』) 가운데 몇 편을 자기 토박이말인 시칠리아 방언으로 옮기기까지 했다.[42] 빈에서는 대표적인 민중극장들이 희극적인 방언 연극을 전문적으로 무대에 올렸다.[43]

알레산드로 만초니가 깨달았다시피, 책은 사정이 달랐다. 만초니는

1827년에 유명한 소설『약혼자』초판을 펴냈는데, 그것은 프랑스어 낱말과 예스러운 표현이 가득한 이탈리아어로 쓴 책이었다. 따지고 보면, 만초니에게 이탈리아어는 첫째 언어도 아니었고(첫째 언어는 밀라노 사투리였다) 둘째 언어도 아닌(둘째 언어는 프랑스어였다) 셋째 언어였다. 피렌체에 머물면서 그는 식자층에서 쓰는 피렌체어로『약혼자』를 다시 썼다. 지금까지도 팔리고 있는 이 제2판은 1840~42년에 시리즈로 출간되어 대단한 갈채를 받았다. 이 소설은 곧 근대 이탈리아 문학의 본보기로 드높여졌다. 이탈리아어로 글을 쓴다는 것은 곧 위신을 얻을 뿐 아니라 시장도 더 넓어진다는 뜻이었다―둘은 뗄 수 없는 묶음이었다.

'이탈리아어'는 오랜 문학 전통을 갖고 있었지만, 아직 국어가 되지는 못했다. 가난, 중앙정부의 부재(1861년까지), 시골에서 교육에 반대했던 가톨릭교회의 존재 같은 불리한 조건이 크게 작용했다. 하지만 그런 조건들을 벌충해주는 요인도 있었다. 도시생활의 탄탄한 그물망, 그리고 14세기와 15세기에 이탈리아가 서구문화에 비길 데 없이 크게 이바지했던 문화유산이 그것이다. 온갖 예술형식과 학문에서 모두 으뜸이었던 이탈리아에는 최고 수준의 공학자, 건축가, 수학자, 과학자, 은행가, 회계사, 탐험가, 음악가, 화가, 조각가, 시인, 정치학자, 역사학자가 있었다. 인쇄술이 발명된 곳은 북유럽이었으나, 15세기 말 유럽의 책생산 중심지는 유럽에서 가장 부유한 도시 베네치아였다. 베네치아 인쇄업자들은 그리스문자와 키릴문자로도 책을 찍어 유럽 남동부에 수출했다.[44]

그러나 19세기에 이르자 과거의 영광은 빛을 잃었다. 이탈리아는 다른 나라에 뒤진 채, 외국의 업적을 넋을 잃고 바라보며 대부분의 문화 분야에서 프랑스와 영국을 따라가는 나라가 되고 말았다. 한 가지 두드러진 예외, 오페라를 빼고는.

프랑스어의 패권

19세기 초에, 독일을 여행하던 스탈 부인은 '폴란드인과 러시아인들'
—물론 그녀가 만났던 이들—이 프랑스어만 말하고 독일어는 하려 들
지 않는다고 적었다.[45] 19세기의 오랜 기간에 프랑스어는 유럽 엘리트
들 사이에서 패권을 가진 언어였고, 여러 분야에 그 흔적을 남겼다. 외
교에서는 샤르제 다페르chargé d'affaires[대리대사], 아타셰attaché[대사
관원], 무용에서는 미뉴에트minuet, 가보트gavotte, 샤콘chaconne, 사라
방드sarabande, 발레에서는 앙트르샤entrechat, 롱드장브rond de jambe,
주테jeté, 아라베스크arabesque, 신경제학에서는 레세페르laissez-faire[자
유방임주의], 앙트르프르뇌르entrepreneur[기업가] 따위가 그 예다. 군사
용어에도 프랑스어에서 온 것이 적지 않다. 이를테면 카발리cavallerie
[기병대], 드라공dragon[기병], 퀴라시에cuirassier[흉갑기병], 아르티리
artillerie[포병대] 따위가 있다. 두말할 것도 없이, 모든 유럽어는 유럽어가
아닌 말에서 숱한 낱말을 빌려왔다. admiral[장군]과 magazine[잡지]은
아랍어에서 왔고(al-amir: 사령관, makzin), tomato[토마토]와 chocolate
[초콜릿]은 아즈텍어에서, puma[퓨마]는 케추아어에서, maize[옥수수]
는 아라와크어에서, jungle[밀림]과 veranda[베란다]는 힌디어에서, 그
리고 divan[긴 의자]은 페르시아어에서 왔다. 그러나 그렇게 유럽 바깥
에서 온 낱말 가운데 다수는 먼저 지배적인 유럽어—대개 프랑스어나 영
어(또는 많은 아랍 낱말의 경우에는 스페인어)—에서 먼저 채택된 뒤에 다른
유럽어 속으로 들어갔다.

18세기 말에 이르면, 프랑스어를 번역한 책들이 책생산을 지배했다.
영어, 스페인어, 포르투갈어 따위를 번역한 책 가운데에는 프랑스어에서
중역한 것들이 많았다.[46] 이렇게 중역하는 버릇은 대중문학에서 지금도

여전하다. 1981년에 『이브와 용병Eva e il mercenario』이라는 제목으로 이탈리아에서 출간된 한 연애소설은 1978년에 프랑스에서 출판된 『이브와 용병Ève et le mercenaire』을 번역한 것이었는데, 이 프랑스어판은 원래 바이올렛 윈스피어가 영어로 쓴 『요부의 시간Time of the Temptress』(1977)의 번역본이었다.[47]

프랑스어의 패권을 촉진한 요인은 인구였다. 1801년 프랑스 인구는 영국 인구보다 세 배나 많았다. 프랑스가 대륙의 중심이었을 때, 대영제국은 사실상 대륙 앞바다에 떠 있는 섬나라에 지나지 않았다.[48]

18세기 유럽의 출판업 중심지였던 라이프치히에는 독일의 여느 도시보다 파리 쪽 업자들과 거래하는 서적상이 많았다. 스탈 부인은 라이프치히에서 팔리는 프랑스 책의 양에 깜짝 놀랐다. 스탈 부인은 프랑스 문학과 계몽주의 사상에 친숙한 여관 주인들과 서적행상들을 만났다고 주장했다.[49] 1780년대 초에 라이프치히의 많은 서점에서 살 수 있었던 '문학예술' 범주의 외국 책 가운데 41퍼센트는 프랑스 책, 21퍼센트는 영국 책, 19퍼센트는 이탈리아 책, 8퍼센트는 네덜란드 책이었다. 독일어로 번역된 책 310종 가운데에서는, 절반이 넘는 160종이 프랑스어를 번역한 책이었고, 영어를 번역한 책은 102종, 이탈리아어를 번역한 책은 13종, 네덜란드어를 번역한 책은 11종이었다. 18세기 말까지는 네덜란드 문예지 대부분이 프랑스어로 쓰였다.[50]

프로이센의 프리드리히 2세는 독일어를 경멸해서 궁정에서 프랑스어만 쓰도록 했다. 1784년의 베를린 과학아카데미상 수상자는 프랑스어의 우월함을 옹호했던(『프랑스어의 보편성에 관하여』) 프랑스인 앙투안 드 리바롤이었다.[51] 리바롤이 그렇게 주장한 근거는 프랑스 문학의 명백한 우월함(초서에서 셰익스피어를 거쳐 밀턴에 이르는 영국 문학은 높이 치지 않았다), 루이 14세의 위대함, 그리고 무엇보다도 다른 언어보다 더욱 탁월한 프랑스어의 논리성이었다. "명료하지 않은 것은 프랑스어가 아니다. 명료하지 않은 것은 영어, 이탈리아어, 그리스어, 또는 라틴어다"—프랑스어 외의 언어들은 모두 단순한 본능과 감정에 기초한 언어라는 것이었다.[52]

이런 시각이 수십 년 동안이나 널리 퍼져 있었다. 그러다가 똑같은 단언조로, 독일어가 철학에 어울리는 언어라든가, 영어가 더 명료한 언어라는 주장이 나타나기 시작했다. 그러나 그 무렵 리바롤의 견해는 대다수가 당연하게 받아들이고 있었고, 몽테스키외에서 볼테르에 이르는 프랑스 지식인들도, 프로이센 국왕에서 카를로 골도니에 이르는 외국인들도 그렇게 생각했다. 골도니는 『회고록』—같은 베네치아 사람 자코모 카사노바가 쓴 책들처럼, 프랑스어로 쓰였다—에서 프랑스어가 유럽 전체에 지성과 문명의 기준을 세웠다고 말했다.[53] 18세기에도 프랑스에서는 지식인들이 찬미의 대상이었다. 볼테르 초상이 새겨진 파이프를 살 수도 있고, 철학자들의 얼굴이 그려진 카드로 놀이를 할 수도 있었다.[54]

영국인들은 다른 나라 문화보다 프랑스 문화를 눈여겨보았다. 영국 귀족들은 옷차림이며 사치품이며 음식에서 프랑스인을 따라하는 데에 열을 올렸다. 한편으로는 그들 또한 프랑스인들은 여자 같고/같거나 부도덕하다고 여기면서도.

18세기 러시아에서 '프랑스'는 '유럽'과 같은 말이었고, 자연히 문명과도 같은 말이었다. 표트르 대제와 예카테리나 여제—여제도 프랑스어로 『회고록』을 썼다—가 의식적으로 내세웠던 친프랑스 풍조는 독일의 영향을 견뎌냈고, 심지어 나폴레옹 전쟁을 치른 뒤에까지도 살아남았다. 스탈 부인은, 루이 14세 이후 대륙의 대부분에서는 프랑스를 따라하는

프랑스는 철학자로 카드놀이를 하는 지성의 나라였다. 혁명기인 1793년에 만들어진 이 카드의 윗줄엔 몰리에르, 라퐁텐, 볼테르, 루소가, 아랫줄엔 플라톤의 네 덕목 지혜, 정의, 절제, 용기가 그려져 있다.

데에 자기네 자부심을 바쳤다고 주장했다.[55]

프랑스어의 맞수가 될 만한 유일한 언어가 영어였다. 18세기에 영국 소설들은 거의 나오자마자 대륙으로 번역되었다. 대륙 사람들은 『에든버러 리뷰』와 『쿼털리 리뷰』 같은 영국의 정기간행물을 열심히 읽고 본뜨고 표절했으며, 영국 사상가의 글을 번역하고 논평하고 토론했다. 이탈리아에서 친영국 풍조는 18세기 진보적 엘리트의 뚜렷한 특징이 되었다.[56]

심지어 프랑스에서도 혁명 이전에는 진보적 지식인 사이에서 영국식 자유를 찬양하는 일이 흔했다. 영국 사상가들은 숭배를 받았다. 애덤 스미스가 쓴 『도덕감정론』(1759)은 1764년에 독일(1770)과 러시아(1868) 보다 앞서서 프랑스어로 번역되었고, 『국부론』(1776)은 영국에서 출판된 지 2년 만에 프랑스어로 번역되었다.[57] 영국의 '고딕' 소설들이 유행했고, 영국에서 나온 여행기도 인기를 끌었다.

프랑스의 친영국 풍조가 나폴레옹 전쟁 동안에 가라앉은 건 그럴 만했다. 그러나 왕정복고 시기가 되자 친영국 풍조가 다시 거세게 밀려왔다. 맵시 있는 멋쟁이 이미지와 영국식 클럽이 인기를 끌었다. 1834년, 파리 최고의 명문 클럽은 자키 클럽—1750년에 만들어진 잉글랜드 경마 클럽 이름을 딴—이었다. 부에노스아이레스에서 그랬듯이, 영국 영향이 강한 곳이라면 어디에나 자키 클럽이 생겼다. 바이런(프랑스어로는 이따금 'Biron'이라고 적기도 했다)은 누구도 뭐랄 수 없는 우상이 되었다. 그는 그리스의 독립을 위해 싸우다 전쟁터에서 죽어가는 위대한 시인이었다.

대륙 작가들은 귀족들이 등장하는 이야기를 썼다. 발자크는 로르 룬 Lord R'Hoone(자기 이름 오노레Honoré의 철자 순서를 바꾼 것)이라는 이름으로 첫 소설을 썼다.[58]

프랑스인들은 다른 모든 유럽인보다 자기들이 우월하다고 믿었지만, 대영제국 앞에서는 자신감이 덜했다. 영국의 경제발전은 무시하기에는 더없이 인상적이었고, 영국에서 누리는 자유가 프랑스에서 누리는 것보다 훨씬 넓었기 때문이다.

그러나 프랑스의 문화적 패권은 19세기 내내 강화되었다. 낭만주의 문학과 사실주의 문학이 거둔 성공 덕분이었다. 발자크부터 조르주 상드까지, 알렉상드르 뒤마부터 빅토르 위고까지 프랑스 작가들이 유럽 전역에 알려졌다. 1870년, 명망 높은 잡지 『르뷔 데 되 몽드』는 프랑스 바깥의 구독자가 2만 8,000명이라고 주장했다.[59]

프랑스인들은 여전히 자기네 언어가 '최고'라고 확신해서, 구태여 그것을 입증하기 위해 강한 논증을 펼치려고도 하지 않았다. 다음은 에드몽 아르누가 1858년에 발표한 문학이론 논문에서 주장한 내용이다.

이탈리아어는 너무 달짝지근하다. 스페인어는 너무 울림이 많다. 게다가 이 두 언어는 전적으로 남방적이어서, 그대로는 북방 사람들의 해부학적 구조에 알맞지 않다. 나아가 그 언어들이 대표하는 민족들은 자기네 영향력을 발휘하는 것은 고사하고, 되려 외국인들에게서 영향을 받는다. 비슷한 이유로 나는 독일어를 배제한다. 독일어는 너무 북방적이다. 거칠고 정확성이 없어서 남방 사람들이 받아들일 만한 언어가 아니다. 영어―이 언어도 너무 독일스럽다―는 그 언어를 쓰는 민족이 가진 모험적인 기질 덕분에 세계 구석구석으로 퍼진 언어이지만, 그 뿌리는 어김없이 앵글로색슨족에 두고 있다. 어쨌든 영어는 신세계를 문명화하라고 요청받고 있으므로, 그곳에서는 미래가 밝다. 슬라브어들에 관해서는 내가 아는 바가 전혀 없으므로 아무 말도 하지 않겠다. 그러고 나면 프랑스어가 남는다.[60]

그럼, 영어는?

이민과 대영제국의 급속한 영토 확장 덕분에, 19세기를 거치면서 영어는 프랑스어와 스페인어의 영역을 잠식하며 기반을 넓혀갔다. 영어는 미국에 확고하게 뿌리를 내리면서, 강제로 끌려온 아프리카인들뿐 아니라 밀려드는 이민자들―이탈리아어, 이디시어, 폴란드어, 중국어, 독일어, 스웨덴어를 쓰던 사람들―의 언어가 되었다. 그런데 이 영어는 과연 어떤 언어였을까? 현대 표준 영어의 기원은 1400년 무렵의 런던 방언이었다(런던 방언은 다양한 에식스 지방 사투리가 뒤섞인 혼성어였다). 영국의 상업과 정치에서 런던이 중심이었음을 감안하면 그리 놀랄 일도 아니다. 런던이 인쇄산업의 본고장이 되기 전에도, 모든 필경사를 위한 표준을 세웠던 대법관청 서기들은 런던 영어로 수많은 사본을 작성하고 있었다.[61]

1536년에 이단으로 몰려 처형당하는 윌리엄 틴들. 존 폭스의 『순교자의 책』에 실린 목판화. 영어권에 종교개혁의 사상을 널리 퍼뜨린 틴들의 번역 성서는 가톨릭교회의 패권에 대한 직접적 도전이었다.

인쇄되어 나온 최초의 영어 텍스트인 윌리엄 틴들의 번역 성서(1525년부터, 그러나 쾰른에서 인쇄되었다)는 우리가 16세기의 표준 토박이 영어로 여기는 언어를 사실상 확립했고, 나중에 흠정역 성서를 위한 토대가 되었다. 그럼에도 1700년 무렵까지는 '영어'의 이형이 너무 많아서 국어라 할 만한 것은 없었다.[62] 18세기 말, 영어를 점진적으로 집대성하려는 노력이 결실을 맺어, 뒷날 퀸스 잉글리시 또는 킹스 잉글리시, 표준 발음, 표준 영어, 옥스퍼드 영어, 그리고 20세기에는 BBC 영어로 불리게 될 언어가 탄생했다. 그러나 19세기가 끝나갈 때까지도 방언들은 여전히 살아 있었다. 1877년에도 40종의 책력이 방언으로 출간되었는데, 네 종을 빼고 나머지는 모두 요크셔의 웨스트 구에서 출간되었다. 랭커셔에는 서로 다른 방언이 적어도 스무 개는 있었다.[63]

프랑스에서 프랑스어가 쓰인 정도―이탈리아에서 이탈리아어가 쓰인 정도는 말할 것도 없고—에 비해 영국에서는 영어가 비교적 널리 쓰였다. 하지만 대륙의 여러 나라들과는 달리 지역적 요소보다는 계급적 요소가 더 크게 작용했다. 지방 억양이나 방언은 그 사람이 낮은 계급 출신이라는 표시였다. 샬럿 브론테가 쓴 소설 『제인 에어』(1847)에 나오는 고상한 여주인공은 로체스터 씨를 떠난 뒤에 가게 된 시골마을에서 자기가 가르치는 아이들 말을 거의 알아들을 수 없었다.[64] 아이들은 그녀와는 다른 세계에 있었다. 엘리자베스 개스켈이 쓴 『북과 남』(1854~55)에서 작가는 일부러 몇 가지 방언 낱말들을 썼는데, 그것은 북부와 남부의 차이를 강조하기 위해서가 아니라 북부 사람들이 바른 영어를 쓰지 못한다는 걸 강조하기 위해서였다. 뮤직홀에서는, 그리고 나중에 영화, 라디오와 텔레비전 드라마에서는, 지방 억양은 흔히 경멸의 뜻을 담아 평범한 노동계급 등장인물을 나타내는 데에 쓰이게 될 터였다.[65]

민중의 행동거지와 말에 대한 경멸은 1861년의 국민교육 상태에 관한 의회보고서로 공식화되었다. 지방에서 쓰는 말투에 대한 보고서의 적대감은 전국의 식자층이 두루 가지고 있었는데, 그들은 나름의 이유를 들어가며, 지방어를 사회발전의 걸림돌로 치부했다.[66]

영어는 20세기 후반에 들어와서야 국제어가 되었다. 영어가 미국어이기도 했던 탓이 컸다. 그렇지만 19세기 중반에도 영어가 이미 세계 곳곳에 미쳤음은 분명했다. 그때 야코프 그림은 이렇게 선언했다. "영어는 마땅히 세계어로 불릴 수 있을 것이며, 영국 민족과 마찬가지로 장차 지금보다 훨씬 더 널리 세력을 뻗치며 지구 전역을 지배할 운명으로 보인다."[67] 영국은 엄청난 부, 번성하는 문화, 중요한 과학적 성취, 정치적 자유를 두루 갖추고 있었다. 유럽 전역의 지식인들 눈에는, 자유로운 모습으로 번성하는 영국 언론과 엄격하게 통제받는 러시아, 오스트리아, 그리고 이탈리아 안의 여러 국가와 프로이센의 언론만큼 극명한 대조를 이루는 것은 없었다. 대영제국에 흐르는 정치적 평온과 프랑스의 소요도 대조적이었다. 1828년, 괴테는 여기에 주목하여, 으스대는 영국인의 기분을 꽤나 유쾌하게 그려냈다.

> 대체로 영국인은 다른 여러 나라 사람들에 비해 확실한 강점을 가진 듯이 보인다. 여기 바이마르에서 우리는 몇몇 영국인들밖에 보지 못하는데, 그들이 최고의 영국인은 결코 아닐 것이다. 그러나 저들이 얼마나 훤하게 잘생긴 사람들이던가! 얼마나 어려서 이곳으로 왔든, 저들은 이 외국의 분위기에서도 조금도 당황하는 법이 없다. 사교계에서 보이는 행동거지는 마치 어디를 가든 자기네가 주인이라는 듯, 온 세상이 다 자기 것이라는 듯 스스럼없다. …… 개인적인 자유를 누리는 행복감, 자기가 영어 이름을 가졌고 그 이름을 다른 민족들이 중요하게 여긴다는 의식, 이런 것은 아이들에게마저 강점이 된다. 그 아이들은 학교에서뿐 아니라 자기네 집안에서도 우리 독일인보다 훨씬 나은 대접을 받고 훨씬 자유롭게 자라기 때문이다.[68]

비록 영어는 (아직은) 유행하는 언어가 아니었지만, 영국 문학은 18세기 초부터 대륙에서 중요한 위치를 차지했다. 대니얼 디포의 『로빈슨 크루소』는 1719년에 출판되고 1년 만에 프랑스어, 독일어, 네덜란드어로 번역되었고, 곧이어 축약판이 만들어지면서 더 많이 팔렸다. 『로빈슨 크루소』는 시대가 바뀌어도 줄곧 위대한 소설로 남았고, 끊임없이 개작되었다. 장 자크 루소는 '내 에밀이 읽을' 첫 번째 책으로, '오랫동안 에밀에게 완전한 도서관이 되어줄' 『로빈슨 크루소』를 추천했다.[69] 『섬에 사는 로빈슨』으로 개작된 소설은 1832년 프랑스 초등학교에서 가장 많이

이용된 비종교적 소설이었다.⁷⁰⁾

　조너선 스위프트가 쓴 『걸리버 여행기』—1726년에 익명으로 출판되었다—도 거의 『로빈슨 크루소』만큼이나 성공을 거두었다. 나오자마자 프랑스어로 번역되었고, 프랑스어 번역본이 독일어를 비롯한 다른 언어로 번역되었다. 그러나 소설에 담긴 풍자는 번역과정에서 사라져버린 탓에, 아이들이나 읽을 만한 모험소설로 여겨지게 되었다.

　그때 번역가들은 꽤 자유롭게 텍스트를 다룰 수 있어서 원작을 국내 시장의 요구에 맞추어 개작하곤 했다. 그래서 로렌스 스턴이 쓴 소설들이 독일에서 거둔 성공의 일부는 원작보다 더 익살맞고 기이하게 옮긴 요아힘 크리스토프 보데의 번역 덕이었다고 할 수 있다.⁷¹⁾

　18세기 프랑스에서는, 계몽주의 철학자들이 영국을 자유의 본산으로 떠받들었던 반면, 영국인에 대해서는 흔히들 투박하다고 여겼다. 야만인으로 그릴 때도 있었는데, 풍자적인 『유럽의 야만인들』(1760)을 쓴 로베르 마르탱 르쉬르 같은 이는 영국인을 유럽의 야만인이라고까지 했다(이때는 축구 훌리건들이 등장하기 한참 전이었다). 이 책을 보면, 리처드슨과 필딩을 숭배하는, 운 없는 친영국파 프랑스인 한 쌍이 배에서 내린 뒤 술 취한 마부가 모는 초라한 마차를 타고 런던으로 간다. 여관에 도착해서 더러운 식탁에 앉게 된 이들 앞에 거의 익히지도 않은 쇠고기가 나온다. 이들은 타이번에서 벌어진 공개처형 광경, 사람들의 야비함, 쉽게 맺어지는 중매결혼(여행자 가운데 한 사람이 이 결혼의 희생자가 된다)에 소스라치게 놀란다. 둘은 파리로 돌아와서야 겨우 마음을 놓을 수 있었다. 20년 뒤에 르쉬르는 다시 영국인들을 겨냥해 『런던에 간 프랑스 연인들 또는 잉글랜드의 쾌락』(1780)을 내놓았다. 이 소설은 또 다른 운 없는 한 쌍이 잉글랜드에 가서 맥주밖에 마실 줄 모르고 포크도 쓸 줄 모르는 사

"독자가 짐작하다시피, 나는 몹시 불편한 자세로 여태껏 누워 있다." 소인국, 거인국, 하늘을 나는 섬나라, 말나라로 구성된 『걸리버 여행기』는 '여행 이야기' 장르를 빌려 인간 본성을 통렬하게 풍자한다.

람들을 보고 들은 이야기를 담았다.[72]

    나폴레옹이 전쟁에서 패하고 왕정복고가 이루어지면서 프랑스에서도, 특히 왕당파 안에서 친영국 풍조가 생겨났다. 그들 사이에서는 영어 억양으로 꾸며 말하는 게 유행이었다. 1825년부터 1901년 사이에 『르뷔 브리타니크』에 실린 기사들은 모두가 『에든버러 리뷰』 같은 영국 정기간행물을 번역한 글이었다. 1829년에 『에든버러 리뷰』의 어조와 내용에 고취되어 잡지 하나가 창간되었다. 이것이 『르뷔 데 되 몽드』로, 머지않아 19세기에 가장 명망 높은 프랑스 평론지가 되었고, 21세기에도 계속 발행되고 있다.[73]

    나폴레옹 전쟁이 끝난 뒤, 몇몇 러시아 신문과 정기간행물은 프랑스 문화 대신 영국 문화를 격찬했다. 『로빈슨 크루소』(1764년에 러시아어로 번역되었고, 1797년까지 네 가지 판본이 나왔다), 바이런의 애정행각과 시, 월터 스콧이 쓴 역사소설에 꽤 많은 관심이 쏠리고, 영국 언론이 누리는 자유에 감탄한 덕분이었다.74) 1830년대에 이르면 『에든버러 리뷰』, 『쿼털리 리뷰』, 『블랙우즈 에든버러 매거진』, 『웨스트민스터 리뷰』(1824년에 제레미 벤담과 제임스 밀이 창간했다)에 실린 글들이 재깍재깍 번역되었다. '호반'시인 윌리엄 워즈워스와 새뮤얼 테일러 콜리지는 러시아에서 워낙 찬사를 받았던지라, 영국 언론이 콜리지를 비판하자 러시아인들은 어리둥절했다.

이런 문화의 흐름은 거의 완전히 일방적이었다. 영국에서 19세기 초의 러시아 문학—푸시킨과 레르몬토프를 포함해서—을 아는 사람은 사실상 아무도 없었다.75)

물론 번역은 텍스트가 외국시장까지 뚫을 수 있게 해주었지만, 번역은 동시에 생산비를 올라놓았다—마치 번역료가 수입한 책에 붙는 관세라도 되는 것처럼. 지방의 지식인 엘리트들이 아는 언어(이를테면 프랑스어)로 쓰인 텍스트라면 출발부터가 유리했을 것이다. 그런 텍스트는 나머지 독서공중에게도 읽히도록 번역될 가능성이 컸다. 프랑스나 영국처럼 문화생산물이 많은 나라들은 다른 나라의 문화생산물을 많이 수입하지 않았다. 외국어에서 영어로 번역된 책의 비율은 1800년에는 전체 책 생산의 3.78퍼센트, 1870년에는 더 낮아진 2.88퍼센트였다.76)

국제문학의 몸통이 만들어지고 있었다. 1800년 무렵, 지식인 엘리트(여전히 독서공중의 대다수를 이루었다)가 으레 읽어야 할 책은 그리스와 로마 시대의 주요 고전, 르네상스 시대 작품 몇 편(특히 이탈리아 작품), 프랑스 고전 몇 편이었다. 가까운 시기의 문학으로 오면, 자기 나라 문학을 접어둔다면, 누구나 프랑스와 대영제국의 문학은 알아야 했다. 거의 19세기 내내, 이 두 나라 출신이 아니면서도 유럽 시장을 파고든 작가는 극히 적었다. 작가들은 애국심에서, 그리고 영어, 프랑스어, 러시아어,

터키어와 고지 독일어 같은 지배적인 언어에 대한 적개심에서 '제 나라' 언어―체코어, 헝가리어, 우크라이나어, 세르비아어, 폴란드어, 노르웨이어 따위―로 글을 썼다.[77] 그러다 보니 그들은 어쩔 수 없이 훨씬 좁은 시장에 갇히게 되었다. 오늘날 많은 아프리카 작가들이 처한 상황이 그렇다. 그들이 영어나 프랑스어로 글을 쓰면 '제 나라' 언어로 글을 쓸 때보다 훨씬 큰 시장에 들어갈 수 있다.

호소력을 발휘할 수 있는 시장이 제한된 언어로 글을 쓰는 일은 대작가들에게도 큰 걸림돌이다. 19세기에 독일어로 썼던 작가들조차도 마찬가지였다. 독일어는 거의 프랑스어와 영어만큼이나 널리 쓰이던 언어였고, 괴테, 실러, 헤르더, 그림 형제 같은 유명한 작가들을 배출했다. 유럽 전역의 사람들이 이들 모두를 알았고 이들이 쓴 책을 읽었다. 유럽에서 슬라브어를 쓰는 많은 곳에서는 독일어가 힘있는 언어가 되어가고 있었다. 사실 1848년에 열린 최초의 슬라브민족회의에서 주된 소통수단은 바로 독일어였다.[78] 독일어의 영향력은 1850년 이후에 커져갔다. 1860년대에 프로이센을 중심으로 강력한 게르만 국가가 형성되고, 오스트리아가 지배하는 다국적 제국이 존재한 덕분이었다. 그러나 19세기가 흘러가는 동안, 상대적으로 보아, 독일인들은 국제적으로 인기 있는 문학을 하나도 내놓지 못했고, 뒤마나 디킨스, 발자크나 베른만 한 이름을 얻은 소설가도 배출하지 못했다. 독일어의 전파는 주로 독일 대학들의 우수함, 독일 사회과학과 철학의 확산 때문이었다. 유럽을 지배하던 프랑스어나 힘을 키워가던 영어에, 독일어는 결코 대단한 위협이 아니었다.

제3장

출판

책과 돈

출판업자들이 저자들에게 흔히 말하듯이, 출판은 크게 돈 되는 사업이 아닙니다. 19세기에, 출판업으로 큰돈을 벌기가 아예 불가능한 것은 아니었지만, 그 말은 사실이었을 것이다. 실업계 거물들은 강철을 만들거나 석탄을 캐거나 철도를 놓고 있었다. 그들에게 자금을 댄 은행가들은 더 큰 부자가 되었다. 그러나 그보다 큰 부자는 여전히 부동산으로 먹고살며 기생하던 '옛날 부자'들이었다.[1] 출판업은 규모가 작고 위험부담이 컸다. 출판업자는 목재나 강철처럼 똑같은 상품을 대량생산하는 게 아니라 서로 경쟁하는 책들을 여러 종 펴내야 했다. 각각의 책이 성공할지 여부는 (지금도 그렇지만) 흔히 어림짐작으로 판단했다. 책을 펴낸 뒤 제작비를 회수하는 경우는 드물었다. 원래 저자는 책을 출간하기로 하면서 합의한 금액만—그것도 출판업자가 줄 때만—받았고, 그 책이 벌어들인 수입에서는 자기 몫이 없었다. 출판업자는 일차로 위험부담을 떠안았지만, 대신 어떤 책으로 이익을 남겼다고 해도 요즘처럼 저자와 나눠가질 필요가 없었다. 그러나 저자의 명성이 높아지면 교섭력도 더불어 커지기 마련이라, 저자는 첫 번째 책에 대한 위험부담을 전혀 짊어지지 않았던 다른 출판업자에게 자유롭게 옮겨가면 그만이었다.

출판과정은 텍스트를 쓰는 작가, 텍스트를 인쇄할 수 있게 준비하는 출판업자, 그것을 찍어내는 인쇄업자, 찍어낸 책을 독자에게 파는 서적상으로 구성되어 있었다.[2] 18세기 말까지는 출판업자가 도련과 제본을 거치지 않은 인쇄지를 서적상에게 팔면 서적상이 책을 제본해서 파는 것이 일반적인 관습이었다.[3] 인쇄업자, 출판업자, 서적상의 역할이 결합된 경우도 흔했다. 작가가 인쇄업을 겸하기도 하고(『클라리사』의 작가인 새뮤얼 리처드슨), 작가가 곧 출판업자인 경우(『오트란토 성』의 호레이스 월폴)도 있었다. 하지만 그 기능들은 어쨌든 구분되어 있었다.[4]

18세기 말에 들어서 가장 흔한 결합 형태는 인쇄업과 출판업의 겸업이었는데, 런던 시에 있는 인쇄소 여섯 곳 가운데 한 곳을 운영했던 조지프 존슨이 그 예였다. 그는 제법 성공을 거두어 한 해에 100여 권의 책을 찍고 펴냈다. 눈부실 만큼 화려한 그 도서목록에는 새뮤얼 테일러 콜리지, 윌리엄 블레이크, 윌리엄 고드윈, 토머스 페인, 메리 울스턴크래프트, 윌리엄 워즈워스, 조지프 프리스틀리(과학자), 벤저민 프랭클린, 토머스 맬서스 같은 이들의 작품이 들어 있었다.[5]

출판의 경제학을 따지기란 쉬운 일이 아니다. 마르탱 리옹은 발자크의 첫 번째 주요 작품『올뺴미당』(1830)을 가지고 그것을 따져보았다. 초판 1,000부를 펴내는 데에 들어간 비용은 4,500리브르였다. 그 가운데 발자크가 받은 원고료가 1,000리브르였고, 종잇값 역시 1,000리브르였다. 여기에 인쇄비 1,200리브르와 제본비, 광고비, 이자 따위로 1,300리브르가 더해졌다. 출판업자들은 인쇄본을 권당 5리브르에 서적상들과 도서대여점들에 팔아 5,000리브르를 받았다. 여기서 비용을 덜고 나면 출판

휘그당을 자코뱅파에 빗댄 제임스 길레이의 정치풍자화 〈새로운 도덕〉(부분). 이 그림에 묘사된 이래즈머스 다윈, 프리스틀리, 콜리지, 페인 같은 이들의 급진적 팸플릿은 대부분 조지프 존슨이 발행했다.

업자들에게 돌아가는 몫은 500리브르였는데, 이것은 발자크가 벌어들인 돈의 절반이었다. 한편 서적상들은 5리브르에 사들인 책을 12리브르에 팔았으므로, 만약 책을 다 팔았다면 총매출액은 1만 2,000리브르가 된다. 따라서 서적상들의 수익은 7,000리브르가 되었겠지만, 여기서 서점 운영비는 공제해야 한다. 출판업자는 2쇄 이상의 증쇄를 해야 비용이 줄어들어 이윤이 남았다.[6] 데이비드 벨로스가 계산한 바로는, 프랑스에서 왕정복고가 이루어진 1815년 이후 한 번에 1,000부가 인쇄된 책의 제작비는 권당 거의 1프랑에 가까웠다. 이 책을 3.3프랑에 팔면 2.3프랑의 이익을 남길 수 있었다.[7]

그러나 출판물의 대부분을 차지한 것은 책이 아니었고, 그중에서도 소설은 더더욱 아니었다. 주종을 이룬 것은 학술 및 과학 간행물, 팸플릿, 회보와 게시물이었다. 이것들을 조금이라도 돈벌이를 기대하거나 노리고 파는 경우는 거의 없었다. 사실 많은 출판물이 보조금을 받고/받거나 공짜로 배포되었다. 출판물은 정보를 퍼뜨리는 한 방법이었다. 저자, 후원자, 기관들은 그저 어떤 작업의 결과를 공표하고 싶어서 출판업자나 인쇄업자와 계약한 것이었다. 그래서 그 관계는 교환을 위한 생산을 수반하는 자본주의적 관계가 아니라 저자와 인쇄업자 사이의 직접적 관계였고, 작품을 의뢰하는 사람과 그 작품을 만드는 장인의 관계와 그리 다를 게 없었다. 출판업에서 이런 측면은 지금도 남아 있지만, 19세기 초에는 훨씬 더 흔했다. 이것이 인쇄업자들과 출판업자들에게는 위험부담이 적고 안정적인 수입원을 제공함으로써 '진짜' 출판의 밀림 속에 도사린 위험을 상쇄해주었다.

확실히, 19세기 전반기에는 이 밀림이 아주 작았다. 책값은 비쌌고, 책을 살 만한 여유가 있는 사람은 거의 없었다. 보급판보다 호화판을 내는 쪽이 훨씬 수지맞는 경우도 흔했다. 세 권짜리 소설 200부를 한 질에 1.5기니를 받고 팔면 316파운드가 조금 넘는 돈을 벌 수 있었지만, 선정적인 싸구려 소설 '페니 드레드풀penny dreadful'을 (1파운드가 240페니였던 시절에) 2만 부 판다고 하더라도 손에 쥐는 돈은 겨우 83파운드 남짓이었다.[8]

책값이 싸지고 대중문학이 발달하기 시작한 것은 19세기 말에 이르러서의 일이었다. 그때까지는 몇백 부를 찍어서 파는 게 보통이었고 1,000부도 꽤 많은 양이었으므로, 1만 부를 짧은 기간에(기간이 중요하다) 판다는 것은 거의 불가능했다.

인쇄술은 15세기에 발명되었지만, 책시장은 300년 동안 제한되어 있었다. 많은 혁명이 그렇듯이, 인쇄혁명 역시 처음에는 지금 우리가 생각하는 것만큼 극적이진 않았다.

책의 역사

혁신은 흔히, 자기가 밀어낸 것의 여러 측면들을 복제하거나 포함하면서 상징과 언어의 수준에서 연속성을 확보한다. 그래서 배에 선장이 있듯이 비행기에 기장이 있고, 자동차의 동력은 마력으로 표시되며, 타자기에서 발전한 '쿼티' 키보드가 컴퓨터에 쓰이고, 컴퓨터 프로그램들은 '폴더'와 '파일' 속에 정리된다. 인쇄된 책도 이와 비슷하게, 필사한 종이들에 표지를 덮고 등을 단단히 묶어 제본한 책, 이른바 코덱스에 빚지고 있다. 인쇄된 책은 코덱스의 쪽수 매기는 방식을 본떴고, 폴리오(곧, 공책에 쓰인 종이처럼 중간을 한 번 접은 종이)를 채택했다. 그리고 손으로 마무리해서 삽화들로 장식했고, 값이 매우 비쌌다.9)

15세기에 인쇄술이 발명될 무렵에 이르면, 손으로 쓰는 글자체는 날이 갈수록 비슷해져서 거의 똑같은 모양이 되어 있었다(오늘날의 기준으로 보면 그렇지도 않지만). 여러 유파의 필경사들이 코덱스를 제작하던 중세 유럽에는 여러 가지 글꼴이 있었다. 남부 이탈리아의 몬테카시노 수도원에서는 베네벤토체가, 잉글랜드와 아일랜드의 여러 수도원에서는 '섬나라Insular'체가 쓰였다. 프랑스에서는 처음에 메로빙거체가 쓰이다가 카롤링거체로 대체되었다. 12세기에는 고딕체가 등장해 아주 오랫동안, 특히 독일에서 인기를 누렸다. 그러다가 마침내 오늘날에도 널리 쓰이는 근대적인 로마체가 등장했다.

책이 필경사들의 손으로 만들어지고 책시장이 좁을 때는, 서로 다른 양식들이 병존하는 것을 피할 수 없었다. 그러나 일단 책시장이 커지기 시작하자 판형을 통일할 필요가 생겼다. 책을 더 많이 만들어내려면 공통의 표준이 있어야 했다. 이것은 산업화의 모든 형태에서 나타나는 특징적인 과정이다.

루브르 박물관에 전시된 로마 시대의 밀랍 서판. 코덱스는 나무판에 밀랍을 덮은 이 서판에서 발전해 나왔다. 밀랍에 글자를 쓴 뒤에 섭씨 50도까지 가열하면 밀랍이 녹아 서판을 다시 사용할 수 있었다.

인쇄술은 근대적인 책을 탄생시킨 폭넓은 혁명의 일부였다. 제책된 필사본 '코덱스'는 두루마리에 비하면 크게 진보한 것이었다. 두루마리를 읽으려면 처음부터 끝까지 연대순으로 읽어야 한다(어쨌든 그게 더 쉽다). 요즘 식으로 비유하자면, 두루마리는 비디오테이프나 오디오카세트 비슷하고, 책은 CD나 음반이다. 책에는 두루마리와는 달리 쪽수가 매겨져 있어서, 곧바로 중간 부분을 찾아서 특정 단락을 읽고, 다시 몇 쪽을 건너뛰었다가 도로 앞부분으로 돌아갈 수가 있다. 마치 음반이나 CD를 조작할 때처럼. 그래서 두 권의 책을 동시에 연구하기가 상대적으로 쉽다. 한 책상 위에 두 권 다 펴놓고 번갈아가며 훑어볼 수도 있다. 그러나 두루마리 두 개를 동시에 본다고 상상해보라. 일단은 양손으로 두루마리를 풀어야 하고, 그다음엔 두루마리 양쪽 끝에 문진을 눌러놓아야 하고, 다시 두 번째 두루마리를 펼쳐야 하는데, 이 모든 것을 하려면 넓은 공간이 있어야 한다. 게다가 두루마리는 필사하기도 어렵다. 사실 많은 필경사들은 엄밀히 말해 베껴쓰기가 아니라 받아쓰기를 하고 있었다(이런 방식으로 여러 명의 필경사들이 동시에 작업하면서 한 번에 필사본을 많이 만들 수 있었다).[10] 그래서 두루마리에서 코덱스로의 전환은 거의 인쇄술만큼이나 '혁명적'인 사건이었다.

책을 읽는 방법 역시 시대에 따라 달라졌다. 종이(그 자체는 비용을 낮춰준 신상품이었다)가 아직 엄청나게 비쌌던 시절에는 낱말 사이의 여백을 최소화하는 것이, 또는 아예 여백을 두지 않는 것이 이익이었다. 낱말 사이사이를 구분해주는 여백이 없는 텍스트를 읽는다는 것은 소리내어 읽지 않는 한 쉽지 않다ㅡ그러나 한국인들은 적어도 19세기 말까지는 낱말 사이의 여백 없이 문장을 (세로로) 쓰면서도 완벽하게 잘 읽을 수 있었던 것으로 보인다. 7세기와 8세기에는, 몇몇 수도회에서만 묵독默讀을 하고 있었다. 고중세에 아일랜드와 앵글로색슨 필경사들이 여백을 두어 낱말들을 분리하는 방법을 도입하자 묵독이 훨씬 쉬워졌다. 12세기 무렵에는 대학에서도 묵독을 시작했다. 200년 뒤에는 귀족들까지도 묵독을 할 수 있었다. 이제 사람들이 책을 읽는 속도가 훨씬 더 빨라졌고, 더 많이, 더 어려운 텍스트까지 읽을 수 있었다(텍스트가 단순하면, 다시 말해 입말과 비슷하면 낱말 사이의 여백이 없어도 상대적으로 묵독에 큰 장애가 되지 않았다).[11] 15세기 필사본들에는 세미콜론을 비롯한 복잡한 구두점들이 쓰이고 있었는데, 1450년대에 이름을 알 수 없는 브뤼주의 삽화가 '장 세브로의 장인'이 제작한 필사본들이 그 예다. 마침표, 콜론, 세미콜론, 쉼표 같은 온갖 구두점의 화려한 위용이 활자면에 등장한 것은 15세기 말 베네치아의 알두스 마누티우스 같은 인쇄업자들에 의해서였다. 1750년과 1850년 사이, 유럽 전역과 북아메리카에서는 점점 더 내용이 세속화되는 텍스트

들을 혼자 묵독으로 읽는 것이 지배적인 독서방법으로 자리잡았다.[12]

필사본이든 인쇄된 텍스트든 책은 비싼 상품이었기에, 그 쓰임새는 교회와 정부가 관리하는 필수적이고 중요한 사안들에 한정되어 있었고, 자연히 종교, 상업, 법률, 연대기(공식적인 진실), 재고품 목록, 회계와 관련해서만 책이 만들어졌다. 17세기 중반까지 종교서적은 인쇄물의 거의 절반을 차지하고 있었다. 한낱 보잘것없는 이야기나 시에는, 다시 말해 오락거리에는, 따라서 '쓸모없는' 문학에는 귀중한 종이와 아까운 시간과 엄청난 노력을 낭비할 필요가 전혀 없었다. 글로 적은 오락거리가 거의 없었던 탓에 책은 소중히 여겨졌으며, 사람들은 책을 읽고 또 읽고, 암기하고 암송했다. 책은 후다닥 읽고 버리거나 남한테 주는 물건이 아니었다.

처음 인쇄술이 등장했을 때, 그것은 현재의 기록과 과거의 작품들을 보존하고 퍼뜨리는 기술적으로 우월한 방법 정도로 여겨졌을 뿐이었다. 인쇄술 자체가 곧바로 새로운 문학장르의 현격한 증가로 이어지지는 않았다.[13] 인쇄술은 과거와의 완전한 단절을 뜻하지 않았다. 갑작스러운 인쇄혁명은 결코 없었다. 뭐든지 돈으로 따지던 엘리자베스 시대 잉글랜드에서조차 옛 기술로 베껴쓴 필사본을 인쇄된 텍스트보다 높이 쳐주었다.[14] 오늘날 인쇄된 학술논문이 여전히 전자 텍스트보다 위신이 높은 것과 별반 다르지 않았다.

모든 혁신은 불가피하게 문명의 종말에 관한 경고나 불만을 자아낸다. 15세기의 발명품이던 인쇄술은 19세기에 들어와서도, 어찌 됐든 결과적으로 인쇄술로 덕을 본 작가들에게까지 툴툴거리는 소리를 들었다. 이를테면 프리드리히 슐레겔은 1804년에 「비평의 본질에 관하여」라는 에세이에서 못마땅하다는 듯이 "인쇄기의 발명과 도서산업의 팽창으로

15세기에 삽화가, 필경사, 작가, 번역가로 활동한 장 미엘로가 대표작인 『성모 마리아의 기적』을 쓰는 모습. 장 르 타베르니에의 작품. 미엘로는 부르고뉴의 선량공 필리프의 도서관에서 18년 동안 일했다.

완전히 무가치하고 어리석은 글들이 대거 등장하게 되었다"고 썼다.[15] 그리고 1833년, 당대의 가장 통찰력 있는 복고주의자로 꼽히는 토머스 칼라일은 토이펠스드뢰크 교수의 입을 빌려 인쇄술이 가져올 결과들을 이렇게 예감했다.

처음에 그는 활자 장치로 필경사들의 노동을 단축시키더니, 이제는 용병 군대를 해산하고 대부분의 왕과 상원의원들을 면직시키면서 완전히 새로운 민주적 세계를 창조하고 있었다. 그는 인쇄술을 발명한 것이다.[16]

기술이 진보한다고 시장이 저절로 커지는 게 아니다. 거기에는 다른 조건들이 더 필요하다. 비용이 낮아져야 하고 값이 내려가야 하며, 사람들이 더 많은 돈을 갖고 있어야 한다. 1456년에 요하네스 구텐베르크(유럽인 최초로 활자를 사용한 사람)가 수동활자로 성서를 인쇄했다는 사실만 으로는 도서산업의 혁명을 불러올 수 없었다—아무튼 14세기 말에 유럽에 널리 보급된 또 하나의 위대한 기술혁신, 종이가 없었다면 혁명은 일어날 수 없었다. 서유럽에 종이를 전해준 아랍인들은 중국에서 그 발명품을 들여왔다.[17] 4세기 중국에서 종이는 일상생활의 일부였다. 사마르칸트와 바그다드까지 왔던 불교 승려들과 실크로드 상인들 덕택에 종이는 8세기에 서쪽으로 전파되었고, 12세기에 이슬람교도들에 의해 유럽에 소개되었다.[18] 모두 알다시피, 중국인들은 유럽인들보다 몇백 년 앞서 인쇄술을 발명했고, 9세기에 벌써 책을 인쇄하기 시작했다. 하지만 활자 인쇄는 개발하지 못했는데, 그 주된 이유는 한자 인쇄에 손품이 대단히 많이 들기 때문이었다. 여기서도 유럽인들은 한국인들에게 뒤졌는데, 최초의 금속활자 인쇄술을 발명한 것은 한국인들이었다.[19] 종이와 인쇄술은 극동과 근동, 서유럽을 이어주었다. 세계화는 우리가 생각하는 것보다 훨씬 오래전부터 이루어져 있었던 것이다. 유럽의 인쇄기가 중국 것보다 빨라진 것은 한참 뒤인 19세기에 이르서의 일이었다.

　　서유럽에 들어온 인쇄술 덕에 책을 만드는 과정은 확실히 극적으로 간단해졌다. 인쇄술이 발명되기 전에는, 새 책을 구입하려면 먼저 서적상에게 신청해야 했고, 그러면 서적상이 텍스트를 필사하고 제책하도록 주선했다. 구텐베르크의 혁신이 일어나고 50년 만에 6,000종의 출판물이 평균 1,000부씩 인쇄되었다. 16세기에는 영국에서만도 5,100종이 출간되었다.[20]

　　인쇄술은 상업적인 문제 또한 제기했다. 베껴쓴 필사본을 기반으로 하는 도서산업은 오늘날 유행하는 '적기공급just-in-time' 생산방식, 곧 필요한 때에 필요한 만큼만 상품을 확보함으로써 재고를 쌓아둘 필요가 없는 방식과 비슷한 장점이 있었다. 내가 새 탁자를 원하면 가구장이가 나를 위해 탁자를 만들어주는 것과 똑같이, 필사된 책을 갖고 싶다면 누군가가 나 대신 책을 필사해줄 터였다. 그러나 인쇄한 책은 적어도 몇백 부를 생산할 때에만 필사본 텍스트보다 경쟁력을 갖출 수 있었다. 그 무렵에 주문인쇄는 어림도 없는 일이었다(그것은 오늘날에야 타산을 맞추기 시작했다). 그러므로 재고를 보유하고, 미래의 판매량을 예측하고, 위험부담을 떠안아야 했다. 달리 말해서 기업적 체계와 그에 걸맞은 자세가 필요했다.[21] 시장이 한정된 까닭에, 가만히 앉아서 고객을 기다리는 책가게란 비현실적인 개념이었다. 곳곳에 흩어져 있는 고객들에게 책을 가져다줄 새로운 유통체계를 고안할 필요가 있었다. 그렇게 해서 발달하게 된 것이 전문적인 서적시장이었고, 그렇게 해서 성장한 것이 떠돌이 책장수인 서적행상들이었다.

인쇄술은 구텐베르크가 살았던 마인츠에서 유럽의 주요 상업 중심지로 급속히 전파되어 1464년에는 쾰른에, 1467년에는 로마에, 1469년에는 베네치아에, 1470년에는 파리에 도착했다.[22] 런던에는 1476년에야 들어갔고, 1539년에 마침내 신대륙에 다다라 멕시코에 인쇄기가 설치되었다. 러시아의 모스크바 공국은 1560년대에야 비로소 인쇄기를 들여놓았다. 지금의 미국 땅에 세워진 최초의 인쇄소는 1638년에 매사추세츠에서 문을 열었다.[23]

책거래는 16세기와 17세기에도 줄곧 매우 한정되어 있었다. 인쇄업자들은 너무 많은 부수를 찍어낼 엄두를 내지 못했다. 되도록 적게 찍어서 다 파는 쪽이 나았다. 루터의 독일어 성서는 한 번에 4,000부를 찍은 최초의 책이었지만,[24] 이것은 예외적인 경우였다. 평균 인쇄부수는 1,000~1,500부로, 오늘날 가장 어려운 학술서와 비슷한 수준이었다. 그

구텐베르크식 인쇄 공정. 앞쪽의 왼쪽 인쇄공은 인쇄기에서 인쇄된 페이지를 떼어내고 있고, 오른쪽 인쇄공은 인쇄판에 잉크를 칠하고 있다. 뒤쪽 식자공들은 수동 활자로 판을 짜는 조판작업을 하고 있다.

렇지만 출간된 책의 종수는 모든 곳에서 눈에 띄게 늘어났다. 17세기 초 모스크바 공국의 경우 1612년까지는 한 해에 발간된 책이 30종이 채 안 되었지만, 1700년 무렵에는 한 해에 500종으로 늘어났다. 잉글랜드에서는 1500년에 46종이었던 신간이 1600년에는 259종으로, 1640년에는 577종으로 늘어났다. 한 번에 평균 1,000부씩을 찍었다고 가정하면 1600년에서 1640년 사이에 잉글랜드에서는 해마다 30만~50만 부가 인쇄되었다는 계산이 나온다.[25]

이것은 대단한 수치로, 유럽에서 1700년 이전에 이미 인쇄물 거래가 확실하게 자리잡아 번창하고 있었다는 사실을 뚜렷이 보여준다. 그러나 대부분의 시장이 그랬듯이, 이 시장 또한 여전히 한정되어 있었다. 리사 자딘이 지적한 대로, 책은 여전히 '배타성과 과시적 소비와 결합된' 사치품이었다.[26] 손으로 그린 화려한 삽화, 값비싼 제본, 묵직한 무게도 다 그

때문이었다. 종잇값은 19세기 전반기까지도 매우 비쌌다. 16세기에 신약성서 한 권의 가격은 직공의 주급과 맞먹었다.[27] 19세기에도 책은 여전히 비싼 물건이었다. 19세기 대부분의 기간에 월터 스콧의 작품처럼 표준적인 세 권짜리 소설 한 편의 가격이 1.5기니(1파운드 11실링 6페니)였는데, 그때 마차를 만드는 직공이 그만큼의 돈을 벌려면 일주일을 일해야 했다.[28] 리처드슨의 일곱 권짜리 소설『클라리사』(1747~48)는 권당 3실링이었으므로 한 질이 1기니(1파운드 1실링)에 달했다. 물론 그보다 길이가 짧고 값이 싼 작품들도 있었다. 퍼넬러피 오빈의 얇은 책들—몇몇은 20쪽밖에 안 된다—은 1실링 6펜스면 살 수 있었다.[29] 그러나 가격 대비 쪽수로 따지면『클라리사』가 더 싸다. 총 2,474쪽인 이 소설은 페니당 9.8쪽인데, 오빈의 45쪽짜리『비네빌 백작의 이상한 모험』은 페니당 2.5쪽밖에 안 된다. 인쇄술은 결국에는 책을 싸게 만들어주었지만, 그렇게 되기까지는 오랜 시간이 걸렸다. 토머스 홉스는 인쇄술에 감동하지 않은 많은 이들 가운데 한 사람이었다.『리바이어던』(1651) 제4장은 다음과 같은 단언으로 시작된다. "인쇄술의 발명은, 비록 천재적이긴 하지만, 문자의 발명에 비하면 결코 대단한 것이 못 된다."[30]

팽창

원래 신문을 위해 고안되었던 일련의 기술혁신은 책 제작비를 낮추고 출판을 확산시키는 데에 도움을 주었다. 먼저 1811년에 원압인쇄기圓壓印刷機, cylinder press가 발명되었다. 이것은 압동壓胴, cylinder이 회전하면서 종이를 평평한 인쇄판면에 대고 눌러주는 기계였다. 그다음에는 종이와 인쇄판면이 둘 다 실린더로 움직이는 윤전인쇄기가 등장했다. 1830년

미국의 리처드 마치 호의 6실린더 윤전인쇄기. 호는 독일의 쾨니히와 바우어가 1811년에 발명한 원압인쇄기에서 더 나아가 인쇄판면을 회전하는 원통에 부착한 윤전인쇄기로 1844년에 미국 특허를 따냈다.

대에는 증기인쇄기가 등장하고 제지·제본 기계가 개선되면서 비용이 더욱 내려갔다. 한편 철도는 배송비를 줄여주었다. 이어서 19세기의 마지막 25년 동안에는 거대한 두루마리에서 일련의 실린더들 사이로 종이가 공급되는 윤전인쇄기가 도입되었다. 1885년 오트마르 머건탈러는 라이노타이프linotype 식자기(자판을 쳐서 한 줄line분의 활자 주형을 늘어세우고 녹은 합금을 부어 한 줄을 한덩어리로 주조하는 식자기)의 대대적인 성공을 위한 기반을 닦았다. 이 기계는 곧 뉴욕 트리뷴 사에 설치되었다. 라이노타이프보다 다방면에 두루 쓰이는 모노타이프와 사진제판술은 비용을 더욱 낮춰주었고, 전기의 도입도 같은 역할을 했다.

　인쇄물(책, 잡지, 정기간행물, 신문)의 팽창은 전반적인 문화산업 팽창의 뼈대였다. 이러한 성장은 제품의 다양화로 이어졌다. 엇비슷하지만 똑같지는 않은 상품들이 대량으로 쏟아지게 되면, 그것들을 분류하고 구분하는 방법을 찾을 필요가 생긴다. 그래서 장르의 수는 계속 늘어났다. 20세기에 보편화된 거의 모든 문학장르들이 19세기에 이미 인기를 끌었

라이노타이프 식자기는 자판으로 원고를 치면 기계 상단의 활자상자에서 놋쇠 자모가 떨어져내려 한 행씩 한덩어리로 주조되고 자동으로 식자된다. 에디슨은 이것을 세계의 여덟 번째 기적이라고 불렀다.

다. 역사소설, 모험소설, 성애소설, 탐정소설, 전기, 대중역사서, 대중과학서, 요리책, 식이요법책, 건강서, 서부물, 여행기, 화보집, 회고록, 일기, 자기계발서, 어린이책 따위가 그것들이었고, 19세기 말에는 과학소설, 연재만화, 대중적인 일간신문이 거기에 합류했다. 일찍이 1821년에 파리의 서적상 알렉상드르 피고로는 『소설가 약력과 작품 소목록』에서 역사소설, 연애소설, 신파소설, 수도원소설, 악당소설 따위를 포함하는 기다란 장르 목록을 제시했다.31) 그것들은 모두 '오락거리 책'이었다. 그리고 이것이야말로 진정한 변화의 시작이었다. 더는 책이 무거운 내용만 다루지는 않게 된 것이다. 사람들은 이제 혼자서, 또는 다른 사람들과 함께 읽고 즐기기 위해 이야기책을 집으로 가져갈 수 있었다. 그리고 원하는 만큼 읽고 또 읽었다.

인쇄물, 신문, 책은 19세기에 이르러 비로소 누구든 집으로 가져갈 수 있고 글만 읽을 줄 알면 특별한 기술이나 장비 없이도—악보와는 달리—소비할 수 있는 유일한 문화상품이 되었다.

팽창의 기세는 대단했다. 1810년 이전에 프랑스에서는 해마다 약 1,000종이 출간되었다. 1815년께(나폴레옹 전쟁 말기이자 잇따른 경제위기의 시기)에는 3,357종(재판 포함)이 출간되었다. 15년 뒤, 프랑스의 간행물은 두 배인 6,739종이 되었다. 1860년까지 그 숫자는 다시 두 배에 가까운 1만 1,905종으로 늘어났고, 1875년에는 1만 4,195종으로 증가했다.[32] 그렇지만 자료들이 제각각이므로, 이 숫자들을 너무 곧이곧대로 받아들여서는 안 될 것이다. 로제 샤르티에는 1800년에 2,000종이 나왔다고 추산한다.[33] 프레데리크 바르비에와 카트린 베르토 라브니르는 1770년에 프랑스에서 6,000종이 판매되었다고 생각한다.[34] 몰리에르는 이와는 약간 다르고 거의 비교하기 어려운 자료를 제시하는데, 1788년에 1,000종이, 1825년에는 8,000종이 출간('판매'와는 대조되는 개념으로)되었다고 한다.[35]

수치는 제각각일지언정, 책거래가 급속히 팽창했다는 데에는 모두가 동의한다. 이와 같은 성장은 보편적이었지만, 그 정도는 지역마다 매우 달랐다. 1820년에서 1900년 사이의 이탈리아의 책소비를 보면, 책의 종수는 82퍼센트 늘어났지만 대부분의 책이 북부의 중심 도시들에 집중되어 있었다.[36] 1816년에 이탈리아 북동부 (오스트리아 지배하의) 롬바르디아와 베네치아에서는 653종이 출간된 반면, 나폴리 왕국(시칠리아를 포함한 남부 전체)에서는 겨우 114종이 출간되었다.[37] 밀라노는 이미 19세기 초반에—지금도 그렇듯이—이탈리아의 명실상부한 출판 중심지로 떠올랐고, 서적상 수도 가장 많았다.

책생산에 관한 조사는 어려운 작업이다. 지금까지 살펴본 통계수치들은 모두 책의 종수에 관한 것인데, 종수를 알아내는 일은 발행부수를 헤아리는 것보다는 훨씬 쉽다. 19세기 초반에는 대부분의 책을 도서대여점에서 빌려다 보았으므로 독자 수는 팔린 책의 부수보다 훨씬 많았다. 대출독자들의 수를 추산하려면 각 도서대여점의 옛 기록을 일일이 조사해야 할 것이다. 또한 비싼 책값 덕에 번성을 누렸던 중고책시장의 크기를 가늠한다는 것도 거의 불가능한 일이다. 만에 하나 인쇄된 부수를 알아낸다 해도, 이번에는 다시 판매부수를 뽑아내야 한다. 게다가, 소설이 크게 성공하면, 프랑스 책이 벨기에에서, 영국 책이 미국에서 나오는 식으로 거의 어김없이 해적판이 나돌았다.[38]

1982년에 『캐나다 비교문학 리뷰』의 편집장은 19세기 대중소설에 관한 특집을 준비하면서, 필자들에게 권말에 붙일 수 있도록 그 시절의 베스트셀러 목록을 작성해달라고 요청했다. 그러나 대부분은 거절했다. 정확한 수치를 구할 수 없을 거라는 게 그 이유였다.[39] 전문 서지통계학자들은, 19세기의 도서통계는 믿을 만한 자료가 못 되므로 출판업자와 서적상의 옛 기록들을 샅샅이 훑는 고된 작업이 필요하다는 경고를 빠뜨리지 않는다.[40]

국립도서관에 등록된 책들을 바탕으로 한 통계는 그나마 믿을 만하다. 그 등록과 통계는 출판업자가 책을 출간할 때마다 국립도서관에 한 부씩 납본하도록 강제한 법률에 의해 가능해진 것이었다. 그러므로 프랑스에서 구할 수 있는 주된 자료는 1811년에 나폴레옹이 문학생산을 단속하고 통제하기 위해 만들었던 『프랑스 서지목록』이다. 물론 그 수치들은 출판업자들이 그 법을 얼마나 충실히 따랐는지에 좌우된다. 영국의 경우에는 판권등록이 도입된 1850년대 말 이후의 통계들이 그나마 신뢰―만약 신뢰할 수 있다면―할 만하다고 볼 수 있을 것이다. 노동계급들을 대상으로 한 싸구려 출판물이나 하찮은 것, 수명이 짧은 것, 천박하거나 음란하다고 여겨졌던 출판물들은 이때도 역시 실제보다 적은 숫자로 기록되었을 것이다.[41] 이런 경고들을 염두에 두고 본다면, 1801~70년에 영국에서 나온 신간의 종수는 다음과 같다.[42]

연도	신간 종수
1801~1810	4,585
1811~1820	6,821
1821~1830	9,179
1831~1840	11,074
1841~1850	13,785
1851~1860	17,418
1861~1870	18,015

1800년 이후 70년의 총계는 이전 18세기 총계의 세 배에 가깝다.

이와는 대조적으로, 러시아에서는 표트르 대제와 예카테리나 2세가 근대화를 위해 애썼음에도 1725년 이후의 18세기 75년 동안에 나온 책이 1만 종에 미치지 못했다.[43] 인쇄술은 매우 느리게 확산되었다. 러시아는 거대한 나라였다. 종잇값은 비쌌다. 읽고 쓸 줄 아는 능력이 필요한 일거리도 매우 적었고, 전문 법률가도 길드도 전혀 없었으며, 정교회는 초등교육을 적극적으로 장려하지도 않았다. 성서도 거의 보급되지 않은 상태였다. 17세기 후반에 들어서야 비로소 한 해에 6, 7종이 인쇄된 정도였고, 1700~25년 사이에는 연간 45종이, 그리고 1788년에는 500종이 출간되었다. 이렇게나마 확산된 것은 표트르 대제의 개혁 덕분이었다. 국가가 인쇄업을 떠맡았고, 국가 엘리트들은 유럽식 세계주의자 신사로 탈바꿈했다.⁴⁴⁾ 신문, 잡지, 달력, 서적상의 카탈로그를 빼면, 1725년 이후 75년 동안 러시아에서 출간된 책은 대략 9,700종이었다. 1802년, 러시아의 역사가 니콜라이 카람진은 지난 25년 동안 모스크바 도서산업의 매출액이 20배로 늘어났다고 의기양양하게 기록했다.⁴⁵⁾

스페인에서는 1830년까지 한 해에 300~350종의 책이 나오고 있었다. 책의 생산과 판매는 특히 바르셀로나와 마드리드에 몰리는 경향이 있었다. 중앙집중화된, 다시 말해 전국적인 책시장은 19세기 말에야 등장했다.⁴⁶⁾

독일에서도 책생산은 19세기 전반기에 급속히 늘어나서, 1820년에 3,772종이었던 것이 1845년에는 1만 3,008종에 이르렀다. 프랑스보다는 훨씬 많고 영국보다는 적은 수치다. 그 가운데 소설은 겨우 5~7퍼센트뿐이었다. 소설 중에서도 번역물(주로 영국과 프랑스 작품을 옮긴 것이었다)은 1820년에는 11퍼센트, 1830년에는 20퍼센트, 1845년에는 48퍼센트로 비중이 점점 커졌다.⁴⁷⁾

독서공중이 늘어나고 책, 소책자, 정기간행물이 많아지면서, 더불어 문학 카페나 살롱처럼 책이 읽히는 공간들도 많아졌다. 1830년대에는 서점이 바이에른에는 100군데, 프로이센에는 300군데 있었다. 물론 뒷날의 기준으로 보면 독자 수는 여전히 적었다. 크리스토프 프리드리히 니콜라이가 발행하고 편집인을 맡은 『알게마이네 도이체 비블리오테크』와 크리스토프 마르틴 빌란트가 발행한 『토이체 메르쿠어』 같은 유명한 계간지는 겨우 2,000부 정도가 팔리고 있었다[『토이체 메르쿠어』는 1773년에 창간될 때는 계간이었지만, 2년 뒤부터는 월간으로 발행되었다]. 18세기 말의 프로이센에서 교육받은 공중은 성인 인구의 5퍼센트에 지나지 않았다. 그러나 1821년에서 1840년 사이에 프로이센에서 출간된 책의 부수

종교의 권위에 저항하고 문학의 사치에 반대하는 '대중철학자'들의 기관지 『알게마이네 도이체 비블리오테크』를 40년간 발행한 베를린 계몽주의의 대표 크리스토프 프리드리히 니콜라이는 헤르더, 괴테, 실러의 질풍노도 및 바이마르 고전주의와 격렬하게 맞서 싸웠다. 그는 괴테의 베르테르를 풍자한 『젊은 베르테르의 기쁨』을 쓰기도 했다.

는 150퍼센트나 늘어났다. 1840년대에는 열람도서관과 도서대여점 같은 시설들이 급증했다. 신문도 마찬가지로 급속히 팽창했고, 『포시셰 차이퉁』의 발행부수는 1840년대에 두 배로 늘어 2만 부가 되었다.[48]

지금까지 언급한 모든 자료는 조심해서 다루어야 한다. 저작권법이 생기면서 출판업자들은 자기가 보호하고 싶은 모든 자료를 등록하려고 했기 때문이다. 여기에는 악보, 전단, 회보 말고도 '책'으로 치기 어려운 온갖 인쇄물까지 다 들어 있었다. 거꾸로 말해서, '책'으로는 여겨지지 않는 방대한 양의 소식지와 정기간행물이 19세기 서유럽을 홍수처럼 휩쓸고 있었다. 마르크 앙주노는 프랑스에서 1890년 한 해에 출간된 '책'만 2만 1,719종이나 된다는 좀처럼 믿기 힘든 수치에 맞닥뜨렸다. 하지만 30쪽 미만의 모든 작품을 걸러냈더니, 수치는 5,500종으로 줄어들었다.[49] 다른 연도의 수치 또한 비슷한 작업을 거치고 나면 크게 줄어들 거라고 가정하는 쪽이 타당하다.

국민문화

도서산업의 발달과 국민문화의 확산 사이에 필연적인 연관은 없다. 효율적인 도서유통체계가 그저 '외국의' 문화생산물을 효율적으로 보급하는 구실만 하는 경우도 있고, 반면에 비효율적인 유통체계가 외래문화에 대한 보호주의의 한 형태가 되기도 한다. 18세기 독일은 유럽에서 가장 빼어난 도서유통체계를 자랑했지만, 독일인들이 수출하는 책보다 그들이 프랑스나 영국에서 수입하는 책이 더 많았다.

파리와 런던은 프랑스와 영국 문화생활의 중심지였다. 책거래를 비롯한 모든 것이 두 도시를 중심으로 일어났다. 지방의 인쇄업자들은 한정된 자기네 지역시장의 수요를 충족시켰다. 그러나 독일에는 중앙집권화된 국가가 없었다. 사실 국가는 아예 존재하지 않았다. 서적상들은 수많은 소국가에 흩어져 있었다. 그래서 서적상들은 주요 상업박람회가 열리는 라이프치히에서 그들의 거래를 조정하기로 결정했다. 아마도 그들은 16세기의 옛 프랑크푸르트 박람회에서 영감을 얻은 것으로 보이는데, 1590년에 판매용 책들을 실은 최초의 공식 카탈로그가 인쇄된 곳이 바로 프랑크푸르트였던 것이다(그리고 1950년 이후 이 도시에서는 세계에서 가장 중요한 도서전이 열리고 있다). 이제 서적상들은 각지에 퍼져 있는 모든 서적상에게 편지를 쓰는 대신 라이프치히에서 카탈로그를 구하고, 중앙의 공급자에게 책을 주문할 수 있게 되었다.

라이프치히는 플랑드르의 서적상들과 치열한 경쟁을 벌인 끝에 북유럽 전역을 아우르는 도서산업의 중심지가 되었다. 거래는 독일어로 이루어졌다. 상트페테르부르크에 뿌리를 내린 가장 중요한 서적상들 역시 바이트브레히트 같은 독일인들이었다.[50] 유대인들은 라이프치히의 상업에서 중요한 역할을 맡고 있었으므로, 그 가운데 많은 이들이 인쇄업자, 출판업자, 서적상이 되었다. 19세기 유럽과 북아메리카에 독일 출신의 유대인 출판업자가 많았던 것도 여기에서 비롯된다고 할 수 있다.

빈은 18세기 말과 19세기 초 독일 출판업의 또 다른 기둥이었다. 오스트리아 출판업자들은 다른 나라 책을 해적질하는 것이 용인되었다(심지어는 그들을 부추기기까지 했다). 이런 해적판들이 복제되고 흔히 세르보크로아트어나 근대 그리스어로 번역되면서, 빈은 발칸 반도 전역을 대상으로 한 출판 중심지로 자리잡았다.[51]

독일인들의 존재는 폴란드에서도 마찬가지로 중요했다. 폴란드는 1795년에 독립국가의 지위를 잃고 분할되어 러시아, 프로이센, 오스트리아의 수중에 들어갔다. 프로이센에 합병된 폴란드 지역(포메라니아를 포함한)과 대폴란드(비엘코폴스카)에서는 고도로 전문화된 독일의 서적판매업계와 줄곧 교류가 이루어졌고, 그로 인해 책거래에서 독일화 압력이 강해졌으며, 그 결과 포즈난과 그단스크(단치히)에 주요한 출판 중심지들이 들어섰다. 1848년의 탄압이 있기 전인 19세기 전반기에 폴란드의 주요 고전들이 출판된 곳이 바로 프로이센이 점령했던 이 지역이었다. 아담 미츠키에비치 선집도 1828~29년에 여기서 출간되었다.[52]

이 독일인들의 유통망은 유럽에서 가장 큰 독서시장의 뼈대였다. 이 유통망은 수많은 직업작가들을 먹여살릴 수 있었다. 한 연구에서는 이러한 직업작가들이 2,000명에서 3,000명에 이르렀을 것으로 추산한다.[53] 이 작가들 가운데 많은 이들이 경멸적으로는 '민중문학'으로, 비난조로는 '저속한 문학Schmutz und Schund'으로 일컬어지던 '통속문학'이 전문이었다. 이 장르는 주로 기사와 도적, 끔찍한 사건 이야기Ritter-Räuber-und Schauerromane를 다루었다. 크리스티안 아우구스트 불피우스(1762~1827)가 쓴 『산적 두목 리날도 리날디니』 같은 책은 독일 독자 대다수가 읽었을 정도였다. 아마도 그 시대 독일 소설로는 최고의 베스트셀러였을 이 책은 나아가 몇 개 언어로 번역되기까지 했다.[54] 그 내용은 대체로, 출세를 갈망하다가, 로빈 후드 같은 산적으로 변신하고, 여자들을 유혹하고, 프랑스의 점령에 맞선 반란을 이끌었다는 코르시카의 한 양치기 이야기를 본뜬 것이다.[55] 그러나 불피우스와, 그의 매제로서 그 시장의 맨 꼭대기를 차지했던 괴테 같은 작가들이 있었음에도, 독일인들은 결코 유럽 서사문학의 주인공이 되지 못했다. 독일 작가 가운데 월터 스콧(그리고 그 이전의 리처드슨이나 디포)이나 그후의 찰스 디킨스, 윌리엄 메이크피스 새커리, 알렉상드르 뒤마, 조르주 상드, 외젠 쉬 같은 작가들과 어깨를 나란히 할 수 있는 이는 극히 드물었다. 독일의 인기 작가는 독일 안에서만 인기가 있었고, 반면에 실러나 괴테처럼 이름난 작가들은 상대적으로 시장이 제한되어 있었다. 다만 괴테의 『젊은 베르테르의 슬픔』(1774)은 눈에 띄는 예외였다. 이 책은 유럽의 진정한 베스트셀러로, 1810년에도 스탈 부인이 경쟁자가 없는 소설이라고 말할 만큼 여전히 높이 평가받았다.[56] 또한 19세기 후반기에 독일 바깥에서 인기를 끌게 된 야코프와 빌헬름 그림 형제의 동화도 예외로 꼽힌다.

제4장

행상문학

싸구려 책들

도시에서는 책이 생산되고 또 읽혔던 반면, 서점, 극장, 공연장, 학자, 지식인이 거의 없었던 농촌은 라디오와 텔레비전이 등장하기 전까지는 빈부를 막론하고 문화적으로 소외되어 있었다. 그러나 도시라고 해도 출판업자들이 생산한 책을 모두 흡수하기에는 시장이 너무 작았다. 서점은 16세기에도 있었지만, 서점이 전파하는 것은 지식층의 문화였지 오락거리가 아니었다. 얼마 되지 않는 대학은 서적상들로 북적거렸다. 이를테면 대표적인 대학도시였던 프랑스 푸아티에에는 1550년대에 이미, 대학생 2,000명에 서점이 무려 23개나 있었다. 학생 100명에 서점이 하나 이상 있는 셈이었다. 대학의 모든 행정 업무를 교무처장, 출납원, 관리인, 이렇게 세 명이 맡아보던 시절이었다.[1)]

　16세기부터 상설 서점과 나란히 서적행상들의 그물망이 형성되어갔다. 행상들은 유럽 전역을 종횡으로 누비며 책을 팔고 다녔다. 그들은 책을 실은 수레를 끌고 다니다가 한 도시에 터를 잡은 다음, 몇 주 동안 진열대를 설치해놓고 사람을 사서 시골 구석구석으로 잠재고객들을 찾아

다니게 했다. 1780년대와 1790년대 즈음에는 행상의 도서목록이 평범한 성인전에서 몽테뉴 같은 이의 고전 가죽장정본, 해적판 보마르셰 희곡집에 이르는 꽤나 폭넓은 범위의 책을 담고 있었다.[2] 행상은 장터에서 장터로 돌아다녔고, 때로는 나라에서 나라로 옮겨다녔다. 이들이 파는 책은 대개 여덟 쪽이 넘지 않는 간단하고 얇은 책들로, 목판화 삽화가 들어 있었다. 독일에서는 이런 소책자들을 폴크스부흐(민중서적) 또는 플루크슈리프트(소책자)라고 불렀고, 삽화가 들어간 책은 일련의 그림으로 줄거리를 알려주는 그림책이라는 뜻에서 빌더보겐으로 불렸다. 빌더보겐은 말하자면 오늘날의 만화책의 조상이다. 스웨덴에서는 이런 소책자를 쉴링트리크, 러시아에서는 루보크, 스페인에서는 플리에고라고 불렀다. 영국에서는 이런 책을 챕북(chapbook, 곧 싸구려cheap 책), 이 책을 파는 행상을 챕맨(chapman, 여기에서 '놈, 녀석'을 뜻하는 입말 '챕chap'이 나왔다)이라고 불렀다.

이러한 도서유통체계는 도서시장의 규모를 키웠고, 이후 더욱 팽창하는 데에도 이바지했다. 1664년에 찰스 티아스 같은 인쇄업자들의 런던 창고에는 수천 권의 챕북과 발라드 악보가 쌓여 있었고, 재고를 채워 넣으려는 서적행상들이 영국 전역에서 찾아들었다.[3]

그러나 챕북의 최대 생산지는 런던도 파리도 아닌, 프랑스 샹파뉴 지역의 트루아였다. 이곳에서 출판된 소책자들은 표지가 모두 파란색이어서 18세기부터는 '청색문고'라는 이름으로 불렸다.[4] 이 문고는 그리 대담하거나 혁신적인 출판물은 아니었다. 그때는 저작권법이 없던 시절이라, 트루아에서 가장 큰 인쇄업자였던 우도 가문과 경쟁자 가르니에 가문은 그저 이미 출간된 문학작품을 판형만 바꿔서 찍어내거나 구전되던 작품을 책으로 찍어내기만 하면 되었다.[5] 이런 도서 대중화 사업은 수익성

표트르 대제의 장례식을 쥐들이 고양이를 매장하는 그림으로 풍자한 1769년대의 루보크. 러시아 차르의 칭호를 패러디한 '카잔의 고양이, 아스트라한의 정신, 시베리아의 지혜'라는 설명글이 적혀 있다.

이 매우 좋아서, 트루아 인쇄업자들은 당국을 설득해 17세기 내내 공인 서적행상의 수를 늘려갈 수 있었다.[6] 인쇄업자 에티엔 가르니에가 죽고 나서 부인의 요구로 1789년에 작성된 재고도서 목록을 보면, 그의 서적 창고에는 무려 44만 3,069권의 책이 보관되어 있었다. 이 가운데 42.7퍼센트는 종교서였고, 28.8퍼센트는 샤를 페로의 그 유명한 『옛날이야기』(1697년)를 비롯한 픽션, 그리고 26.8퍼센트는 실용서였다.[7]

이런 텍스트들은 — 보통사람을 위한 모든 문화가 그렇듯이 — 자주 폄하되었다. 그러나 사실, 그때 책을 산 이들은 빈곤층도 아니고, 미숙련 직공이나 농민도 아니었다. 그들은 대부분 글을 몰랐으니까. 독자들은 '유식한' 텍스트를 읽기에는 교육수준이 낮고/낮거나 인내심이 모자란 중간계급 하층과 그보다는 나은 중간계급 사람들이었다. 바로 콜리지가 '독서공중의 하층계급들'(1817)이라고 불렀던 이들이다.[8]

책 생산비가 점점 높아지고 시장이 점점 커지면서, 서적행상들은 상설 서점에 자리를 내주었고 싸구려 책은 저가신문에 밀려났다. 책값은 떨어졌다. 트루아의 그 유명한 우도 출판사의 뒤를 이었던 보도 출판사는 1863년에 문을 닫아야 했다. 저가신문『프티 주르날』이 세상에 나온 바로 그해였다.[9]

1800년 이전의 민중에게 책 읽는 전통이 있었을까? 있었다 하더라도 그다지 견고한 전통은 아니었을 것이다. 우선 문자해득과 비싼 가격이 걸림돌이었을 것이기 때문이다. 서적행상은 부유층에서 시장을 발견했다. 그들이 파는 책은 간단하고 대개는 소박한 것들이었지만, 그 점이 중간계급과 상층계급 독자들이 그 책들을 즐기는 데에 걸림돌이 되지는 않았다. 오늘날의 비즈니스석 승객들이 공항소설과 대중영화를 왕성하게 소비하는 것과 마찬가지였다. 17세기 독자들은 뒷날의『리더스 다이제스트』독자들처럼 악한소설 축약본을 좋아했다. 1554년에 스페인에서 출간되자마자 프랑스어로 번역된『라사리요 데 토르메스의 생애』가 그 예다.[10] 영국에서 많이 팔린『로빈슨 크루소』는 과감하게 단 여덟 쪽으로 줄인 축약본이었다. '항해와 여행: 요크 출신 선원 로빈슨 크루소의 삶과 모험'이라는 긴 제목이 붙은 이 책은 원작에서 중요한 '행동'이 막 시작되려 하는 난파 대목에서 느닷없이 끝나버린다.[11] 19세기 프랑스에서는 알렉상드르 뒤마, 폴 드 콕, 외젠 쉬, 소피 코탱, 장 자크 루소 같은 작가들의 더 길고 짜임새 있는 장편소설을 번안하거나 요약한 챕북들이 나왔다.[12]

챕북은 또한, 유명한 음유시인 크레티앵 드 트루아의『페르스발 또는 성배 이야기』(1181년께)를 비롯한 시나 '트리스탕과 이죄'의 여러 판본과 같은 중세 기사문학을 재활용했다.[13] 켈트 신화와 프랑스 신화를 혼합한 이런 이야기들은 12세기에 엄청난 성공을 거둔 것이었다. 18세기와 19세기 아일랜드에서도, 더블린에서 만들어져 시골구석까지 팔려 나간 챕북들은(일부는 게일어로 되어 있었다) 대부분 민중화한 귀족문화, 곧 기사문학, 고대 신화, 강도로 전락한 귀족들을 다룬 악한소설 따위로 이루어져 있었다.14)

러시아에선 17세기부터 루보크라는 이름으로 챕북을 만들었고 19세기까지도 행상들이 팔러 다녔다.15) 그 무렵의 민중문학이 대개 그렇듯이, 이 루보크 문학 또한 원래는 주로 상층계급 독자들을 위해 만들어진 종교적인 작품들이었다. 18세기가 되면 도시 서민의 집에서도 이런 책을 찾아볼 수 있었다. 이는 루보크가 러시아 독서공중을 확대하는 데에 이바지했다는 것을 보여주는 증거다. 1760년대 이전의 러시아에는 민담과 번역된 기사문학을 빼면 문학은 거의 없다시피 했다. 독자들은 상인과 군인, 서기와 하급 봉직귀족처럼 새로이 글을 배운 사람들이었다. 독자의 신분 상승 열망에 부합하는 주제를 다룬 책이 많아서, 고향을 떠나야만 했던 주인공이 불의에 맞서 싸우고/싸우거나 아내를 얻고 여행하면서 부를 쌓는다는 이야기가 주를 이루었다.16)

17세기와 18세기 유럽의 도서시장은 이렇듯 민중적 소재들이 봇물을 이루었고, 표절과 모방도 넘쳐났다. 스페인에서 읽혔던 『해몽의 기술』, 『최신 요리법』, 『연인들의 계략』 같은 책은 독일이나 프랑스에서 행상들이 팔던 비슷한 책을 스페인식으로 번안한 것이었다.

독자와 청중(글을 읽을 줄 아는 이가 까막눈에게 큰 소리로 읽어주곤 했다)은 동화, 기사 이야기, 마술 이야기, 그리고 무엇보다도 성인전을 좋아했다. 그 무렵에는 성인전이 가장 사랑받았다는 명백한 증거가 있다. 하지만 그것은 민중의 선호도를 반영한 결과라기보다는—그것을 확인할 방도도 없다—정치와 종교 당국이 성인전을 허용했다는 사실, 곧 모범적인 인물이 여러 가지 고난을 겪고 나서 목표를 성취한다는, 소설 같은 이야기를 읽는 즐거움을 허용했다는 사실을 반영한 결과다. 이들 성인전의 기본적인 플롯은 그 무렵의 독자와 그의 청중에게는 더없이 익숙했을 것이다. 대중적인 장르에서는 익숙한 주제가 필수요소이기 때문이다. 이렇게 익숙한 이야기를 살짝 비틀고 살을 덧붙이면 독서의 즐거움이 배가되곤 했다. 탐정소설에서 일반적인 플롯은 뻔히 예측할 수 있지만(살인자는 결국 밝혀진다) 미스터리를 풀어가는 과정이 궁금해서 계속 책장을 넘기게 되는 것과 비슷한 이치다.[17] 그러나 종교적인 이야기는 그 시절을 풍미했던 장르 가운데 하나일 뿐이었다. 시골사람들을 위한 유용한 조언과 정보가 가득한 실용서도 인기였다. 1788년에 독일의 루돌프 차하리아스 베커가 펴낸 『농부를 위한 조언서』는 독자층을 정확히 겨냥한 내용과 싼 값 덕분에 수천 권이나 팔렸고, 1791년에는 무려 열한 차례나 증쇄를 거듭했다.[18] 건강관리와 식습관에 관한 교훈시 모음집 『의학의 꽃』은 400년 동안 계속 인쇄되어, 프랑스에서는 1474년부터 1846년까지 무려 300가지 판본이 나왔다.

책력(almanac은 아랍어로 '숫자를 세다'라는 뜻의 알 만크al mankh에서 나왔다) 또한 유용한 정보들을 담고 있었다. 오늘날의 잡지의 조상이라 할 이 읽기 쉬운 연감은 1800년 이전에는 가장 널리 보급되었던 인쇄물이다. 여기에는 점성술의 상징, 지역장터 정보, 농작법, 교훈적인 짧은 이야기, 속담 따위가 목판화 도판과 함께 실려 있었다. 18세기 중반에 영국에서는 책력이 전국 시장에 두루 공급되는 몇 안 되는 출판물 가운데 하나였다.[19] 『만년력』으로 알려진 스페인어 책력은 라틴아메리카에 널리 퍼졌다. 프랑스에서는 19세기 중반까지도 책력이 수백만 부씩 팔렸다.[20]

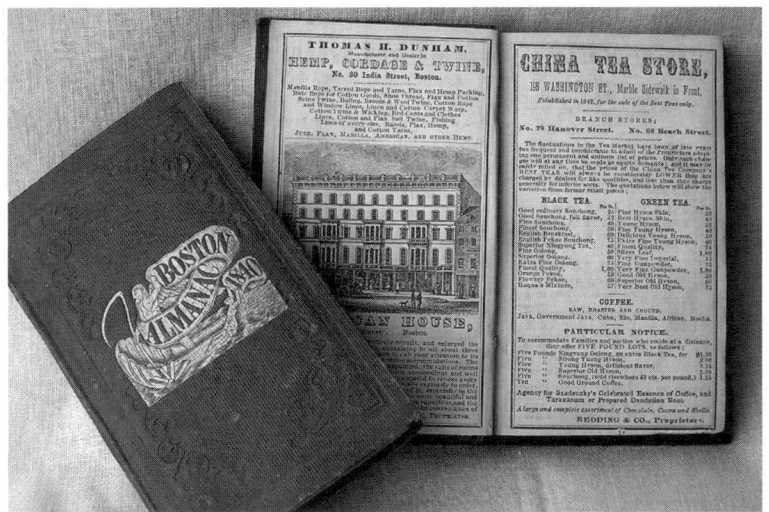

책력은 잡지의 조상이다. 미국 보스턴 지역의 사업정보가 실린 『1840년 보스턴 책력』의 오른쪽 면에 홍차와 커피 따위를 파는 상점에 관한 정보가 보인다. 벤저민 프랭클린도 1733~58년에 책력을 펴냈다.

러시아에서는 책력이 매우 대중적인 출판물이었고, 인기는 서유럽에서보다 훨씬 더 오랫동안 지속되었다. 처음 나온 책력들은 흔한 일화와 가벼운 시구, 계절정보가 담긴 아기자기한 달력 같았다. 그러다가 일종의 '문학적' 책력으로 발전했는데, 이렇게 세련된 판본은 문학적 과시욕을 가진 중간계급을 겨냥한 것이었다. 나중에는 장편 문학작품에서 뽑아낸 글들을 싣기도 했다. 품위 있는 모양새와 크리스마스 및 새해 선물로 쓰였던 사실에서, 프랑스, 독일, 영국에서와는 달리, 러시아에서는 책력이 '루보크'라는 '저급' 문화에서 벗어나 푸시킨이 1827년에 선언했던 것처럼 '러시아 문학의 대표주자'가 되었음을 알 수 있다.[21] 실제로 러시아의 책력은 19세기와 20세기 러시아 문학생활에서 중추적 역할을 수행한 '두꺼운tolstyi' 평론지(두꺼운 월간지로 출간되었기에 이렇게 불렸다)의 전신이었다.[22]

행상과 서적상

돌아다니며 책을 파는 행상교역의 중추였던 챕맨은 프랑스에서는 콜포르퇴르, 스웨덴에서는 농가마다 돌아다니는 책장수를 뜻하는 고르드파리한들라라, 이탈리아에서는 성인전이나 전설legend을 전문적으로 팔았기 때문에 레젠다이leggendai, 독일에서는 야르마르크츠트뢰들러 또는 콜포르튀어, 스페인에서는 레파르티토르, 러시아에서는 오페니라고 불렸다.

1623년에 프랑스에서 그려진 작자 미상의 초상화〔오른쪽 그림〕에는 트루아의 점성술사 들라리베가 쓴 『1622년 책력』을 들고 있는 콜포르퇴르가 등장한다. 책들을 모자에 묶어서, 또는 허리춤과 어깨에 둘러맨 바구니에 넣어 가지고 다니는 모습이다.[23]

도서시장이 좁다는 것은 곧 서적거래가 거의 처음부터 글로벌 교역(여기서 '글로벌'은 전 유럽을 뜻한다)이었다는 것을 의미했다. 서적행상들은 트루아의 도매상에서 책을 채워넣고 프랑스 전역을 돌아다니며 팔았다. 몇몇은 이탈리아 북부나 스페인, 포르투갈까지도 돌아다녔다.[24] 어떤 행상들은 책생산의 또다른 중심지였던 베네치아에서 출발하여 동쪽으로 두브로브니크, 베오그라드, 부다페스트를 지나 트란실바니아까지 갔다가, 그곳에서 더 멀리 책을 팔러 다니는 현지 행상들에게 재고를 팔아치우곤 했다.[25] 베네치아 유통망은 바사노델그라파 출신으로 삽화가 들어간 종교서를 전문으로 했던 레몬디니 같은 인쇄업자 겸 서적상들이 장악하고 있었는데, 이 책들은 최대 2,000명에 이르는 행상들에 의해 독일, 폴란드, 헝가리, 네덜란드, 스페인, 플랑드르, 심지어는 러시아까지 팔려나갔다.

18세기 폴란드에서도 방문판매인과 행상들이 바르샤바의 미할 그뢸

프랑스의 서적행상 콜포르퇴르의 모습을 그린 1623년의 초상화. 작자 미상. 나라마다 다양한 이름으로 불렸던 서적행상들은 프랑스의 트루아와 이탈리아의 베네치아를 중심으로 하여 유럽 전역을 아우른 도서유통, 문화유통의 주역이었다.

같은 인쇄업자 겸 서적상들이 만들어낸 책을 실어날랐다. 미할 그륄은 파리, 암스테르담, 라이프치히, 베를린, 드레스덴의 중개상들과 함께 폭넓은 유럽 유통망의 일부를 이루었다.

다른 유럽 국가들보다 먼저 도시화되었으나 독서공중이 매우 한정되어 있었던 이탈리아는 책의 판매를 거의 전적으로 서점에 의존했다.[26] 그래도 서적행상은 있었다. 주로 토스카나 지방 발디마그라의 몬테레지오 출신이었던 이 서적행상들은 이탈리아 북부를 활동무대로 삼았는데, 다만 나폴레옹 점령기에는 활동의 흔적이 눈에 띄지 않으며, 이들을 통제하는 데에 어려움을 느낀 오스트리아인들은 서적행상 거래를 아예 금지해버렸다.[27]

스페인에서는 서적행상들이 세금을 피하기 위해 가가호호 방문해서 새책과 헌책을 팔았고, 눈을 피해가며 '리브로 인사노'(불건전한 책)라고 불리던 외설서적도 팔았다. 그들 대부분은 그 무렵 번창했던 학교 교재와 종교서 시장에는 손을 댈 수 없었다. 그쪽은 부수입을 챙기려는 교사, 신부 또는 학교 수위 같은 '밀매업자'들이 장악하고 있었기 때문이다.[28] 스페인과 포르투갈의 서적행상은 맹인이 많았고, 그래서 이들이 파는 소설을 '맹인소설'로 부르게 되었다. 이들은 1739년에 길드를 조직했고 (1836년에 가서야 공식 해체되었다), 조합원들은 플리에고(싸구려 책), 로만세(발라드), 코플라(2행 연구로 된 시가), 알렐루야(운문 또는 산문으로 된 이야기를 밑에 덧붙인 삽화), 이스토리아(역사적 인물의 생애를 주로 다룬 책) 따위를 팔 수 있는 자격을 얻었다. 이런 책들의 일부 또는 대부분을 '코르델(끈)'문학이라고 불렀는데, 그것은 장터 진열대마다 끈으로 책과 팸플릿을 매달아서 붙여진 이름이었다.[29]

스페인에서도 역시, 챕북은 값싼 소설들을 퍼뜨리는 한편으로 스탈 부인, 알렉상드르 뒤마, 외젠 쉬 같은 프랑스의 유명 작가들과 스페인 황금시대의 고급문학 걸작들을 축약본으로나마 널리 알리는 데에 이바지했다.[30]

스페인은 근대로의 진입이 다소 늦었기에 서적행상들이 다른 나라에서보다 더 오랫동안 활동했다. 그들은 호화판 책을 팔고 정기구독자에게 잡지를 배달하면서 명맥을 이어갔다.[31] 1930년대 즈음에는 스페인출판인협회를 대행하여 많게는 2,000권이나 되는 책을 소형 트럭에 가득 싣고 다니면서 팔았다. 그러나 사실, 19세기 초반에 이미 그들은 다음에 가져올 책들을 소개하는 광고 전단을 만들어 예상고객들에게 나눠주는 비교적 세련된 마케팅 기법을 구사하고 있었다.[32]

행상들의 서적거래는 민중이 읽는 책을 면밀하게 통제하던 당국에는 잠재적인 위협으로 다가왔다. 행상에게는 세금이 부과되었고, 책 보따리는 검열을 받거나 압수당했다. 18세기 중반에 프랑스에서는 금서를 취급하는 행상은 사형에 처한다는 칙령이 내려지기도 했다. 공식적으로 행상이 팔 수 있는 책은 책력, 짧은 기도서, 글자교본으로 제한되었지만, 행상 서적거래는 19세기까지 줄기차게 이어졌다.

    1770년대에, '피스톨'[스페인의 옛 금화로, 부를 상징한다]이라는 별명으로 불리던, 자신은 거의 까막눈이었던 서적행상 노엘 질은 파리와 루아르 강 유역을 돌아다니면서 책을 팔았다. 다른 서적행상들이 등에 봇짐을 지고 다닐 때 피스톨은 말 두 필이 끄는 마차에 책을 싣고 다녔다. 쌍두마차는 부의 상징이었다. 피스톨은 52권짜리 볼테르 전집에서 종교서, 법학책, 영국사를 포함한 역사책, 고전문학(『돈키호테』, 『로빈슨 크루소』, 『클라리사』, 『실낙원』), 『부르주아 요리법』 같은 요리책, 문법책, 뷔퐁의 『자연사』와 사전에 이르는 폭넓은 도서목록을 자랑했다. 그의 단골은 가난한 이들도 하층계급들도 아니었다—이들은 읽을거리를 거의 구입하지 않았다. 중요한 순서로 그의 고객을 나열하자면, 성직자, 학자, 법률가, 의사와 공무원, 지방 서점 등이었다. 이렇듯 탁월한, 그러나 달갑지 않은 문화유통업자를 당국은 가만두지 않았다. 피스톨은 두 권의 금서, 디드로의 『경솔한 보석들』과 장 자크 루소의 『팡세』를 소지한 죄로 체포되어, 두 달 동안 감옥살이를 하고, 파산했다. 그러나 1824년에 그가 나이 여든으로 세상을 떴을 때 여전히 '서적상'이라는 직업으로 부고가 난 것을 보면, 나중에 재산을 되찾은 것으로 보인다.[33]

이야기, 카나르, 발라드

어느 시골 장터에 서적행상 한 사람이 자리를 잡는다. 이어서 그가 팔려는 책에 실린 이야기를 큰 소리로 읽어주거나 노랫가락으로 풀어가면서 손님을 끌어모은다. 구경꾼들 가운데에는 동전을 던지는 이도 있다. 이 이야기에 솔깃해진 다른 이들은 책을 살 것이다. 이쯤 되면 행상은 자기가 펼친 '쇼의 대본'을 파는 배우다. 책을 산 사람 가운데 몇몇은 자기도 이야기꾼이 될 것이다. 자신들이 앞으로 펼칠 공연의 대본을 산 거나 마찬가지니까. 어떤 이들은 방금 사들인 이야기책을 긴 겨울밤에 큰 소리로 읽고 또 읽어주면서 동네의 명사가 될 터였다.

브로드시트(한쪽만 인쇄한 대판지)에 그림 한두 점과 함께 인쇄된 이야기들은 발라드가 되어 노래로 불렸다(브로드시트 발라드 또는 브로드사이드). 공연자는 손으로 그림을 가리켜가며 텍스트를 읽거나 노래로 들려주었고, 공연을 마친 뒤에는 그 브로드시트 몇 장을 팔기도 했다. 발라드는 하층계급 사람들 사이에서 일어나는 범죄 이야기를 자주 다루었다. 가족살해 같은 이야기도 몰라볼 만큼 그럴싸하게 윤색되어 민중을 유혹했다. 16세기 후반 50년 동안 잉글랜드에서는 300만~400만 부의 브로드사이드가 인쇄되었다.[34] 프랑스에서는 이렇게 자극적인 이야기들을 담은 챕북을 '카나르'라고 불렀다—책장수가 거리에서 '오리'처럼 시끄럽게 제목을 외치며 판 데에서 나온 이름이다. 근대 타블로이드 언론의 선조라 할 카나르는 주로 불가사의한 것, 괴물, 기적, 악마의 소행, 용, 커다란 뱀, 지진 따위를 묘사하는 짧은 글이 들어간 목판화 한 점에 지나지 않을 때가 많았다. 그리고 살인사건, 형사재판, 족집게로 살점을 떼어내고 상처에다가 뜨거운 납을 붓는 따위의 끔찍한 고문과 처형 장면을 자세하게 묘사하곤 했다.[35] (18세기 중반에) 여자아이 다섯쌍둥이를 무사히 낳은 산모 이야기 같은 '엽기적인 진짜' 이야기를 담은 카나르들도 있었다. 그 밖에 저속한 유머를 담은 책들도 있었는데, 이를테면 『방귀의 기술』이라는 프랑스 책은 방귀를 '대포방귀', '은근방귀', '헛방귀', '피리방귀' 따위로 상세히 분류했다.[36] 그보다 더 심한 예도 있었으니, 이름하여 『뒤셴 영감의 똥구멍Le Trou du cul du pere du Chene』이었다.

지금도 그렇지만 그때도 연쇄살인범과 가족살해는 아주 흥미진진한 주제였다. 1610년에 어떤 카나르는 『새로운 끔찍한 이야기—병적인 질투심으로 끊임없이 학대하는 성불구 노인과 결혼하지 않겠다고 눈물로 애원했으나 강제로 결혼시킨 아버지를 목졸라 죽인 어느 젊은 여자(드몽크루아지에 씨의 딸) 이야기』를 들려주었다. 여주인공은 1609년 3월 14일에 니스에서 처형되었다.[37]

영국도 못지 않았다. 여마적 존 브레이시, 스코틀랜드의 강도이자 바람둥이 질더 로이, 암흑가의 여장부 몰 컷퍼스, 런던탑에서 왕관을 훔친 블러드 대령의 대담한 활약상을 그린 책이나 소책자가 나왔다. 1730년대에 출간된 찰스 존슨 선장의 『가장 유명한 마적, 살인자, 노상강도들의 모험과 인생사』에는 이런 이야기들이 많이 실려 있다. 이 책의 부록은 '가장 악명 높은 해적들의 항해와 약탈에 관한 진짜 이야기'였다.

알렉산더 스미스 선장의 『100년 전부터 현재까지, 런던과 웨스트민스터뿐만 아니라 영국 전역에서 활약했던, 남녀를 총망라해 가장 악명 높은 마적, 노상강도, 가게털이, 사기꾼들의 인생과 도둑질 이야기. 그들의 가장 음흉하고 야만적인 살인, 유례 없는 강도질, 악명 높은 도둑질, 듣도보도 못한 사기행각이 인류의 공동선을 위하여 진실의 빛 아래 대중에게 드러나다』라는 책도 있었다. 이 책의 제5판(1719)에는 '최근 발생한 강도사건 200건'이 추가되었다. 조지 보로의 『초기 기록부터 1825년까지 유명한 형사재판과 주목할 만한 판례 모음집』에도 많은 독자들이 열광했다. 이보다 더 대중적인 인기를 끈 책은 범죄와 범죄자들의 이야기를 모은 『범죄자 명부 또는 뉴게이트 캘린더』였다. 이 책은 뉴게이트 교도소에 수감되었던 가장 악명 높은 범죄자들의 인생여정을 '정확하게' 기록한 책으로 소문나 있었다. 1773년에 처음 발간된 이 책은 여러 해에 걸쳐 띄엄띄엄 5권까지 이어졌다. 범죄자 처형은 사람들이 무척이나 좋아하는 구경거리였으므로, 구경꾼들 가운데에는 당연히 그날 처형당한 범죄자들에 대해 더 알고 싶어하는 사람도 있었을 것이다. 『뉴게이트 캘린더』의 줄거리들은 19세기 내내 소설가들이 샅샅이 뒤져 소재를 캐내는 광맥이었다.

이런 브로드시트 중에는 정말 엄청나게 많이 팔린 것도 있었다. 범죄 이야기가 전문인 캐트내치 출판사 사주 제임스 캐트내치가 펴낸 『마리아 마텐 살해범의 죽음을 앞둔 고백』(1828)은 100만 부 이상 팔렸다고 한다.[38] 아래는 마리아 마텐을 살해한 윌리엄 코더의 고백에서 가장 극적인 부분이다.

> 그러자 난 집으로 돌아가 총과 곡괭이, 삽을 가져왔지
> 그러곤 레드반 헛간으로 가서 그녀의 무덤을 팠어
> 그녀는 도사린 위험도 모른 채 단숨에 달려왔지
> 거기서 그녀를 죽이고 바닥에 내동댕이쳤어
> 끔찍한 일이 벌어진 다음 그녀는 피범벅이 되어 뒹굴었지
> 그래, 나는 사체를 토막내고 레드반 마루 밑에 묻었어.[39]

18세기 말과 19세기 초 영국과 프랑스에서 출간된 챕북들은 주제가 매우 다양했다. 『요셉과 형제들』 같은 성서의 주제부터 『방랑하는 유대인』, 『존 파우스투스 박사 이야기』 같은 중세 전설, 『성질 급하고 말 안 듣는 아이를 훈계하는 법』 같은 실용서, 『포츠머스의 유령』, 『길퍼드의 유

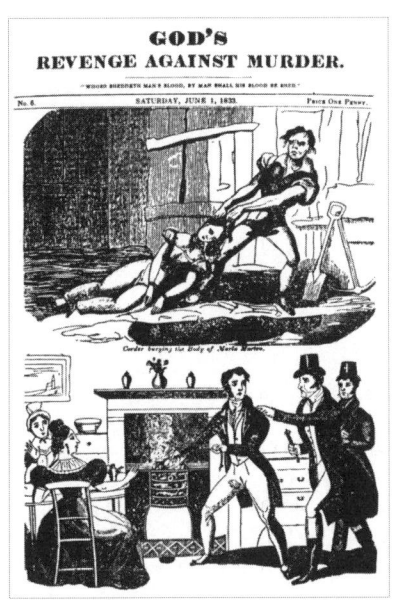

범죄는 언제나 인기를 끄는 흥미진진한 주제여서, 『마리아 마텐 살해범의 죽음을 앞둔 고백』 같은 브로드시트는 무려 100만부가 넘게 팔렸다. 그림은 윌리엄 코더가 연인 마리아 마텐을 죽여서 묻어버리는 장면과 코더가 체포당하는 장면을 묘사한 1833년의 페니 드레드풀이다.

령』 같은 유령 이야기 시리즈, 흔히 끔찍한 처형 장면과 토막난 시체들에 대한 묘사로 끝나는 도적 이야기—영국에서는 주로 와트 타일러나 잭 스트로, 프랑스에서는 주로 카르투슈와 망드랭을 다루었다—가 그 예다. 또한 분량은 여덟 쪽밖에 안 되지만 제목은 멋들어진 『변장미녀 미스 데이비스의 삶과 모험. 에식스 주 W. 고스필드 씨에게서 현금 1,100파운드와 수표를 빼앗은 죄로 쳄스퍼드 재판소에서 판결을 기다리는 여강도의 진짜 특별한 이야기』(1785) 같은 여도적 이야기들도 있었다. 음탕한 노인네에게 시달리다가 산적과 눈이 맞아 사랑에 빠지는 여주인공이 등장하는 소설들도 있었다. 또 『존귀하신 엘리자베스 여왕과 그의 총신 에식스 백작 이야기』처럼 유명한 군주와 총신을 다룬 이야기, 그리고 디포의 『몰 플랜더스』 같은 외설적인 소설의 번안작품들도 있었다.[40]

브로드시트는 흔히 그저 삽화에 설명글이 붙은 정도에 지나지 않았지만, 19세기 들어서도 한참이나 살아남았다(신문에 연재되는 4컷만화 형태로는 그후로도 살아남았다). 글과 그림의 조합은 사람을 잡아끄는 힘이 있었다. 그 힘은, 1825년에 프랑스에서 시작되어 큰 인기를 얻은 에피날 판화처럼 풍자에도, 종교에도, 애국심 고취에도 쓸 수 있었다. 글과 그림을 조합한 이러한 장르는 유럽만의 것이 아니었다. 일본에서는 가와라반瓦版이라고 불린 브로드시트가 19세기 중반까지도 널리 팔렸다. 라틴아메리카, 특히 브라질에서는 1960년대까지도 이런 '폴례투' 시장이 번창했다. 대중영합주의적 독재자 제툴리우 바르가스가 1954년에 사망했을 때에는 그의 자살을 둘러싼 정황을 묘사한 폴례투가 7만 부나 팔려나갔다.[41]

19세기 초반, 아직도 본격적인 출판시장이 제대로 형성된 것은 아니었지만, 식자층에서는 잘못하다가는 싸구려 문학이 품위 있는 생활에 위협이 될 수 있다고 우려하기 시작했다. 그들은 '나쁜' 책들이 새로 형성된 수준 낮은 독자들의 망상을 부추겨서 타락의 길로 빠지게 할까봐 염려했다. 한편으로는, 그때까지는 교육받은 계급들의 전유물처럼 여겨지던 정통 고전들을 교육수준이 낮은 계급들도 요약본으로나마 접할 수 있게 되었다는 데에 심기가 불편한 이들도 있었다. 정치·종교 당국은 이런 류의 문학을 오랫동안 경계해왔다. 행상은 대개 도시에서 들어온 명백한 외부인이었고, 필연적으로 비종교적이고 위험하고 음란한 문학을 퍼뜨릴 수밖에 없는 존재였다. 더욱 위협적이었던 것은, 행상들은 도무지 통제하기 어려운 사람들이라서 언제 시골바닥을 뒤엎어놓을지 모른다는 점이었다. 그런 이유로 프랑스에서는 나폴레옹 3세의 명에 따라 1852년에 '감시위원회'가 설치되었고, 모든 소책자와 챕북은 이 위원회의 검열필 도장을 받아야 했다. 1880년 이 위원회가 폐지될 즈음에는 정

서적행상이 팔던 챕북은 대부분 형편없는 종이에 형편없이 인쇄되었고, 대개 8~24쪽 분량에 목판화(때로는 내용과 별 상관없는)가 들어가 있었지만, 지금은 민중문화를 기록한 소중한 유산으로 평가받는다.

규 서점의 수가 크게 늘어나 있었고, 서적행상들은 어쨌든 조금씩 쇠퇴하기 시작했다.

그렇다고 해서 모두가 서적거래의 팽창을 문명에 대한 위협으로 받아들인 건 아니었다. 애덤 스미스를 추종하던 이탈리아인 주세페 페키오 같은 정통 자유주의자들은 그것을 근대성의 조짐이자 다가오는 산업사회의 일부로 바라보았다. 『과학과 문학의 생산은 어느 정도까지는 생산 일반의 경제법칙을 따른다』(1832)에서 그는 문학생산물과 다른 상품은 아무 차이도 없다고 주장하면서, 다만 전통적으로 작가는 적은 소득을 얼마간 보상해주는 명성과 영예를 얻는 것으로 만족할 뿐이라고 지적했다.[42] 그러나 그는 이윤을 추구하는 문화생산은 조금 다르다는 점도 잘 알고 있었다.

이윤을 추구하는 문화생산은 수많은 이류작품들, 부박한 글들, 특히 소설, 단편소설, 수기, 여행서, 잡문들을 부각시키곤 한다. 하지만 그런들 어떤가?

…… 아무것도 읽지 않는 것보다야 무엇이든 읽는 것이 백배 나은 법이다. 수많은 작품들 중에서 몇몇은 시간의 압제를 물리치고 떠올라 미래의 도서관을 풍요롭게 채워줄 것이다. 반복과 부단한 노력이 완벽으로 이어진다는 점을 알아두자.[43]

이 현저하게 근대적이고 '민주적'인 입장은, 문화생산에서는 질이 반드시 양의 적은 아니라는 점을 받아들였다. 페키오는 이렇게 설명한다. 과거에 저자는 자신을 보호해주는 군주의 변덕에 영합하거나 굶어죽는 수밖에 없었다. 이제는 독자의 변덕에 맞추어야만 하는데, 이런 상황에서 저자들은 부를 쌓고 자유로운 정부를 지지할 것이다.[44] 1832년에 예측한 것 치고 아주 틀린 말은 아니었다.

그러나 작가들은 대부분 가난했다. 베스트셀러 작가 중 극소수만 부자가 되었다. 발자크의 명성은 대단했지만, 그의 궁핍한 경제사정도 만만치 않게 대단했다. 제인 오스틴의 『노생거 수도원』에서 '광고되는' 공포물 『볼펜바흐 성』을 쓴 엘리자 파슨스도 근근이 생계를 이을 정도였다 [『노생거 수도원』 제6장에서, 등장인물 이사벨라 소프는 1793년의 독일이 배경인 『볼펜바흐 성』을 비롯한 '공포소설' 일곱 권을 필독서로 추천한다. 271~72쪽 참조].[45] 파슨스는 테레빈유 제조업자였던 남편이 죽으면서 남겨놓은 빚 때문에, 그리고 여덟 자식을 먹여살리기 위해 펜을 들었다. 1792년에 그녀는 이렇게 썼다. "부유한 집안에서 나고 자란 나는 가진 게 바늘과 펜밖에 없었다. 대가족을 먹여살리기엔 터무니없이 빈약한 도구였다. 나는 하는 수 없이 그 무렵의 유행에 따라 소설을 쓰기로 했다. …… 나를 작가로 만든 것은 생활의 무게였지, 소질이나 재능이 아니었다." 미네르바 출판사의 윌리엄 레인은 파슨스에게 소설 한 편에 30파운드를 지불했다.

후하게 쳐준 셈이었지만, 그녀는 영국 왕실에 납품하는 삯바느질로 벌이를 보충해야만 했다. 그렇게 해도 1년에 100파운드밖에 벌 수 없었다. 콜리지는 그 시절에 한 사람이―여덟 아이들과 함께가 아니라―사람답게 살려면 연간 250파운드가 필요하다고 보았다. 다리가 부러져서 여섯 달 동안이나 꼼짝도 할 수 없게 된 엘리자 파슨스는 새로 만들어진 가난한 작가들을 위한 문학기금을 신청해야 했다. 나중에는, 왕실에서 바느질삯을 늦게 지급하는 바람에 빚을 못 갚아 감옥에 갇히기도 했다.[46]

    소설을 써서 먹고살기는 힘들었다. 사정이 이렇다 보니, 1780년에서 1815년까지 영국에서 활동했고 아직까지 이름이 기억되는 여성 작가 다섯 명(엘리자베스 인치볼드, 제인 오스틴, 패니 버니, 앤 래드클리프, 마리아 에지워스) 가운데 지금은 가장 덜 알려진 인치볼드만이 가외수입이 없었다는 것도 놀라운 일은 아니다. 하지만 인치볼드는 극작가에다 미인이었고 상대적으로 많은 보수를 받는 배우이기도 했다.[47] 소설을 쓰려면 어느 정도의 교육이 필요했기에, 당연히 작가들은 대부분 중간계급과 귀족 출신이었다. 문학연감을 보면 개인 재산이 넉넉해서 청구서 걱정 없이 창작할 수 있었던 작가들의 예가 수두룩하다. 최초이자 최장수 영국 총리인 로버트 월폴 경의 아들 호레이스 월폴은 『오트란토 성』(1765) 초판을 자비로 찍어서 친구들에게 나눠줄 정도였다. 공포소설 『수도사Monk』(1796)를 쓴 매슈 '몽크' 루이스는 부유한 고위공무원의 아들이자 하원의원이었다. 그보다 먼저 하원의원을 지낸 윌리엄 벡퍼드는 유명한 오리엔탈리즘 소설 『칼리프 바테크 이야기』(1786)를 썼는데, 그의 집안은 자메이카에 커다란 사탕수수 농장을, 소호에 대저택을 갖고 있었다.

    그 무렵 직업작가들의 평균 수입을 추정하기는 어렵다. 우리가 가진 자료들은 정의상 특별한 범주에 들어가는 유명 작가들에 관한 것뿐이기 때문이다. 그러나 돈을 꽤 벌었던 작가들도 많았다. 사실 이들은 오페라 가수를 제외한 나머지 문화생산자들보다 더 많이 벌었다. 1850년대에 들어서면서 시장은 저자들에게 긍정적인 방향으로 변화해갔다. 시장의 팽창은 저자에게 유리하게 작용했다. 19세기 중반에 프랑스의 낭만주의 작가 알퐁스 드 라마르틴이 맺은 어느 출판계약에는 그의 기존 작품뿐만 아니라 앞으로 쓸 시와 에세이도 꽤 포함되어 있었다. 이 계약으로 라마르틴은 71만 프랑을 벌어들였는데, 이는 발자크가 작가로서 평생 번 것보다 많은 액수였고,[48] 〈모나리자〉의 그때 감정가보다 훨씬 많은 액수였다—이 유명한 그림은 고작 9만 프랑이었다.[49] 이재에 밝은 빅토르 위고는 꽤 많은 돈을 모았다. 언제나 그렇듯 유명 작가를 놓칠까봐 전전긍긍하던 출판사들은 저자에게 지나치게 많은 원고료를 주었다가 손해를 보기도 했다. 주요 시인들도 대중소설 작가들만큼이나 요령껏 작품을 팔았다.[50]

운 좋은 저자들은 소수일 뿐 곤궁한 작가들과 파산한 출판업자들이 압도적으로 많았다. 한 번에 많은 부수를 찍는 것은 아주 위험했고, 그래서 무척 드문 일이었다. 프랑스에서는 발자크처럼 비교적 성공한 작가들조차도 그다지 많이 벌지 못했고, 그의 책을 낸 출판사는 손실을 입었다. 1846년에는 출판에 들어간 비용이 12만 프랑이었는데, 수입은 재고까지 포함해도 11만 4,000프랑에 그쳤다.[51] 대다수 작가들에겐 입에 풀칠하는 것조차 전쟁이었다. 대부분의 책은 1쇄에 평균 1,000부밖에 찍지 않았고, 자연히 시장규모도 작았기 때문이다. 도서대여점 덕분에 독자는 늘었지만, 수입은 늘지 않았다. 발자크의 경우가 상징적이다. 직업작가 첫 세대에 속했던 발자크는 열심히 일했고, 많이 썼고, 책도 많이 냈다. 그런데도 그는 상업적으로 실패했고, 빚더미 속에서 살다가 빚더미 속에서

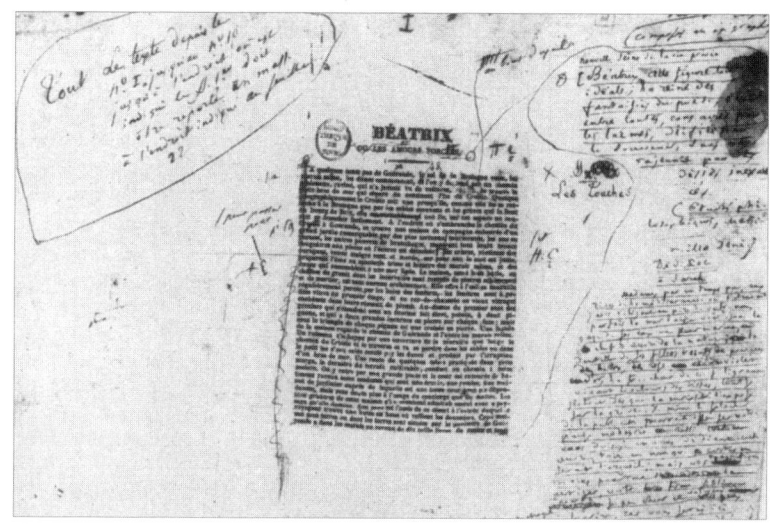

발자크의 『베아트릭스』 초교지. 20대의 사업(출판업, 인쇄업) 실패와 낭비벽 탓에, 발자크는 20년 동안 블랙커피를 마셔가며 날마다 열댓 시간씩 글을 쓰고도, 과로로 죽는 순간까지 빚을 벗어나지 못했다.

죽었다. 또 한 가지 불행은 그가 비교적 이른 나이[쉰한 살, 1799~1850]에 죽었다는 사실이다. 루이 아셰트가 1855년에 『외제니 그랑데』와 『피에레트』를 철도문고로 출간할 때까지만 더 오래 살았더라면, 발자크는 엄청난 부를 누렸을 터였다.[52] 발자크의 책은 이제 기차역에서 누구나 사 보는 책이 되었다. 생전에 발자크 책의 판매고는 21년간 여덟 번이나 기복을 겪었다. 물론 작가들에게 낯선 일은 아니었다.[53]

그렇다면 그 시절의 독자들은 어떤 책을 읽었을까? 1628~30년을 배경으로 한, 알레산드로 만초니의 1840년작 『약혼자』에 등장하는 수많은 인물 가운데 마을 재단사가 있다. 만초니가 특유의 젠체하는 표현으로 '세상의 소금'(이탈리아어로는 '지상 최고의 파스타')이라고 부르는 인물이다. 이 재단사는 글을 깨친 사람으로 레젠다리(성인전 모음집)를 '한 번 이상' 읽었고, 또한 15세기에 안드레아 다 바르베리노가 이탈리아어로 각색한 프랑스 기사 이야기 『비참한 구에린』도 읽었다.54) 『약혼자』의 편집자 주를 보면, 이런 이야기들은 그 무렵 '아주 최근'까지도 이탈리아 시골에서 큰 인기를 끌었다고 한다.55)

그 주장을 확신할 수는 없지만, 재단사가 읽었다는 도서목록은 혁명기 프랑스의 국민의회 의원이었던 그레구아르 신부가 실시한 초기 설문조사에서도 충분히 확인되었다. 방언을 근절하자는 주장(제2장 참조)을 발표하기 4년 전인 1790년 8월 13일, 그레구아르 신부는 수백 명의 교구 신부들에게 회람을 보내어 지역 사투리와 교구신자들의 독서습관에 관한 설문조사를 요청했다. 이 조사는 방언에 관한 최초의 사회학적 조사 가운데 하나다. 현대의 기준으로 보면 다소 비과학적인 조사였지만(43명만이 설문에 응했다), 역사적으로는 당연히 없는 것보다는 낫다. 응답자 다수가 시골사람들은 책 읽는 습관이 전혀 없으며, 사실 대부분은 글을 모른다고 대답했다. 몇몇은 아마도 환심을 사려고 그랬겠지만, 대혁명이 농민들에게 책에 대한 관심과 글을 배우려는 열망을 일깨웠다고 응답했다. 시골에는 책이 거의 없다고 대답한 신부도 있었고, 교사가 모자란다고 대답한 이도 있었다. 프랑스의 가톨릭교회는 글을 깨치는 것에 반대하지는 않았으나 몇몇 교구의 신부들은 그리 달가워하지 않았다. 혹시 글을 깨친 사내아이들이 다른 사람보다 잘났다고 뻐기지나 않을지, 글을 배운 계집 아이들이 되바라진 행동을 하지나 않을지 우려했던 것이다.56) 많은 경우, 신부들 자신도 책을 그다지 많이 읽지 않았고, 대혁명 이전에 자기 교구에 도서대여점을 만든 그레구아르 신부의 예를 따를 생각도 없었다.

설문조사 결과 가장 널리 읽힌 책은 예상했던 대로, 교리문답집, 성가집, 성탄 캐럴, 송가, (흔히 삽화가 가득 들어간) 기도서, 성인전 같은 종교적인 주제의 책들이었다. 그것은 소비자의 취향이라기보다는 시골 교구 도서배포에 관한 교회의 정책을 반영한 결과였다. 1777년에는 이런 '우수' 도서의 재쇄에는 세금을 물리지 않는 법안이 통과되었다. 그 법안의 영향으로, 1789년의 대혁명이 일어나기까지 10년 동안에 프랑스에서 유통된 책은 136만 3,700권에 이르렀다.57) '농촌 지역 베스트셀러' 2위는 청색문고 시리즈였다. 중세 기사 이야기, 마술 이야기, 의적 이야기 따위가 특히 사랑받았다. 이런 책들은 '스무 번이나' 읽고 또 읽고, 또 흔히 큰 소리로 사람들에게 읽어주는 책이었다.58)

    계몽주의 지식인이라면 이 대목에서 농촌문화에 대한 자신의 부정적 견해를 확증해주는 풍부한 근거를 발견했을 것이다. 반쯤 야만인 같은 까막눈 농민들이 둘러앉아서 원시종교와 미신, 시시한 우화 따위를 듣는 한심한 풍경이라니. 물론, 이 빈약한 증거를 토대로 정반대의 결론에 이를 수도 있다. 글을 아는 사람이라곤 거의 없던 시골마을에서는 오늘날처럼 혼자 조용히 책을 읽는 습관―침대에 파묻혀서, 소파에서, 기찻간에서, 하늘을 누비는 비행기 안에서―은 있었을 법하지 않다는 것이다. 대신에 아이들이 부모 앞에서 책을 읽어주는 것과 같은 '공중의' 독서가 널리 행해졌다. 18세기 프랑스의 어느 시골, '농촌 밤모임'〔프랑스 농민들이 밤이 되면 모여앉아 함께 작업을 하며 시간을 보내던 풍습〕 광경을 한번 상상해보자. 길고 긴 겨울밤, 한 농촌 가정의 온 집안 사람이 난롯가에 둘러앉아 농기구를 수선하고 바느질을 하고 요리를 하거나 소금에 절이거나 조림을 만들고 옷을 짓고 있다. 그 뒤에서는, 새로 생긴 마을 학교에서 막 글을 배운 맏이가 아시시의 성 프란체스코의 일생에 관한 이야기를 큰 소리로 읽고 있다. 이것이야말로 가장 순수한 농민문화의 정수다. 어쩌면, 그런 사료가 별로 없다는 사실을 고려한다면, 시골 오두막집에서의 소박한 독서는 전원생활의 순수함을 찬양하려는 낭만주의 지식인들이 만들어낸 신화에 지나지 않을지도 모른다. 그러나 장 클로드 파르시의 최근 논문을 보면, 프랑스 브르타뉴 지역 농촌에서는 19세기까지도 식구들끼리 낭독을 했다. 대개는 식구 가운데 처음으로 학교에 다니게 된 어린아이에게 성인전을 읽히는 방식이었다.[59]

로제 샤르티에는 다른 의견을 내놓는다. 그의 주장에 따르면, 이러한 '농촌 밤모임'이 있었던 건 사실이지만, 그것은 주로 춤추기, 카드놀이, 노래부르기 같은 '부적절'한 종류의 세속적인 오락을 위한 자리였다. 샤르티에는 "밤모임이 마을사람끼리 친하게 지내는 자리였음은 분명하지만(그러나 프랑스에서 생각만큼 보편적이지는 않았을 것이다), 그것이 주로 독서를 위한 자리였다고 보기는 어렵다"고 결론지었다.[60] 늘 그렇듯이, 우리는 외부인, 곧 유식한 관찰자의 시선으로 본 것을 빼고는 농민의 습관과 태도에 관해 아는 게 거의 없다. 그리고 문화의 영역에서 역사를 만들거나 적어도 그것을 글로 쓰는 사람들은 농민이 아니라 바로 이들이다.

짐작하다시피, 16세기와 17세기의 꽤 많은 독자가 귀족이거나 지식인 계급들(관리, 서기, 법률가, 의사, 문인)에 속했다. 그러나 장인과 장사꾼도 책을 읽었다. 16세기에 인구가 2만 명이었던 프랑스 도시 아미앵의 유산목록에 대한 연구를 보면, 총 4,442개의 목록 가운데 책이 들어 있는 목록은 20퍼센트인 887개였다. 이 목록들 중 259개는 상인, 98개는 장인의 것이었다. 책 소유자의 거의 절반이 그 무렵의 이른바 '민중 계급들'에 속한다는 것을 알 수 있다(농민과 빈민은 이 범주에 포함되지 않았다). 그러나 상인과 장인을 합쳐서 11.6퍼센트만이 자기 책을 소유했던 반면 의사는 거의 모두가, 성직자는 72퍼센트가 자기 책을 적어도 한 권은 갖고 있었다.[61]

19세기가 시작될 즈음, 크게 팽창한 도서시장의 독서공중은 전문직 종사자와 나머지 부르주아계급이 압도적인 비중을 차지하고 있었다.[62] 독서공중은 점차 확산되어 중간계급 하층과 숙련노동자까지 포함하게 되었다. 그러기 위해서는, 도서판매 이외에 책을 널리 보급할 수 있는 다른 메커니즘을 찾아야 했다.

도서대여

작가가 글을 쓰면, 출판사는 책으로 만들고, 독자는 그 책을 읽는다. 그러나 독자와 책을 연결하기 위해서는 어떻게든 메커니즘을 고안해야 한다. 앞에서 살펴보았듯이, 돌아다니면서 책을 파는 행상이 한 가지 해결책이었다. 고객에게 직접 책을 들고 가는 것은 책이 유통되는 가장 중요한 방법 가운데 하나로 남아 있다. 이러한 방문판매가 점차 고비용으로 여겨지면서 우편제도가 매우 효과적이라는 것이 입증되었다. 북클럽에 가입해서, 또는 최근 들어서는 인터넷으로 책을 살 수도 있다. 잠재고객이 있을 만한 곳이라면 어디에나 책이 깔린다. 신문가판대나 슈퍼마켓(적어도 영국과 미국에서는 베스트셀러 가운데 다수가 이곳에서 팔린다)에서 살 수도 있고, 신문의 옵션 부록으로 구할 수도 있다—이탈리아에서 자주 보는 이 방식은 엄청난 판매고를 올린다.

18세기 초에는 이 모든 것이 불가능했다. 장터와 시장에서 행상이 팔았던 책은 대개가 얇고 조잡하고 인쇄상태가 엉망인 특수한 장르, 곧 싸구려 문학에 속했다. '좋은' 문학은 비쌌다. 비싼 가격은 도서시장을 넓히는 데에 가장 큰 걸림돌이었다. 알렉산더 포프가 번역한 『일리아스』는 6파운드가 넘었다. 헨리 필딩의 『톰 존스』는 18실링을 주어야 살 수 있었다. 분량이 6권이나 되는데도 인기가 높았던 조지 리틀턴의 역사서 『헨리 2세의 일생』은 9파운드가 넘었다. 『로빈슨 크루소』는 매우 인기를 끈 소설이었는지는 모르지만, 1719년에 나온 초판의 값은 그 무렵 미숙련노동자의 주급인 5실링(오늘날의 200파운드에 해당한다)이었다.[63] 앤 래드클리프의 『우돌포의 비밀』(1794)은 1파운드 5실링으로 영국의 '숙련'노동자가 받는 주급보다도 비쌌다.[64] 이 책은 200년 뒤에도 여전히 인쇄되어 그때와 똑같은 값에 살 수 있는데, 지금의 그 값은 15분 동안의 법정 최저임금과 같고 런던 지하철 1회이용권 값보다도 낮다. 책을 소유한다는 것은 지성과 문명의 상징이었고, 그림을 수집하듯 책을 수집하는 부유한 귀족들도 당연히 있었다. 이를테면 발트슈타인 백작은 보헤미아의 성에 장서가 1만 권이 넘는 도서관을 갖고 있었다. 백작은 1780년대와 1790년대에 자코모 카사노바에게 그 도서관 장서들의 분류를 맡겼다.

하지만 책을 읽기 위해 꼭 책을 사야 하는 것은 아니었다. 빌릴 수도 있었다. 친구나 가족끼리 책을 돌려 읽기도 했고, 18세기 말이 되면 공공도서관도 있었다. 1784년에 파리에는 18개의 공공도서관(대학도서관을 포함해서)이 있었다. 하지만 하루에 몇 시간만 문을 열거나 학자들에게만 대출하는 곳이 많았다.[65]

또 도서대여점이 생겨나 회비를 낸 사람들에게 책을 빌려주기 시작했다. 도서대여점의 기원은 다양했다. 가장 일반적으로는, 서적상이 재고도서를 일정한 가격에 대여해주면서 부수입을 올린 데에서 비롯되었다. 모두가 연회비를 낼 수 있는 건 아니었지만, 그래도 책을 사는 것보다는 쌌다. 18세기 말 영국 바스 지방에서는 도서대여점 연회비가 1파운드였는데, 그 무렵 집안 하인의 1년치 급료가 7~8파운드였다.[66] 바스보다는 현실적인 런던의 프랜시스 노블 도서대여점과 뉴캐슬의 조지프 바버 도서대여점의 회비는 연 12실링이었다.[67] 빵 한 덩어리가 2.5펜스에 못 미치는 때였다. 대여방법은 여러 가지였다. 빌린 만큼 돈을 내거나(권당 대여비의 합계) 연간 이용료를 내고 원하는 대로 빌리고, 두 가지를 결합하기도 했다.

19세기 초반의 수십 년 동안 유럽 전역에서 도서대여점이 발달했다. 더러는 서점에서 성장했고, 더러는 독서협회와 독서클럽에서 성장했다. 1725년에 영국 최초의 본격 도서대여점을 연 이는 에든버러의 서적상 앤드루 램지였다.[68] 잉글랜드에서는 출판업자 윌리엄 레인이 1770년에 이동 도서대여점을 시작했는데, 그는 자신의 도서대여점이 영어로 쓰인 소설 전부를 포함해 1만 권의 책을 갖추었다고 자랑했다.[69] 1800년 무렵에 런던에는 122개, 그 밖의 잉글랜드 전역에는 268개의 도서대여점이 있었다.[70] 스페인에서는 도서대여점이 뒤늦게 출발했지만 1830년대에는 1년에 한 곳씩 문을 열었다.[71] 1800년 즈음 독일에는 마을마다 독서모임 Lesegesellschaft이 적어도 하나씩 있었다. 1811년 즈음, 베를린(런던보다 훨씬 작은 도시였다)에는 27개, 드레스덴에는 16개의 독서클럽이 있었다. 이러한 독서클럽들과 나란히 상업적인 도서대여점, 곧 대출도서관이 있었는데, 이곳의 책들은 괴테나 실러, 빌란트의 작품이 아니라—이들의 작품이 아예 없는 곳도 있었다—18세기판 통속문학이 주를 이루었다. 그것들은 카를 그로세의 『정령』, 크리스티안 아우구스트 불피우스의 『리날도 리날디니』 같은 계몽주의 고딕소설과 카를 고트로프 크라머(1758~1817), 크리스티안 하인리히 슈피스(1755~99) 같은 작가들의 작품이었다. 이러한 도서대여점은 여성과 하인들에겐 문학의 주요한 공급처였다.[72]

1750년에서 1800년까지 50년 동안 독일에서 생산된 소설 5,000편 가운데 약 4분의 3은 도서대여점에서 소화했다. 연구에 따르면, 빌려간 사람들은 주로 남성이었다.[73] 그러나 빌린 사람이 반드시 독자와 일치하지는 않는다. 독자들은 흔히 하인을 보내 책을 빌렸고, 남편들은 아내가 읽을 책을 대신 빌려다주곤 했으므로, 대여기록이 반드시 주요 독자층을 밝혀주는 것은 아니다. 남겨진 일기들이 믿을 만하다면, 소설의 주요 소비자는 여성이었다. 물론 그 일기를 쓴 사람도 주로 여성이었다. 다만 우리는 여기서, 중간계급과 상층계급 여성에게는 거의 모든 직업이 금지되고 남녀의 성차별이 뚜렷했던 사회에서 독서는 성구분이 덜한 활동 가운데 하나였으리라고 짐작할 수 있다.

이탈리아에는 도서대여점이 비교적 적었다. 문맹률이 높고 언어가 여럿으로 나뉘어 있어서 도서시장이 제한되었기 때문이다. 이런 상황에서 이탈리아 출판업자들이 위험을 낮추기 위해 채택한 방식은 공통의 주제를 가진 일련의 책들, 곧 총서를 사전 판매하는 것이었다. 도서관을 뜻하는 '비블리오테카'라는 이름으로 시장에 나온 이 총서들은 상대적으로 적은 도서구매 고객들이 대개 고전작품으로 이루어진 총서 전체를 선불로 구입하도록 유도하는 것이 목적이었다. 이 방면의 선구자는 조반니 실베스트리였는데, 그는 '고대와 현대 이탈리아 작품 선집'(1813)이라는 이름으로 1848년까지 수백 종의 책을 펴냈다.[74] 이탈리아 인쇄업자와 출판업자들은 성장 일로의 학교와 대학 교재시장에 기댈 수조차 없었다. 롬바르도-베네토 왕국에서는 이 사업을 국가가 독점하고 있었기 때문이다.[75] 한 해에 5만 4,700부나 팔려서 큰 수익을 낼 수 있었던 오페라 리브레토도 오페라극장에서 관객에게 직접 팔았기에 서적상들에게는 전혀 보탬이 되지 않았다.[76]

프랑스 '도서대여점'[cabinets de lecture: 원래는 책을 읽는 장소로서 '독서실'을 뜻하지만, 여기서는 문맥상 '도서대여점'으로 통일한다]의 황금기는

독일 드레스덴의 도서대여점에서 신문을 읽는 사람들. 하인리히 루카스 아르놀트의 1840년 그림. 책도 신문도 처음에는 비쌌으므로, 넉넉지 못한 사람들은 도서대여점에서 책을 빌리고 신문을 돌려읽었다.

1815~48년이었다(몇몇 도서대여점은 20세기까지도 살아남았다).[77] 그 무렵의 도서대여점의 팽창은 수많은 출판업자와 인쇄업자를 파산으로 몰아넣은 1826년의 금융위기에서 촉발된 것이었다. 팔리지 않은 재고도서들이 도서대여점을 차리는 데에 쓰였다.[78] 도서대여점 수를 파악하기란 쉬운 일이 아니다. 프랑수아즈 파랑 라르되르의 연구에 따르면, 1830년께에 파리에만 520여 개의 도서대여점 또는 '책 읽는 가게 boutique à lire'가 있었다. 어떤 곳에는 잡지 몇 종만 있었고, 어떤 데에는 2만 권이 넘는 장서가 있었다.[79] 그러나 데이비드 벨로스에 따르면, 도서대여점은 그렇게 많지 않아서 1826년에는 61개, 1829년에는 126개, 1833년에는 150개가 있었다.[80] 클로드 피슈아가 내놓는 숫자는 또 다르다. 그는 1835년에 86개였던 도서대여점이 1844년에는 177개로 정점에 이르렀다고 한다.[81] 이렇게 연구자마다 수치가 제각각인 것은 적어도 부분적으로는 도

서대여점에 대한 정의가 조금씩 다르다는 데에 기인한다. 실제로 손님들에게 책을 사는 대신 '빌릴' 수 있는 선택권을 주는 서점도 많았기 때문이다. 그러나 1830년대 후반까지 계속 늘어나던 도서대여점이 저가도서와 연재물 때문에 성장세를 멈추었다는 데에는 모두가 동의한다.

　소르본 대학을 중심으로 한 카르티에라탱 구역에 모여 살던 파리 대학생들은 너무나 추운 대학도서관보다 도서대여점을 애용했다. 사실 도서대여점 가운데에는 서점을 겸한 곳도 많아서 책을 살 수도 빌릴 수도 있었다. 부르주아계급 역시 정기적으로 책을 빌렸는데, 여름휴가 동안 시골 별장에서 읽기 위해 한 번에 100권이나 빌려가는 경우도 있었다. 하인들도 자기가 읽을 책을 빌려가곤 했는데, 여기서 노동계급 여성들이 좋아하는 저급한 문학장르를 일컫는 '하녀소설'—문화적으로 허세를 부리는 이들은 지금도 이 말을 쓴다—이라는 경멸적인 표현이 생겨났다. 마지막으로, 좀더 귀족적인 지역의 도서대여점은 사실상 정통 문학살롱의 위상을 갖춘 안락한 독서클럽이었다.

　프랑스, 영국, 독일에서, 그리고 확실히 이탈리아에서도, 신흥 부르주아계급은 도서대여점의 주요 고객이었다. 하층계급에서는 하인, 수위, 직공, 점원처럼 자기보다 계급이 높은 사람들과 자주 접촉하던 이들이 도서대여점을 이용했다.[82] 전체적으로 보면, 도서대여점 이용자에는 도시에 사는 이들, 특히 중간계급의 전문직 종사자가 압도적으로 많았다. 서점과 도서대여점은 귀족적인 지역보다는 지식의 중심지에 대부분 몰려 있었다. 이를테면 파리의 서점과 도서대여점은 부유층 지역이 아니면서 소르본 대학에서 멀지 않은 센 강 좌안을 따라 늘어서 있었다.[83] 18세기와 19세기에는 책이 순간적인 충동으로 아무데서나 살 수 있는 상품이 아니었다. 책을 사려면 일부러 나들이를 해야만 했다.

도서대여점의 주요 고객은 부르주아였다. 오스트레일리아 멜버른의 콜린스 가에 있었던 새뮤얼 멀런의 도서대여점 내부. 1889년 1월 19일자 『일러스트레이티드 런던 뉴스』에 실린 멜턴 프라이어의 그림이다.

도서대여점은 19세기 내내, 특히 폭넓은 독서공중이 있었던 프랑스, 영국, 독일 같은 나라에서 도서유통을 지배했다. 도서대여점의 성공에는 일정한 조건이 있었다. 첫째, 책, 특히 소설을 읽고 싶은 마음은 있지만 책값 탓에 사서 보지 못하는 독서공중이 있어야만 했다. 둘째, 공공도서관 같은 무료대출 통로가 없어야만 했다. 프랑스와 영국에서는 19세기 초반에 민중을 위한 무료 '공공'도서관을 설립하려는 계획들이 나왔지만, 그 계획들이 열매를 맺으려면 19세기 후반까지 기다려야 했다. 왕정복고기 프랑스에서는 민중도서관 옹호자들의 주창으로 민중을 위한 문학이라는 개념이 대두했고, 가톨릭교회는 1827년에 '가톨릭우량도서협회'를 설립했다.[84]

도서대여점은 오늘날의 대학도서관과 마찬가지로 출판업자들에게 안정적인 시장을 제공했지만, 또 한편으로 책을 더 널리 보급하는 데에는 장애물로 작용했다. 도서대여점에는 책값이 계속 비싼 쪽이 이익이었기 때문이다. 그런데도 1800년 무렵까지 많은 도서대여점들이 서적상 소유였는데, 이런 서적상들은 이해가 상충하는 두 사업에 양다리를 걸친 셈이었다. 그즈음부터는 서점과 도서대여점의 역할이 좀더 뚜렷하게 구분되기 시작했지만, 나폴레옹 전쟁으로 종잇값이 급등하면서 책값은 계속 비쌀 수밖에 없었다. 1815년 이후 독서공중이 팽창하고 그에 따라 소설 출판이 급증하면서 '고급'장르와 '저급'장르의 경계가 분명해졌다. 도서대여점은 도서시장 안에서 좀더 비싼 '문학적'인 쪽을 변함없이 장악했고, 싸구려 소설책은 계속해서 회피했다. 그러나 비싼 소설 가운데 몇몇은 책으로 나오기 전에 신문잡지에 먼저 연재되기도 했다. 이 연재의 성패에 따라 도서대여점에서 사들이는 부수가 달라지곤 했다.

소리내어 읽기

도서대여점은 책 한 권을 가지고 많은 사람이 읽을 수 있게 해주었다. 책 한 권을 세 권으로 쪼개면 낱권을 따로 빌릴 수 있게 되어 같은 책을 세 사람이 동시에 읽을 수 있었다. 도서대여점이 중요한 시장이 되자, 출판업자들은 곧 책을 처음부터 여러 권으로 나누어 펴내기 시작했다. 심지어는 제인 오스틴의 『노생거 수도원』처럼 짤막한 소설까지 여러 권으로 나누었다. 알렉상드르 뒤마의 『몬테크리스토 백작』처럼 두꺼운 소설은 한때는 18권으로 나뉘기도 했다.[85] 19세기 후반의 가장 큰 도서대여점이었던 뮤디스가 시장을 장악할 무렵에는 삼부작 소설이 빅토리아 시대 영국의 표준 규격이 되었다.

 독자들 스스로가 주위 사람들에게 큰 소리로 책을 읽어주는 간단한 방법으로 책 소비자를 몇 배로 늘릴 수도 있었다. 그렇다고 반드시 글을 깨친 사람이 까막눈에게 읽어준 것만은 아니었다. 18세기 후반과 19세기에는 가족이 모여앉아 소리내어 책을 읽는 것이 오늘날 가족이 함께 텔레비전을 보는 것과 같았다.

오늘날 독서는 개인적인 행위다. 책을 읽는 이는 소음과 군중 속에서도 자기만의 세계를 만들어낸다. 집에서도, 기차나 비행기에서도, 해변에서도, 도서관에서도, 사람들은 홀로 책을 읽는다. 물론 소리내어 읽는 것이 일반적인 상황도 여전히 있다. 텔레비전 탓에 위태로워졌다고들 하는 책에 대한 사랑을 심어주려는 뜻에서 부모는 아이가 읽을 줄 아는 데도 책을 읽어준다. 큰 소리로 읽기는 학교에서도 흔하고, 종교적인 환경에서 공동체의식을 고무하기 위해 필요할 때에도 흔히 경전의 유명한 구절을 소리내어 읽는다. 문화축제 같은 곳에서는 저자들이 직접 자신의 책을 낭독하는데, 이때 낭독은 거의 연극적인 행위가 되고 청중은 자신이 좋아하는 작가에게 일종의 친밀감을 느끼게 된다.

소리내어 읽는 사람이 많은 사회에서는 쓰이는 소설의 종류도 그 영향을 받는다. 초기 로마 문학에는 소리내어 읽기 위한 작품이 많았다. 그때는 나이 지긋한 로마 귀족이 희미한 등잔불 아래에서 혼자 조용히 책을 볼 수 있게 해주는 안경 같은 도구들도 없었고, 두루마리를 구해서 글을 베껴쓰는 데에도 많은 돈이 들었다. 그보다는 대개 그리스인 노예였던 숙련된 낭독자 한두 명을 두고 주인과 그 친구들을 위해 책을 읽히는 편이 나았다. 그러므로 고대의 교양있는 애서가들은 책을 읽기보다는 들었던 셈이다.[86] 또한 이를테면 세르반테스 역시 독자뿐만 아니라 청중까지 염두에 두고 『돈키호테』를 썼던 것 같다.[87] 19세기까지도 소리내어 읽는 것이 보통이었다. 조지 엘리엇은 '매일 저녁 약 세 시간씩' 조지 루이스와 친구들에게 괴테, 하이네, 셰익스피어의 작품을 읽어주곤 했다.[88] 제2차 세계대전 이전을 주요 배경으로 한 이블린 워의 『다시 찾은 브라이즈헤드』(1945)에서 마치메인 부인은 응접실에서 '밤 열 시가 될 때까지 열정적으로' 조지와 위든 그로스미스 형제가 쓴 『무명씨의 일기』를 소리내어 읽는다.[89] 이후 카세트테이프가 나오면서는 특히 시각장애인이나 장거리 자동차여행자들에게 유용한 '오디오북' 판매가 활성화되었다.

여전히 비싼 상품이었던 책은 도서대여점에서 일정한 기간 동안 빌려볼 수 있었다. 한 권의 책을 소리내어 읽으면 시간을 효율적으로 쓸 수 있었고, 책의 회전율 또한 높여줄 수 있었다. 어느 집이나 조명이 귀했던 시절이라, 책 읽는 사람 주위에만 불을 비추고 나머지 가족들, 적어도 일하지 않는 가족들은 어둑어둑한 곳에 앉아서 듣곤 했다. 많은 책과 편지, 그 시절의 기록이 전하는 전형적인 이미지는, 아버지가 큰 소리로 책을 읽으면 어머니는 잰 손놀림으로 바느질을 하면서, 그리고 한켠에서는 아이들과 때로는 하인들까지 모두가 귀를 쫑긋 세우고 듣고 있는 광경이다. 셰익스피어의 작품을 여성과 아이들이 읽기 적절하게 축약한 『가족을 위한 셰익스피어』의 저자 토머스 바우들러(1754~1825)는 "어느 겨울 저녁, 시골마을에서 아버지가 가족들에게 셰익스피어의 희곡을 읽어주는 모습보다 흐뭇한 광경은 상상할 수 없다"고 말했다.[90] 훌륭한 낭독자는 훌륭한 배우처럼 자기만의 작은 청중을 열광시킬 수도 있었다. 소설가 마리아 에지워스는 1814년의 어느 편지에서 이렇게 썼다. "우리는 방금 〔월터 스콧의〕『웨이벌리』낭독을 마쳤어요. 이 대가족에게 큰 소리로 읽어주었는데, 정말이지 작가가 그 분위기를 직접 느낄 수 있다면 얼마나 좋을까요. 어른, 아이 할 것 없이 모두의 마음을 얼마나 강렬하게 사로잡았는지 모릅니다. …… 이 책에 담긴 모든 이야기와 인물이 더없이 실감나게 다가와서 이따금씩 작가가 독자에게 직접 말을 건네는 것 같은 느낌을 감당할 수 없었답니다."[91] 조지 엘리엇은 자기 아버지가 세상을 떠나기 전 5~6년 동안 아버지에게 월터 스콧의 역사소설들을 읽어주었다고 회고했다.[92] 1819년 1월 4일자 일기에서, 아일랜드 시인 토머스 무어는 아내 베시에게 스콧의 『미들로디언의 심장부』를 방금 다 읽어주었는데 "가장 황당하고 믿기 어려운 이야기이지만, 충격적인 상황들과 생생한 묘사로 가득한 책"이라고 썼다.[93]

출간 형태

책 하나가 일정한 간격을 두고 매주 또는 매달 일련번호가 매겨진 연재물로 출간되기도 했다. 정기간행물이나 일간지에 부분부분 나누어 싣는 것도 방법이었다. 실제로 독자들은 책을 일회분씩 구입했다. 그러나 출판업자들은 꽤 큰 위험을 떠안아야 했다. 독자를 계속 그 책에 붙들어두지 못하면, 저자에게 원고료를 선불로 지급한 상태에서 독자가 다음 호를 구입하지 않을 터였기 때문이다. 19세기 문학생산물 가운데 연재물의 비율은 매우 낮았지만, 찰스 디킨스처럼 지금까지도 꾸준히 읽히는 저자들 거의 모두가 연재를 했기 때문에 흔히들 연재물이 그 시절의 표준적인 출간 형태였으리라고 추정한다.[94]

연재소설이 본격적으로 유행한 것은 1830년 이후였다. 여기서 주목할 대목은, 연재물이 선진국(영국, 프랑스, 독일)에서 크게 유행한 것은 단지 독자가 더 많았기 때문만이 아니라 언론매체가 더 폭넓게 존재했기 때문이기도 했다는 점이다. 신문사는 뉴스와 특집기사에 더해 소설도 한 편(또는 여러 편) 연재하면 판매를 끌어올릴 수 있을 거라고 생각했다. 이런 생각은 다른 나라로도 퍼져나갔다. 이탈리아에서는 소설은 본질적으로 영국의 산물이라는 인식이 아주 확고해서, 연재물만 싣던 초기 잡지들이 소설의 원산지를 공공연히 광고할 정도였다. 1815년 밀라노의 베닌카사 출판사는 오로지 영국 소설만 연재하는 잡지 『로만치에레 잉글레세』를 펴내기 시작했다. 베닌카사의 주요 경쟁사로 역시 밀라노에 있었던 베르톨로티 출판사는 『노벨리에레 브리탄니코』로 이에 맞섰다.[95]

    책은 어떻게 판매되느냐에 따라 그 문화적 가치가 결정되곤 한다. 슈퍼마켓에서 파는, 표지가 요란한 싸구려 보급판은 세련된 서점에서만 볼 수 있는 묵직한 저서보다 권위가 '낮다'. 전자의 저자들은 통장내역을 확인하고는 씩 웃으며 어깨를 한번 으쓱하고 말겠지만. 그러나 19세기 초반에는 진지한 소설을 그렇지 않은 소설과 구별해주는 특성이 뚜렷하지 않았다. 물론 서적행상이 파는 책들은 '저급'하다는, 심지어 여성잡지 연재소설보다 더 '저급'하다는 통념이 있기는 했다. 그러나 대체로, 고급과 저급을 결정하는 지식인과 문화 엘리트들이 여전히 소설이라는 장르와 친숙하지 않았다. 19세기 후반에 가서도 고급문학과 저급문학의 경계는 모호했다. 연재소설을 뜻하는 프랑스어 '푀이유통'은 저속한 싸구려 문학을 일컫는 경멸적인 표현이 되었다. 그러나 일간지에 실린 초기 '푀이유통' 가운데에는 1836년 10월 23일부터 하루에 한 편씩 12회에 걸쳐 연재된 발자크의 『노처녀』도 있었다. 플로베르의 『보바리 부인』(1856)도, 졸라의 작품들도 신문에 연재되었다. 디킨스의 소설은 기차역에서 팔렸다. 플롯 하나만 가지고 '고급'과 '저급' 장르를 구분하기는 어렵다. 『오이디푸스 왕』을 탐정소설로, 『오디세이아』를 모험담으로, 제인 오스틴의 소설을 밀스 앤드 분[영국의 연애소설 전문 출판사] 양식의 연애소설(이를테면 '일등 신랑감과 결혼하는 법')로, 『보바리 부인』을 일상이 권태로운 주부가 애인이 생겨서 예쁜 옷들을 사다가 빚을 지게 되고 결국 자살한다는 섹스 앤드 쇼핑 소설로 평가할 수도 있다. 생전에는 디킨스나 윌키 콜린스와 달리 난해하고 철학적인 작가로 간주되었던 조지 엘리엇도 『급진주의자 펠릭스 홀트』(1866)에서는 출생의 비밀, 유산문제, 협박과 같은 그들과 유사한 플롯 장치들을 쓰고 있다.[96]

블라디미르 나보코프는 발자크를 '싸구려 통속소설' 납품업자로 여겼다.[97] 발자크 생전에는 많은 이들이 동의했을 것이다. 발자크는 대중의 인기를 끄는 장르들에 두루 손을 뻗쳤기 때문이다. 『올빼미당』(1829) 같은 역사소설, 『나귀 가죽』(1831) 같은 고딕소설, 『익살맞은 이야기』(1832) 같은 에로틱한 단편을 거쳐 사실주의 소설로 옮겨가면서, 발자크는 대중문학에서 가장 판에 박힌 주제들, 곧 헌신적인 창녀, 비밀결사, 지고의 권능을 지닌 (그리고 매력적인) 악의 화신과 맺는 파우스트적 계약, 비정한 구두쇠, 이기적인 여자, 모든 것을 바치는 아버지, 사랑에 빠진 부자 따위를 많이 활용했다. 이런 주제와 인물들 때문에 발자크는 생전에는 인기를 얻었고, 1870년대까지는 명성이 떨어졌지만, 그 뒤로는 그의 작품이 문학 정전의 반열에 오르게 되었다.

저자가 쓴 글이 언제나 원래 모습 그대로 대중에게 전달된 것은 아니었다. 출판사에서 보기에 소설이 너무 길다 싶으면 작가에게 알리지도 않은 채 가차없이 잘라내는 일도 흔했다. 작가가 쓸데없이 젠체하는 표현으로 장황하게 늘어놓았다 싶은 대목은 거리낌없이 날려버렸다. 이렇게 해서 요약본이 탄생했다. 이 요약본 형식은 세계적으로 유명한 『리더스 다이제스트』의 축약본들 덕분에 20세기 들어서도 너끈히 유지되었다. 이 축약본들은 '장황한' 대화, 묘사, 부차적 플롯과 곁가지를 덜어냄으로써 블록버스터 소설을 얄팍한 책 한 권으로 줄여놓았다. 축약은 부적절하고 부도덕한 문장을 들어내는 데에도 활용할 수 있었다. 영어에서 불온한 부분을 삭제한다는 단어[bowdlerize]를 낳을 만큼 유명했던 토머스 바우들러Thomas Bowdler는 1818년에 『가족을 위한 셰익스피어』를 펴냈을 때, 그는 "이 책에서 원작에 추가한 것은 하나도 없다. 다만 가정에서 소리내어 읽기에 적절치 못한 단어들과 표현들만 뺐을 뿐이다"라고 주장했다.[98] 그렇게 해서 바우들러는 『헨리 5세』에서 프랑스의 카트린 공주가 왕을 만나기 전에 영어강습을 받는 장면을 통째로 걷어내버렸다—이 장면의 음란한 말장난은 셰익스피어에 해박한 사람이나 눈치챌 만한 것이었는데도 말이다.[99] 바우들러는 그후로 내내 빅토리아 시대의 점잔빼는 태도를 대표하는 편협한 정신의 소유자로 두루 비난받았다(그러나 사실 그의 책은 빅토리아 여왕이 즉위하기 한참 전에 출간되었다). 이런 비난은 나름 타당한 면도 많지만, 오늘날에도 셰익스피어 희곡이 원작 전체가 공연되는 일은 아주 드물다는 사실을 알아두어야 한다(특히 『햄릿』, 『리어 왕』 같은 대작 비극들이 그렇다). 공연 대부분이 관객의 집중력 지속 시간에 맞추어 줄이는데, 오늘날의 관객은 셰익스피어가 글을 쓰던 시절의 관객들과는 달리 공연 내내 입을 다물고 관람하기 때문이다.

작가들은 대개 축약하는 일에 기꺼이 협조했다. 새뮤얼 리처드슨은 『클라리사』 독자들이 결말 부분에 다다를 즈음이면 시작 부분을 잊어버릴 텐데, 그렇다고 '일곱 권이나 되는 진저리가 날 만큼 긴 소설을 다시 읽지는 않을 것'이라고 보고, 제2판에서 목차를 손수 제공함으로써 『클라리사』의 축약 과정을 거들기도 했다. 실제로 이 방대한 서한체 소설의 기다란 목차는 1749년에 따로 소책자로 출판되어 줄거리만 읽으려는 사람들에게 날개 돋친 듯 팔렸다.[100]

세련된 런던 사교계를 배경으로 한 이른바 '실버포크' 소설(윌리엄 해

'원작에 추가한 것은 하나도 없고, 다만 가정에서 소리내어 읽기에 적절치 못한 단어들과 표현들만 뺀'이라는 부제를 단 『가족을 위한 셰익스피어』. 삭제작업은 실제로는 토머스 바우들러의 누나 헨리에타 마리아 바우들러가 했다고 전해지지만, 토머스는 마지막까지 에드워드 기번의 『로마제국 쇠망사』 삭제작업을 하다가 죽었다. 그 책은 1826년에 조카인 토머스 바우들러 2세에 의해 출간되었다.

즐릿의 조롱 섞인 표현이다) 전문 출판업자 헨리 콜번은 재능이 조금 떨어지는 작가들의 소설을 개작하는 전담 편집자를 한 명 고용했다. 콜번은 도서 마케팅의 진정한 선구자이자 판촉의 천재였으며, 단순한 인쇄업자가 아닌 본격적인 출판업자였고, 저자들이 열광하거나 아니면 증오할 그런 후원자였다. 그는 책을 기획하고 제작하고 편집하고 판촉했다. "전속 소설가들에게 그는 산파이자 유모였다"는 말까지 나왔다. 콜번은 작가들을 띄우기 위해 널리 선전을 하고, 자신의 잡지들을 활용했다. 심지어는 신문사에 돈을 주고 기자들을 매수해 가십기사란과 동정란에 "이러저러한 아무개 씨가 아무개 부인의 최신 소설을 읽고 있다고 한다"는 식의 문장을 끼워넣도록 하기도 했다. 문학잡지가 있으면 자신이 펴낸 책들을 쉽게 홍보할 수 있다는 것을 깨달은 콜번은 1817년에는 『리터러리 가제트』를, 1818년에는 『애서니엄』을 창간했다. 『버크 귀족연감』을 처음 출판한 데에서 알 수 있듯이, 콜번은 속물들을 상대로 돈을 벌 수 있다는 것을 꿰뚫어보았다. 그는 직접 작가를 골라 장문의 평론을 의뢰했고, 자기가 펴낼 책의 저자가 실제로 귀족의 일원이며, 책의 등장인물들 역시 사교계에서 거론되는 실제 인물에 바탕을 두었다고 암시하는 사설을 쓰곤 했다. 그는 존 머리, 윌리엄 블랙우드, 아치볼드 콘스터블처럼 점잖은 출판업자 대접을 받진 못했지만, 큰 부자가 되었다.[101]

책의 길이를 줄이는 방법은 또 있었다. 비록 저급장르일지라도, 소설에는 분별력 있는 독자라면 밑줄을 긋거나 옮겨 적어둘 만한 지혜의 정화가 담겨 있을 수 있다고 인정받았다. 요약본 소설처럼 곁가지와 부수적인 여담을 제거하고 플롯만 남겨두는 대신, 거꾸로 플롯을 제거하고 곁가지만 남겨둘 수도 있었다. 독자가 가장 훌륭한 문장을 직접 골라내지 않아도, 심지어는 책을 다 읽지 않아도, 출판사가 대신 그 일을 해주었다. 19세기까지 지속된 이 18세기 방식은 금언모음집의 생산으로 귀결되었다. 어떤 작가들은 선집으로 묶여 나오기를 기대하며 일부러 자신의 글에 '인용할 만한 인용구'와 금언들을 집어넣기도 했다. 『우아한 발췌문들』(1784)을 엮은 바이스시머스 녹스가 영국에서 개척한 이 유행은 19세기 들어서도 한참 동안이나 지속되었다. 조지 엘리엇의 『미들마치』가 연재되고 있던 1872년, 엘리엇의 열성 팬 알렉산더 메인은 『조지 엘리엇의 작품에서 고른 지혜와 재치와 위로의 말들』을 엮어냈다. 그리고 1878년에는 '조지 엘리엇의 생각'을 하루에 하나씩 담은 일기장 『조지 엘리엇의 생일책』을 내놓았다.[102]

제5장

근본을 찾는 이야기들

국가 건설

산업화 이전의 민중문화, 특히 농민문화에 대한 동경은 오늘날까지 지속되고 있다. 농촌문화를 낭만화하는 것은 근대성과 도시생활의 특성으로, 산업화와 근대 부르주아지의 부상을 동반한다.

그러나 이렇게 옛 삶의 방식에 매료되는 것은 단순히 하나의 태도가 아니라 국가 건설이라는 명료한 계획의 일부이기도 하다. 이 말은 역설로 들릴지도 모른다. 국가를 세우기 위해서는 전원생활의 냄새를 풍기는 모든 종류의 분열과 지방주의, 지역주의를 제거해야 하기 때문이다. 이 역설은 '진정한' 민중문화를 바탕으로 새로운 '민족'문화를 세우려는 노력에 의해 (부분적으로) 해소되었다.

목표는 하나의 국가, 하나의 국민, 하나의 민족, 하나의 언어, 하나의 문화였다. 그러므로 온 나라의 언어를 통일하는 것(71~92쪽 참조)에 더해 민중의 '진정한' 문화를 '재발견'할 필요가 있었다. 그것을 달성하는 방법은 문법책과 사전을 펴내고 민속 시와 민담, 민요를 수집함으로써 토박이말에 정통성을 부여하는 것이었다.

이러한 낭만주의적 민족주의는 구전 전통과 구전된 이야기를 글로 쓴 텍스트로 대체하고, 언어규칙이 불확실한 경우에는 적절한 규칙을 정하는 것을 목표로 삼았다. (구전) 전통을 구하기 위해 그 정반대의 것(글 말로 기록되어 고정된 것)으로 바꾸는 철저한 전복, 이것이 바로 오늘날 우리가 '근대'라고 부르는 것의 핵심 특성이다.

초기 낭만주의 운동은 그전에 자리잡고 있던 신고전주의적 고급문화와 부딪칠 수밖에 없었다. 그러나 모든 '진정한' 문화의 기원을 고대 그리스와 로마에서 찾은 신고전주의에 맞선 낭만주의의 문화혁명은 겉보기만큼 거창하지는 않았다. 신고전주의 자체가 18세기 전반에야 성립된 것이었고, 그것은 문학보다는 조형미술에 훨씬 큰 관심을 기울이고 있었다. 영국의 신고전주의는 1750년대 중반에 로마를 방문했다가 영국인 수집가들을 위한 현지 대리인으로 변신한 미술가들이 흐름을 주도했다.[1] 동시에 그들은 프랑스와 독일 미술가들처럼 그 무렵의 대표적인 미술사가였던 요한 빙켈만의 조언에 따라 그리스·로마 예술의 이상적 형식들을 모방했다.[2] 빙켈만 같은 이들 덕분에 지식인들은 비로소 무엇이 문화이고 무엇이 문화가 아닌지를 결정하는, 그리고 예술적 취향의 결정권자였던 교황, 군주, 후원자들의 영향력을 줄이는 전략적 거점을 확보하기 시작했다. 그러므로 신고전주의 역시 '근대적'이었다.

그러나 새로 등장한 낭만주의 지식인들은 고전문화가 아닌 문화를 부각시키고자 했다. 낭만주의의 선구자는 독일 지식인들, 곧 국가체제도 국경도 없이 오직 엘리트의 언어와 교육만으로 통일된 가공의 국가의 구성원들이었다. 그들은 독일 민족의 통일성은 오직 민족 그 자체, 민족의 언어, 민족의 예술, 민족의 문화, 민족의 역사에서만 찾을 수 있다고 생각했다. 그리고 독일 민족뿐 아니라 모든 민족이 그렇다고 생각했다. 이를

안톤 폰 마론이 1768년에 그린 요한 빙켈만. 그는 1764년에 출간된 『고대 미술사』에서 '고귀한 단순함과 조용한 숭고함'이라는 유명한 표현으로 그리스 조각을 매우 높이 평가하여 그리스 문화에 대한 유럽 지식인들의 시각을 크게 바꾸어놓았다.

테면 낭만주의 운동의 대표적 이론가였던 프리드리히 슐레겔은 1815년에 빈에서 열린 '고대와 현대 문학사' 강연에서 인도 문화, 히브리 문화, 앵글로색슨 문화를 길게 다루면서, 이 문화들은 그리스·로마 고전문화만큼이나 위대하며 "인도, 페르시아, 북유럽, 고대 독일의 영웅담과 신화"는 호메로스의 작품에 견줄 만하다고 주장했다.3) 프리드리히의 형 아우구스트는 셰익스피어와 페드로 칼데론 데 라 바르카(1600~81, 로페 데 베가와 함께 스페인 황금시대의 가장 위대한 극작가)의 작품뿐만 아니라 산스크리트어로 쓰인 『바가바드 기타』, 『라마야나』를 포함한 인도와 페르시아의 주요 문학작품을 독일어로 번역하는 일을 주도했다. 이렇듯 편협이나 지방색과는 거리가 먼 낭만주의적 민족주의는 '민족적 세계주의'와 비슷한 무언가를, 어느 민족이든 아름답고 위대한 예술을 만들어낼 수 있다는 믿음을 낳았다.

그러나 낭만주의 지식인은 그리스·로마 문명의 결정적 표징인 글로 기록된 문화의 우월성만큼은 여전히 확신했다. 그리스·로마 문명은 명문화된 법전과 호메로스, 베르길리우스의 작품을 남겼지만, 유럽의 다른 종족들에게는 글로 기록되지 않은 관습들과, 불확실한 기억과 의심스러운 문헌에 담긴 서사문학밖에 없었기 때문이다. 낭만주의 혁명의 목적은 입에서 입으로 전해지던 지식을 글로 정리함으로써 새로운 공동체의 구성원인 시민들이 '민족'의 과거를 접할 수 있도록 하는 것이었다. 그들은 민중문화의 가치를 부각시켰고, 고전주의적 그리스·로마 문화의 색채를 띠지 않는 것이라면 무엇이든 자기들 편으로 끌어당겼다. 이렇게 해서 단테, 아리오스토, 보카치오, 셰익스피어, 세르반테스가 낭만주의에 편입되었고, 모두 근대로 가는 길을 개척한 선구자로 적절히 재해석되었다.[4] 1799년에 슐레겔은 이렇게 썼다. "나는 이전 시기의 근대인에게서, 셰익스피어, 세르반테스에게서, 이탈리아 시에서, 그리고 기사, 사랑, 민담의 시대에서 낭만주의적인 것을 찾고 발견한다. 낭만주의도 낭만주의라는 말도 바로 거기서 나온 것이다['낭만주의Romanticism'라는 말은 중세 프랑스 지역어인 로망어roman에서 나왔다. 기사 이야기나 전설, 신기한 모험담 따위는 라틴어가 아닌 로망어로 주로 쓰였다]."[5]

낭만주의의 정치적 목표는 국가와 국민을 대표하는 민족적 부르주아계급의 문화적 패권을 확립하는 것이었다. 슐레겔은 초연한 사상가의 시대는 끝났다고 선언했다. "거대한 민중의 무리와 따로 떨어져 고립된 집단으로 존재하는 지식인들이야말로 민족의 문명을 꽃피우는 데에 가장 큰 걸림돌이다."[6]

슐레겔과 그의 추종자들이 때로는 만들어내면서까지 고취한 '민중' 문화는 태곳적의 원형을 그대로 간직한 진정한 문화로 여겨졌다. 하지만 실제로 입말문학에서 글말문학으로 자연스럽게 옮겨간 것은 아니었

헬레니즘 시기의 이상화된 호메로스 조각상. 호메로스는 기원전 1200년 무렵에 그리스와 트로이 사이에 벌어진 트로이 전쟁을 배경으로 삼아 서양 문학의 초석으로 평가되는 대서사시 『일리아스』와 『오디세이아』를 지었다.

다. 입말문학 가운데에는 글말문학이 입에서 입으로 퍼져나가면서 시작된 것이 많았다. 이런 문학에 '국적'을 부여한다는 것은 완전한 시대착오였다. 이를테면, 18세기 아이슬란드에는 그리젤다 이야기가 세 판본이나 있었다. 네덜란드에서 건너온 것으로 보이는 그리젤다 이야기는 초서의 『캔터베리 이야기』 가운데 「옥스퍼드 대학생의 이야기」를 바탕으로 했고, 「옥스퍼드 대학생의 이야기」는 다시 페트라르카가 쓴 이야기의 프랑스어 판을 토대로 했으며, 페트라르카의 이야기는 보카치오의 『데카메론』에 실린 마지막 이야기를 바꾼 것이었다.[7]

초기 낭만주의자들의 우선 과제는 민중산문이 아니라 민중시를 재발견하는 것이었다. 고대 그리스·로마의 위대한 고전작품들과 경쟁하기에는 시가 더 나았기 때문이다. 이제 모든 민족은 자신들의 호메로스를 찾아내야 했다. 하지만 사실 이런 호메로스 찾기는 낭만주의 혁명 훨씬 이전부터 본격적으로 시작된 것이었다.

호메로스를 찾아서

스코틀랜드 시인 제임스 맥퍼슨은 1760년에 『스코틀랜드 고지의 고시선집』을 영어로 펴냈는데, 실은 맥퍼슨 자신이 직접 쓴 작품이 대부분이었다. 2년 뒤에는 『핑갈, 고대 서사시 여섯 권Fingal, an Ancient Epic Poem in Six Books』을 펴내면서 그것이 게일 시인 오시안의 작품이라고 주장했다. 오시안은 전설적인 아일랜드 족장 핑갈의 아들이다. 핑갈은 핀 맥 컴헤일Finn Mac Cumhail 또는 핀 맥쿨Finn MacCool('금발에 살결이 하얀 쿨의 아들')로도 불렸다. 그때 스코틀랜드 독립운동은 이미 죽은 뒤였고, 그 시체는 컬로든 전장에서 썩어가고 있었다[1688년에 명예혁명으로 권좌에서 축출된 제임스 2세의 손자 찰스 에드워드 스튜어트는 1745년에 스튜어트 왕가를 영국 왕위에 복위시키기 위해 반란을 일으켰지만, 이듬해에 컬로든 전투에서 대패함으로써 실패로 끝났다]. 그러나 그 기억은 영웅적인 '미남왕자 찰리'[찰스 에드워드 스튜어트]를 노래한 아름다운 시 속에 살아남았다(사실 그는 우둔한 술고래에 지나지 않았다). 이때부터 스코틀랜드의 운명은 잉글랜드의 운명에 포섭되었다. 잉글랜드로의 통합이 공고해지면서 스코틀랜드의 문화적 자부심은 점점 더 폭넓게 허용되었고 나아가 장려되기까지 했다. 누구에게도 위협이 되지 않았을뿐더러 스코틀랜드 지식인들을 위로하고 그들을 한데 묶어주었기 때문이다. 그랬으니, 스코틀랜드의 호메로스 또는 베르길리우스라 할 만한 어느 천재의 작품이자 민족주의적인 색채를 띤 서사문학을 보유한다는 것은 꽤나 바람직한 일이었다. 핑갈의 아들 오시안이 바로 그 호메로스감이었다.

이 책은 어마어마한 성공을 거두었다. 오시안 숭배는 온 유럽을 휩쓸었다. 독일에서는 특히 더했고, 심지어는 민속문화 유행에는 미적지근하던 이탈리아에도 오시안 열풍이 불었다.[8] 오시안(실은 맥퍼슨)의 작품은 1770년대에, 그것도 괴테에 의해 독일어로 옮겨져 라이프치히의 플라이셔 출판사에서 출간되었다. 곧이어 이탈리아어, 프랑스어, 스페인어, 네덜란드어, 덴마크어, 스웨덴어, 폴란드어, 러시아어 번역본이 나왔다. 『로빈슨 크루소』를 빼고는 18세기 영국의 다른 어느 작품보다 더 많은 외국어로 번역된 것이다.[9]

곧 진짜 오시안의 작품인지에 대한 의혹이 제기되었다. 새뮤얼 존슨은 1775년에 "스코틀랜드 고지와 헤브리디스 제도 주민들이 그들 고유의 언어로 글을 썼다고 추정할 근거가 전혀 없으므로, 그런 장문의 시가 보존되어왔다고는 믿을 수 없다"고 단언했다.[10] 1805년에는, 맥퍼슨이 진짜 게일어로 된 시들의 여러 토막을 섞어 직접 오시안의 시집을 썼다는 조사 결과가 나왔다. 오시안을 둘러싼 논쟁은 영국인들의 문화적 우월감을 뒤흔들었다.[11] 그럼에도 이 작품은 요한 고트프리트 헤르더, 괴테, 프리드리히 고트리프 클롭슈토크 같은 독일 작가들과 오시안을 믿고 싶었던 모든 사람에게는 천재의 작품으로 받아들여졌다. 대체로 의식하지 못하는 이런 마케팅이 성공하려면 어느 정도의 요란한 문학적 광고가 필요하다. 곧 그 텍스트가 다른 텍스트들 속에서 계속해서 언급되고 광고되어야 한다. 오시안은 유럽을 휩쓴 괴테의 베스트셀러『젊은 베르테르의 슬픔』(1774)에서 언급되면서 근대성의 승인을 받았다. 로테와 베르테르는 오시안의「셀마의 노래」를 읽다가 눈물을 흘린다. 이런 식으로 소설들은 그 자체로서 다른 작품들의 광고판 노릇을 했고, 이 사례가 딱 그랬던 것처럼 고상한 취향과 감성을 가진 사람들이 읽어야 할 도서목록을 확립해갔다.

오시안은 민족주의 작가들에 의해 정기적으로 '홍보'되었다. 18세기 후반, 당대 이탈리아를 대표하는 극작가이자 시인이었고, 사후에는 비극

장 오귀스트 도미니크 앵그르의 그림 〈오시안의 꿈〉. 영원한 젊음의 땅 '티르 난 오그'를 다스리던 오시안은 고향에 다녀오다가 말에서 떨어져서 눈먼 노인이 된다.

작품으로 이탈리아의 민족정신을 되살려냈다고 평가받은 비토리오 알피에리는 오시안에 매료되어 자신의 희곡에 오시안의 시구들을 끼워넣기도 했다.[12] 오시안 열풍은 결코 낭만주의 운동이나 낭만주의 작가들에게만 한정된 현상이 아니었다. 미국 대통령 토머스 제퍼슨은 오시안을 '역사상 가장 위대한 시인'으로 여겨서, 그의 비망록은 오시안의 명구로 가득했다.[13] 오시안의 열혈독자였던 나폴레옹은 게일 시인 오시안을 기리는 신고전주의 그림을 주문했다. 그리하여 프랑스 화가 프랑수아 제라르의 〈하프 소리로 유령들을 깨우는 오시안〉(1800~10)과 안 루이 지로데의 〈천상낙원에서 오시안의 영접을 받는 프랑스 영웅들의 영혼〉(1801)이 탄생했다. 1812년에는 앵그르가 제라르의 작품에서 영감을 받아 더 유명한 〈오시안의 꿈〉을 그렸다. 19세기 초에는 오시안을 주제로 한 오페라 두 편, 장 프랑수아 르쉬외르의 〈오시안, 또는 음유시인들〉(1804)과 에티엔 니콜라 메윌의 〈위탈〉(1806)이 상연되어 박수갈채를 받았다. 소피 코탱이 소설 『말비나』(1800)에서 그랬듯이, 그 무렵의 대중작가들도 언제나 경의를 담아 오시안을 언급하곤 했다.[14]

스코틀랜드와 아일랜드 민요도 유행했다. 에든버러음악협회 회원이자 출판업자인 조지 톰슨은 1793년에 민요집 『스코틀랜드 민요 선집』을 펴냈고, 베토벤을 포함한 유럽 대륙 주요 작곡가들의 관심을 끌어 그들이 민요를 바탕으로 한 곡을 쓰도록 하는 데에 성공했다.[15]

오시안의 '발견'은 스코틀랜드가 베르길리우스와 호메로스에 버금가는 고대문학을 가지고 있다는 것을 증명해주었다. 젊은 베르테르는 이렇게 말한다. "오시안은 내 가슴속에서 호메로스를 쫓아냈습니다."[16] 오시안이 위대한 시인이라고 쐐기를 박기라도 하듯이, 사람들은 오시안이 호메로스와 똑같이 장님이라고 했다. 오시안이 썼다는 작품은 비판과 패러디의 대상이 되는 것을 피할 수 없었지만, 출간된 지 150년이 지난 뒤에도 스코틀랜드에는 그것이 진짜 오시안의 작품이라고 믿는 이들이 있었다.[17]

주요한 문학사조 하나가 발진한 셈이었다. 1765년, 토머스 퍼시 주교는 오래된 영웅 발라드와 노래를 담은 『영국 고시의 자취』를 엮었다. 그는 이태 전인 1763년에 이미 고대 아이슬란드의 룬 문자로 기록된 시가를 편역한 바 있었고, 1770년에는 고대 덴마크, 색슨, 아이슬란드 문학의 단편斷編들을 포함하고 있는 『고대 북방의 유산』을 번역해서 출간했다. 독일에서는 『영국 고시의 자취』의 성공에 자극받은 루트비히 아힘 폰 아르님과 클레멘스 마리아 브렌타노가 1810년에 독일 민요집 『소년의 마술피리』를 편찬했다. 그리고 멘델스존, 슈만, 브람스, 말러, 쇤베르크와 다른 많은 작곡가들이 이 책에 실린 민요들을 노래로 만들었다.

민중문화

1711년 5월에 조지프 애디슨이 『스펙테이터』에 「체비 체이스」를 발표한 데에서도 알 수 있듯이, 18세기 초에도 오래된 영국 발라드에 대한 관심이 없었던 건 아니었다. 그러나 구시대 엘리트들이 오랫동안 아예 없거나 가치가 없다고 여겼던 민중문화popular culture—민중people의 문화라는 의미에서—는 이제 새롭게 태어나고 있었다. 민족문학의 구축은 이제 국제적인 흐름이 되었다.[18] 요한 고트프리트 헤르더(1744~1803) 같은 문화적 민족주의자들은 독일이 언어가 쪼개져 있고, 귀족들이 외국어(라틴어든 프랑스어든)를 독일어보다 우월하다고 여기고, 예술가들이 외국의 전범을 경외하는 현실을 통탄했다. 책 생산량과 독자층이 말 그대로 폭발적으로 늘어난 상황에서, 헤르더는 작가들이 민족의 과거에서 문화적 전범을 찾아내야 한다고 주장했다.

오시안 발견에 회의적인 가상의 친구에게 보내는 편지 형식의 글에서, 헤르더는 오시안이야말로 "웅대함과 순수함, 소박함과 활기로 가득 찬 시인이며 인류의 축복"이라고 역설했다.[19] 그는 또한 "오시안의 시는 노래, 곧 민중의 노래, 민요, 감각에 충실하게 살아가는 순박한 민중의 노래, 오래전부터 구전되어온 노래"[20]이며 "우리 독일인도" 스코틀랜드 발라드와 같은 시들을 갖고 있다고 덧붙였다. "그러나 누가 그 시들을 수집하는가? 누가 그 시들을 돌보는가? 누가 거리와 골목과 어시장에서 울려퍼지는 민중의 노래에 신경을 쓰는가?"

헤르더는 자기 자신의 충고에 따라 1778~79년에 다른 나라의 민담을 모은 『민요』와 『민중시』를 펴냈다. 이 책들은 호메로스와 셰익스피어(그리스와 영국의 빛나는 민중시인으로 재조명되었다), 오시안을 비롯한 여러 작가의 시를 담고 있었다. 또한 그는 『히브리 시의 정신』이라는 아주 절묘한 제목으로 성서 속의 시가들을 편찬했는데, 이 제목은 그 시가들이 신의 말씀이 아니라 민중의 말이었음을 암시한다. 헤르더는 '민중시'를 교육받은 식자층의 '예술문학'과 대비시켰는데, 전자가 순수하고 자연스러운 것이라면 후자는 문명화되고 정제된 것이며, 전자가 실재하는 것이라면 후자는 인위적인 것이었다. "한 민족이 민요를 가졌다면, 그 민족이 원시적일수록 그들의 민요는 더욱더 생생하고 자유롭고 감각에 충실하며 서정적 역동성으로 가득하다."[21]

헤르더의 노력으로 민중문화를 깔보거나 경멸하는 태도가 바뀌기 시작했다. 헤르더는 괴테를 포함한 지식인들에게 민담과 민중신화가 민중이 스스로를 진솔하게 표현한 창조적 산물임을 설파했다. 헤르더가 광야에서 홀로 외친 것은 아니었다. 괴테의 문화적 발전과정에서 한 가지 중요한 전기가 1770년 9월에 헤르더와 만난 순간이었다. 또 다른 전기는 괴테가「마왕」을 독일 민중시처럼 쓴 일이었다. 헤르더는 괴테에게 민중시, 원시주의, 오시안의 시에 대한 열정을 나누어주었고, 중세 독일의 기사를 소재로 한 괴테의 희곡「괴츠 폰 베를리힝겐」(1773)에 결정적인 영향을 미쳤다.[22]

헤르더는 잃어버린 민중문화와 다시 연결되기를 갈망하는 새로운 낭만주의 세대의 분위기를 포착했던 것이다. 그 무렵의 유명한 독일 작가 거의 모두가 민족문학 재건이라는 헤르더의 문학적 강령에 영향을 받았다. 노발리스, 요한 횔덜린, 아우구스트 슐레겔, 프리드리히 슐레겔, 프리드리히 셸링, 카를 오트프리트 뮐러 같은 이가 그 세대였다.

프랑스에서는 제르멘 드 스탈 부인이 대표적인 헤르더 찬미자였다. 스탈 부인은 아우구스트 슐레겔을 아이들의 가정교사로 두었고 그녀의 사촌 네케르 드 소쉬르 부인은 슐레겔의 문학 강의를 프랑스어로 번역했

안톤 그라프가 1785년에 그린 요한 고트프리트 헤르더. 이사야 벌린은 헤르더를 칸트와 더불어 '낭만주의의 진정한 아버지'라고 평했다. 헤르더는 전공인 신학 외에도 철학, 미학, 교육학, 언어학, 역사학 같은 인문학의 거의 모든 분야에서 업적을 남겼고, 괴테와 실러의 문학, 피히테와 헤겔의 독일 관념론 철학, 훔볼트의 언어학에 큰 영향을 미쳤다.

다. 스탈 부인은 사회적으로 높은 신분이었지만―대은행가 자크 네케르의 딸이자 세련된 지식인이었다―목가적인 소박함을 찬양하기를 주저하지 않았다.[23] 스탈 부인은 '진정한 민족문학'은 중세 음유시인들의 시를 바탕으로 구축된다고 생각했다.[24] 그녀는 프랑스 문화의 우월성을 더없이 확신하면서도, 헤르더와 마찬가지로 새로운 세계주의 문화에 대한 시각을 가지고 있었다. 스탈 부인은 자신의 베스트셀러 소설 『코린 또는 이탈리아』(1807)―엘리자베스 배럿 브라우닝에 따르면 1년에 한 번씩 읽어야 할 '불멸의 작품'―에서, 그리스인들의 '부조화'와 셰익스피어의 '기괴함'에 맞서 프랑스의 우아한 취향을 옹호하며 "프랑스 희곡이 유럽에서 최고지요. 영국인들조차 셰익스피어를 프랑스 희곡의 맞수라고 여기지는 않을 것입니다"라고 말하는 데르푀이 백작의 편협한 문화적 민족주의를 비웃는다.[25] 작가는 편협한 시골 백작과 여주인공 코린〔코린나〕을 대비시킨다. 이탈리아의 유명한 즉흥시인 코릴라 올림피카에게서 영감을 얻은 코린은 아름답고 대단히 독립적이고 교육을 많이 받은 외국 여성으로, 영국에서 나고 이탈리아에 양녀로 가 북유럽과 남유럽을 결합하고, 서로 다른 것들의 통합이라는 문화적 세계주의의 새로운 미학 원리를 구현하는 인물이다.[26] 코린과 사랑에 빠진 스코틀랜드 귀족 오스왈〔오스왈드〕이 코린에게 감탄하며 "비할 데 없는 당신의 우아함은 여러 나라의 모든 매력을 결합한 데에서 나온다오"라고 말하는 곳에도 바로 이 미학 원리가 바탕에 깔려 있다.[27]

독일 문학을 프랑스에 소개한 스탈 부인의 『독일론』은 커다란 영향력을 발휘했다. 사실 그 책에 언급된 거의 모든 독일 작가의 작품은 이미 프랑스어로 번역되어 있었다(스탈 부인은 독일어를 몰랐다). 그러니 그녀는 알려지지 않은 작가를 소개한다기보다는 자신이 선택한 작가들을 적극 옹호한 셈이었다. 그 무렵 독일과 프랑스 사이에는 문화교류가 활발했는데, 그것은 크라머, 헨리히, 쉴처럼 파리에서 활약했던 독일 출판업자들 덕분이었다.[28] 스탈 부인의 공로는 폭넓은 지적 후원을 통해 적어도 프랑스 안에서는 1870년 프랑스-프로이센 전쟁이 터지기 전까지 유지된 독일의 이미지, 곧 이상주의자와 몽상가들의 나라라는 이미지를 구축한 것이었다.[29] 독일의 이런 이미지는 1870년 이후 뛰어난 기술을 가진, 피에 굶주린 군국주의자들의 나라라는 나쁜 이미지로 바뀌었고, 그것은 뒷날 나치즘 탓에 훨씬 강화될 터였다.

진정한 민중문화, 곧 '민중', 농민들이 실제로 읽고 듣는 것들—행상들이 온 유럽을 누비며 파는 유치한 종교 소책자, 순박한 민담, 범죄 이야기—에 주목한 이는 거의 없었다. 민족지학회들은 농민의 민속의상을 양식화하고 낭만화하여 선명한 빛깔의 말쑥한 옷을 차려입은 농민들의 모습을 보여주곤 했지만, 진짜 농민은 값비싼 색깔옷이 아니라 칙칙한 황갈색 옷을 입었다. 농민의 목소리와 이야기는 교육받은 독서공중이 즐길 수 있을 만큼 건전하게 바뀌어 기록되었다.30)

민속은 확실히 근대의 동경을 충족시켜주었다. 오늘날까지도 민속에 대한 관심이 지속되고 민속이 번창하는 문화유산산업의 일부가 된 것을 보면 알 수 있다. 어떤 발명품이 얼마나 오래된 것인지는 그 물건을 일컫는 단어의 기원으로 판단할 수 있다. '민속folklore'이라는 단어는 그림 형제의 숭배자였던 영국의 골동품상 윌리엄 존 톰스가 1840년에 만들어냈고, 프랑스어, 이탈리아어, 스페인어 같은 다른 언어들도 이 말을 널리 채택했다. 독일인들은 빌헬름 하인리히 릴이 1858년에 제안한 '민속학 Volkskunde'이라는 용어를 썼다. 이 단어는 민중에게서 생겨났다는 의미에서 '민중의 학문'을 뜻하는 동시에, 민중을 관찰의 대상으로 삼는 '민중에 대한 학문적 연구'를 뜻하는 양의적인 표현이다.

19세기 중반에 이르자 감상感傷적 관심의 대상으로서 '민중'을 구축하려는 열풍이 유럽 나라 대부분을 휩쓸었지만, 그 열풍이 러시아만큼 거센 곳은 없었다. 19세기 초반에 러시아 귀족층이 '민중'에 대해 가지고 있었던 관념은 아주 초보적인 수준이었다. 그래서 민중문학은 서유럽 모델을 가져다가 구축할 수밖에 없었다. 니콜라이 카람진의 『불쌍한 리자』 (1792)에 나오는 '민중'은 영락없이 장 자크 루소의 『신 엘로이즈』 등장인물들의 말투로 말하는데, 거기에다가 볼테르의 말투, 그리고 특히 리처드슨의 『클라리사』의 말투까지 살짝 배어 있다.31) 독일의 '민중'신화와 오시안의 시, 월터 스콧의 소설에 매료되었던 신세대 러시아 지식인들은 프랑스인이나 영국인처럼 '문명화'되기를 갈망하면서 헤르더와 셸링을 좇아 러시아 민중과 그들의 문화를 찾아내고자 했다. 민중을 발견하는 일에서조차 독일보다 30여 년이나 뒤처졌음을 깨달은 러시아 지식인들은 러시아만의 '고유성'을 찬양함으로써 위안을 얻는 것으로 대응했다. 푸시킨이 말한 대로 "러시아는 나머지 유럽 나라들과 아무런 공통점도 없었다. 러시아의 역사는 전혀 다른 사고와 전혀 다른 공식을 요구한다".[32] 그러나 이 대목에서도 러시아인들은 독창적인 게 아니었다. 예외적이고 유일무이하며 특별한 운명을 가진 민족이라는 관념은 유럽에서 흔히 등장하는 수사적 표현이었고, 유럽 나라들은 대부분 자기 나라가 일반적인 길, 곧 영국이나 프랑스의 길과는 다른 방향으로 나아가고 있다고 믿었다.

영국과 프랑스의 길에 합류할 수 없었던 몇몇 러시아 지식인들은 처음에는 러시아 민중이 '유럽'이 당한 재앙, 곧 프랑스의 무신론 혁명과 영국의 돈과 산업 숭배라는 재앙을 피했다는 생각에서 위안을 찾으려 했다.[33] 러시아 민중은 그런 불행에서 면제되었다는 것이었다. 그렇지만 많은 외국인들은 이 생각에 동의하지 않았다. 아스톨프 드 퀴스틴 후작은 러시아의 야만성을 고발한 서유럽의 초기 저작들 가운데 하나인 『1839년의 러시아』를 냈는데, 1843년에 초판이 나와 인기를 끈 이 책에 그는 이렇게 썼다. "(러시아는) 이상한 나라다. …… 무릎 꿇고 들은 말이라면 무엇이든 믿는 노예들을 낳고, 아무런 신념도 없으면서 다른 이의 신념은 속박하려 드는 첩자들을 낳으며, 제 나라의 병폐를 과장하는 풍자꾼들을 낳으니 말이다. …… 외국인들을 속이는 직업은 오직 러시아에만 있다고 알려진 직업이다."[34] 그러나 러시아인들은 프란츠 아우구스트 마리아 학스트하우젠 남작처럼 덜 비판적인 찬양자들 속에서 자신들에 대한 지지를 확인할 수 있었다. 퀴스틴 후작과 같은 시기에 책을 낸 이 독일 귀족은 러시아의 촌락공동체 '미르'야말로 과도한 산업화와 그에 따르는 불가피

1676년에 항복을 요구하는 오스만 제국 술탄 메흐메드 4세에게 보낼 답장을 쓰는 자포로지예 코사크. 일리야 레핀의 1880~91년 그림. '자유인' 코사크는 러시아 민중의 이상화된 이미지들 가운데 하나다.

한 사회악, 곧 빈곤화와 프롤레타리아 폭도의 형성을 막는 보루라며 미르 조직의 독특한 미덕을 찬양했다.[35)]

이러한 친슬라브적 입장은 러시아 고급문화와 정치에 올올이 스며들어 보수적인 변종들뿐 아니라 좌파까지 낳았다. 러시아 문화생산에서 '민중'을 중요시하고 이상화하는 것은 서유럽에서는 비슷한 사례를 찾아보기 어려운 러시아의 주요한 특징으로 남았다. 러시아 소설과 희곡에서, 나중에는 영화에서도, 민중으로 등장하는 인물들은 흔히 강렬한 인상을 남긴다. 길고 흰 수염을 날리며 심오한 생각을 덤덤하게 들려주는 현명한 농민, 멋진 저음으로 노래를 부르는 볼가 강의 유쾌한 뱃사공, 술에 취한 채로 말을 타고 광활한 스텝 지대를 가로지르는 통제불능의 자유로운 영혼 코사크 기병 따위가 그 예다―이 모두가 나중에 영화 속의 정형화된 인물들을 만드는 소재로 쓰였다. 러시아 오페라에서 민중은 좀체 주인공인 경우가 없고 대개는 지혜와 근대 이전의 순수함을 상징하는 합창단으로 등장하지만, 흔히 무대 위에서 자신을 분출함으로써 서유럽 문화에서 고결한 야만인이나 고대의 현자가 수행하는 것과 비슷한 역할을 수행한다. 그러나 러시아 인텔리겐치아의 인민주의가 '옛 러시아'를 정말로 찬양한 적은 한 번도 없었다. 옛 러시아를 비잔티움 시대의 종교적 유산과 지역주의(고대 키예프, 노브고로드, 모스크바)에 종속되었던 원시적인 러시아로 여겼기 때문이다.[36]

사가

문화의 뿌리를 민중에서 찾으려는 시도는 다른 나라의 지배를 받은 작은 나라에서 특히 치열했다. 오스트리아나 러시아 또는 오스만 투르크의 지배를 받은 나라가 흔히 그랬듯이, 피지배국의 낭만주의적 인텔리겐치아는 자기 자신에 대해, 그리고 자신들의 과거에 대해 확신을 가질 수가 없었다. 이들은 '민족'언어 사용을 장려하는 애국적인 단체들을 결성하려고 노력했지만, 그것은 결코 쉬운 일이 아니었다. 라트비아에서는 1890년대까지도 초등교육을 제외한 모든 교육이 독일어로 이루어졌다. 교육받은 사람들은 독일인으로 간주되었다. 라트비아에는 글말이 없었다. 전해내려온 몇 안 되는 '라트비아' 노래들은 프레데리추스 메니우스의 『리보니아의 기원』(1632)처럼 처음에는 라틴어로 출간된 것이었다. 19세기 초에 라트비아 민족주의자들은 헤르더의 영향을 받아 라트비아 구전문화에 관심을 갖게 되었다. 적절한 서사시를 발견할 수 없었던 그들은 독일어로 쓰인 것까지를 일부 포함해, 구할 수 있는 자료들을 모두 활용해서 서사시를 만들어냈다. 구전 민속문화에는 분명히 어떤 '민족적' 차원도 없었지만, 안시스 레르히스 푸스카이티스와 크리스야니스 바론스 같은 애국자들은 그것을 라트비아 민족을 형성하는 데에 활용했고, 1890년대에는 바론스의 지휘하에 방대한 분량의 민요집 『라트비아의 노래』가 편찬되었다.37) 오늘날 이 노래들은 라트비아인 정체성의 근간으로 여겨지며, 모든 학교에서 정규 교육과정으로 가르친다.

이렇게 과거를 체계적으로 발명하고 재발명하는 작업, 정치적 기획을 위해 역사를 철저히 활용하는 작업은 유럽 전역에서 하나의 규범이 되었고, 20세기 들어서도 줄곧 계속되어 세계적인 현상이 되었다.

19세기 중반에 접어들기 전부터 어디에서나 '국민' 시인들이 속속 등장했다. 바실레 알렉산드리의 두 권짜리 민중시 모음집 『민중시. 발라드』(1852~53)와 시집 『비가와 은방울꽃』(1853)은 그의 조국 루마니아에 커다란 영향을 미쳤다. 스웨덴에서는 더 일렀다. 1814~18년에, 에리크 구스타프 예이에르와 아르비드 아우구스트 아프셀리우스는 스웨덴 민족시가의 초석이 되기를 바라면서 『스웨덴 민요』를 펴냈다. 덴마크의 '국민시인' 아담 욀렌슐레게르는 1802년 서사시 「황금 뿔나팔」을 내놓았다. 오늘날 바이킹 시대를 다룬 영화마다 등장하는 그 신화적인 바이킹의 뿔나팔에 관한 작품이다.38) 세르비아 최초의 문법책(79쪽 참조)을 쓴 부크 스테파노비치 카라지치는, 세르비아 외줄 현악기 '구슬레'에서 이름을 따 '구슬라르'라고 부르는 민중시를 모은 『세르비아 민중시』를 펴내어 큰 영향을 미쳤다. 역사가 앤드루 워첼에 따르면, 카라지치가 수집한 민중시들은 "처음으로 세르비아를 세계 문화계에 소개했고 괴테, 월터 스콧, 메리메, 푸시킨이…… 번역하도록 자극했다".39)

민족지학자들 역시 민요와 민중시를 수집하느라 분주했다. 이 모든 노고는 학문적이라기보다는 다분히 정치적이고 이데올로기적인 목적에서 이루어진 것이었다. 발견된 문헌들은 식자층 청중을 위해 다듬어지고

덴마크에 독일 낭만주의를 도입해 북유럽적 성격의 낭만주의를 확립한 아담 윌렌슐레게르. C. W. 에커스베르크의 1822년 그림을 바탕으로 제작한 L. F. 클레멘트의 석판화. 그는 독일 예나 대학에서 공부하고 돌아온 헨리크 슈테펜스의 영향을 받아 덴마크 문학의 전환점이 된 서사시 「황금 뿔나팔」을 썼다.

재구성되고 윤색되었다. 수도원 깊숙한 곳에서 기적적으로 발견된 고대 문헌이 그렇게 많을 리 없다고 의심하는 이들이 생기면서 문헌들의 신빙성은 도전을 피할 길이 없었다.[40] 스페인에서는 몇몇 학자들이 옛 카스티야어로 서사적인 바스크 민요를 썼는데, 이들은 독일의 위대한 문헌학자 빌헬름 폰 훔볼트가 1821년에 바스크어와 카스티야어는 털끝만큼도 연관성이 없다는 것을 밝혀낼 때까지는 그 사실을 몰랐다.[41]

리투아니아의 전원서사시 「사계」는 리투아니아 최초의 주요 시인인 크리스티요나스 도넬라이티스가 1765~75년에 쓴 작품이다. 리투아니아어로 쓰인 최초의 장편시인 이 작품은 리투아니아 민중의 언어로 교구 주민들과 소통했던 한 소박한 시골 사제의 영웅적 면모를 다루고 있다. 거의 주목받지 못한 이 텍스트는 50년 뒤인 1818년에 가서야 출간되었다. 하지만 그때에도 리투아니아 국내에서는 큰 관심을 끌지 못하다가, 리투아니아가 소련의 지배를 받던 시절에 소비에트 학자들이 노동 대중

의 편에 서 있는 문학으로 높이 평가하면서 비로소 많은 사람들의 이목을 집중시켰다.[42]

핀란드의 문화적 애국주의는 그때의 수도였던 투르쿠에 오로라 협회가 창립된 1770년 무렵부터 시작되었다. 그러나 핀란드인들은 1835년에 핀란드어로 쓰인『칼레발라』('영웅들의 나라')가 나온 뒤에야 비로소 자신들의 민족서사시를 발견할 수 있었다.『칼레발라』는 민속학자 엘리아스 뢴로트(1802~84)의 주도로 카렐리아어를 쓰는 핀란드 북동부 농민들의 구전시를 채록한 서사시집이었다. 그때까지는 핀란드어로 기록된 문학이 전혀 없었다. 요한 루드비그 루네베리(핀란드 '국민시인'이 되었다)와 동화작가 사카리아스 토펠리우스 같은 주요 핀란드 작가들은 스웨덴어로 글을 썼고 스웨덴어 번역본으로만『칼레발라』를 읽을 수 있었다. 뢴로트는 핀란드인들에게 그들만의『일리아스』나『니벨룽겐의 노래』, 아니면 적어도 오시안을 안겨주려 했다. 그러나『칼레발라』는 고대 서사시와는 한참 거리가 먼, 구전되는 자료들을 수집해서 뢴로트 자신이 쓴 창작물이었다.[43] 그는 핀란드에도 자랑할 만한 문학이 있으며 따라서 핀란드는 어엿한, 나라다운 나라라는 것을 보여주고자 했던 것이다. 고전적인 외국 문학을 서사시의 전형으로 삼아서, 뢴로트는 핀란드-카렐리야어로 된 자료들을 교육받은 독자층의 입맛에 맞는 일관성 있는 작품으로 빚어냈다.

20세기가 시작될 즈음, 핀란드 젊은이는 모두『칼레발라』를 의무적으로 배우게 되었다. 핀란드인들은 거리와 신문, 극장 이름과 마찬가지로, 아이들 이름도『칼레발라』등장인물들의 이름을 따서 지었다.『칼레발라』는 가장 많이 번역된 핀란드 문학작품이 되었다.『칼레발라』의 독일어 번역본에서 영감을 받은 롱펠로는 1855년에『칼레발라』의 운율을 본뜬 『히아와타의 노래』를 쓰기도 했다.

아이슬란드 사가는 일찍이 12, 13세기부터 글로 쓰였으므로 좀 더 견고한 토대를 가진 것으로 보인다. 이런 텍스트들(사가saga는 원래 '말해진 것'을 뜻하는 고대 스칸디나비아어다)은 궁정시인 에길 스칼라그림손(910~90)처럼 신원을 확인할 수 있는 작가가 있다고 가정한다. 아이슬란드 사가 대부분은 스칸디나비아 왕과 왕가의 생애를 다루고 있다. 사가는 '민중적'인 문학이 아니라 귀족적인 문학이었고, '순수한' 상태로 보존된 것이 아니라 프랑스 기사문학의 영향을 받은 것이었다. 아이슬란드 사가는 1844년 새뮤얼 랭이 영어로 번역하면서 영국에서 각별히 인기를 끌었다(『베어울프』와 비슷한 점 때문에 노르만 정복 이전의 '잉글랜드'와 연관이 있다고 여겼던 것이다). 순교자와 괴물 트롤, 유령 이야기가 많았다.[44]

서사시는 근대국가 수립에 기여할 최고의 건국 이야기를 제공해주었다. 민족주의 엘리트들이 선택하고 마침내 학교에서도 채택한 적절한 문학작품들은 새로운 국가공동체에 과거에 대한 공유된 지식을 제공했다. 그 목적은 성서나 그리스·로마 고전문화처럼 그때까지 지배적이었던 서사들을 대신할 대안을 마련하는 것이었다. 물론 현실세계에서는 다양한 서사가 다양한 정체성과 공존하고 있었다. 성서 자체도, 사실이라고 주장되는 역사, 실용적 조언, 규칙과 법, 시가, 민담, 그리고 그 밖의 많은 것이 섞인 텍스트다. 성서와 호메로스를 몰아내는 것은 불가능하지는 않더라도 무척 어려운 일이었다. 이 둘은 너무나 많은 기득권자와 사제와 교사가 옹호하고 있었기 때문이다. 국가공동체의 형성에서 정말로 중요한 문제는 어디서 기원했든 상관없이 공통의 교육, 공통의 역사, 공통의 책들을 갖는 것이었다.

게다가 모든 나라에 서사시가 필요한 것도 아니었다. 프랑스인들은 프랑스 역사를 특정한 방식으로 해석해서 근대 프랑스의 건국신화로 활용했고, 그것은 영국인들도 마찬가지였다. 두 나라에서는 시대에 어울리게 낙관적인 역사관을 제시한 역사가들이 제법 명성을 얻었다. 이런 역사에서 민중은 현명한 통치자들을 따르는 한 언제나 주역으로 등장했고, 현명한 통치자들은 진위가 의심스러운 매력적인 일화를 통해 묘사되었다―영국의 월터 셀러와 로버트 예이트먼이 걸작 『1066년, 그리고 그 모든 일들』(1930)〔그 무렵 영국 학교에서 가르치던 영국 역사를 패러디한 작품으로, 1066년의 헤이스팅스 전투부터 제1차 세계대전까지를 다룬다〕에서 풍자한 그런 역사다.

몇 년 뒤, 민족서사시가 없는 게 아쉬웠던지, 프랑스인들은 무훈시 가운데 가장 유명한 『롤랑의 노래』를 그들의 서사시로 채택했다. 1832년에 젊은 학자 앙리 모냉은 왕립도서관에서 오랫동안 잃어버린 것으로 알려졌던 이 서사시의 사본을 발견하는 행운을 얻었다. 그러자 마치 마법에라도 걸린 듯이 역시 사라졌던 다른 사본들이 발견되기 시작했다. 그 가운데 옥스퍼드 보들라이언 도서관에서 발견된 사본은 이후 가장 권위 있는 판본으로 인정받게 되었다(이것은「마그나 카르타」와 함께 보들라이언 도서관이 소장한 주요 보물로 꼽힌다). 노르망디 시인 튀롤의 작품으로 알려진 『롤랑의 노래』는 778년에 프랑크족과 사라센족 사이에 벌어졌던 론세스바예스 전투와 샤를마뉴 대제의 기사 롤랑이 그 전투에서 전사하기까지 보여준 영웅적 무훈을 노래한다. 하지만, 샤를마뉴 대제가 778년에 전투를 벌인 건 사실이지만, 그는 사라센족이 아니라 기독교도 바스크족과 싸웠다. 그리고 롤랑은 아인하르트(770년께~840)가 쓴 『샤를마뉴의 생애』에서는 딱 한 줄 언급될 뿐이다.[45] 그러나 롤랑의 전설은 수세기 동안 유럽 전역으로 퍼져나가서 트루아의 '청색문고'에도 포함되었고, 롤

『롤랑의 노래』의 여덟 단계를 한 장에 담은 그림. 『롤랑의 노래』는 프랑스의 샤를마뉴 대제와 용맹한 기사 롤랑의 영웅적인 무훈을 노래한 대서사시로, 11세기 말~12세기 초에 쓰인 것으로 추정되지만, 작자는 명확하지 않다.

랑은 오를란도라는 이탈리아식 이름을 하고 아리오스토의 유명한 서사시 『광란의 오를란도』(1516)의 주인공이 되기도 했다.

　이 시를 비판하는 이들도 더러 있었다(언어가 야만적이고 운문이 단조롭다 따위로). 그러나 현실 참여에 좀더 적극적인 19세기 역사가들과 평론가들은 이 시를 하늘 높이 칭송했다. 당대 프랑스의 대표적 역사가 쥘 미슐레는 이렇게 썼다. 숭고한 『롤랑의 노래』에서 "우리는 민중과 그 영웅들의 목소리를 듣는다". 뤼도비크 비테는 1852년에 『르뷔 데 되 몽드』에서 "이 시는 조국에 대한 사랑, 프랑스, 자애로운 프랑스에 대한 사랑으로 꽉 차 있다"고 평했다. 그리고 피에르 드 생빅토르는 1872년에 이렇게 읊었다. "이토록 원초적인 표현을 통해 빚어진 이 투박한 걸작을 보라! …… 이것이야말로 예술의 유년기, 그러나 한달음에 숭고미에 다다른 헤라클레스의 유년기다."[46]

그러나 『롤랑의 노래』는 결코, 『니벨룽겐의 노래』가 독일에서 그랬던 것만큼 프랑스 민족주의의 건국신화로 기능하지는 않았다.[47] 영국과 마찬가지로 프랑스에는 역사의 파편들로부터 재생시켜야 할 건국신화가 필요없었다. 프랑스는 이미 국가정체성을 갖고 있었고 수백 년 전부터 독립된 국가였다. 프랑스 공화주의자들에게는 오히려, 앙시앵 레짐을 지지하는 왕정주의자 및 가톨릭 세력과 확연히 구분되는 적절한 민족적 집결점을 찾는 것이 문제였다.

민속은 언제나 양날을 가진 문화적 무기였다. 민속은 지역의식을 조장함으로써 보수주의자들에게는 유리하게, 민족주의자들에게는 불리하게 작용했다. 그러나 보수주의자들에게 민속은 때로는 지나치게 '민주주의적'이었고, 진보주의자들에게는 줄곧 지나치게 봉건적이었다.

그런 이유로 스코틀랜드의 민속은 예스럽고 해롭지 않은 것이 되고 나서야 비로소 용인되었다. 스코틀랜드의 체크무늬 옷들은 고지 스코틀랜드가 완전히 평정되고 난 뒤인 1782년에야 다시 입을 수 있었다. 프랑스에서도 비슷한 일이 있었다. 켈트 학술원이 1807년 이후에 추진한 브르타뉴어 부흥운동은 프랑스어의 지배에 맞선 일종의 저항이었는데, 운동은 결국 19세기 중반에도 여전히 수천 부씩 팔리던 성인전 같은 책들을 번역하고 1827년에 성서를 브르타뉴어로 번역하는 수준을 넘어서지 못했다.[48] 1839년에는 엮은이 에르사르 드 빌마르케가 '다듬은'—또는 완전히 지어낸—이른바 '옛' 민중시 선집 『브르타뉴의 시가』가 '발견'되었다.

이러한 민속문학의 부활은 온 유럽에서 일어났다. 지식인들이 인민주의에 가장 덜 휘둘렸던 이탈리아에서조차 민속에 대한 관심—비록 극도로 거들먹거리는 일종의 자생적 오리엔탈리즘이었지만—이 새삼스레 일기 시작했다. 나폴리에서는 "책이며 석판화, 오페라, 발레가 '천한 민중'의 상스러운 행동들을 기록으로 담아냈다".⁴⁹⁾ 한편 카탈루냐에서 벌어진 19세기의 카탈루냐어 부흥운동 '레나익셍카'는 『조국에 바치는 노래』(1832)로 유명한 부에나벤투라 아리바우 같은 지역 민족주의 시인들뿐만 아니라 프랑스의 혁명적 사상들에서도 영감을 얻었다.⁵⁰⁾

아일랜드에서는 민담과 그 '개량물'의 수집이 꽤 늦게 이루어졌다. 그래서 민속문화 부흥의 황금기는 윌리엄 버틀러 예이츠(『아일랜드 농민의 동화와 민담』, 1888, 『아일랜드 동화집』, 1889), 그레고리 부인(『머헤브나의 쿠훌린』, 1902), 조지 무어(1901년에 예이츠와 공동으로 희곡 『디어무드와 그라니아』를 썼다) 같은 작가들이 영어로 쓴, 아일랜드 민담을 찬미하는 민족주의 문학이 발달한 19세기 말에 이르러서야 시작되었다. 이것은 물론, 새로운 아일랜드 민족주의의 요소들 가운데 하나인 더 폭넓은 문예부흥의 일부였다.⁵¹⁾

프랑스도 영국도 민족문학을 만들어낼 필요가 없었다. 당국 역시 국가정체성을 밑받침할 민속 따위는 필요없었다. 어쨌든, '프랑스 민속' 또는 '영국 민속' 같은 것은 없었다. 민속은 지역의 문제였다—콘월, 웨일스, 스코틀랜드, 알자스, 브르타뉴, 옥시타니 같은 지역하고만 관련이 있었다.⁵²⁾ '영국인'의 발명과 마찬가지로, 불가분한 하나의 민족으로서의 프랑스인 숭배는 프랑스 주류 지식인들이 부추겼다. 『민중의 책』을 쓴 라므네, 『민중』(1846)을 쓴 미슐레, 『클로드 괴』, 『레미제라블』 외에도 수많은 작품을 발표한 빅토르 위고, 생트뵈브, 노디에, 라마르틴 같은 이들이 그들이었다.⁵³⁾

프랑스인, 영국인을 발명하는 것은 헝가리인, 이탈리아인, 러시아인 또는 독일인을 '만들어내는' 일만큼 복잡하지 않았다. 19세기에 떠오른 새로운 문학시장에서 영국인과 프랑스인은 이미 주도권을 쥐고 있었다. 그렇지만 패권을 장악한 국가의 문제는 구제불능일 만큼 자기중심적인 편협성이다. 패권국의 문화, 책, 희곡은 다른 나라로 수출되고, 패권국의 여러 제도는 다른 나라에서 모방되며, 패권국의 사상은 다른 나라에서 적절히 응용된다. 패권국은 다른 나라들의 경배를 한 몸에 누리면서 그것을 당연하게 여긴다. 그리고 명백한 결론을 이끌어낸다. 우리가 모든 나라의 숭배 대상이라는 것은, 다른 나라에는 중요한 것이 거의 없고 우리 문화에 들여오거나 적용할 필요도 거의 없음을 뜻한다.

19세기에 접어들어서도 프랑스인들은 독일 철학에 대해 하나도 몰랐고, 프랑스어로 번역된 독일 철학서도 몇 권 없었다. 헤르더의 저서들조차 1825년 이전에는 프랑스에서 구해볼 수 없었다. 임마누엘 칸트를 처음 프랑스어로 옮긴 대번역가 티소는 칸트를 번역 '하면서' 독일어를 배웠을 정도였다. 헤겔의 철학서들 대부분은 20세기가 되어서야 프랑스어로 옮겨졌다(근대 철학의 지형이 다소 바뀐 뒤였다).[54)] 물론 프랑스와 영국 엘리트들은 다른 나라에 호기심이 있었다. 이들은 (자기 나라 사람이 쓴) 여행기를 탐욕스레 읽었고, 영국 작가가 쓴 안내책자를 샀으며, 인류학자의 호기심을 가지고 다른 유럽 나라들을 탐험했다. 그러나 배울 게 많다고 생각하지는 않았다. 대륙의 다른 유럽인들도, 영국인과 프랑스인에게 배울 것은 많지만 가르쳐줄 것은 별로 없다는 생각에 동의했다. 프랑스와 영국이 이끌면 다른 나라들은 따라갔다. 따라잡으려고 애쓰면서.

제6장

동화

옛날 옛적에

동화책은 19세기 이래 줄곧 베스트셀러였다. 그러나 옛날 옛적에, 동화 [fairy tale은 본래 민담 가운데 환상적인 요소가 강한 요정담을 뜻하는 말로, 우리나라의 옛이야기, 설화에 해당한다. 이 책에서는 관례에 따라 '동화'로 번역했지만, 문맥에 따라 '민담'으로 옮기기도 했다]는 돈벌이가 되지 않았다. 직업 이야기꾼이 없었던 것은 아니지만, 이야기꾼은 대개 가족이나 친구 가운데 한 사람이었다. 그래서 그들이 이야기의 대가로 받는 것은 돈이 아니라 감탄과 기쁨과 존경, 그리고 아마도 거기에 더해 먹을거리와 마실 거리 정도였다.

오늘날 이런 종류의 이야기 들려주기와 가장 가까운 것은 재담으로, 이것은 시장 밖에서 전해진 구전문화 가운데 지금까지 살아남은 가장 중요한 형태다. 재담집도 있고, 코미디언들이 텔레비전이나 뮤직홀, 카바레에서 재담을 하기는 해도, 재담은 대부분 친구 사이에 주고받는다. 이 방식은 기막히게 효과적이다. 인터넷 시대 이전에도 재담이 퍼지는 속도는 늘 사람들을 놀라게 했다. 재담과 동화가 비슷한 점은 또 있다. 둘 다

화자의 능력, 곧 이야기의 등장인물들을 '연기'하고, 등장인물의 말투와 목소리를 흉내내고, 극적 효과를 내고, 언제, 어떻게 절묘하게 끝맺을지를 아는 능력에 크게 의존한다. 재담도 동화도 '원작'이나 확실한 출전을 그대로 따라가는 데에는 거의 신경쓰지 않는다.

동화를 수집해서 채록하는 작업은 대부분 19세기에 이루어졌는데, 그것은 전혀 새로운 시도가 아니었다. 가장 오래된 동화집으로 꼽히는 인도의 동물우화집『판차탄트라』는 기원전 4세기와 3세기 사이에 비슈누 샤르만이 쓴 것으로 추정된다. 중세에는 그 무렵 세계의 주요 문화 중심지였던 이슬람 문화권과 중국에서 유럽보다 먼저 동화가 편찬되었는데,『천일야화』의 최종 아랍어판이 정리된 것은 14세기의 일이었다.

16세기와 17세기의 유럽에서 세속적인 책으로는 동화나 판타지가 가장 인기가 높았다. 동화와 판타지는 청색문고 같은 챕북을 통해 널리 전파되었다. 19세기 프랑스 최고의 베스트셀러는 샤를 페로(그가 1697년에 편찬한『옛날이야기』에는 「빨간 모자」, 「푸른 수염」, 「잠자는 숲속의 미녀」, 「장화 신은 고양이」 따위가 수록되어 있었다)와 장 드 라퐁텐 같은 작가들의 책이었다. 라퐁텐의 우화집은 1668년에서 1694년 사이에 출간되었는데, 여기에 수록된 200편이 넘는 우화는 다른 우화들을 개작한 것이었다. 17세기와 18세기 프랑스에서는 제법 많은 여성들이 동화를 썼다. 페로의 조카딸인 마리 잔 레리티에 드 비앙동(1664~1734), 마리 카트린 르 쥐멜, 세 권짜리『동화』를 쓴 도누아 남작부인(1650/51~1705), 샤를로트 로즈 드 라포르스(1670~1716), 잔 마리 르프랭스 드 보몽(1711~80) 같은 이들이 그 예다.

낭만주의자들의 영향을 받아, 동화는 대체로 '민중의 목소리'이자 유년기 인류가 남긴 매력적인 유산으로서, 어린이와 여자들에게 적합한

'다섯 편의 이야기'라는 뜻을 가진 『판차탄트라』 가운데 세 번째 권인 「갈까마귀와 올빼미의 싸움」을 묘사한 1310년의 시리아 그림. 나머지 이야기 네 권의 제목은 「친구와의 이별」, 「친구를 얻음」, 「얻은 것의 상실」, 「사려 없는 행위」다.

이야기라고 여겨졌다. 그러나 글말로 기록된 초기 동화들은 원래 귀족과 지식인들이 지체 높고 교양 있는 청중을 위해 쓴 성인 장르였다. 적어도 글말로 기록된 『판차탄트라』 판본은 세상사에 어두운 어린 왕자를 가르치기 위한 안내서였다. 이 작품이 국제적으로 성공을 거둔 이유는 식자층의 흥미를 끌었기 때문이다. 그렇게 해서 산스크리트어 원작(지금은 유실되었다)은 팔라비어(페르시아어의 한 갈래), 아랍어, 그리스어, 터키어뿐 아니라 독일어로까지 번역되었고, 이 독일어판이 다른 유럽어로 번역되었다.

'민중의 목소리' 이론에 따르면, 각 동화마다 출발점이 되는 하나의 원전이 있다. 이것은 생산물의 유일성과 분명한 단일 저자를 중요하게 여기는 전형적인 19세기 서유럽식 관점이다(아직도 이런 관점이 남아 있다). 그러나 이런 관점은 받아들이기 어렵다. 문화에서 아무런 과거사도 없고 다른 작품에서 어떤 영감도 받지 않은, 완전히 독창적인 작품이란 상상할 수 없기 때문이다. 문화산물은 대부분 과거의 문화산물을 변형한 것이다. 1958년에 클로드 레비 스트로스가 말했듯이, 신화나 이야기는 단일한 구성물이 아니라 알려진 모든 이형으로 만들어진 구성물이다.[1] 레비 스트로스는 자서전 『슬픈 열대』에서 "인간사회는 개인과 마찬가지로—그들의 놀이와 꿈, 환영 속에서—절대적인 창조를 하는 것이 결코 아니고, 관념들의 저장고에서 특정한 조합을 선택한다"고 강조한다.[2] 앤절라 카터의 말대로, 요리에서 '원조' 조리법이 따로 없고 '원조' 미트볼이 따로 없듯이, 원조 신화나 원조 이야기는 없고 과거의 것에 대한 끊임없는 개작, 재해석, 재창조가 있을 뿐이다.[3] 설사 원작자가 있었다 해도 이야기는 우리에게 그대로 전해지는 게 아니라 여러 판본(버전)들의 덩어리로 전해진다. 그 가운데 청중과 문화에 의해 걸러지고 세월과 반복의 시험을 거치면서 성공한 변형과 이 변형의 변형들이 폭넓은 사랑과 인기를 얻는 것은 놀라운 일이 아니다. 그렇게 남은 것이 가장 호소력 있고 어쩌면 가장 많이 윤색된 '최고'의 판본이겠지만, 반드시 원전이거나 원전에 가장 가까운 판본은 아닐 것이다. 동화는 문화 환경에 적응하고 이야기를 들려주고 이야기를 듣는 사람들의 심성과 취향에 적응하면서 다원주의적으로 생존한다.

동화 분야에서 일반화는 다른 분야에서보다 더 위험하다. 만약 유명한 동화의 '원작'이 있다면 우리는 그것을 아직 창작 중인 작품의 초고쯤으로 상상할 수 있다. 이것이 끊임없이 다시 이야기되는 과정에서 복잡해지고 세련미를 더하면서 더욱 풍부해지고, 그 오랜 과정 속에서 마침내 단단한, 하지만 아직 더 단련하고 더 개작할 수 있는 이야기가 나온다.

그러나 반대의 경우도 상상해볼 수 있다. 지금은 알 수 없는 어떤 천재가 소수 엘리트들의 세련된 취향에 맞추어 창작한 정교하고 귀족적인 원작 이야기(또는 음악이나 그림)가 '애초에' 있었다고 말이다. 결국 이 이야기는 저속하고 투박한 평민들에게도 전해진다. 이들은 교육도 받지 못했고 그런 문화적 선물을 알아볼 능력도 없기에, 원작은 원래의 귀족적인 섬세함을 잃어버리고 거칠고 투박한 이야기로 바뀔 수밖에 없다—황금기에서 타락했음을 보여주는 또 다른 예로서.

이 두 이론은 모두 지나친 결정론에 빠져 있고, 역사가 원시사회에서 문명사회로 또는 영화에서 타락으로 일직선으로 나아가고, 실제로 '문명'과 '야만'이라는 딱지를 붙일 수 있는 실체가 존재한다고 가정하고 있다.

그러나 만약 동화가 단지 한정된 수의 플롯 또는 얼개의 표현에 지나지 않는다면? 모든 이야기의 심층구조가 비슷하다면? 20세기의 러시아 민족지학자 블라디미르 프로프는 모든 이야기—아니면 적어도 그가 분석한 러시아 민담들—가 비슷한 구조 또는 형태를 가진다는 것을 보여주려고 했다.[4] 프로프에 따르면, 모든 이야기는 31개의 서사 기능으로 이루어져 있고, 이 기본 단위들에 의해 이야기가 전개된다(이 모든 것이 한 이야기 속에 다 들어 있을 필요는 없다). 여기에는 '출발', '부재', 악한과의 만남, 시험, 주인공의 반응, 마법의 도구 획득, 추적, 구조, 은밀한 도착, 부당한 요구, 인지, 폭로, 처벌, 결혼 따위가 포함된다. 처음에는 좋았던 상황—부족한 게 없고 모두가 만족하는 상태—이 깨진다. 누군가 죽거나, 뭔가 결핍된 것을 알게 되거나, 뭔가를 도둑맞는다. 중요한 것은 주인공이 어떤 동기나 임무를 갖게 된다는 사실이다. 이제 주인공은 원래의 상황을 재건할 방법을 찾아야 한다. 아니면 본디 돈, 남편이나 아내, 건강 같은 뭔가가 결여되어 있다. (흔히 남자고 가끔 여자인) 주인공의 임무는 결여된 것을 찾는 일이다. 주인공은 의지력을 시험받고, 마법의 힘 또는 마법을 지닌 조력자를 얻고, 악인을 만나고, (보통은) 세 가지 선물 가운데 한 가지를 골라야 하는 상황에 처한다. 주인공은 마침내 부나 결혼, 또는 둘 다로 보상을 받는다.[5] 사건이 일어나는 시기는 불특정한 과거('옛날 옛적에')다. 실제로 많은 동화가 서사시와 똑같은 구조를 갖는다. 가장 단순한 형태로 보면, 서사시는 개인이 세상과 벌이는 자아 대 세계의 투쟁ego contra mundum이기 때문이다. 이런 구조에 생소한 독자나 청자라도 이야기의 공식을 금세 숙지한다. 이것은, 특히 어린이라면, 즐거움을 더는 것이 아니라 오히려 더해준다.

기능적으로 중요하지 않은 요소들을 모두 제거하면 이야기의 심층 구조가 드러난다. 이를테면, '빨간 모자'에서 망토 빛깔을 빨강에서 초록으로 바꾸거나 늑대를 곰으로 바꾼다고 해도 이야기는 똑같이 작동한다. 주인공이 계집아이든 사내아이든, 더 나아가 아이든 어른이든, 그것은 아무런 상관이 없다. 그리고 악역이 꼭 동물일 필요도 없다. 악역이 산적일 수도 있다. 그러나 늑대를 비둘기로 바꾼다면, 이야기는 근본적으로 달라진다.[6] 예를 들어 제임스 서버는 1940년에 '빨간 모자'를 '현대화'한 이야기에서 다음과 같이 결말만 바꾸었다.

> 아이는 침대에 누워 있는 사람이 할머니가 아니라 늑대라는 걸 알았다. 늑대가 아무리 나이트캡을 쓴다 한들 할머니로 보이지는 않는다. 마치 MGM 영화사의 사자가 캘빈 쿨리지로 보이지는 않는 것처럼. 그래서 아이는 바구니에서 권총을 꺼내어 늑대를 쏴 죽였다. 이 이야기의 교훈: 요즘에는 옛날과 달리 어린 여자아이를 속이기가 쉽지 않다.[7]

로알드 달이 1982년에 다시 쓴 '빨간 모자'는 아마도 여기서 영감을 받았으리라.

귀스타브 도레가 그린 '빨간 모자'의 삽화. 이 동화의 절정은 "할머니 이가 왜 이렇게 커요?"라는 빨간 모자의 질문에 늑대가 "널 잡아먹기 좋으라고!"라고 대답하며 빨간 모자를 통째로 삼키는 장면이다.

조그만 여자아이가 생긋 웃는다. 한쪽 눈꺼풀이 떨린다.
아이는 바지에서 권총을 휙 꺼내든다.
아이는 늑대의 머리에 총을 겨눈다.
빵 빵 빵, 아이는 늑대를 쏴 죽인다.
몇 주 뒤에, 숲에서,
난 우연히 빨간 모자를 만났다.
그런데 이렇게 변하다니!
빨간 망토도, 우스꽝스러운 모자도 없다.
아이는 말했다. "제 부드러운 늑대털 외투, 멋지죠?"[8]

동화는 입에서 입으로 전해지고, 그때마다 이야기는 조금씩 달라진다. 이 과정에서 이야기는 더욱더 다양해지지만, 보수주의의 요소 또한 더해가기도 한다. 그러나 동화를 글로 기록하는 것이 오히려 더 보수적일 수 있다―그것은 기록된 텍스트를 방부처리하는 것과 같다. 덕분에 이 이야기는 더 널리 전파되지만, 동시에 전해져온 이야기와는 근본적으로 다른 이야기로 바뀌는 게 촉진되기도 한다. '신데렐라'는 동화 말고도 고아를 다룬 연애소설에 영감을 줄 수 있다. 집에서는 숙모와 사촌들에게 학대당하고 학교에서는 아이들에게 괴롭힘을 당하던 여자아이가 가정교사로 성장하고, 마침내 그녀를 '나쁜 상황'에서 구원해서 왕자비로, 아니면 적어도 행복하고 부유한 여자로 만들어줄 천생연분이나 백마 탄 왕자를 만나는 것이다. 이 이야기를 교묘하게 '푸른 수염'과 결합하면, 그 이상형의 남자는 비밀(다락방에 미친 아내를 숨겨두고 있다거나 하는)을 지닌 신비로운 남자가 된다. 나아가 '미녀와 야수'에서 몇 가지를 따다가 이 이야기에 붙이면, 이상형의 남자는 샬럿 브론테의 제인 에어와 결혼하는, 심한 화상을 입고 눈이 먼 로체스터 씨가 될 수도 있다.

이야기의 기록

유럽에서 문자로 된 동화는 16세기와 17세기에 나타나기 시작했다. 그 선두에는 (유럽 상업과 문화의 많은 분야에서처럼) 이탈리아인들이 있었다. 보카치오가 짧은 이야기의 기법을 개척하기는 했지만, 동화가 수록된 최초의 민담집은 조반니 프란체스코 스트라파롤라의 『유쾌한 밤』(베네치아, 1550~53)이었다. 스트라파롤라 역시 '액자구성', 곧 이야기 안에 이야기가 들어 있는 구성을 사용했는데, 피난 중인 귀족들이 서로 이야기를 들려주는 방식이었다. 잠바티스타 바실레도 액자구성으로 『이야기 속의 이야기』를 썼다. 나폴리어로 쓴 이 책은 1630년대에 유작으로 출간되었다.[9]

액자구성은 예전에 '고급'문학에서 썼던 방법이다. 보카치오의 『데카메론』과 초서의 『켄터베리 이야기』는 여러 사람이 시간을 때우기 위해 주고받은 이야기들로 엮여 있다. 『천일야화』에서 가상의 지은이로 등장하는 세헤라자데는 그 자신이 이야기 속 주인공으로, 술탄의 관심을 이야기에 붙들어둠으로써 자신의 처형을 계속 연기시킨다. 중요한 점은 이 이야기의 화자가 여성이라는 사실이다. 마찬가지로, 10세기 일본 헤이안平安 시대의 궁정생활을 보여주는 장편 연애소설 『겐지 이야기源氏物語』의 저자 무라사키 시키부紫式部도 여성이다. 여성들은 가정교사, 어머니, 할머니로서 십중팔구 동화의 주요 전달자이자 개작자였을 것이다(그리고 그림 형제 같은 민담수집가들에게는 주요 출처였을 것이다). 스트라파롤라는 자기 책의 몇몇 이야기는 한 여성한테 들은 것이라고 밝혔고, 바실레와 페로도 그랬다.[10] 동화는 18세기에 귀족문화와 민중문화가 만나는 몇 안 되는 접점이었다. 때로 그 연결은 유모가 부잣집 아이들에게 이야기를 들려주는 것처럼 직접적이었다.[11] 푸시킨은 유모 아리나 로디오노브나한테 처음 러시아 민담을 들었고, 나중에 그 이야기들을 『루슬란과 류드밀라』 같은 작품에 활용했다. 그리고 『황금 수탉』 같은 작품에는 워싱턴 어빙의 아랍 민담집 『알함브라』의 프랑스어판을 참고했다.[12]

동화의 지은이는 흔히 여성으로 추정되었고, 이것만으로도 동화를 저급장르—매력적이기는 하지만—로 간주할 충분한 이유가 되었다. 대체로 까막눈인 유모들이 역시 까막눈인 아이들에게 들려주는 이야기라는 것이다. 떠돌이 이야기꾼은 거의 남성이었을 테지만, 여성 이야기꾼은 가정을 장악했다. 동화 들려주기는 남성에게는 일종의 시장활동이었고, 대가를 받고 공적 영역에서 행하는 하나의 공연이었다. 그러나 여성에게는 사적 영역에서 이루어지는 많은 무보수 활동 가운데 하나였다.

1917년에 이반 빌리빈이 그린 푸시킨의 서사시 『루슬란과 류드밀라』의 삽화. 여성은 유모, 가정교사, 어머니, 할머니로서 동화와 민담의 주요 전달자이자 개작자였다. 푸시킨의 이 작품의 밑거름이 된 것도 역시 어렸을 때 농노 출신의 유모 아리나 로디오노브나가 들려준 러시아 민담들이었다.

동화는 나이, 계급, 문화를 자유롭게 넘나들었지만, 그 흐름이 고르게 균형을 이루는 경우는 별로 없었다. 처음에는 동방에서 들어온 이야기들이 우세했다(물론 지금까지 살아남은 이야기들을 놓고 하는 말이다). 그 예로 수메르의 도시국가 우르크(오늘날의 이라크 바르카)의 왕 길가메시와 그 친구 엔키두의 이야기인 『길가메시 서사시』를 살펴보자. 이 서사시는 예수가 태어나기 2,000여 년 전에 쓰인 것으로, 내용 일부는 나중에 성서(대홍수 이야기)와 『일리아스』(파트로클로스와 아킬레우스의 우정)에도 나온다. 『길가메시 서사시』에 나오는 이야기들은 마침내 동방의 양탄자에 그려졌고, 그 양탄자 얼마쯤은 베네치아인들이 사들였다. 베네치아 총독이었던 피에트로 오르세올로는 978년에 수사가 되어 피레네 산맥에 있는 생미셸드쿡사 대수도원까지 먼 길을 여행했다. 그가 가져간 동방의 양탄자에 그려진 모티프들은 수도원 회랑 기둥머리를 장식하는 데에 쓰였다.

3,000년 전에 바빌론에서 시작된 길가메시의 진짜 서사시적인 여행이 마침내 피레네 산맥에까지 이른 것이다.

16세기와 17세기까지는 기독교 세계가 이슬람 세계에 관해 아는 것보다 이슬람 세계가 기독교 세계에 관해 아는 게 더 많았다. 그러나 유럽인들 사이에서 투르크족에 대한 두려움이 점점 더 커지고 그와 함께 동방에 대한 관심이 급격히 높아지면서, 상황은 역전되었다. 1543년, 바젤에서 쿠란의 라틴어 번역본이 출간되었다.[13] 비종교적인 이야기들이『천일야화』를 수용할 토대를 마련했고, 이스탄불 주재 프랑스 외교관 앙투안 갈랑(1646~1715)은 1704년에『천일야화』를 프랑스어로 번역했다. 동방에 대한 서유럽인들의 시각을 획기적으로 바꿔놓은 이 책은 프랑스어에서 다른 유럽어로 중역되어, 1705년에는 영어로, 1712년에는 독어로 옮겨졌다. 19세기에 가서는 아랍어에서 직접 옮긴 직역본들이 출간되었다. 그런데 이 책에 실린 유명한 이야기들은 대부분 아랍보다 더 먼 데에서 유래한 것들이었다. 전설적인 이야기꾼의 이름 세헤라자데는 원래 페르시아에서 나왔지만, 전반적인 뼈대 이야기를 비롯한 많은 이야기들은 인도 것으로, 카슈미르의 시인 소마데바가 1070년께에 지은『카타사리트사가라』에 나온다.

페로 동화집 이후 유럽에서 가장 성공을 거둔 동화는, 독일의 언어학자이자 민족지학자인 야코프와 빌헬름 그림 형제의 동화집이었다. 야코프 그림은 그 유명한『독일어 문법』(1819)을 자신의 가장 중요한 저작으로 꼽았겠지만, 형제에게 불후의 명성을 안겨준 것은 1812~15년에 출간된 민담집『어린이와 가정을 위한 옛날이야기』와 이것을 증보한 1857년의『그림 동화집』이었다. 처음에는 루트비히 베흐슈타인의『독일 동화집』(1845)이 더 유명했으나, 1870년대에 이르자 그림 형제의 동화들은 독일을 비롯한 여러 나라의 학교 교과과정에 포함되었다. 20세기 초에 독일에서 성서를 빼고 판매부수가 가장 많았던 책이 『그림 동화집』이었다.[14]

그림 형제의 출발점은 민담을 민족문학의 기원으로 본 헤르더의 가정이었다. 헤르더와 마찬가지로, 그림 형제의 민족주의는 배타적이지도 않았고 독일의 우월성을 증명하려는 목표도 없었다. 오히려 그림 형제는 다른 민족 전통에서 독일적인 것의 원천을 발견하는 한편 독일 전통에서 다른 민족 전통의 흔적을 찾고자 했다. 이런 '보편주의적 민족주의'로 야코프 그림은 프랑스에서 더 인정받았고, 1841년에는 레지옹도뇌르 훈장을 받았다.[15]

그림 형제의 동화집이 성공한 중요한 이유는, 비록 진정한 독일 문화의 원천을 찾으려는 의도로 시작한 일이었지만 이들 형제가 수집한 이야기들 자체는 특별히 독일적이지 않았다는 데에 있었다. 몇몇 이야기의 제공자는 부유한 위그노 집안 사람들이었다. '헨젤과 그레텔'을 들려준 도르트헨 빌트는 프랑스 핏줄이었다. 그러나 프랑스에서 유래한 이야기라도 그림 형제가 이야기를 수집할 무렵에는 완전히 독일화되어 있었다. 실제로 그림 형제는 『그림 동화집』 제2판에서는 자네테 하센플루크를 통해 수집한 이야기 몇몇을 빼버렸는데, 그녀가 해준 이야기들이 프랑스 원전, 다시 말해 그 유명한 샤를 페로의 동화와 너무 비슷했기 때문이었다.[16] 그림 형제의 정보원은 구전 전통을 지켜온 늙은 농촌 아낙네와는 아주 거리가 먼, 가정교사와 하인들에게 이야기를 들으며 자란 교육받은 중간계급 여성들—도르트헨 빌트는 약사의 딸이었다—이었다.[17]

그림 형제가 성공을 거둔 이유를 그들의 기본 가정이 틀렸다는 데에서 찾는 의미심장한 설명도 있다. 그림 형제는 시간을 거슬러 올라가면

도로테아 피만의 집에서 옛이야기를 듣는 그림 형제. 루이스 카첸슈타인의 그림. 아버지가 운영하던 여관에서 손님들의 이야기를 듣고 자란 그녀는 40가지가 넘는 이야기를 들려준 '동화의 할머니'였다.

독일 민족의 본질(아니면 프랑스, 스코틀랜드 등등의 민족의 본질)을 발견할 수 있을 거라고 생각했다. 그러나 사실, 민담은 어떻게 해도 민족성을 보여주지 못했다. 대홍수 이야기 같은 성서 이야기들이 다른 종교의 경전에도 등장하는 것처럼, 똑같은 민담이 여러 나라에서 나타났다. 몇몇 이야기들은 그야말로 '글로벌'했다. 이를테면 신데렐라 유형의 이야기들은 유럽에서 바실레, 페로, 그림 형제의 동화집이 나오기 전에도 중국과 인도에 널리 알려져 있었다. 빅토르 슈클롭스키는 '디도' 전설을 추적하는 1894년의 논문을 인용한다. 디도는 (소가죽 한 장을 아주 가늘고 긴 띠로 잘라 둘러치는) 꾀를 부려서 광대한 땅의 통치권을 차지한 인물인데, 이 전설의 기원은 인도, 인도차이나, 세르비아, 터키, 이스라엘, 러시아, 북아메리카 원주민 문화를 포함해 거의 20개 문화에 닿아 있다는 것이다.[18]

누구나 그림 형제의 동화들을 좋아했던 것은 바로 그 이야기들이 문화의존적이지 않기 때문이었다(미국인이 아닌 사람들이 미국 영화를 좋아하는 이유도 그렇다). '프랑스', '이탈리아', '독일' 동화라고 해서 특별히 프랑스적이거나 이탈리아적이거나 독일적이지 않았다. '푸른 수염' 이야기는 15세기 프랑스에서 140명이 넘는 아이들을 살해한 죄로 처형된 질 드레 이야기에서 비롯되었겠지만, 연쇄살인범과 아내살해범은 보편적인 유형이다.

그림 형제는 '민중'의 이야기를 수집한다는 고상한 의도를 갖고 있었지만, 한편으로는 대체로 중간계급으로 구성된 시장을 이해했고, 어떤 것이 그들의 비위를 거스를지도 알고 있었다. 그래서 그림 형제는 수집한 이야기들을 체계적으로 삭제하고 검열했다.[19] '잠자는 숲속의 미녀'가 깨어 보니 멋진 왕자가 자기와 섹스를 하고 있더라는 이야기도 적절하게 수정되었다. 아이를 학대하는 잔인한 엄마는 사람들이 거부감을 덜 갖도록 잔인한 계모로 바뀌었다. 페로 동화의 '빨간 모자'에서는 어린 소녀와 할머니가―절대로 낯선 사람을 믿지 말라는 교훈을 주면서―비참하게 죽는데, 그림 형제의 동화에서는 사냥꾼이 죽인 늑대의 배에서 두 사람이 살아서 나오는 해피엔딩으로 끝난다.[20] 더 오래된 판본은 아주 참혹해서, 할머니를 죽인 늑대가 할머니의 살을 접시에 담고 피를 병에 담는다. 일화 속 증거들을 보면, 아이들이 가장 좋아하는 대목은 어김없이 가장 참혹한 대목이다. 찰스 램은 그걸 잘 알고 있었다. 1808년에 출판업자는 그의 『율리시스의 모험』에서 끔찍한 키클롭스 이야기를 수정하라고 압력을 넣었지만, 그는 손대지 않고 그대로 두었다. "키클롭스는 그들의 머리를 땅바닥에 내동댕이쳐 박살내고, (말하기도 끔찍한데) 그들의 사지를 가리가리 찢어 게걸스럽게 먹어치웠다. 아직 따뜻하고 파르르 떨리는 사지를 사자처럼 먹고 피까지 핥았다. 키클롭스는 식인종이었고, 사람 고기를 염

귀스타브 도레의 '푸른 수염' 삽화. 이야기의 원형인 질 드레 남작은, 백년전쟁 말기 잔 다르크의 사령관으로 활약한 구국의 영웅이자 프랑스에서 가장 넓은 영지를 가진 귀족이었으나, 잔 다르크의 화형 이후 흑마술과 연금술에 빠져 1440년 10월 25일 '소아살해, 남색, 흑마술, 신성모독, 이단'의 죄목으로 전 재산을 몰수당하고 교수형에 처해졌다. 그렇지만 그가 정적 브르타뉴 공작을 중심으로 한 음모의 희생자였다는 주장도 강력하다.

소나 새끼염소 고기보다 훨씬 맛있는 고기로 여겼기 때문이다."[21]

민담이 어린이에게 알맞은 문학장르로 여겨지게 된 것은 부모들의 입맛에 맞게 개작되었기 때문이다. 유럽 중간계급의 비교적 균질한 취향에 맞추어 성적인 요소와 폭력적인 요소는 누그러졌다. '공포' 요소는 챕북과 브로드시트에 실린 범죄 이야기의 인기에 힘입어 오히려 강화되었다. 챕북 이야기로서 '빨간 모자'의 인기는 진짜 나그네를 먹어치우는 진짜 야수에 관한 보고와 맞물려 있었는데, 18세기 후반까지도 그런 일이 심심치 않게 일어나곤 했다.

새로운 '동화'는 계속 생산되어, 엄청난 성공을 거둔 카를로 콜로디의 『피노키오』(1880), 한스 크리스티안 안데르센의 동화들, 루이스 캐럴의 『이상한 나라의 앨리스』(1865)와 『거울 나라의 앨리스』(1872) 같은 작품들이 출간되었다. 세계적으로 인기를 얻은 이야기들은 이후에 월트디즈니에 의해 영화로 만들어졌고, 그렇게 해서 수명이 연장되었다. 디즈니 영화들은 주인공 개인의 주도적인 행동을 찬양하면서 왕들을 아주 조금은 불경스럽게 다루었다. 하지만 이런 식으로 동화를 '미국화'했다고 해서 디즈니 사가 페로나 그림 형제를 배신한 건 결코 아니었다. 디즈니 사는 오히려, 고정된 판본 없이 이야기를 자신들의 시장에 맞추어 끝없이 개작해간 선배들의 전통을 따른 것이었으니까.[22]

19세기가 되자 개작된 민담과 소설에서 아동문학이 뚜렷하게 모습을 드러냈다.[23] 18세기에, 주로 영국에 몇 가지 선례가 있었는데, 이것들은 오늘날에도 여전히 아동문학의 선봉에 서 있다. 존 뉴베리는 일찍이 1750년에 런던 세인트폴 대성당 근처에 세계 최초로 어린이를 위한 서점을 열었다. 그는 동화책뿐만 아니라 『로빈슨 크루소』와 『걸리버 여행기』의 축약본도 팔았다.[24] 이 장르는 엄청나게 큰 돈을 벌 수 있는 성장 분야인 것으로 드러났다. 프랑스에서 1811년에 80종이었던 '아동문학'은 1890년에는 1,000종을 넘어섰다.[25]

민담은 한 민족의 문화에 관한 뭔가를 드러낸다고 여겨졌고, 또 아주 인기가 높은 장르라는 것이 밝혀졌기에, 온 유럽의 민속지학자들이 그림 형제의 선례를 따라 자기 '민족' 고유의 민담을 수집하는 일에 열을 올렸다. 몇몇 나라는 조금 늦어져서, 포르투갈에서는 19세기 후반에 가서야 최초의 민담집, 아돌푸 코엘류의 『민족의 이야기』(1879)와 테오필루 브라가의 『포르투갈 전통 민담』(1883)이 출간되었다.[26]

녹음된 음악이 구전되던 음악 전통을 대체하듯, 인쇄된 동화는 구전 동화가 갖지 못한 영원성을 획득했다. 동화와 소설쓰기는 이야기하는 방법에 관한 아이디어를 주고받으며 서로를 살찌웠다. 많은 동화가 글말로 기록되던 시기는 소설쓰기가 발달하던 시기와 일치했다. 동화와 소설 모두 긴장감을 주는 이야기 기술이 필요했다. 반복되는 플롯과 서사구조로부터 하나의 양식이 생겨났다. 여기에는 독자들이 예상하는 관습들이 포함되었다. 이를테면 '3'이라는 숫자는 다양한 이야기에서 특별히 중요한 의미를 지닌다. 동화에서 왕은 대개 아들이 셋이거나 딸이 셋이고, 선택은 보통 셋 가운데에서 하나를 고르는 방식이다(셰익스피어의 『베니스의 상인』에서 반지와 상자의 경우처럼). 슈클롭스키는 『롤랑의 노래』에서 주인공이 뿔나팔을 불어 샤를마뉴 대제의 군대에 신호를 보내라는 요구를 세 번 받지만 세 번째 요구를 받은 뒤에야 나팔을 분다는 점을 지적한다. 그리고 샤를마뉴 대제는 세 번째 나팔소리를 듣고서야 무어족의 공격을 받은 프랑크족 군대를 구하기 위해 되돌아가기로 결심하지만, 때는 이미 늦었다. 페로 동화에서 '푸른 수염'의 아내는 언니 안느에게 구원자가 오는 게 보이느냐고 세 번을 묻는다. 종교신화에는 뚜렷한 선례들이 남아 있다. 예수가 태어났을 때 세 명의 왕 또는 동방박사가 찾아오고, 골고다 언덕에서 세 사람이 십자가에 못 박히고, 예수는 베드로가 자기를 세 번 배신할 거라고 말하고, 십자가에 못 박힌 지 사흘 만에 부활한다. 삼위일체는 거의 모든 기독교 교파의 핵심이다. 다른 종교에서도 3은 특별한 의미를 지닌다. 불교에는 삼보(三寶, 트리아트나)라는 세 가지 근본적인 숭배 대상이 있으니, 불(佛, 붓다), 법(法, 다르마), 승(僧, 상가)이 그것이다.

   3, 7, 12 같은 숫자들은 단순한 서사장치이지만, 독자와 청자는 더욱 복잡한 메커니즘에도 금세 익숙해진다. 이를테면 독자들이 이야기가 더 빨리 진행되기를 바라는 지점에서 저자가 긴장감을 높이기 위해 곁가지로 빠지면서 속도를 늦추는 경우가 그렇다.[27] 콜리지가 1817년에 '시적 신뢰를 구성하는, 불신의 자발적 유예'라고 했던 서사의 관습이 화자와 청자 사이에 생겨나는 것이다. 이런 관습 덕분에 우리는 이른바 사실주의 소설의 구조(사실주의 소설에도 믿기 힘든 우연과 플롯장치가 필요하다)와 마

찬가지로 동화와 초자연적인 이야기의 세계 역시 그 고유의 방식대로 받아들일 수 있다.[28] 이렇게 해서 우리는 여전히 '거리를 둔' 상태에서 이야기에 열중하게 되는데, 그것은 슈클롭스키의 지적대로 그 이야기가 우리에게 익숙하지 않은 세계를 다루기 때문이다.[29] 합리적인 독자라면 메리 셸리의 『프랑켄슈타인』을 읽고 이렇게 지적할 것이다. 빅터 프랑켄슈타인이 시체공시소와 도살장을 터덜터덜 돌아다니며 썩어 문드러지는 살과 살갖, 오래된 뼈들을 모아오고, 그것들을 서로 붙이고, '그다음에야' 생명의 불꽃을 불어넣는 실로 어렵기 짝이 없는 위업을 달성하는 것보다, 최근에 죽은 사람을 소생시키는 쪽이 분명 훨씬 쉬웠을 거라고. 그러나 셸리의 서술방식은 이야기 '효과'를 더 높여준다. 다시 말해 자연만이 할 수 있는 일을 인간이 해냈다는 자부심을 높여주는 것이다. 그렇게 함으로써 프랑켄슈타인은 '피조물'을 만들어내는 진짜 창조자가 된다. 비슷한 예로 20세기의 인기 연재만화 『슈퍼맨』을 보자. 주인공 슈퍼맨은 초능력을 지니고 있지만 세상의 모든 문제를 한 방에 해결하는 대신에, 아니 그것까지는 아니라도 적어도 가난을 없애버리고 공산주의를 싹 쓸어버릴 수는 있을 텐데, 불 끄고 노상강도를 잡고 고양이를 구하느라 바쁘다. 그리고 대악당 렉스 루서를 단번에 해치우는 대신에 그의 음모들을 좌절시키는 데에 놀랍도록 많은 시간을 낭비한다. 그러나 독자는 연재물에서 대악당들은 절대로 죽지 않는다는 것을 안다. 이야기가 계속되려면, 대악당들도 사탄처럼 영원히 죽지 않아야 하는 것이다.

    동화를 끊임없이 변하는 청중의 입맛에 맞추어 수도 없이 개작해야 했듯이, 소설의 저자들도 인기를 얻고 싶다면 청중의 입맛에 맞는 작품을 써야 했다. 픽션 작가들은 결코 완전히 자유로울 수는 없다. 기존의 어떤 장르를 선택하는 순간 그 장르의 관습을 받아들여야 한다. 자신의 작품을

『프랑켄슈타인』 1831년 개정판에 실린 시어도어 홀스트의 삽화. 과학자 빅터 프랑켄슈타인(오른쪽)과 괴물이 보인다. 여러 편의 영화를 통해 정형화된 괴물의 이미지와 달리, 이 삽화에서는 괴물이 유달리 큰 신체를 빼고는 보통사람과 그리 다를 게 없다. 이 소설에서 괴물이 괴물인 까닭은 추악한 용모가 아니라 '창조자'에 맞서서 '잘못'을 저지른다는 데에 있다.

기존의 작품과 차별화하기 위해 변형을 가하되, 시장을 존중해야 하고 독자의 기대를 충족해야 한다. 이를테면 18세기에는 여자가 끝끝내 허락하지 않는다면 강간은 불가능하다고들 생각했다. 클라리사가 러블레이스에게 스스로 몸을 허락하지 않았다는 걸 분명히 밝히기 위해, 새뮤얼 리처드슨은 클라리사에게 약을 먹였다. 마거릿 두디의 지적처럼, 만약 클라리사에게 의식이 있었다면 "러블레이스와 많은 독자들은 클라리사가 사실상 동의했으며, 말로, 몸으로 어떤 저항을 하더라도 그것은 모두 연기에 지나지 않는다고 생각했을 것이다."[30] 많은 고딕 작가들은 여주인공의 순결한 영혼을 손상하지 않으면서 강간이나 강간미수가 벌어지는 상황을 설정할 필요가 있을 때 수면제 장치를 활용하곤 했다.

공포, 마법, 희망 같은 동화가 제공하는 이야기의 종류를 고려하면, 동화는 명백히 이후에 출현할 장르들을 위한 좋은 시험대였다. 한 여자가 나이 많고 권위주의적인 남자와 결혼했는데, 그 남자는 연쇄살인범으로 밝혀진다('푸른 수염'). 숲속을 걷던 소녀가 자기 할머니 행세를 하는 괴물에게 강간당한다. 사람은 겉보기와 다르다. 가족은 학대의 온상이다('백설공주', '헨젤과 그레텔', '신데렐라', '잠자는 숲속의 미녀'). 부당하게 고소를 당하지만 진실은 결국 밝혀진다. 가장 흔한 서사의 주제 가운데 하나가 주인공의 부모가 알고 보니 친부모가 아니었다는 것이다. 친부모는 훨씬 더 흥미로운 인물들이다. 이런 장치는 극적인 플롯으로 전개되기도 한다—오이디푸스가 쓰라린 대가를 치르고서야 알게 되듯이. 강력하고 저항할 수 없는 이 판타지는, 성서(예수는 사실 목수의 아들이 아니라 신의 아들이다. 이것을 능가할 판타지는 없을 것이다. 그리고 모세는 이집트의 왕자다)부터 신화(디오니소스 신화), 모험 이야기(타잔은 사실 그레이스토크 경이다), 연재만화(슈퍼맨은 따분한 미국 중산층 집안에서 태어난 게 아니라 크립톤 행성에서 왔다)와, 헨리 필딩의 『톰 존스』, 그리고 당대에 똑같은 인기를 누렸던 피고 르브룅의 『사육제의 아기』(1796) 같은 18세기 소설에 이르기까지, 거의 모든 문학형식에 두루 쓰였다. 끊임없이 쏟아져나온 빅토리아 시대 소설에도 이용된 이런 판타지는 이미 예전에 보마르셰가 『피가로의 결혼』(1784)에서, 그리고 나중에는 오스카 와일드가 『진지함의 중요성』(1895)에서 가볍게 조롱한 바 있다("부모를 한 분만 잃으면 불행이라고 말할 수도 있지만, 두 분 다 잃은 건 부주의로 보이는군"이라는 유명한 문장이 후자에 나온다). 서사의 책략들은 끊임없이 다시 채택되면서 계속해서 보강된다. 모방은 거개가, 세월 속에 묻혀 사라진 '원작'에서가 아니라 가장 최근의 모사품에서 대상을 찾기 마련이다.

이른바 고급문학이라고 불리는 작품들의 원천은 대중적인 플롯의 바다인 경우가 많다. 동화의 모티프는 19세기 내내 빅토르 위고의 『여러 세

무려 81편에 이르는 돈 후안 이야기의 등장인물들. 돈 후안이라는 난봉꾼을 탄생시킨 몰리나의 원조 『세비야의 난봉꾼과 석상의 초대』에서, 심판의 날은 멀었다는 뜻의 "오래도 두고 보시는구먼!" 이라는 말을 달고 다니는 돈 후안은 결국 석상의 손에 불의 심판을 받는다.

기의 전설』에서 셸리의 『해방된 프로메테우스』, 괴테의 『파우스트』에 이르는, 식자층의 소비를 위해 생산된 세련된 소설과 시에 체계적으로 통합되었다─19세기 이전에 시각예술에서 그런 일이 벌어졌던 것처럼.[31] 티르소 데 몰리나의 『세비야의 난봉꾼과 석상의 초대』(1630)─뒷날 돈 후안 이야기의 토대가 되는 소설─는 한 젊은이가 죽은 자의 유령을 모욕하고는 유령을 저녁식사에 초대한다는 민담들을 바탕으로 한 작품이다. 죽은 자는 초대받은 장소에 나타나 함께 저녁을 먹고 답례로 젊은이를 초대한다. 두 번째 식사에서 젊은이는 처벌받거나 겁에 질려 참회한다. 도로시 에플렌 매케이는 이 이야기의 변형을 81편이나 수집했다─독일에서 15편, 스페인에서 15편, 이탈리아에서 7편을 포함해서.[32] 몰리에르, 골도니, 퍼셀, 글루크, 모차르트, 다 폰테, 바이런, 푸시킨, 알렉상드르 뒤마, 조지 버나드 쇼 같은 이들이 이 이야기를 차용했다.

특정한 플롯들이 끊임없이 재활용되는 주요 이유는 그 플롯을 여러 가지로 해석할 수 있기 때문이다. 낭만주의자들은 돈 후안을 긍정적인 영웅이자 아주 성공적인 유혹자로 여겼다. 그는 반동세력에 의해 지옥으로 끌려가기 전까지, 대중의 관습적인 태도를 도도하게 꾸짖고, 결혼해서 평범하고 행복하게 살아가는 부부들을 조롱한다.[33) 반대로 돈 후안을 예의범절과 도덕의 적으로 여길 수도 있고, 결국 천벌을 받고 마는 허영심으로 가득한 딱한 여성혐오자로 여길 수도 있다. 많은 독자들은 악한이 확실하게 규정되는 것을 좋아한다. 악을 묘사할 때는 절대적이고 한눈에 알아볼 수 있는 악으로 그려내는 것이 좋다. 악한은 첫 장에서부터 아이를 두들겨패고, 젊은 하녀를 욕보이고, 개를 걷어차야 한다. 그렇지만 더 복잡한 성격의 악한, 곧 결국은 악한이 아닐 수도 있는 악한이 시간과 문화를 가로질러 더 오래 살아남기도 한다. 복잡한 성격의 악한뿐만 아니라 복잡한 성격의 등장인물도 독자에 따라 다르게 보인다. 그러므로 소설가, 특히 재능 있고 솜씨 좋은 소설가는 등장인물에 대한 독자의 해석을 애써 통제하려 들지 않는다. 『젊은 베르테르의 슬픔』을 쓰던 괴테는 어쩌면, 사랑에 빠진 감상적인 젊은이들이 유행처럼 앓던 우울증을 살짝 놀려주려고 했을지도 모른다. 그러나 대부분의 독자는 괴테가 그런 우울증을 찬미하는 것으로 믿었다. 동화에서는 이런 혼돈이 일어나지 않는다. 커다란 악당 늑대와 못생긴 언니들은 예외 없이 사악하고 못생겼고, 아무리 합리적인 설명(늑대들도 먹어야 산다, 못생긴 게 죄는 아니다)을 갖다 붙여도 그들의 이미지를 바꾸지는 못한다.

제7장

소설

국민시인

국민시인은 쓸모가 많다. 대부분의 나라에 한 명씩은 있다―국가건설 과정에 있으면 좋은 선택적 부속물인 셈이다. 국민시인은 엘리트들을 통합시키고, 하층민들에게 지식인에 대한 존경심을 주입함으로써 모든 국민에게 자긍심의 원천이 되어준다. 몇몇 국민시인은 매우 덕망 있기까지 하다. 국민시인이 반드시 시인일 필요는 없다. 소설가나 수필가 또는 희곡작가도 국민시인이 될 수 있다. 그러나 대부분은 시인이다. 시가 가장 고상하기는 하지만, 그래도 시보다는 희곡이 낫다. 세계를 순회할 수 있고 중간계급을 즐겁게 해주기 때문이다. 시는 어렵게 느껴질 수 있다. 그리고 혼자서 읽는 게 다반사다. 공중 시낭송회라고 해도, 20세기 러시아의 경우를 빼고는, 응접실이나 문학살롱으로 범위가 좁혀진다. 반면에 희곡은 집단적으로 소비되며, 공동체의식과 참여의식을 불러일으킬 수 있고, 가르치기가 더 쉽고, 흥미진진한 줄거리를 가질 수 있으며, 끊임없이 개작되어 시대 분위기에 맞추어 새롭게 탈바꿈할 수 있다. 잉글랜드의 국민시인이 셰익스피어라는 것은 행운이다. 1944년에 로렌스 올리비에가 감독과 주연을 맡은 영화 〈헨리 5세〉는 그 시대에 어울리게 애국적이었지만, (케네스 브래너가 감독하고 주연한) 1989년 영화는 또 그 시대에 알맞게 다문화적이었다. 반면에 시인 단테 알리기에리는 이탈리아에서만 마땅한 존경을 받았을 뿐 다른 지역에서는 거의 읽히지 못하는 운명이 되어, 세계 곳곳에서 공연되고 각색되었던 셰익스피어의 운명과 대조를 이룬다.

셰익스피어는 18세기 중반에 이미 잉글랜드의 국민시인으로 추앙받았다. 1741년에는 웨스트민스터 사원에 그의 기념상이 세워졌고, 1764년에는 탄생 200주년을 기념하는 축하행사가 열렸다. 다른 나라의 국민시인들은 19세기에 민족주의와 함께 비로소 등장했다. 누구를 국민시인으로 삼을 것인가 하는 기준이 늘 분명하지는 않았다. 어쨌거나 잉글랜드인들은 셰익스피어에 표를 몰아주는 대신 급진적인 존 밀턴을 밀어줄 수도 있었다. 독일인들은 실러가 아닌 괴테로 합의를 보았다. 스페인 사람들은 스페인 문학 황금기의 극작가 로페 데 베가 대신 그의 동시대인 소설가 세르반테스를 선택했다. 포르투갈인들은 카몽이스를 뽑았고(그 말고는 다른 후보가 없었다), 이탈리아인들은 아리오스토, 페트라르카, 보카치오 대신 단테를 택했다. 러시아인들은 결국 푸시킨을 국민시인으로 삼는 데에 합의했다. 그렇지만 푸시킨이 우상적 지위에 오른 것은 그의 사후인 1880년, 러시아 지식인 엘리트들이 모스크바에 모여 이 흑인 장군의 손자를 찬양하며 기념비를 세웠을 때였다. 그 자리에는 투르게네프, 도스토옙스키, 오스트롭스키가 있었지만, 톨스토이는 없었다. 톨스토이는 그런 찬양을 '부자연스럽게' 여겼고, 자신의 여든 번째 생일에도 어떤 축하도 만류하고 싶어한 이였다. 이반 투르게네프는 푸시킨이 러시아어와 러시아 문학을 둘 다 창조했다고 선언했다. 도스토옙스키는 푸시킨이 러시아의 정신을 구현했다고 보고, 그를 거의 구세주로 떠받들었다.[1] 스코틀랜드인

스페인의 극작가 로페 데 베가. 전대미문의 다작으로 유명한 그는 소네트 3,000편에, 『페리바녜스와 오카냐의 기사단장』, 『국왕이야말로 첫째가는 판관』, 『상대를 모른 채 사랑하다』, 『푸엔테 오베후나』, 『올메도의 기사』, 『복수 없는 처벌』을 비롯한 희곡 1,800편, 『드로테아』를 비롯한 소설 3편, 노벨라 4편, 「드라곤테아」를 비롯한 서사시 9편을 쓴 것으로 추정된다. 세르반테스는 그를 '자연이 낳은 괴물'이라고 칭했다.

들은 오시안(174~77쪽 참조)을 내세우려다가 로버트 번스로 합의를 보았다. 그루지야 공화국은 자신들의 오랜 문화를 강조하기 위해 민족서사시 「표범가죽의 기사」를 쓴 12세기 시인 쇼타 루스타벨리를 택했다.

독립을 위해 싸우던 나라들은 애국주의 시인들을 선택했다. 헝가리에서는 샨도르 페퇴피(1822~49)가, 노르웨이에서는 헨리크 아르놀 베르겔란이 국민시인이 되었다. 국민시인이 이른바 조국이라는 나라와 느슨한 관계밖에 없는 경우에도, 그것이 꼭 큰 문제가 되는 건 아니었다. 그렇게 해서 폴란드인들은 아담 미츠키에비치(1798~1855)를 그의 사후에 폴란드 대표 시인의 반열에 올렸다. 미츠키에비치는 폴란드의 독립을 위해 싸우긴 했지만, 폴란드어를 거의 알지 못했다. 사실 그는 자오시에(리투아니아의 도시였으나, 여러 번 이름이 바뀐 뒤 지금은 벨라루스에 속한다)에서 태어나 리투아니아의 빌나 대학에서 공부했고, 파리에서 망명생활을 하다가 이스탄불에서 죽은 사람이었다.

다른 국민시인들의 국민 자격은 그보다도 미심쩍다. 핀란드 국민시인으로서 핀란드 국가 〈맘메〉의 가사가 된 「우리나라」를 쓴 요한 루드비그 루네베리는 스웨덴에서 활동했다. 그리스의 국민시인 디오니시오스 솔로모스(1798~1857)가 쓴 「자유찬가」는 1864년에 그리스의 국가가 되었지만, 그가 이 시를 발표한 것은 1823년 파리에서였다. 자킨토스 섬 출신인 솔로모스는 그곳 지방귀족들의 언어인 이탈리아어를 썼으며, 이탈리아 크레모나에서 공부했고, 생애 대부분을 영국 신민으로 살면서 그리스 본토에는 한 번도 발을 들여놓은 적이 없었다.

그 밖의 국민시인들은 더욱 최근의 인물들로, 그 자격에는 논쟁의 여지가 없다. 쿠바의 니콜라스 기엔(1902~87), 칠레의 파블로 네루다(1904~73), 파나마의 가스파르 옥타비오 에르난데스(1893~1918)(또는 리카르도 미로, 1883~1940), 파키스탄의 무함마드 이크발(1873~1938), 콜롬비아의 호르헤 아르텔(1909~94), 인도의 라빈드라나트 타고르(1861~1941) 같은 이들이 그 예다.

프랑스에는 예부터 국민시인이 없었다. 라블레는 너무 상스럽고 분변학적이며, 라신은 지나치게 장황하고, 몰리에르는 '한낱' 희극배우일 뿐이었다. 빅토르 위고는 오랜 세월 열심히 글을 써서 전무후무하게 국민시인의 반열에 다가섰다. 대중적으로는 진정으로 드높이 찬양받아, 파리의 한 대로에는 그가 거기에 사는 동안에 그의 이름이 붙었다. 그의 장례식은 프랑스 역사상 가장 성대했다. 그렇지만 어쩐 일인지 기성 문단은 결코 그를 축복해주지 않았다. 그의 문학이 너무 쉽고 대중적이었기 때문일 것이다. 프랑스의 가장 위대한 작가가 누구냐고 물었을 때 앙드레 지드가 한 대답이 전형적이다. "빅토르 위고! 유감스럽지만."

"가난한 이들의 영구차에 실려 무덤으로 가고 싶다"는 유언을 남기고 1885년 5월 22일에 세상을 떠난 위고의 장례는 파리의 개선문에서 팡테옹까지 늘어선 200만 인파의 애도 속에서 국장으로 치러졌다.

학교에서는 국민시인들을 가르쳤다. 자자손손 어린이들에게 공통의 경험을 심어주고, 국가공동체 의식을 고취하기 위해서였다. 시는 국가에 어울리는 고결한 장르로 여겨졌다. 시는 신성하고 산문은 저속했다. 어쨌거나 호메로스는 시를 썼지 산문을 쓴 게 아니었다. 『일리아스』와 『오디세이아』가 인기를 누린 까닭은, 번역과정에서 틀림없이 사라졌을 그 운문의 아름다움 덕이 컸겠지만, 지식인 엘리트들이 계속해서 변함없이 지지해준 덕 또한 없지 않았다. 그러나 두 작품이 영원한 성공을 다진 것은 무엇보다도 그 작품이 주는 이야기의 흥미진진함이었다. 『오디세이아』의 주인공 오디세우스에게는 하나의 과제가 있다. 오랜 전쟁을 끝내고 고국의 가족에게 돌아가는 것이다. 그러나 그는 온갖 사건들, 더러는 스스로 초래한 사건들 탓에 자꾸만 샛길로 빠진다. 오디세우스는 귀향길에 장애물에 부딪히고, 그것을 이겨내고, 흥미로운 사람들을 만나고, 무시무시한 괴물(외눈박이 거인 폴리페모스)을 죽이고, 다른 여자(님프 칼

립소)와 사랑을 나눈다. 그러고는 그 자신이나 독자들이 지루해지기 전에 일찌감치 다시 길을 떠난다. 결국 이타카에 돌아간 오디세우스가 아내에게 구혼한 남자들을 죽인다는 엄청난 폭력으로 절정을 이루면서 이야기는 대단원의 막을 내린다. 두 번째 고전 『일리아스』는 방대한 이야기 속의 한 단편에 대한 고찰이라는, 또 다른 장르의 틀을 보여준다. 우리는 10년 동안 이어진 트로이 포위전에서 9년째로 접어들 무렵의 수십 일 동안 벌어진 접전 속으로 '줌인'해 들어간다. 『오디세이아』에는 한 명의 주연이 있지만, 『일리아스』에는 홀로 두드러지는 인물 없이 엇비슷하게 중요한 주요 인물―아킬레우스, 헥토르, 파트로클로스, 아가멤논, 아폴로 신―이 나란히 등장한다.

이 서사시 두 편은 사실상 '운문으로 쓰인 소설'이다. 고대 문학에는 이런 '유사소설'과 소설로 분류할 만한 이야기가 가득하다.[2] 그 가운데 아풀레이우스의 『황금 당나귀』(200년께)는 그리스 모델을 바탕으로 한 라틴어 산문이다. 이 작품은 장편소설일까, 아니면 하나의 형식적 틀로 묶인 단편집일까? 롱구스의 『다프니스와 클로에』는 젊은 연인 사이에 싹튼 성적인 사랑과 뒤이은 이별과 재회를 다룬 작품으로 서기 200년에 쓰였다. 이 작품은 르네상스 시대에 유럽에 다시 등장했고, 국제적인 학자 공동체 안에서 원문으로 널리 퍼졌다가 일반인들을 위해 여러 언어로 번역되고 개작되었다.[3]

이탈리아에서는 16세기에 보카치오의 『데카메론』, 마테오 반델로의 『노벨레』(1554~73년에 214편의 이야기가 4권으로 출간되었다) 같은 산문 단편들이 꽃을 피웠다. 이 작품들은 윌리엄 페인터의 『쾌락의 궁전』(1566~67) 같은 선집에 수록되었고, 엘리자베스 시대의 몇몇 중요한 희곡들이 여기서 주제를 얻었다. 그중에서도 유명한 예로 셰익스피어의

『로미오와 줄리엣』(1594~95), 『헛소동』(1598~99), 『십이야』(1601~02), 존 웹스터의 『말피 공작부인』(1613~14) 따위를 꼽을 수 있다. 프랑스에서는 1530년대에 프랑수아 라블레가 희극적 어조로 가르강튀아와 팡타그뤼엘 이야기를 썼다. 이 장르의 선구는 이탈리아의 줄리오 체사레 크로체(1550~1609)가 쓴 『베르톨도와 베르톨디노』(1618)로, 제목과 같은 이름의 주인공들에 관한 시리즈물이었다. 17세기 프랑스에서는 고티에 드 코스트 드 라 칼프르네드(『카상드르』, 1642~60)와 마들렌 드 스퀴데리(『아르타메네스 또는 키로스 대왕』, 1649~53) 같은 이들의 기사문학이 큰 인기를 끌었다. 한편 스페인에서는 세르반테스의 『돈키호테』(1605, 1614)가 등장했고, 독일에서는 그리멜스하우젠의 『모험가 짐플리치시무스』(1669~71)가 최초의 독일 '소설' 가운데 하나로 인정받게 되었다. 스페인 작가 호르헤 데 몬테마요르의 『디아나』(1559)는 셰익스피어의 작품 『베로나의 두 신사』(1594)에는 플롯을, 그리고 『한여름 밤의 꿈』(1595)에는 몇 가지 아이디어를 제공했다. 이렇듯, 초기 단계에 작품들이 서로를 살찌우는 현상은 어느 쪽이 원조인가를 따지려는 시도가 무의미할 만큼 보편적이었다.

운문으로 쓰인 새로운 픽션은 19세기 초에도 여전히 인기가 높았다. 월터 스콧의 『호수의 여인』(1810)은 여섯 달 만에 2만 부가 팔렸다. 바이런의 『해적』(1814)은 출간된 그날에만 1만 3,000부가 팔리고 2주 만에 2만 부를 돌파했다. 그러나 이것은 바이런 자신이 9년 뒤에 쓴 어느 편지에서 조금 부풀려서 주장한 수치다.[4] 빅토르 위고가 겨우 스무 살이었던 1822년에 내놓은 『송시』는 넉 달 만에 1,500부가 팔려 작가에게 1년 치 집세를 훌쩍 넘는 750프랑을 벌어주었다.[5] 라마르틴의 시 전집은 1845년에 인쇄부수 6,000질을 기록했다.[6] 그러나 이 모든 기록은 토머스 무어

에피날 판화 〈대식가 가르강튀아〉. 프랑수아 라블레는 거인왕 가르강튀아와 그의 아들 팡타그뤼엘 이야기에서 극단적인 언어유희, 현학적 문답, 빈번한 인용과 궤변적 해석으로 '지의 난투극'을 벌인다.

의 업적 앞에서는 빛을 잃고 만다. 지금은 거의 잊혔지만, 무어는 한동안 아일랜드의 국민시인으로서 바이런과 어깨를 나란히 하며 당대를 대표한 문인이었다. 1817년에 첫 출간된 그의 『랄라 루크』는 운문으로 쓰인 동방 이야기인데, 1840년까지 20판이 나와 작가에게 무려 3,000파운드를 안겨주었다.[7] 런던의 숙련된 장인이 받는 1년 치 급료의 30배나 되는 큰돈이었다. 오늘날 그만큼의 수입을 자랑하는 시인은 많지 않다.

그러나 시는 결코 책의 새로운 대중시장을 열어젖힐 추진력이 될 수 없었다. 19세기가 시작될 무렵, 미래(명예와 돈의 의미에서)의 주인은 시나 단편소설이 아니라 장편소설이라는 사실이 점점 분명해졌다. 그동안에는 저급장르였을지 모르지만, 길게 보았을 때 중요한 장르는 바로 소설이었다. 승리를 거머쥐자, 그 저급장르는 일종의 단성생식을 통해 인텔리겐치아와 아방가르드에게 사랑받는 세련되고 어려운 소설에서부터 교육받은 평균 독자들이 열광적으로 읽는 중간급 소설, 점점 늘어나는 대중독자들을 위한 저급 소설, 안식을 갖춘 소수가 보기에는 쓰레기 같고 저속한 소설에 이르는 나름의 단계적인 등급체계를 만들어나갔다.

저급장르

아리스토텔레스는 픽션(여기서는 시)이 더 우월한 장르라고 여겼다. 언제나 발로 찾아다니면서 특정한 대상의 이야기를 전하는 역사가의 기록과는 달리, 시는 보편적인 문제를 다루기 때문이다.

> 역사가와 시인의 차이는 운문을 사용하느냐 산문을 사용하느냐의 차이가 아니다. 헤로도토스의 작품을 운문으로 고칠 수 있고, 운문으로 쓴 것도 산문으로 쓴 것만큼이나 역사가 될 수 있을 것이다. 그러나 차이는 여기에 있다. 역사는 실제 사건들을 다루고, 시는 일어날 수 있는 일을 다룬다. 그러므로 시가 역사보다 철학적이고 고상한데, 시는 더 보편적인 것을 말하는 반면에 역사는 특정한 것을 말하기 때문이다.[8]

그러던 픽션이 저급장르가 되었다. 하지만 이 말은 엄격하게 해석되어야 한다. 소설에 관한 모든 것이 저급했기 때문이다. 소설가는 학자가 아니라, 평범한 사람이거나 찢어지게 가난한 학자였다. 소설의 주인공은 고전적인 주인공들과는 달리 왕이나 왕자 또는 신과 여신의 자식이 아니라 보통사람이었다. 톰 존스, 몰 플랜더스, 로빈슨 크루소, 외제니 그랑데, 쥘리앵 소렐이 그랬다. 독자 역시 보통사람들이었다. 이런 구분이 서사에서 확립되기까지는 어느 정도 시간이 걸린다. 부분적으로는 고급장르와 저급장르의 구분 자체가 대중시장의 존재를 전제로 하기 때문이고,

부분적으로는 1800년 이전의 전통적인 구분이 '고급'장르들(시 같은)과 저급장르들(픽션 같은)을 갈라놓고 있었기 때문이다. 발자크는 여덟 편의 소설을 출간하고도 시가 우월한 장르라고 여겼다.[9] 앤서니 트롤럽은 소설 덕택에 부자가 된 뒤에도 여전히 이렇게 썼다. "우리 영국인들에게는 여전히 소설에 대한 편견이 있다. …… 글을 읽어온 모든 인류가 하나같이 동의하는 바는 문학에서 시가 최고의 위치를 차지한다는 것이다." 그러나 소설이 주는 보편적 즐거움에는 그 또한 열광했다. "도시의 저택과 시골의 사제관을 막론하고 집안 여기저기에서, 위층과 아래층에서, 젊은 백작부인과 농부의 딸, 늙은 변호사와 젊은 학생이" 소설을 읽는다.[10]

곧 허구적 서사 분야 안에서 작가들이 구분되기 시작했다. 오늘날에는 너무도 확실하게 고급문학의 정전에 포함된다고 평가받는 몇몇 작가들도, 그 무렵에는 곧잘 저급장르의 작가로 여겨졌다. 발자크가 그랬다. 그의 인기는 너무 늦게 찾아왔다. 1850년에 세상을 떠난 뒤로 25년 동안 발자크는 쉬, 뒤마, 상드보다 인기가 없었다. 그러다가 그의 책이 많이 팔리기 시작했다. 하지만 영어권 국가에서는 발자크를 전형적으로 혐오스러운 프랑스 소설가로 여겼다(그에게 열광한 엘리자베스 배럿 브라우닝은 예외였다).[11] 나보코프도 같은 견해이긴 했지만, 그는 토마스 만과 도스토옙스키도 발자크만큼이나 깔본 사람이었다.[12]

상대적으로 독자가 많았던 독일, 영국, 프랑스 같은 나라에는 중간계급과 그 하인들이 읽을 만한 싸구려 소설을 쓰는 대중작가들이 적정 수준보다 많았다. 다른 나라에서는 책의 급이 그보다는 나은 편이었다. 그렇지만 그것은 그 나라의 중간계급이나 노동계급의 문학적 취향이 고급이어서가 아니라, 중간계급은 규모가 작은 데다가 수입 소설들을 읽고 있었던 반면에 노동계급은 아예 아무것도 읽지 않았기 때문이었다.

1800년에도 소설이 승리했다는 소식은 들려오지 않았다. 그러나 통찰력 있는 관찰자들은 벌써 그 경종소리를 듣고 있었다. 18세기 내내 소설이 꾸준히 출간된 런던이나 파리에서는 말할 것도 없고 이제 막 소설이 등장한 러시아에서도 마찬가지였다. 러시아의 역사가이자 시인인 니콜라이 카람진은 1802년에 서적상들에게 어떤 책이 잘 팔리느냐고 물을 때마다 들었던 대답을 이렇게 전한다.

모두가, 생각할 틈도 없이 곧바로 대답했다. "소설이지요!" 당연한 일이다. 이 장르는 확실히 수많은 대중을 사로잡고 있으니까. 소설은 마음과 상상력을 사로잡고 '사회'의 모습과, 우리처럼 시국에 관심을 가진 사람들의 초상을 보여주며, 다양한 효과를 활용해서 가장 강하면서도 가장 평범한 열정을 재현한다.[13]

1795년에 러시아 국내의 인쇄소에서 발행된 소설은 겨우 다섯 종에 지나지 않았지만, 1800년에는 800종이 훨씬 넘는 출간물이 장편소설, 중편소설, 동화로 분류되었다.[14] 1801~05년에 출간된 211편의 소설은 대다수(176편)가 번역물이었다. 그러나 외국에서 들어온 작품은 이 숫자가 말해주는 것보다 훨씬 많았다. '러시아' 소설에 『러시아 베르테르』처럼 외국 작품을 모방하거나 번안한 것이 많았기 때문이다.[15] 상층계급뿐만 아니라 모스크바와 상트페테르부르크의 상인, 사무원, 하급관료, 직공까지도 이런 소설을 사서 읽었다.[16]

이탈리아도 사정이 매우 비슷했다. 18세기 이탈리아의 몇 안 되는 소설가 가운데 한 사람인(그리고 영어로 번역된 극소수의 소설가 중 한 사람인) 피에트로 키아리는 희곡과 오페라 리브레토에 더해 40여 편의 소설

로버트 브레이스웨이트 마티노가 1863년에 그린 작품 〈마지막 장〉. 그림 뒤쪽의 창밖에서는 햇빛이 사라져가는 시간, 이 젊은 여인은 소파에서 일어나 양탄자에 무릎을 꿇은 채 온 불빛을 책장에 모아가며 신작 소설의 마지막 장을 읽고 있다. 이 그림의 시대적 배경인 19세기 중반의 영국에서는 '감성소설'이 여성들에게 대단한 인기를 끌었다.

을 썼는데, 그는 소설 『이탈리아의 프랑스인』(1759)에 이렇게 썼다. "사람이 사는 데에는 칭찬보다 돈이 있어야 한다. …… 요즘 서적상들은 오직 소설만 원하고 있으니, 만약 팔리는 책을 쓰고 싶다면 나는 그들의 요구대로 소설을 넘겨주어야 한다."[17]

몇몇 논픽션도 재미있고 감정에 호소할 수는 있겠지만, 그 어떤 논픽션도 소설을 따라잡을 수는 없다. 괴테의 『젊은 베르테르의 슬픔』, 장 자크 루소의 『신 엘로이즈』, 새뮤얼 리처드슨의 『클라리사』는 18세기 유럽을 울렸다. 이 작품들의 성공과 그로 인한 작가들의 명성에 나머지 작가들도 큰 자극을 받으면서, 19세기는 그야말로 소설의 눈사태를 겪는다. 프랑코 모레티는 19세기 영국에서 출간된 소설만 해도 무려 3만 편, 어쩌면 그보다도 많은데, "아무도 정확히 알지 못한다"고 말한다.[18] 『퍼블리셔스 서큘러』의 연례보고서들을 검토한 존 서덜랜드는 빅토리아 여왕

재위기에 6만 편의 소설이 발표되고 소설가는 7,000명에 이르렀다고 헤아렸다.[19] 이 가운데 정전으로 선정된 소설은 200편 안팎이었다. 나머지는 '사라진 대륙'이다.

소설의 눈사태에, 인텔리겐치아―글을 쓰고 논픽션을 읽느라 바빴던―는 심기가 불편했다. 소설은 격이 떨어지는 장르였을 뿐만 아니라 청중을 그릇된 방향으로 꾀었기 때문이었다. 소설은 사람들의 품격을 높여주는 대신 어리석은 오락거리를 대주었다. 이처럼 문화시장의 팽창을 경계하는 반응은 문화사에서 줄기차게 반복되는 후렴구다. 문화시장이 팽창할 때마다, 새로운 기술적 돌파구를 찾을 때마다, 그리고 혁신이 일어날 때마다, 우리는 문명의 종말을 두려워하는 공포의 비명을 듣는다. 오늘날의 교육자와 부모는 아이가 텔레비전 프로그램이나 비디오게임이 아닌 소설 삼매경에 빠져 있으면 기쁨의 눈물을 흘린다. 그렇지만 19세기 초에 많은 지식인은 앞으로 중간계급이 소설을 점점 더 많이 읽게 되리라는 전망에 고개를 젓고 있었다. 소설은 어린이와 감수성이 예민한 어른―여성들처럼―들의 손에 들어갈 수도 있었다. 소설은 '여성적' 특징을 가지고 있어서, 주관적이고 감정적이며 수동적이었다. 객관적이고 반어적이며 '통제되어 있는' '남성적'인 고급문화와는 달랐다.[20] 판타지나 이야기에 탐닉하는 것은 해로울 수 있다. 소설을 읽는 습관은 곧 한 젊은 남성이나 여성이 타락의 길로 접어들었다는 확실한 신호였다.[21] 샤를 루앙드르는 1847년에 쓴 어느 글에서 이 '거대한' 문학생산의 목표는 "아무것도 배울 의사가 없고, 피곤하게 생각 따위는 하지 않겠다고 굳게 결심한" 도서대여점 독자들의 호기심을 만족시키는 것이라고 불평했다. "어쩌면 우리는, 게으른 자들을 즐겁게 해주는 일이나 한다고 자책하는 작가들에게 공감해야 할 것이다. 프랑스, 특히 파리에는 일하지 않아도 충분히 먹고살 만하고, 그렇다고 값비싼 방식으로 즐길 만큼 부자는 아닌 그런 게으른 한량 집단이 작지 않다."[22]

세련된 남자들은 역사책, 도덕에 관한 논문, 정치 팸플릿과, 어쩌면 풍자시를 읽었다. 어쩌다 대담하고 음탕한 소설을 보게 되더라도, 남성은 사리판단이 흔들리지 않는다. 반면에 여성은 자극적이고 변덕스러운 독서에 빠지기 십상이었고, 플롯에 안달하고, 조바심을 내며 책장을 넘기곤 했다. 여성은 '가족'이나 사적인 영역, 소문 같은 데에만 관심을 쏟는 게 바람직하다고 여겨졌다—하지만 대부분의 소설의 바탕이 된 것이 바로 그런 소재들이었다.[23] 그리고 전혀 유혹적이지 않은 모범적인 인물의 이야기는 못 견디게 따분하거나 전개해 나가기가 어려워서, 작가들은 성, 욕망, 남녀의 복장도착, 부모에 대한 거역, 살인, 질투, 연애를 다루지 않을 도리가 없었다. 모두가 옛날 옛적부터 전해 내려오는 동화의 소재였고 서사시적 이야기의 소재였다. 그걸 소설에서 떼어놓기란 무척이나 어려운 일이었다.

여성은 설사 교육을 받은 이라도 위험에 빠질 수 있다는 생각은 오랫동안 진리로 받아들여졌다. 중세 네덜란드 기적극 〈니외메헨의 마리컨〉의 주인공 마리컨은, 악마에게 최고의 지식을 받는 대신 악마가 그녀를 소유한다는 파우스트식 계약을 맺는다. 사실 책이나 낭만적인 이야기가 사람들을 나쁜 길로 이끌 수 있다는 생각을 조장하는 이들은 바로 작가 자신들이다. 작가들은 이야기가 사람을 바꿀 수 있다고 기꺼이 믿기 때문이다. 세르반테스는 돈키호테가 저지르는 어리석은 행동들은 자기가 읽었던 책의 영향이라고 말했다. 메리 울스턴크래프트는 『여권의 옹호』(1792)에서 "인간의 본성에 관해 아는 것도 거의 없으면서 진부한 이야기들을 지어내고, 하나같이 취향을 타락시키는 그런 감상적인 허튼소리로 저속한 장면들을 시시콜콜 묘사하여, 일상의 의무를 저버리고 딴생각을 하게 만드는 어리석은 소설가들의 망상"을 비판한다.[24] 에마 보바리가 싸구려 연애소설에 중독되지 않았다면, 그녀는 남편에게, 또 자신의 생활에 만족했을 것이다. 플로베르는 상투적 표현들을 모은 카탈로그(『사회적 통념 사전』)에 "소설이 대중을 타락시킨다"는 문구를 포함시킴으로써, 에마의 경험을 일반화하는 경향을 넌지시 경고했다. 하지만 사실, 흔히 프랑스 산문의 귀족으로 받아들여지는 플로베르 자신은 대중문학을 읽고 즐겼으며, 대중문학을 자기 작품에 활용하기도 했다.[25] 그런 대중문학의 대표적인 예인 '생리학' 시리즈는 다양한 전문직의 특징을 세세하고 흔히 익살스럽게 묘사한, 1840년대 초에 출간된 노란색 표지의 페이퍼백이었다. 파올로 말라테스타 다 리미니와 프란체스카 데이 다 폴렌타 디 라벤나는 랜슬롯과 귀네비어의 사회적 통념을 넘어선 사랑을 다룬 이야기를 읽다가 불륜에 빠지고 만다. 그것이 발각되어 죽임을 당한 뒤에도 여전히 사랑하는 두 연인은 결국, 단테의 『신곡』의 「지옥편」에서 정욕의 죄를 범한 영혼들로 가득한 제2의 원으로 가게 된다. 티크의 『금발의 에크베르트』(1797)의 젊은 여주인공 베르타는 동화를 읽고 환상에 빠져서 "내가 그렇게도 많이 읽었던 넓은 세상을 찾아보겠다"고 안달한다.[26] 바깥세상을 거의 모르는 타티야나는 자신이 읽은 낭만적 소설들을 통해서만 예브게니 오네긴을 판단할 수 있다.

> 이제 그녀는 대단한 집중력으로
> 맛있는 소설들을 걸신 들린 듯 덥석덥석 먹어치워 버린다
> 순수한 매혹을 지닌 그 모든 황홀한 창작물이
> 그녀의 잔을 채운다.[27]

13세기의 실존인물 파올로와 프란체스카의 사랑이 실린 『신곡』 「지옥편」 제5곡을 그린 귀스타브 도레의 삽화. 사연을 듣고 "연민에 이끌린 나는 죽어가듯 정신을 잃었고 죽은 시체가 넘어지듯이 쓰러졌다".

타티야나가 읽었다는 맛있으면서 위험한 책이란 어떤 책들이었을까? 리처드슨의 『클라리사』, 루소의 『신 엘로이즈』와 스탈 부인의 『델핀』이었다. 그러나 대체로 보면 머릿속이 텅 비어 아무 생각 없는 등장인물들이 시시한 소설들, 다시 말해 작가가 시시하게 여기는 소설들을 읽는다. 그래서 토마스 만의 『부덴브로크가의 사람들』(1901)에 등장하는 열다섯 살 안토니는 하인리히 클라우렌의 감상적인 대중소설 『미밀리』(1816)를 읽다가 들켜서 기숙학교로 보내진다. 이 주제의 매력은 죽지 않는다. 이언 매큐언의 『속죄』(2001)에서 우화와 이야기에 푹 빠져 있던 열세 살 소녀 브리오니 탤리스는 일어나지도 않은 사건을 '보고', 그로 말미암아 비극적인 결과를 불러오고 만다.

초기 소설가들은 자신이 지위가 낮은 이들을 위한 지위가 낮은 형식을 다루고 있다는 걸 잘 알고 있었다. 패니 버니는 익명으로 출간한 소설

『이블리나』(1778) 서문에서 이렇게 썼다. "문자의 공화국에 비천한 소설가들만큼 등급이 낮은, 그리고 동료 저술가들에게 그리도 경멸당하는 성원들은 없다."[28] 그렇기에 더더욱, 소설가들은 탁월한 재능으로써 그 장르를 타락에서 구해온 작가들에게 각별히 고마워해야 마땅하다고 그녀는 덧붙였다. 루소, 새뮤얼 존슨, 마리보, 필딩, 리처드슨, 스몰릿이 그런 작가들이었다. 로렌스 스턴 이후 영국에서 '감성적' 장르―그 무렵에는 감정과 감성을 다루는 '도덕적' 소설을 일컫는 말이었다―의 대표 주자였던 헨리 매켄지(1745~1831)는 "소설만큼 한 계층의 독자들에게 보편적으로 읽히면서, 다른 계층의 독자들에게는 업신여김을 당하는 글은 없다"[29]고 썼다. 러시아의 미하일 로모노소프는 러시아어에 관한 논문을 쓸 때 아예 소설을 뺐고, "프랑스인들이 소설이라 부르는 동화들은…… 인간의 도덕을 부패시키고 인류를 사치와 육체의 정욕에 가둘 뿐"이라고 선언했다.[30]

독일 최초의 문학논문 가운데 하나인 에셴부르크의 『문예이론 초고』(1783)에서 소설과 단편, 동화에 할애된 분량은 겨우 9쪽에 지나지 않았다.[31] 슐레겔은 문학강연에서 아랍 노래, 시, 철학, 기사도적 서사시를 논하면서도, 소설은 거의 언급하지 않았다.[32] 러시아의 위대한 비평가 비사리온 벨린스키(1811~48)는 1835년에, 소설이 문학을 지배하고 시와 철학은 유행에 뒤떨어진 것이 되고 있다며 개탄했다.[33]

한편 2440년을 배경으로 한 루이 세바스티앵 메르시에의 유토피아 소설(『2440년』, 1771년 출간)을 보면, 좋은 책들만 보존되어 있고(그 책들은 고작해야 벽장 네 개를 채울 뿐이다) 나머지 책들―경박한 책, 쓸모없는 책, 위험한 책―은 모두 불태워졌다. 10만 편의 시와 160만 편의 여행기, 그리고 10억 편의 소설이 몽땅 사라진 것이다.[34]

소설에는 확실히 방어막이 필요했고, 이르게는 18세기부터 옹호자들이 등장했다. 『늙은 잉글랜드인 남작』의 작가로 유명한 클라라 리브는 '좋은' 소설을 옹호하는 글을 써서 「시대와 나라, 양식을 거쳐온 로망스의 발전: 그것이 저녁 대화에 미친 좋은 영향과 나쁜 영향에 관하여」(1785)라는 논문으로 출간했다. 리브는 소설은 역사의 산물이며, 서사시적 이야기와 우화는 "가장 미개한 사람들은 물론, 가장 문명화된 사람들도 즐기던 여흥"이었다고 설명했다. 리브의 연구 목적은 '좋은' 소설의 기준을 세우는 것이었다. 보카치오는 "이탈리아인으로는 처음으로 소설쓰기에서 두각을 나타낸 인물"이었다. 아프라 벤에 관해서는 이렇게 말한다. "벤의 모든 작품에는 천재성의 증거가 뚜렷하게 나타난다. …… 그녀는 방탕한 시대에 방탕한 궁정을 상대로 글을 썼으며, 그녀의 이야기에서 이와 같은…… 분방한 성향은 아마도…… 이런 조건 때문이라고 보아야 할 것이다." 리브는 라파예트 부인의 『클레브 공작부인』(1678)은 그다지 좋아하지 않는데, "이 작품은 연애 문제에서 어떤 숙명론을 옹호하여 젊은이들에게 영향을" 끼치기 때문이다. 반면에 『로빈슨 크루소』는 어린이들에게 가장 적합한 작품이다. 리처드슨의 『파멜라』는 같은 작가의 『클라리사』보다 낫다. 리브가 존 제임스로 작가 이름을 잘못 적은 루소의 『신 엘로이즈』는 "젊은이 손에 들어가면 위험한 책으로, 이성이 행사하는 열정을 일깨우고 살찌운다." 한편 로렌스 스턴에 관해서는 『트리스트럼 섄디』를 반밖에 읽지 않았다고 실토한다.[35]

1833년에 이르면, 『주르날 데 드무아젤』(2월 15일자)은 독서가 여성에게 미치는 긍정적인 효과를 찬양하고 있었다.[36] 알프레드 드 비니는 책은 자유를 가져오며 폭군은 책을 두려워한다고 선언했다. 그의 시 「완다, 어느 러시아 공주 이야기」에서 차르는 유배자의 아이들에게 글을 가르치게 해달라는 요청을 거부하면서 이렇게 말한다. "노예한테 필요한 것은 망치이지, 책이 아니다."37)

초기 소설들을 경멸한 '올바른 생각을 가진 사람들'이 완전히 틀린 건 아니었다. 실제로 소설은 저급장르였고 한참 뒤에야, 존경받을 만한 정전에 들어간 작가들 덕택에 겨우 구제받았다. 제임스 아버클은 1725년에 『더블린 저널』에서 "과거에는 한동안 신문이 해적과 창녀, 소매치기들의 허무맹랑한 모험담과 회고담으로 그득했다"고 풍자했다.38) 중간계급의 규모가 점점 커지고 이들이 소설읽기를 좋아하게 되자, 이 수요에 맞추어 새로운 부류의 소설가들이 등장했다. 대부분은 이류 작가였지만, 필딩과 디포처럼 우수한 작가들도 더러 있었다. 이들은 소설을 더욱 존중받을 수 있는 장르로 만들었고, 더욱 정성을 기울여 작품을 썼다. 작가들 사이에 경쟁이 심해지고 시장이 커지면서, 등장인물들의 성격묘사 수준이 높아지고 서사 기법이 정교해졌다. 소설가들은 자기가 지은 이야기를 파는 일에 점점 노련해지면서, 우리에게 익숙한 위선적인 술책을 구사했다. 범죄 행위와 타락한 행위를 흥미진진하게 그려내되, 이것을 일종의 경고로서 제시하는 수법이었다. 그러나 예전 이야기들과는 달리, 죄인들은 결국에는 뉘우치거나 교수형을 당했다. 심지어는 1770년대에 이미, 소설의 기능은 교육적이어야 하며, 소설이 도덕성을 심어주어야 한다는 생각이 널리 받아들여지고 있었다. 작가들은 여흥거리를 주기 위해 글을 쓰면서도 가정의 더할 나위 없는 행복이라는 덕목에 관해 설교와도 같은 여담을 집어넣었다.39) 『패니 힐, 어느 환락녀의 회고록』처럼 야하거나 성적인 소설들이 모범적 작품으로 광고되곤 했다. 그런 소설들은 이렇게 말한다. "그동안 내가 얼마나 끔찍한 죄악 속에서 살아왔는지, 내가 얼마나 많은 남자들과 잤고 또 그들과 함께 얼마나 많은 끔찍한 일을 저질렀는지, 그것으로 내가 얼마나 무거운 죗값을 치렀는지, 그리고 내가 회개한 뒤로는 모든 것이 얼마나 좋게 바뀌었는지를 낱낱이 밝히겠다." 이런 식의 방어벽은 명백히 자기 잇속을 챙기려고 세우는 것이지만, 매우 튼튼해서 논박하기도 무척 힘들다. 그래서 심지어는 오늘날에도, 점잖은 이들의 분노를 살 것 같은 많은 픽션 작품이 이런 방어벽을 세우고, 저질 언론 또한 곧잘 이런 수법을 써먹는다.

성애를 다룬 이야기도 철학소설로 그럴듯하게 포장되면 제법 큰 호소력을 발휘할 수 있다. 실제로 도나티엥 드 사드 후작의 『규방철학』(1795)이 수많은 지식인들의 서가에 꽂히게 된 까닭은 그룹섹스(주로 동성애자들과 이성애자들의 남색과 오럴 섹스)를 포르노그래피처럼 장황하게 묘사하면서도, 중간중간에 자유의지론적인 철학적 논의를 끼워넣었기 때문이었다.[40] 독일에서는 성애적 분위기의 사랑이야기들이 사회소설로 가장하곤 했다. 하인리히 클라우렌(1771~1854)은 악명 높은 소설 『미밀리』에서 한 남자가 순진한 스위스 처녀 미밀리를 만나기 전과 후의 세상경험을 들려준다.[41] 오늘날에도, 지식인이나 지식인 행세 하는 이들을 대상으로 한 성적인 책에 맵시 있는 문체로 '고급'문화의 느낌을 덧대어 쓸 수만 있다면, 그 책이 베스트셀러가 될 수도 있다. 폴린 레아주의 사도마조히즘 소설로 프랑스 한림원〔아카데미 프랑세즈〕 회원이 쓴 서문을 자랑하는 『O의 이야기』(1954)가 거둔 성공이 그 증거다. 그리고 최근의 예로는 저명한 미술비평가 카트린 밀레의 소설 『카트린 M의 성생활』(2001)이 있다.

진짜 같은 이야기

소설가들 자신은 소설이라는 장르의 처지를 잘 알고 있었다. 라파예트 부인이 쓴 『클레브 공작부인』은 지금까지도 꾸준히 나오고 있지만, 그녀

도나티엥 드 사드 후작의 소설 『쥐스틴』과 『쥘리에트』의 삽화. 사드는 19세기 말부터 성본능을 통해 인간의 자유와 악의 문제를 고찰한, 사회와 창조자에 대한 대담한 반항자로서 재평가받기 시작했다.

가 이 소설 초판에 서명을 하지 않은 이유 가운데 하나가 바로 그것이었다.[42] 대부분의 소설은 익명으로 발표되었는데, 꼭 여성들의 작품만 그런 게 아니었다. 월터 스콧 같은 성공한 작가들도 더는 비밀을 지킬 수 없을 때가 되어서야 비로소 이름을 밝히곤 했다. 작가들은 소설가가 아닌 척하거나, 자기 작품이 소설이 아니라 실화인 척했다. 진짜처럼 보이게 하려는 유혹은 강했고, 지금도 강하다. 실화는 꾸며낸 이야기보다 호소력이 세다. 세르반테스는 돈키호테 이야기는 한 아랍 역사가가 서술한 것이라고 주장했다. 카람진은 시장市長 부인 마르타의 이야기가 적힌 필사본을 '발견'했다. 월터 스콧의 많은 작품이 그 이야기들을 옮겨 쓴 사람들에게 전해진 '진짜' 이야기들을 바탕으로 한 것이었다. 만초니는 17세기의 한 익명 작가의 자료를 이용한 척했다. 실제로 그는 『약혼자』를 쓰면서, 17세기 이탈리아의 장황한 바로크식 언어를 사용해 가상의 패러디로 시작했다가, 자신이 그 텍스트를 적절한 이탈리아어로 번역하겠노라고 설명한다. 마리보(1688~1763)는 자기가 막 사들인 한 시골집에서 『마리안의 일생』(1731~42) 원문을 '발견'했다. 아프라 벤의 『오루노코』(1688) 같은 초기 소설까지도, 오루노코가 거세당하고 코와 귀가 잘리고 팔다리를 잘리는 처형을 당하면서도 아주 차분하게 계속 파이프를 피우는 장면을 포함해 모든 것이 실제의 사건을 정확히 묘사하고 있다고 주장했다.[43] 이런 주장에 속은 이는 아무도 없었겠지만, 이 전략은 뜻하지 않은 결과를 낳기도 했다. 리처드슨은 자기는 그저 파멜라의 편지들을 편집한 사람에 지나지 않는다고 이야기했다. 그런데 그의 『파멜라』가 성공을 거두자 다른 작가들도 유명한 파멜라가 쓴 편지를 새롭게 발견했노라고 주장하면서 속편들을 써댔고, 심지어는 『유명한 파멜라, H. 부인의 회고록』(1740)이라는 작품까지 등장했다.[44] 러시아는, 특히 1820년대의 러시아 소설은 진짜처럼 보이게 하는 이 장치를 원없이 써먹었다.[45] 19세기 초에 한 소설작품이 실화라는 주장에는 그것이 사실적인 이야기임을, 다시 말해 일어날 수도 있는 일임을 알리려는 의도가 있었다. 발자크가 『고리오 영감』 서두에서 "모든 것이 사실이다All is true"(원문에 영어로 쓰여 있다)라고 선언한 것도 바로 그런 의미였다.

그러나 디포가 로빈슨 크루소 이야기가 사실이라고 주장했을 때, 그 주장은 정당했다. 『로빈슨 크루소의 놀라운 모험』(1719)은 실제로, 무인도(칠레 앞바다 후안페르난데스 제도의 마스아티레라 섬)에 5년 동안 고립되어 있었던 알렉산더 셀커크의 실화에서 영감을 얻은 작품이었다. 난파한 사람에 관한 반半허구적인 작품들은 이전에도 있긴 했다(헨리 네빌의 『파인 섬』, 1668). 이처럼 허구의 사실적인 바탕을 주장함으로써 소설장르는 품위를 지니게 되었다.

지금까지도 가치를 인정받는 많은 작가들의 경우, 소설쓰기가 본업은 아니었다. 볼테르는 스스로를 대체로 철학자로 여겼고, 위대한 희곡작가로 인정받기를 꿈꾸었다. 오늘날 그의 작품으로 가장 유명한『캉디드』같은 소설은 유쾌한 일탈일 뿐이었다. 비극이야말로 제대로 된 문학이었다. 그의 동시대인들도 그렇게 생각했다. 볼테르의 신격화는 1778년 3월 16일 코메디프랑세즈에서 그의 마지막 비극 〈이렌〉이 초연된 뒤에 시작되었다―그후 몇 주 동안 그는 줄을 지은 지지자들과 숭배자들의 인사를 받았다.[46] 우리는 헨리 필딩을 소설가로 기억하지만, 당대의 그는 치안판사였고, 어느 모로 보나 훌륭하고 정직한 시민이자 정치 저널리스트, 성공한 희곡작가였다. 오늘날 디포는『로빈슨 크루소』,『몰 플랜더스』(1722),『록사나』(1724)의 작가로 기억된다. 그러나 그의 저작목록은 무려 548개 항목에 이른다.『로빈슨 크루소』는 그중 412번이었다. 이 책은 그의 첫 번째 소설이었지만, 책이 나왔을 때 디포의 나이는 거의 예순이었다. 그리고 이 책을 쓴 해에 그가 낸 나머지 16권의 책은 모두『조지 국왕 치세의 역사』,『앤 여왕의 서거부터 8월 1일까지』,『국교반대자들에게 보내는 편지』,『익스체인지앨리 해부: 주식매매 체계』,『괴츠 남작이자 추밀고문관, 국무대신 조리 헨리의 생애와 가장 주목할 만한 행위에 관한 이야기, 서거하신 스웨덴 국왕께』같은 논픽션이었다.

『로빈슨 크루소』는 첫 번째 소설치고는 경이로운 성공을 거두었다. 이 책은 디포 생전에 8판까지 나왔을 뿐 아니라, 해적판 다섯 종이 등장했고,『오리지널 런던 포스트』지에 연재되었다.[47]『로빈슨 크루소』의 구조는 얼핏 별 매력이 없어 보인다. 거의 시종일관 등장인물은 한 명뿐이고, 두 번째 인물은 거의 말을 하지 않으며, 여자나 '낭만적인 흥미'는 아예 없다. 그렇지만 지극히 인습적인 주인공이 인습과는 완전히 동떨어진

투기꾼, 작가, 저널리스트였던 디포는 국교회를 조롱하는 글을 썼다가 1703년 거리에서 칼을 쓰는 형벌을 받았다. 진위는 불분명하지만, 군중은 그때 그에게 동물 대신 꽃을 던졌다는 이야기가 전해온다.

상황에 처한다. 그래서 독자는 주인공에, 그리고 난관과 불운에서 벗어나려는 그의 악전고투―모든 서사시의 요소―에 쉽사리 동화된다.

『로빈슨 크루소』는 출간된 지 1년이 지나지 않아 독일어로 번역되었다. 곧이어 고트프리트 슈나벨의 『펠젠부르크 섬』(1731), 요아힘 하인리히 캄페―전문적으로 어린이들을 위해 글을 쓴 독일 최초의 작가 가운데 한 사람―의 『소년 로빈슨』(1779) 같은 모방작과 번안작이 우후죽순으로 등장했다.[48] 1898년까지 『로빈슨 크루소』는 콥트어, 아르메니아어, 벵골어를 포함해 110개 언어로 번역되었다.[49]

번안작품 가운데 가장 큰 성공을 거둔 작품 가운데 하나는 『스위스 로빈슨 가족』(1812)으로, 요한 루돌프 뷔스가 스위스의 성직자였던 아버지가 꾸민 이야기를 바탕으로 쓴 것이다. 여기서는 남자 혼자가 아니라 가족 전체가 외딴섬에 갇혀 오도가도 못하게 된다. 어머니, 아버지, 그리고 나이와 성별이 제각각인 아이가 넷은 있었으니, 수많은 독자들이 동일시할 대상은 넉넉했다. 특별히 어린이들을 겨냥한 초기의 책으로 꼽히는 이 작품은 작가가 유명하지 않고 책 또한 그다지 잘 쓴 책이 아닌데도 대단한 성공을 거두었다.

이 이야기의 변형들은 20세기에도 계속 출간되었다. 미셸 투르니에의 『방드르디』(1967), 뮤리엘 스파크의 『로빈슨』(1958), 존 맥스웰 쿳시의 『포』(1986) 같은 작품들이 그 예다.[50] 이 주제는 지금도 시들지 않는 매력을 발휘한다. 『로빈슨 크루소』가 처음 등장한 지 300년이 지났지만, 그 책에서 영감을 받아 제작된 할리우드 영화(톰 행크스 주연의 〈캐스트 어웨이〉, 2000)는 각종 상을 휩쓸었다. 그리고 다이애나 수하미가 쓴 '진짜' 크루소, 알렉산더 셀커크의 전기 『셀커크의 섬』은 2001년 영국의 주요 문학상인 화이트브레드 상을 받았다.

소설이란 무엇인가?

정의에는 늘 문제의 소지가 있다. 약간은 모호한 '산문체 서사'를 소설의 정의로 선택한다면, 우리는 산문과 시의 정확한 경계선을 긋기 위한 헛된 시도를 되풀이하게 될 것이다. 중요한 것은 18세기부터 줄곧, 이른바 소설이나 '로망스'라고 불리는 허구적인, 곧 꾸며낸 이야기에 대한 요구가 커지고 있었다는 사실이다. 로망스라는 용어는 프랑스(roman), 독일(Roman), 이탈리아(romanzo) 같은 유럽권의 많은 언어에서 쓰이고 있었다. '로망roman'이란 단어는 그 장르의 기원이 저급하다는 사실을 분명히 드러낸다. 이 말은 원래 고전적인 라틴어와는 반대로 민중이 쓰는 로만어를 뜻하는, 고대 프랑스어 로만즈romanz에서 나온 것이기 때문이다.

'소설'은 서유럽만의 고유한 장르일까? 이야기는 어디에나 있다. 그러나 『천일야화』와 『겐지 이야기』 같은 비서유럽권 서사를 대부분 제외하는 식이라면, 충분히 소설은 서유럽 고유의 장르라고 정의할 수 있다.[51] 우리가 아는 사실은, 19세기 유럽에서 날이 갈수록 인기를 끌게 된 긴 허구적 산문—대체로 단숨에 읽을 수는 없는 이야기들—이 아시아 대부분 지역에서는 20세기 중반까지도 줄곧 저급한 장르로 여겨졌다는 점이다. 한국에서는 지금도 수필과 단편소설을 세련된 장르로 여긴다. 물론 길이는 쓸모있는 기준이 못 된다. 서사적 이야기라고 해봐야 사실, 두 지점 사이를 여행하는 한 주인공의 이야기를 묶어놓은 일련의 단편소설보다 조금 길 뿐이다. 우리가 알기로, 하나의 장르는 그것에 대한 패러디가 만들어질 때 확립된다. 패러디는 그것이 조롱하는 대상이 널리 인정받은 뒤에 등장하기 때문이다. 초기의 소설들은 기존의 장르들을 패러디했다. 미겔 데 세르반테스의 『돈키호테』(1605, 1615)는 기사도장르를 패러디했고, 스위프트의 『걸리버 여행기』(1726)는 여행기에 대한 풍자로 읽힐 수 있었으며, 디드로의 『운명론자 자크』(1773)와 스턴의 『트리스트럼 섄디』(1759~67)는 사실주의 소설이 발명되자마자 거의 곧바로 그 소설을 패러디했다.

그러나 18세기 말 무렵의 독서공중 사이에는 무엇이 소설을 구성하는가에 대한 공통의 이해가 있지 않았을까? 소설은 단편소설과 구별될 만큼 길어야 했다. 시와 구분되는 산문이어야 했다. 또 사건들의 연속은 물론이고 하나의 플롯(러시아 형식주의자들이 '파불라'라고 부른 것)이 있어야 했다. 그러나 이것은 쓸 만한 정의를 세우는 데에는 거의 보탬이 되지 않는다. 비록 최초의 출발점을 찾는 또 하나의 무의미한 탐색일지언정, '소설의 기원'을 확립하기 위한 것이 아니라면 정의가 무슨 쓸모가 있을까? 그 출발점의 지위에 오를 만한 후보로 크게 선전되어온 것이 세르반테스의 『돈키호테』라는 사실은 '최초의' 소설이 '위대'해야 했음을 암시한다. 그렇지만 세르반테스는 그보다 20년 전에 이미 전원소설 『갈라테아』를 썼다. 그러면 이 작품은 그다지 위대하지 않은 최초의 소설인가? 위대함이란 역사의 문제가 아니라 미학의 문제다. 소설의 등급을 매긴다는 것은 화가나 작곡가의 등급을 매기는 것처럼 우스울 수 있다. 해럴드 블룸 같은 몇몇 전문가들은 이 게임에 많은 시간을 투자한다. 블룸의 위압적인 말에 따르면, 세르반테스는 "셰익스피어와 마찬가지로 보편적 천재성을 지녔으며, 서유럽 정전에서는 단테, 셰익스피어와 어깨를 나란히 할 수 있는 유일한 사람이다". 더구나 "이후 그들에게 필적할 만한 작가는 아무도 없다. 톨스토이도, 괴테도, 디킨스, 프루스트, 조이스도 마찬가지다".[52] 블룸은 결국 소설의 등장에 관해서는 거의 말하지 않으면서 현재의 취향에 관해서만 말을 늘어놓고 있다.

이 논쟁에서 진정 흥미로운 질문은 위대한 작가들이 누구냐는 것이 아니라, 위대한 작가들이 누구인지를 누가, 어떻게 결정하느냐는 것이다. 문학의 정전은 언제 생겨났을까? 최초의 '위대한' 소설은 언제 등장했을까? 1800년 이전의 후보 집단은 비교적 폭이 좁다. 잉글랜드는 다섯 명을 내세웠다. 대니얼 디포, 새뮤얼 리처드슨, 헨리 필딩, 토비어스 스몰릿, 로렌스 스턴이 그들이다. 아일랜드에는 조너선 스위프트, 스페인에는 미겔 세르반테스가 있었고, 프랑스에는 라파예트 부인, 루소, 디드로가 있었다. 독일에는 괴테가 있었다.

사실 소설의 발전은 단순히 소설가, 곧 이야기를 가진 이들하고만 관련된 것이 아니라 일군의 경제·사회적 관계의 등장과도 관련이 있다. 그런 관계 안에서, 들려줄 이야기가 있는 이들은 이야기의 인쇄를 맡기고 이야기로 먹고살 수 있다. 다시 말해서, 소설가들의 존재는 소설시장이 있기에 가능하고, 작가, 인쇄업자, 서적상, 출판사가 있기에 가능하며, 무엇보다도 독자들이 있기에 가능하다. 영국 소설의 '아버지들' 가운데 한 사람으로 꼽히는 대니얼 디포는 이 점을 잘 알고 있었고, 글쓰기를 하나의 제조업으로 여겼다. 일정한 조건이 갖춰지면 글쓰기는 "필시 모직업처럼 많은 인력을 고용하게 될 것이며, 제조업이라는 이름으로 불릴 자격을 갖추게 될 것이다."[53]

소설의 등장에 관한 전통적인 논쟁에서는 대체로 작품의 질을 이유로 들어 디포와 그의 동료들 이전의 영국 작가들을 제외했다. 탈락한 이 선구자들 가운데에는 뒷날 페미니스트 비평가들에 의해 구제된 여성들이 많았다. 베스트셀러였던 『한 귀족과 그 누이의 연애편지들』(1684~87), 『오루노코』(1688년께)를 쓴 아프라 벤, 반反휘그당 정치풍자였던 『자라 여왕과 자라당의 비밀스러운 역사』(1705), 『신 아틀란티스』(1709)를 쓴 메리 들래리비어 맨리, 『지나친 사랑』(1719)을 쓴 엘리자 헤이우드 등이 그런 이들이다. 이런 작품을 성공시킨 조건들 가운데 작품의 질은 일부분에 지나지 않았다. 성공의 한 요인은 그때 영국의 극장이 쇠퇴해서, 아프라 벤처럼 글쓰기로 밥벌이를 하려는 이들에게는 인쇄시장이 최고의 대안으로 떠올랐다는 사실이다. 또 다른 요인은 연애와 섹스 추문을 다루는 서사 장르가 이미 있었고, 아울러 색을 밝히는 눈으로 상층계급의 '남세스러운' 또는 은밀한 생활을 들여다보고 싶어하는 이들이 아주 많았다는 점이다. 이것이 그런 이야기에 대한 수요가 많다는 사실을 간파한 벤과 그 동료들에게 토양을 마련해주었다. 이들은 또한 프랑스 소설들이 영국에서 거둔 성공을 발판으로 삼았다. 라파예트 부인의 『클레브 공작부인』(1678) 같은 작품은 재빠르게 영어로 번역되었다(1679). 윌

다이애나 여신의 품에서 죽어가는 알렉산더 포프. 1747년에 출간된 윌리엄 메이슨의 애도시집에 실린 삽화. 오른쪽의 존 밀턴, 에드먼드 스펜서, 제프리 초서가 포프를 천국으로 맞이할 준비를 하고 있다.

리엄 워너는 디포의 『록사나』가 거둔 눈부신 성공은 벤의 작품을 성공시킨 것과 똑같은 유행 덕택이라고 지적한다. 이 두 사람은 대중이 원하는 것, 곧 에로틱하고 외설스럽고 음탕한 이야기를 대중에게 들려주는 사업에 종사했다.[54] 아프라 벤, 들래리비어 맨리, 엘리자 헤이우드의 작품들은 디포나 필딩의 작품들과는 달리, 결코 문학 정전의 대열에 끼지 못했다. 그러나 그 무렵에는 소설가들은 영국의 기성 문단에 속해 있지 않았다. 문단은 알렉산더 포프 같은 시인들이 장악하고 있었다. 그리고 풍자시 「던시어드」에서 오줌누기 시합의 상품으로 엘리자 헤이우드를 내건 사람이 바로 그 포프였다.

누가 가장 높이 보낼 것인가
분출하는 물줄기가 멀리 하늘까지 닿도록.

포프는 어느 주석에서 헤이우드를 "남을 비방하는 회고록과 소설을 통해, 두 성性 모두의 결함과 불행을 드러내는 염치없는" 여성 "글쟁이" 가운데 한 명으로 묘사했다.⁵⁵⁾ 포프의 공격이 아주 부당한 것만은 아니었다. 엘리자 헤이우드가 이전에 『유토피아 왕국에 인접한 어느 섬에 관한 회고록』(1724)에서 포프의 친구인 마사 블런트를 공격한 적이 있었기 때문이다. 19세기 중반에는 디포조차도 아직 문학의 정전에 끼지 못하고 있었다. 체임버스의 『영국 문학 백과사전』(1843)의 한 초기 판본은 디포가 "천박하고 역겨운 악의 변두리로 너무 자주 빠져든다"고 헐뜯었다.⁵⁶⁾

소설과 부르주아

'두 성 모두의 결함과 불행'을 드러내는 이야기는 신흥 부르주아들과 대다수 옛 귀족들이 즐겨 읽는 바로 그것이었다. 독자들은 자기가 무엇을 좋아하는지를 작가들, 특히 직업작가들에게 가르쳤다. 책이 잘 팔리기를 바라는 작가들은, 조금은 변형시키기는 했지만 그런 요구에 맞추려고 애썼다.

그 형식에 익숙해진 독자들은 다음 소설도 자신들의 기대를 맞춰주겠거니 생각했다. 독자와 작가 사이에 문서화되지 않은 어떤 계약이 생겨났다. 제아무리 소설이 진짜 같은 것을 추구한다고 하더라도, 등장인물들을 뚜렷이 그려내야 했고, 따라서 몇 가지 특징만으로 비교적 단순하게 묘사해야 했다. 연극의 말투가 실생활의 대화와 별 관계가 없는 것처럼, 소설 속의 대화는 실제 말투를 따라서는 안 되었다. 실생활의 대화는 머뭇거림, 끝맺지 않은 문장들, 서로 겹치는 문답들, 도중에 끼어드는 말들로 가득하고, 거기에 복잡한 몸짓 언어가 곁들여진다. 만약 작가가 이 몸짓 언어를 자세하게 묘사하려 든다면, 플롯을 펼쳐나갈 수가 없을 것이다. 이와 비슷하게 셋, 또는 넷 이상의 등장인물이 나누는 대화는 어쩌다 한 번씩만 나와야 한다.[57] 세부는 내러티브에 도움이 되어야 한다. 만약 등장인물이 절름발이라면, 거기에는 이유가 있어야 한다. 어떤 등장인물이 우연히 어릴 적 친구를 만난다면, 이 만남은 소설이 끝나기 전에 줄거리에 어떤 의미있는 작용을 해야 한다. 실생활에서는, 우리에게 일어나는 일의 많은 부분은 별다른 중요한 결과를 낳지 않는다.

성공한 책들은 쉽게 재활용할 수 있는 등장인물들과 상황을 제공해 준다. 특별히 근대적인 매력을 가진 주제나 플롯은 따로 있다. 여자들을 유혹하고 인습에 도전하는 돈 후안이 그렇고, 선정적인 사건과 힘을 경험하고 싶어서 악마와 계약을 맺는 파우스트가 그렇다. 로빈슨 크루소는 살아남기 힘든 환경에 맞서서 자기만의 세계를 재건하고, 돈키호테는 현실세계에서는 마음이 편안하지 않아서 불가능한 꿈을 좇는다.[58]

많은 동화 속 주인공들은 다른 등장인물이 정해준 규칙—강을 건너라, 말을 찾아라, 어떤 노인을 만나라, 그에게 반지를 주어라 따위—을 따른다. 그 규칙을 충실히 따르는 한, 그들은 성공한다. 종교적인 암시도 뚜렷하다. 동화 속 주인공은 도덕적인 인물이다. 그러나 근대 소설 속의 주인공들은 무엇을 할지, 언제 그 규칙을 깨뜨릴지를 스스로 결정해야 하는 개인이다. 이들은 '부르주아' 주인공이며, 일반적으로 소설은 개인주의를 찬양하는 부르주아 장르로 여겨져왔다. 그래서 아도르노는 이렇게 말했다. "소설은 부르주아 특유의 문학형식이었다. 그 기원에는 『돈키호테』에 나오는, 미몽으로부터 깨어난 세계의 경험이 있다."[59]

19세기의 소설에는 신분서열과 귀족을 공격한 작품이 많았다. 중요한 것은 진정한 정신의 귀족성이라는 것이었다. 이것은 민담의 오랜 관례, 곧 평민이 실은 귀족이었다는 식의 관례에 의존하면서 전복의 외양마저 제거해버렸지만, 어쨌든 부르주아 독자들을 만족시켜주었다. 여기에는 오늘날의 영화에까지 이어지는 희미한 반부르주아적 민중주의가 깔려 있었다. 부자들은 대개 비열하고/비열하거나 불행하다는 것, 돈이 전부가 아니며 고결한 정신 앞에서는 돈도 힘을 못 쓴다는 것, 오로지 탐욕만 추구하는 건 아무 소용도 없다는 것이 그 알맹이다.

개인주의가 '부르주아' 소설과 뗄 수 없을 만큼 깊은 연관이 있을까? 나는 그렇게 확신하지 않는다. 부르주아 주인공들도 욕심이 없고, 윤리적 규범을 따르며, 가난한 사람들과 억압받는 사람들에게 친절하고 동정심이 많을 수 있다. 반면에 개인주의는 고대 문학에서도 쉽게 찾을 수 있다. 개인주의는 아킬레우스 특유의 성향이 아니었던가? 주변에서 그리스 군사들이 전염병에 걸려 수도 없이 죽어가는데도, 아킬레우스는 자기 천막에 틀어박혀 심술이나 부리지 않았던가? 오로지 자기 여자를 빼앗겼다는 이유 하나로 말이다.

더욱이 개인주의를 찬양하는 인기 소설들이 어째서 유독 자본주의를 위해 기능한다는 것인지, 그 이유도 전혀 분명하지 않다. 자본주의 기업들이 반드시 개인주의를 장려하지는 않는다. 기업들은 직원들에게 규칙에 복종하고 시킨 대로 하기를 요구한다. 그리고 부르주아 소설들이 개인주의를 장려할 때의 개인주의란, 과거 소설들이 그랬던 것처럼 대체로 남자들의 개인주의를 말한다. 상상력이 넘치고 규칙을 깨는 불안한 남자, 소설 속에서 그런 남자는 대개 선량하고 자기주장이 강한 개인주의자다. 그러나 여자가 그렇게 한다면, 그녀의 말로는 비참하다. 특히 19세기 '부르주아' 소설에서 에마 보바리와 안나 카레니나는 그 대가를 톡톡히 치른다. 인습을 무시하는 '자유로운' 상류층 매춘부는, 졸라의 『나나』처럼, 천연두에 걸려 전설적인 외모를 유린당한 채 죽음을 맞는 신세가 된다. 적극적인 여주인공이 관습을 거스른다면, 어디까지나 '여성적'인 방식으로 하는 한에서 허락된다. 이상형의 남자와 결혼하기 위해서 부모가 짝지어준 애먼 남자를 거부하는 식으로—그러나 결혼은 반드시 해야 한다.

완전히 부르주아적이지는 않았던 18세기 소설에서는 사정이 많이 다를 수 있었다. 몰 플랜더스와 록사나는 섹스와 유희를 실컷 즐기다가 뉘우친 뒤에는 영원히 행복하게 산다. 존 클릴랜드의 소설 『패니 힐, 어느 환락녀의 회고록』(1748)의 여주인공 패니 힐은 다양한 매음굴에서 온갖 적나라한 경험을 하고도 나중에 행복한 결말을 맞이하며, 그런 경험 때문에 손해를 보지 않는다. 그러나 작가는 그렇지 못해서, 도색문학을 썼다는 이유로 감옥에 갇히고 말았다. 이 소설은 1970년에야 가까스로, 영국에서 합법적으로 구해볼 수 있게 되었다. 부르주아지가 등장하고 오랜 시간이 흐른 뒤였다.

지나고 나면 무성한 이론을 생산하기 쉬운 법이지만, 무엇이 소설을 인기 장르로 만드는가에 대한 답은 소설이 인기를 끈 뒤에도 명확하지 않다. 특정한 사회적 변화와 몇몇 장르의 발전 사이에 어떤 관련성이 있을지도 모른다. 이를테면 근대 초의 영국을 연구한 역사학자 로렌스 스톤은 결혼의 이유로서 낭만적 사랑이 증가한 것과 낭만적 사랑을 다룬 소설이 증가한 것이 서로 연관되어 있다고 주장했다.[60]

프랑스 왕정복고기에 가장 잘 팔린 소설들 가운데, 지금은 잊혔지만 샤를 빅토르 다를랭쿠르(1788~1856)가 쓴 고딕풍의 소설 『고독한 남자』(1821)와 『외국 여자』(1825)가 있었다. 이 두 작품은 적어도 10개 언어로

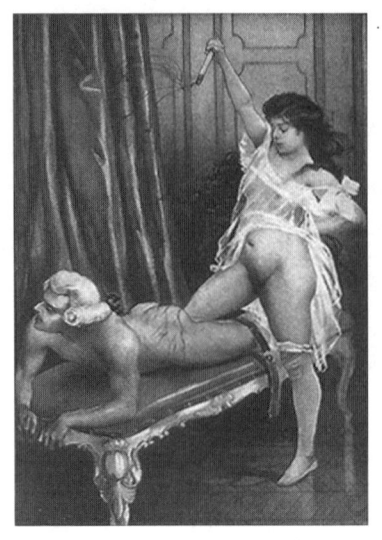

에두아르 앙리 아브릴의 『패니 힐』 삽화. 1748년에 출간된 『패니 힐』은 1년 뒤 판매가 금지되었음에도 큰 인기를 끌어 오랫동안 해적판이 나돌았다. 음란 출판물법 위반 혐의로 기소된 로렌스의 『채털리 부인의 연인』 재판에서 1960년 11월에 무죄판결이 나온 뒤인 1963년에 다시 출간되었지만, 책은 곧바로 압수당하고 또 한 번의 재판을 받아야 했다. 영국에서 무삭제판 『패니 힐』이 합법적으로 출판된 것은 첫 출간으로부터 222년이 지난 1970년의 일이었다.

번역되었고, 연극으로도 여러 차례 각색되었다. 벨리니는 『외국 여자』를 바탕으로 오페라 〈이국의 여인〉을 작곡했고 『고독한 남자』를 각색할 생각도 했다.[61] 프랑스에서 다를랭쿠르의 명성은 영국에서 월터 스콧의 명성에 맞먹었다고 한다. 자신의 성공에 놀란 다를랭쿠르는 전작과 비슷하면서도 무언가 다른 새 소설을 쓸 생각으로, 자기 작품에 대한 문학비평가가 되어 그 인기의 비밀을 찾아내기 위해 작품을 본질적 요소까지 발가벗겨보았지만, 그 시도는 실패로 끝났다.[62]

한 장르가 인기를 끌게 되면, 나머지 장르들까지 같은 시장으로 끌려들어온다. 『클라리사』와 『톰 존스』 같은 소설이 성공하자, 희곡이나 시를 쓰려고 했던 작가들이 소설로 방향을 바꾸기 시작했다. 새라 필딩, 샬럿 레녹스, 로렌스 스턴, 호레이스 월폴, 리처드 그레이브스, 올리버 골드스미스 같은 이들이 그랬다.[63] 엄밀히 말해 소설은 모두 고유하지만, 일단 어떤 공식이 성공한다는 사실이 판명되면 그것은 비슷한 플롯과 등장인물을 갖춘 수많은 소설이 나오도록 조장한다.

    소설과 자본주의 사회 사이에는 어떤 연관성이 있다. 그러나 그 연관성이 꼭 이데올로기적인 건 아니다. 연관성은 그보다는 소설의 대량생산이 산업화에서 핵심적인 부분이라는 데에 있다. 소설의 내용은 그 자체로는 특별히 '자본주의적'이지 않으며, 독자들은 책에서 자기가 원하는 이데올로기를 발견하는 일이 많다. 어쨌거나 19세기 도서시장의 팽창에 중요한 발판이 된 것은 새로운 소설들이 아니었고, 심지어는 새로운 책들도 아니었다. 새로운 독서공중은 그전까지 소수 엘리트들의 전유물이었던 책을 읽고 있었다. 플뢰리의 『역사교리』(1679) 같은 종교서는 예전과 변함없이 인기가 있었다. 토르콰토 타소의 『해방된 예루살렘』(1575)은 꾸준히 증쇄를 거듭해 1812년부터 1830년까지 프랑스에서만 4만 5,000부가 팔렸다. 1,000부 이상 판매된 소설이 거의 없는 시절이었다. 우리가 앞(205~10쪽)에서 살펴보았듯이, 신흥 부르주아지는 자본주의 이전 시기의 옛 민담들을 진지하게 곧이곧대로 받아들였다. 19세기 프랑스의 주요 베스트셀러는 17세기에 쓰인 장 드 라퐁텐의 『콩트와 누벨』로, 50만~75만 부쯤 팔렸다.[64] 이 책은 누구나 인정할 만한 종류의 교훈을 담고 있어서 이상적인 어린이책으로 여겨졌다. 비록 루소는 그 이야기들이 어린이들이 이해할 수 있는 수준을 넘어선다고 생각했지만.[65]

제8장

선구자들

성공을 따라서

새로운 장르를 출범시킨 소설들은 대체로 국제적으로 성공을 거둔 작품이었다. 비록 낡은 플롯을 활용한 작품이 많았지만, 그것을 새롭고 흥미로운 방식으로 활용함으로써 거꾸로 모방작과 개작을 낳았다. 문화는 성공을 뒤따라가며 진보한다.

『재치 있는 시골귀족 돈키호테 데 라만차』는 처음부터 성공적이었다. 단테의『신곡』—1307년에 쓰기 시작한 이 작품이 인쇄된 것은 1481년이었다—이 유럽 전역에 알려지기까지는 4세기가 걸렸다(미국에서는 1865년에서 1867년 사이에 롱펠로에 의해 번역되었다).[1] 하지만『돈키호테』는 출간된 지 1년 만에 벌써 세 가지 해적판이 나돌았다. 세르반테스는 그 인기에 올라타 속편을 쓰기 시작했다. 1615년, 속편을 막 끝내려던 참에 그는 알폰소 페르난데스 데 아베야네다(필명)라는 사람이 타라고나에서『재치 있는 시골귀족 돈키호테 데 라만차 2』를 출간했다는 사실을 알게 되었다. 세르반테스는 곧바로 돈키호테의 계획을 '변경'함으로써 응수했다. 돈키호테가 계속 사라고사를 향해 가도록 하는 대신 그 사기꾼을 고

발하기 위해 바르셀로나로 기수를 돌리게 만든 것이다.²⁾

프랑코 모레티는 물결처럼 퍼진 이 최초의 국제적 베스트셀러의 번역 상황을 지도로 만들었다. 돈키호테는 1612년에 영어로 처음 번역되었고(1615년에 발표된 2부는 1620년에 영역되었다), 곧이어 프랑스어와 네덜란드어로 번역되었다. 1622년에는 이미 베네치아에 이르렀다. 1648년에는 독일에 도착했다. 18세기 말까지, 이 '구슬픈 낯빛의 기사'는 덴마크, 러시아, 폴란드, 포르투갈, 스웨덴에 도착했다. 1848년에는 이디시어 번역본이 나왔고 1872년에는 중국, 1880년에는 구자라티, 1896년에는 일본에서도 번역본이 등장했다.³⁾ 그러나 이 시골양반의 승리가 특히나 두드러진 곳은 잉글랜드였다. 잉글랜드는 첫 번역본이 등장했던 곳이기도 하지만, 첫 교정판, 첫 주석서, 첫 전기의 탄생지이기도 했다.⁴⁾

18세기에 『돈키호테』 영문판은 거의 20종에 이르렀다. 헨리 필딩은 소설 『조지프 앤드루스』 서두에서 이 작품은 세르반테스를 '모방'해서 썼다고 밝혔다. 『돈키호테』를 번역한 토비어스 스몰릿은 노골적으로 그 작품을 기초로 해서 『랜슬롯 그리브스 경의 생애와 모험』을 썼다. 샬럿 레녹스가 쓴 『여성 키호테』(1752)는 소설들에서 큰 영향을 받아 무모한 행동을 하는 감수성 강한 젊은 여성의 이야기로, 18세기 후반기의 최고 인기소설 가운데 하나였다. 뒷날 멕시코 소설가 호세 페르난데스 데 리사르디는 『여성 키호테와 그 사촌』(1819)으로 이 대열에 끼었다. 1773년에는 리처드 그레이브스가 『정신의 키호테』를 썼다. 어쩌면 돈키호테에서 영감을 얻어서, 푸시킨은 『예브게니 오네긴』의 여주인공 타티야나를, 고골은 『죽은 혼』(1842)의 주인공 치치코프를, 도스토옙스키는 『백치』에서 그리스도를 닮은 미슈킨 공작을 형상화했을 것이다.⁵⁾ 윌리엄 해즐릿(1815), 새뮤얼 콜리지(1818), 존 록하트(1822), 찰스 램(1833)

은 모두 『돈키호테』를 다룬 중요한 에세이를 썼다.

『그로브 음악사전』에는 돈키호테 이야기에 영감을 받은 50여 곡의 목록이 실려 있는데, 거기에는 퍼셀, 텔레만, 리하르트 슈트라우스, 라벨, 멘델스존, 마스네, 마누엘 데 파야 같은 작곡가의 작품이 들어 있다. 영화 쪽에도 1909년(프랑스), 1916년(미국), 1923년(영국)의 돈키호테에서부터 1933년의 게오르크 팝스트의 영화, 체르카소프가 주연을 맡은 1957년의 그리고리 코진체프 감독 영화에 이르는 수많은 돈키호테가 있다. 또한 1869년에 페티파의 안무에 루트비히 민쿠스의 음악으로 만들어진 유명한 발레의 주제가 바로 돈키호테였다. 1965년에는 뮤지컬 〈라만차의 사나이〉가 등장했으며, 1972년에는 피터 오툴이 돈키호테 역을 맡고 소피아 로렌이 둘시네아 역을 맡은 영화가 나왔다. 그리고 마침내 2002년에는, 영화 〈돈키호테를 죽인 사나이〉를 제작하다 실패한 테리 길리엄 감독의 이야기를 다룬 다큐멘터리 영화 〈로스트 인 라만차〉가 나오기에 이르렀다.

이 책이 성공을 거둔 이유 가운데 하나는 다양한 해석이 가능했다는 데에 있었다. 『돈키호테』의 첫 독자들은 오늘날의 독자들과는 달리, 돈키호테의 판타지를 자극했던 로망스와 기사 이야기에 친숙했다. 이것은 작가가 그 모든 고난과 시련을 겪는 돈키호테를 동정하지 않은 이유와 더불어, 처음에 이 작품이 성공했던 이유를 어느 정도 설명해줄 것이다. 세르반테스는 황당한 이야기를 믿을 만큼 어리석은 사람은 그만큼의 대가를 치른다고 생각했던 것이 틀림없다. 희극문학에서는 독자가 주인공보다 우월하다고 느끼는 것이 무엇보다 중요하다. 그러나 후대 독자들은, 새뮤얼 존슨이 자신도 그랬다고 말했듯이, 스스로를 돈키호테와 동일시했다. 빅토르 위고, 샤토브리앙, 테오필 고티에 같은 낭만주의자들은 『돈

풍차를 거대한 괴물로 착각해 창을 뽑아 들고 돌진했다가 세차게 돌아가는 풍차의 날개에 휘말려 늙은 나귀 로시난테와 함께 하늘 높이 떠오르는 돈키호테와 뒤에서 그 모습을 경악하며 지켜보는 산초 판사. 귀스타브 도레의 1863년 삽화다.

키호테』를 진지하게 받아들여, 가치관이 결여된 천박한 세계의 윤리적 정신으로서 그 주인공을 이상화했고, 그 결과로서 작가의 풍자적 목적을 부인했다.[6] 니체는 "오늘날 우리는 돈키호테 전체를 거의 고통스러울 만큼 쓴맛을 느끼며 읽"지만, 세르반테스의 동시대인들은 그 작품을 "가장 유쾌한 책으로" 읽으며 "거의 숨이 넘어가도록 웃었다"고 말했다.[7] 돈키호테는 결국 사랑스러운 반근대주의적 반동분자, 과거의 예절과 고상함을 애정 어린 눈길로 돌아보는 인물이 되었다.

이 소설의 구조는 이후에 나온 대중적 서사에서 널리 모방되었다시피, 한 명의 영웅과 그의 조력자, 이렇게 두 주인공을 갖는다. 대부분의 민담에서 조력자는 이따금씩 등장한다. 그러나 이 작품에서는 조력자가 계속 등장하면서 주인공과 날카로운 대조를 이룬다. 돈키호테는 키가 크고 말랐고, 조수 산초 판사는 키가 작고 뚱뚱하다. 돈키호테는 현실과 동떨어진, 사실상 미친 사람이다. 판사는 주변에서 얼마든지 볼 수 있는 인간으로, 수행하기 힘든 영웅을 모시는 모든 충실한 종의 원형이다. 독자는 자신을 영웅과 현실적인 시종, 둘 중 한 사람과, 또는 그 둘을 번갈아가며 동일시하게 된다. 더욱이 이 장치는 두 주인공의 대화를 가능하게 함으로써 무슨 일이 벌어지고 있는지를 — 화자의 개입 없이도 거의 엿듣는 것처럼 — 독자에게 이해시킬 수 있다. 이런 구조는 나중에 등장한 장르에 특히 쓸모가 많았다. 이를테면 범죄소설에서는 너무도 똑똑한 탐정이 자기보다 덜 영리한 동료에게 무슨 일이 벌어지고 있는지를 설명함으로써 독자에게 간접적으로 상황을 알려준다. 그러나 이 주인과 하인 구도는 모든 종류의 서사에서 풍부하게 쓰여왔다. 티르소 데 몰리나의 『세비야의 난봉꾼과 석상의 초대』(1630)에 등장하는 카탈리논(나중에 〈돈조반니〉 속의 레포렐로)에서 『로빈슨 크루소』의 프라이데이, 스몰릿의 『로더릭 랜덤』(1748) 속의 휴 스트랩, 『톰 존스』의 벤저민 파트리지, 래드클리프의 『이탈리아인』(1797)에 나오는 비발디의 시종 파올로 같은 이가 모두 산초 판사의 후예다. 이처럼 희극적인 역할을 하는 하인 또는 조력자는 골도니의 희극 같은 18세기 희극은 물론, 쥘 베른의 『80일간의 세계일주』에 등장하는 필리어스 포그의 하인 파스파르투, 〈론 레인저〉의 톤토, 〈탱탱〉의 아도크 선장, 〈아스테릭스〉의 오벨릭스처럼 수많은 소설과 영화에 고정적으로 출연하는 등장인물이 되었다. 이런 작품들 속에서 주인공들은 자신의 아우라와 카리스마를 바탕으로, 목숨조차 기꺼이 희생할 충실하고 헌신적인 시종을 얻는데, 그야말로 고전적인 판타지다.

그러나 『돈키호테』의 전반적인 구조는 여전히, 그것이 조롱하고자 하는 서사시의 구조와 비슷하다. 일련의 모험적인 일화들이 무언가를 찾아 떠난 한 주인공에 의해 하나로 이어지기 때문이다. 다시 말해, 하나의 얼개로 한데 묶인 일련의 단편소설인 것이다. 친밀한 관계, 가족생활, 성을 다룬 근대적 이야기를 들려주기 위해서는 새로운 메커니즘을 고안할 필요가 있었다.

편지쓰기

1739년에 런던의 인쇄업자 새뮤얼 리처드슨은 편지 쓰는 일에 도통 자신이 없는 '시골독자들'이 이용할 수 있는 견본편지집을 쓰기 시작했다(『중요한 일에 관하여 친구들에게 보낸 편지들』). 그와 동시에 서간체로『파멜라』(1740)를 썼는데, 이것은 젊은 하녀가 자신을 농락하려는 주인의 반강제적인 유혹을 훌륭하게 막아낸다는 이야기였다. 그녀라고 주인의 매력을 모르는 건 아니지만, 그녀에게는 처녀성이 유일한 재산이기에 비싸게 팔아야 한다. 결국 승리는 그녀의 것이었다. 주인은 청혼으로 속죄를 하고, 파멜라는 그 청혼을 받아들여 신데렐라처럼 귀부인이 된다.

이것은 편지쓰기가 어엿한 소설을 쓸 수 있는 장치로 이용된 최초의 사례로 보인다. 물론 몽테스키외는『페르시아인의 편지』(1721)에서 파리 주재 페르시아 대사가 쓴 허구적인 편지라는 형식으로 그 무렵의 사회에 대한 비판적인 논평을 내놓았다. 그리고 사도 바울의 생각 역시 서간 형식으로 기록되었다.

『파멜라』는 발표되자마자 프랑스어로 번역되었다. 그리고 거의 곧바로『안티 파멜라 또는 M.D.의 회고록』(1742)과『안티 파멜라 또는 드러난 거짓 순결』(1743)을 비롯한 수많은 익명의 파생작, 모방작, 가짜 번역판이 나타났다.[8] 로베르 마르탱 르쉬르는 1803년에 뒤늦게 여기에『프랑스의 파멜라 또는 어느 시골처녀의 편지』를 보탰다.『파멜라』는 유럽에서

부제가 '정숙의 보상'인 『파멜라』의 아홉 번째 편지, 여름별장 장면. 새뮤얼 리처드슨의 친구 조지프 하이모어가 1744년에 그린 삽화로, 이 대목에서 파멜라는 귀족 B-씨의 키스를 마지못해 받아들인다.

엄청난 성공을 거두었다. 출간 직후인 1742년에 한 번, 그리고 1743년에 다시 한 번 독일어로 번역되었다. 또 볼테르의 희곡 『나닌 또는 편견의 극복』(1749)에 영감을 주기도 했다. 러시아에서는 파벨 르보프가 1789년에 『러시아의 파멜라』를 썼다. 이탈리아에서는 1750년대에 피에트로 키아리, 프란체스코 체를로네, 카를로 골도니가 각각 『파멜라 마리타타』라는 똑같은 제목의 희곡을 썼다. 골도니는 거기에 더해 『미혼의 파멜라』라는 희곡도 썼다. 골도니는 회고록에서, 다른 이들의 작품을 거리낌없이 써먹는 데에 대해 우리가 익히 접할 수 있는 사고방식을 보여준다.

한동안 『파멜라』라는 소설이 이탈리아 사람들에게 기쁨을 주었으므로, 친구들은 내게 그걸 희곡으로 바꾸어보라고 강력하게 권했다. 나는 그 작품을 잘 알고 있었기에, 그 정신을 포착하고 그 목표에 접근하는 데에 별 어려움이 없었다. 그러나 이 잉글랜드 저자의 도덕적 목표는 우리나라의 예절이나 법과 양립할 수 없었다. 런던의 귀족은 농민과 결혼해도 귀족의 명예를 훼손하지 않는다. 그러나 베네치아에서는 귀족이 평민과 결혼하면 그 자식들은 귀족 신분을 박탈당하고 권리도 잃게 된다. …… 나는 위험하지 않고, 행실이 바른 연인들에게 모범이 되고, 더 유쾌하고 흥미롭기도 한 대단원을 생각해낸 뒤에 작업을 시작했다.9)

골도니의 희곡들은 피에트로 제네랄리의 오페라(1804)와 주세페 파리넬리의 1806년 카니발을 위한 오페라에 영감을 주었다. 헨리 필딩은 『샤멜라 앤드루스 부인의 생애에 대한 변명』—파멜라가 돈을 노리고 남자를 조종하는 여자로 그려진다—에서 파리넬리의 오페라를 무자비하게 패러디했고, 앙리 지파르는 그것을 개작해서 런던 무대에 올렸다.10)

『파멜라』에 나오는 편지는 대부분 '파멜라' 자신이 쓴 것이다. 단연 그녀의 목소리가 중심을 이룬다. 리처드슨은 『파멜라』의 성공에 힘입어 더욱 복잡한 작품을 시도했다. 『클라리사』(1747~48)는 클라리사와 그녀를 유혹하려는 러블레이스, 그들 각각의 가장 친한 친구 애너 하우와 잭 벨퍼드, 이렇게 편지를 주고받는 네 인물의 관점에서 이야기가 진행된다. 이렇게 목소리가 다양하고 관점이 이동하는 내러티브는 250년이 지난 뒤에도 여전히 놀라운 묘기로 여겨지고 있다—이것은 이언 피어스의 『핑거포스트』(1997)와 매슈 닐의 수상작 『잉글랜드인 승객들』(2000) 같은 인기 작품의 성공으로도 증명된다. 『클라리사』는 큰 성공을 거두었다. 게다가 리처드슨은 인쇄업자로도 이미 확실하게 자리를 잡고 있었다. 그는 부유한 소설가가 되어, 세상을 떠나면서 1만 4,000파운드의 재산을 남겼다.11)

『클라리사』는 '감성적' 장르의 개척자 역할을 했다. 이런 소설의 플롯은 보통 동등한 가치를 지닌 도덕적 명령들 사이의 긴장—특히 여성적인 딜레마인 경우가 많다—을 둘러싸고 진행된다. 가족(자식, 남편, 부모)에 대한 의무와 개인적 행복의 의무 사이의 긴장이 그 예다. 이런 충돌은 이따금 코르네유의 『르시드』(1637)처럼 남성적인 형태로 나타나기도 한다. 그리스 드라마(소포클레스의 「안티고네」에서 에우리피데스의 「아울리스의 이피게네이아」에 이르기까지)에서는 폴리스에 대한 의무와 가족에 대한 의무의 갈등이 자주 나타난다. 그러나 『클라리사』에서는 그 갈등이 두 개의 세계관, 곧 클라리사의 세계관과 러블레이스의 세계관의 충돌이다. 또 소설을 지배하는 유혹이라는 주제 덕분에 화자는 불법적인 섹스를 도덕적인 방식으로 논할 수 있다.

영어로 나온 가장 긴 소설 가운데 하나로 꼽히는 이 소설의 얼개는 비교적 간단하다. 젊은 귀족 러블레이스는 상속녀 클라리사 할로를 유혹하려 한다. 처음에 클라리사는 그가 매력적이라고 생각하지만, 결국 자신에게 청혼할 것이라고 생각하고 그에게 저항한다. 그러자 러블레이스는 그녀를 납치해 약을 먹이고 강간한다. 클라리사는 가족에게서 지원을 얻지 못한다. 클라리사가 상속재산 처리 문제를 스스로 결정하고 싶어한 데에 화가 났기 때문이다. 모두에게 버림받고 명예까지 잃었지만, 클라리사는 모두를 용서하고 죽는다. 나중에 러블레이스는 결투를 벌이다가 죽는다.

리처드슨이 여주인공 편을 든다는 데에는 의심의 여지가 전혀 없다. 이것은 중립을 유지할 수 있는 작품이 아닌 것이다. 오늘날에도 모두—페미니스트, 진보주의자만이 아니라 전통적인 보수주의자들까지도—가 클라리사 편을 들 것이다. 그녀는 나약한 여자로 보일지 모르지만, 모두에게, 야비하고 폭력적인 구혼자만이 아니라 탐욕스럽고 매정한 가족에게도 저항한다. 그녀는 자신의 부와 자신의 몸으로 무엇을 할 것인지를 선

클라리사를 납치하는 러블레이스. 에드아르 루이 뒤뷔페의 1867년 그림. 『클라리사』의 분량은 98만 4,870단어로, 시리즈를 뺀 영어 소설로는 가장 긴 축에 든다. 프루스트의 『잃어버린 시간을 찾아서』는 약 120만 단어, 톨스토이의 『전쟁과 평화』는 약 58만 단어, 위고의 『레 미제라블』은 53만 982단어, 데이비드 포스터 월리스의 『무한한 농담』은 48만 4,001단어다.

택할 권리가 있다고 선언한다. 그녀는 자신의 원칙을 저버리느니 차라리 죽음을 택할 사람이다. 그러나 그 시절에는, 특히 대륙에서는 꽤 많은 비율의 독서공중이 '악당' 편을 들었다. 18세기에는 난봉꾼 러블레이스를 자유로운 정신이자 계몽주의의 진정한 자식으로, 클라리사는 자신의 의무에 대해 완고한 사고방식을 지닌 매우 전통적인 여자로 볼 수도 있었다. 이와 함께 클라리사를 보는 또 하나의 관점이 공존할 수 있었다. 그 관점에서는, 클라리사는 남자와 똑같은 권리를 요구하므로 완전히 근대적이고, 러블레이스는 귀족의 특권을 믿기에 완전히 반동적이다. 클라리사 할로는 청교도이고, 검약하며, 자신에게 엄격하다―다시 말해 부르주아지의 중추다. 고귀한 귀족 집안 출신인 러블레이스는 할로 가문을 경멸하지만, 그의 자유는 그의 인격의 결과가 아니라 부와 연줄의 결과다.[12] 그는 자신의 매력으로 얻지 못한 것을 힘으로 얻을 수 있다고, 클라리사를 겁탈하기만 하면 그녀가 자기 것이 되리라고 생각한다.[13] 클라리사는 덕의 모범이며, 세속의 성자다. 러블레이스는 루시퍼다—먹잇감이 난공불락으로 보이자 더욱더 흥분한다. 주요 등장인물들이 자기 행동의 이유를 설명할 수 있는 소설의 구조 덕분에 독자는 그 안에서 자유롭게 자신이 원하는 것, 곧 도덕성, 기독교, 평등의 요구, 여성에 대한 새로운 태도, 개인주의를 볼 수 있다. 작가 자신이 그런 모순을 체현한 이였다. 리처드슨은 혁명적인 소설을 쓴 신앙심 깊은 기독교인이었다. 이런 소설들은 책을 사는 공중의 정치적 스펙트럼 전체를 아우를 수 있는데, 그것은 작은 위업이 아니다. 그리고 이런 소설들은 마땅히 문학의 걸작이라 불릴 만하지만, 그러면서도 아주 넓은 시장에 말을 건다.

이 긴 소설이 유럽에서 거둔 엄청난 성과를 살필 때는 반드시 그것이 번역된 방식을 고려해야 한다. 그 무렵에 번역가들이 누린 자유를 생각하면, 외국어 텍스트는 번역이라기보다는 번안인 경우가 많았는데, 이것이 『클라리사』가 유럽에서 널리 받아들여진 까닭을 설명해줄 수도 있다. 처음에는 대륙에 번역판이 둘뿐이었다. 하나는 리처드슨의 다른 소설들도 번역한 앙투안 프랑수아 드 프레보의 프랑스어판(1751)이었고, 또 하나는 요한 다비트 미하엘리스의 독일어판(1749~53)이었다. 미하엘리스는 소설은 써본 적이 없는 학자로,「여성을 위한 대학 건립 문제로 프로이센의 국왕 전하께 올리는 청원서」라는 심오한 제목의 시를 포함하여 시 몇 편밖에 쓴 적이 없었다. 그는 리처드슨과 마찬가지로 여성의 것이라 여겨지는 덕과 의무를 존중했고,『클라리사』가 소설의 형식을 빌린 논문이라고 생각하여, 지루하긴 하지만 충실한 번역을 했다.[14]

프랑스 번역가 아베 프레보는 기질이 달랐다. 무엇보다도 그 자신이 소설가로, 부와 쾌락의 유혹에 걷잡을 수 없이 빠져드는 여자의 이야기

『클라리사』가 유럽에서 성공하는 데에는 원작을 줄이고 잘라내고 뜯어고친 번역자 아베 프레보의 역할이 컸다. 반자전적 소설 『기사 데 그리외와 마농 레스코 이야기』의 저자이기도 한 그는, 유서 깊은 귀족 출신으로 성직자가 되려고 수행했으나 세속의 쾌락을 동경하여 군대에 들어가고 네덜란드와 영국을 유랑하다가 다시 사제로 복귀한 파란만장한 인생을 산 '사제 프레보'였다.

인 유명한 『기사 데 그리외와 마농 레스코 이야기』(1731)—중요한 오페라인 쥘 마스네의 〈마농〉(1884)과 자코모 푸치니의 〈마농 레스코〉(1893)에 영감을 주었다—의 저자였다. 프레보는 자신의 독서공중에 맞도록 『클라리사』를 뜯어고쳤다. 2,474쪽짜리 원작을 과감하게 줄이고, 특히 클라리사가 내면의 혼란과 의무에 대한 헌신을 설명하는 긴 구절들은 송두리째 잘라내버렸다. 그리고 서간체 소설의 참신함을 이용하려고 『영국편지』라는 제목을 붙였다. 러블레이스는 덜 야비하게 고치고, 클라리스는 더 간간하게 바꾸었다. 리처드슨은 "이 양반은 책에서 많은 부분을 빼버렸다"고 한탄했다. 하지만 리처드슨이 유럽에서 얻은 인기는 일차적으로 미하엘리스판이 아니라 프레보판 덕분이었는데, 그것은 단지 프랑스어가 더 널리 쓰였기 때문만은 아니었다.[15] 독일어판은 곧 잊혔다. 영어 원판은 실제로 읽기보다는 인용되는 일이 더 많았다. 리처드슨-프레보판은 순풍에 돛을 달았다. 더욱 대담해진 건지 아니면 원저자에게 질렸는지, 프레보는 리처드슨의 세 번째이자 마지막 소설로 전보다 훨씬 더 길고 지루한 『찰스 그랜디슨 경 이야기』(1753~54)는 완전히 개작해버렸다. 끝내는 1786년에 프랑스에서도 『클라리사』 완역판이 나왔지만, 오랫동안 계속 인기를 끈 것은 프레보판이었다.

유럽 대륙에서 『클라리사』는 『파멜라』를 뛰어넘는 성공을 거두었다. 디드로는 『리처드슨 예찬』(1776)을 써서 그의 심리학적 깊이를 찬양했고, 리처드슨과 필딩이 소설을 감성소설과 고딕 공포소설, 풍속소설, 악한소설 같은 저열한 장르에서 구해냈다고 평가했다. 사드 후작과 쇼데를로 드 라클로도 『클라리사』에 매혹되었다. 서간체 소설은 매혹적이고 새로운 물건이었다. 그즈음 특히 상류사회 여성들 사이에서 유행했던 편지쓰기 때문에 더 그렇게 보였다. 개인적인 편지들을 중심에 놓은 소설은 큰 매력이 있었다. 다른 사람의 편지를 읽고 그들의 은밀한 생각들을 들여다봄으로써, 우리 안의 관음증 같은 것을 부추겼기 때문이다. 또 보답을 받는 미덕, 순결의 유지, 유혹, 실패로 끝나는 유혹, 클라리사식의 죽음 따위의 공식 같은 상황들을 이야기 속에 쉽게 끝도 없이 짜넣을 수 있었다.

『클라리사』 같은 소설들은 몰 플랜더스처럼 방탕한 여성들과 날카로운 대조를 이루며 모범적인 주인공 이미지를 구축함으로써 소설을 저급 장르에서 구하는 데에도 이바지했다. 젊은 여성들은 『클라리사』를 읽으며 그녀를 역할모델로 받아들이고, 순결을 지키려는 그녀의 결심에 감복했다—또는, 세상은 그녀들이 그러기를 기대했다.

『파멜라』와 『클라리사』가 나온 뒤 서간체 소설은 18세기, 나아가 그 이후까지도 크게 유행했다. 그중 몇몇은 지금까지도 위대한 고전으로 명성을 떨치고 있다. 괴테의 『젊은 베르테르의 슬픔』(1744), 장 자크 루소

친구들에게 『찰스 그랜디슨 경 이야기』 원고를 읽어주고 의견을 듣는 1751년의 리처드슨. 그것은 작품이 더욱 복잡해졌고, 『파멜라』를 비꼰 『샤멜라』를 내며 소설가가 된 헨리 필딩 같은 이를 의식해서였다.

의 『신 엘로이즈』(1761), 패니 버니의 『이블리나』(1778), 피에르 쇼데를로 드 라클로의 『위험한 관계』(1782), 우고 포스콜로의 『야코포 오르티스의 마지막 편지』(1798~1802, '최초의' 문학적인 이탈리아 소설이라고들 한다), 프랜시스 무어 브루크의 『에밀리 몬터규 이야기』(1769, '최초의' 캐나다 소설이라고도 한다), 스탈 부인의 『델핀』(1802) 따위가 그런 작품들이다. 파리의 서적상 알렉상드르 피고로는 1,505종의 책을 담은 그의 카탈로그(『소설가 약력과 작품 소목록』, 1821)에 서간체 소설 200권을 집어넣으면서도, 이 모두가 이전 세기에 속하는 것이라고 덧붙였다. "요즘 우리는 그런 걸 원치 않는다. 이것이 일반의지다."[16]

이 장르에서 작가는 일종의 서사적 복장도착을 채택할 수 있었다.[17] 리처드슨은 파멜라와 클라리사의 편지를 쓰는 놀라운 묘기를 부렸다. 쉰 살의 사내가 교활한 유혹자를 상대하는 젊은 여자로 변신한 것이다. 일인칭 서사로도 같은 결과를 얻을 수 있다. 그래서 디포는 록사나와 몰 플랜더스로 변신했다.[18] 마리보는 마리안으로 변신했고, 아베 프레보는 마농 레스코로 변신했다. 쇼데를로 드 라클로는 서간체 소설 『위험한 관계』에서 냉소적이고 자기기만적인 발몽이 되었을 뿐 아니라, 교활한 자유사상가 메르퇴유 후작부인, 정숙한 드 투르벨 부인, 수녀원에서 자란, 어리지만 그다지 순진하지 않은 소녀 세실도 될 수 있었다. 플로베르가 내가 바로 에마 보바리라고 선언한 일은 유명하지만, 테오도어 폰타네 역시 자신을 에피 브리스트와 동일시했다. 다양한 페르소나를 내세워 더 넓은 범위의 독자들에게 호소력을 발휘하는 것이 훌륭한 작가의 재능 가운데 하나라는 사실이 곧 분명해졌다.

서간체 장르는 또 존 클릴랜드(『패니 힐』, 1748)와 조피 폰 라 로슈(『폰 슈테른하임 양 이야기』, 1771)부터 열여덟 살의 제인 오스틴(『레이디 수잔』, 1793)에 이르기까지 인기 있는 작가들이 자주 이용했다. 『클라리사』 모델은 유럽 전역과 그 너머까지 퍼져나갔다. 이 작품은 미국 땅에서 인쇄된 최초의 소설로 일컬어진다(벤저민 프랭클린이 1744년에 인쇄했다). 비제는 『클라리사』에 바탕을 둔 오페라를 쓰기 시작했지만, 그 계획은 완성에 이르지 못했다. 그 오페라가 완성되었다면 〈카르멘〉의 아주 흥미로운 보완물이 되었을 것이다.

공포

구조는 작가에게 쓸모가 많다. 주인공이 A에서 B로 나아가면 '사건들이 일어난다'. 그러면 작가는 서사를, 그리고 줄거리를 펼쳐갈 훌륭한 얼개를 얻는다. 구조는 무한한 적용이 가능하다는 것은 이미 증명되었다.

『오디세이아』와 『아이네이스』의 구조에서 데니스 호퍼 감독의 히피 영화 〈이지 라이더〉(1969), 리들리 스콧 감독의 페미니스트 영화 〈델마와 루이스〉(1991), 오스트레일리아의 복장도착 영화 〈사막의 여왕 프리실라의 모험〉(1994) 같은 '로드 무비'가 나올 수 있다.

서간체 소설은 저자의 목소리를 제거하고 복잡한 주관성들의 얼개를 제공한다. 등장인물들에게는 저마다 자신이 바라보는 세계를 설명할 공간이 주어진다. 이것의 한 변형이 일기나 자서전 형식인데, 여기서 저자는 '내'가 되어 모든 것을 내 입장에서 본다. 중요한 것은 독자들이 등장인물들을 동일시하고 좋아해야 한다는 점이다. 등장인물이 독자와 똑같은 처지라면 도움이 된다. 독자가 자신이 아직 알 수 없는 이야기 속으로 내던져지기 때문이다. 저마다 상황을 견뎌야 하고(독자는 계속 읽어야 하고, 주인공은 계속 싸워야 한다), 그리하여 결국에는…… 모든 일이 잘 풀릴 것이다. 불가사의한 일과 도사린 위험들은 흥분을 더해준다. 낭만적인 요소가 있다면 매우 바람직한데, 그것은 주인공(남성이든 여성이든)은 물론이고 주인공이 사랑하는 사람까지, 이중의 동일시를 가능하게 해주기 때문이다. 마지막으로 악당이 있어야 한다. 단순한 이야기에는 악당과의 동일시가 별로 없거나 아예 없다. 처음에는 악당이 친구로 등장하기도 하지만, 그 비뚤어진 배반의 속내는 끝내 드러나게 되어 있다. 그게 아니라면, 악당은 다른 나라, 다른 계급, 다른 종교에 속하고 생김새나 피부색이 다른 확실한 '타자'여야 한다. 악당은 독자와 같은 우주에 속해서는 안 된다.

이것이 이른바 고딕소설(주로 허물어져가는 수도원을 배경으로 삼았기에 이런 이름이 붙었다) 또는 공포소설의 기본 플롯이다. 공포소설은 지금껏 가장 성공적이고 오래가는 장르 가운데 하나였고, 단편소설, 장편소설, 연재만화, 영화, 라디오극, 텔레비전 시리즈, 뮤지컬 따위로 무한히 탈바꿈할 수 있다.

고딕소설의 확실한 조상은 용, 악마, 괴물로 가득한 대중적인 민담이었다. 18세기 유럽에서, '자연적'(기형인 사람들)이든 '초자연적'(기적과 불가사의)이든 '괴물'에 대한 관심과 인기는 기반이 아주 탄탄했다. 18세기 중반의 식자층 사이에서 발달한 합리주의적 시각, 과학적 시각이 괴물에 대한 매혹을 물리치기보다는 오히려 강화할 정도였다.[19] 런던에서는 이상하거나 기형인 동물의 전시가 흔했다. 그것은 교육수준에 상관없이 모든 이가 좋아한 구경거리였다.[20] 기형 쇼('기형'에는 백인이 아닌 사람도 포함되었다)의 인기는 19세기 중반까지 이어졌고, 20세기에도 좀처럼 식지 않았다. 거인, 수염 난 여자, 그리고 바넘에 의해 유명해진 '엄지장군 톰' 같은 난쟁이가 이런 쇼에 등장했다.[21]

그러나 18세기 공포소설에서 괴물의 등장은 상대적으로 드물었다. 19세기에 프랑켄슈타인 박사가 괴물을 만들고, 지킬 박사가 괴물로 변하고(하이드 씨는 속박받지 않는 인간이고, 따라서 괴물이다), 또 트란실바니아에서 드라큘라가 나오면서, 괴물이 빈번하게 등장하기 시작했다. 20세기에는 괴물들이 외계에서, 그리고 과거와 미래에서 온다. 영화는 과거의 모든 괴물을 재활용하며, 새로운 괴물을 덧붙인다. 그러나 이 모든 이야기에는 전례가 있다. 골렘, 곧 랍비의 마법으로 생명을 얻게 된 일종의 자동인형에 관한 여러 가지 중세 유대 전설이 그것이다. 16세기 프라하의 랍비 뢰브가 그런 괴물을 만들었다가 그것을 도저히 통제할 수 없게 되어 파괴할 수밖에 없었다는 전설이 한 예이고, 심지어는 성 토마스 아퀴나스의 스승인 쾰른의 알베르투스가 아랍인들한테서 배운 마법의 공식으로 만들었다는 자동인형에 관한 더 오래된 전설도 있다.[22]

『하퍼스 위클리 매거진』 1863년 2월 21일자 제1면에 실린, '엄지장군 톰'과 라비니아 워런의 결혼식. 1838년에 태어난 찰스 셔우드 스트래턴은 6개월 동안 64센티미터까지 자란 뒤 성장이 멈추었다. 어려서부터 먼 친척이자 서커스의 개척자인 바넘의 공연에서 큐피드와 나폴레옹 흉내, 노래, 춤, 재담을 선보여 국제적인 유명인사이자 부자가 되었다. 45세에 세상을 떠났을 때, 그의 키는 102센티미터였다.

    18세기의 괴물들은 외계에서 온 질척한 '덩어리'가 아니고, 보통 사제이거나 외국인, 또는 둘 다였다. 이런 플롯의 변형에는 수녀 이야기도 있었다. 젊은 여자가 비열한 사람들이나 부모, 또는 보호자에 의해 강제로 수녀가 된다. 독자와 마찬가지로, 강한 종교적 신념 따위는 없는 그녀는 연인과 재회하기만을 간절히 바란다. 그녀는 울면서 도움을 간구하면 반드시 응답을 받는 고전적인, 고난에 빠진 처녀다. 이 플롯은 명백한 반교권적 암시에도 불구하고 아주 매혹적이어서, 이를테면 『약혼자』에서 가장 흥미진진한 하부 플롯으로 몬차의 수녀에 관한 일화를 사용한 만초니 같은 가톨릭 작가들도 이 플롯을 써먹었다.

    그다음에는 과학자와 지식인이 집에서 조용히 소설이나 읽는 대신에, 신에 맞서거나, (영원한 젊음을 얻어) 신처럼 되고 싶어서 악마와 맺는 계약(『파우스트』, 『프랑켄슈타인』)이 등장했다. 반과학적인 요소들은, 실험이 잘못되어 누구도 통제할 수 없는 돌연변이와 괴물들이 만들어진다는 주제와 함께 20세기 과학소설에서 더욱 뚜렷해진다.

또 그다음에는 음모가 등장했다. 19세기에는 이 음모가 대체로 세계를 정복하려는 예수회 수사들의 음모였다(외젠 쉬의 『방랑하는 유대인』, 1844~45). 이 플롯은 나중에는 예수회 수사 대신 공산주의자나 유대인, 미국의 CIA나 흑수단(Black Hands: 20세기 초 세르비아의 극우민족주의 비밀결사. 이들의 오스트리아 프란츠 페르디난트 대공 암살(1914) 시도는 제1차 세계대전의 기폭제가 되었다), 이슬람 근본주의자, 외계 침입자들을 집어넣어 손쉽게 개작되었다. 1770~1840년에 나온 고딕소설들은 영국이 배경인 경우가 거의 없었다. 프랑코 모레티가 표본으로 뽑아낸 60편 가운데 런던을 배경으로 한 작품은 딱 한 편이었고, 그것도 르네상스기의 런던이 배경이었다. 나머지는 모두 독일, 프랑스, 이탈리아, 또는 더 먼 곳이었다.[23]

가장 큰 성공을 거둔 초기 고딕소설 가운데 하나인 호레이스 월폴의 『오트란토 성』은 거기에 딱 들어맞는 요소들을 모두 갖추고 있었다. 수수께끼의 필사본, 선조의 초상화, 왕위찬탈자, 핍박받는 여주인공, 고결한 농부, 은둔자, 수도사, 봉건주의, 폐허가 된 성 따위가 두루두루 나온다. 초기 고딕소설의 배경은 보통 이탈리아, 지중해, 때로는 바이에른(슈바르츠발트)이거나 스코틀랜드다. 이탈리아가 친숙해지자 이 장르는 무대를 옮겨서, 브램 스토커의 『드라큘라』(1897)에서는 트란실바니아를, 테오필 고티에의 『죽은 연인』(1836)이나 『클레오파트라의 밤』(1838)에서는 고대 이집트, 고대 로마를 배경으로 삼았다.

저자들은 저마다 바로 앞의 선배가 거둔 성공을 발판으로 삼았다. 이것은 한 장르의 탄생을 알리는 가장 확실한 징표다. 클라라 리브의 유명한 『늙은 잉글랜드인 남작』(원제는 『미덕의 투사』, 1777)은 저자가 서두

이탈리아 남동부 오트란토의 1761년 지도. 1764년에 필명으로 나온 『오트란토 성』 초판은 1529년에 나폴리에서 찍은 원고를 번역한 '이야기'였지만, 2판부터는 저자는 월폴, 부제는 '고딕 이야기'로 바뀌었다.

에서 인정했다시피, 노골적으로 월폴의 『오트란토 성』과 '똑같은 구상'을 따랐다. 매슈 그리고리 루이스는 그 자신의 설명대로, 앤 래드클리프의 "『우돌포의 비밀』을 읽다가 그 이야기를 계속 이어가고 싶어져서" 1796년(그의 나이 열아홉에) 『수도사』를 썼다. "내 생각에 『우돌포의 비밀』은 지금껏 출간된 가장 흥미로운 책 가운데 하나다."[24] 젊은 여성들에게 인기 있는 읽을거리로 이 책을 추천하는 문학적 언급은 끝이 없다. 새커리의 『허영의 시장』(1847~48)의 젊은 여주인공 베키 샤프는 친구 아멜리아 세들리에게 이렇게 말한다. "오, 정말이지, 거기 큰 홀은 틀림없이 우돌포의 그 성에 있는 큰 홀만큼 크고 음침할 거야."[25] 제인 오스틴의 『노생거 수도원』(1818)의 여주인공 캐서린 몰랜드는 아름다운 휴양지 바스에서 이사벨라 소프에게 고딕소설을 소개받는다.

"그런데 캐서린, 오전에는 뭐 했어요? 우돌포 읽었어요?"

"네, 눈뜨고 나서 내내 그 책만 읽었어요. 검은 천 이야기까지 왔어요."

"그래요? 얼마나 재미있었을까. 음, 그래도 그 검은 천 뒤에 뭐가 있는지는 안 가르쳐줄래요. 궁금해 미치겠죠?"

"정말 그래요. 도대체 뭘까요? 그래도 말하지 말아요. 제가 직접 읽을래요. 해골이 있을 것 같아요. 로렌티나의 해골이 틀림없어요. 세상에, 전 이 책에 푹 빠졌어요. 진짜로, 평생 읽어도 지루하지 않을 거예요. 이사벨라를 만날 약속만 아니었다면, 세상을 다 준다 해도 그 책에서 눈을 떼지 않았을 거예요."

"캐서린, 그렇게 말해주니 얼마나 고마운지. 우돌포를 다 읽으면 우리 함께 『이탈리아인』을 읽어요. 캐서린을 위해 이미 똑같은 종류의 소설 열 권인가 열두 권쯤 목록을 만들어두었어요."

"그래요? 아이 좋아라! 그래, 어떤 책들이에요?"

"지금 제목을 읽어줄게요. 여기 지갑에 넣어두었거든요. 볼펜바흐 성, 클레르몽, 수수께끼의 경고, 검은 숲의 주술사, 한밤의 종소리, 라인 강의 고아, 공포의 수수께끼. 한동안은 재미있게 보낼 수 있을 거예요."

"그래요, 정말 그럴 거예요. 근데, 전부 무서운 이야기이지요? 진짜로 무시무시한 거 맞지요?"

"그럼요, 확실해요. 내 각별한 친구인 앤드루스 양이 벌써 그 책들을 다 읽은걸요. 그녀는 정말이지 세상에서 제일 사랑스러운 사람이에요."[26]

무시무시하다는 표현은 맞는 말이었다. 엘리자 파슨스의 『볼펜바흐의 성』(1793)에서, 사악한 백작은 젊은 빅토리아에게 연인이 고문당해 죽는 것을 지켜보게 한 다음, 머리 잘린 주검과 함께 그녀를 창문 하나 없는 캄캄한 방에 가둬버린다. 공포물이 작가들을 부자로 만들어주지는 않았지만—엘리자 파슨스는 가난하게 죽었다—『우돌포의 비밀』(1794)과 『이탈리아인』(1797)은 앤 래드클리프를 그 시대의 유명한 고딕소설 작가로 만들어주었다(그리고 그녀의 책들은 값싼 보급판으로 인쇄하면 지금도 이윤이 남는다). 하지만 저자들이 항상 자신이 고딕이나 공포 장르를 쓰고 있다고 인식했던 건 아니어서, 래드클리프는 『우돌포의 비밀』의 부제로 판타지 작품을 뜻하는 '로맨스'라는 용어를 썼다.

『이탈리아인』은 제목과 배경부터 시작해서, 영리하게 문학 마케팅을 편 경우였다. 이탈리아는 18세기 영국 독자들에게 잘 알려져 있었다. 그들은 고대문학을 통해, 그리고 그 무렵에 나왔던 수많은 여행기를 통해 이탈리아의 역사를 익히 알고 있었다. 이탈리아는 유럽 관광의 백미였다. 영국 귀족들과 상층 부르주아들은 너도 나도 팔라디오의 건축 원리에 따라 저택과 시골 별장을 짓고, 이탈리아에서 실어온 대화가들의 작품으로 집안을 채웠다. 그런 한편으로 이탈리아는 프로테스탄트 영국에서 영적 부패의 핵심으로 여기는 것, 곧 교황과 로마 가톨릭교회에 매여 사는 알 수 없는 나라이기도 했다.[27] 『이탈리아인』은 다양하고 익숙한 서사 요소들을 영리하게 버무린 고전적 이야기다. 상류층의 두 사람, 엘레나 디 로살바와 비발디가 사랑에 빠졌는데, 이들이 결혼을 하려면 장애물들을 뛰어넘어야 한다. 만초니의 고전 『약혼자』에서도 그렇듯이, 이들의 장애물은 비발디의 어머니와 교활하고 잔인한 수도사 스케도니(수도사가 되기 전에는 귀족이었다)라는 힘 있는 이들이다. 여기에 더해 납치, 사악한 사제들, 몇몇 착한 사제들, 끔찍한 종교재판도 등장한다.

앤 래드클리프는 소설로 제법 돈을 벌었다. 그녀는 『우돌포의 비밀』로 500파운드, 『이탈리아인』으로 800파운드(오늘날의 금액으로 환산하면

약 6만 파운드)를 받았다. 제인 오스틴은 『에마』(1815)를 쓸 때에는 300파운드를 받았지만, 1803년에 『노생거 수도원』의 원고를 넘기고 받은 고료는 겨우 10파운드였다〔원고를 사들이고도 출판에는 부정적이었던 런던의 서적상 크로스비 회사는, 1817년에 애초에 사들인 값 10파운드를 받고 저자 제인 오스틴의 오빠 헨리에게 판권을 되팔았다. 그들은 저자가 이미 베스트셀러 소설 네 권을 낸 인기 작가가 되어 있다는 사실을 몰랐다. 글을 다시 다듬은 오스틴은 그해 7월 18일에 세상을 떠났고, 이듬해에 소설이 출간되었다〕. 서른두 살에 은퇴를 선택한 래드클리프는 오스틴과는 달리 살아 있는 동안에도 무척이나 유명했다. 래드클리프의 소설들은 많은 판본으로 출간되었고, 챕북 축약본이 나왔으며, 연극으로 각색되었고, 아주 폭넓은 모방작을 낳았다. 엄청나게 많은 책이 비슷한 제목—『숲의 비밀』, 『우돌포의 수도사』, 『이탈리아의 비밀』—을 달고, 때로는 그녀의 이름조차 그대로 둔 채 살짝 비틀어서('메리 앤 래드클리프'), 유럽 곳곳으로, 적어도 소설을 읽는 독자들이 있는 지역—유럽 대륙에서 그리 넓은 면적은 아니었다—으로 팔려 나갔다. 이를테면 스페인에서는 래드클리프 소설의 첫 번역본이 1819년에야 나왔다. 원본이 1790년에 처음 출간된 『시칠리아 로망스』가, 그해에 이르러 프랑스어판에서 재번역된 것이었다. 『우돌포의 비밀』 번역본이 나온 것은 1832년에 이르러서였다.[28] 래드클리프가 순탄하게 작가생활을 할 수 있었던 것은 우선 아이가 없었고, 신문 『잉글리시 크로니클』의 사주이자 편집인이었던 남편이 외조해준 덕분이었을 것이다.[29] 하지만 판매 면에서는 래드클리프보다는 초자연적인 설명에 의존하는 매슈 루이스의 『수도사』(1796)가 앞섰을 확률이 높다. 이 소설에는 유혹녀 마틸다(악마)와 순결한 안토니아를 향한 암브로시오의 정욕이 대담하고도 섬세하게 묘사되어 있고, 살인, 복장도착, 고문, 강간, 근친상간, 신성모

영국의 최초, 최장의 총리 로버트 월폴 경의 넷째 아들로 태어나 케임브리지 대학을 나온 호레이스 월폴은 고딕소설의 선구 『오트란토 성』을 쓴 소설가일 뿐만 아니라, 20세기에 그의 편지들이 47권의 서간집으로 묶인 영어권에서 가장 꼼꼼한 서간문 작가이기도 했다.

독, 시간은 물론 종교재판까지를 감질나게 보여주기 때문이다—이것은 저항할 수가 없는 혼합이다.

월폴, 래드클리프, 루이스는 고딕소설을 철저하게 영국적인 장르로 확립했다—그렇지만 그 기원은 독일이라 할 수 있다. 늘 그렇듯이, 영국의 고딕소설 비평가들은 그것이 외국에서 기원했다는 사실을 한탄했다. 그들은 그런 무시무시한 소설들이 독일적 특징을 띤 가장 나쁜 성향들, 곧 통제되지 않은 감정, 혁명적인 감상, 온갖 유형의 성적 일탈을 구현하고 있다고 생각했다. 제인 오스틴이 『노생거 수도원』에서 언급한 일곱 종의 '무시무시한' 소설들 가운데 두 종이 독일 작품이었다. 카를 그로세의 『공포의 수수께끼』(1796, 원제는 시장에서 덜 먹힐 법한 『정령』이었다)와 카를 프리드리히 칼레르트의 『주술사』(1794)였다. 월터 스콧은 1814년의 『웨이벌리』서두에 소설 제목을 '웨이벌리'라고 붙인 까닭을 밝혔다. 그것은, 만약 "독일 로망스라고 하면 독자들은 '방탕한 수도원장, 포악한 공작, 그리고 고깔모자가 달린 검은 외투, 동굴, 단검, 전기장치, 비밀문, 어두운 초롱 같은 소도구 일체를 갖춘 비밀스럽고 신비스러운 장미십자회와 일루미나티회"를 기대할 터였기 때문이었다.[30] 스콧은 1827년 7월 『포린 쿼털리 리뷰』에 발표한 초자연적 소설에 관한 글에서 독일인들이 특히 환상적인 이야기에 강하다는 걸 사실로 인정했다. 어쨌든, 1790년대에는 영국과 독일 사이에 문학의 교류가 꽤 활발했다. 루이스와 래드클리프의 작품들은 독일어로 번역되었고, 루이스는 거꾸로 스위스 작가 하인리히 초케(1771~1848)의 『대도적 아벨리노』를 번역했다. 이 작품은 실제로는 진정한 신사인 산적들에 관한 이야기인 옛 장르로 쓴 글이었다.[31]

기원이야 어떻든, 고딕장르는 명백히 영국적인 것이었다. 호레이스 월폴의 『오트란토 성』이 나온 1764년에서 찰스 매튜린의 『방랑자 멜모스』가 출간된 1820년 사이에, 영국에서만 4,500~5,000종의 고딕소설이 출판된 것으로 추산된다. 대부분은 여성 작가의 작품이었다.[32] 이 장르에서 더욱 탁월한 재능을 발휘한 매튜린과 『사일러스 아저씨』(1864)를 쓴 셰리든 르 파뉴, 유명한 『드라큘라』(1897)의 작가 브램 스토커처럼 몇몇은 아일랜드인이었다. 윌리엄 레인의 미네르바 출판사 같은 몇몇 출판사는 이 장르를 전문으로 다루었다—이 출판사들이 제인 오스틴의 『노생거 수도원』에서 이사벨라 소프가 '추천'한 일곱 종 가운데 여섯 종을 펴냈다. 1790년에 창립된 미네르바 출판사는 금세 대부분이 여성이었던 영국의 품팔이 작가들을 가장 많이 고용하는 출판사가 되었다. 1798년에 윌리엄 레인은 베스트셀러 작가 10인 명단을 발표했다. 모두 여성이었다. 대부분의 비평가들은 쓰레기 같은 책으로 취급했지만, 레인의 미네르바 소설들 같은 '저급' 장르에서조차도 독자는 중간계급이 압도적으로 많았다.

새라 윌킨슨 같은 다작 작가들의 몇몇 고딕소설은 표준적인 주제를 재활용한 것으로, 24쪽짜리 챕북 정도의 분량이었다. 서적행상들이 이런 책을 유통시키면서 고딕장르는 더욱 확산되었다. 루이스의 『수도사』는 거의 출간되자마자 챕북으로 축약되었다(이것이 샤를 구노의 두 번째 오페라인 1854년작 〈피투성이 수녀〉에 영감을 주었다). 샬럿 데이커의 18세기 말 소설 『조플루야』는 『베네치아의 악마』(1810)라는 챕북 수정판으로 읽을 수 있었다. 아마도 이 책에 담긴 성과 폭력의 혼합이 명망 있는 옥스퍼드 대학 출판부가 1997년에 이 책을 다시 출간하게 한 요인으로 작용했을 것이다.[33]

새 장르가 받아들여지기까지는 어느 정도 시간이 걸린다. 1780년대의 비평가 대부분은 '본성'을 타락시키고 '인위적인 공포의 이상한 쾌락'을 다루는 책들에 반대했다.[34] 고지식한 『에든버러 리뷰』는 월폴의 『오트란토 성』은 유치하다고 생각했지만, 그보다는 덜 기괴한 클라라 리브의 『늙은 잉글랜드인 남작』은 호평했다.[35] 1790년대에는 비평가들이 새로운 장르에 익숙해졌다. 앤 래드클리프의 『우돌포의 비밀』은 열광적인 반응을 얻었다. 콜리지는 루이스의 『수도사』를 음란하다고 생각하면서도 진지하게 비평했다.[36]

프랑스에서는 처음에 영국 고딕소설—고딕소설, 낭만소설, 무덤소설, 누아르소설 따위로 다양하게 분류했다—을 진지하게 받아들이지 않았다. 『메르퀴르 드 프랑스』(1767년 4월호)는 월폴의 『오트란토 성』 프랑스어 번역본(암스테르담에서 출간되었다)을 평하면서, "몇 시간을 유쾌하게 보내게 해주는 소일거리로나 어울릴" 뿐이라고 했다. 1787년에 프랑스어판이 나온 클라라 리브의 『늙은 잉글랜드인 남작』(1778)도 비슷하게 차가운 반응을 받았다. 두 작품 모두 널리 읽히지 않았다. 그러나 1782년에 당대 최고의 인기 작가 장리스 백작부인은 고딕 주제를 활용해, 질투 많은 남편 탓에 9년 동안을 갇혀 지낸 불행한 여인의 이야기 『아델과 테오도르』를 발표했다. 그녀는 『알퐁신』(1806)에서도 똑같은 모티프를 썼다. 몽칼드 백작이 3년 동안 아내를 동굴에 가두어놓고, 독살하려다가 실패한다는 이야기다. 아내는 남편이 죽고 나서야, 그것도 남편의 두 번째 아내에 의해 발견된다.37) 여기에는 래드클리프의 영향이 뚜렷하지만, 또 한편 '푸른 수염' 이야기의 끈질긴 생명력을 보여준다.

여기에 고무된 프랑수아 기욤 뒤크레 뒤미닐(1761~1819)은 '무시무시한' 소설들을 잇따라 쓰기 시작했다. 『퀼리나』(1798)는 자신의 (남자) 친척들에게 학대당하는 불행한 퀼리나(신데렐라의 또 다른 환생이다)의 이야기다.38) 이 책은 11번이나 판을 바꾸어 찍어가며 18세기의 문학적 대성공 가운데 하나가 되었지만, 그렇다고 일부에서 주장하듯이 120만 부나 팔렸을 것 같지는 않다.39)

1800년 무렵, 지금은 잊힌 프랑스 모방작들—마담 메라르 드 생쥐스트의 『암흑의 성, 또는 처녀 오펠의 고통』(1799) 같은 작품들—이 홍수처럼 시장에 쏟아져나왔다. 고딕소설에 대한 수요가 너무 커서 래드클리프와 루이스 소설만으로는 감당이 되지 않았기 때문이다. 물론 작가들은 '번역본'이라고 우기며 생산해내는 훨씬 더 '정통적'인 영국식 고딕소설들을 얼마든지 공급할 수 있었다. 다작 작가 에티엔 레옹 드 라모트 우당쿠르는 "앤 래드클리프의 작품을 옮긴" 『비밀 무덤의 은둔자』(1817)로 앤 래드클리프의 작품 전집을 "풍부하게 해주었다".40) 조르주 상드는 향수에 젖어 옛일을 회상한다. 어릴 적 노앙에서 그녀는 "마담 래드클리프"의 『피레네 성』을 "기쁨에 겨워, 공포에 떨면서" 읽었고, 그녀와 친구들의 머릿속은 "머리카락이 쭈뼛 서는" 스코틀랜드와 아일랜드의 전설들

고딕소설 열풍을 풍자한 제임스 길레이의 1802년 판화 〈놀라운 이야기〉. 촛불 아래에서 여성들이 잔뜩 긴장한 채 매슈 루이스의 『수도사』를 함께 읽고 있다. 이 방의 장식품들은 소설의 내용을 암시한다.

로 가득 차 있었다고. 사실 그녀가 언급한 책 『피레네 성의 환영들』—이것이 정확한 제목이다—은 진짜 래드클리프의 작품이 아니었다. 그것은 래드클리프를 모방했던 수많은 프랑스 작가 가운데 한 사람인 캉티랑 드 부아리인가 하는 이가 지은 책이었다. 어쨌든 그 책은 목적을 이룬 걸로 보인다. 어린 조르주 상드, 그리고 그녀와 같은 수많은 사람들을 기쁘게도 무섭게도 해주었으니 말이다.[41] 1850년에 베네치아에 도착한 고티에는 답장에 이렇게 썼다. "우리는…… 앤 래드클리프의 소설 속을 여행하는 느낌이었다. …… 세 명의 종교재판관에 관한 오랜 역사, 10인위원회…… 복면을 쓴 첩자들. 우리를 둘러싼 축축하고 시커먼, 차가운 공포가 우리를 짓눌렀다."[42]

프랑스에서 영국 고딕소설의 인기가 크게 오른 것은 혁명 후였다. 순간지旬刊誌 『데카드 필로조피크』는 래드클리프를 칭찬했다. 그녀가 다른 고딕소설가들과는 달리 초자연적으로 보이는 현상을 늘 합리적으로 설명한다는 이유에서였다. 영국에서는 이것이 특별히 칭찬할 거리가 아니었지만, 프랑스에서는 공포소설에서도 합리주의가 중요했다. 『메르퀴르 드 프랑스』 역시 그녀의 반교권주의를 찬양했다―사실 래드클리프는 반가톨릭 프로테스탄트였다.[43] 1804년 7월, 스탕달은 누이동생 폴린 베일에게 보내는 편지에서, 조카 가에탕에게 세르반테스를 비롯한 으레 일컬어지는 고전뿐만이 아니고 『우돌포의 비밀』과 『이탈리아인』―그가 유일하게 꼽은 현역 작가의 소설들―도 읽혀야 한다고 말한다.[44] 러시아에서는 초자연적으로 보이는 현상을 다룬 소설들이 나름의 과제를 안고 있었다. 초자연적인 것은 미신임을 보여주어야 했던 것이다. 서유럽, 특히 영국에서는 프랑켄슈타인이 괴물을 창조할 수 없다거나 유령은 없다는 것을 보여줄 필요가 없었다. 영국이나 프랑스의 독자는 이런 것들을 믿지 않았다. 러시아와는 달리, 미신은 더는 쟁점이 아니었다.[45]

메리 셸리가 1818년에 『프랑켄슈타인』을 발표할 때쯤 되면, 공포물을 만들어내는 재주만큼은 영국 여성들이 단연 뛰어나다는 사실을 많은 이들이 인정하고 있었다. 특히 발자크는 등장인물 가운데 한 사람을 내세워 이렇게 선언한다. "기괴한 생각에 관한 한, 여자들의 상상력은 남자들보다 훨씬 뛰어나다. 그것은 셸리 부인의 프랑켄슈타인이나…… 앤 래드클리프의 작품들에서 보는 바와 같다."[46] 그래서인지, 발자크는 자신의 소설 『백 살 노인 또는 베랭겔드 가문의 두 사람』의 플롯을 매튜린의 『방랑자 멜모스』(1822)에서 훔쳐왔다.[47]

고딕장르는 연극으로 각색하기에 특히 좋았다. 런던에서는, 헨리 윌리엄 그로셋이 1797년에 루이스의 작품 『수도사』의 다양한 하부 플롯을 활용해 멜로드라마 『레이먼드와 애그니스』를 썼다.[48] 파리에서는, 샤를 길베르 드 픽세레쿠르의 『아프냉 성 또는 살아 있는 유령』(1799)이 엄청난 성공을 거두었다.49) 1815년 이후의 왕정복고기에, 특히 낭만주의운동의 발전과 멜로드라마의 쇄도와 함께, 고딕소설은 프랑스에서 굳게 뿌리를 내렸다. 1820년대와 1830년대에 도서대여점에서 빌려보는 전형적인 소설은 영국 고딕소설이었다.50) 에티엔 들레클뤼즈는 『예순 해의 회고록』에서, 너무 많은 젊은이들이 우울증에 시달리는 것으로 보이는데 그것은 고딕소설을 읽은 탓이라고 썼다.51) 이 장르의 공식이 얼마나 빤했던지, 1798년에는 『스펙타퇴르 뒤 노르』 4~6월호가 작가 지망생들에게 훌륭한 고딕소설을 쓰는 비법을 알려줄 정도였다―황폐한 성을 배경으로 할 것, 수많은 방문이 늘어선 기다란 복도가 있고, 칼에 찔리고 목이 졸린 노부인을 포함해 아직 피가 흐르는 시체를 적어도 세 구 이상 등장시킬 것, 몇몇 도적들과 희미한 소리와 끔찍한 소음을 더할 것.52) 앞에서도 말했듯이, 패러디는 인기 장르의 확실한 징표다. 1799년에 나온 『영국의 밤』이라는 딱 어울리는 제목의 패러디 소설은, 한 고딕소설광에게 친구들이 짓궂은 장난을 치는 이야기다. 그가 잠든 사이에, 친구들은 변장을 하고 그를 비밀스러운 작은 방들이 가득한, 으스스하고 황폐한 성으로 데려간다. 성을 빠져나가려면 악마와 계약을 맺어야만 했고, 그는 그 계약에 따라 앞으로 리처드슨, 필딩 같은 존경할 만한 작가들의 작품이 아니면 다시는 영국 소설을 읽지 않겠다고 약속한다.

영국 고딕소설은 유럽 전역을 휩쓸었다. 폴란드에서 가장 유행했던 외국 소설은 샤토브리앙 같은 프랑스 낭만주의자들의 작품이었지만, 래드클리프류의 고딕소설은 안나 모스토프스카 같은 소설가들에게 영감을 주었다.53) 칼 요나스 로베 알름크비스트의 낭만주의 고전 『왕비의 보석』(1834)은 스웨덴 고딕소설이라 할 수 있다.54)

영국 고딕소설은 유럽을 휩쓸었다. 그리고 고딕소설의 창시자 월폴은 30년을 들여 런던 남서부 트위크넘에 원형 탑, 총안이 있는 흉벽, 아치형의 창 등을 넣은 고딕 양식의 저택 '스트로베리 힐'을 지었다.

이 장르는 독일에서도 매우 성공적이었는데, 독일에서는 '공포소설'이라고 불렸다. 그러나 다른 나라로 수출되지는 않았고, 끝내 영국 고딕소설과 같은 국제적인 명성은 얻지 못했다. 1808~10년에 독일 여행기를 쓴 스탈 부인에 따르면, 독일에서는 모든 이가 유령과 마녀 이야기에 빠져 있었다.[55]

뱀파이어 같은 몇몇 주제들은 1897년에 브램 스토커의 『드라큘라』가 등장하기 오래전에 이미 독일에서 등장했다. 1800년에 독일에서 출간된 소설 약 400종 가운데 126종을 검토한 결과, 37종이 '고딕'소설로 분류할 만한 것들이었다.[56] 에른스트 호프만은 가장 유명한 독일 '고딕' 작가로 남아 있다. 그의 환상적인 이야기들 가운데 몇몇이 자크 오펜바흐의 오페라 〈호프만 이야기〉(1880)와 레오 들리브의 발레 〈코펠리아〉(1870)에 쓰였다. 호프만은 로버트 루이스 스티븐슨이 『지킬 박사와 하이드 씨』

(1886)를 쓰기 한참 전에, 『악마의 묘약』(1815~16)에서 이중인격자, 곧 도플갱어를 등장인물로 삼았다.

고딕소설이 인기를 끈 주요한 이유 가운데 하나는 교육수준이 서로 다른 다양한 이들이 즐길 수 있다는 점이었다(20세기의 탐정소설과 과학소설처럼). 거기에는 어떤 뚜렷한 계급적 함의도 없었다. 고딕소설은 제인 오스틴의 책처럼 식자층 집안의 서재에서도, 또는 축약된 챕북처럼 빅토리아 시대 하녀의 조촐한 방에서도 쉽게 찾아볼 수 있었다.

고딕소설들은 베스트셀러였을까? 정확한 수치는 남아 있지 않다. 그리고 어떤 경우에도, 몇몇 인기 작가들이 꽤 많은 판매부수를 기록한 것은 성공한 책 한두 권 덕이 아니었다. 아주 간단하게 말해서, 그것은 그들이 수많은 작품을 써서 시장에 쏟아부었기 때문이었다. 게다가 '공포'는 여러 가지로 가능한 분류 가운데 하나에 지나지 않는다. 대부분의 고딕소설은 연애 이야기를 다루고 있으므로, 지금만큼 그때도 인기를 끌었던 연애소설과 성애소설에 고딕소설을 포함시켜도 될 것이다.

18세기 말과 19세기 초에 많이 팔린 책들은 지금은 사실상 잊혔다. 피고 르브룅(1753~1835)과 폴 드 코크(1793~1871)의 책들은 생전에도 종당 몇천 부밖에 팔리지 않았을 것이다. 그러나 이들은 수많은 작품을 썼고, 프랑스와 유럽 다른 곳의 독서공중에게 굉장히 잘 알려져 있었다. 드 코크는 100권의 책과 200편의 희곡을 남겼는데, 다루기 쉬운 '여공들'을 뜨겁게 쫓아다니는 붙임성 좋은 부르주아의 외설적인 이야기를 주로 썼다. 뒷날 점잖은 척하는 이들은 그를 문지기들의 작가로 여겼지만, 당대에 그는 다양한 취향의 사람들에게 두루 사랑받았다.[57] 드 코크 소설의 전형적인 등장인물은 조르제트였다. 같은 제목의 소설 주인공인 그녀는 여러 귀족들과 잠자리를 함께하고 그 결과로 고통받는다. 드 코크는 그보다 앞서 활동했던 레티프 드 라 브르톤(1734~1806)의 문학적인 성과(재정적으로는 실패했던)를 바탕에 깔고 있었다. 인쇄업자이기도 했던 레티프(또는 레스티프)는 '하녀들의 볼테르'나 '시궁창의 루소'라는 경멸 투의 별명으로 알려져 있었다. 그는 18세기 작품들이 흔히 그랬듯이 자유사상과 철학적 사유를 성적인 묘사 및 폭력과 뒤섞어놓은 수십 권의 책ㅡ그리고 6만 쪽에 이르는 자서전ㅡ을 썼다.[58] 저급장르와 고급장르를 가르는 선이 명확하지 않았던 까닭에, 그의 책은 독일어로 번역되었고, 실러가 괴테에게 보낸 한 편지에서 드러나듯이 독일인들은 그를 프랑스의 주요 작가로 여겼다.[59] 레티프는 루이 비네의 대담한 삽화를 곁들인 서간체 소설『타락한 농민』(1775)에서, 눈알 후벼내기, 팔 자르기, 형제살해, 근친상간을 플롯에 도입했다.[60]

　피고 르브룅의 책들은, 최대의 성공작『사육제의 아기예수』처럼 흔히 밑바닥 출신의 인생역정을 다루었다. 주인공은 온갖 모험을 거치면서 당국과 사제들을 경멸하게 된다.[61] 그의 더욱 외설적인 소설들도 인기가 있었다.『드 로베르빌 씨』(1809)에서는 갓 결혼한 신혼부부가 몇 달 동안 침대에서 보내기로 작정하고, 이웃들은 불평한다. 그러다가 부부는 서로에게 싫증을 느끼고, 멍청한 주인공은 오쟁이를 진다. 이 책은 1825~52년(검열이 특히 심했던 기간)에는 판매를 금지당했다. 한편『클레망틴, 남녀 추니 고아』와『팔레루아얄의 요정들』같은 제목의 성애소설도 인기를 끌었다. 그 가운데에는 더러 슈아죌 뫼즈 백작부인의『쥘리 또는 내 순결한 장미를 지켰네』처럼 여성이 쓴 작품도 있었다.[62]

제9장

'밝은 광채 속'[1])의 월터 스콧

빛나는 별, 스콧

영국 소설은 대륙, 특히 대륙 전체를 향한 발사대라 할 수 있는 프랑스에서 성공을 거두면서 더 큰 성공을 위한 발판을 마련했다. 할리우드 영화, 프랑스 음식, 이탈리아 디자인처럼 문화상품의 국적이 상표 역할을 하는 경우가 흔히 있다. 필딩, 디포, 리처드슨 덕분에 소설은 이제 '잉글랜드의English' — 19세기 초의 유럽 대륙에는 '영국의British'라는 개념이 없었다 — 전형적인 산물로 여겨지게 되었다. 영국이 이런 영향력을 발휘한 데에는 기술과 산업의 발전, 부의 성장, 상대적으로 관대한 제도 같은 다른 이유도 있었다. 영국은 이제 불완전하게나마, 미국이 약 200년 뒤에 맡게 될 역할을 수행하기 시작했다. 그것이 '불완전하게나마'인 까닭은, 대영제국은 절정기에도 소련 붕괴 뒤의 미국처럼 전 세계적인 지배력을 행사한 적이 한 번도 없었기 때문이다.

영국의 최대 경쟁자인 프랑스는 일시적으로 손이 묶여 있었다. 워털루 전투는 세계를 향한 프랑스의 군사적 야심을 쓸어버렸다. 프랑스 소설의 위대한 계절은 아직 오지 않았다. 1815년에 발자크(1799년 출생),

위고(1802), 알렉상드르 뒤마(1802), 외젠 쉬(1804), 조르주 상드(1804)는 아직 학교에 다니거나 습작을 하고 있었다. 유럽은 영국에서 끊임없이 흘러 들어오는 고급소설과 저급소설, 꾸준히 흐름을 이어가는 낭만주의 시, 규칙적으로 배달되는 잉글랜드와 스코틀랜드 정기간행물, 새로 발견된 셰익스피어를 부지런히 소화하고 즐기고 있었다.

낭만주의 혁명을 겪은 식자층은 이제 민족문화, 민족사, 지역문화, 원시적인 것이나 낯선 것, 미스터리와 민담을 받아들일 준비가 되어 있었다. 문화의 국제화도 확대되었다. 프랑스는 작가들을 수출하기만 한 게 아니고 다른 나라 작가들의 작품도 읽었다. 주로 바이런, 토머스 무어, 사우디, 셸리 같은 영국 시인들의 작품이었지만, 독일의 괴테와 실러의 작품, 스페인의 로만세로〔스페인의 민속 발라드〕와 드라마도 있었다. 심지어 근동, 페르시아, 인도의 고전이나 중국의 새로운 작품처럼 유럽 외부에서 수입된 것들도 있었다. 1826년에 프랑스의 저명한 중국학자 아벨 레뮈자가 번역한 작자 미상의 중국 소설 『유 키아오 리, 두 사촌』〔『옥교리玉嬌梨』〕(매력적인 딸을 둔 부자 아버지가 사윗감을 구하면서 구혼자들을 혹독하게 시험하는 이야기)은 프랑스 살롱들에서 큰 인기를 얻었고, 이듬해에 영어로 번역되었다.

18세기에는 신화 · 종교 · 목가적인 주제가 대부분이었지만, 1770년대와 1780년대에는 과거로 모험을 한다는 관념이 전면에 등장했다. 역사화는 미술의 정점으로 간주되었다. 프랑스의 살롱전에서 1804년에는 역사화가 겨우 6점 전시되었을 뿐이지만, 그 수는 1806년에는 18점으로, 1810년에는 25점으로, 1814년에는 86점으로 늘었다.[2] 영국을 비롯해서 어디에서나 역사화 수집이 크게 유행했다.[3]

영국의 대학과 사립학교는 19세기 중반까지도 역사교육을 그다지

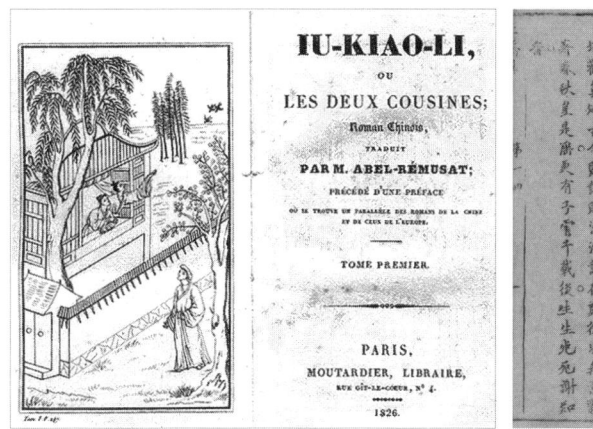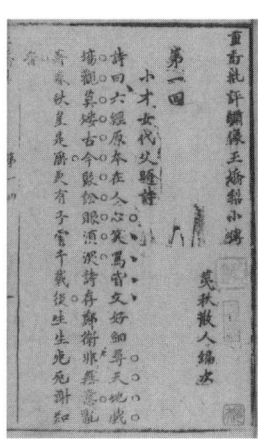

낭만주의 혁명을 거쳐 1770년대부터 역사에 대한 관심이 높아졌다. 사진은 1826년에 아벨 레뮈자가 프랑스에 소개해 인기를 끈 중국 소설 『유 키아오 리, 두 사촌』의 표제지와, 명말청초의 '재자가인 소설'로 분류되는 『옥교리』의 첫 대목이다. 『옥교리』의 가장 오래된 판본은 '이추산인'이 편집한 것이다.

중요하게 여기지 않았지만, 역사에 대한 관심은 영국과 대륙 전체에 널리 퍼졌다. 역사는 정치적 논쟁에서 논박의 무기로 널리 이용되어, 사람들은 흔히 역사적 사실과 인용으로 상대를 논파하곤 했다.[4]

이것이 역사소설이 등장한 맥락이다.

월터 스콧 소설의 세계적인 성공은 그때까지 그 어떤 소설가가 살아서 거둔 성공도 훌쩍 뛰어넘는 것이었다. 스콧이 '흥미진진한 소설'을 쓰는 작가로 명성이 높아지자, 많은 독자가 도서대여점에서 그의 책을 빌렸다. 1820년대 말에는 그의 전집—약 30권이다—이 다시 인쇄되어 영국의 신청자 3만 명에게 월부로 판매되었다.[5]

유럽과 북아메리카에서 스콧의 영향력은 엄청났다. 소설가 마리아 에지워스는 스콧의 신작소설이 런던에서 나오고 불과 한 달 뒤에 미국에서 더 싼 값에 출간되었다는 소식을 어느 미국 손님한테 들었다고 썼다.[6] 스콧의 소설은 연극과 오페라로 각색되었고, 20세기에는 영화와 텔레비전 연속극으로 각색되었다. 스콧 소설의 주제는 요즘에는 흔히 '관련 상품'이라고 부르는 것들(스코틀랜드 체크무늬 모직물, 스코틀랜드 어깨걸이, 발라드 따위)을 만들도록 자극했다. 스콧은 스코틀랜드라는 이미지를 만들어내다시피 했고, 이 이미지는 오늘날까지 이어진다. '할리우드식 스코틀랜드'와 '스코틀랜드의 전통'은 월터 스콧 덕이거나 그의 탓임이 틀림없다.

이 열광적이고 지칠 줄 모르는 작가 덕분에 사람들은 '역사소설'의 잠재적 매력을 깨달았다. 역사소설이란 독자가 과거로 순간이동하게 해주는 일종의 타임머신이었다. 물론 고전에서도 같은 효과를 얻을 수 있겠지만, 살아 있는 작가는 동시대인의 입맛에 맞춘 이야기를 들려주고, 다른 점과 같은 점을 강조하고, 무엇보다도 위안이 되는 과거의 그림을 제공할 수 있었다. 사람들은 전문 역사가가 부담스러운 사실들을 꽉꽉 채워가며 길고 지루하게 쓴 학술서를 힘들여 읽는 대신, 재미를 느끼면서 자기도 모르는 사이에 역사 지식을 쌓을 수 있었다. 대중의 관점에서 본다면 알렉상드르 뒤마는 그 시대 프랑스의 대표적인 역사가였다. 그람시가 말했듯이, 프랑스 역사소설의 인기로 인해 이탈리아 사람들은 자기네 군주제나 혁명 전통보다 프랑스의 전통을 더 잘 알게 되었다.[7]

역사소설은 이후 200년 동안 줄곧 다른 매체로 쉽게 바꿀 수 있는 주요 장르 가운데 하나였다. 월터 스콧 이후 역사소설이 꾸준히 인기를 누린 것은 "이런저런 민족 전통을 정당화하려고 만든 학교의 역사 입문서를 통해 사람들이 대체로 어느 정도는 역사 지식을 갖추고 있었다는 사실"과 관련이 있다.[8]

역사극의 인기—셰익스피어, 라신, 실러를 필두로 아주 많은 작가들이 인기를 끌었다—는 허구화된 역사에 열광하는 관객이 있다는 사실

헨리 레이번이 그린 월터 스콧. '역사소설의 창시자' 스콧은 스코틀랜드를 배경으로 한 『가이 매너링』, 『로브 로이』, 『미들로디언의 중심부』 등의 역사소설에서 가게 주인, 어부, 농민, 변호사, 거지, 동네 바보, 밀수업자, 집시 같은 다양한 스코틀랜드인들의 생활상을 그려냈고, 그리하여 지금까지 이어지는 스코틀랜드의 이미지들을 만들어냈다.

을 보여주었다. 신화와 서사시 또한 과거를 다루었다. 성서의 많은 부분도 '역사'를 자처한다. 더 일반적으로 말하면, 대부분의 내러티브의 구조는 지금 이야기되는 것이 현재가 아닌 다른 시간에 일어난 사건이라고 암시한다. 역사-느슨하게 정의한-는 늘 흥미로웠다. 나아가 역사는 가벼운 소설과는 달리 진지한 문제였다. 고맙게도 앤서니 트롤럽이 인정해주었듯이, 이 두 가지를 결합함으로써 소설읽기도 존중받는 일이 될 수 있었다.9)

　월터 스콧의 시대에 소설읽기는 그렇게 존중받는 일이 아니었다. 시인, 학자, 법률가로 평판을 쌓은 스콧은 1814년에 『웨이벌리』를 발표하면서 익명으로 남는 것이 신중한 태도라고 생각했다. 이후에 나온 책에는 '『웨이벌리』의 저자'라고 서명을 했으니, 마치 "『웨이벌리』를 좋아한 사람은 이것도 좋아할 것이다"라고 말하는 것과 같았다. 저자의 정체를 가린 것이 무의식적인 마케팅 전략으로 기능했는지도 모른다. 식자층은 이 문제를 두고 뒷공론을 했다.[10] 1822년 1월 17일, 마리아 에지워스는 흥분해서 소피 럭스턴에게 편지를 썼다. "월터 스콧에 관한 뒷이야기를 들었는데, 그 사람이 지금까지 그가 썼다고 소문난 소설들의 진짜 저자라는 사실이 의심의 여지 없이—혹시 의심이 있었다면 말이야—증명되었어."[11] 스콧은 결국 1827년 2월 23일의 공식 만찬에서 당대에 가장 큰 성공을 거둔 소설들의 저자가 바로 자신이라고 공개적으로 고백했다. "…… 장난이 너무 오래 계속되어 지겨워졌다."[12] 제인 오스틴은 일찍이 1814년 9월(『웨이벌리』는 겨우 두 달 전인 7월에 나왔다)부터 그 점을 추호도 의심하지 않았다. "월터 스콧은 소설, 특히 좋은 소설을 쓸 권리가 없다. 그건 불공평하다. 그는 이미 시인으로서 충분한 명성과 돈을 얻었으니, 다른 사람들 입에 들어갈 빵을 빼앗아선 안 된다."[13]

역사소설은 몇 개 장르에 다리를 걸칠 수 있었다. 우선 강렬한 사랑 이야기와 고딕장르의 스릴을 담을 수 있었다. 스콧의 스코틀랜드는 흔히 야만적이고 원시적인 땅이었으며, 사람들 스스로 부족의식에 젖어 있었다. 영국 독자에게는 이탈리아와 그리스가 먼 곳으로 보였듯이, 스코틀랜드 또한 어둡고 신비에 싸인 곳이었다. 스콧은 이 점을 아주 예리하게 의식하고 있었다. 스콧은 『로브 로이』(1818)에 붙인 서문에서 "앤 여왕과 조지 1세 시대에도…… 글래스고에서 40마일[약 64.4킬로미터]도 떨어지지 않은 곳에" 로브 로이처럼 "야생의 미덕과 섬세한 정책과 아메리카 인디언 같은 거침없는 분방함을 두루 갖춘" 인물이 "아주 많았다"고 썼다. 그는 또 "스코틀랜드 고지 이편의 문명화되고 세련된 생활양식과 저편에 사는 사람들의 거칠고 무법적인 모험"은 "선명한 대조"를 이룬다고도 썼다.[14]

스콧에게는 이 장르의 발달에 이상적으로 어울리는 문학적 배경이 있었다. 그는 스코틀랜드의 민담―그는 스코틀랜드 발라드와 신화를 모아 1802년 『스코틀랜드 변경지방의 음유시가』를 내기도 했다―이나 비극적 살인, 탈출과 구출 이야기에 익숙했다. 또한 여러 유럽 문학에도 익숙해서 괴테의 희곡 『괴츠 폰 베를리힝겐』과 고트프리트 뷔르거의 발라드(1774년에 쓴 유명한 「레노라」 따위)를 번역하기도 했다. 디포, 필딩, 리처드슨에게는 사실주의적 묘사와 등장인물의 가치도 배웠다.[15] 스콧은 자신의 시장, 청중, 비평가를 알았다. 또 사람들이 자신에게 원하는 것을 알았고, 그들에게 그것을 줄 준비가 되어 있었다.

스콧은 헤르더류의 문화적 민족주의―정치적 민족주의와는 완전히 분리되어 기존 정치체제를 위협하지 않는―와, 유럽인들이 자기 '지역' 역사에 관심을 갖게 만드는 능력이라는 두 가지 강력한 요소를 결합했다.[16] 스콧은 내부자/외부자라는 고전적 사례의 한 변종이었다. 그는 완전한 자격을 갖춘 기성체제 구성원으로서, 계관시인의 지위를 제안받기도 했다(그러나 사양했다). 그는 교육, 자신감, 청중, 언어 같은, 필요한 문화자본은 다 가지고 있었다. 동시에 그는 스코틀랜드인으로서 런던 중심의 문화적·문학적 체제가 편안하지는 않은 외부인이었다. 그래서 문화적 중재자로서 그의 입지는 퍽이나 강화되었다. 그는 원시적인 스코틀랜드인에 관해 세상에 이야기할 수 있었다. '그들에게 속한 사람'이었기 때문이다. 그런 한편 그는 교양 있는 사람이었고, 따라서 '우리에게 속한 사람'이었다. 이런 양면적인 지위는 내부자/외부자에게 독특한 이점을 주며, 월터 스콧은 거의 무의식적으로 이 이점을 이용했다. 이것은 그에게 일종의 객관성을 부여했는데, 헝가리의 마르크스주의 비평가 죄르지 루카치는 그 점을 이렇게 표현했다.

위대한 사실주의자 스콧은 역사상 어떤 내전도 주민 모두를, 서로 싸우는 두 진영 가운데 어느 한쪽의 광적인 지지자로 바꿀 만큼 큰 힘을 발휘한 적이 없었다는 사실을 알기 때문에, 때로는 이편에 때로는 저편에 공감하면서 동요한다.17)

스콧과 같은 외부자/내부자의 예는 많다. 18세기 영국에서 가장 위대한 정신의 소유자 몇 명은 스코틀랜드인이었다(데이비드 흄, 애덤 스미스, 애덤 퍼거슨). 뒷세대에도 지배문화를 잘 알면서도 거기에 완전히 흡수되지 않은 내부자/외부자들이 있었다. 파리 정복에 나선 다양한 지방민(발자크, 졸라, 플로베르), 철학, 정치이론, 문학에서 자취를 남긴 남부 이탈리아인(조르다노 브루노, 잠바티스타 비코, 프란체스코 데 상크티스, 조반니 베르가, 루이지 피란델로, 베네데토 크로체, 안토니오 그람시), 문학의 정전으로 밀고 들어가 자리를 잡은 여성 작가들(조지 엘리엇, 에밀리 디킨슨, 조르주 상드, 그라치아 델레다), 빼버린다면 '잉글랜드' 문학의 정전 자체가 완전히 달라지고 빈약해질 아일랜드 작가들(스위프트, 오스카 와일드, 제임스 조이스, 예이츠 등), 그리고 마르셀 프루스트에서 알베르 코헨까지, 솔 벨로에서 필립 로스까지, R. K. 나라얀[라시푸람 크리슈나스와미 리에르 나라야마스와미]에서 살만 루시디까지, 엘리아스 카네티에서 비디아다르 나이폴까지, 프란츠 카프카에서 프리모 레비까지, 마야 안젤루에서 토니 모리슨까지를 아우르는, 20세기 유럽과 북미 문학의 절정기를 지배했던 수많은 유대인, 영어를 쓰는 인도인, 아프리카계 미국인들이 그런 이들이다.

스콧은 한 세대의 소설가 전체에게 영향을 미쳤다. 그가 처음에 대륙에서 인기를 얻은 것은 고급문화와 새로 유행하는 서사시를 결합한 장르 덕분이었다. 스콧은 '억압받는' 민족의 대변인으로 여겨질 수도 있었지만, 사람들은 스코틀랜드 분리라는 대의를 전혀 지지하지 않으면서도 그 과거에 매혹을 느낄 수 있었다. 20세기 사람들이 민권운동이나 인종차별 철폐운동에 조금도 동조하지 않으면서도 재즈를 사랑하거나 흑인 음악가를 존경할 수 있는 것과 마찬가지다. 스콧은 자기 지역의 '민족'사가 지역 독자뿐만 아니라 외부인까지 매혹시킬 수 있다는 것을 보여주었다. 그의 주요 등장인물은 전적으로 허구지만, 그들은 입증 가능한 역사적 사건들 안에서 움직이고 진짜 역사의 인물들을 만난다.

그의 시, 특히 「호수의 여인」(1810)은 스코틀랜드 고지에 관한 독서 공중의 호기심을 한층 더 자극했다. 1745년의 재커바이트의 반란을 그린 첫 번째 주요한 소설 『웨이벌리』(1814) 덕분에 스콧은 세계적인 명성을 얻었다. 그 뒤로 스콧은 『가이 매너링』(1815), 『옛 사람들』(1816), 『로브 로이』(1818), 『미들로디언의 중심부』(1818) 같은 소설을 꾸준히 생산했다.

구체제에 대한 낭만주의적 옹호자였던 스콧은 급속한 사회변화가 불러온 불안과 노스탤지어, 역사에서 '틀린' 쪽에 선 것으로 드러나는 사람들의 심리적 긴장과 개인적 비극을 묘사하는 법을 알았다. 실제로 프랑스혁명과 나폴레옹 전쟁의 여파로 변화가 유럽의 많은 지역을 휩쓸고 있었다. 그러나 스콧과 그의 소설들은 누구에게도 전혀 위협이 되지 않았다.

전체적으로 역사소설은 위안을 주는 장르였다. 일어난 일은 일어날 수밖에 없었다. 발자크의 올빼미당이든 고골의 『타라스 불바』에 나오는 코사크인이든, 19세기 전반의 역사소설은 대부분 반역자들에게 공감하면서도 그들이 중앙권력에 진압당하는 이야기로 끝을 맺는다.[18]

대부분의 장르에서도 그렇지만, 역사소설을 엄격하게 정의하려 드는 것은 시간낭비다. 이것은 결국 독자와 작가 사이의 보이지 않는 계약으로 귀결된다. 어떤 재료는 허구로 간주되고, 어떤 재료는 역사적으로

『웨이벌리』 1893년판에 실린 존 페티의 삽화. 스튜어트 왕가의 후계자 찰스 에드워드 스튜어트의 복위를 노린 1745년의 재커바이트 반란을 배경으로 하여, 이 반란에 휘말린 잉글랜드 군인 에드워드 웨이벌리의 이야기다. 『웨이벌리』가 최초의 역사소설로 여겨지는 것은 과거가 배경인 최초의 소설이라서가 아니라(고딕소설도 과거가 배경이다) 이 소설에서는 과거가 그 자체로 중요하기 때문이다.

정확하다고 간주되는 것이다. 어느 비평가의 말대로, 역사를 다룬 작품이란 "역사적 개연성이 구조 속에 어느 정도 분명하게 자리를 잡고 있는 것이다." 그러나 그도 이런 정의가 "몇 가지 점에서 반박이 가능한, 허약하고 불충분한 결론"이라고 인정한다.[19]

스콧의 소설에서 독자와 주인공의 동일시는 간단한 장치로 이루어진다. 독자와 마찬가지로 외부자인 주인공은 이야기가 전개됨에 따라 현지 관습과 역사를 배워나간다. 동시에 저자는 편들기를 피한다. 따라서 결과는 열려 있고, 저자의 변덕이 아닌 객관적 상황의 산물처럼 보인다. 러시아의 소설가 니콜라이 카람진도 스콧보다 10여 년 전에, 15세기가 배경인 『시장 부인 마르타』 같은 역사 이야기에서 이런 장치를 써먹었지만, 러시아어로 쓴 탓에 러시아 바깥 독자 대다수에게는 알려지지 않았다 (지금도 마찬가지다).[20] 스콧은 빠른 속도의 내러티브를 이용하여, 소설의 첫 페이지부터 독자의 마음을 사로잡고는 끝날 때까지 쉴 틈을 주지 않았다. 이것은 역사를 하나의 이야기로 바꾸어놓아야만 가능한 일이었는데, 이 이야기에서는 인간의 태도, 느낌, 행동이 그것을 형성한 힘들보다 훨씬 더 중요한 자리를 차지했다. 토머스 칼라일이 말했듯이, 스콧의 작품은 "문학에서 새로 발견된 대륙과 같았다." 스콧은 때맞추어 도착해서 "(내부에서 불던 바람의 결과로서) 눈물을 흘리고 발작을 일으키는 베르테르주의, 바이런주의와 다른 여러 감상주의에 빠져서 토하며 널브러져 있는" 영국 문학을 구원했다.

> 이 역사소설은 모든 사람에게 이런 진실을 가르쳐주었다. …… 지나간 세상도 조약, 정부 문서, 논쟁, 관념이 아니라 실제로 살아 있는 인간으로 채워져 있었다는 것이다. 도표와 원리가 아니라, 가죽옷이나 다른 웃옷, 그리고 짧은 바지를 입은 사람들, 뺨이 불그레한 사람들, 뱃속에 정열이 있는 사람들, 그리고 그 사람들의 언어, 특징, 활력으로 채워져 있었다는 것이다.[21]

스콧은 『아이반호』 같은 대단한 인기 소설들을 통해 작가가 일반 독서공중만이 아니라 문화 엘리트에게도 사랑받을 수 있다는 것을 증명했다. 율리안 슈미트를 비롯한 19세기 독일의 중요한 문학비평가들은 스콧이 다른 어떤 작가보다 큰 영향력을 행사했다는 데에 동의했다.[22] 스콧 소설의 확산으로, 주요 나라의 문화생산물의 수출과 소설 읽기를 열망하는 새로운 독서공중의 구매를 통해 공통의 유럽 문화가 창조될 수 있다는 것이 증명되었다. 스콧은 이 새로운 시장을 처음으로 개척했다. 딱 맞는 사람이 딱 맞는 상품을 들고 딱 맞는 장소에 나타난 것이다. 그 뒤에 등장한 모든 위대한 대중적 작가들(발자크, 뒤마, 베른, 톨킨, '탱탱'을 만들어낸 에르제)이 그랬듯이, 스콧도 꾸준하게 소설을 생산하며 현실세계로부터 환상세계를 창조했다. 스콧은 빨리 쓰는 능력-대중작가에게는 필수적이다-을 가지고 있었고, 따라서 그의 시장에 꾸준한 작품 공급을 보장할 수 있었다. 윌리엄 해즐릿은 이렇게 말했다. "공중이 그들이 받은 기쁨에 긴 환호와 감사로 보답하는 것도 놀랄 일이 아니다. 그는 공중이 읽는 것과 같은 속도로 쓰면서도, 수준을 낮추어 쓰지 않는다. 그는 늘 공중의 주목을 받으며, 공중은 그에게 싫증을 내지 않는다."[23]

이것은 중요하다. 모름지기 새로운 것은 곧바로 수많은 모방자를 낳기 때문이다. 따라서 계속 앞서 가는 것이 필수적이다. 1819년-경제적으로 스콧에게는 최고의 해로, 1만 4,000파운드를 벌었다고 한다-에만 해도, 스콧은 가장 유명한 작품들로 꼽히는 『래머무어의 신부』와 『아이반호』(스코틀랜드를 무대로 삼지 않고, 가까운 과거를 배경으로 하지도 않은 그의 첫 소설)를 포함하여 소설 세 편과 문학평론, 에세이, 신문과 잡지 기고문을 발표했다.[24] 소설이 출간되면 몇 주 안에 런던 무대에 올리기 위한 각색이 이루어졌다. 때로는 소설 한 편을 기초로 몇 편의 희곡이 나오기도 해서, 코번트가든에서는 〈아이반호〉가 상연되고 드루어리레인에서는 〈헤브라이 사람들〉(레베카와 아이잭을 중심으로 하는 곁가지 플롯을 발전시킨 것)이 상연되는 일도 있었다. 해즐릿이 1820년에 쓴 글에 따르면, 스콧이 소설 한 편을 발표하면 해리스와 엘스턴이 화가들에게 배경을 그리게 하고, 음악가들에게 작곡을 시키고, 대본작가들에게는 소설을 희곡으로 바꾸게 했다.[25] 속편이라 할 수 있는 이야기도 많이 쏟아져 나왔다. 스콧의 소설을 내던 출판사 콘스터블에서 1818년에 나온 『미들로디언의 중심부』라는 제목이 붙은 이야기의 실례로 꼽힐 만한 형사재판』이 그런 예다.[26]

스콧이 자기 책을 인쇄하던 제임스 밸런타인 회사와 자기 책을 내던 아치볼드 콘스터블 출판사를 인수한 것은 자기 작품의 생산 전체를 통제하려는 시도로 볼 수 있다. 그러나 1826년의 경제위기로 인쇄사업이 망하면서 스콧은 꽤 큰 손해(4만 6,000파운드)를 보고, 채무 전체(거의 10만 파운드였다)에 대한 책임을 지게 되었다.[27] 그 뒤로 스콧은 사실상 빚을 갚고 호사스러운 생활방식을 유지하기 위해 글을 썼다. 그 결과로 그는 1826년부터 1832년에 세상을 뜨기까지 소설 5편, 단편집 한 권, 9권짜리 『나폴레옹의 생애』, 스코틀랜드의 역사, 두 권짜리 에세이, 800쪽이 넘는 분량의 일기를 썼다.[28] 죽을 무렵에 그가 결국 빚을 다 갚을 수 있었다는 건 놀라운 일이다. 하지만 스콧은, 특히 오늘날의 기준으로 보면, 아주 후한 보수를 받았다. 1818년에 바이런의 『차일드 해럴드』에 관해 쓴 서평 하나로 『쿼털리 리뷰』로부터 90기니라는 큰돈을 받았으니 말이다.[29]

스콧과 유럽 대륙

　스콧은 운 좋게도 이미 '세계화'된 언어로 글을 썼다. 영어는 아메리카와 식민지에서 쓰이고 있었고, 유럽에서도 프랑스어 다음으로 많이 쓰였다. 스콧이 게일어(또는 다른 주변 언어)로 글을 썼다면 자신을 알릴 기회가 없었을 것이다.

　　글로 쓰인 텍스트의 수출은 꽤 큰 규모의 번역가 집단 없이는 불가능하다. 유럽 대륙의 번역가 대부분이 프랑스어로 된 작품만 번역할 수 있었던 까닭에, 프랑스 시장은 다른 곳에서 성공하려면 반드시 거쳐야 할 도약대였다. 스콧이 프랑스에서 엄청난 인기를 얻지 못했다면, 유럽의 다른 지역에서도 큰 성공을 거두지는 못했을 것이다. 다른 나라에서 재번역되기 위해서는 우선 프랑스어로 번역되는 것이 중요했다. 이것은 18세기에 프랑스어에서 러시아어로 번역된 수많은 영어 소설로 미루어 알 수 있다.[30] 1741~1800년에 러시아어로 번역된 영어책 245권 가운데 영어에서 직접 번역된 책은 48권에 지나지 않았고, 132권이 프랑스어판에서 중역되었다. 나머지는 독일어(46권), 폴란드어(2권), 이탈리아어(1권)에서 러시아어로 옮긴 것이었다.[31] 스페인과 이탈리아에서도 스콧의 작품은(그리고 페니모어 쿠퍼도) 프랑스어에서 번역하는 게 일반적이었다. 스페인에서는 중역된 스콧의 작품에 다시 삭제와 검열이 가해지는 바람에 독자들은 훨씬 더 괴로운 상황에 놓여 있었다.[32]

프랑스에서 외국 작가가 이다지도 큰 영향력을 행사한 적은 거의 없다. 파리에서는 고슬랭이라는 서적상 겸 인쇄업자가 스콧 소설을 100만 부 넘게 팔았다는 주장도 있다.[33] 입증할 수 없는 주장이지만, 19세기 말에 출간된 책을 두고 이런 말을 할 수 있다는 것 자체가 주목할 만하다. 사실을 보자면, 1820~51년에 프랑스에서만 스콧의 전집이 20개 판본으로 나와, 모두 합쳐서 4만 5,000부쯤 팔렸다.[34] 놀라운 성과였다.

번역가들은 스콧의 작품을 서로 프랑스어로 옮기려고 경쟁했다.[35] 폴 라크루아가 스콧에 관해 쓴 『파리에서 월터 스콧이 보낸 밤』(1829)도 10만 부 이상 팔렸다.[36] 잡지 『데바』는 1820년 5월 8일, 스콧이 당대 최고의 유행 작가라고 단언하면서, 그의 최신작 『아이반호』가 거의 매진되었다고 보도했다.[37] 『르뷔 앙시클로페디크』(1823)는 월터 스콧의 소설이 "어떤 관점에서 보더라도" 유럽 전체에서 최고라고 확언했다.[38] 1821년에 잡지 『아베유』는 마치 돈 받고 실어주는 광고(실제로 그랬는지도 모른다) 같은 말투로 이렇게 썼다.

서두르세요, 신사 그리고 특히 숙녀 여러분! 기막히게 멋진 신작이 나왔습니다! 1쇄는 매진되었고, 2쇄는 예약판매로 소진되었습니다. 3쇄도 출간 즉시 다 팔릴 테니, 서두르세요. 좋은지 나쁜지 따지지 말고 사세요! 월터 스콧 경 작품 아닙니까! 영국 만세! 영국인 만세![39]

파리에서는 웨이벌리 연작의 등장인물이 나오는 연극을 무대에 올렸다. 1833년 9월 보드빌 극장에서 초연된 프랑수아 앙슬로와 사비에르 보니파스 상틴의 〈의회파와 왕당파〉가 한 예다.[40]

프랑스 도서대여점들의 도서목록도 스콧의 엄청난 인기를 확인해준다.[41] 들라크루아를 비롯해 수십 명의 화가가 스콧의 작품을 토대 삼아 스코틀랜드를 주제로 그림을 그렸다.[42] 파리에서 월터 스콧 열풍이 얼마나 대단했던지, 베리 공작부인은 웨이벌리 연작을 주제로 한 가장무도회를 여러 차례 열었다. 남자들은 '월터 스콧 넥타이'를 매고 다녔다. 여자들 사이에선 스코틀랜드의 타탄체크무늬가 유행했다.[43] 1822년에 영국왕 조지 4세는 스코틀랜드를 공식 방문하면서 타탄체크무늬 옷을 입었고, 방문 첫날의 축하행사로는 스콧의 『로브 로이』를 각색한 연극이 상연되었다.[44] 1829년 2월에 이탈리아의 『조르날레 델 레뇨 델레 두에 시칠리에』에 실린 기사를 보면, 마리 테레즈 공주가 무도회를 열었는데 『아이반호』에서 영감을 받은 드레스들이 제일 유행이었다고 한다.[45] 삽화가들은 계속해서 스콧의 소설에 나오는 장면들을 그렸다. 스콧 기념관(1846년 개관) 건립기금 모금을 위한 웨이벌리 주제의 무도회들이 앨버트 공의 후원으로 런던에서 열렸다. 1824년에는 슈베르트가 『호수의 여인』과 『아이반호』를 가지고 노래를 지었다.

스콧 작품을 바탕으로 해서 만든 오페라는 80편이 넘었다.[46] 이 가운데 『래머무어의 신부』를 원작으로 한 도니체티의 〈람메르무어의 루치아〉(1835)와 비제의 〈퍼스의 미녀〉(1867)는 지금도 유명하다. 그 밖에도, 스콧의 『케닐워스』를 스크리브가 각색하고 당대의 유명 작곡가 다니엘 오베르가 작곡한 〈레스터〉, 베를리오즈의 초기 서곡 〈로브 로이〉(1832), 프리드리히 폰 플로토의 〈로브 로이〉(1836), 오토 니콜라이가 『아이반호』를 바탕으로 쓴 〈템플 기사〉, 역시 『아이반호』를 토대로 한 하인리히 마르슈너의 〈템플 기사와 유대 여인〉, 로시니의 〈호수의 여인〉(1819)과 〈아이반호〉(1826, 로시니의 허락을 받고 안토니오 파치니가 로시니의 여러 오페라 음악을 따와 만든 작품), 설리번의 그랜드오페라 〈아이반호〉(1891) 같은 오페라가 있다. 외젠 스크리브는 스콧의 소설 가운데 『가이 매너링』, 『수도원』, 『대수도원장』 세 편을 통으로 베껴서 프랑수아 아드리앵 보옐디외의 오페라부파[희가극] 〈라 담 블랑슈〉의 대본을 만들었다. 지금은 거의 잊혔지만, 이 오페라부파는 1825년에 초연된 뒤로 일 년 동안 파리에서만 129회나 공연되었고 1880년대까지도 정기적으로 상연되었다.[47]

스콧의 뒤를 이어 유럽에는 역사소설의 봇물이 터졌다. 대부분은 흔적도 없이 사라졌지만, 만초니의 『약혼자』, 빅토르 위고의 『파리의 노트르담』, 메리메의 『샤를 9세 시대 연대기』, 비니의 『생마르』(1826) 같은 역사소설은 당당히 고전의 자리에 올랐다. 『생마르』를 낸 비니가 '프랑스의 월터 스콧'으로 추앙받자 이 칭호를 탐내던 발자크는 분을 삭여야 했다.[48] 출판사는 작가들에게 '스콧식 소설'을 써달라고 요구했다. 조지 엘리엇 같은 새내기 작가들은 적어도 등단 초기에는 스콧 방식으로 소설을 쓰면서 스스로 기량을 시험해보곤 했다.[49] 나중에 엘리엇은 부친 생전의 마지막 5, 6년 동안 스콧의 작품들을 큰 소리로 읽어드렸던 일을 회상하면서 이렇게 말했다. "어떤 작가도 스콧을 대신할 수는 없었다. 스콧이

줄리언 스터지스가 리브레토를 쓰고 아서 설리번이 작곡한 오페라 〈아이반호〉의 한 장면. 1891년 1월 31일에 런던의 로열잉글리시 오페라하우스에서 초연되어 155회 연속공연이라는 대성공을 거두었다.

없었다면 그때 내 삶은 무척이나 힘들었을 것이다."[50]

발자크는 스콧을 천재로 여기고 존경했다. 1838년, 발자크는 뒷날 아내가 될 한스카 부인에게 보낸 편지에서, 바이런조차도 스콧에 비하면 초라하다고 썼다. 『케닐워스』의 플롯은 "모든 소설 가운데 가장 위대하고 가장 완전하고 가장 뛰어나다"고 극찬했다.[51] 발자크의 첫 번째 주요 소설인 『올빼미당』은 역사를 배경에 깐 스콧류의 사랑이야기로, 프랑스 서부에서 1799년의 혁명정부에 저항하는 왕당파의 반란을 다루었다. 발자크의 소설에는 스콧에 대한 암시가 자주 나온다. 『마을 신부』에서는 남편과의 섹스에 실망한 베로니크 그라슬랭이 바이런, 괴테, 실러와 함께 월터 스콧의 소설을 읽는다.[52] 1837년작 『잃어버린 환상』의 주인공 뤼시앵 드 뤼방프레는 스콧을 본떠서 '샤를 9세의 궁사'라는 역사소설을 쓰려고 한다. 뤼시앵은 출판업자가 자신의 원고 첫 장을 넘기자마자 지갑을 꺼내어 "얼마나 드릴까요?"라고 물을 거라고 착각한다.[53] 그러나 발자크 자신도 모방을 해본 적이 있었기에, 스콧이 주는 교훈은 스콧과 똑같은 글을 쓰는 것이 아니라는 점을 잘 알고 있었다. 『잃어버린 환상』에서 발자크의 성숙한 분신인 다니엘 다르테즈는 친구 뤼시앵에게 현명한 충고를 해준다. "월터 스콧을 원숭이처럼 그대로 흉내내고 싶은 게 아니라면 그와는 다른 스타일로 써야 해. 그래야 너도 그 사람처럼 될 수 있어."[54] 플로베르의 『감정교육』(1869)의 주인공 프레데릭 모로는 야망은 크지만 경박한 젊은이로, 언젠가는 프랑스의 월터 스콧이 되기를 열망한다.[55] 모파상의 『여자의 일생』에서 주인공 잔의 어머니는 월터 스콧의 소설을 읽으면서 마음의 위안을 찾는다.[56]

스탕달은 스콧을 '우리들의 아버지'로 선언한 것으로 유명하다.[57] 러시아 평론가 비사리온 벨린스키는 1844년, 스콧이 '아주 나쁜 역사책 한 권과 수많은 뛰어난 소설들'을 썼다고 평했다. 하이네는 스콧을 세르반테스의 후계자로 불렀다.[58] 1832년 스콧의 죽음이 임박했다는 소식이 온 유럽에 퍼지자 라마르틴은 그를 기리는 아주 감상적인 시를 지었다. 이 시에서, 스콧의 책들은 가족을 위한 이상적인 읽을거리이고, 처녀들은 스콧의 책을 어머니에게 감추지 않고 가장 좋아하는 대목을 당당하게 읽고 또 읽는다. 그렇게 읽다가 순결한 마음으로 잠이 들면 처녀들의 가슴은 사랑과 은총으로 채워진다는 것이다.[59]

> 처녀는 당신의 책을 읽으며 걸음을 늦추고
> 어머니가 들이닥쳐도 당신의 책을 놓지 않습니다.
> 당신이 하늘을 우러러 한 점 부끄럼 없이 쓴
> 구절들을 처녀는 당당하게 읽고 또 읽습니다.

그리고 처녀는 책을 덮고 순결한 잠에 듭니다.
은총과 사랑으로 향기로워진 가슴을 안고.

당대 최고의 프랑스 평론가 생트뵈브는 1832년 9월 27일 『글로브』지에 실린 스콧의 사망기사에서 이렇게 썼다. "그의 죽음은 영국 혼자만의 비애가 아니다. 프랑스와 모든 문명세계의 슬픔이다. ……『웨이벌리』는 유럽의 환희이자 기쁨이었던 일련의 걸작 가운데서도 최고다."[60] 스콧은 모든 소설가의 꿈을 이루었다. 인기를 얻는 것, 문학 동네에서 인정받는 것, 이름을 날리고 문화적 특권을 얻는 것, 이 모든 것을 달성했다. 그때만 해도 진지한 작가들이 아직 문학에 대해서, 더 폭넓은 공중에게는 '어려운' 작가로 인식되어야만 정통성을 얻을 수 있다고 생각하지는 않는 단계였다—물론 그때는 그 폭넓은 공중이 비교적 소수이긴 했지만. 괴테는 『젊은 베르테르의 슬픔』 한 편이 거둔 대중적 성공으로 결정적으로 각인되었다. 단번에 독서공중과 합일점을 찾은 것이다. '시대정신'을 찾아내고 그것을 글로 옮긴 괴테는 희열을 느꼈다.[61] 실러 역시 자기는 오직 독자를 위해서 글을 쓴다고 선언할 수 있었다. "이제 독서공중은 내 전부다. 내 연구의 대상이자 내 주인이며 든든한 친구다. 이제 나는 오로지 그들의 것이다."[62]

샤를 루앙드르는 세월이 어느 정도 흐른 1847년에 문학생산을 조사하면서 '월터 스콧이 발명한' 역사소설의 지속적인 인기를 확인했다. 하지만 그는 또한 '스콧을 모방하는 작가들'이 역사도 모르면서 '위험한 계급들'과 공감하는 바람에 오래 남을 작품을 거의 내놓지 못했다고 비난했다.[63]

『아이반호』를 읽고 '한눈에 반했다'고 고백한 뒤마는 그 책을 곧장 프랑스어로 번역했다. 괴테는 1828년, 『퍼스의 미녀』에는 쓸데없는 문

'근대 비평의 아버지' 샤를 생트뵈브. 그는 1827년에 쓴 위고 평론을 계기로 위고와 교제하며 낭만파의 일원이 되었지만, 7월혁명 후 결별했다. 시, 소설도 썼으나 한계를 깨닫고 비평에 전념하여, 신문연재 '월요한담'과 '신 월요한담'에서 철저한 연구를 바탕으로 작가의 기질과 생애를 작품 해석의 지표로 삼는 새로운 비평을 개척했다.

장이 단 한 줄도 없으며 『웨이벌리』야말로 "이 세상에서 글로 쓰인 것 가운데 가장 뛰어난 작품으로 서슴없이 꼽을 수 있다"고 잘라말했다.(64) 3년 뒤, 괴테는 더욱 뜨겁게 열광했다. 『아이반호』를 읽고 나서 괴테는, 월터 스콧에 필적할 작가는 아무도 없고 "전 세계 독서공중에게 스콧이 미친 영향은 의심의 여지가 없다"고 선언했다. "스콧의 작품은 나에게 생각할 거리를 많이 준다. 스콧을 통해 고유한 법칙을 가진 완전히 새로운 예술을 발견하게 된다."(65)

스페인 소설의 부흥은 월터 스콧의 번역과 함께 비롯되었다.(66) 19세기 초반 스콧은 포르투갈에서 가장 중요한 영국 작가 가운데 한 사람이었다. 『파노라마』, 『코즈모라마 리테라리우』같은 잡지에 그의 작품들이 많이 실리면서 스콧은 더욱더 유행하게 되었다. 스콧이 알레샨드르 에르쿨라누, 알메이다 가헤트 같은 포르투갈 작가들에게 미친 영향은 대단했다. 포르투갈어 번역은 대부분 영어 원작과 프랑스어 번역이 나오고 20년에서 30년이 지난 뒤에 이루어졌다. 1819년작 『래머무어의 신부』는 1836년에, 1818년작 『미들로디언의 중심부』는 1838년에, 1820년작 『아이반호』는 1837년에 번역되어 나왔다. 그 영향은 엄청났다. 포르투갈의 역사소설은 스콧 작품의 포르투갈어 번역이 나온 1830년대 직후에 도약했다.[67] 그렇지만 이런 발전은 19세기 초반 25년 동안의 반도전쟁과 내란을 피해 주로 파리에 망명해 있던 지식인들이 귀향하지 않았다면 불가능했을 것이다.

다작의 헝가리 역사소설가 미클로시 요시커(1794~1865)는 자신의 고향 트란실바니아를 묘사하는 데에 스콧과 스코틀랜드를 모델로 삼았다.[68] 네덜란드에서는 아드리안 로셔스가 1808년에 네덜란드 최초의 역사소설 『마우리츠 레인라허르의 일생』을 썼지만, 스콧이 유명해진 다음인 1830년대에 가서야 비로소 역사소설이 봇물 터지듯 쏟아졌다. 헤이르트라위다 보스붐 타우사인(1812~86)과 야코프 판 레너프(1802~68)가 쓴 작품들이 그 증거다. 스콧은 또한 루마니아어로 번역된 최초의 외국 소설가 가운데 한 명이다.[69]

러시아에서는 여러 권으로 된 『러시아 역사』를 쓴 카람진이 역사소설 취향을 닦아놓았다. 그러나 러시아에서 성공적인 문학장르가 되려면 서유럽에서 수입해온 것이라야 했고, 따라서 카람진은 절대로 스콧을 이길 수 없었다. 레르몬토프와 고골 같은 주요 작가들이 스콧을 찬양했고 푸시킨은 스콧을 '스코틀랜드의 마법사'라고 불렀다. 러시아 대중소설의 흐름은 직간접적으로 스콧의 영향을 받았다.[70] 알렉산드라 코뱌코바(1823~92)는 자서전 『러시아의 말』에서 자신의 상상력에 처음으로 불을 댕긴 책은 미하일 자고스킨(1789~1852)이 쓴 스콧풍의 역사소설 『유리

밀로슬랍스키』라고 밝혔다. 1829년 이 책이 나온 이후, 러시아에서는 유사한 소설이 홍수처럼 쏟아져 나왔다. 코뱌코바는 이렇게 썼다. "이 책은 내 취향을 결정적으로 다듬어놓았다. 이후에 나온 일련의 역사소설은 나로 하여금 조국의 역사에 관심을 가지도록 만들었다. 내 앞에 새로운 세계가 떠오른 것이다."71) 심지어는 한스 크리스티안 안데르센마저도, 더 돈이 되는 어린이책을 쓰기 전에는, 월터 스콧의 영향으로 역사소설을 쓰려고 했다.72)

이탈리아에서는 '구알티에로'(Gualtiero: 월터Walter의 이탈리아식 표기) 스콧의 소설들이 프랑스에서의 유명세를 타고 들어와 유행했다. 정기간행물마다 거의 예외 없이 우호적인 스콧 관련 기사들이 실렸다. 많은 이탈리아 사람들이 프랑스어로 스콧의 소설들을 읽고 있었는데, 1821년 8월 빈첸초 페라리오라는 출판업자가 이탈리아어로 번역된 스콧의 역사소설들(『월터 스콧 역사소설집』)을 펴내기 시작했다. 첫 번역서는 『케닐워스』였다. 1828년에는 다른 출판업자 두 명이 이 분야에 뛰어들었다. 그리고 1830년에 또 두 명이 뒤따라 들어오면서, 밀라노에만 모두 다섯 군데 출판사가 월터 스콧의 작품집을 펴내게 되었다. 물론 저작권료는 한 푼도 내지 않았다.73) 스콧 작품에서 따온 '체크무늬 모직plaid', '씨족clan' 같은 새로운 외래어가 이탈리아어에 들어왔다.74) 주세페 로바니는 1857년에 쓴 『100년』에서, 스콧이 지난 40년 동안 유럽에서 가장 많이 읽힌 작가이고 프랑스와 이탈리아에서 가장 많은 모작을 낳은 작가였다고 칭송했다.75)

스콧의 소설들이 출간되면서 이탈리아 역사소설도 발전하기 시작했다. 만초니는 『약혼자』의 초고를 쓰는 동안 스콧의 작품들을 많이 읽었다. 모두 1827년에 나온, 조반 바티스타 바초니의 『트레초의 성』, 도메니코 구에라치의 『베네벤토 전투』, 빈첸초 란체티의 『카브리노 폰둘로』, 카를로 바레세의 『시빌라 오달레타』는 스콧의 영향을 받은 작품들이다. 이어서, 체사레 칸투의 『마르게리타 푸스테를라』(1838), 톰마소 그로시의 『마르코 자작』(1834), 마시모 다첼리오의 『에토레 피에라모스카』(1833) 따위가 나왔다.[76] 그러나 이탈리아에서는 역사소설이 이탈리아 통일을 위한 투쟁과 밀접하게 묶이면서 스콧에게는 전혀 없었던 정치적 지향성을 띠게 되었다.[77] 독일 독자들은 자기 나라 낭만주의 역사소설가보다 스콧을 좋아했다. 아마도 스콧이 현재의 관점에서 과거를 다루기 때문이었을 것이다. 반면에 독일 작가들은 중세적 관점을 채택함으로써 독자들을 어리둥절하게 만들었다. 역사학자들은 대체로 못마땅하게 여기지만, 영화산업이 전폭적으로 수용하는 역사소설 장르의 성공 비결은 바로 동시대적 관점, 곧 고객의 관점을 채택한다는 데에 있다. 독일 작가들이 작품을 팔려면 『재커바이트와 비밀의 기사―월터 스콧의 영어소설을 따른 역사소설』을 쓴 F. P. 리히터처럼 스콧을 모방하고 있다고 공언해야만 했다.

스스로는 여전히 익명으로 남아 있는 척했지만, 스콧은 하나의 브랜드가 되었다. 그리고 브랜드가 다 그렇듯이, 스콧의 작품은 모작들을 낳았다. 1823년, 어느 야심 찬 독일 출판업자는 민족주의 작가 빌리발트 알렉시스(빌헬름 헤링의 필명)에게 월터 스콧의 소설 『발라트모어』의 '번역'을 맡겼다. 사실은, 알렉시스가 창작한 소설을 스콧 소설을 '번역'한 작품이라고 소개할 작정이었다.[78] 알렉시스를 고른 건 우연이 아니었다. 그는 스콧을 추종하는 주요한 독일 작가였기 때문이다. 이 소설은 독일에서 그럭저럭 성공을 거두었다. 호기심이 발동한 스콧은 독일 책을 파는 런던의 서적상 본에게 한 권을 주문했다. 한편, 우연히 본의 서점에 들렀다가 『발라트모어』를 발견한 토머스 드퀸시(『어느 영국인 아편쟁이의 고백』의 저자)는, 접지된 채로 제본된 책의 가장자리를 자르지만 않는다면 내용을 보아도 좋다는 허락을 받았다. 그는 그렇게 조금씩 주워 모은 정보를 토대로 『런던 매거진』(1824)에 기고한 '발라트모어: 월터 스콧 경의 독일어 소설'에서 이 소설을 '우리 시대의 가장 뻔뻔한 날조'라고 고발했다. 이 글은 영국 독자들의 호기심을 자극했다. 이 날조물을 영어로 읽을 수는 없을까? 새로운 시장이 만들어지는 것처럼 보였다. 드퀸시는 '스콧의 독일어 소설'의 영어 번역을 맡기로 합의했다. 비로소 이 책을 제대로 읽게 된 드퀸시는 이것이 '완전히 무의미한' 글이라는 것을 깨달았지만, 가난 탓에 일거리를 거절할 수도 없었다. 대신에 그는 알렉시스가 쓴 세 권짜리 장황한 소설을 온전히 번역하지 않고, 플롯과 클라이맥스, 몇몇 인물들을 바꾸면서 한 권으로 줄여버렸다.[79] 이 『발라트모어』 영어판은 작품의 '진짜' 저자를 판명하는 데에 따르는 어려움을 제대로 보여주는 사례다. 왜냐하면 이 경우에는 저자 '후보'가 적어도 세 명이나 있기 때문이다. 작품에 영감을 주고 그가 없었다면 작품이 나오지도 않았을 스콧, '원본' 독일어판을 쓴 알렉시스, 그리고 영국 독자를 위해 개작한 드퀸시, 이렇게 세 명이다.

    이 모두가 지적 재산권이 요즘만큼 존중되지 않았던 시절의 얘기다. 저자는, 특히 외국인에다가 무명이라면, 별로 중요하지 않았다. 18세기 러시아 서적상들은 책을 팔아먹기 위해 새로 나온 소설을 유명한 작가의 작품으로 만들어버리곤 했다. 1788년 『로더릭 랜덤』이 독일어판에서 러시아어로 중역되었는데, 실제 저자인 토비어스 스몰릿은 러시아에서 알려지지 않았다는 이유로 언급조차 되지 않고 대신 러시아에서 유명했던 헨리 필딩의 작품으로 소개되었다. 또 다른 책략은 러시아어 소설을 번역 작품인 듯이 가장하는 것이었다. 그래서 표도르 에민은 자기 소설 『사랑의 정원』 서문에서 포르투갈 작품을 번역한 것이라고 주장했다. 18세기 러시아에서는 외국에서 왔다는 것이 문학적 정통성을 보장하는 최고의 형식이었다.[80]

그랬으니, 스콧의 모작들이 19세기 후반까지 계속 나온 것도 놀라운 일은 아니다. 그 시절의 주요 독일 소설가 가운데 한 사람인 테오도어 폰타네는 『폭풍 전야』(1878)를 쓰면서 『웨이벌리』의 플롯을 빌려왔다. 주인공은 똑똑하고 활기찬 처녀와 사랑에 빠지고, 야망을 가진 친지들은 두 사람을 밀어준다. 하지만 주인공은 여자에게 차이고, 전쟁에 나가 성숙해져서, 오랫동안 몰래 그를 사랑해온 소박한 시골처녀와 진정한 사랑을 나누게 된다는 플롯이다.[81] 폰타네는 역사소설이 60년 이상 떨어진 두 시기를 함께 다루어서는 안 된다는 스콧의 원칙을 충실히 따랐다.

피할 도리 없이, 스콧 숭배를 반대하는 목소리도 있었다. 스탕달은 스콧을 우러르기는 했지만 그보다는 라파에트 부인을 더 좋아했다. 스콧은 그저 등장인물과 상황만을 재현해낸 반면, 라파에트 부인은 "인간 영혼에 내재된 열정과 감정"을 재현해낼 줄 알았기 때문이다.[82] 나중에 스탕달은, 스콧을 셰익스피어 바로 다음에 놓는 당시의 관점이 후세에도 유효할지에 대해 의문을 제기했다.[83] 의문은 적중했다. 19세기 후반과 20세기로 갈수록 스콧은 수많은 인기 작가들이 거치는 운명, 곧 엄청난 명성에 이은 엄청난 망각, 이름은 유명하되 독자는 거의 없는 그런 운명을 겪어야 했다.

플로베르의 가혹하리만치 희극적인 미완의 걸작 『부바르와 페퀴셰』에서 두 주인공 부바르와 페퀴셰는 '상상력이 결여된 역사'는 그저 초라할 뿐이라는 것을 깨닫고 맹렬하게 역사소설을 읽어댄다. 당연히 월터 스콧에서 시작한다. "이건 정말이지 신세계의 발견이야!" 그러나 안타깝게도, 판에 박힌 공식을 알아채면서 경이로움은 지루함으로 바뀌고 만다. 여주인공은 언제나 시골에 산다, 보통은 아버지와 함께. 그녀가 사랑하는 남자는 어릴 때 버려졌으나 나중에 신분을 되찾아 연적들을 물리친다. 그리고 이따금씩, '심오한' 사유를 하는 철학적 성향의 걸인들이 느닷없이 등장한다. 처녀들은 순수하고, 하인들은 우스꽝스럽고, 대화들은 끝이 없다.[84] 발자크의 『잃어버린 환상』에 나오는 한 인물도 이와 비슷하게 비평하면서, 스콧의 여주인공들은 변하는 법도 없이 하나같이 클라리사 할로 같다고 덧붙인다.[85]

스콧 작품에 대한 평단의 관심은 여전히 무성하다. 1970~85년에 전 세계에서 스콧에 관한 에세이와 책이 792편이나 출간되었다.[86] 그러나 문학시장에서는 입지가 예전만 못하다. "웨이벌리 연작은 영어로 쓰인 주요 소설들 가운데 가장 낮게 평가되고 가장 읽히지 않는 책이 되었다."[87] 1898년 즈음, 적어도 프랑스에서는 스콧의 성공이 사위어갔다.[88] 그러나 스콧이 죽었을 때에는 그를 기리는 헌사들이 불꽃처럼 타올랐다. 1832년 9월 25일자 『타임스』에 실린 부고기사는 스콧을 몇 달 전에 세상을 떠난 괴테와 같은 반열에 올리면서 '가장 위대한 작가 가운데 한 사람'으로 치켜세웠다. 에든버러 중앙에 있는 기차역은 여전히 그의 작품에서 이름을 딴 '웨이벌리 역'으로 불린다. 여간해서는 공공장소에 문학 관련 명칭을 붙이지 않는 영국에서는 흔치 않은 일이다. 작가를 기리기 좋아하는 프랑스인들조차 파리 북역 '가르 뒤 노르'를 '레미제라블' 역이나, 또는 더 난감한 일이겠지만, '잃어버린 시간을 찾아서' 역으로 부를 생각은 하지 않았다.

작가 등급 매기기가 실세 문학평론계의 주요 관심사였던 이탈리아

엘리자베스 1세의 총신 레스터 백작 로버트 더들리와 에이미 롭사트의 사랑을 다룬 스콧의 소설 『케닐 워스』의 주제들로 꾸민 참나무 사이드보드. 워릭의 쿡스 사가 1851년의 런던 만국박람회에 출품했다.

에서는 스콧을 젊은이나 여성을 위한 현실도피적 작품을 쓰는 작가로 간주했다.[89] 『베로나의 유대인』을 쓴 안토니오 브레시아니 신부는 이 책의 1861년판 서문에서, 자신의 소설은 오직 사실만을 담고 있고, '월터스콧 Walterscott'처럼 허황된 내용을 담고 있지 않다고 주장했다.[90] 역사소설은 진실과 허구가 두루 섞여 사람들을 헷갈리게 하기 때문에 특히 해로운 것으로 간주되었다.[91]

이런 관점은 『안톨로자』 같은 '근대화' 잡지에서 더욱 힘을 얻었다. 1823년 12월호에서 산소니 우치엘리는 스콧의 『웨이벌리』가 프랑스에서 성공한 까닭은 정치와 관습에서 여성들이 더 중요해지고 영향력을 확보해왔기 때문이라고 평했다. 이탈리아 알파벳에 없는 세 글자 'K. X. Y.'를 필명으로 삼았던 니콜로 톰마세오(1802~74)는 역사소설은 그저 문학의 과도기적 단계일 뿐이라고 단언했다(『안톨로자』 1830년 9월호, '역사소설에 관하여'). 그러나 이렇게 단언한 그 또한 역사소설 『아테네 공작』을 썼다.[92] 이탈리아의 대표적인 역사소설인 『약혼자』를 쓴 만초니도 『역사소설, 그리고 역사와 허구가 섞인 문학작품 일반에 관하여』(1840)에서 같은 생각을 피력했다.[93] 그러나 소장 평론가 프란체스코 데 상크티스는 1840년대에 나폴리 대학에서 했던 강의에서, 스콧을 만초니와 대등한 작가라고 평가하면서 그가 이름붙인 '트집쟁이 평단'으로부터 두 작가를 모두 구해냈다.[94] 물론, 이 모든 비평은 스콧이 이탈리아에서 폭넓은 성공을 거두는 데에 티끌만큼도 영향을 미치지 못했다.

프랑스에서는 평소 낭만주의 문학을 배격하고 고전작품을 옹호하던 평론가 장 마리 니자르가 1830년 『주르날 데 데바』지에 마지못해 스콧을 인정하는 평론을 실었다. 스콧의 성공은 명확히 구분되는 두 계급의 독자, 곧 '다수 대중과 교육받은 이들'을 모두 만족시킬 줄 안 덕분이라는 것이다. 1822년 하이네는 침모에서 백작까지 "모든 사람이 월터 스콧을 읽고 있다. 특히 여성들이 그의 작품을 좋아한다"고 했다.[95] 1860년대에 프랑스 평론가 이폴리트 텐은 『영국 문학사』에서 공작부인이나 모자 파는 여자나 모두 스콧을 읽었다고 썼다.[96] 1883년, 프랑스의 민중도서관 위원회는 스콧을 '민중도서관'에 특히나 적합한 작가로 간주했다. 도서 대여점 관련 문헌을 보면, 1860년대에 스콧의 독자는 다양한 민중이었다. 법률가, 대학생, 직공 같은 19세기 유럽의 독서공중 모두가 포함된다. 그렇게 스콧은 프랑스에서 거대한 문학대중을 양성하는 데에 선도적인 역할을 했고, 계급 간 경계를 무너뜨렸다.

스콧의 주인공들은 내세울 것은 없지만 품위와 꿋꿋한 도덕성을 갖춘 신사들로, 루카치가 지적했듯이 휘몰아치는 인간적 열정은 없는 인물들이다. 여주인공들은 "적당히 속물적이다. …… 스콧 소설에는 사랑과 결혼이라는 흥미롭고도 복잡한 희비극이 들어갈 여지가 없다."[97] 지나치게 많은 것을 요구하지도 않고 불온하지도 않은 스콧의 인물들은 부르주아가 자기 자신과 동일시할 수 있는 이상적인 대상이다. 이 세계에 매력을 느낀 독자는, 뒤에 나온 모든 소설에서 다시 그것을 발견하곤 했다. 그의 소설 속으로 탐험을 떠나고, 다시금 기쁨을 맛보고, 이렇게 무한히 반복될 수 있었다. 스콧은 또한 '남성' 작가로서 가정생활보다 전쟁터와 행동을 묘사하는 쪽이 훨씬 편했다. 그리하여 스콧은 기존의 많은 기사문학에 충분히 만족하지 못하던 남성 독자층을 그의 소설로 끌어들였다. 하지만 도서대여점 대여기록을 보면, 스콧의 최대 독자층은 여성이었다.[98] 예외적이지도, 영웅적이지도 않은 평범한 인물들이 18세기 프랑스와 영국 문학에서 주인공으로 등장했다. 이런 범부를 소설 주인공의 기준으로 만든 이가 스콧이었다.

작가들은 스콧의 발걸음을, 주제나 장르가 아니라 스콧이 발견한 시장을 따라갔다. 그것은 '교육받은 평균치 독자'였다. 그리고 이런 '평균치 독자'가 때로는, 피곤한 하루를 마치고 침대에 누워 좋은 소설을 읽고자 하는 학식 높은 사람일 수도 있었다. 스콧에 관해 이렇게 말한 괴테처럼 말이다. "스콧이 무엇을 추구하는지, 무엇을 할 수 있는지 안다. 그는 언제나 나를 즐겁게 해줄 것이다."[99] 천재들도 휴식이 필요하니까.

제10장

문화적 패권

패배한 자들

늘그막에 괴테는 세계문학 시대가 동텄다고 선언하곤 했다. 마르크스도 『공산당 선언』에서 같은 말을 했다.

> 개별 국민들의 정신적 창작물은 공동재산이 된다. 국민적 일면성과 제한성은 점점 더 불가능해지고, 수많은 국민문학과 지역문학에서 하나의 세계문학이 떠오른다.[1]

실제로는, '세계문학'—그게 있었다면—은 주로 고전적인 정전들로 이루어져 있었다. 말하자면 교육을 받은 이들이 배우고 읽어야 하는 작품들이었다. 여기에 시든, 소설이든, 비소설이든 근대 작품들이 보태졌다. 주로 다양한 토박이말로 쓰인 '민족적' 작품들이었지만, 코즈모폴리턴 엘리트들이 읽었기에 국경을 초월했다. 이런 국제적인 작품은 주로 프랑스와 영국 것이었다. 소설처럼 대중적인 장르에서는 더 심했다. 프랑코 모레티가 영국과 프랑스 대중소설 가운데 표본 하나를 골라 덴마크, 헝가리, 이탈리아, 폴란드를 비롯한 여러 나라들에서 어떤 운명을 겪었는지를 추적해서 쓴 걸작 『1800~1900년의 유럽 소설 지도』에서 내린 결론이 바로 이것이었다.[2]

심지어는 독일인들도, 괴테가 뼈아프게 깨달았듯이, 더 많은 청중에게 다가가지는 못했다.

> 우리 독일의 형편이라니, 얼마나 딱한가! 우리 옛 노래들—결코 스코틀랜드 노래보다 못하지 않은데—가운데, 내 젊은 날에 민중 사이에서 살아 있던 노래가 얼마나 되었던가? …… 내가 지은 노래 가운데 지금까지 살아 있는 노래는 얼마나 되는가? 어쩌다 어여쁜 소녀 하나가 피아노에 맞추어 한두 곡 부를지는 모르되, 민중 사이에선 노랫소리 하나 들려오지 않는다.[3]

하지만 다른 나라의 문화적 표준을 너무 장밋빛으로 보지 않도록 조심해야 한다. 방금 인용한 문단에서 괴테는 이렇게 외쳤다. "이탈리아 어부들이 내게 타소의 시구들을 흥얼거리던 그때를 떠올리면 얼마나 감동적인지!" 스탈 부인도 타소의 인기에 대해 비슷하게 이야기한다. 비록 그녀는 '베네치아의 곤돌라 사공들'이 낭송하는 시를 들었지만 말이다. 스탈 부인은 스페인에선 모든 계급이 칼데론을 알고, 포르투갈인에겐 카몽이스가 친숙하고, 영국에서는 셰익스피어가 상류층만큼이나 '민중' 사이에서도 우러름을 받는데, 프랑스 시는 프랑스 민중 사이로 퍼지지 못한다고 탄식했다. 괴테는 틀림없이, 독일에서는 "괴테의 시가 라인 강부터 발트 해까지 노랫말로 쓰인다"는 스탈 부인의 말에 조금은 위로를 받았을 것이다.[4]

그럼에도, 가장 대중적인 문학장르인 소설로 오면, 독일이 이탈리아처럼, 그러나 영국과 프랑스와는 달리, 18세기 말까지 대단한 명성을 누린 작품을 거의 내놓지 못한 것은 틀림없는 사실이었다. 딱 한 가지 예외가 한스 야코프 크리스토펠 폰 그리멜스하우젠이 스페인 악한소설풍으로 쓴 『모험가 짐플리치시무스』(1668)였다. 2년 뒤에 그리멜스하우젠은 17세기 독일에서 크게 인기를 끈 두 번째 책 『사기꾼 쿠라셰의 인생』을 냈는데, 쿠라셰―여주인공이 자기 성기를 부르는 이름―라고 불리는 한 여인이 일인칭 화자가 되어 이야기하는 난잡한 악한소설이었다. 쿠라셰는 결혼을 여러 번 하고 이 사내 저 사내와 뒹굴면서 30년전쟁을 버텨냈다.[5] 이 소설은 1912년에야 영어로 번역되었다. 베르톨트 브레히트가 유명한 희곡 『억척어멈과 그 자식들』에서 그 플롯을 써먹은 덕분에 지금은 널리 알려진 이야기가 되어 있다.

19세기 독일어권 문학에서 걸출한 단편소설 작가로는 루트비히 티크, 에른스트 호프만, 테오도어 슈토름, 희곡도 쓴 하인리히 폰 클라이스트 같은 이들을 꼽는다. 그리고 하인리히 하이네와 노발리스 같은 시인이 있고, 게오르크 뷔히너와 크리스티안 디트리히 그라베 같은 극작가, 그리고 레오폴트 폰 랑케, 스위스인 야코프 부르크하르트와 테오도어 몸젠 급의 역사가들이 있다. 그러나 소설가로서 특별히 국제적인 명성을 얻은 이는 없었다. 아마 『에피 브리스트』(1895)를 쓴 테오도어 폰타네가 처음이겠지만, 그마저도 독일 밖에서는 듣기 힘든 이름이었다. 하이네도 중요한 산문작가이긴 했지만, 아도르노가 말했다시피, 그의 위치는 "괴테와 니체 사이에 놓인 시대의 참으로 암담했던 수준을 고려하면 곧바로 분명해진다."[6] 물론 카를 마이와 프리드리히 게르슈태커 같은 19세기 독일의 인기 소설가들이 있었지만, 그들의 인기는 독일어권 바깥으로 넘어가지 못했다. 20세기는 이 모든 것을 바꿔놓았다. 토마스 만, 로베르트 무질,

그리멜스하우젠의 『모험가 짐플리치시무스』 권두그림. 1618년부터 1648년까지 독일을 철저히 파괴한 30년전쟁의 공포를 생생하게 그려낸 이 작품은 독일어로 쓰인 최초의 모험소설이자 17세기 최고의 독일 소설로 평가받는다. 그리멜스하우젠 자신이 열 살 때 헤센의 군대에 붙잡혀 30년전쟁을 몸소 겪었기에, 이 소설에는 자전적인 요소가 많이 반영된 것으로 여겨진다.

프란츠 카프카, 알프레트 되블린, 그리고 비키 바움 같은 인기 작가들은 독일 소설을 유명하게 만들었다.

그러나 19세기 초에 독일 작가들은 썩 잘나가지 못했다. 1810~40년에 프랑스어로 번역된 책들에 관한 연구를 보면, 가장 많이 번역된 외국 작가는 예상대로 월터 스콧으로 356종이 번역되었다. 두 번째가 298종이 번역된 독일 작가 크리스토프 슈미트(1768~1854)였지만, 그는 학교에서 사용하는 어린이책을 쓰는 작가였다. 세 번째는 이탈리아 성직자 알폰소 마리아 데 리구오리(1696~1787)였다. 그는 구세주회 창설자이자 많은 라틴어 신학교재를 쓴 저자로, 1839년에는 교황 그레고리우스 16세에 의해 성인으로 추대되었다. 그다음은 호라티우스, 셰익스피어, 호메로스, 키케로 같은 고전 작가였고, 시인 바이런과 소설가 마리아 에지워스가 뒤를 이었다. 그다음이 이탈리아의 실비오 펠리코였는데, 그가 쓴

옥중기는 실러와 괴테의 작품보다도 많이 번역되었다.[7)]

그러나 괴테의 『젊은 베르테르의 슬픔』(1774)은 18세기의 마지막 25년 동안에 엄청난 성공을 거두었다. 덕분에 괴테는 하룻밤 사이에 온 유럽의 유명인이 되었다. 출간된 지 1년도 되지 않아 라이프치히 대학 신학부의 비난을 받았지만, 그것은 판매부수와 명성을 더욱 키워주었다. 시대정신에 밝았던 괴테는 이렇게 적었다. "이 작은 책이 미친 효과는 대단했다. 실로 엄청났다. 무엇보다도 때를 잘 맞추었기 때문이다."[8)] 애국적인 저널리스트 크리스티안 슈바르트는 괴테에게 덕분에 독일인으로서 '숭고한 자긍심'으로 가슴이 부풀었다고 말한 다음, 이렇게 덧붙였다. "우리는 이제 다른 민족들 앞에 그들이 가지지 못한 한 사람, 그리고 화석화에 대한 그들의 열망으로 미루어보건대 앞으로도 그들이 결코 가지지 못할 한 사람을 내세울 수 있습니다."[9)] 그러나 그런 괴테도 세계적으로 이름을 날리기까지는 어느 정도 영국인과 프랑스인의 도움이 필요했다. 영국에서 괴테의 명성을 세우는 데에 가장 크게 이바지한 사람은 1824년에 『빌헬름 마이스터의 수업시대』를 영어로 옮긴 토머스 칼라일이었다. 매슈 아널드, 조지 엘리엇, 조지 헨리 루이스 모두 괴테에게 탄복했고, 루이스는 다른 어느 언어보다도 먼저 영어로 완전한 괴테 평전을 썼다(1855).

『젊은 베르테르의 슬픔』은 프랑스어로 번역되었고, 그 1년 뒤에는 희곡으로도 각색되었다. 1779년에는 이 책을 영어로도 읽을 수 있었고, 그후 20년 동안 영어판 일곱 종이 더 나왔다. 1800년에 이르면 대부분의 유럽 언어로는 물론 중국어로도 베르테르의 슬픔을 읽을 수 있었다. 1808년에 괴테가 나폴레옹을 만났을 때의 중심 화제는 『젊은 베르테르의 슬픔』이었고, 황제는 그 책을 일곱 번이나 읽었다고 말했다. 메리 셸리의 괴물(『프랑켄슈타인』에 나오는 '피조물')마저도『젊은 베르테르의 슬픔』을 읽었다. 독일에서는 해적판이 널리 나돌았다(출간되고 1년 안에만 해적판 11종이 나왔다). 물론 패러디와 비판도 있었다. 책에 나온 장면들로 장식된 중국식 도자기 세트까지 살 수 있었다. 그런데『젊은 베르테르의 슬픔』은 자살을 부추겼을까? 1778년 1월, 짝사랑으로 괴로워하던 젊은 귀족 크리스텔 폰 라스베르크가 강물에 몸을 던졌는데, 그녀의 품에서『젊은 베르테르의 슬픔』이 나왔다―어쨌든 그런 소문이 돌았다.[10]

감성적 장르에 딱 들어맞는『젊은 베르테르의 슬픔』은 리처드슨이 개척하고 조피 폰 라 로슈 같은 인기 작가들이 독일로 수입한 서간체 기법을 썼다. 이 소설이 짧게나마 영국 무대를 지배한 데에는 몇 가지 유리한 환경의 도움이 있었다. 이 작품이 영국에 들어왔을 때 18세기의 주요 영국 작가들(필딩 같은 이들)은 죽고 없었다.[11] 그리고『젊은 베르테르의 슬픔』은 새뮤얼 리처드슨의『클라리사』보다 무척 유리한 무기를 가지고 있었다. 길이는 훨씬 짧았고, 이야기는 훨씬 간결했다. 두 달 남짓 만에 쓴 이 소설은 앉은 자리에서 다 읽을 수 있었다. 이전에 나온 대부분의 서간체 소설과는 달리 편지 쓰는 사람은 딱 한 명, 샤를로테(딱히 언급할 게 없는 평범한 사내 알베르트와 이미 약혼한 처지였다)를 향한 사랑의 여정을 주욱 훑어가는 젊은 베르테르뿐이었다. 자주 구사하는 문학적 인유 덕분에 두 사람의 관계가(그리고 소설의 대중적 성공이) 튼튼해진다. 이를테면 샤를로테와 베르테르가 서로 사랑한다는 것을 깨달았을 때, 샤를로테는 베르테르의 눈을 들여다보며 '클롭슈토크'라고 말한다. 그 말은, 그 무렵의 가장 존경받던 시인, 그의 송시「봄 잔치」(1759)는 좋은 가문에서 자란 젊은 남녀라면 누구라도 암송할 수 있었던 프리드리히 고트리프 클롭슈토크를 가리킨다.[12] 오시안도 여러 번 언급되었고, 베르테르가 주검으로

이탈리아 여행 중인 괴테, 티슈바인의 1786년 그림. 괴테는 친구의 약혼녀 샤를로테 부프에게 실연당한 경험과 친구 예루잘렘이 유부녀에게 실연당해 자살한 사건을 소재로 『젊은 베르테르의 슬픔』을 썼다.

발견되었을 때에는 고트홀트 레싱의 유명한 희곡 『에밀리아 갈로티』가 "그의 책상 위에 펼쳐져 있었다."13)

독일인들 스스로도 자주 독일에는 훌륭한 산문작가가 없다고 말했다. 심지어는 19세기가 끝나갈 무렵에도, 로베르트 프루츠 같은 비평가는 『문학과 정치에 관하여』에서 독일이 영국처럼 위대한 소설가들을 낳지 못했다고 불평을 늘어놓았다. 독일에는 리처드슨 같은 이도, 스몰릿과 필딩 같은 이도, 스턴과 스콧 같은 이도 없었다.14)

다른 나라에서도 이처럼 근심 어린 불평이 끊임없이 들렸는데, 그건 꼭 문학만 놓고 하는 말은 아니었다. 프랑스나 영국에, 또는 두 나라 모두에 근대성, 문화, 문명, 부, 국위를 비롯한 모든 면에서 자기 나라가 뒤처졌다는 근대적인 두려움이 생겨나고 있었다. 이런 두려움은 특히 지식인들 사이에 팽배했다. 지식이 널리 퍼지면서 문화시장이 팽창하자, 다른 나라보다 열등하다는 인식도 따라서 확산되었다. 따라잡으려면 남들이 하는 대로 모방해야 했다. 그러나 그것은 단지 자신이 뒤떨어져 있다는 사실을 확인하는 과정밖에 더 되겠는가? 수십 년 뒤에 군사력, 교육, 기술, 사회과학에서 독일인들이 앞서가자 거꾸로 프랑스가, 다음에는 영국이 똑같은 두려움을 느꼈다. 1950년대 한동안은 소련의 훨씬 우월한 체제—우주계획으로 증명되었다—가 서구의 종말을 불러오지는 않을까 하는 두려움까지 있었다. 마침내는 미국이, 다른 나라가 따라잡겠다는 희망마저 없애버리며 모두를 앞질렀다.

1847년에도, 프랑스처럼 패권을 쥔 나라들은 혹시라도 뒤처지지 않을까 불안해했다. 샤를 루앙드르는 프랑스인들이 제 나라 인재는 알아주지 않고, 프랑스에서 '어마어마한' 성공을 거둔 월터 스콧, 불워 리턴, 디킨스를 대개는 더 좋아한다며 불평했다. "우리는 수출하는 것보다 많이 수입하고, 수출할 때도 최고를 수출하지 않는다. 외국인들은 『파리의 비밀』이나 폴 드 코크의 소설 같은 물건을 원한다. 글쓰기는 이윤과 쾌락, 사변과 탐욕의 문제가 되었다."[15]

후진국이라는 현실은 특히 찬란한 과거를 지닌 나라들을 격분시키고 있었다. 하지만 그 어떤 나라도 이탈리아만큼은 아니었다. 이탈리아는 영광스러운 로마제국과 찬란한 르네상스, 이렇게 두 황금시대가 있었노라 자랑할 만한 나라였다. 이탈리아 지식인들은 위축된 채로 다른 나라 사람들의 영광과 광휘를 서글프게 바라보고 있었다. 이탈리아 중간계급 사이에서 떠오르던 민족주의, 나폴레옹 정복의 여파, 이탈리아가 문화의 모든 면에서 유럽을 이끌던 시절에 대한 많은 이들의 기억 따위가 이런 정서를 더욱 드높였다. 따라잡으려면 남들에게 배워야 했고, 그러다 보면 어느 틈에 외국 모델의 지배력이 커져갔다. 자친토 바탈리아의 『인디

카토레 롬바르도』(1829)를 비롯해 봇물 터지듯 쏟아져 나온 잡지에는 주로 외국 언론을 번역한 글들이 실렸다.16) 안토니오 포르투나토 스텔라의 『스페타토레』(1824)는 『스펙타퇴르 프랑세』를 번역한 글만 실었고, 콘라드 말트 브룅이 프랑스에서 편집했다.17) 1816년 1월에 스탈 부인이 밀라노 잡지 『비블리오테카 이탈리아나』 창간호에 쓴 글에서 말했듯이, 이탈리아 지식인들은 프랑스어, 독일어, 영어를 자꾸 번역하면서 이제껏 고전들을 단조롭게 모방하던 단계에서 벗어날 수 있었다.18)

당시의 가장 중요한 이탈리아 지식인 네트워크는 이탈리아인이 아닌 스위스인이 만들었다. 제네바 출신인 잔 피에트로 비외소는 1819년 피렌체에 책을 읽고 토론을 할 수 있는 도서대여점 cabinet de lecture을 열었다.19) 피렌체 두오모 성당 코앞의, 지금은 가비네토 비외소 도서관으로 바뀌었지만 여전히 많은 이들이 찾는 이곳에서 펴낸 잡지 『안톨로자』는 그 무렵 이탈리아 지식인들에게 널리 퍼져 있던 후진성에 대한 두려움을 가장 분명하게 드러냈다. 이 잡지는 프랑스, 영국, 독일이 유럽에서 가장 앞선 나라들이라고 선언하고, 그러므로 영국의 『에든버러 리뷰』와 『쿼털리 리뷰』, 프랑스의 『르뷔 앙시클로페디크』, 독일의 『헤르메스』를 번역한 글들만을 싣겠노라고 약속했다. 이탈리아 작가들은 배제되었지만, 이 방침은 곧 폐지되었다.20) 그 시절에 『안톨로자』는 이탈리아에서 가장 중요하고 영향력 있는 문예지로 여겨졌다. 하지만 독자가 얼마 되지 않았으므로, 이 주장은 전체적인 시야에서 균형 있게 해석해야 한다. 『안톨로자』가 창간된 1820년에는 구독자가 100명이었고, 1829년에는 530명, 정부가 폐간시킨 1833년에는 629명이었는데, 이 가운데 절반 이상이 토스카나 사람들이었다. 독자는 이 숫자보다 많았을 테지만, 이탈리아가 아직 갈 길이 멀다는 건 아주 분명했다. 1828년 프랑스에는 정

주세페 초키가 18세기에 그린 피렌체의 산타트리니타 광장과 스트로치 궁전(왼쪽). 1819년에 스트로치 궁전에 들어선 스위스인 비외소의 도서대여점과 『안톨로자』는 이탈리아 지식인 사회의 핵심이었다.

기간행물이 490종 있었고(파리에만 176종), 영국에는 483종, 러시아에조차도 84종이 있었는데, 피에몬테 같은 '선진적'인 이탈리아 공국에는 고작 8종, 토스카나에는 6종밖에 없었다.[21]

문화시장이 이다지도 좁았으니, 시장에 도는 현금도 아주 적을 수밖에 없었다. 1809년, 저명한 시인 우고 포스콜로는 『문학의 도덕에 관하여』에서, 영국에는 독자도 수없이 많고 출판업도 성황이며 강력한 법이 있어서 작가들을 부유하고 독립적으로 만들어준다면서 영국을 부러워했다. 그러고는 영국에서는 동료 시민들에게 즐거움을 주는 문인이라면 자기 본모습을 잃지 않으면서도 예술을 통해 부자가 될 수 있는데, 이탈리아에서는 그렇지가 않다고 투덜거렸다.[22]

이탈리아 식자층 가정에서는 신성한 텍스트를 가죽으로 장정한 책들로 책장을 꾸며야 한다고 여겼다. 이 말은 곧, 단테와 페트라르카의 책들 못지않게 베르길리우스, 호라티우스, 키케로, 호메로스의 책들도 줄곧 잘 팔렸다는 것을 뜻한다. 그 시대 신사들에게는 이 책들이 필독서였다. 테오필 고티에는 오스트리아의 지배를 받던 1850~51년에 밀라노의 어느 서점에서나 뒤마와 외젠 쉬가 쓴 책이 눈에 띄긴 했지만, 문학책보다는 논픽션책이 많았다고 보고했다.[23] 19세기 중반 이탈리아에서 베스트셀러 작가가 될 기회는 소설가보다는 〈노르마〉와 〈몽유병 여인〉 같은 유명한 오페라의 대본을 쓴 행운아 펠리체 로마니처럼 오페라 리브레토 작가에게 더 많았다.

이탈리아 문학계는 여전히 본질적으로는 프랑스를 모방하고 프랑스에 의존하고 있었다. 밀라노에서는, 나폴레옹이 몰락하고 오스트리아령이 된 뒤에도 프랑스 책들의 보급은 수그러들지 않았다. 아니, 실제로는 더 늘어났다. 부잣집 아이들이 프랑스어로 교육을 받았고, 프랑스어로 쓴 책들이 이탈리아에서 인쇄되었기 때문이다.[24]

출판사로서는 책을 수입해서 번역하는 쪽이 이윤은 더 남고 위험은 덜했다. 원저자와 원출판사에 대가를 지불하는 일은 거의 없었다. 번역가의 보수도 형편없었다. 밀라노에서 한 달에 200쪽짜리 책 한 권을 번역하면 100리라를 손에 쥐었다. 이 돈은 초등학교 교사 월급과 엇비슷했지만, 대학교수는 아무리 적게 받아도 한 달에 225리라를 받았고, 대부분은 500리라까지 받았다―이마저도 고위공무원이 받는 한 달 급료의 절반에 지나지 않았다(암울한 임금격차이지만, 오늘날에도 달라진 것은 없어 보인다).[25]

이탈리아 출판업의 발전을 가로막는 주된 걸림돌은 (낮은 문자해득률과 빈곤은 제쳐두고도) 이탈리아 안의 여러 나라 사이에 지적 재산권에 관한 합의가 전혀 이루어지지 않은 상황에서 출판사들이 직면한 위험이었

『약혼자』 제20장의 루치아가 납치당하는 장면을 그린 프란체스코 고닌의 삽화. 초판이 1827년에 나온 이 소설은 1840년에 피렌체 상류사회의 입말투로 고친 수정판으로 다시 출간되었다.

다. 밀라노 서적상들은 다른 곳에서 아무런 제재도 받지 않고 자기네 책을 재출간하는 일이 흔하다는 걸 알고 있었다. 만초니의 『약혼자』처럼 잘 팔리는 책들은 주기적으로 해적판이 나돌았다. 더구나 이탈리아 나라들은 저마다 관세를 붙였다. 그래서 밀라노의 실베스트리 출판사에서 4리라 가격표를 붙여서 찍은 책이 나폴리 왕국에 수입되면 책값이 1.5리라 올라갔다.[26] 1848년 무렵에는 (나폴리 왕국을 제외하고) 이탈리아 국가들이 관세협약을 맺어 상황이 조금 나아졌다. 그러나 분열 상태는 계속되었다. 이탈리아는 독일 출판업을 체계화한 라이프치히 도서박람회의 본보기를 따르지 못했기 때문이다.[27] 서적상들의 무능과 낙후된 기술이 어려움을 더했다. 1844년에 나폴리 한 곳에만 인쇄소가 114개쯤 있었지만 (파리에는 60개가 있었다), 대부분은 낡아빠진 기술을 썼다.[28]

영국과 프랑스가 패권을 쥔 것은 재능이 골고루 배분되지 않아 다른 나라보다 두 나라가 기적처럼 소설가의 비율이 높아서가 아니었다. 그것은 무엇보다도, 더 발달하고 더 짜임새 있게 조직된 두 나라 시장이 수요를 만들어내고 더 많은 작가를 끌어들인 덕분이었다. 1814년 무렵 유럽의 출판 중심지로 자리잡은 런던에만 서적상이 '600명' 있었다.29)

소설은 여전히 저급장르 취급을 받았다. 그러나 소설을 써서 돈을 벌 수 있었고, 작가가 돈을 많이 벌수록 부르주아 사회는 작가에게 높은 위신을 부여했다. 멸시가 금세 찬양으로 바뀌었다.

하지만 이탈리아에서는 문인들이 소설을 깔볼 기회를 결코 놓치지 않았다. 니콜로 톰마소는 1830년 3월 『안톨로자』에서, 소설은 줄거리만 알면 되니 문예지에서 훌륭한 요약문만 읽어도 충분하고, 그러면 총명한 독자는 시간과 돈을 아끼게 될 거라고 평했다.30)

이탈리아에는 독자도 적었다. 단지 영국이나 프랑스보다 문자해득률이 낮았기 때문이 아니라, 프랑스나 독일, 영국에 비해 교육을 받은 여성―소설의 주요 소비자―이 적었기 때문이다. 그러니 이렇다 할 여성 작가도 전혀 없었다. 이탈리아의 (또는 스페인의) 제인 오스틴이나 조르주 상드, 소피 코탱이나 패니 버니는 없었다. 의미심장하게도, 여성 작가는 없어도 남성 작가가 여성 작가인 체하고 여성들을 위해 쓴 이탈리아 소설은 있었다. 18세기 최대의 성공작은 수도원장 피에트로 키아리(1711~85)가 여주인공의 일인칭 시점으로 쓴 소설들이었다. 키아리는 『망신당한 여가수』(1754), 『이탈리아의 여성 철학자』(1765), 『이탈리아의 프랑스 여자』(1759), 『명예로운 춤꾼, 또는 N. V. 공작의 친딸이 쓴 회고록』(1754), 『사랑의 행복한 광기, 또는 밀레디 도르베이가 작년에 쓴 회고록』(1783)을 비롯한 수많은 소설을 줄줄이 썼다. 여주인공들은 대개 여성이 감내해야 했던 부당함―여자들에게는 권리가 없고 남자들은 특권을 가진 것―을 비난하면서 맞섰다. 『망신당한 여가수』 주인공은 이렇게 선언한다. "나는 나와 성이 같은 여성 일반을 위해 글을 쓴다. 여성이 남성보다 동정과 친절을 잘 느낀다고 여기기 때문이다. 어떤 재앙이 지우는 짐을 이해하려면 여성이 되어 그들의 느낌을 나누고 내가 느꼈던 것들을 느껴야 한다."31)

누군가는 키아리(극작가로도 성공한 그는 골도니의 최대의 맞수였다)가 현명한 수도원장만이 아니라 선구자로도 대접받았으리라 생각할 것이다. 키아리는 새뮤얼 리처드슨의 여성적인 감성소설에서 배운 것을 이탈리아식으로 구현하려 애쓴 이였다.32) 그는 외국 소설을 이탈리아 소비자의 입맛에 맞게 번안해서, 이탈리아 작가들이 충족시키지 못하던 대중문화의 수요를 충족시키며 이탈리아 특유의 하위장르를 개척했다. 키아리는 돈은 벌었지만 고국에서 불후의 명성을 누리지는 못했다. 현재 로마 국립도서관에선 그의 소설을 한 권도 찾아볼 수 없고, 재간된 소설도 없다. 19세기의 위대한 문학비평가 프란체스코 데 상크티스는 키아리의 업적을 인정했다―빈정거리는 말투로. 키아리 최고의 공로는 공중이 원하는 것을 공중에게 주었다는 것이다. "오늘날엔 거의 잊혔지만, 키아리가 쓴 무수히 많은 작품들을 분석해보면 재미있을 것이다. 그가 살았던 시대의 정신을 보여줄 터이기 때문이다." 흔하지 않은 여성(철학자, 거인, 고급 매춘부), 유괴당한 수녀, 한밤의 싸움, 발코니 오르기처럼, 키아리가 쓴 이야기는 옛것과 새것을 버무린 것들로 "새것은 더없이 터무니없고, 옛것은 더없이 조잡"하다고 데 상크티스는 덧붙였다.33)

키아리가 모방한 작품들을 잘 알고 있었던 그 무렵의 비평가들은 키아리가 한낱 모방자일 뿐이라며 비웃고 헐뜯었다. 그런 비평가 가운데 한 사람이 작가이자 사전편찬자인 주세페 마르칸토니오 바레티였다. 바레티는 1750년대에 런던에서 살면서 영국 대소설가들의 존재를 알아보왔고, 영어-이탈리아어 사전을 편찬했다. 그는 이탈리아로 돌아오자마자 영국 문예지들에서 영감을 받은 격월간 서평지 『프루스타 레테라리아』(문학의 채찍)를 창간했다. 밀라노의 젊은 여성들에게 읽을거리를 권장하기 위해 쓴 에세이(1764)에서 그는 키아리 수도원장이 쓴 소설들은 유럽 최악의 소설이니 읽지 말라고 경고했다.[34] 진정한 에스테로필로(외국것이라면 다 좋아하는 사람)였던 바레티는 새로운 것, 이탈리아에서 나온 것이라면 무엇이든 적대시했다.

키아리의 노력에도 불구하고, 또는 그 노력 덕분에, 이탈리아에서는 주로 프랑스 작품들이 읽혔다. 비토리오 알피에리는 자서전 『인생』(1951)에서 젊은 시절에는 읽을 만한 이탈리아 소설이 하나도 없어서 프랑스 소설만 읽었다고 썼다.[35] 라파예트 부인이 쓴 『클레브 공작부인』, 페늘롱이 쓴 『텔레마크의 모험』, 마리보와 볼테르가 쓴 소설이 이탈리아 식자층이 읽은 소설이었다.[36] 그들은 오늘날에는 덜 유명한 작가들이 쓴 소설도 읽었다. 이를테면 소피 코탱의 중편소설 『엘리자베트, 또는 시베리아 유배자들』은 밀라노에서만 세 군데 출판사에서 출간되었다. 이탈리아에서는 영어권 소설도 유행이었다. 어디에나 있었던 스콧의 소설들 말고도, 베네치아의 피코티 출판사에서 소개한 마리아 에지워스를 비롯해 앤 래드클리프, 페니모어 쿠퍼도 인기였는데, 쿠퍼가 쓴 『모히칸족의 최후』는 영어로 출간되고 겨우 2년 뒤인 1828년에 밀라노에서 출간되었다.[37]

18세기 초에 이르자 이탈리아의 다른 문화에 이어 연극마저도 역사적인 쇠퇴기에 접어들었고, 귀족계급은 정기적으로 프랑스 희곡들을 후원했다.[38] 2부 리그 축구팀이 최고의 선수들을 1부 리그에 빼앗기듯이, 이탈리아는 가장 성공한 작가들을 프랑스에 빼앗겼다. 골도니는 파리로 가서 이탈리앵 극장을 운영했고, 피에트로 메타스타시오(그가 쓴 오페라 리브레토들이 18세기를 지배했다)는 빈에서 궁정시인이 되었다. 프랑스는 체사레 베카리아(1738~94)도 '수입'했는데, 베카리아는 일관되게 사형을 비판한 최초의 주요 저서 『범죄와 형벌에 관하여』(1764)를 쓴 이였다. 이 책은 앙드레 모를레가 프랑스어로 번역하고(1765) 과감하게 편집한 덕분에 유럽에서 이름을 떨쳤다.

그렇다고 해서 성공을 거둔 이탈리아 소설이 하나도 없었다는 뜻은 아니다. 18세기에 쓰인 소설 가운데 다수는 성공을 거둔 외국 소설을 그냥 번안한 것이었다. 차카리아 세리만이 스위프트에게서 영감을 받아 쓴 것이 틀림없는 『엔리코 바르톤의 여행』(1749)이 한 예다. 19세기 이탈리아 소설들은 전보다 더 독창적이었고 더 큰 성공을 거두었다. 프란체스코 도메니코 구에라치가 쓴 『피렌체 포위전』(1836)은 1916년까지 50쇄를 찍었고, 『베네벤토 전투』도 그만큼 성공했다.[39] 1830년대에는 마시모 다젤리오의 『에토레 피에라모스카』(1833)가 대단한 성공을 거두었다.[40] 하지만 그 명성은 이탈리아 울타리 안의 명성이었고, 그곳에서는 그가 1849년에 피에몬테의 총리가 되고 만초니의 딸과 결혼하면서 더욱더 드높아졌다. 발자크와 스콧은 어디에서나 읽혔고 지금도 여러 언어로 번역된 염가판을 쉽게 접할 수 있는 반면, 그때 이탈리아 바깥에서는 다젤리오의 『에토레 피에라모스카』를 읽은 이가 아무도 없었고, 지금은 이탈리아에서도 아무도 읽지 않는다.

그렇다면 19세기에 가장 유명했던 이탈리아 소설가 알레산드로 만초니는 어땠을까? 1839년까지, 만초니는 『약혼자』의 마지막 판본이라고 여긴 원고를 완성했다[이듬해에 출간되었다]. 『약혼자』의 기본 구조는 상투적인 멜로드라마였다. 미천한 집안 출신인 순수한 남자와 정숙한 여자가 행복에 이르기까지 수많은 장애를 만난다. 모든 것을 잃은 듯이 보일 때 두 사람은 적들을 물리치고 마침내 하나가 된다. 대부분의 좋은 책이 그렇듯이, 『약혼자』의 예술성은 그 플롯에 있지 않다.

구매자를 끌어들이기 위해 『약혼자』에는 많은 삽화가 들어갔다. 하지만 이 때문에 비용이 올라가는 바람에 출판사들이 이익을 내려면 적어도 1만 부는 팔아야 했다. 1만 부는 이탈리아 시장이 도저히 소화할 수 없는 부수였고, 팔린 것은 4,600부가 고작이었다―꽤 많이 팔린 셈이었지만, 심각한 손해를 면할 수는 없었다.[41] 『약혼자』는 마침내 위대한 이탈리아 소설 대접을 받고(이렇다 할 경쟁작이 없었기 때문이리라) 모든 학교에서 가르치게 되었지만, 이탈리아를 제외한 유럽에서는 만초니를 기껏해야 월터 스콧의 지역 변종쯤으로밖에 여기지 않았다. 19세기 전반기 이탈리아의 진정한 베스트셀러는 소설이 아니라 회고록이었다. 실비오 펠리코의 『나의 옥중기』(1832)는 정치범으로 오스트리아 감옥(여기서 저자는 예수를 발견한다) 이곳저곳을 전전하며 보낸 10년에 대한 비참한 이야기다. 앙투안 드 라투르가 재빨리 프랑스어로 옮겼고(1830년대에 프랑스에서만 23쇄까지 찍었다), 프랑스어에서 다른 유럽어로 중역되었다. 『나의 옥중기』를 빼면 국제 도서시장에서 이탈리아는 옛 영광―보카치오, 페트라르카, 타소, 아리오스토, 그리고 두말할 것도 없이 단테―으로만 존재했다.[42]

이탈리아와 마찬가지로, 스페인에서도 문화적 후진성에 대한 강박관념이 지식인들을 괴롭혔다. 세르반테스의 시대, 스페인의 황금시대는 오래전 이야기였다. 18세기에 이르면 스페인에서 읽히던 얼마 안 되는 소설마저 외국 소설이었고, 그중에서도 프랑스 소설이 압도적이었다. 검열관들은 프랑스 소설들을 '숙녀들이 읽을 만한' '도덕적'인 이야기로 거

프란체스코 하예즈가 1841년에 그린 알레산드로 만초니. 밀라노의 귀족 출신인 만초니가 피렌체의 입말로 고쳐쓴 『약혼자』는 표준 이탈리아어 글말의 기초가 되었다. 죄르지 루카치는 『약혼자』에 대해, 독창적 구성, 다양한 사회계급의 인물을 묘사하는 상상력, 내면적·외적 생활의 역사적 진실성에 대한 감수성은 스콧과 동등한 수준이며, 성격묘사의 다양성과 깊이 등에서는 스콧을 능가하기까지 한다고 높이 평가했다.

세해버렸다.[43] 1860년대까지 스페인의 독서공중은 자기네 고전들, 눈먼 행상들(제4장 참조)이 파는 짤막한 대중소설, 월터 스콧, 소피 코탱, 샤토브리앙, 페니모어 쿠퍼, 빅토르 위고처럼 흔히들 좋아하는 작가들의 번역본을 읽고 또 읽었다. 몇 안 되는 문예소설은 귀족과 이달고[hidalgo: 스페인의 세습귀족 가운데 하나로, 하급귀족을 따로 불렀던 말]가 쓰고 그 무리 사람들이 읽었다.[44] 후진성에 대한 비난은 그 자체로 하나의 문학장르가 되었다. 나폴레옹 시대 직후에 가장 유명했던 스페인 작가는 소설가가 아니라 풍자 저널리스트인 마리아노 호세 데 라라(1809~37)였다. 그가 『포브레시토 아블라도르』(1832~33)에 실은 기사들, 스페인 사회의 후진성을 비난한 짧은 글「복장에 관하여」의 중심 주제는 스페인이 가진 지방기질과 인습에 대한 격분이었다.[45] 그러나 외국 소설가들의 성공에 힘입어 소설시장이 팽창했고, 1833년에 국왕 페르난도 7세가 죽고 스페인이 자유화된 뒤에는 더욱더 팽창했다.⁴⁶⁾ 하지만 19세기가 끝나갈 무렵에 이르러서야 비로소 베니토 페레스 갈도스 같은 중요한 작가들이 나타나면서 스페인 소설이 얼마간 이름을 얻을 수 있었다.

러시아는 이탈리아나 스페인과는 달리, 문자해득률은 매우 낮았어도 잠재적으로는 더 넓은 시장을 제공할 수 있었다. 19세기 초에는 소설이 가장 인기 있는 장르였지만, 하급귀족은 가벼운 희극, 희극적인 오페라, 멜로드라마를 즐겼고, 하층계급은 폴란드식 소극을 보고 행상이 파는 루보크, 교회 성부들의 생애, 도덕적 교훈을 담은 이야기를 읽었다.⁴⁷⁾ 러시아의 평균적 지식인들은 다른 나라의 평균적 지식인들과 마찬가지로 보통 프랑스와 영국의 주요한 책을 읽었다.⁴⁸⁾ 그러나 그들은 또한 덜 알려진 영국 소설들도, 이를테면 프랜시스 셰리든의 『누르야하드의 일대기』(1767), 아프라 벤의 『오루노코』(1688), 윌리엄 벡퍼드의 『칼리프 바텍의 일대기』(1782)―프랑스어로 쓰였다―같은 소설들을, 러시아어 번역본으로 읽었다(귀족들은 모두 프랑스어를 읽을 줄 알았지만, 대부분 영어는 읽지 못했다). 이 소설들은 모두 오리엔트소설로 분류되었는데(여기에 포함된 『오루노코』는 '오리엔트'를 다룬 이야기가 아니라 아프리카의 한 왕자가 노예로 수리남에 팔려가는 이야기다), 동방이라는 배경은 유달리 러시아 독서공중의 마음을 끌었던 것 같다. 어쨌든 그래서, 그 시절 가장 중요한 러시아 산문작가였던 니콜라이 미하일로비치 카람진에게 문학적으로 큰 영향을 끼친 것이 프랑스와 영국 소설이었다고 해도 그리 놀랄 일은 아니다. 카람진의 감성소설 『불쌍한 리자』(1792)는 리처드슨의 『파멜라』를 떠올리게 한다. 순수한 시골처녀가 비열하고 돈 많은 남자의 꼬임에 빠진다. 처녀는 결국 호수에 몸을 던지고, 그곳은 나중에 순례자들과 여행자들이 빠짐없이 들르는 곳이 된다.⁴⁹⁾ 그 무렵에 큰 성공을 거둔 또 한 편

이반 에진크가 1834년에 그린 이반 안드레예비치 크릴로프. 그는 19세기에 외국에 가장 널리 알려진 러시아를 대표하는 우화작가로, 소년 시절에 하급장교인 아버지가 세상을 떠난 뒤 일찍부터 노동을 하며 자랐고, 그 속에서 몸에 밴 살아 움직이는 민중의 언어를 대담하게 구사한 205편의 우화시를 남겼다.

의 소설은 바실리 나레주니의 『러시아인 질 블라스』였는데, 이것은 18세기에 알랭 르네 르사주가 쓴 악한소설 『질 블라스의 생애』에서 직접적으로 영감을 받은 작품이었다. 나레주니 소설의 전반부는 1814년에 나왔지만, 후반부는 늘 그렇듯이 비도덕적이라는 이유로 출간이 금지되었다. 전작이 출간된 것은 스탈린의 공포정치가 절정에 다다른 1938년에 이르러서였다.[50] 영국 문학과 프랑스 문학의 관례들이 통째로 이용되었지만, 한편으로는 패러디되기도 했다. 그것은 번역본으로든 원본으로든 원작이 독자들에게 알려져 있었다는 징표다.[51]

19세기 첫 25년 동안에 외국에 가장 널리 알려진 러시아 작가는 이반 안드레예비치 크릴로프(1769~1844)였다. 그가 쓴 이야기들(주로 라퐁텐의 이야기들을 번안한 것이었다)은 영어, 프랑스어, 독일어로 번역되었다. 1823년에 러시아 아카데미가 크릴로프에게 금메달을 수여할 만큼 그의 위신은 대단했다.52) 크릴로프의 명성은 단명하지 않아서, 1877년에 상트페테르부르크 대학의 영어 강사였던 찰스 에드워드 터너는 그때까지도 외국에서 가장 유명한 러시아 작가가 크릴로프라고 적었다.53) 사실이라면, 놀라운 위업이다. 그 무렵 러시아는 이미 푸시킨과 레르몬토프를 배출했고, 고골의 『죽은 혼』(1842), 도스토옙스키의 『죄와 벌』(1866), 톨스토이의 『전쟁과 평화』(1869), 투르게네프의 『아버지와 아들』(1862)이 모두 영어와 프랑스어로 번역되어 있었기 때문이다. 그런데도 크릴로프가 적어도 몇몇 지역에서는 첫손에 꼽혔다.

이 시기의 러시아에서는 몇 가지 경향이 한데 모였다. 하나는 지역 민담 수집―미하일 출코프(1743~92)가 쓴 짧은 이야기들(『흉내쟁이』) 같은―이었고, 또 하나는 외국 작품 모방이었다. 이를테면 표도르 예민(1735~70)은 루소가 쓴 『신 엘로이즈』를 본떠 『에르네스트와 도라브라의 편지』를 썼다. 출코프의 작품 가운데 가장 유명한 『고운 요리사』(1770)는 디포의 『몰 플랜더스』에서 영감을 받았다. 마트베이 코마로프가 쓴 『영국 신사 조지』처럼 때로는 영국인 등장인물까지 나오는 모험소설들도 역시 인기를 끌었다.

『고운 요리사』는 새로운 소설이었다. 배경은 어디 멀리 떨어진 곳이 아닌 러시아였고, 사회를 이루는 각계각층 사람이 두루 등장했다. 진부한 인물 설정은 피했다. '상층계급' 사람이라고 다 착하지는 않았고, '하층계급' 사람이라고 모두 어리석거나 사악하지는 않았다. 대화는 사실적이었다. 하지만 『고운 요리사』의 성공은 오래가지 않았다. 이 소설이 다시 출간되려면 1904년까지 30여 년을 기다려야 했다.54)

가장 널리 읽힌 19세기 러시아 소설(이야기povest') 세 편은 18세기에 쓰인 작품이었다. 첫 번째인 『왕자 보바』는 중세에 유행했던 프랑스

기사문학의 변형으로, 16세기의 세르비아어 번역본을 거쳐 러시아에 이르렀다. 『왕자 보바』는 수많은 판본이 있었다. 귀족들을 겨냥한 한 판본은 마치 외국 소설인 것처럼 쓰였고, 하층계급을 겨냥한 판본은 영웅 동화와 비슷했다. 성공을 거둔 나머지 두 소설, 산적 이야기인 『반카 카인』(1779)과 『영국 신사 조지』(1782)는 모두 마트베이 코마로프의 작품이다.55) 이 소설들은 소비에트 시대에도 쉬이 구할 수 있었고 줄곧 인기를 끌었다.

이탈리아인들과 스페인인들은 옛 영광을 위안으로 삼을 수 있었다. 러시아인들도 마침내 광활한 땅덩어리, 교양 있는 귀족, 두터운 지식인층을 밑천으로 탁월한 소설가들을 배출했다. 그러나 불가리아인들은 그다지 운이 좋지 못했다. 그들에게는 유명한 문학적 과거가 없었다. 불가리아는 거의 500년 동안(1396~1878)이나 오스만 제국의 지배를 받았다. 언어도 갈려 있었다. 상층계급과 나머지 민중은 완전히 따로따로였다. 중유럽과 동유럽의 많은 나라들(프로이센, 보헤미아, 헝가리, 폴란드)처럼 불가리아도 서유럽보다 귀족계급의 비율이 높았다(폴란드인의 10퍼센트, 헝가리인의 5퍼센트가 '귀족'이었던 반면 프랑스인 가운데 귀족은 1퍼센트였다). 그렇지만 귀족들은 문학보다 농촌이나 군대에 관심이 많았다. 다시 말해, 아무런 눈치도 보지 않고 실리를 추구하는 태도가 널리 퍼져 있었다. 농민은 중간계급으로 진입할 수 없었다.56) 중간계급이 될 수 있는 이들, 그리고 도서시장을 만들어낼 능력이 있는 이들은 불가리아에 사는 독일인이거나 유대인이었다. 그렇지만 그들 모두 불가리아어로 된 무엇을 읽는 데에는 관심이 없었다. 또 읽고 싶어도 읽을거리가 없었다. 독일인들은 자기네 언어만 고집했고, 유대인들은 독일어를 읽고 이디시어―중부 독일 방언의 하나로, 5퍼센트가 안 되는 슬라브어 낱말을 포함한다―로 말했다.

그러므로 동부 방언들의 한 갈래를 기초로 만든 불가리아 글말 '노보 불가르스키(새 불가리아어)'가 19세기에 와서야 성립되었다는 것이 놀랄 일은 아니다. 그전의 불가리아 문학은 사실상 옛 교회슬라브어를 글말로 썼다. 불가리아어로 쓴 첫 책, 소프로니 브라찬스키 주교의 『네델키』가 인쇄되어 나온 것은 1806년의 일이었다. 1826년에 불가리아어로 인쇄된 근대적인 책은 16종에 지나지 않았다. 1842년에 가서도 77종뿐이었고, 첫 잡지는 1844년에 나왔다.[57] 1846년에는 불가리아의 과거를 찬양한 첫 번째 주요 저작인 네오피르 보즈벨리(1785~1848)의 『어머니 불가리아』가 세상에 나왔다. 19세기에 불가리아 작가가 국제적으로 유명해질 기회는 전혀 없었다.

폴란드는 사정이 달랐다. 폴란드 귀족들은 폴란드가 서유럽에 속한다고 주장했다. 따지고 보면 폴란드인들은 '야만적인 동유럽' 사람들 같은 동방정교회신도가 아니라 가톨릭교도였다. 폴란드는 16세기에 나름대로 르네상스를 맞았고, 18세기 후반부에는 또 나름대로 계몽주의 시대를 겪었다. 폴란드에 없는 건 국가의 독립이었다. 폴란드 왕국은 1772년에 사라지고 없었다. 동유럽 사람들 대부분이 으레 그랬듯이, 폴란드인들도 나라 없는 민족 신세가 되어 있었다. 19세기 말까지 소설 독자의 대부분은 토지를 소유한 젠트리(귀족 아래의 중소지주 계층)였는데, 이들은 대체로 애국자였고, 늘 폴란드의 옛 황금시대를 이상화했다. 이 시기에 중간계급의 삶을 다룬 소설은 거의 없었다.[58] 나라를 잃고 러시아에 속박된 폴란드 중간계급은 귀족계급을 좇아 '병적인 순교정신'이 강해지면서, 미츠키에비치의 작품들을 읽으며 흐느끼고(그러나 꼭 미츠키에비치에게 공감하지는 않았다), 많은 수의 시와 희곡을 생산했지만, 다른 나라에는 그 어느 것 하나 알려지지 않았다.[59] 1870년대까지 폴란드는 유제프 이크나치

1772년에 러시아, 프로이센, 오스트리아가 폴란드 영토의 3분의 1을 나눠가진 제1차 분할을 풍자하는 작자 미상의 판화. 뒤이은 1793년의 제2차 분할, 1795년의 제3차 분할로 폴란드는 지도상에서 사라졌다.

크라셰프스키가 쓴 역사소설 말고는 사실상 단 한 편의 소설도 내놓지 못했다. 그러다가 주목할 만한 소설쓰기의 시대가 열리고, 국제적 베스트셀러인 헨리크 시엔키에비치의 『쿠오 바디스』(1896)에서 절정을 이루었다. 이 소설은 고대 로마에서 박해받는 기독교도들에 관한 이야기다. 폴란드인들은 이 작품에서 희생과 억압이라는 속뜻을 읽어냈지만, 외국인들은 그냥 이야기를 즐겼다.

스칸디나비아인들도 순탄치는 못했다. 최초의 주요한 스웨덴 작가들은 소설가가 아니라, 페르 아테르봄(1790~1855), 에리크 요한 스탕넬리우스(1793~1823), 에리크 구스타프 예이에르(1783~1847), 그리고 바이킹 신화를 노래한 에사이아스 텡네르(1782~1846) 같은 시인과 극작가였다. 가장 예외에 가까운 이는 칼 요나스 로베 알름크비스트(1793~1866)로, 그가 쓴 『사랑이란 무엇인가?』는 성을 아주 대담하게 그려서 무삭제판은 20세기에 들어서야 출간되었다. 그의 원시-페미니

즘 소설 『그것도 좋아』(1839) 또한 마찬가지였다.[60]

유럽의 문화적 패권을 쥔 두 나라 가운데 하나였던 프랑스는 어땠을까? 프랑스인들은 어떤 책을 번역해서, 어떤 책을 읽었을까? 1810~40년에 프랑스어로 번역된 책은 1만 1,688종으로, 전체 책생산의 6.7퍼센트를 차지했다(높게는 1838년에 8.5퍼센트, 낮게는 1831년에 3.9퍼센트였다). 이 가운데 라틴어(3,953종)와 영어(3,082종)를 번역한 책이 절반을 넘었다.[61] 독일어를 옮긴 책이 1,817종으로 뒤를 이었고, 그다음이 이탈리아어를 번역한 책 1,210종이었다. 그리고 고대 그리스어는 845종, 스페인어는 339종이었다. 히브리어(90종)와 아랍어(86종)를 번역한 책이 러시아어에서 옮긴 책(68종)보다 많았고, 포르투갈어를 번역한 책(56종)이 폴란드어를 번역한 책(50종)보다 많았다. 프랑스로만 한정해서 본다면, '죽은' 언어들을 빼고 접할 수 있는 문학 전통은 영국 전통, 독일 전통, 이탈리아 전통, 이렇게 딱 셋뿐이었다.

국민성과 성

소설에 저자의 국적이나 저자가 쓴 언어를 넘어서는 '국민성'이 있을까? 소설이 '국민적' 관점을 담을 수 있을까? 따지고 보면 국민성은 튼튼한 개념이 아니다. 어떤 국민성은 생겼다 사라진다. 19세기 말에는 아무도 자기가 유고슬라비아인이라고 말하지 않았다. 그런데 1960년대 말에 이르면, 그 나라에 사는 이들 대부분이 자기가 유고슬라비아인이라고 말했다. 2000년 무렵에는 아주 소수의 사람만이 그렇게 말했다.[62]

제인 오스틴이 쓴 소설들은 '영국적English'이다. 그 소설들이 영국성을 선전하기 때문이 아니라―실제로도 그렇지 않다―영국성을 그런 장르 소설의 자연스러운 배경으로 가정하기 때문이다. 영국 독자들은 '영국적' 소설을 읽는 게 아니다. 그들은 그냥 제인 오스틴 소설, 연애소설, 고전, 감성소설, 또는 이러저러한 소설을 읽는다. 『오만과 편견』이 본질적으로 영국을 배경으로 해서 본질적으로 영국적인 인물들이 등장하는 본질적으로 영국적인 소설이라고 보는 사람은 외국인이다.

영국 소설이라고 꼭 영국을 무대로 할 필요도 없고, 심지어는 영국인이 등장할 필요도 없다. 앤 래드클리프가 쓴 『이탈리아인』은 처음부터 끝까지 이탈리아가 배경이고 영국인은 단 한 사람도 등장하지 않지만, 여전히 영국 소설이다. 그러나 남주인공과 여주인공은 영국인처럼 행동하며, 소설에서 묘사하는 이탈리아는 영국인 여성이 만들어낸 것이다. 물론 이 가운데 어떤 것도 독자에게는 뚜렷이 보이지 않는다. '안나 라 클리파'처럼 이탈리아식 저자 이름이 적힌 해적판 번역본 『이탈리아인』을 처음 집어든 순진한 독자라면, 그 책을 이탈리아인이 쓴 소설이라고 여길지도 모른다.

그러나 그렇게 순진한 독자는 드물다. 대부분의 소설은 맥락에 의해 규정된다. 소설들은 포장되고, 분류 딱지가 붙고, 시장에 나와 팔리고, 서평을 받고, 이야깃거리가 된다. 독자들은 어떤 기대를 갖고 소설에 다가간다. 독자들은 첫 장을 펼쳐 읽기 전부터 그 소설에 대해 무언가를 알고 있거나, 안다고 생각한다. 그리고 예상이 빗나가는 일이 많더라도, 독자들은 새 소설을 읽을 때마다 그게 어떤 종류의 소설일지 예감하거나 어림짐작하거나 가정한다.

제인 오스틴이나 패니 버니에게서 특별히 영국적인 무언가를 찾으려던 이들, 또는 마리아 에지워스에게서 영국적이거나 아일랜드적인 무엇, 월터 스콧에게서 스코틀랜드적인 무엇, 또는 발자크에게서 프랑스적

『오만과 편견』에서, 아버지 베넷에게, 다섯째 리디아가 위컴과 야반도주를 한 일은 다 아시에게 책임이 있다고 말하는 둘째 엘리자베스. 『오만과 편견』에 최초로 실린 두 삽화 가운데 하나인 1833년의 판화로, 당시의 복식을 잘 보여준다. 이 소설은 2003년의 BBC 조사 '영국인이 가장 사랑하는 소설'에서 『반지의 제왕』에 이어 2위에 올랐다.

인 무엇을 찾으려던 이들은 쉽사리 그것을 찾아냈다. 영국과 프랑스 소설을 손에 넣은 유럽인들은 자기가 프랑스나 영국의 삶에 관한 어떤 지식을 얻고 있다고 생각했다. 그들은 소설을 재미로 읽으면서도, 자기네 사회와 크게 다르지는 않아도 분명히 구분되는 어떤 사회를 배우고 있다는 느낌을 받았다. 1980년대에 시청률이 아주 높았던 텔레비전 연속극 〈댈러스〉를 본 많은 사람들이 자기가 텍사스 부자들의 삶에 대한 약간의 통찰력을 얻고 있다고 생각했던 것과 마찬가지였다.

그 결과는 균형이 안 맞는 지식이었다. 영국 독자에게 이탈리아는 영국인 여행가들이 묘사하고 고딕소설이 그린 나라였다. 이탈리아 독자에게 영국은 디포, 필딩, 리처드슨 같은 영국 작가들이 묘사한 나라였다. 영국과 프랑스는 자국 작가들을 통해 스스로를 내보였다. 나머지 나라들의 모습은 영국인과 프랑스인에게, 그리고 정도는 덜해도 독일인에게 달려 있었다.

이를테면 19세기 스페인의 국제적인 이미지는 대체로 프랑스인들에 의해 구축되었다. 하지만 16세기에는 스페인인들이 직접 자국의 국제적 이미지를 구축했다―예를 들어 영향력 있는 악한소설『토르메스의 라사리요』는 16세기가 저물기 전에 열 차례나 번역되었다.[63] 그러나 19세기에 이르면, 스페인이 쇠퇴하고 프랑스 문학이 빛을 발했다. 스페인은 프랑스의 발명품이 되었다. 그 이미지를 쌓은 가장 유명한 작품들만 꼽아보자. 우선 프랑스 작가 보마르셰가 쓴 두 편의 유명한 희곡『세비야의 이발사』(1775)와『피가로의 결혼』(1784)은 로시니와 모차르트에 의해 오페라로 각색되어 엄청난 '히트작'이 되었다. 이어서 빅토르 위고의『에르나니』(1830)―베르디에 의해 오페라〈에르나니〉로 각색되었다―와『뤼 블라스』(1835)가 등장했다. 그다음엔 당시의 유행을 선도했던 극작가 카시미르 들라비뉴의『시드의 딸』(1839)이 있었고, 테오필 고티에가 쓴『스페인 여행』(1845)과 많은 시가 있었다. 그리고 프로스페르 메리메가 1846년에 쓴『카르멘』은 비제에 의해 각색되어 가장 유명한 오페라 가운데 하나가 되었다.[64] 19세기 중반에 이르면, 플라멩코 음악과 춤이 프랑스의 카페생활에 자리를 잡고, 스페인 기타가 들어왔다. 그리고 19세기 말에 이르러, 스페인은 이젠 어떻게 되돌릴 도리가 없는 투우, 태양, 열정, 도도한 여인, 뻐기는 이달고, 성적으로 도발적인 집시 선율의 나라가 되고 말았다.

이렇듯 문화적 패권에는 제국주의적 차원도 있다. 이때 위태로워지는 것은 땅이나 경제자원이 아니라 이미지와 정체성이다. 자기 이미지를 스스로 정하는 것과 남이 대신 정해주는 것은 하늘과 땅 차이다. 그 작업이, 문화적으로 식민화된 이들을 포함해 모두가 그 이미지를 받아들이게 될 만큼 철저하게 이루어질 때 특히 그렇다. 에드워드 사이드가『오리엔탈리즘』과 『문화와 제국주의』에서 '오리엔트'를 규정한다며 호되게 비난한 '서구'는 사실 좁은 의미의 서구다. 적어도 19세기의 서구는 주로 강국들, 특히 프랑스와 대영제국이 아우르고 있는 세계였다. 이 강국들은 동방세계만이 아니라 유럽 대부분까지 규정했다.

미국인들은 어땠을까? 처음에는 '서부물' 장르마저도 유럽인 손에 있었다. 샤토브리앙은 소설 『아탈라』(1801)와 『르네』(1802)에서 아메리카 인디언을 고결하고 용감한 야만인으로 보는 낭만주의적 시각의 문을 열어젖혔다. 샤토브리앙은 놀라운 성공을 거두었다. 프랑스에서 그는 빅토르 위고가 등장하기 전에는 가장 위대한 현역 소설가로 받들어졌다. 그의 모든 작품이 헝가리어를 포함한 여러 언어로 번역되었다.[65] 지금은 샤토브리앙이 거의 읽히지 않지만, 1800년대에 유럽에 이름이 알려진 미국 작가는 아주 드물었다. 그러다가 제임스 페니모어 쿠퍼(1789~1851)가 등장하면서 상황이 바뀌었다. 쿠퍼가 쓴 『모히칸족의 최후』는 1826년에 처음 출간되어 1830년까지 4쇄를 찍고, 1850년까지 다시 5쇄를 더 찍었다. 비평이 늘 긍정적이진 않았다. 『런던 매거진』 1826년 5월호는 '최후의 미국 소설'이라는 제목의 서평에서 『모히칸족의 최후』가 "명백히 쿠퍼 씨의 성과 가운데 단연 최악"이라고 썼다. 이 서평을 쓴 미국 소설가 존 닐은 별 인기를 얻지 못한 소설들을 쓰다가 영국으로 건너가 『블랙우즈 에든버러 매거진』 수석비평가 자리를 얻었다. 닐은 단락마다 질투심을 질질 흘리면서 쿠퍼가 너무 많이 쓰는 게 문제라고 단언했다. "위대하든 하찮든, 유명하든 무명이든, 어떤 작가도 공중이 읽을 소설을 마구 지어내는 임무를 오랫동안 맡을 수는 없다." 쿠퍼는 실패한 월터 스콧 추종자라는 선고를 받았다.[66] 그러나 조르주 상드는 달리 보아서, 1856년에 이렇게 썼다. "쿠퍼는 흔히 월터 스콧과 비교되었

1850년대의 워싱턴 어빙. 뉴욕에서 태어난 어빙은 방랑 기질이 있어서 어려서부터 주변 지역을 돌며 인물과 풍습을 관찰했고, 열일곱 살에는 허드슨 강변을 여행하면서 나중에 『스케치북』에 실린 '립 밴 윙클'과 '슬리피 할로' 같은 전설들을 접했다. 『뉴욕의 역사』로 문단에 이름을 알렸고, 3년 동안 마드리드의 미국 공사로 있으면서 무어인의 전설을 기록한 『알함브라의 전설들』도 찬사를 받았다.

다. 쿠퍼가 받아 마땅한 대단한 영광이다. 쿠퍼가 위대한 거장을 솜씨 좋고 그럴싸하게 모방한 작가에 지나지 않는다는 주장도 있지만, 나는 그렇게 보지 않는다."[67] 쿠퍼 말고 19세기 첫 25년 동안에 유럽에서 어느 정도 인기를 누린 유일한 미국 작가는 워싱턴 어빙(1783~1859)이었다. 1819년에 어빙은 단편소설과 에세이 모음집 『스케치북』을 출간해 성공을 거두었는데, 여기에는 립 밴 윙클 '전설들'(20년 동안 자고 일어났더니 미국혁명이 끝나 있더라는 이야기)과 슬리피 할로 전설이 실려 있었다—이것 또한 '발견된' 원고 가운데 하나인데, 이번에는 "작고한 디드리치 니커보커(어빙이 즐겨 썼던 필명)가 남긴 서류 중에서" 발견되었다. 이 단편들은 중간계급, 특히 영국의 중간계급이 많이 읽었는데도, 흔히 저급장르에 속하는 것으로 간주되었다. 엘리자베스 개스켈은 소설 『북과 남』(1855)에서, 존 손턴의 그다지 똑똑하지 않은 누이 패니는 워싱턴 어빙이 쓴 『알함브라의 전설들』(1832)에 푹 빠져 있는 반면 여주인공 마거릿

헤일은 고상하게 단테를 읽는 모습으로 그렸다.

서부물을 쓴 미국 여성도 있었다. 그중에서도 해리엇 비처 스토가 등장하기 전까지 19세기 중반의 가장 인기 있는 미국 여성 작가 가운데 한 사람이었던 캐서린 마리아 세지윅(1789~1867)은 스토처럼 전체적으로 억압받는 이들을 동정했는데, 그 점은 특히 『호프 레슬리』(1827)에서 두드러진다. 17세기의 피쿼트족 전쟁을 다룬 이 소설에서, 청교도들은 응당 집단학살에 여념이 없는 모습으로, 인디언들은 고귀하고 아름다운 모습으로 그려진다.

국민성은 소설을 보는 관점 가운데 하나일 뿐이다. 다른 어느 문화장르보다 픽션(소설, 희곡, 영화)에서 두드러지게 나타나는 젠더 관점이 있다. 남성의 힘은 음악, 그림, 드라마, 철학, 역사 따위의 그 어느 곳에서도 우세할지 모르지만, 소설쓰기에서는 처음부터 만만치 않은 저항에 부딪힌다. 물론 가부장적 관념은 남성의 생각뿐 아니라 여성의 생각까지 구축한다. 그렇지만 다른 예술이나 기예에 견주어, 소설가는 여성의 비중이 훨씬 컸다. 19세기 말까지 소설쓰기는 점잖은 집안의 여인이 가질 수 있는 얼마 안 되는 직업 가운데 하나였다(여배우가 되는 것은 그리 바람직하지 않았다). 일부에서 소설쓰기를 '여성적'인 직업으로 여긴 까닭이 소설이 저급장르여서인지 아니면 이미 여성 작가가 많았기 때문인지는 논쟁의 여지가 있지만, 여성 작가들이 중요했다는 점은 의심할 여지가 없다. 실러는 "비록 아마추어일지라도, 지금 우리 여성들이 글쓰기에서 예술에 가까운 기술을 익힐 수 있다는 것에 참으로 놀랐다."[68] 『문학 서지 사전』에 오른 1660~1800년의 영국 소설가 50명 가운데 20명이 여성이다.[69] 그리고 서적상 알렉상드르 피고로가 책 1,505종을 실은 목록 『소설가 약력과 작품 소목록』(1821)에서는 150명이 여성이다.[70]

물론 많은 여성들이 연애소설―남녀관계가 중심 주제인 소설―을 썼다. 이 장르의 전형인 초창기 몇몇 작품은 비범한 심리적 통찰력을 과시했다. 라파예트 부인이 쓴 『클레브 공작부인』(1678)을 예로 들어보자. 이 야기의 모든 요소는 진짜인 것처럼 제시된다. 문체에는 감정이 조금도 들어 있지 않다. 화자는 초연하게 이야기한다. 플롯은 판에 박힌 관례로 시작한다. 주인공 클레브 공작부인이 남편 아닌 남자를 사랑한다. 그런데 공작부인이 남편에게 자기 처지를 설명한다는 점이 이 이야기를 특이하게 만든다. 부인은 말한다. "다른 사람을 사랑해요." 용서를 구하지도 않는다. 아무 짓도 안 했기에 용서받을 일도 없기 때문이다. 부정한 관계에 승낙을 구하지도 않는다. 그런 일은 꿈도 꾸지 않으려 하기 때문이다. 부인은 남편에게 자기 느낌을 이야기한다. 다른 까닭이 있어서가 아니라, 인생의 동반자인 남편에게 자기가 처한 곤경을 이해시키고, 자기가 사랑하는 딴 남자와 자는 일은 결코 없을 거라고 안심시키기 위해서다. 그런 다음 구애자한테 가서는, 당신 사랑에 응답하지만 앞으로 당신을 보지 않을 것이며 당신 여자가 되는 일도 없을 거라고 말한다. 그러는 사이 남편은 질투심에 눈이 뒤집힌다. 그러나 불평할 수가 없다. 아내가 모든 일을 털어놓았고, 비록 사랑이 아니라 아내로서의 의무와 남편에 대한 존중 때문일지라도, 믿음을 저버리지 않겠노라고 약속했기 때문이다. 아내가 자기를 사랑하지 않는다는 걸 알고 남편은 슬픔에 빠져 죽고 만다. 남편이 죽은 뒤에도 아내는 정조를 지킨다. 어쩌면 요부(팜파탈)보다 솔직한 여자가 더 위험한지도 모를 일이다.

라파예트 부인이 쓴 책은 지금 마땅히 고전 대접을 받는다. 18세기의 다른 여성 작가들은 오늘날에는 많이 잊혔지만, 그 시절에는 널리 찬양받았다. 그 가운데 프랑스 작가 마리 잔 리코보니(1714~92)가 있었다.

리코보니는 이탈리아 배우와 결혼했고, 자신도 배우였다. 그녀는 한동안 런던에서 살면서 특히 필딩의 『아멜리아』를 비롯한 영국 소설들을 익히 알게 되었고, 『아멜리아』는 프랑스어로 번역까지 했다. 그런 다음 마리보의 미완성작 『마리안의 일생』을 완성했는데, 몇몇은 이 작품이 미완성 원작보다 뛰어나다고 여겼다.[71] 리코보니가 직접 쓴 『제니 양의 일대기』(1764)를 번역한 골도니는 서문을 쓰면서, 그녀가 유럽 전역에서 우러르는 유명한 저자라고 선언했다. 스탈 부인은 『소설론』에서 리코보니 부인을 리처드슨 바로 아래에, 라파예트 부인, 베르나르댕 드 생피에르, 패니 버니와 동급에 놓았다.[72] 리코보니의 작품들은 19세기 내내 거듭 출간되었고(흔히 다른 저자들 작품과 함께 모음집으로 나왔다), 그후로는 완전히 잊혔다가, 20세기 후반에 페미니즘 문학비평가들에 의해 망각에서 구출되었다.

장리스 부인(장리스 백작부인 스테파니 펠리시테 드 생토뱅)은 줄곧 그보다는 더 잘 알려져 있었다. 장리스 부인은 수많은 희곡 외에도 『알퐁신, 또는 어머니의 사랑』과 베스트셀러 『발리에르 공작부인』(1823년 한 해에만 11쇄를 찍었다)을 비롯한 100여 편의 역사연애소설을 썼다. 장리스 부인은 1780년부터 1820년까지 무려 40년에 걸쳐 집필활동을 하면서 문학시장을 지배했다. 제인 오스틴은 장리스 부인의 『성에서 지샌 밤들』(1784)을 출간된 지 16년이 지난 뒤에 읽고 있었다.[73] 조르주 상드는 어머니가 장리스 작품을 읽어주었지만, 그 무렵 장리스는 거의 잊힌 작가였다.[74] 또 한 명의 유명한 여성 작가 소피 코탱은 서간체 소설 『알바의 클레르』(1799)를 썼다. 이 이야기는 부부간의 정절을 권장할 요량으로 쓰였다고는 하지만, 과감한 소재를 다루었다(플롯은 라신의 『페드르』와 비슷하다). 어린 클레르는 나이 많은 남자에게 시집간다(코탱 부인도 그랬다). 둘이서 호젓하게 시골에서 살다가, 클레르는 남편의 양자 프레데리크가 자기를 열렬히 연모하고 있다는 걸 알게 된다. 클레르 자신도 프레데리크에게 끌리고 있음을 느낀다. 클레르와 프레데리크는 사랑과 섹스의 유혹에 지지 않으려고 애쓴다. 그러다 딱 한 번, 끝내 유혹에 무너지고 만다. 하지만 클레르가 죄책감에 사로잡혀 목숨을 끊는 데에는—문학에서 간통을 저지른 여자의 운명은 으레 죽음이었다—그 한 번으로 충분했다. 물론 프레데리크는 살아서 뒷날 또 다른 사랑을 한다. 소피 코탱, 장리스 부인, 스탈 부인 같은 '감성' 소설가들은 프랑스 왕정복고기 내내 큰 인기를 끌었다.[75] 그들은 다른 나라 여성 작가들에게 줄거리, 심지어 제목에까지 영감을 주었다. 이를테면 폴란드 작가 마리아 비르템베르스카가 쓴 『말비나, 또는 가슴의 직관』(1816)은 코탱 부인이 쓴 『말비나』와 플롯의 중심 얼개가 똑같다. 젊은 여자가 불행한 결혼을 하고, 남편이 죽은 뒤에 낯선 남자와 사랑에 빠지는데, 알고 보니 귀족이더라는 줄거리다.[76]

　문학에서 큰 주제 가운데 하나가 바로 사랑의 유혹이다. 또 다른 주제는 젊은 여자가 자신에게 어울리는 남편감을 얻으려고 쓰는 전략에 대한 묘사다. 이런 주제는 분명 지금보다는 18세기와 19세기에 훨씬 더 중요한 문제였다. 오늘날엔 그때보다 이혼이 쉽기에, 상대를 다시 찾고 또 찾을 수 있다. 이 남자다 싶었는데 아니었다 하더라도, 모퉁이만 돌아가면 더 멋진 사내가 기다리고 있을지도 모른다. 하지만 이 주제가 200년 넘도록 이어져왔다는 사실은 상황이 끔찍히도 바뀌지 않았다는 걸 암시한다. 좋은 배필을 얻는 것, 그리고 그 남자와 결혼한 뒤에 주변에 더 훌륭한 남자들이 있다는 걸 알게 되는 것은 늘어나는 여성 독서공중에게 무척이나 흥미로운 주제였다.

여성 작가들은 그 견고한 시장을 활용했다. 그 시장은 그들에게 직업과 존경과 명성과 경제적 보상을 주었다. 스탈 부인은 1802년의 소설 『델핀』이 성공한 덕에, 『코린』 원고료로 출판사로부터 7,200프랑이라는 엄청난 돈을 받았다.⁷⁷⁾ 소피 코탱은 『알바의 클레르』(1799), 『아멜리 만스필드』(1802), 『마틸드』(1805)로 명성과 부를 다 누렸다. 『에두아르』 (1825)와 『우리카』를 쓴 뒤라스 (클레르) 공작부인도 그랬다. 많은 영국 여성 작가들도 같은 보상을 누렸다. 그러나 그 시절에 여성 작가들을 소중하게 대접하는 것은 소설생산의 양대 산맥인 프랑스와 영국에 국한된 현상이었다. 독일 작가 조피 폰 라 로슈 같은 예외가 있긴 해도, 독일에서 여성 작가가 출세할 전망은 그리 밝지 않았다. 1800년에 『노이에 알게마이네 도이체 비블리오테크』와 『알게마이네 리테라투어 차이퉁』에 서평이 실린 작가 97명 가운데 여성은 네 명뿐이었다.⁷⁸⁾ 영국 여성 작가 목록은 이보다 훨씬 길었다. 여기에는 아프라 벤, 들래리비어 맨리, 엘리자 헤이우드, 샬럿 레녹스, 새라 필딩, 프랜시스 셰리든, 앤 래드클리프, 패니 버니를 비롯한 많은 여성들이 있었다. 이들 모두 제인 오스틴, 브론테 자매, 조지 엘리엇 같은 더 유명한 19세기 작가들과 미국 작가들(『톰 아저씨의 오두막』(1852)을 쓴 해리엇 비처 스토, 『작은 아씨들』(1868~69)을 쓴 루이자 메이 올컷)이 걸어갈 길을 닦아주었다. 패권을 나눠가진 영국과 프랑스 밖에서는, 몇몇 예외를 뺀 여성 작가들 대부분은 19세기의 마지막 25년에 이르러서야 인정받기 시작했다.

제11장

이것은 픽션이 아니다

역사와 종교

영어에서는 소설도 아니고 시도 아니고 드라마도 아니면 논픽션이다. 프랑스어에는 영어의 논픽션에 정확히 대응하는 말이 없다. 꼭 옮겨야 한다면 이렇게 멋대가리 없게 쓰는 수밖에는 도리가 없다. ouvrages autres que les romans 또는 ouvrages non romanesques, 곧 '소설이 아닌 작품들'이다. 프랑스 서점에서 '논픽션' 구역은 '일반적인 책들rayon des ouvrages généraux'이라고 쓴다. 이탈리아어도 마찬가지로 장황하게 '소설 아닌 작품들opere non di narrativa'이라고 말한다. 독일어에서 논픽션 책은 '사실적인 책Sachbücher'이다.

으레 그렇듯, 문제는 언어가 아니라 세계다. 대다수의 책이 '논픽션'이지만, 논픽션은 장르가 아니다. 논픽션이란 말은 통칭으로, '지어낸 것이 아닌' 글이면 다 아우르는 널따란 범주 안에 한덩어리로 뭉친, 온갖 산문 유형과 장르를 가리킨다. 19세기 영국에서 '픽션'은 경멸적인 뜻으로 쓰였다. 픽션은 속임수, 위장한 것, 지어낸 것이다. 논픽션은 실제다. 논픽션은 진실이다. 철학, 역사, 신학, 평전, 자서전, 정치 팸플릿, 과학기술서, 법률서, 지도, 전화번호부, 여행기, 자기계발서, 요리책, 정부 보고서, 참고서, 교과서, 성서, 쿠란, 음악책, 미술책, 문법책, 의학책, 서지목록, 책에 대한 책 따위가 논픽션이다. 달리 말해, 출간되는 책의 90퍼센트 이상이 논픽션이다. 1800년에도 그랬고 오늘날에도 그렇다.

물론 전체적으로 보면 다른 장르보다 소설이 많이 팔린다. 50년 전에도 그랬고 오늘날에도 그렇다. 그러나 19세기에 어떤 책들이 얼마나 팔렸는지를 말해주는 믿을 만한 전반적인 판매수치가 우리에겐 없다. 2003년 영국에서 페이퍼백으로 가장 많이 팔린 상위 100권(팔린 책 대다수가 이 책들이다) 가운데 87권이 소설이었다. '논픽션'으로는 자서전 세 권, 평전 네 권(평전은 픽션처럼 보이게 만든 논픽션인데, 정반대인 경우도 가끔 있다), 여행기 한 권, 르포르타주 한 권, 다이어트책 네 권(모두 앳킨스 박사가 쓴 책이었다)이 있었다.[1] 이런 식의 1803년 통계는 전혀 없다. 사람들은 대부분 책을 사서 읽은 게 아니라 도서관에서 빌려 읽었고, 커피하우스, 클럽, 도서대여점에서 읽었고, 또는 전문지와 신문에서 연재물로 읽었기 때문이다.

대다수의 책은 '논픽션'이었다. 이 대목은 근거가 더 확실하다. 데이비드 벨로스는 1828년에 프랑스에서 나온 신간 3,727종 가운데 소설은 267종(7.1퍼센트)뿐이었고, 종교서로 분류된 책이 708종, 계몽의 시대로, 때가 때이니만큼 역사서로 분류된 책이 736종(19.7퍼센트)이었다고 추정했다.[2] 모리스 크뤼벨리에는 1830년 프랑스에서 나온 신간이 총 4,380종이었다고 추정했다—벨로가 추정한 1828년 수치보다 653종이 많다.[3] 로제 샤르티에는 1780년에 프랑스에서 나온 책 가운데 10퍼센트가 '종교적'인 책이었다고 주장한다.[4] 마르탱 리옹은 1820년대에도 신학서적이 해마다 10퍼센트를 차지했다고 생각하는 반면, 벨로의 수치는

350　　제1부 • 서막 1800~1830

종교서의 비중이 20퍼센트에 더 가까웠다는 것을 보여준다.[5] 존 브루어는 대영도서관과 옥스퍼드·케임브리지 대학 도서관에 소장된 20만 종에 달하는 18세기 장서 가운데 5만 종이 종교서라고 지적한다.[6]

사이먼 엘리엇은 앞에 소개한 것보다 믿을 만해 보이는 통계자료를 토대로, 1800~70년의 전체 책 종수에서 20퍼센트가 '종교서'로, 20~24퍼센트가 '문학'(듀이 십진분류번호 800~899)으로 분류될 수 있다고 밝혔다. '문학' 범주에서는 이야기, 동화, 소설 또는 연애소설로 볼 수 있는 책이 7.45퍼센트였는데, 1870년에는 11.15퍼센트까지 올라갔다.[7] 1816~51년에 영국에서 출간된 4만 5,000종—1950년대에 로버트 웨브가 추정했다—가운데 '종교, 역사, 지리'로 분류되는 책은 10퍼센트 남짓이었고, 픽션은 3,500종뿐이었다.[8] 이 수치는 소설이 전체의 7~8퍼센트 정도를 차지했다는 견해를 뒷받침해준다.

범주들이 서로 겹치기 때문에 이런 식의 분류는 그리 쓸모가 없는 경우가 많다. '종교' 텍스트라는 범주에는 명확한 경계가 없다. 그것은 복잡한 신학논문, 성서에서 따온 이야기, 성인전을 모두 아우른다. 토마스 아 켐피스(1379경~1471)가 쓴 영향력 있는 경건한 논저 『그리스도를 본받아』를 읽는 이들과 삽화가 들어간 성인전을 읽는 이들 사이에는 큰 차이가 있다. '종교' 텍스트가 꾸준히 인기를 끈 것은 종교적 기득권층과 교구 사제 같은 유력자들이 지원해주었기 때문이라고 설명할 수도 있다. 그러나 결국, 공중이 종교 텍스트를 좋아했던 주 원인은 아주 단순하다. 사람들이 대단히 종교적이었기 때문이다. 아주 흥미진진한 방식으로 종교를 포장하면 놀랄 만큼 많이 팔 수 있었다. 존 버니언이 쓴 『천로역정』(1678~84)—100개 언어로 번역되었고, 20세기 초까지 베스트셀러였다—이 성공한 것은 서사적 장르와 종교 우화를 결합해서 주인공 크리

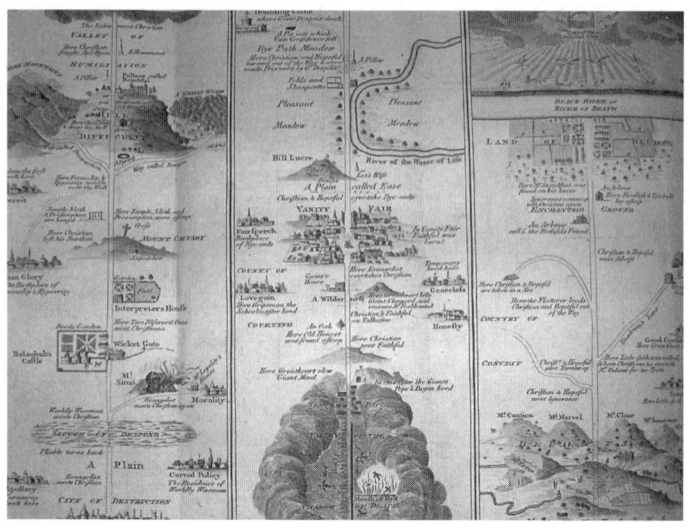

1778년에 런던에서 출간된 존 버니언의 『천로역정』에 실린 펼침면 지도. 순례자 크리스천이 거쳐가는 '사막의 음침한 골짜기', '허영의 시장', '기쁨의 산', '죽음의 강', '의심의 성' 같은 곳들을 보여준다.

스천과 그 아내 크리스티애나가 파멸의 도시에서 천상의 도시로 가는 서사적 여행에서 겪는 우여곡절을 입말투로 흥미진진하게 묘사했기 때문이다. 라므네가 쓴 『어느 신자의 발언』(1833)처럼 재미가 덜한 종교서도 1830년대 프랑스에서는 베스트셀러가 될 수 있었다.

어떻게 분류를 하든 종교서가 전체에서 차지하는 비율은 이르게는 18세기부터 떨어지기 시작했지만, 인기는 19세기 내내 지속되었다. 세속화가 확산되고 있었지만, 종교는 수백 년의 시험을 견뎌낸 이념과 제도의 보호를 받았다. 문화에서 종교는 여전히 지배력을 유지했다. 종교는 음악을 지배했다. 19세기에 유럽인들이 들은 음악은 대부분 교회음악이었다.

그러나 꽤 많은 논픽션은 이야기였다. 다시 말해 실화, 또는 적어도 진짜인 척하는 이야기들이었고, 이 가운데 다수는 '역사'로 분류될 수 있었다. 역사소설은 역사쓰기라는 '고귀한' 활동과 관련이 있다는 이유로 고급장르로 여겨졌다. 역사소설은 픽션이었지만, 기사문학이나 동화보다는 실화에 가까운 픽션이었다. 상황은 더없이 좋았다. 국가의 역사가 인기를 끌었고, 민족주의가 빠르게 성장하고 있었고, 자유주의 지식인들 사이에서는 역사의 뿌리 찾기가 크게 유행했다.

역사소설을 쓰는 저자가 아니라도 줄거리에 역사적 사건을 짜넣을 수 있었다. 이를테면 필딩은 『톰 존스』에 1745년 재커바이트 반란을 짜 넣었다.[9] 자기 가문이나 공동체, 또는 마을의 과거사를 궁금해하는 사람들은 언제고 꽤 있었다. 이렇게 역사를 좋아하는 이들에 힘입어, 작가들은 역사소설을 많이 썼을 뿐만 아니라 역사를 '있는 그대로' 가져다가 소설 속에 끼워넣기까지 했다. 만초니가 밀라노 역병을 역사적으로 재구성한 것(『약혼자』)이나, 빅토르 위고가 『레미제라블』에서 본줄기를 벗어나 장황하다 싶을 만큼 워털루 전투와 파리 하수도 건설사를 이야기한 것이 그 예다. 학문적인 역사연구와 역사쓰기는 19세기에 레오폴트 폰 랑케(1795~1886)에서 시작되었다고 주장할 수 있다. 랑케는 역사학의 기초를 구전보다는 당대의 기록에 두는 쪽을 옹호했다. 랑케가 쓴 역사가 선배들이 쓴 역사보다 나을지는 모르겠지만, 헤로도토스가 페르시아 전쟁을 서술한 이래 적어도 2,500년 동안 역사책이 있었다.

역사소설의 인기에 힘을 얻은 역사가들은 더 넓은 비전문가 시장을 겨냥해서 글을 썼다. 매콜리는 1828년 5월 『에든버러 리뷰』에 이렇게 썼다. "분별 있게 고르고 버리고 정리해서, 그는 픽션이 앗아갔던 매력을 진실에 부여한다." 여기서 '그'는 '완벽한 역사가'를 가리킨다.[10] 많은 소설가들이 자기가 지은 이야기에 '진짜' 역사를 끼워넣음으로써 진지한 느낌을 준 것과 마찬가지로, 아주 많은 역사가들도 자기가 하는 이야기에 생동감을 불어넣기 위해 증거는 없지만 재미있는 일화를 끼워 넣기를 마다하지 않았다. 이런 일화들이 교과서에 실렸고, 다른 것들(날짜, 이름, 원인과 결과)은 다 잊혀도 이런 일화들만은 기억에 남았다. 그래서 바닷가에 앉아 파도에게 물러가라 명령하는 크누트 왕, 아버지에게 자기는 거짓말할 수 없다고 말하는 조지 워싱턴, 나무에서 떨어지는 사과 덕분에 중력을 발견하는 뉴턴, "빵이 없으면 케이크를 먹으라"라는 말로 프랑스 혁명을 불러오는 마리 앙투아네트, 칼에 찔려 쓰러지면서 "브루투스 너마저!"(끊임없이 회자되는 유명한 마지막 말 가운데 하나)라고 외치는 율리우스 카이사르 같은 이미지는 힘을 잃지 않는다. 그리고 중세시대가 끝없이 어둡고 불건전하다느니, 야만인이 당당하고 고귀하다느니, 갈리아인이 프랑스인들의 '조상'이라느니, 고대 그리스인이 현대 그리스인의 조상이라느니 하는 케케묵은 역사적 속설들이 끊임없이 공급된다.

여행

19세기 초에 여행기가 인기를 끌기 시작했다. 그러나 이 장르가 진정으로 팽창한 것은 19세기 중반에 접어들던 시기로, 교통수단이 발달하고 기동력이 커지고 경제가 번창한 결과 실제로 여행이 확산되었기 때문이다. 그렇다고는 해도, 개인의 여행 이야기는 오래된 장르다. 루스티켈로라는 소설가가 써서 14세기 초 프랑스에서 처음 출간된 베네치아 무역상의 아들 마르코 폴로의 회고록은 지금까지도 가장 유명한 여행기 가운데하나다. 또 다른 베네치아 사람 니콜로 데이 콘티는 1420년대와 1430년대에 중동 곳곳을 여행하고 인도까지 갔다. 콘티는 여행 중에 목숨을 부지하려고 기독교를 버릴 수밖에 없었는데, 그가 1447년에 귀국하자 교황은 그에게 여행 이야기를 자신의 보좌관 조반니 포조 브라촐리니에게 구술함으로써 속죄하라는 명령을 내렸다. 이 이야기는 1723년에야 출간되었다. 이븐 바투타(1304~69) 같은 아랍 여행자들과 베르베르족 사람들도 여행기를 남겼다. 바투타가 쓴 『여행기』는 19세기 중반에야 프랑스어로 번역되었고, 영어로는 1920년대에 번역되었다.

18세기에는 여행자가 대개 신사들이었고, 이들은 다른 신사(와 숙녀)들에게 자기가 본 것을 들려주려고 글을 썼다. 머지않아 여행기는 공인된 문학장르가 되었고, 귀족들을 뒤따라 그리 대단하지는 않아도 나름대로 대여행Grand Tour에 나서는 사람이 계속 늘면서 더 많은 사람들이 여행기를 찾았다. 이 '관광객tourist'(1800년 무렵에야 쓰이게 된 말이다)들은 간편하게 써먹을 수 있는 외국어 표현이 실린 책들을 이용하기도 했다. 1722년에 출간된 『외국을 여행하는 신사의 호주머니 친구』는 심지어 호텔 여종업원에게 함께 자자고 (프랑스어, 독일어, 이탈리아어로) 제안하는 방법까지도 요긴하게 귀띔해주었다.[11]

1773~84년에 브리스틀 도서관에서 가장 많이 대출된 책 네 종 가운데 셋이 여행기였다.[12]

19세기 초 영국에서 가장 성공한 일반 여행안내서는 마리애나 스타크가 쓴 『대륙 여행자를 위한 정보와 지침』(1820)―주로 이탈리아에 관한―이었는데, 나폴리의 예술작품을 분류하고(이건 놓쳐선 안 된다, 이건 안 봐도 된다 등등), 여인숙과 호텔, 세탁비까지도 알려주었다.[13]

가장 많이 꼽힌 여행 목적 하나는 이탈리아, 그리스, 나중에는 이집트까지를 뜻하게 된 '문명의 발상지'의 발견이었다. 더 대담한 이들은 야만이나 마찬가지인 곳으로 여겼던 발칸 반도, [이스탄불 이서의] 유럽 쪽

1800년경에 '관광객'이라는 말이 나타나고, 19세기 중반에는 여행기가 유행했다. 요한 조파니의 〈우피치 미술관의 트리부나〉(1772~78) 속의 남자들은 이 시기에 이탈리아로 몰려간 영국인 '관광객'들이다.

터키, 슬라브 나라들 같은 문명의 '경계지'까지 여행을 했다. 이런 여행에 유용한 안내서로는 윌리엄 콕스의 『폴란드 여행』(1785), 에드먼드 스펜서의 『체르케스, 크림, 타타르 여행』(1837), 프란시스 헤르베의 『그리스와 터키에서 살기』(1837), 엘리자베스 크레이븐의 『크림 반도에서 콘스탄티노플까지의 여행』(더블린, 1789) 따위가 있었다.[14]

여행기 저자는 대부분 프랑스인, 영국인, 독일인이었는데, 그 주된 이유는 여행자 대부분이 이 세 나라 사람들이었기 때문이다. 그러나 『달마치아 여행』(베네치아, 1774)을 쓴 알베르토 포르티스 같은 이탈리안, 도밍고 바디아 이 레블리치(1766~1818) 같은 스페인인도 있었다. '알리 베이'라는 이름으로 중동 곳곳을 여행하고 (이슬람 신자가 아닌) 유럽인으로는 처음 메카를 방문했던 레블리치는 자신의 여행 이야기를 프랑스어로 기록해 『아시아와 아프리카로 간 알리 베이』(1814)를 냈다.

괴테(이탈리아), 테오필 고티에(스페인과 이탈리아), 스탕달(이탈리아), 디킨스(이탈리아와 아메리카), 플로베르(이집트) 같은 많은 중요한 작가들도 이 장르에 이바지했다. 여행기 장르의 경계는 아주 불분명했다. 19세기의 꽤 오랜 기간 동안 프랑스 국립도서관에서는 스탈 부인의 『델핀』과 『코린』을 여행기로 분류해놓았다.[15] 바이런의 『차일드 해럴드의 여행』은 시로 쓴 여행기로 읽힐 때도 있었다.

여행기는 점점 인기를 끌어, 빅토리아 시대 영국인들에게 아주 많은 사랑을 받았다. 19세기에 여행에 나선 관광객이 가장 많았던 영국(그 뒤를 독일이 바짝 뒤따랐다)에서 여행기는 제법 돈이 되었다. 소설가 앤서니 트롤럽의 어머니 패니 트롤럽(1780~1863)이 그 대표다. 1827년에 패니는 세 아이를 데리고(아들 앤서니와 중병에 걸린 남편은 남겨둔 채) 배를 타고 미국으로 출발했다. 패니는 어느 유토피아 공동체에 들어갈 생각이었지만, 불운이 잇따르면서 무일푼이 되고 말았다. 하지만 패니가 쓴 책 『미국인들의 가정예절』은 유럽을 (그리고 다른 식으로는 미국도) 뒤흔들어놓았다.[16] 고결한 정서를 바탕으로 솔직하게 써내려간 이 책은 무엇보다도 영국인 독자들에게 자기네가 더 우월하다는 확신을 심어주었다. "식탁에선 일상예절을 눈 씻고도 찾아볼 수가 없어서, 음식을 손에 꽉 쥐고는 게 눈 감추듯 먹어치웠다. 표현도 발음도, 거칠고 이상했다. 역겹게도 사방에 씹던 담배를 뱉어대는 바람에, 아무리 해도 옷이 그 사람들 침으로 범벅이 되는 걸 막을 수가 없었다."[17] 신시내티에 대해서는 이렇게 결론을 내렸다. "나는 세상에서 놀라운 곳으로 신시내티를 꼽는 이들에게 공감하기 어렵다."[18] 사실 패니는 그곳이 끔찍히도 따분하며, 누구나 놀기 위해 돈을 버느라고 지나치게 바쁘다고 보았다. 미국인 일반에 대한 생각은 이렇다. "이 나라에 머무는 내내 미국인들 입에서 우아하게 나오는 문장 하나, 정확하게 말하는 발음 하나를 들어보기 힘들었다. 그들이 하는 말에는 표현이든 억양이든 귀에 거슬리고 입맛 떨어지게 하는 무언가가 꼭 있다."[19] 패니는 미국인들을 쥐고 흔드는 종교의 장악력에도 똑같이 충격을 받았다. 그리고 세계의 지도적 민주주의 국가라는 미국의 주장과 인디언 추방, 이민자들의 빈곤, 노예제를 줄기차게 대비했다. 그리고 딱 잘라서 이렇게 결론지었다. "나는 저들이 싫다. 저들이 내세우는 원칙이 싫다. 저들이 사는 방식도 싫다. 저들이 내놓는 의견도 싫다."[20]

이 책은 엄청난 성공을 거두었고, 덕분에 트롤럽 부인은 부자가 되었다. 그래서 그녀는 여행기를 더 썼고, 『파리와 파리시민』(1836), 『빈과 오스트리아인』(1838), 『이탈리아 여행』(1842)에서 차례로 그곳들을 고발했다. 나폴레옹이 쓴 삼각모자가 유럽에서 가장 기괴한 머리쓰개라는 둥(칼레에 도착하자마자) 대륙 특유의 냄새가 풍겼다는 둥 프랑스인들이 청결에 무신경하다는 둥, 프랑스인을 신랄하게 묘사한 패니의 글에는 상대를 격분시키고도 남을 내용이 들어 있었다.[21] 하지만 이탈리아에 대해서는 다른 19세기 영국인들과 마찬가지로 좋게 생각했다. 이탈리아 하면 토스카나 지방을 뜻했다. 봄에는 피렌체가, 여름 모기를 피하기에는 바니디루카가 그만이라는 것이다. 지금도 많은 이들이 그렇게 생각한다. 패니가 본 로마는 불결했다.[22] 결국 패니는 피렌체에 정착했고, 거기서 죽어 묻혔다. 나이 쉰둘에 돈을 벌려고 글을 쓰기 시작한 그녀는 거의 25년 동안 계속 써서 소설 서른다섯 권, 여행기 여섯 권을 내놓았다.[23]

분명 논픽션 범주에 들어가기는 하지만, 여행기는 서사시적인 이야기와 비슷했다. 저자—독자들이 불가피하게 동일시하는—는 자기가 머

오귀스트 에르비외가 1832년 무렵에 그린 패니 트롤럽. '패니'는 그녀를 깎아내리려는 이들이 붙인 이름으로, 그녀의 본명은 프랜시스 밀턴 트롤럽이다. 마크 트웨인은 자신이 겪은 남북전쟁 전의 미국에 관한 트롤럽의 책을 즐겁게 읽고 나서 "트롤럽 부인은 진실을 말함으로써 이 나라를 아주 훌륭하게 저주하고 헐뜯었다. …… 그녀는 일시에 바뀌지 않았던 세태를 그리고 있었다. …… 나는 그 시절을 기억한다"고 말했다.

물렀던 곳에서 생긴 몇 가지 일화를 들려주고, 그곳 사람들이 얼마나 슬기롭거나 이상하거나 어리석은지에 대한 견해를 내놓고는 다음 장소로 옮긴다. 여행기는 먼 나라에 대한 문학적 관심 덕분에 성공했지만, 거꾸로 여행기 덕분에 소설가들은 집을 나서지 않고도 먼 나라를 묘사할 수 있었다. 그래서 고약한 순환이 생겨났다. 소설가들은 여행기에 힘을 보탰고, 여행기 저자들은 앞으로 마주칠 대상에 대한 기존의 이미지를 갖고 외국으로 향했다. 그러나 그런 순환은 처음부터 불안정했고, 고정관념은 결코 영원하지 않았다. 18세기 말까지 유럽인들의 동방 묘사에서는 흔히 당연하다는 듯한 도덕·문화적 우월감이 두드러졌다. 비록 동방 사람들(주로 아랍인, 터키인, 중국인)은 아프리카 흑인들이나 아메리카 원주민들과는 달리 일반적으로 도시에 사는 '문명'인이라고 여기긴 했지만, 그들 역시 대개는 놀랄 만큼 잔인하거나 어리석은 모습으로, 또는 잔인하고 어리석은 모습으로 그려졌다. 그래서 연극과 책에는 우스

쫘스러울 만치 사나운 무슬림이 넘쳐났다. 모차르트의 〈후궁으로부터의 도주〉(1782)에 나오는 하렘 감독관 오스민이 그랬고, 로시니의 〈알제리의 이탈리아 여인〉과 〈이탈리아의 터키인〉에서도 그랬다. 그러나 무어인들에 대해서는 스페인 기사문학의 영향을 받아 심리적으로나 미적으로 찬양했고, 이런 무어인의 모습은 이국취미와 낭만주의의 한 요소가 되었다. 터키인, 이교도 또는 사라센인은 르네상스 시대 유럽의 궁정오락과 민중오락에 단골로 등장했고, 따라서 민담에도 등장했다.[24] 그러나 볼테르와 몽테스키외(『페르시아인의 편지』) 같은 계몽주의 사상가들은 동방인들을 특별한 지혜를 가진 자들로 그리면서 다른 이미지를 만들어냈다―동방인들이 가톨릭 교육을 받지 않은 것은 특별한 이점으로 여겨졌다.

나폴레옹의 이집트 원정(1798)은, 콩트 드 볼니가 쓴『이집트와 시리아 여행』(1787) 같은 유명한 여행기들에 근거하여 (원정이 끝난 뒤에) 학문적인 탐험으로서 노골적이고 이데올로기적으로 정당화되었다. 또 이 원정은 아직도 식지 않은 동방의 모든 것에 대한 근대적 관심과 유행을 더욱 자극했다.[25] 유럽인들은 고전시대의 과거, 이국정서, 상상 속의 관능적 매력, 성서 이야기들에 매료되어 끊임없이 동방으로 항해를 떠났다. 그들 가운데에는 직접 동방에 갔던 샤토브리앙(『파리에서 예루살렘까지의 여정』, 1811)이 있었고, 직접 여행하지는 않았으나『시내 산에서 보낸 15일』을 쓴 알렉상드르 뒤마가 있었다. 뒤마의 책은 1839년 파리에서 출간되어, 프랑스에서 25판까지 나왔고 다른 언어로도 널리 번역되었다. 뒤마는 이 책으로, 소설로 프랑스 역사를 친숙하게 느끼게 했던 만큼, 많은 이들에게 동방의 이미지를 심어주었다.[26] 그러나 그전부터 동방을 무대로 한 대중소설은 차고 넘쳤다. 대표적인 작품이 퍼넬러피 오빈이 쓴 1720년대의 정형을 보여주는 단편소설 『비네빌 백작의 이상한 모험』이다. 여기서 무슬림들은 믿지 못할 호색한으로, 기독교도들은 순진무구한 모습으로 그려진다.²⁷⁾ 러시아의 인기 소설가 표도르 예민은 근동을 배경으로, 난파당해 노예로 끌려간 주인공이 동방의 왕자로 길러지거나 아랍의 칼리프나 오스만 제국 파샤의 아름다운 딸과 사랑에 빠진다는 식의 이야기를 썼다. 코마로프의 유명한 『영국 신사 조지』에서는 주인공 조지가 해적들에게 납치당해 무어족 여왕인 아름다운 무살미나의 포로가 된다.²⁸⁾ 포악한 해적들에게 붙잡히는 사건은 등장인물이 평범한 환경을 벗어나 새롭고 흥미진진하고 모험 가득한 인생을 살면서 진정한 사랑을 찾을 이상적인 수단이 되어주었다―틀림없이 수많은 독자가 그런 환상을 가졌을 것이다. 동방의 이런 모습은 꼬마 찰스 디킨스의 상상력을 사로잡았다. 『아라비안나이트』와 『지니 이야기』를 읽으며 자란 디킨스는 아홉 살인가 열 살에 거의 공연되지 않은 비극 『미슈마르, 인도의 술탄』을 썼다.²⁹⁾ 또한 새커리의 『허영의 시장』에서 도빈 소령은 『아라비안나이트』에 푹 빠져 있고, 데이비드 카퍼필드〔찰스 디킨스의 소설이면서 소설 속 주인공 이름〕도 그렇다.³⁰⁾ 소설에서 동방의 모티프가 널리 퍼지자 19세기에 들어서는 이 현상을 연구한 글들이 나타나기 시작했다.³¹⁾ 해적들에게 포로로 잡힌 이야기들 이면에는 역사적 현실이 있었다. 17세기 내내, 그리고 18세기의 꽤 긴 기간 동안 무슬림 해적들이 배를 나포하거나 해안지역을 약탈해서 이탈리아, 프랑스, 스페인, 포르투갈, 심지어 영국에서까지 유럽인 수만 명을 노예로 끌고 갔다. 하지만 그들은 아프리카계 농장노예처럼 사고팔지는 않았고, 대개는 몸값을 내면 제 나라로 돌려보냈다.³²⁾

여행문학은 뜨거운 환영을 받으며 수입되었다. 잔 피에트로 비외소

아프리카 북서 해안에서 무슬림 해적들에게 붙잡혀간 기독교도들의 몸값을 내는 가톨릭 수도사들. 작자 미상의 17세기 판화. 바르바리라고 불린 이 지역의 노예시장은 16세기부터 18세기까지 번성했다.

는 이탈리아인이 근대화하고, 지평을 넓히고, 우물 밖 세상을 보는 데에 여행문학이 이바지할 수 있다고 생각했다. 1863년 비외소가 죽었을 무렵, 그의 도서대여점('가비네토 비외소') 장서 가운데 10퍼센트가 여행서였고, 그중 많은 수가 원서였다. 1815년, 진취적인 밀라노 출판업자 잠바티스타 손초뇨가 '유명한 쿡 선장의 여행 이후 가장 재미있는 여행'이라는 제목으로 여행기 시리즈를 펴내기 시작했다. 첫 권은 프랑스 탐험가 장 프랑수아 드 라 페루스가 쓴 『세계일주』였는데, 원서는 저자가 죽고 난 뒤인 1797년에 출간되었다. 1832년까지 손초뇨는 47권을 더 펴냈다. 여기에는 스코틀랜드인 먼고 파크와 독일인 알렉산더 폰 훔볼트 같은 탐험가의 글도 있었다. 손초뇨는 이 사업이 교육적인 만큼 오락적이기도 하다는 사실을 깨닫고는 이 시리즈의 많은 부분에서 부담스러운 과학적 내용들을 빼버렸다.[33]

실용서

여행서는 독자를 현실에서는 가보기 힘든 이상하고 신비롭고 이국적인 곳으로 안내했다. 그에 못지않게 신비로운 세계, 곧 주변을 둘러싼 사회적 질서 안으로 안내하는 책들도 있었다. 사회적 유동성이 꾸준히 커지고 있었던 만큼, 그런 안내서들은 쓸모를 더해갔다. 살아온 계급과 시대가 다른 부모에게서 교육을 받지 못했다면 새로운 상황에서 행동거지를 어떻게 할지 안내받을 필요가 있었고, 따라서 예절에 관한 책이 필요했다.

어찌 보면, 종교서가 이 장르의 원형이다. 종교서는 착한 기독교도, 무슬림, 유대인이 되는 방법을 가르친다. 종교서는 이렇게 설명한다. 신을 기쁘게 하고 싶으면, 박해를 피하고 싶으면, 천국에 들어가고 싶으면, 꺼지지 않는 지옥불에 타고 싶지 않으면, 착하게 살고 이웃이 가진 것(아내, 당나귀, 포르셰)을 탐하지 말고, 먹지 말라 한 음식이나 먹지 말라 한 때에 먹지 말고, 성욕을 억눌러야 한다고.

속세를 떠나 은둔자가 되기로 결심한 이들을 위한 책도 있었다. 1230년 무렵에 중세 영어로 쓰인 고전 『여성 은자를 위한 지침』은 은자가 되려는 젊은 여성을 위한 안내서였다. 이 책은 죄와 유혹에 맞서는 방법, 은둔처를 꾸리는 방법에 관해 요긴한 정보를 일러주었다. 르네상스 시대에는 더 세속적인 실용서가 나왔다. 가장 유명한 책이 마키아벨리의 『군주론』(1513)이었다. 이 책은 어떻게 하면 친구를 만들고 적을 갈라놓고 나라를 넘겨받아 다스릴 수 있는지를 설명해주는 지침서였다. 신사가 되는 법을 가르쳐주는 책들도 그만큼 유명했다. 발다사레 카스틸리오네의 『궁정인』(1528)―1561년에 영어로 번역되었다―과 조반니 델라 카사 신부가 쓴 『갈라테오』(1558)―1576년에 영어로 번역되었고, 19세기에도 여전히 쓰였다―가 그것으로, 수많은 모방작을 낳았다. 이런 책들이 독자의 마음을 끌어당긴 까닭은 거기에 적힌 방법들을 꼭 실천할 마음이 없더라도 읽을 수 있었기 때문이다. 이런 책들은 높은 계급 사람들이 어떻게 행동하는지를 보여주는 역할도 훌륭히 해냈다. 음식 만드는 것에 관한 호기심에서 요리책을 읽는 것과 마찬가지였다.

카스틸리오네는 대화할 때의 몸가짐에 관한 조언을 처음으로 유행시켰다. 걸출한 후계자들이 뒤를 이었다. 그 가운데 몽테뉴는 에세이 『논변의 기술에 대하여』(1580)에 무엇을 어떻게 말할지 일러주는 대화의 규칙들을 담았다. 이런 지침서의 유행은 18세기 후반부를 향해 가면서 최고조에 이르렀고, 스위프트가 『대화를 시도하는 요령』을 쓴 것처럼 주요 저자들도 확실히 돈이 되는 이 시장에 합류했다.[34]

이런 책들은 여러 모로 유용했기에, 퓌제 드 라 세르의 『최신 비서, 또는 다양한 때에 맞추어 축하편지, 연애편지, 훈계편지를 쓰는 쉬운 방법』(1640)은 대단한 성공을 거두었고, 널리 해적판이 나돌았다. 처음 출간되고 150년이 지난 1789년에도 트루아의 출판업자 에티엔 가르니에는 이 책을 1,848부나 쌓아두고 있었다. 『최신 비서』에 실린 편지 표본들은 원래 신흥 부르주아지에게 편지쓰기 비법을 알려주기 위한 것이었다. 그러나 남들은 어떻게 살고 어떻게 생각하는지가 궁금한 이들, 그리고 보내고 싶거나 받고 싶은 연애편지에 대해 공상하던 이들도 이 책에 끌렸을 것이다.[35]

마술의 비법을 가르쳐주는 책, 놀이 방법을 알려주는 책도 있었고, 당연히 '남자를 얻는 법'을 가르쳐주는 책도 있었다. 한 예로, 『결혼할 나이에 이른 여성을 위한 문답서, 아울러 연인을 사로잡는 법』이라는 얇은 책(16쪽)은 18세기와 19세기를 거치면서 수많은 판본이 나왔다.[36]

실용서는 크게 세 범주로 나눌 수 있었다. 더 나은 장래를 위해 '과학

1515년 무렵에 라파엘로가 그린 발다사레 카스틸리오네. 그는 1478년에 이탈리아 만토바의 귀족 집안에서 태어나 1504년부터 12년 동안 우르비노 궁정에서 두 군주를 섬겼고, 그 경험을 바탕으로 이상적인 궁정인의 덕목과 처신을 문답 형식으로 논한 『궁정인』을 썼다. 이상적인 궁정인은 고귀하고, 무기에 정통하고, 문예와 음악에 조예가 깊고, 정치협상에 능하고, 언변이 좋고, 예의가 바르고, 허식을 멀리하고, 모든 일에 중용을 지키는 신하다.

적'인 방법을 쓰기를 열망하는 사회집단에게 전문적 성격의 실천적 지침을 주는 책, 더 높고 단단히 자리잡은 계급에 섞이기를 바라면서 그들의 예절과 몸가짐을 배우기를 열망하는 신흥 계급을 겨냥한 책, '주변부' 나라들(곧 프랑스와 영국을 제외한 유럽 모든 나라)의 엘리트에게 프랑스와 영국 엘리트가 어떻게 행동하는지를 가르쳐주는 책이었다. 서유럽과 같은 계몽을 열망했던 러시아 귀족계급은 18세기 중반부터 이 세 번째 장르를 탐욕스럽게 소비하기 시작했다. 헤스터 채폰의 『젊은 숙녀에게 보내는 정신의 향상에 관한 편지들』(1773)과 새라 페닝턴의 『곁에 없는 딸에게 보내는 불운한 엄마의 충고』(1761) 같은 책의 번역서가 그 예다.[37]

요리책은 '실천적 지침'을 주는 책이었을 것이다. 요리책은 신흥 부자들 집에서 일자리를 구하려는 요리사 지망생에게 유용한 것만큼이나, 만찬회를 준비하는 안주인―요리책을 가지고 근거 있는 충고를 할 수 있었을 테니―에게도 유용했을 테니까. 프랑스에서 청색문고를 출간한 트루아의 출판업자 니콜라 우도는 유명한 요리사 라바렌이 쓴『기름기가 많거나 없는 갖가지 고기를 잘 조리하고 양념하는 법을 가르쳐주는 프랑스 요리사』(1668) 같은 요리교습서를 펴냈다.38) 여성 독자를 위한『부르주아 여자 요리사』에는 매번 설명하느라 시간낭비하지 않도록 하인들에게 읽히라는 충고가 담겨 있었는데, 1815~40년에 32쇄를 찍었다.39) 건강을 다룬 책도 같은 범주에 들었다. 건강서의 성공은 의사에 대한 일반적인 불신과 직접적으로 관련되어 있었다. 그래서 1820년대에는 루비에르가 쓴『의사 없이 하는 치료법, 또는 건강 지침서』라는 딱 알맞은 제목의 책이 큰 성공을 거두어, 1823~30년에 13쇄를 찍었다.40) 그러나 '건강하게 사는 법'을 다룬 책은 인쇄기가 등장한 이래로 줄곧 인기였다. 가장 일찍 나온 책으로는 베네치아 함대 소속 의사이자 베네치아 공화국 공중보건자문이었던 톰마소 란고네(1493~1577)가 쓴『베네치아 사람들은 어떻게 늘 건강할까』(1565)와『120년 넘게 사는 법』(1556)이라는 낙천적인 책이 있다. 니콜라 우도는 기름진 고기의 요리법을 다룬 베스트셀러를 펴내기 전에 필리베르 기베르의 자가치료책『자비로운 의사』(1623)를 출간했다. 건강서의 인기는 꾸준히 올라갔고, 프랑스처럼 사람들이 건강염려증에 걸리기 쉬운 나라에서는 더욱더 인기가 있었다. 이폴리트 크로질레의『가정의학』(1849)이 1850년대에 파리에서 인기를 끌었고, 그것은『가정의학과 상비약』(1874),『누구나 쓸 수 있는 과학: 남자와 여자의 위생과 의학』(1885)도 마찬가지였다. 20세기에 들어서 건강서의 인기는 기하급수적으로 올라갔다. 20세기 후반에는 정기간행물에서까지 건강서 열풍이 불었다. 1970년에 프랑스에는 건강 문제만을 다룬 잡지가 두 종이 있었는데, 2000년 무렵에는 스무 종으로 늘었다. 베스트셀러 잡지 가운데 하나인『톱 상태』(월간지)는 독자가 500만 명이라고 주장했다.41)

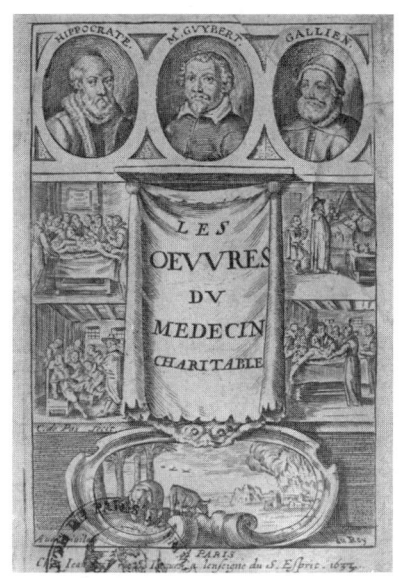

『자비로운 의사』의 권두그림. 파리의 의사 필리베르 기베르가 쓴 이 책은 1623년에 출간되어 1679년까지 적어도 60차례나 다시 찍었고, 라틴어와 영어로도 번역되었다. 기베르의 목표는 돈벌이에만 매달리는 약제상들의 유혹과 잘못된 치료법, 특권에 맞서서 가난한 이들이 직접 자신들을 치료할 수 있도록 도와주는 것이었다.

미식과 건강을 한데 묶어내는 재주도 (프랑스인들의 경우에는) 흔했다. 1750년에 나온 『음식사전』은 '더 새롭고' 가장 흥미로운 요리법은 건강한 식사를 바탕으로 한다고 주장했다. 같은 시기에, 특정 계급들을 겨냥해서 쓴 책 ― 『대저택의 '큰 식탁용' 만찬』에서 중간계급들을 위한 『부르주아 여자 요리사』까지 ― 의 저자로 유명한 요리사 므농은 '건강에 신경쓰는 보통 도시거주자'를 위해 『건강한 부엌과 사무실』(1758)을 펴냈다.[42] 이 책들은 『앳킨스 박사의 새로운 다이어트 혁명』 ― 2003년에만 영국에서 족히 100만 부 넘게 팔렸다 ― 같은 오늘날의 베스트셀러의 선조들이다.

그러나 가장 인기 있었던 장르는 바로 예절에 관한 책이었다. 중간계급이 팽창했고, 그들 가운데 새로 얻은 부 덕분에 귀족 작위를 받은 이들은 새 지위에 어울리는 예절을 익혀야 했다. 예절서는 물론 소설 형식을 띨 수도 있었다. 많은 소설이 말씨와 예의범절에 관한 안내서로 취급되었다. 이른바 '실버포크' 소설이 그랬다. 실버포크 소설이 진짜로 성공하려면, 무리 '안'에 속하지 않으면서도 속한다고 착각할 만한 이들, 또는 곧 그 무리에 들어갈 이들이 알아듣게 쓰여야 했다. 이 장르에서 두각을 나타낸 시어도어 혹, 토머스 리스터, 캐서린 그레이스 고어, 그리고 이들보다 유명했던 에드워드 불워 리턴(『펠럼』, 1828)은 신흥 부자들에게 소중한 학습자료를 제공했다.[43] 이 소설들의 배경은 하나같이, 온갖 문명 생활이 이루어지던 리전트 가街 서쪽이었다('보' 브러멜은 어느날 밤에 리전트 가에서 동쪽으로 멀리 떨어진 스트랜드 가에서 사람들 눈에 띄자 당황해서 자기는 길을 잃은 것이라고 둘러댔다고 한다).[44]

그때까지 논픽션시장의 변두리에 머물러 있던 여성들은 실용서 덕분에 이 시장에 진출할 수 있었다. 예절서는 마침내 여성이 주도권을 쥐게 된 장르 가운데 하나였다. 19세기가 시작되고 한참이 지나도 역사서를 쓰려는 여성은 거의 없었다. 영국에서 보기 드문 예외가 샬럿 콜리의 『숙녀들의 영국사: 율리우스 카이사르의 몰락부터 1780년 여름까지, 영국과 아일랜드 숙녀들을 위한 역사, 그리고 널리 읽고 여흥과 입문으로 쓰기 좋은 역사』(1780)였다.[45] 프랑스에서 가장 성공한 대중역사서 가운데 하나는 생투앙 부인의 얇은 책 『프랑스사』로, 1827~60년에 46쇄를 찍었다. 1830년대에 아셰트 출판사는 이 책의 재쇄를 무려 2만 부씩, 그리고 1840년대에는 4만 부씩 찍었다. 이 책이 성공한 것은 19세기 내내, 그리고 20세기 대부분의 기간에 성공했던 다른 역사서들과 마찬가지로 정치적 올바름 때문이었다. 그런 이유로 나중에는 학교 교재로도 채택되었다—바로 베스트셀러가 되는 왕도다.[46]

그러나 여성이 두각을 나타낸 논픽션 장르는 전기와 자서전이었다.

1837년 소설 『타타르족의 반란』의 속표지에 실린 토머스 드퀸시의 초상화. 드퀸시는 1821년 『런던 매거진』에 『어느 영국인 아편쟁이의 고백』을 익명으로 발표했는데, 이때만 해도 영국에서 아편은 값싸고 구하기 쉬웠으며 불법도 아니었다. 아편이 주는 몽환적 쾌락과 고통을 솔직하게 고백한 자서전풍의 이 소설이 출간되자마자 아편 경험을 너무 긍정적이고 매혹적으로 묘사했다는 비판이 쏟아졌고, 1823년에는 "드퀸시를 따라하는 이들에게 경고하기 위해" 『아편쟁이들을 위한 충고』라는 책이 나왔다.

이 장르는 한 사람의 성장과 발달을 다루므로 소설과 구조가 비슷하다. 18세기를 거치며 글을 깨친 여성이 많아지면서, 편지와 일기를 쓰는 여성도 많아졌다(런던의 제본업자 존 레츠는 1812년부터 '레츠 일기'들을 펴내기 시작해 많은 돈을 벌었다).⁴⁷⁾ 아울러 자기가 좋아하는 작가의 이면에 감추어진 진짜 모습을 알고 싶은 욕망, 또는 남들의 은밀한 비밀을 찾아내어 대리경험하려는 이들의 욕망을 충족시키기 위해 많은 유명 작가들이 속마음을 열어 보였다. 이렇게 해서 토머스 드퀸시의 『어느 영국인 아편쟁이의 고백』, 조르주 상드의 『내 삶의 이야기』, 괴테의 『나의 인생에서. 시와 진실』, 존 스튜어트 밀의 『자서전』, 스탕달의 『앙리 브륄라르의 삶』, 앤서니 트롤럽의 『자서전』, 크로포트킨의 『한 혁명가의 회상』, 에르네스트 르낭의 『유년기와 청년기의 추억』, 나폴레옹의 『세인트헬레나 회고록』 따위가 나왔다.⁴⁸⁾ 그러나 이 장르는 18세기에도 내내 인기가 많았다. 저자가 꼭 유명 문인일 필요는 없었다. 1748년에 나온 래티샤 필킹턴의

『회상』이 크게 성공한 이유는 한 여성과 그녀의 불행한 결혼에 관해, "여성이라면 입을 꾹 다물고 살아야 했던 시절에 목소리를 높여" 이야기했기 때문이다.[49] 래티샤는 조용히 고통을 견디기는커녕 자기도 여러 연인을 만듦으로써 남편의 부정을 되갚았다. 그래서 래티샤의 『회상』은 디포의 『몰 플랜더스』만큼이나 흥미를 돋우었다.[50]

래티샤 필킹턴은 허구를 모델로 삼았는지도 모르지만, 그녀의 책은 비슷한 이야기들의 모델이 되었다. 한 예가 해리엇 윌슨의 『그녀의 회상』(1825)이었는데, 유명한 고급 매춘부였던 해리엇은 회고록에서 빼주거나 좋게 써주겠다는 조건으로 각계각층의 다양한 연인들에게서 돈을 뜯어냈다. 이 책은 오늘날 '폭로물kiss-and-tell'로 알려진 성공적인 자서전 장르와 비슷하지만, 요즘 책 가운데 해리엇 윌슨의 이 책만큼 흥미를 돋우는 문장으로 시작하는 것은 별로 없다. "내 나이 열다섯에 어쩌다가 크레이븐 백작의 정부가 되었는지는 말하지 않겠다."

이렇게 발전한 덕분에 논픽션과 소설 사이의 질적 격차는 줄어들기 시작했다. 소설은 나날이 다양해져서 단순한 소설부터 복잡한 소설까지, 싸구려 통속소설부터 문예소설까지 범위가 넓어졌다. 한편으로 논픽션은 더는 고매하게 '진실'을 서술하는 장르로 여겨지지 않았다.

제12장

뉴스와 이미지

신문광고

사가, 서사시, 행상문학은 전 유럽에 걸쳐 독자공동체를 만들어내는 데에 이바지했다. 그러나 이러한 독서시장 팽창의 결정적 요인은 바로 언론이었다. 신문과 잡지는 책보다 값이 쌌고, 새로 나온 소설들을 소개하고 그중 일부를 연재물로 실었다. 그렇게 해서 어떤 이는 유명해지고 어떤 이는 대중의 비난을 받았다. 언론은 부유한 권력층의 사생활을 가십거리로 만들어 '중간층 부류'의 호기심과 흥미를 자극했고, 사람들에게 공통의 대화거리와 새로운 처세술을 제공했다. 신문과 잡지 덕분에 멀리 떨어진 공동체들이 '우리' 나라, '우리' 통치자, '우리' 정부에 관한 지식을 공유했다. 독자는 신문을 통해 '자기와 다를 바 없는' 사람들에게서 공통의 정체성을 발견했다.

『밤베르거 차이퉁』 편집인이던 헤겔은 일기에 "아침신문을 읽는 것은 현실주의자의 아침기도"이자 우리의 태도를 "사실 그대로의" 세계로 향하게 하는 한 방법이라고 썼다.[1]

신문은 지극히 근대적이고 '민주적'인 권력을 행사했다. 언론의 힘은 시장과 소비자, 돈에서 나왔다. 신문발행인은 신도 아니고, 군주도 아니고, 오로지 독자와 소유주, 후원자를 만족시켜야 했다. 사상과 원칙, 소식과 정보, 무엇이든 가리지 않고 모든 것을 하나의 상품, 하나의 일용품으로 변환해야 했다. 신문발행인이야말로 최초의 소프트웨어 상인이었다. 예리한 지식인들은 기민하게 이 새로운 권력에 왕국의 '제4신분'이라는 이름을 붙였다. 칼라일은 에세이 「문필가 영웅」에서 이렇게 썼다.

> 버크는 의회에 세 개의 신분이 있다고 했다. 하지만 저 너머 기자들의 좌석에는 그 세 신분보다 훨씬 더 중요한 제4신분이 앉아 있다. 이건 과장이나 농담이 아니라 있는 그대로의 사실—이 시대의 우리에게 아주 중대한 사실이다.[2]

그리고 『프랑스 혁명』에서는 이렇게 덧붙였다.

> 한때 살롱의 장식이자 부였던 사색과 철학은 애석하게도 이제 한낱 실용적 제안으로 변질되어 거리 곳곳으로 퍼져나간다. 그 결과, '유능한 기자'라는 제4의 신분이 쏟아져 나온다. 날마다 늘어나니 말릴 수도, 셀 수도 없다.[3]

프랑스 언론은 더 막강했다. 또는 그리들 생각했다. 영국 언론인 월터 배젓은, 정치적 야망을 가진 청년들이 영국에서는 '변호사가 되려고' 하는데, 프랑스에서는 기자가 된다고 썼다.[4] 샤를 드 레뮈자는 왕정복고기에 반체제 지식인들을 대거 배출한 곳은 언론이었다고 회상했다. "그런 전쟁통에도 생각을 가진 우리 모두는…… 우리가 그 무엇이라 하더라도, 그것은 언론이 만든 것이었다."[5]

신문은 다른 사람들에게 일어난 사건들을 끝없이 보도함으로써 19세기 소설가들에게 귀중한 소재를 대주었다. 발자크, 졸라, 디킨스도 신문의 잡보란에서 지속적으로 영감을 받은 많은 작가들 가운데 일부였다. 스탕달은 검사 루이 쇼드뤼 드 레날에게 편지를 써서 '치정에 의한 범죄와 자살' 이야기를 더 많이 보내달라고 재촉했다. 같은 편지에서 스탕달은 최근에 일어난 어느 여인의 사건을 신이 나서 자세히 들려주었다. 사건 당시 스탕달의 이웃에 살던 이 여인은 브라질에 있는 연인 리베라씨와 함께 살려는 일념에 남편과 아이를 독살했다는 것이다. "감미로운 검은 눈동자에 기막히게 아름다운 여자였습니다. 그녀가 살롱에 들어서면 당장 혁명이 일어날 것 같았지요."[6] 토머스 하디는 신문·잡지에서(주로 『도싯 카운티 크로니클』 과월호에서) 그럴듯한 이야기들을 골라서 '신문 속 사실들'이라고 이름 붙인 공책에 옮겨썼다. 『캐스터브리지의 시장市長』에 사용한 아내 매매 이야기도 바로 이 공책에서 찾았다.[7] 범죄, 살인범, 수사관, 원인불명의 사건 따위가 보도되면서 가장 성공적인 허구장르 가운데 하나인 범죄소설이 널리 확산되었다.

언론은 작가지망생들에게 골고루 습작 기회를 주었고, 얼마간 현금도 쥐어주었다. 이를테면 발자크는 1829년 말에서 1831년 중반까지 신문기사를 써서 5,000프랑을 벌었지만, 소설로는 거의 한 푼도 벌지 못했다.[8] 글쓰기를 여전히 귀족의 취미로 간주하던 18세기 러시아에서는 새로운 문학 정기간행물들이 나타나면서 니콜라이 카람진 같은 작가들에게 고정 수입을 안겨주었다.[9] 어디에서나 언론은 출발 단계부터 작가들에게 습작 기회와 수입, 명성을 제공해, 아프라 벤부터 디포까지, 필딩부터 디킨스와 졸라까지, 헤밍웨이부터 켄 폴릿에 이르는 많은 이들이 직업작가로 활약할 수 있도록 도와주었다.

언론은 또한 지배적 언어, 곧 지배계급이 쓰는 언어의 지위를 공고히 했다. 18세기 브뤼셀 주민의 90퍼센트는 플라망어로 말했지만, 그 무렵 브뤼셀에서 구할 수 있었던 주요 간행물 15종은 모두 프랑스어로 발행되었다.[10] 확실한 글말이 없는 곳에서는 신문이 글말의 확립을 촉진했다. 이를테면 크로아티아에서는 『노비네 호르바트즈케』(크로아티아 신문, 1835~36) 같은 범슬라브주의 신문들이 그런 기능을 했다.[11]

무엇보다도, 언론은 뉴스를 '팔았다'. 그러나 뉴스라고 해보아야 커피하우스나 클럽에서 이야기를 주워담는 '단신 기자'가 쓰는 가십보다 별로 나을 게 없었다. 정보는 주로 교회 설교, 개인적 접촉, 사적인 편지, 여행자와 제보자들의 네트워크에서 구했다. 근대 신문은 서서히 발전했다. 16세기 초에는 하나의 사건을 전하는 전단 형식의 뉴스시트news-sheet가 부정기적으로 나왔다. 마르틴 루터가 신성로마제국 황제 카를 5세 앞에서 주장을 철회할 것을 요구받았지만 굴하지 않았던 1521년 4월의 역사적인 보름스 제국의회를 상세히 보고한, 스페인어로 쓰인 뉴스시트 「1521년 보름스에서 황제와 루터에게 있었던 일들의 보고서」가 그 한 예다. 이어서 여러 개의 시사문제를 함께 다루는, 스페인에서는 '코란토', 프랑스에서는 '쿠랑'이라 불렀던 부정기간행물이 발행되었다. 조금 더 지나서는, 1640년대의 「영국의회 의사록 상보」처럼 한 기관에서 매일매일 일어나는 일을 모아 일주일에 한 번씩 정기적으로 전해주는 '다이어널diurnal'이 출현했다.

신문의 대중심지였던 네덜란드에서는 일찍이 1605년에 인쇄업자 아브라함 페르후번이 격주간지 『니우어 테이딩헌』을 발행했다. 스트라스부르에서는 1609년, 쾰른과 암스테르담에선 1620년, 파리에선 1631년, 피렌체에선 1636년, 마드리드에선 1661년에 주간지가 등장했다. 독일

1521년 4월 18일, 보름스 제국의회에서 "내 양심은 하느님의 말씀에 사로잡혀 있습니다"라고 말하며 주장 철회를 거부하는 루터. 에른스트 힐데브란트의 1891년 그림. 뉴스시트가 이런 사건을 담아 전했다.

에는 1700년 이전에 이미 200종이 넘는 신문이 있었다. 최초의 정식 일간신문 『아인코멘데 차이퉁』은 1650년 라이프치히에서 창간되었다. 런던 최초의 일간지 『데일리 쿠란트』는 1702년에 세상에 첫 선을 보였다. 스페인 최초의 일간지 『디아리오 노티시오소』는 1758년에 발행되었다. 1782년 즈음, 잉글랜드 지방에서는 신문 50종이 유통되고 있었고, 다 합쳐서 연간 40만 부를 찍었다.[12]

영국에서 이렇게 신문과 잡지가 번창할 수 있었던 것은 1695년에 '검열법'이 폐지되면서, 헨리 8세가 제정한 이래 인쇄업자가 교회 당국에 원고를 제출해야 했던 관행이 사라진 덕분이었다. 영국은 단번에 유럽에서 가장 자유로운 언론을 갖게 되었다. 18세기 말에 이미 전국지 — 전국의 모든 주요 도시로 뻗어가려는 '야심'으로 정의되는 — 들이 있었는데, 이것은 유통체계가 발달하고 있었다는 증거다. 프랑스를 포함한 다른 나라들은 아직 일간지도 없이 한참 뒤처져 있었다. 프랑스 최초의 일간지 『주르날 드 파리』는 런던보다 75년이나 늦은 1777년에야 창간되었다. 독일에서는, 특히 프리드리히 2세 치하의 프로이센에서는 엄격한 통제 때문에 신문의 팽창이 가로막혔다.

1789년 8월 26일 프랑스에서 공포된 '인권선언'의 제11조는 사상과 견해의 자유로운 소통을 프랑스 시민의 가장 소중한 권리 가운데 하나로 명시했다. 결과는 놀라웠다. 1789~1800년에 무려 1,500종의 신문이 새로 등장했다. 물론 이러한 팽창은 로베스피에르의 공포정치 시기보다는 사실상 무제한의 언론 자유를 누리던 시기(1789~92)에 두드러지지만, 자코뱅파가 패배한 뒤에도 1799년 나폴레옹이 쿠데타를 일으키기 전까지 언론은 계속 번창했다.

미국에서도 독립전쟁 이후에 신문과 정기간행물이 급속히 늘어났다. 전쟁 전에는 신문과 정기간행물이 겨우 16종뿐이었지만, 1825년에는 정기간행물이 100종, 1850년에는 600종이었다.

언론은 본질적으로 도시의 사업이었다. 운송, 시장규모, 문화적 제약 때문에 시골에는 신문을 보급하기가 어려웠다. 심지어는 도시에서도 배달에 어려움이 있었다. 영국 신문 유통체계의 중추는 커피하우스 네트워크였다. 커피하우스들은 고객을 위해, 그리고 고객을 끌기 위해 신문을 정기구독했다. 1714년 즈음 런던에만 커피하우스가 500개 넘게 있었고, 브랜디 술집은 8,659개, 맥줏집은 5,875개, 선술집은 447개가 있었다.[13] 18세기 런던의 신문은 값이 비교적 쌌다. 『데일리 유니버설 레지스터』의 값은 2.5페니였다(경쟁지들보다 조금 쌌다). 그러니 글을 읽는 사람이라면 런던 신문 하나쯤은 사볼 수 있었다.[14] 런던은 유럽에서 주요 미디어 중심지가 되었다. 『데일리 쿠란트』에 이어 『이브닝 포스트』(1706),

1668년에 런던의 커피하우스에서 신문을 읽는 손님들. 잉글랜드에서 1652년에 처음 문을 연 커피하우스는 1675년에 3,000개로 늘어났다. 커피하우스는 신문 유통의 중추이자, 근대를 낳은 공론장이었다.

『런던 저널』(1723)이 나왔고, 18세기 후반에는 『데일리 애드버타이저』, 『웨스트민스터 저널』, 『로이즈 이브닝 포스트』, 『모닝 크로니클』를 포함한 많은 신문이 나왔다.[15]

신문값이 쌌던 이유는, 신문이 뉴스를 파는 것처럼 보일지 몰라도 실은 광고를 파는 사업이었기 때문이다. 광고야말로 당시 신문사업의 진정한 상업적 근간이었다. 신문에는 기사제목도 없고 삽화도 없었으며, 기사는 짧았고 보통은 기자 이름도 없었다. 1785년 1월 1일의 『데일리 유니버설 레지스터』—1788년에 『타임스』로 제호를 바꾸었다—창간호 1면을 보면, 맨 왼쪽 단에는 허가받은 극장의 공지가 두 개 실렸고, 두 번째 단은 전부 안내광고(개인 공지)로 채워졌다. 나머지 두 단에 실린 것은 그 신문의 목적을 알리는 사설이었다. 이와 같은 지면 배치는 신문이 "광고 전달을 통해 공동체의 서로 다른 부분들 간의 상업적 교류를 원활히 하고, 사건을 기록하고, 의회 의사록을 요약"하기 위한 매체였다는 것을 보여준다.[16]

『데일리 유니버설 레지스터』의 창간호 제1면. 존 월터가 창간해 940호까지 나오고 1788년 1월 1일 영국 최초의 전국지 『타임스』로 제호가 바뀐 이 신문의 지면배치처럼, 신문은 뉴스가 아니라 광고를 팔았다.

『타임스』는 지금처럼 그때도, 어떠한 정치적 이해관계도 없다고 주장했다. 여덟 개의 다른 런던 일간지들과 경쟁해야 했으니, 누군가를 공격해서 고객을 놓치고 싶지는 않았을 것이다. 그러나 사실 『타임스』는 정치적 이해관계를 팔고 있었다. 편집장은 1년에 300파운드를 받고 정부에 유리한 자료들을 싣는 데에 동의했다. 이와 비슷하게 공공연하게 뇌물을 받은 연극 평론란은 사실상 광고의 연장이었다.[17] 보도와 논평을 확실히 구분한다는 것("논평은 자유지만, 사실은 신성불가침이다"라는 말은 1921년 『맨체스터 가디언』 편집장 찰스 스콧이 했다고 한다)을 끊임없이 자축하는 태도는 나중에 가면 잇속만 챙기는 언론 선전의 일부가 되었다. 『타임스』는 처음부터 광고에 생존을 의존하는, 공공연하게 상업적인 기업이었다. 그러나 이런 광고의존도는 1812년 65퍼센트에서 1827년 33퍼센트로 꾸준히 줄어들었다.[18]

1789~1815년에 영국의 신문세가 크게 오르는 바람에 영국 신문값

이 프랑스 신문값보다 비싸지자, 광고는 영국 신문에 필수적인 것이 되었다. 광고를 늘리면 신문값 상승을 억제하는 데에 도움이 되었다. 정부 수입을 늘려주는 것은 논외로 치더라도, 신문세나 인지세는 급진적 언론의 빠른 성장을 가로막는 부작용이 있었다. 급진적 언론은 많이 팔려도 광고수입을 올리기가 어려웠기 때문이다.[19] 프랑스에서는 극소수 일간지들만이 가까스로 1만 부를 넘겨 팔았다. 『주르날 데 데바』와 『콩스티튀시오넬』의 하루 발행부수가 그 정도였다.[20] 광고는 영국만큼 활성화되어 있지 않았고, 국가가 징수하는 세금은 생산비에서 꽤 큰 비중을 차지했다.

머지않아 어떤 일간지도 판매만으로는 결코 수지타산을 맞출 수 없다는 것이 명백해졌다. 그 시절에는 안내광고(개인 공지)가 주를 이루었던 광고는 문화시장에 어마어마하게 중요한 경제 개념을 도입했다. 바로 신문독자층의 규모와 질은 곧 광고주들에게 팔 수 있는 상품이라는 개념이었다. 광고주들은 후원자 자리를 차지했다. 그들은 자기네 상품을 알리기 위해 신문에 광고비를 지불함으로써 신문값 인상을 억제했고, 안정적인 신문값은 다시 독자층 팽창에 기여했다. 이와 같은 일종의 선순환은 다시 더 많은 광고를 끌어올 가능성을 높여주었다. 방송과 인터넷 시대에 다시 채택될 이 원칙은 이중시장을 정착시켰다. 곧 뉴스는 유료 고객에게 팔고, 지면은 광고주에게 파는 것이다.

그러나 19세기 초에는 광고할 만한 상품이 상대적으로 적었다. 비교적 광범한 지역에서 팔리는 확실한 소비재, 곧 브랜드 상품은 드물었다. 잠재시장이 광범한 저가 소비재가 거의 전무해서, 독자들에게 광고를 전달해야만 재원을 마련할 수 있는 대중언론의 발전이 더뎌졌다.[21] 광고 대부분은 부동산과 일자리 광고였고, 나머지는 주로 옷과 약품 광고였다.

그러므로 19세기 전반에 언론이 팽창하는 데에는 구조적인 한계가 있었다. 1812~27년에 영국의 전국 일간지 『타임스』와 지방 주간지 『윈저 앤드 이튼 익스프레스』에 실린 광고를 비교해보면, 광고의 거의 절반은 부동산 광고였고, 구인 광고는 『윈저 앤드 이튼 익스프레스』보다 『타임스』에 훨씬 많았는데, 그것은 윈저 지방에서는 광고보다는 알음알음으로 일자리를 구했기 때문이었다.

1779년 무렵, 런던에만 다섯 종의 일간지와 여덟 종의 주간지가 있었다. 나머지 지방들에는 40여 개의 일간지가 있었다. 19세기 초에 영국은 확연히 차별화되는 전국언론을 갖고 있었을 뿐 아니라 1인당 신문구독률이 가장 높은 나라였다. 1887년 헨리 리처드 폭스 본은, 1811년도의 조간신문을 조사해 당시의 독자층과 틈새시장을 명확하게 파악했다. 『타임스』에 대항한 것은 휘그당의 정력적인 기관지 『모닝 크로니클』이었다. 반면 『모닝 포스트』와 『모닝 헤럴드』는 토리당 독자들의 욕구를 채워주었는데, 전자는 정부의 시책에, 후자는 '귀족들의 가십'에 치중했다. 이와 함께 '상인계급'을 위한 『퍼블릭 레저』, '주류 판매를 허가받은 요식업자'를 위한 『모닝 애드버타이저』, 서적상들을 위한 『브리티시 프레스』, 경매인들을 위한 『데이』 같은 신문들이 있었다. 『타임스』가 누린 독보적인 위상은 논설위원 에드워드 스털링 같은 열정적인 기자들 덕분이었다. 스털링은 "매우 신중하게 항상 대중의 편에, 아니 정확히는 사회에서 안락하고 번창하는 축에 속하는 이들 편에 서서 위압적인 문체를 구사함으로써 『타임스』에 '천둥 신문'이라는 별명을 안겨주었다."[22] 여기서 주목할 것은 번창하는 사회계층과 대중을 동일시한다는 점인데, 1811년의 신문독자층이라는 맥락에서는 꽤 정확한 등식이다.

정기간행물

일간지와 주간지와 '책' 사이에 엉거주춤하게 걸터앉은 것이 정기간행물이었다. 인쇄된 텍스트의 형식은 순전히 관습에 따라 구분된다. 중요한 것은, 정기간행물 분야를 개척한 영국에서 18세기 초부터 새로운 문학잡지와 정치잡지들이 나타났다는 점이다. 그 가운데 하나인『영국의 정치적 현황』(1711)은 의회의 토의와 중요한 논문과 책을 소개하는 일종의 기록물이었다. 이 장르는 독서공중의 역사감각 형성에 도움을 주었다.

언론이 여전히 본질적으로 광고사업이었던 데에 반해, 조지프 애디슨과 리처드 스틸이 1709년에 창간한『태틀러』와 그 유명한 후신『스펙테이터』(1711)는 스스로를 독자 네트워크의 중심으로 생각했다. 독자를 텍스트의 수동적 수용자로 보지 않는 '쌍방향 소통' 개념은 편집자에게 보내는 독자 투고를 제도화하면서 처음 시도되었다. 애디슨과 스틸은『태틀러』창간호에서부터 독자 기고를 권유했고, 제2호에는 21개의 독자 편지를 실었다—이 가운데 몇몇은 아마도 편집자들이 직접 쓴 것 같다.[23] '신종 언론인' 애디슨과 스틸은 거칠고 따지기를 좋아하는 동료 기자들을 '커피하우스의 이야기꾼'으로 바꾸어놓고자 했다.[24] 존 게이는,『태틀러』의 비판을 받은 바로 그 사람들 사이에서 이 잡지가 성공을 거둔 까닭을 이렇게 설명했다. 스틸은 "대담하게도 도시 독자들에게 그들이 기생오라비, 바보, 허영에 빠진 바람둥이라고 말했다. 그런데 그런 방식으로 독자들을 즐겁게 해주기까지 했다".[25]『스펙테이터』,『태틀러』를 비롯한 영국 잡지와 프랑스 잡지는 가스파레 고치가 낸 이탈리아 잡지『가체타 베네타』(1760),『오세르바토레 베네토』(1761)와 주세페 마르칸토니오 바레티가 발행한『프루스타 레테라리아』(1763~1765) 같은 잡지들의 지속적인 표절의 원천이었다.[26] 애디슨과 스틸의『스펙테이터』는 러

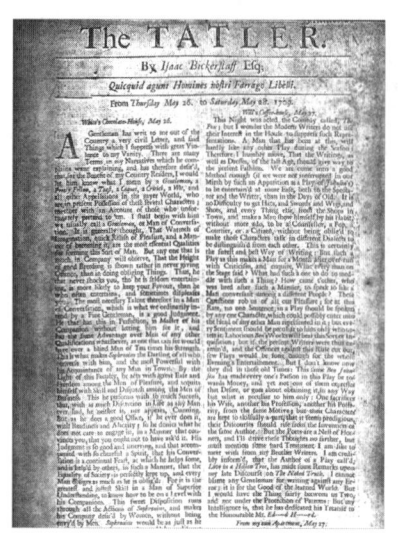 

리처드 스틸과 조지프 애디슨은 1709년에 주 3회 발간하는 『태틀러』를, 2년 뒤에는 그 뒤를 잇는 일간 『스펙테이터』를 창간했다. 『태틀러』는 영국 정기간행물 사상 최초로 에세이를 도입해 크게 성공했다.

시아에 수입되어 러시아 독서공중에게 영국 문학에 대한 취향을 처음으로 심어주었다.[27] 영국인들은 계속 이 부문을 주도하여, 1790~1832년에 4,000종이 넘는 정기간행물이 영국에서 발행되었다.[28]

독일에서 영국의 영향은 결정적이었다. 초기 독일 정기간행물들은 『태틀러』와 『스펙테이터』를 토대로 만들어졌다. 이 정기간행물들은 가격이 비쌌는데도, 계속 늘어나는 독서모임을 통해 널리 읽혔다. 18세기 말에는, 독일에만 정기간행물이 수백 종에 이르렀다. 또한 중간계급 여성을 겨냥한 '도덕적 주간지'들도 있었다. 인기 소설가 조피 폰 라 로슈는 1783~84년에 『독일의 딸들을 위한 포모나』라는 정기간행물을 직접 발간했다.[29] 유럽의 좋은 살롱이라면 어디에나 영국 정기간행물들이 구비되어 있었다. 아일랜드의 기자 겸 여행가 마이클 퀸은 헝가리 귀족 세치니 백작의 저택에 머무르는 동안 백작의 서재에서 『에든버러 리뷰』, 『쿼

털리 리뷰』뿐만 아니라 "영국 '연감' 여러 종과 영국, 프랑스의 정기간행물들"을 보았다고 보고했다.30)

서적상들은 정기간행물이 책 광고에 안성맞춤이라는 것을 곧 알아차렸다. 정기간행물 독자는 모두 잠재적이거나 실질적인 책 독자였다. 서적상들이 인쇄물을 팔기 위해 인쇄물을 이용하는 것, 곧 도서목록을 출간하는 것은 이미 관례였다. 1785년 존 펜드럴은 『런던과 지방의 인쇄업자, 서적상, 문구상 편람』을 출간했다. 이 책은 49개 지방신문의 이름과 도시, 소유주, 광고 신청을 받는 런던 대리인의 주소를 실은 목록이었다.31)

서점에서 책을 훑어보며 고르는 경우는 아주 드물었다. 사람들은 주로 입소문과 서적상의 권유, 그리고 오늘날보다 훨씬 더, 문학지에 정기적으로 실리는 서평에 의존했다. 물론 많은 평론가들은 기자들이 흔히 그랬듯이 직접 책을 썼다. 이를테면, 오늘날에는 주로 역사상 가장 성공한 소설 가운데 하나인 『로빈슨 크루소』의 저자로 기억되는 다니엘 디포는 지금까지도 널리 쓰이는 여러 기사 형식을 개척한 탁월한 기자였다. 디포는 사설, 탐사보도, 외국뉴스 분석, 고민상담, 가십난, 공평무사한 부고기사를 개척했고, 자기성찰적인 글까지 신문에 도입했다. 같은 시기에, 그때까지는 학술적이고 과학적인 저작에 대한 서평만을 싣던 정기간행물들이 독자층을 넓히기 위해 시는 물론 그때는 '저급' 장르였던 소설에 대한 서평까지 싣기로 결정했다. 선구자는 자기 사업의 관건은 잠재독자들에게 다가가는 것이라는 점을 깨달은 서적상 랠프 그리피스였다. 그가 1749년 5월에 창간한 『먼슬리 리뷰』는 출간된 모든 책에 대한 서평을, 오로지 서평만을 싣는 잡지였다. 그리피스의 성공에 고무되어 토비어스 스몰릿의 『크리티컬 리뷰』(1756) 같은 잡지들이 속속 창간되었다. 마침내 1802년에 계간지 『에든버러 리뷰』가 세상에 나왔고, 1809년에는 『쿼털리 리뷰』가 등장했다.³²⁾ 이런 정기간행물들의 독자는 '지적'인 상층계급과 중간계급, 곧 성직자와 전문직 종사자였는데, 구독료가 만만치 않아서 대개 도서대여점이나 독서클럽에서 잡지를 읽었다—연간 구독료는 1파운드 1실링으로, 책 한 권 값이었다. 평론지들은 신간서적 마케팅에서 주요 변수가 되어 서적상과 출판업자들에게 광고를 부추겼다.³³⁾

1815년에서 1832년 사이에 잡지 20종이 새로 나왔다. 『블랙우즈 매거진』, 『런던 매거진』, 『프레이저스 매거진』은 『에든버러 리뷰』나 『쿼털리 리뷰』만큼 지적이지는 않았지만, 단편소설, 에세이, 평론, 시 따위를 다양하게 소개했다.³⁴⁾

잡지 출판은 진입비용이 상대적으로 낮았다. 그래서 잡지의 수익성이 좋아질 만하면 새로운 잡지들이 뛰어들어와 금세 수익이 낮아졌다. 그래서 높은 수익을 내려면 독서공중이 계속 팽창해야 했다. 그렇게 되자 독자들이 한층 다양해져서, 잡지 하나로는 모든 독자의 관심을 끌기가 점점 더 어려워졌다. 타개책은 시장의 분할을 받아들이는 것이었다. 시장이 끊임없이 변했으므로, 출판업자들이 살아남으려면 변화무쌍한 독자들과 항상 긴밀하게 접촉하고 있어야 했다. 그리하여 영국에서는 더 저렴한 월간지와 주간지들이 등장하기 시작했다. 이를테면 주간지 『애서니엄』은 값을 8펜스에서 4펜스로 낮추어 1830년에 발행부수 1만 8,000부를 달성했다.³⁵⁾

그러나 문화산업에서 흔히 그렇듯이, 이윤은 잡지를 펴내는 유일한 이유가 아니었다. 편집장이나 출판업자가 된다는 뿌듯함, 문단과 정계에서 얻는 명망, 그에 따르는 영향력도 잡지를 내는 이유였다. 이런 비금전적 보상이 주어졌으므로, 명망 있는 정기간행물들은 특별히 높은 이윤을 창출할 필요가 전혀 없었다.

잡지에는 독자뿐만 아니라 작가도 필요했다. 『에든버러 리뷰』는 경쟁지들보다 많은 보수로 수준 있는 작가들을 끌어들였다. 대부분의 정기간행물이 월간지였던 시기에 『에든버러 리뷰』는 계간지였으므로, 어려운 일은 아니었다. 일 년에 네 번 내면 열두 번 내는 것보다 돈이 덜 든다. 나폴레옹 전쟁과 맞물려 종잇값과 인쇄비가 엄청나게 치솟은 결과, 이 전장에는 휘그당의 『에든버러 리뷰』와 경쟁지인 토리당의 『쿼털리 리뷰』만이 살아남았다.[36] 계간지들은 출판물 모두가 아니라 일부만 골라 서평을 실음으로써 권위와 명망을 높이고, 독자를 대신해 판단하고, 문학의 심판자가 되었다. 1805년 무렵 『에든버러 리뷰』의 발행부수는 4,000부에 달했고, 1818년에는 1만 3,500부로 정점에 올랐다. 『쿼털리 리뷰』는 1817년에 1만 4,000부를 팔았다.[37] 이내 문학잡지에 글을 쓰는 것은 작가가 돈을 버는 가장 빠른 방법이 되었다.

책이 1,000부쯤 팔리던 시절에, 발행부수가 많은 성공적인 잡지는 큰 수익을 냈다. 잡지 한 호를 만드는 데에 드는 인쇄비와 종잇값은 책 한 권에 드는 것과 같았지만, 잡지는 책보다 열 배나 더 팔렸기 때문이다. 게다가 출판사는 잡지를 정기구독제로 팔았으므로 얼마나 팔릴지 예측할 수 있었고, 구독료도 선금으로 받았다. 잡지에도 단점은 있었다. 책의 경우 출판사는 원고를 받기 전까지 한 푼도 지불하지 않았지만, 잡지에는 편집장, 편집부원, 전속작가처럼 정기적으로 급여를 지불해야 하는 인력이 필요했던 것이다.[38]

또한 은밀한 장점도 있었다. 잡지사에서는 책도 출간했는데, '한 집안' 책을 호평하는 것은 아주 일반적인 관습이었다. 평론가는 제법 큰 권력을 얻었다. 그때까지 작가들은 후원자가 품위 있는 살롱이나 문단에서 자기 책에 호평을 해주고 그 덕에 책이 많이 팔리고 유명해지는 데에 기대를 걸었다. 그러나 이제 개인 후원자의 시대는 막을 내리고 있었다. 대신, 잡지 편집장이 호평을 해주고 밀어주는 것이 성공의 관건이 되었다.

문화생산에서 새로운 유형의 불확실성이 나타났다. 후원자들이 무엇을 좋아할지 추측하기란 꽤나 어려운 일이었지만, 적어도 그들은 대체로 비교적 취향이 비슷한 한정된 부류에 속했다. 그러나 이미 17세기에도 사정이 점점 달라지고 있었다. 1664년, 화가 살바토레 로사는 이렇게 불평했다. "작년에는 그림 주문이 한 건도 들어오지 않았다네. 개 한 마리도 주문을 안 해." 그러나 5년 뒤, 로사는 너무나 유명해져서 유럽 전역에서 밀려드는 중요한 주문들을 거절해야 했다.[39] 문화시장은 미술에서조차 표준화를 지향하기 시작했다. 로마와 이탈리아 미술을 발견한 영국 상층계급은 이탈리아에서 그린 초상화를 원했고 이탈리아 풍경화를 가져오고 싶어했다. 카날레토는 그림의 4분의 3 이상을 영국인의 주문을 받아 그렸다. 그 그림의 대다수는 똑같은 베네치아의 운하와 건물들을 살짝 다르게 그린 것들이었다.[40]

새로 부상한 '민주적'인 대중시장은 매우 달랐다. 새로운 상품에 대한 수요가 있을지 없을지는 미리 예측하기가 어렵다. 작곡가, 작가, 화가 같은 문화생산자들은 불확실성 속에서 사는 법을 배워야만 했다. 그들은 늘 무언가 새로운 것을 내놓아야 했다. 똑같은 책을 다시 쓰거나 똑같은 곡을 되풀이해 연주해서는 보상도 받지 못하고 소비자도 붙잡을 수 없었다. 시각예술에서는 정확한 반복이 그럴듯한 전략일 수 있고 판화와 주물조각에서는 그런 전략을 채택하기도 하지만, 회화에서는 흔한 일이 아니다. 물론 새로운 장르를 최대한 이용할 수 있고 또 그렇게들 한다. 같은 책을 다시 쓰는 것은 돈이 안 되지만, 비슷한 내용의 책을 쓰는 것은 괜찮

카날레토의 1730년 작품 〈대운하와 살루테 성당〉. 극장 무대미술가였던 아버지와 구별해 조반니 안토니오 카날 대신 '작은 카날'로 불린 그는 '대여행'기의 유럽인들에게 '베네치아의 햇빛'을 선사했다.

은 벌이가 되기도 한다. 실제로 많은 소비자들이 기대한 것은 첫 번째 소비에서 얻은 즐거움을 다시 맛보는 것이었다.

머지않아 가십과 스캔들을 다루는 잡지들이 영국에서 제법 성공할 수 있다는 것이 드러났다. 스캔들 언론은 정치적으로 전복적이지 않았고, 그런 까닭에 어느 정도는 묵인받았다. 지금도 그렇지만, 사실 이런 언론은 극도로 보수적이었다. 친토리당 주간지 『존 불』(1820)과 『에이지』(1825)가 대표적인 예다. 『새터리스트』(1831)는 자유주의적이었지만, 차티스트 운동과 노예제 반대운동에는 적대적이었다. 이 세 주간지는 명확히 중간계급들을 겨냥했고, 유명인들에 관한 가십과 험담을 실었다. 이런 이야기들은 독자들에게 남들은 모르는 것을 내밀하게 공유하는 특권층의 일부라는 느낌을 심어주는 한편으로, 권위를 조롱하고 싶어하는 독자들의 뿌리 깊은 욕망을 채워주었다. 추문을 퍼뜨리는 이런 잡지들은

2,500~3,000부씩 팔렸다. 하지만 훨씬 많이 팔린 것들도 있었는데, 이를테면 렌턴 니콜슨이 1837년에 창간한 『타운』은 아마도 1만 부는 팔렸을 것이다. 이 주간지는 인지세 납부를 거부했기 때문에 다른 경쟁지들의 지면 대부분을 채우는 정치나 법률 뉴스 같은 다른 뉴스들을 실을 수 없었다.[41] 이런 구속에서 풀려난 『타운』은 "식료품점 짐꾼부터 왕족 부부에 이르기까지 모든 사람이 성性에 관해 생각해보는 세상을 제안"했다—1840년 5월 30일자에는 심지어, 앨버트 공과 빅토리아 여왕이 말다툼을 벌이다가 앨버트 공이 잠자리를 거부하자 "샐쭉해진 여왕 폐하께서 부군의 독일 자아와 독일 소시지를 밤새 장롱에 가둬버렸다"는 소문까지 보도했다.[42]

이런 장르는 새로운 것이 아니었다. 베르사유 궁의 생활과 성생활의 '내막'을 캐는 프랑스의 '추문록'들은 18세기부터 인기를 끌었다.[43] 올림포스 산에서 신들 사이에 벌어지는 일들이 고대 그리스인을 사로잡았던 것처럼, 또는 영국 왕실의 일들이 여전히 21세기 독자를 사로잡는 것처럼, 왕가의 사생활은 18, 19세기의 유럽 독자를 사로잡았다.

그때와 지금이 다른 것은, 그 시절의 권력자들은 보복할 수 있었다는 점이다. 『타운』은 전복 혐의로 고소당하는 것을 피하려고 끊임없이 노동계급 조직을 공격했지만, 도를 넘는 스캔들을 너무나 자주 터뜨리는 바람에 주기적으로 고소를 당했고, 결국 폐간으로 내몰리고 말았다. 1857년 음란출판물법이 제정되면서 막강해진 국가의 검열 권한 때문에, 빅토리아 시대 나머지 기간에는 스캔들 언론이 설 자리가 없었다.[44]

조지 밀러의 『칩 매거진, 가난한 이들의 난롯가 친구』(1813~14)처럼 시작 단계에서 단명으로 끝난 몇 차례의 실패를 거친 뒤에야, 점잖은 대중언론이 영국에서 본격적으로 발전하기 시작했다. 그 출발을 알린 찰스

나이트의 『페니 매거진』(1832)은 곧 수많은 잡지들이 모방하게 되었는데, 독일의 『페니히 마가친』도 그 가운데 하나였다.

프랑스에서도 뚜렷이 구분되는 두 개의 시장이 발전해갔다. 『주르날 데 데바』, 『콩세르바퇴르』, 『콩스티튀시오넬』, 『글로브』(1824)처럼 점잖고 책임감 있는 신문과, 풍자와 스캔들, 가십에 의존했으며 대개는 단명으로 끝났던 『피가로』, 『디아블 부아퇴』, 『샤리바리』 같은 일군의 '군소 신문'이었다. 그러나 프랑스 잡지들은 영국 잡지들과 달리 거의 모두가 정부와 대립했다.

이미지의 인쇄

18세기는 신문, 정기간행물과 함께 판화시장이 획기적으로 발전한 시기였다. 귀족과 부유한 중간계급은 예전처럼 세상에 딱 한 점뿐인 미술작품들을 수집할 수도 있었지만, 판화 덕분에 이제는 프랑수아 부셰나 장 오노레 프라고나르 같은 유명 미술가의 작품 또한 감상하고 소유할 수 있게 되었다. 영국에서는 윌리엄 호가스, 제임스 길레이, 토머스 롤랜드슨을 필두로 한 판화가들의 위대한 전통이 흔히 풍자적인 방식으로 18세기 영국의 사회상을 묘사했다. 그 핵심 인물은 18세기 전반에 영국 미술계를 지배했던 호가스(1697~1764)였다—영국은 유럽에서 유일하게 고전주의 전통을 따르는 화가가 아닌 '한낱' 판화가 한 사람이 미술계를 지배했던 나라였다. 호가스는 주로 귀족들을 위해 작업했지만, 다른 판화가들을 위한 새로운 시장 또한 만들어냈다. 귀족 흉내를 내면서 집안에 미술품을 걸어두고 싶어하는, 날로 늘어나는 중간계급을 대상으로 한 시장이었다. 호가스의 인기 비결 가운데 하나는 (이전에 챕북에 싸구려 이미지를 넣던 판화가들처럼) 이미지에 내러티브를 묶어서, 하나의 이야기를 들려주는 일련의 판화를 제작했다는 데에 있었다―이 무렵에 새뮤얼 리처드슨은 『파멜라』와 『클라리사』를 쓰고 있었다. 호가스의 연작 판화 〈매춘부의 편력〉(1731년께)은 사실상 이야기 그림책이었다. 런던에 상경한 시골처녀가 유혹에 넘어가 몸을 팔게 되고, 결국 감옥에 들어가 병에 걸려 죽는다는, 일종의 불행한 몰 플랜더스 이야기였다. 호가스의 판화에는 흔히 이야기를 들려주는 설명글이 사용되었다. 그는 〈헛간에서 분장하는 순회극단 여배우들〉(1738)처럼 뚜렷하게 서술적인 제목을 붙였을 뿐 아니라 판화 자체에도 신문, 책제목, 문장紋章에 쓰인 단어들을 솜씨 좋게 집어넣었다. 이런 유산은 19세기 내내 책에 실린 삽화로 활용되면서 발전해나갈 터였다. 1780년 무렵 영국 판화, 특히 그때 유행했던 영국식 정원을 담은 풍경 판화의 탁월함이 "유럽 대륙 감식가들의 눈을 사로잡고 유럽 전역에서 진행되던 미술작품의 기록을 위한 국제적인 노력 안에서 자리를 잡기 시작했다. 실제로 몇몇 영국 미술가들은 영국뿐만 아니라 이탈리아와 프랑스에 있는 뛰어난 회화와 고대 조각들을 판화로 기록함으로써 주도적인 역할을 했다".[45] 런던, 그중에서도 팰맬, 피커딜리, 본드 가街의 수많은 판화가게들은 런던을 세계적인 판화 중심지로 만들었다. 1760년대에 치프사이드에 가게를 연 존 보이델은 대大화가들의 회화를 판화로 제작하는 일을 독점하다시피 해서 지도적인 판화상으로 입지를 다졌다.[46] 연극계와 18세기 판화계의 밀접한 관계도 한몫했다. 인기 있는 연극의 배우와 장면은 대중적인 판화가 선호하는 주제였다.[47]

 책에 판화를 넣으려면 좋은 품질로 값싸게 복제할 수 있는 체계를 개발해야 했다. 석판인쇄가 딱 그런 기술이었다. 석판인쇄 덕분에 이전

〈매춘부의 편력〉. 시골에서 상경한 처녀 메리는 고리대금업자와 노상강도의 정부로 지내다가 매춘 단속에 걸려서 감화원에 수감되고, 그곳에서 병에 걸려 스물셋 꽃다운 나이에 파란만장한 삶을 마친다.

에는 목판이나 동판밖에 없었던 판화시장이 팽창했다. 이 새로운 공정은 석판에 왁스 크레용을 사용했다. 왁스 크레용으로 그린 석판에 물을 적시면 글자나 그림 부분에는 물이 스미지 않는다. 유성 잉크는 물이 없는 부분에만 들러붙기 때문에 프레스를 지나가면서 종이에 이미지를 남긴다. 알로이스 제네펠더가 개발했다고 전해지는 석판인쇄는 1799년에 독일 바이에른 주에서 특허를 받았지만, '석판인쇄lithography'라는 이름은 나중에 프랑스에서 붙은 것으로 보인다. 1800년 제네펠더가 영국에서 특허를 받으면서 영국에 전해진 이 기법은 1813년 이후에 널리 채택되었다. 1820년 무렵에는 독일 전역으로 확산되었다.[48] 석판인쇄는 가동활자 발명과 최근의 전자혁명 사이에 위치한다. 이 기법은 단순한 복제물을 공급하는 것이 아니라, 고품질의 '원본'을 저비용에 대량으로 만들어낼 수 있게 해주었다. 그 첫 번째 효과는 지도를 비롯한 지형자료와 악보의 대량생산에서 나타났다. 하나의 이미지를 직접 팔 수 있게 된 것이다. 앵그르와 제리코 같은 저명한 화가들을 포함한 미술가들이 이 기법을 이용했다.[49] 석판인쇄는 삽화를 추가함으로써 인쇄되는 작품의 가치를 높이는 데에도 쓰일 수 있었다. 시각 이미지는 (화가의 그림이건 사진이건) 바로 이런 간접적 방식을 통해(관심을 끌고 가치를 높임으로써, 또는 번쩍번쩍 광택이 나는 고급 잡지와 연재만화처럼 텍스트와 시각 요소가 불가분하게 융합된 산물로서) 상업적 쓰임새를 발견하고 유례 없는 발전을 이루어낼 수 있었다.

프랑스에는 영국과 같은 시기에 석판인쇄가 도입되었지만, 나폴레옹의 패배에 이어 평화가 찾아온 1815년 이후에야 비로소 널리 쓰이기 시작했다.[50] 1828년 무렵에는 파리 안팎에 223개의 석판인쇄회사가 있었고, 1839년에는 파리에만 90개 회사가 있었다. 그즈음 석판인쇄는 프랑스 경제에서 11번째로 중요한 산업의 일부가 되어 있었다.[51]

석판인쇄는 회화와 판화 같은 이전의 지배적인 예술형식이 만들어놓은 모든 장르에서 활용될 수 있었다. 초상화, 풍경화, 종교적 상징에서는 물론이고 여성을 에로틱하고 외설적으로 재현하는 데에도 쓰였다. 이 기법은 새로운 형식들을 낳았고, 정치풍자화 같은 오래된 형식들의 효과

그랑빌이 『라퐁텐 우화집』 '늑대와 개' 이야기를 위해 그린 〈오늘의 변신〉 중 한 작품. 동물의 얼굴 표정으로 인간의 특징을 표현한 70점의 연작 판화 〈오늘의 변신〉으로 명성을 얻은 그는 수많은 풍자화를 그렸고, 1835년에 풍자화 검열이 부활한 뒤로는 주로 『돈키호테』, 『걸리버 여행기』 같은 책에 들어갈 삽화를 그렸다.

를 훨씬 강력하게 만들어주었다. 프랑스에서 이 분야의 위대한 개척자는 오노레 도미에(1808~79)였다. 그는 루이 필리프 왕을 풍자한 판화로 유명해졌고, 그 때문에 한동안 감옥에 갇히기도 했다. 1835년에 정치풍자를 금지하는 법이 제정되면서, 도미에는 하는 수 없이 덜 노골적인 정치 장르로 방향을 틀어야 했다. 도미에는 판사와 변호사들을 비난하고, 외젠 쉬의 소설 『파리의 비밀』이 끝도 없이 장황하다고 조롱하고, 교육받은 여성들을 우스꽝스럽고 이루 말할 수 없이 추하게 묘사했다—1844년 1월부터 8월까지 『샤리바리』에 연재된 도미에의 연작 〈파란 스타킹〉을 보라 ('파란 스타킹bas bleu'은 유식한 (체하는) 여류 작가나 학자를 가리킨다).[52]

또한 1829년에는 풍자화가 장 자크 그랑빌이 정장을 차려입은 인간의 몸에 동물 머리가 달린 인물들을 그린 석판화 연작 〈오늘의 변신〉을 발표했다. 인간과 동물의 유사성은 프랑스 민중문화와 귀족문화에서 중요한 주제였다. 말하는 동물은 19세기에도 베스트셀러였던 라퐁텐 우화

『로빈슨 크루소』 초판의 권두그림. '요크의 선원 로빈슨 크루소의 생애와 이상하고 놀라운 모험'의 주인공은 난파를 당해 트리니다드 섬 근처의 외딴 열대 섬에서 28년을 보낸 뒤 구조된다. 로빈슨 크루소의 이 이미지는 이후의 삽화들에서도 나뭇가지와 풀로 짠 모자에 이르기까지 거의 달라지지 않은 채로 원형을 유지했지만, 초판에 이 그림을 그린 이가 누구인지는 알려져 있지 않다.

에서 반복되는 특징이자 월트 디즈니의 가장 성공적인 공식 가운데 하나다. 1771년 또는 그즈음에, 어느 이름 모를 화가는 애쿼틴트 동판화 〈조화로운 모임〉에서 동물 머리를 한 인간들이 코르넬리스의 오페라를 공연하는 모습을 묘사했다.[53] 석판화는 우아하고 매력적인 여성—외설문학으로 유명해진 '창녀'와 '바람둥이 여공'—을 묘사할 때도 쓰였다. 이 분야에서 가장 저명한 전문가는 1830년에 『모드』지의 패션삽화가로 임명되면서 유명해진 가바르니(1804~66)였다(1841년의 연작 〈창녀〉 참조).[54] 가바르니는 또 호프만의 『환상 이야기』 같은 동화책과 『로빈슨 크루소』 (1861년에)와 스위프트의 『걸리버 여행기』(1862년에) 같은 유명한 소설에 삽화를 그렸다. 1847년에는 영국에 갔다가, 영국 노동계급이 처해 있는 상황에 대한 관심을 환기하는 석판화를 제작하기도 했다. 러시아에서는 1820년대에 석판인쇄가 등장했고 곧바로 '루보크'(챕북) 인쇄에 활용되어 큰 성공을 거두었다.[55]

삽화는 신문이나 책의 텍스트를 받쳐주는 데에 쓰이거나 별도로 팔렸다. 종교적인 그림과 종교서, 특히 성인전의 판매는 초기 형태의 캐릭터상품 판매를 만들어냈다. 인기 있는 책의 유명한 등장인물은 판화로 제작되어 따로 팔리기도 했다. 이를테면 샤토브리앙의 1801년 소설 『아탈라』(5년 동안 12쇄를 찍었다)의 남녀 주인공들은 판화로 제작되어 팔려 나가서는 레스토랑과 여관의 벽을 장식하곤 했다.[56]

책에 실린 삽화는 일반적으로 독자들에게 텍스트 속 등장인물에 대한 고정된 이미지를 심어주는 데에 결정적인 역할을 했다. 그 과정에서 삽화가들은 독자를 길들이는 저자의 목소리에 자신의 목소리를 더했다. 어떤 삽화는 너무나 성공적이어서 이후에 등장인물을 재현할 때마다 거의 그대로 사용되었다. 그렇게 해서, 『로빈슨 크루소』 초판에 실린 주인공 삽화는 이후의 삽화들에서도 나뭇가지와 풀로 짠 모자에 이르기까지 거의 달라지지 않은 채로 원형을 유지했다.[57] 거의 모든 19세기 소설에는 주요 등장인물을 묘사하는 삽화가 적어도 하나씩은 있었다.

훨씬 폭넓은 시각문화가 생겨나고 있었다. 구연문화와 결합된 듣는 문화와 보는 문화, 특히 '들으면서 보는' 문화(오페라, 연극, 영화, 텔레비전, 뮤직비디오)가 결국에는 인쇄문화를 압도할 터였다. 개인적인 독서는, 아마도 시장성 있는 문화형식 중에서는 19세기 말까지 줄곧 지배적이었겠지만, 그것이 지배적인 여가형식이었던 적은 한 번도 없었다. 신문과 책 소비는 소수가 추구하는 여가활동으로 남았다. 독서에는 언제나 강력한 경쟁자들이 있었다. 연극, 쇼, 음악회, 합창단, 정원 가꾸기, 클럽, 모임, 공예, 바느질 따위가 그 쟁쟁한 경쟁자들이었다.[58]

제13장

음악시장

기록된 음악

오늘날, 음악은 레스토랑에서 식사를 하거나 공공장소에서 술을 마실 때면 반드시 따라나오는 것으로 여겨지곤 한다. "음악은 분위기를 조성한다." 음악을 즐기거나 제공하는 이들은 그렇게 말한다. 음악은 또 장례식, 군대의 행군, 집회, 종교의식, 대관식에서도 분위기를 조성한다. 이런 행사에서 음악은 공동체의식과 연대감을 불러일으키는 임무를 떠안기도 한다. 음악은 전화안내원이나 자동응답 시스템에 전화를 걸어 '대기'할 때, 엘리베이터나 택시 안에서, 비행기의 이륙을 기다릴 때, 그리고 그냥 공중 휴게실에 앉아 있을 때에도 제공된다. 그렇지만 19세기 초에는 이런 '공짜' 기쁨을 얻을 수 없었다. 19세기는 녹음된 소리나 방송되는 소리가 없는 세상, 정적과 자연의 소리가 가득한 세상이었다. 음악을 듣고 싶으면 집에서 연주를 하거나 아니면 어딘가에—보통은 교회에—가야 했다. 물론 일을 하면서 노래를 부르기도 했고, 술집에서 술을 마시면서 부르기도 했다. 세속음악은 대개 무도회 같은 사교행사용으로 발전했다(사라반드, 가보트, 폴로네즈 따위). 여유가 있는 이들은 오페라나 연주회에 가곤 했다. 부자들은 사람들에게 돈을 주고 자기 집에서 음악을 만들게 했다. 순회 가수와 악사들은 축제 장터나 시장에서 연주를 했다. 중세에 시인 겸 작곡가들은 품위 있는 집이나 저택을 방문했다. 이들을 독일에서는 미네쟁거(사랑 노래를 부르는 가수), 프랑스에서는 트루바두르(음유 서정시인)라고 불렀다. 시인들 다수는 귀족이었다. 생산자와 소비자가 지금처럼 분명하게 구별되지 않았던 것이다. 또 '대중적'인 노래를 파는 상인도 있었다―사실상 가사를 파는 행상이었다. 그들은 깽깽이 반주로 노래를 부르면서 두루마리 캔버스에 그려진 그림을 가리켰다. 그러고는 노래 가사가 담긴 소책자를 청중에게 팔았다.[1]

한 가지는 분명하다. 가사를 곁들인 음악이 순수한 기악보다 늘 인기가 훨씬 좋았다는 것이다. 가사가 소리에 의미를 불어넣는 순간, 음악이 만들어내는 분위기와 감정은 고양된다. 음악에 포함된 다양한 텍스트, 다시 말해 음악에 맞춘 가사뿐 아니라 악보에 붙인 메모도 해석자가 의미를 불어넣는 데에 도움을 주어, 사람들이 음악을 더 쉽게 감상하게 해주었다.[2] 기악곡에 제목을 붙이면 듣는 이가 그 음악에서 의미를 떠올릴 조건이 마련된다. 음악이 스스로 이야기한다고 말할지 모르지만, 베토벤의 피아노 소나타 14번 올림다단조 작품번호 27의 2를 듣는 것과 호수 위에 반짝거리는 달빛을 암시하는 베토벤의 '월광' 소나타(앞의 것과 같은 작품이다)를 듣는 것은 사뭇 다르다. 비발디의 '사계'라는 제목의 협주곡에 귀를 기울이면, 음악이 펼쳐지는 동안 특정한 날씨에 어울리는 풍경을 상상하지 않을 수 없다. 작곡가들도 이 점을 알았기에 제목을 붙이는 일이 늘어갔다. 물론 몇몇 작품의 제목은 '월광' 소나타처럼 훨씬 뒤에, 작곡가가 죽은 뒤에 붙었다. 하이든은 자신의 교향곡 6번, 7번, 8번에 '아침', '점심', '저녁'이라는 제목을 직접 붙였지만, 그의 교향곡 83번에

12세기 중반에서 14세기 초까지 중세 고지 독일어로 쓰인 시가를 모은 『코덱스 마네세』의 삽화. 1304~40년에 마네세 가문을 위해 취리히에서 만들어진 것으로 추정되는 이 책에는 140여 명의 미네쟁거들이 쓴 6,000여 편의 시가와 각각의 미네쟁거를 묘사한 137점의 채색화가 실려 있다. 시인들은 대체로 사회적 신분에 따라 왕, 공작, 백작, 기사, 평민 순서로 나온다.

'암탉'이라는 제목을 붙인 사람은 청중이었다. 아마 1악장에 나오는 오보에 소리 때문이었을 것이다.[3]

18세기까지 음악소비는 보통 시장 바깥에서 이루어졌다. 음악은 '파는' 것이 아니었고, 쉽게 '살' 수도 없었다. 거의 모든 음악은 교회에서 연주하고 들었다. 교회음악은 찬송가책시장과 악보시장을 만들어내기는 했지만, 그 자체는 '무료'음악이었다. 귀족의 집에서 연주되는 음악은 수공업 경제에서처럼 대체로 후원자와 작곡가의 사적 거래에 기반을 두고 있었다. 생산자와 소비자가 직거래하는 방식이었다. 이보다 소박한 종류의 음악 또한 시장이 제한되어 있었다. 장날이면 소수의 유랑가수가 노래를 불렀고, 어떤 가수들은 펍에서 노래를 하거나 축젯날에 노래를 했으며, 순회공연단은 노래와 텍스트에 바탕을 둔 공연을 했다. 이것을 시장이라고 한다면, 그것은 연주자가 지배하는 시장이었다(지금도 그렇다).

작곡가는 알려지지 않았거나 그 자신이 연주자였기 때문이다. 이런 종류의 음악에는 고정된 가사, 악보, 기보법이 없었고, 주제의 무한한 변주와 즉흥연주가 가능했다. 비서구 음악에서는 지금도 이런 경우가 많다.

상업적인 음악이 되려면, 교회와 귀족 후원자로부터 해방되어야 했다. 이때 필요했던 것이 적당한 장소(오페라하우스와 연주회장)의 상업적 발전을 재정적으로 뒷받침하거나 집에 악기를 사둘 만큼 부유하고, 자신이나 자식이 집에서 연주하는 데에 필요한 기술을 습득할 용의가 있는 새로운 계급이었다. 이 계급에게는 또 '적절한' 심성이 있어야 했다. 다시 말해 특정한 음악에 대한 취향을 계발하여 귀족계급의 발자취를 뒤따르고자 하는 욕망이 있어야 했다.

음악의 상업화는 19세기의 위대한 음악 전통을 낳았지만, 흔히 그렇듯이, 과거에 속한 궁정귀족은 이것을 수준 하락으로 여겼다. 빈에서는 오페라의 중요한 후원자였던 요제프 2세가 서거하고 레오폴트 2세가 즉위한 시기에 때마침 사회적 허세를 폭로하는 나폴리의 오페라부파가 유행했다. 이때 크게 득을 본 이가 도메니코 치마로사였는데, 특히 그의 〈비밀 결혼〉(리브레토는 조지 콜먼의 희곡에 바탕을 두었다)은 1792년에서 1800년 사이에 55번이나 공연되었다. 반면 다 폰테가 리브레토를 쓴 모차르트의 오페라들은 빈에서는 1792년에서 97년 사이에 단 한 번도 공연되지 않았다.[4] 궁정 상임작곡가들은 나폴리 오페라부파가 체계적으로 수입되자 좌절을 느꼈다. 스탈 부인은 (1810년에 쓴 글에서) 이 오페라부파들을 '티롤의 소극笑劇들'이라고 조롱하면서도, 이것들이 민중만이 아니라 귀족도 즐겁게 해준다고 덧붙였다.[5]

적절한 태도를 갖춘 적절한 계급만으로는 상업적인 음악시장이 만들어지지 않았다. 시장경제도 필요했다. 그와 더불어 혁신과 개작을 유도

하는 유인들이 생겨나, 악기들의 확산과 생산, 공연의 상업화, 악보의 생산, 연주자와 흥행주 사이의 계약 따위에 유리한 조건이 갖추어져야 했다. 서양에서는 음악 전통이 동질적이었기에 음악을 상업화하기가 한결 수월했다. 17세기에 이르면, 세속적이든 종교적이든 서양의 모든 음악은 하나의 초점, 곧 주어진 하나의 음을 중심으로 조직되었고, 여기에서 '조성음악'과 화성체계가 생겨났다.

서양의 음악 전통은 오래된 것이 아니다. 우리는 그리스와 로마의 음악이 어땠는지 알지 못한다. 심지어는 15세기에 음들을 어떻게 노래했는지, 곧 얼마나 빠르게, 어떤 높이로 불렀는지도 잘 모른다. 우리는 초기의 무반주 기독교 성가들이 유대교 회당의 성가와 관련이 있다고 생각하지만, 확실히 알지는 못한다. 우리가 아는 것은 중세 대부분의 기간, 곧 거의 1,000년 동안 서양의 미술과 건축이 대체로 그랬듯이 서양음악에서도 기독교의 지위가 압도적이었다는 사실이다. 그 진화는 느렸다. 10세기에 이르면 무반주 성가들은 성부聲部를 더 많이 써서 복잡해지기 시작했는데, 이러한 발전의 결과물을 다성부 음악이라고 부른다. 우리는 또 13세기의 미네쟁거와 트루바두르의 궁정가곡, 그리고 14세기에 그 계승자인 시인들이 쓴 프랑스의 샹송, 이탈리아의 라이, 발라드, 마드리갈 따위에 관해 알고 있지만, 이것들을 빼고는 15세기 이전 세속음악이 어떠했는지 거의 알지 못한다.

기보법의 발명으로 서양 음악의 동질성은 더욱 강화되었다. 기보법 덕분에 서양 음악은 비유럽 음악보다 훨씬 정확하게 기록될 수 있었다. 기보법이란 종이에 소리를 표현하는 방법으로, 능숙한 연주자는 그것을 보고 자기가 만들어내야 할 소리를 연역해낸다. 기보법이 없으면 다른 음악가에게 직접 배우는 것 말고는 달리 곡을 배울 방법이 없다. 기보법

거북이 껍질로 만든 수금을 든 아폴론 신. 기원전 5세기 고대 그리스의 어느 무덤에서 발견된 술잔에 새겨진 그림이다. 고대 그리스에서 음악은 결혼식과 장례식, 종교의식, 연극, 서사시 낭독 같은 폴리스의 행사와 일상에서 두루 쓰였다.

을 발명한 것은 글을 발명한 것과 같았다. 기보법이 없는 음악은 순수 구전문학과 다름없었다.

　기억을 돕기 위해 음악을 기록하는 일 — 음의 높이를 나타내는 기호들을 적는다는 의미에서 — 은 중국, 한국, 인도, 일본처럼 표기 형식이 단단히 자리잡은 여러 문화에서 나타났다. 이런 기호 표기는 음악이 언제 올라가고 내려가는지만 나타낼 수 있었다. 동양에서는 이것이 기보법이 알려주는 전부다. 음악을 연주하는 방법을 자세히 기록하지 않기 때문에, 엄격하게 말해서 그곳에는 '진짜' 또는 최초의 작곡가라는 개념도 없다. 그러므로 요즘의 재즈처럼 연주로 평가받는 연주자의 우위가 두드러진다.

　서양의 방법은 완전히 달랐다. 상대적으로 복잡한 기보법 체계는 11세기에 구이도 다레초가 구축하기 시작했다. 14세기에 이르면 오선지가 수용되었다. 이후에 더 많은 발전과 혁신이 유럽 전역에 전파되어, 서서히 국제적인 레퍼토리가 갖추어졌다. 기보법은 15세기 중엽에 발명된

제13장 · 음악시장　　**401**

활판인쇄술에 힘입어 널리 퍼지면서 정교한 수준까지 발전했고, 그 덕에 작곡가는 아주 다양한 악기를 위한 아주 복잡한 음악을 쓸 수 있었다. 17세기에 발전한 기보법이 아니었다면, 근대의 교향악단 같은 것도 없었을 것이고, 베토벤이나 바그너의 작품도 없었을 것이다.[6]

기보법은 기록의 한 형식으로서 복제가 가능하기 때문에, 음악의 상업화를 위한 새로운 가능성을 열어주었다. 궁정음악도 결국은 기보법 덕택에 개작되어 더 많은 대중에게 호소력을 발휘할 수 있었다. 이것은 힌두스탄(인도 북부)에서건 카르나타카(인도 남부)에서건 인도 고전음악('인도' 음악을 일반화할 수 있다면)에서는 가능하지 않았던 일이다. 인도 음악은 서양의 연주자들보다 '세련되고' 또 '엘리트주의적'이었던 거장 연주자들의 영역에서 벗어나지 못했다. 이들은 귀족 앞에서만, 그리고 간혹 음악축제 때만 연주를 했기 때문이다.[7] 인도에서는 19세기 말에 이르러서야 음악 후원자가 귀족과 사원에서 새로운 중간계급 상층으로 바뀌기 시작했다.

수준 높은 기보법이 등장하기 전에는 서양 음악도 다른 지역 음악과 마찬가지로 생명이 짧았다. 우리는 고대 그리스의 철학이나 시 텍스트를 읽을 수 있고, 그 시대 연극을 재구성한 작품을 볼 수 있고, 건축이나 조각에 감탄할 수 있다. 비록 "에우리피데스의 『오레스테스』와 『아울리스의 이피게네이아』에 나오는 음악이 보존되어 있다는" 3세기의 단편들을 가지고 음악고고학자들이 약간의 기보법을 재구성했다고는 하지만, 사실 그리스인이 어떤 음악을 연주했는지는 모른다.[8]

음악에는 글말문화의 전통과 같은 고전적 전통이 없었기 때문에, 적어도 18세기까지 음악은 저급한 문화형식으로 간주되었다. 음악은 훈련이 필요하다는 의미에서 '학구적' 문화이긴 했지만, 고전 작품들의 집성체는 없었다. 음악에는 호메로스나 베르길리우스에 대응하는 인물이 없었다. 17세기와 18세기에 사람들이 들은 음악은 대부분 익명의 작곡가(발라드, 민요)나 살아 있는 작곡가가 만든 것이었고, 이런 작품은 세월이 흐르면서 생기는 정전으로서의 권위를 누릴 수가 없었다.[9] 최고의 연주자나 작곡가일지라도 위대한 예술가가 아니라 탁월한 장인으로 여겨졌다. 철학자나 사상가에게는 플라톤과 아리스토텔레스라는 선례가 있었다. 작가에게는 호메로스와 베르길리우스가 있었다. 시각예술가에게는 고대의 조각과 르네상스의 그림이 있었다. 그러나 서양의 음악 정전은 기껏해야 12세기 독일의 수녀인 빙겐의 힐데가르트(1098~1179)까지 거슬러 올라가며, 거기에서 시작해 프랑스의 기욤 드 마쇼(1300경~77), 플랑드르의 오를란도 디 라소(1532~94)와 영국의 윌리엄 버드(1543경~1623) 같은 이들을 포함하지만, 이들은 음악학계 밖으로는 거의 알려지지 않은 인물들이다. 제대로 된 고전음악 정전이 발전한 것은 이탈리아의 조반니 팔레스트리나(1525~94)와 클라우디오 몬테베르디(1567~1643)에나 이르러서였다. 사실 이탈리아어가 음악용어를 지배하는 것도 이들 덕분이었다(템포, 안단테, 알레그로 따위). 유럽과 북아메리카의 주요 연주회장에서 실제로 연주되는 레퍼토리는 1700년 무렵(비발디와 바흐)부터 1911년(말러 사망) 사이에 작곡된 작품들이 대다수를 차지한다.

음악의 낮은 지위는 음악가들 자신의 미천한 출신 때문에 더욱 굳어졌다. 음악가가 귀족계급 출신인 경우는 거의 없었을뿐더러, 작가들과는 달리 학식 있는 계급―법률가, 학자, 성직자―출신인 경우도 드물었다. 궁정 오케스트라 연주자 대다수는 궁정 신하의 아들이나 친척이었다.[10] 18세기 러시아에서는 부유한 귀족이 자기 영지에 오케스트라와 합창단을 두는 경우가 많았는데, 오케스트라를 이끄는 연주자들 다수는

조반니 팔레스트리나의 1554년 『미사 곡집 제1권』에 실린 권두그림, 교황 율리우스 3세에게 작품을 바치는 팔레스트리나. 르네상스 시대의 작곡가인 그는 16세기 로마악파의 대표자로서 반종교개혁의 정신에 따라 가톨릭 음악의 규범을 확립하여 교회음악의 발전에 지속적인 영향을 미쳤다.

서유럽의 교사들에게 훈련받은 농노였다.[11]

음악을 연주하고 만드는 것은 연기와 마찬가지로 가업이었고, 사회에서 더 높은 지위에 오르려는 시도와는 아무런 관계가 없었다. 요한 제바스티안 바흐는 7대에 걸쳐 수십 명―그 자신의 아들도 여러 명 포함해서―에 이르는 중요한 음악가를 배출한 집안 출신이었다. 바흐는 처음에는 아버지한테, 그다음에는 오르간 연주자인 형 요한 크리스토프 바흐한테 음악교육을 받았다. 그의 두 번째 아내 안나 마그달레나 빌켄은 궁정 연주자의 딸로, 그녀 자신이 성악가였고, 나중에는 바흐의 악보를 필사하는 일을 맡았다(그동안 바흐의 자식을 열세 명 낳았고, 바흐가 첫째 부인에게서 얻은 자식 일곱 명도 키웠다).

글을 읽고 쓰는 능력과는 달리, 음악을 쓰는 능력은 교육받은 이가 갖추어야 할 기술로 여겨진 적이 없었고, 초등교육이나 중등교육에서 모든 학생에게 가르쳐야 할 기술로 여겨진 적도 없었다. 서유럽의 많은 지역에서 음악은 국가가 지원하는 교육이 확산되기 전에 독서가 그랬듯이, 보통 부모나 아이들이 사적으로 알아서 하는 일이었다. 벨칸토(아름다운 노래라는 뜻)의 땅 이탈리아에서는 1960년대까지 중등학교에서 라틴어를 배우지 않으면 어느 대학의 어느 학부에도 들어갈 수 없었고, 인문학에서는 고대 그리스어가 필수였지만, 음악문화의 경우는 가장 초보적인 수준의 지식도 가르치지 않는 경우가 흔했다. 악기 연주가 교양 있는 젊은 여성을 위한 교육의 일부로 여겨지기는 했지만, 남성의 경우에는 그렇지 않았다는 점도 음악이 다른 예술에 비해서 저급한 문화로 여겨졌다는 또 하나의 증거다. 빅토리아 시대 영국에서 발라드는 여성 작곡가들에게 수익을 안겨주는 틈새시장이었지만, 그 밖에는 가수가 아닌 이상 여성이 음악사업에 참여하는 일이 거의 없었다. 아마추어 음악가는 여성이었고, 전문 음악가는 남성이었다. 이 분리는 의미심장하며, 요리에 여전히 남아 있는 성별 분리와 비슷한 면이 있다. 요리 분야에서도 일류 요리사는 거의 남성이고, 보수 없이 매일 해야 하는 가정 요리는 확고하게 여성들 손에 맡겨져 있기 때문이다.

작곡가와 연주가는 스스로를 장인으로 여겼기 때문에 다른 장인길드처럼 자신들의 일자리를 보호하고, 다른 사람들이 이 직업에 진입하는 것을 통제하려 했다. 17세기 말과 18세기 초 프랑스 음악가들은 그 무렵 유럽 전역에서 인기를 누리던 이탈리아 작곡가와 연주가를 배척하려 했다. 이것은 문화적 민족주의와 쿼터제도의 초기 예라 할 만한데, 그 결과 프랑스에서는 불가피하게 이탈리아 음악에 대한 지식이 진정한 전문가의 표지가 되는 사태가 벌어졌다.[12] 독일 궁정에는 외국 가수들, 특히 이탈리아 가수들이 흔했지만, 오케스트라 단원은 보통 독일인이었다.[13]

18세기는 전문가로서 저자의 자리가 아직 확립되지 않은 시기였다.

저작권법은 초보적 수준이었다. 앤 여왕의 1710년 법령은 저작권을 14년으로 제한하고, 그다음 14년 동안 한 번 더 갱신할 수 있다고 덧붙였다. 그러나 이 법의 집행이 늘 문제였다. 공연예술에서 저자는 작품의 주인으로 여겨지지 않았다. 작품의 완결성을 바라보는 태도도 오늘날 할리우드가 문학작품의 각색을 바라보는 태도와 아주 흡사했다. 오페라 리브레토는 손질을 하고, 자르고, 편집하고, 바꾸었다. 이를테면 1801년에, 프랑스의 파리오페라 극장은 외국 리브레토 작가의 텍스트를 사용한 오페라 공연을 할 수 없게 되자 모차르트의 〈마술피리〉의 플롯을 완전히 바꾸고, 등장인물 몇 명을 없애고, 다른 등장인물을 덧붙이거나 기존 인물의 이름을 바꾸고, 다른 모차르트 오페라(〈돈 조반니〉, 〈피가로의 결혼〉, 〈티토 황제의 자비〉)에 나오는 음악을 집어넣고, 심지어는 하이든의 교향곡 몇 편에서 음악을 약간 떼어오기도 했다. 베를리오즈는 격분했다.

> 이런 끔찍한 혼합물을 만들어놓고 여기에 〈이시스의 신비〉라는 제목을 붙였다. …… 그리고 이런 상태로 공개되었다. …… 이것을 만든 사람은 모차르트의 이름 옆에 자신의 이름, 바보의 이름, 신성모독자의 이름 라흐니히트를 새겨넣었다.[14]

그러나 이 '끔찍한 혼합물'은 큰 인기를 끌었으며, 1799~1809년에 가장 자주 공연된 오페라 가운데 하나가 되었다.[15] 파리에서 모차르트의 원본은 1863년에야 공연되었다.

파리에는 프랑수아 카스틸 블라즈 같은 전문 개작자들이 있었다. 카스틸 블라즈는 베를리오즈가 몹시 혐오하던 수많은 이들 가운데 하나로, 카를 마리아 폰 베버의 〈마탄의 사수〉(1821)를 〈로빈 후드〉로 바꾸어놓았다. 1810년대와 1820년대 런던에서도 똑같은 일이 벌어졌다. 코번트가든의 새로운 음악감독이 된 작곡가 헨리 비숍은 아무런 망설임도 없이 모차르트의 〈피가로의 결혼〉과 로시니의 〈체네렌톨라(신데렐라)〉에 자기 음악을 집어넣었다. 작위를 받은 최초의 음악가인 비숍은 계속해서 수십 편의 오페라에 자기 노래를 끼워넣었다—하지만 오늘날에는, 설사 그의 이름을 기억하는 이들이 있다 해도, 아마 〈즐거운 나의 집〉의 작곡가로만 기억할 것이다.

매우 유명한 가수가 실제 공연하고 있는 작품과는 관계없이 자기가 좋아하는 아리아를 부르는 일도 드물지 않았다. 이런 가수들은 어느 모로 보나 자기가 그 쇼에서 가장 중요한 요소임을 강하게 의식하고 있었다—주의 깊게 살펴보면 누구나 알 수 있는 일이었다. 공연의 성격을 결정하는 데에서 배우들, 특히 가수들이 지배적인 위치를 차지하고 있었으므로, 사실상 그들이 작품의 저자가 되었다. 이것은 계속해서 공연예술을 지배해온 관행이다. 특히 영화가 그런 면이 두드러진데, 영화에서는 배우가 흔히 흥행성적을 좌우하는 중요한 존재로 여겨지기 때문이다.

18세기에 작곡가들은 작곡이 아니라 음악을 연주하거나 귀족 자녀에게 음악을 가르치는 일로 먹고살았다. 그들은 음악이 마치 한 번 듣고 마는 것이라는 듯 특정한 행사를 위해 음악을 썼다. 예를 들어 바흐는 1723년에 라이프치히 성 토마스 교회의 음악감독으로 일을 하기 시작해서 1750년에 죽기까지 일요일에 부를 칸타타 295곡을 썼다. 이 가운데 202곡이 살아남았고, 그 가운데 다수가 지금까지 연주된다. 그러나 그 시대 사람들은 바흐를 무엇보다도 위대한 오르간 연주자로 존경했고, 바흐의 작품들은 그저 구식의 대위법 음악—교회성가대를 위한 틀에 박힌 작품들—으로 여겼다. 바흐의 〈평균율〉과 〈푸가의 기법〉은 지금은 서양 음악의 기념비로 여겨지지만, 원래는 친척과 제자들에게 건반연주 기법과 음악적 기교를 가르치려고 작곡한 것이다. 결과적으로 이들 작품은 200년 동안 음악교육의 기초를 이루었고, 하프시코드, 오르간, 클라비코드, 피아노로 연주되었으며, 현악사중주단, 교향악단, 재즈밴드, 스윙글 싱어즈 등이 연주하기도 했다.[16] 하지만 만일 기보법이 발명되지 않았더라면, 바흐의 음악은 영원히 사라졌을지도 모른다. 바흐는 19세기 중반에 이르러서야 높은 평가를 받기 시작했기 때문이다.

음악가들은 궁정, 후원자나 교회 같은 소비자에게, 혹은 축제나 장터에 모인 청중에게 음악을 직접 '판매'했다. 작곡으로는 돈이 되지 않았다. 자신이 쓴 작품이 되풀이해 연주된다고 해서 추가로 돈을 받는 것도 아니었다. 글루크는 자기가 쓴 음악의 운명에 관심을 가지지 않아도 될 만큼 여유가 있었다. 궁정 작곡가로서 넉넉한 봉급을 받고 있었기 때문이다.[17] 모차르트는 생계를 유지하기 위해 돈을 낸 청중 앞에서 음악을 연주하거나, 제자들에게 음악을 가르치거나, 음악을 헌정할 후원자를 찾아야 했다. 다른 사람들이 자기 음악을 연주한다 해도 돈을 더 버는 것은 아니었기 때문에 어떤 사람에게 자기 작품을 제공하는 데에는 금전적인 관심을 갖지 않았고, 따라서 작품 출판에 관심이 없었다. 작곡가들은 자신의 작품을 밖에 내놓기를 꺼렸다. 설사 내놓고 싶어도 작곡가들 다수가 후원자에게 고용된 상태였기 때문에 후원자의 허가부터 얻어야 했다.

헝가리의 귀족 에스테르하지 집안의 악장이었던 하이든은 원래 영주의 허락 없이는 자기 음악을 출간할 수 없었다. 그러다가 1779년 후작을 떠나지 않는다는 조건하에 음악출판업자에게 자유롭게 작품을 팔 수 있게 되었다. 하이든은 여러 나라에 작품을 팔면서 사업가적 수완을 발휘해 나가기 시작했지만, 가끔 이 때문에 법적인 문제에 부딪히기도 했다. 오

오스트리아 동부 아이젠슈타트의 에스테르하지 궁전. 1766년에서 1790년까지, 하이든은 바깥세상과 떨어진 이 궁전에 딸린 건물에서 악장으로 일했고, 이곳 오페라하우스에서 1년에 100회 이상 지휘했다.

스트리아 출판업자들은 그의 작품을 외국에 판매할 권한이 자기들에게 있다고 생각했기 때문이다. 어쨌든 악보 판매 덕분에 하이든은 에스테르하지 집안과 그곳을 찾는 손님들 이외의 사람들에게도 이름을 알리게 되었다. 그전에는, 비록 중요한 하인이고 '집안의 관리인'으로서 세 번째로 많은 봉급을 받기는 했지만, 하이든은 어디까지나 에스테르하지 집안에서 그가 섬긴 귀족 네 사람의 피고용인에 지나지 않았다. 음악을 이해하는 수준이 가장 높았던 후원자인 미클로시 에스테르하지 후작과 1779년에 맺은 새로운 계약은 그가 해야 할 일을 명확히 밝혔다―"언제든, 어디서든, 어떤 경우든 전하의 호의에 따라 전하가 명하는 음악을 만드는 것." 이것은 사람들을 즐겁게 해주기 위해 교향곡, 오페라, 미사곡, 무도곡, 실내악곡을 작곡하고, 그의 작은 오케스트라를 지휘해 그 자신의 작품은 물론 다른 작곡가들의 작품을 연주하고, 악기와 악보의 관리를 감독하고 등등, 말 그대로 모든 음악활동을 책임져야 한다는 뜻이었다.[18]

기보법

악보가 중요해진 것은 오케스트라가 음악회에 참석하지 않은 작곡가, 또는 이미 죽은 작곡가의 음악을 연주하기 시작하면서부터다. 그전에는 악보는 자기 혼자 즐기거나 친지를 즐겁게 해주려고 연주하는 아마추어에게나 쓸모가 있었다. 이렇게 음악에는 뚜렷이 구분되는 두 개의 시장이 있었다. 하나는 연주를 파는 시장이고, 또 하나는 악보를 파는 시장이었다. 작곡가는 다른 사람을 위해 작곡할 때(오페라나 합창음악처럼) 보통 특정한 연주자를 염두에 두었다. 바흐는 그의 아리아에 꾸밈음과 트릴을 비롯한 장식적인 세부사항을 아주 정확하게 지시했다. 교회의 소규모 성가대를 위해 작곡을 했기 때문이다. 런던에서 헨델은 그런 정교한 묘사가 필요없는, 아니 그런 게 있으면 오히려 화를 낼, 국제적으로 유명한 성악가들을 거느렸다.[19] 작곡가들은 지금과는 달리 연주자 일반을 대상으로 작곡하지 않았다. 특정 연주자의 기술, 사용할 수 있는 악기, 음악이 소비될 상황 따위가 작품을 쓰는 조건이었다.

글의 발명과 마찬가지로, 글과 분명히 관련이 있는 기보법의 발명도 텍스트를 '고정'시켰다. 기보법 덕분에 작곡가는 연주자와 분리될 수 있었다. 악보는 작곡가가 이후의 모든 연주자에게 정확한 지침을 제공하는 기호체계였다. 이 체계에는 어떤 음을 연주하라든가, 다음 음으로 옮겨가기 전에 피아노 건반이나 바이올린 현에 손가락을 그대로 두라든가(레가토), 바로 손가락을 떼라든가(스타카토) 하는 지시가 담겨 있었다.[20] 그러나 결국에는 기보된 음악도 연극의 희곡처럼 공연자의 손에 달린 것이었다. '텍스트', 곧 악보는 특정한 곡이 어떻게 연주되어야 하는지를 충분히 세세하게 설명할 수는 없었다. 문학에서는(그림에서와 마찬가지로) 일단 '텍스트'가 완성되면, 비록 그것이 받아들여지는 방식을 저자가 통제

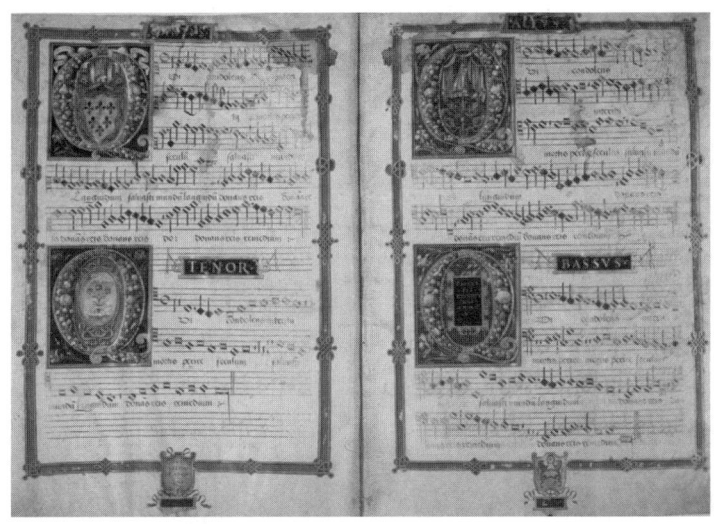

이탈리아의 코스탄초 페스타가 1538년께에 필사한 찬송가 악보. 네우마 기보법, 구이도 다레초의 네 개의 선과 음자리표를 거쳐 박자기호, 음가기호가 나오면서 16세기 초에 근대 기보법이 틀을 갖추었다.

하지는 못하지만, 그래도 상대적으로 변하지 않은 상태로 소비자에게 간다. 그러나 공연은 다르다. 이론적으로 보면 연기자에게 필요한 것은 플롯의 윤곽뿐일 수도 있다. 클리퍼드 기어츠가 분석한 인도네시아 그림자극이 그런 예인데, 여기에서는 꼭두각시를 부리는 사람이 진행을 하면서 공연의 많은 부분을 채워나간다.[21] 이런 식으로 희곡 텍스트나 악보는 공연자에게 재량을 허용할 수밖에 없다. 극작가는 텍스트에 감정이나 강조점을 적어넣을 수는 있지만, 강도, 목소리의 높이, 몸짓까지 지시할 수는 없다.

음악의 경우 작곡가의 힘은 훨씬 약하다. 악보는 각각의 음이 다른 음과 관계를 맺는 방식을 상당히 정확하게 정할 수 있을 뿐, 강약, 음색, 비브라토, 루바토 따위를 정할 수는 없다.[22] 음악의 템포를 알레그로, 안단테 같은 말로 지시한다 해도 막연하다. 피아노, 포르테, 포르티시모 등으로 지시하는 음량도 마찬가지다. 기보법은 음악의 제한된 면만을 보존할 수 있을 뿐이다.

그러므로 기보법이 있다 해도 모든 음악연주에는 즉흥연주의 요소가 어느 정도 들어 있다. 오늘날 '고음악'이라고 부르는 것에는 이런 요소가 꽤 있어서, 연주자들이 자신의 파트를 알아서 꾸미곤 했다. 그러나 작곡가들은 점차 악보에 더 큰 권위를 부여했고, 적어도 이론적으로는 성악가와 연주자들을 더 제어할 수 있게 되었다.

음악출판

악보 필사에 대립되는 작업인 악보 인쇄는 18세기에야 비로소 본격화되었다. 이 사업은 런던(1700)에서 시작되어 파리(1740)와 암스테르담으로 퍼져나갔다. 18세기가 끝날 무렵에는 빈이 음악출판의 주요한 중심지가 되었다. 그러나 19세기의 많은 기간에는 프랑스가 악기와 악보의 순수출국 자리를 지켰다.[23] 음악출판은 통치자의 관허('특별허가')를 받은 소수의 가족회사(남편에게서 사업을 물려받은 여성이 운영하는 경우도 많았다)가 지배하는 고도로 전문화된 시장이었다. 이를테면 파리에서 가장 중요한 음악출판업자 가운데 하나로 꼽힌 발라르 가문은 16세기에 처음 특별허가를 얻은 이후로—이 허가는 1766년에야 소멸했다—실질적으로 이 사업을 독점했다.[24] 작곡가 안톤 디아벨리는 오스트리아의 기업가적인 신세대 악보출판업자였다. 그는 1817년에 회사를 설립해서, 처음에는 인기 있는 노래나 무도곡과 더불어 자기 작품을 출간했다. 그리고 1821년에는 슈베르트의 음악을 출간하기 시작했다. 또한 1823년에는 왈츠 주제를 하나 작곡하고는 작곡가 50명에게 변주곡을 써달라고 요청했다. 그 결과물을 출판하려는 목적이었는데, 이 마케팅 책략이 베토벤의 유명한 〈디아벨리 변주곡〉을 낳았다.

19세기 초에는 독일어권이 유럽의 음악출판을 지배했는데, 이것은 오페라를 제외한 모든 형식에서 이탈리아인들을 제친 독일 음악생산의 우수성과 인기에 따른 결과였다. 그 패권의 중심은 독일의 도서산업 중심지이기도 했던 라이프치히였다. 비싼 동판을 이용한 음악 인쇄방법을 밀어내고 활판인쇄가 자리잡은 곳도 라이프치히였다. '진지한' 음악만이 아니라 '통속적' 음악도 음악출판의 대상이었다. 통속음악에는 살롱 관현악곡, 오페라 애창곡을 편곡한 곡, 감상적인 노래, 동요, 연주법을 배우기 위한 악보 따위가 포함되었다. 스탈 부인처럼 독일을 방문한 이들은 수준 높은 음악문화에 감명받았다. 그녀는 '아주 가난한 집'을 찾아갔을 때, 주인 부부가 하프시코드 즉흥연주로 자기를 환영했다고 말했다.[25]

이 무렵부터는 '음악산업'이라는 표현을 써도 좋을 터이다. 개인적인 음악소비가 팽창하면서 악보출판업자, 나아가 서적상이나 조판공뿐 아니라 악기제조업자에게도 유리한 환경이 조성되었기 때문이다.[26] 그럼에도 18세기 후반까지는 인쇄된 음악의 가격이 매우 높았다—스탈 부인이 찾아간 집은 그녀가 생각했던 것만큼 가난하지는 않았을 것이다. 18세기에 악보 인쇄는 텍스트 인쇄보다 복잡하고 비쌌다(지금도 그렇다). 조판彫版은 노동집약적 공정이었고, 기계화하기가 어려웠다. 인쇄업자는 문학을 알 필요가 없고, 심지어 자기가 인쇄하는 텍스트를 이해할 필요도 없었지만, 조판공은 음악을 알아야 했다. 작곡가는 인쇄된 음악을 곡 단위로 팔았다. 1770년대와 1780년대에 대부분의 출판업자의 작품목록에는 100~1,500곡이 담겨 있었다. 런던의 부시처럼 큰 출판사는 1824년에 외국 출간물을 1만 곡 가지고 있었고, 휘슬러 운트 호프마이스터(라이

손으로 아연이나 백랍 판에 정교한 거울상을 새긴 다음 잉크를 묻혀 인쇄했던 전통적인 악보 조판 작업. 고칠 수도 없는 꼼꼼한 작업이라, 이 기술을 제대로 익히는 데에는 10년의 도제생활이 필요했다.

프치히 소재)는 4만 4,000곡을 확보하고 있었다.[27] 프란츠 안톤 호프마이스터는 1780년대 빈에서 교회음악의 대가가 된 작곡가 겸 지휘자였다. 그는 악기점을 열었다가 음악출판사를 차렸고, 그 뒤에 가게를 두 개 더 열었으며, 그러는 동안에도 오페라 8편, 사중주곡 156곡, 협주곡 30곡을 작곡했을 뿐 아니라, 음악을 가르치기까지 했다.[28] 큰 부담이 없는 음악교습이었을 거라고 추측해볼 수 있을 뿐이다. 호프마이스터는 1799년 10월 라이프치히에서 자기 작품 몇 곡을 연주했는데, 여기에서 오르간 연주자이면서 서적과 미술품 거래상이기도 한 암브로시우스 퀴넬을 만났다. 이들은 힘을 합쳐 '호프마이스터 운트 퀴넬 뷔로 드 뮈지크'를 창립했고, 이것이 주요한 음악출판사로 자리를 잡았다. 이들은 바흐의 작품 몇 편을 재출간하여 어렵게 생활하던 바흐의 딸 한 명에게 매달 수당을 지급했고, 하이든의 사중주곡 전집도 냈다. 이들은 베토벤과도 접촉했는데, 베토벤은 막 작곡한 7중주곡을 20두카트에 팔겠다고 제안하는 답장을 보냈다(1801년 1월 15일). 베토벤은 이 편지에서 자신의 가격 책정법을 자세히 설명했다. 교향곡(1번 작품번호 21)은 20두카트, 피아노 협주곡 내림나장조(2번)는 10두카트, 스스로 '1급'이라고 말한 피아노 소나타(소나타 11번 나장조)는 20두카트였다. 이 소나타가 7중주곡이나 교향곡과 값이 같은 까닭은 간단했다. "7중주곡이나 교향곡은 소나타만큼 잘 팔리지 않는다는 걸 압니다." 피아노 협주곡을 겨우 10두카트에 팔려는 것은 "그것이 내 최고 작품은 아니라고 생각"하기 때문이었다.[29] 호프마이스터는 그것들을 모두 샀다.

베토벤과 이 회사(1814년에 서적상 카를 프리드리히 페터스가 이 회사를 사들이면서 회사명은 'C. F. 페터스, 라이프치히, 뷔로 드 뮈지크'가 되었다)의 관계는 1801년에 중단되었다가 1822년에 재개되었지만, 베토벤의 미덥지 못한 태도와 페터스의 우울증 때문에 다시 깨졌다. 페터스는 베토벤이 약속한 행진곡 네 곡 가운데 한 곡밖에 받지 못했고 사라진 행진곡 세 곡은 귀영곡歸營曲 세 곡으로 바뀌었다고 불평하고는, 이렇게 신랄하게 덧붙였다. "귀영곡이 빈에서는 인기가 있을지 몰라도, 내게는 아무 쓸데가 없습니다."[30]

모두가 알다시피, 베토벤의 명성은 그의 급한 성격과 믿음직스럽지 못한 태도보다 훨씬 오래 살아남았다. 그러나 페터스 출판사 역시 번창했고, 특히 1831년에 막스 아브라함에게 팔린 뒤에는 독일에서 가장 이름난 음악출판사가 되었다. 이 출판사의 발전은 18세기 말 음악인쇄업에 석판인쇄가 도입된 뒤에 이루어진 새로운 기술개선과 밀접한 관련이 있었다. 그러나 음악인쇄는 여전히 어려운 일이었다. 비교적 최근까지도 음악을 '쓰기'에 적합한 타자기가 없었다.[31] 1980년판 『뉴 그로브 음악사전』에 담긴 악보의 예들조차 여전히 그래픽 석판인쇄 공정을 거쳐 실린 것이었다.

독일 음악출판의 지배력이 워낙 막강해서, 그때까지 작곡과 현악기 제조에서 패권을 쥐고 있었던 이탈리아인은 독일인의 발 아래 엎드려 새 사업을 배워야 했다. 밀라노에서 악보 필사공 겸 라스칼라 극장의 프롬프터로 일했던 조반니 리코르디(1785~1853)도 그렇게 라이프치히의 출판사 브라이트코프 운트 헤르텔―19세기 초에 하이든이나 모차르트 같은 대가의 전집을 처음 출판한 곳으로 꼽히며, 19세기 말에 이르면 이 회사 작품목록 가운데 꽤 많은 수가 위대한 고전음악 대가들의 작품으로 채워졌다―에 도제로 들어가 음악인쇄 기술을 처음 공부했다. 리코르디는 1808년 도제 생활을 마치고 밀라노로 돌아간 뒤 얼마 안 있어 회사를 차렸는데, 이 회사는 이탈리아에서 가장 큰 음악출판사가 되어 조아키노 로시니, 그리고 나중에는 파가니니, 벨리니, 도니체티, 베르디, 푸치니의 작품들을 출간했다.

악기

기보법 덕분에 약간의 기술만 있으면 누구라도 처음 접한 곡을 연주할 수 있었다. 자기 집에서 연주할 수도 있었고, 동료나 친지에게 둘러싸여 연주할 수도 있었다. 시장과 관계없는 이런 음악소비는 악기 제조와 악보나 성가집 생산이라는 일종의 산업을 만들어냈다. 1750년에는 12개였던 런던의 악보 가게는 1824년에는 124개로 늘어났다.[32]

19세기 초에는 나폴레옹 전쟁이 끝난 뒤의 호황 덕분에 중간계급 가정에서 피아노가 식탁을 제치고 가장 비싼 가구로 자리잡았다.[33] 피아노는 근대적인 악기의 대표로, 1709년 무렵 파도바의 바르톨로메오 크리스토포리가 발명했다. 피아노에는 그 전신인 하프시코드와는 달리, 해머와 레버를 이용한 액션이 있어서 연주자가 소리를 더 크게(포르테) 하거나 더 작게(피아노) 할 수 있었는데, 여기에서 '포르테피아노'라는 말이 나왔다. 이탈리아인들은 곧 피아노에 흥미를 잃었지만, 다음 세기에 독일과 오스트리아의 장인들은 이 악기를 계속 개량했고, 요한 크리스토프 춤페는 1760년에 이른바 '스퀘어' 피아노를 발명했다.

전쟁과 정치적 혼란 탓에 독일의 많은 장인들이 어쩔 수 없이 영국으로 피신했는데, 이곳에는 그들의 생산물을 위한 시장과 더불어 상업적으로 유리한 환경이 있었다. 1752년 스트라스부르에서 태어난 세바스티앵 에라르는 혁명 뒤에 파리를 떠나 1792년 런던의 그레이트말버러 가에 공장을 세우고 스퀘어피아노를 제작하기 시작했다.[34] 1821년에 에라르는 이중 이탈장치의 특허를 냈는데, 이것은 이 시기에 이루어진 많은 기술혁신 가운데 하나였다.[35] 에라르 피아노는 대륙에서도 자리를 잡았다. 요한 훔멜, 지기스몬트 탈베르크, 이그나츠 모셸레스, 베르디, 멘델스존 같은 연주자와 작곡가들이 이 피아노를 가지고 있었다.[36] 런던은 당시(지금과 마찬가지로) 음악생활의 주요한 중심지였다. 세련되고 부유한 엘리트가 연주회와 음악가를 후원했다. 다른 곳에서보다 일찍 등장한 음악사업가들은 광고를 이용했다. 그 결과 런던의 음악생활은 뛰어난 자생 음악이 없었음에도 빈이나 파리보다 활기찼다. 영국은 독일인들이 말했듯이 '음악 없는 나라'였지만, 큰 상업국가들은 스스로 생산하지 않는 것을 해외에서 수입한다. 그래서 영국은 유럽에서 가장 유명한 연주자와 작곡가들을 끌어들였고, 또한 나중에 독일-미국 계열인 스타인웨이에 밀려날 때까지 19세기의 가장 중요한 피아노 제조사로 꼽히던 브로드

오귀스트 르누아르의 1897년 그림 〈피아노 치는 이본느와 크리스틴 르롤〉. 18세기 말부터 악기시장이 팽창하면서, 근대적인 악기의 대표인 피아노는 부르주아와 중간계급 가정의 명당자리에 들어앉았다.

우드의 본거지가 되기도 했다. 19세기 말 무렵, 위대한 작곡가들을 배출하지는 못했지만, 영국은 1897년에 이 나라를 공식 방문한 어느 이탈리아 정부 관리가 말했듯이 "음악이 매우 열렬한 숭배의 대상이 된" 몇 나라 가운데 하나였다.[37]

18세기 말에 악기시장은 대폭 팽창했다. 크기와 가격 덕분에, 피아노는 집에 일단 들여놓으면 불가피하게 가정 음악생활의 중심이 되었다. 머지않아 『가족을 위한 노래』, 『작은 소녀를 위한 작은 노래』, 『여성을 위한 선율이 아름다운 노래』, 『독일 유모들을 위한 자장가』 같은 제목을 단 노래집들이 인쇄되기 시작했다.[38] 피아노를 산 뒤에는, 이를테면 바이에른 선제후의 궁정음악가였던 요한 페터 밀히마이어가 써서 큰 영향을 미쳤던 『피아노포르테를 연주하는 올바른 방법』(1797) 같은 입문서를 살 수도 있었다.[39]

리처드슨의 『클라리사』, 괴테의 『젊은 베르테르의 슬픔』, 루소의 『신 엘로이즈』 같은 애절한 소설들이 문을 연 새로운 '감성' 시대에, 피아노는 그와 비슷한 음악적 효과를 내는 데에 특히 어울리는 악기였다. 건반에서 손가락을 떼지 않고 흔드는 것만으로 쉽게 얻을 수 있는 비브라토 효과는 음을 고동치듯 길게 끌어서, 음악사가 아서 로에서의 표현대로 "두근거리는 심장, 헐떡거리는 가슴, 떨리는 입술, 흔들리는 목소리"를 모방할 수 있었다.[40] 피아노는 그 전신인 하프시코드나 클라비코드가 그랬듯, 젊은 여자가 두 발을 모으고 얼굴에는 몰입에서 나오는 우아한 미소를 띤, 얌전한 자세를 유지하게 해주었다. 남자의 악기인 플루트를 여자가 불면 뺨이 부풀어올라 우스꽝스러운 표정으로 바뀌었을 것이다. 악마 같은 바이올린을 연주하면 매우 볼썽사납게 몸을 흔들 수밖에 없었을 것이다. 토마스 만의 『부덴브로크 가의 사람들』(1901)에서 앞부분 배경은 19세기 중반 이전인데, 여기서 게르다 아르놀덴은 피아노가 아닌 바이올린을 택했다는 이유로 이상한 사람 취급을 당한다. 여자가 첼로를 연주한다는 것은 생각도 못 할 일이었다. 오해의 여지가 없는 외설적인 자세, 곧 두 다리를 넓게 벌리고 악기를 끌어안는 자세를 취할 수밖에 없었기 때문이다.[41] 그러나 늘 예외는 있었고, 특히 제약에 개의치 않는 집단에 그런 예외가 많았다. 일례로 카사노바의 연인 앙리에트는 첼로를 배웠다. 주교가 나서서 그녀의 기숙학교 수녀원장에게 허락해주라고 종용해서 가능했던 일이긴 하지만.[42] 루이 15세의 딸 또한 앙리에트였는데, 그녀는 1752년에 벌린 두 다리 사이에 비올라 다 감바를 끼고 연주하는 초상화를 남겼다.[43]

어떤 악기가 여성에게 적합한가 적합하지 않은가 하는 문제를 둘러싼 논란은 역사가 길다. 발디사레 카스틸리오네는 『궁정인』(1528)에서 여자가 춤을 출 때 "너무 강하거나 힘찬 동작은 보고 싶지 않다. 또 노래를 하거나 악기를 연주할 때 정교하지만 아름답지는 않은 그 갑작스럽고 빈번한 디미누엔도를 사용하는 것도 보고 싶지 않다. 나는 여자가 자신의 목적에 어울리는 악기를 선택할 것을 제안한다. 여자가 북, 저, 나팔 같은 악기를 연주한다면 얼마나 꼴사나울지 상상해보라"고 썼다.[44] 만일 라우라가 트럼펫을 연주했다면, 실러가 「피아노에 앉은 라우라」(1781) 같은 시를 썼으리라고는 상상하기 어렵다.

> 그대의 손가락들이 현을 훑으면,
> 라우라, 내 모든 기운이 빠져나간다,
> 내 힘들은 대리석처럼 차갑게 잠이 든다.
> 그대 앞에서는 삶과 죽음도 겁을 낸다.[45]

피아노는 배우기 쉽다. 누구나 한 시간만 배우면 남들이 알아들을 수 있는 곡을 칠 수 있다. 그러나 바이올린은 그럴 수가 없다. 또 피아노는 눈에 아주 잘 띈다. 방문객의 눈에 바로 띄어, 이 집에 세련되고 교양 있는 사람들이 산다는 신호를 보낸다. 피아노나 하프시코드는 바이올린과 더불어 18세기 오케스트라의 중심이었다. 오르간은 기독교 전례에서는 여전히 중심이었지만, 세속음악이 성장하면서 음악생활에서는 최고의 자리를 잃어버렸다. 바흐 이후로 올리비에 메시앙(1908~92)이 걸작 오르간곡 〈시간의 종말을 위한 사중주〉(1941)를 쓰기 전에는 이렇다 할 오르간 작곡가가 나타나지 않았다.

피아노는 그 놀라운 다재다능 덕분에 집에서 혼자 연주하거나 노래에 반주를 넣을 수도 있었고, 대규모 오케스트라와 함께 연주할 수도 있었다. 심지어 혼자서 춤곡을 연주할 수도 있었다. 귀족 가정, 그리고 19세기에 이르면 부르주아 가정에서도 저녁식사 후에 손님들 앞에서 연주회가 열려 젊은 처녀들이 신랑후보들 앞에서 기량을 뽐내기도 했고, 소규모 무도회가 열리기도 했다. 이것은 제인 오스틴의 『에마』 같은 그 시절의 많은 소설에서 우리에게 익숙한 광경이다. 그러나 좋은 피아노는 아주 비싼 물건이었다. 1773년에 빈에서 피아노 값은 300~700플로린이었는데, 이때 고위직인 궁정 고문관은 1년에 4,000플로린을 벌었다.[46] 1840년에 노동자가 플레옐 그랜드피아노를 사려면 약 1,200일을 일해야 했을 것이다―오늘날 새 포르쉐를 사는 것과 비슷했다.[47] 운송 또한 많은 비용을 잡아먹었다. 1817년 영국 회사 브로드우드가 베토벤(거의 귀가 먼 상태였다)에게 그랜드피아노를 보낼 때, 이 피아노는 배로 런던에서 지브롤터를 거쳐 트리에스테까지 간 다음, 마차로 알프스의 거친 산길을 오르내리며 거의 600킬로미터를 달려서 베토벤이 사는 빈까지 갔다.[48]

그 무렵의 대규모 피아노 제조사는 꽤 많은 돈을 모았다. 1812년 존 브로드우드는 여든 살의 나이로 죽으면서, 10만 파운드의 재산과 세상에서 가장 규모가 큰 것으로 손꼽히는 피아노 제작업을 유산으로 남겼다. 브로드우드 집안의 기원 자체가 이 사업의 국제적 성격과 더불어 이민의 결실을 보여주는 흥미로운 예다. 1718년 열여섯 살 먹은 도제 부르카트 슈디는 스위스를 떠나 런던으로 가서, 소호에 있는 헤르만 타벨의 하프시코드 공방에 취직했다. 타벨은 17세기에 가장 유명한 하프시코드 제작자로 꼽히던 루커스 가문의 안트베르펜 공방에서 기술을 배운 이였다. 슈디는 1728년에 자신의 공방을 열고, 전국 최고의 하프시코드 제작자로 자리를 굳혔다. 그는 헨델(그도 독일에서 온 '이민자'였다)의 주문을 따내는 데에 성공한 뒤로, 왕(그 또한 독일 '이민자'였다)을 포함한 다양한 왕족의 주문을 받게 되었다. 1761년에 소목장이 존 브로드우드가 스코틀랜드 로시언 산악지대에 있는 고향마을 올드햄스톡스를 떠나 런던에 왔다. 그는 슈디의 공방에서 일을 시작하여, 1769년에 사장 딸 바버라와 결혼했다. 1773년에 슈디가 죽자 브로드우드는 회사를 물려받았으며(슈디의 아들과 동업했다), 슈디 앤드 브로드우드(1808년에 존 브로드우드 앤드 선즈로 바꾼다)의 실질적인 사장이 되었다. 그는 스코틀랜드인 로버트 스토다트, 네덜란드인 아메리퀴스 바커르스와 힘을 합쳐, 하프시코드 케이스에 들어갈 피아노를 설계했다—이것이 '그랜드'피아노의 기원이다(1777). 브로드우드는 최고의 외국인 장인들을 고용하고 모든 혁신을 줄이어 도입하여 피아노를 발전시키고 사업을 키워나갔다.

    1800년 무렵 브로드우드는 1년에 거의 500대의 피아노를 제작했으며, 1820년대 절정기에는 스퀘어피아노 1,000대와 그랜드피아노 400대를 제작했다. 사업적 통찰력도 한몫을 했지만, 시대의 상황이 유리했다. 영국만이 아니었다. 요한 안드레아스 슈타인은 1792년에 바이에른의 아우크스부르크에서 죽으면서 번창 일로의 사업체를 남겼다. 요한의 열다섯 자녀 가운데 한 사람인 딸 나네테는 아버지의 사업을 완전히 탈바꿈시켰다. 요한은 1년에 17, 18대의 피아노를 생산했는데, 1809년에 나네테는 800대를 제작했다. 수요 증가에 발맞추어 사업을 확장한 결과였다.[49] 오스트리아 남부 루퍼슈탈 출신으로 하이든의 제자였던 이그나스 조지프 플레엘은 1807년에 파리에 피아노 공장을 세웠으며, 이 회사는 그랜드피아노로 유명해졌다. 그러나 플레엘은 로버트 워넘이 1809년에 고안한 더 작은 신형 '코티지피아노'[작은 주택용 피아노]를 판매할 시장도 있다는 것을 깨달았다. 이그나츠 뵈젠도르퍼는 1828년에 빈에 자신의 회사를 세웠다. 이런 이름들이 100년 넘도록 피아노 사업을 계속 지배했는

브로드우드가 베토벤에게 선물했던 6옥타브 그랜드피아노. 뒷날 이 피아노를 사들인 음악출판업자 슈피나는 1845년에 리스트에게 선물했고, 리스트는 1874년 부다페스트의 헝가리 국립박물관에 기증했다.

데, 이들이 끊임없이 피아노를 개량한 결과 피아노는 마침내 서로 연결되는 5,000개가 넘는 부품들로 이루어진 복잡한 악기가 되었다. 19세기 말로 가면서 발전은 서서히 잦아들었고, 그 뒤로는 주로 외형 장식과 관련해 개선이 이루어졌다.

19세기 초의 피아노는 대부분 '스퀘어' 피아노였다. 이것이 수평피아노, 곧 '그랜드' 피아노보다 값이 싸고 크기가 작아 신흥 부르주아지의 상대적으로 수수한 집에도 쉽게 들어갔기 때문이다. 19세기 중반에 이르면 업라이트피아노가 나와 공간을 더 절약할 수 있었다.

수요가 늘긴 했지만, 피아노 제조사가 사업을 확장할 수 있는 유일한 길은 국제무역뿐이었다. 1845년 무렵 빈에는 피아노 제조사가 108개나 있었는데, 오스트리아만 대상으로 해서는 너무 많은 수였다(이 제국에는 다른 피아노 중심지들도 있었기 때문이다). 이미 1783년에 브로드우드는 빈의 요제프 하이든에게 하프시코드를 공급했고, 러시아, 덴마크, 포르투갈, 이탈리아, 프랑스, 서인도제도, 아메리카에도 수출하고 있었다. 유명한 연주자들과 그들의 작품도 시장 형성에 도움을 주었다. 하이든의 피아노 소나타, 그다음에는 모차르트와 베토벤의 피아노 협주곡, 그들 뒤에 나타난 리스트와 쇼팽 같은 위대한 대가들이 그 예다. 제조사들은 유럽 음악계의 스타들에게 피아노를 제공하고, 이런 제휴로부터 혜택을 받을 수 있었다. 1817년에 존 브로드우드의 아들 토머스가 고생을 무릅쓰고 빈에 있는 베토벤에게 3현 그랜드피아노를 배달하기로 결정한 것도 그런 이유에서였다. 이미 유럽 전역에서 숭배의 대상이 되어 있었던 베토벤은 적절하게 고마움을 표시하여, 악기를 받기도 전인 1818년 2월 7일에 브로드우드 사에 편지를 보내 상대가 기대하던, 광고에 인용할 만한 말을 제공해주었다. "귀중한 친구 브로드우드에게, 영광스럽게도 당신이 내게 선물한 이 피아노가 도착한다는 소식보다 큰 기쁨은 맛본 적이 없소. 나는 이 피아노를 거룩한 아폴론에게 내 영혼의 가장 아름다운 제물을 바치는 제단으로 여길 거요. 당신의 뛰어난 악기를 받는 즉시, 거기에 앉아 처음 얻게 될 영감의 결과물을 기념으로 보내드리겠소." 이 편지는 회사의 광고에 널리 이용되었고, 브로드우드 사는 지금도 웹사이트에서 이 편지를 자랑하고 있다.[50]

노래로 부르는 텍스트

피아노 붐이 일면서 악보 같은 관련상품에 대한 수요도 늘었다. 응접실 노래, 문학적 발라드, 완전히 새로운 일군의 세속적인 노래(음표에 의해 음조가 조절되는 텍스트라고 대략적으로, 부정확하게 정의되었다)가 등장하기 시작했다. 이런 발전은 민족의식이 발명되고, 낭만주의자들이 민담을 발견하고, 19세기 중반 무렵 동요가 확립되면서 더욱 가속되었다. 실제로 요한 고트프리트 헤르더는 영어의 '민중적인 노래'를 '민족적인 노래'라고 번역했다. 중세에는 세속적인 노래가 흔했다. 그 가운데 살아남은 노래들은 보통 여자와 포도주에 관한 학생들의 노래였다. 19세기 말에는 노래는 주로 카바레, 버라이어티쇼, 카페콩세르, 보드빌 같은 더 폭넓은 여흥에 포함되어 팔렸다. 가사는 입에서 입으로 퍼지기도 했지만, 1811~72년에 일곱 번의 증쇄를 거듭한 『지하 카바레의 열쇠』 같은 출판물(출판업자 피에르 카펠이 출간했다)을 통해 퍼지기도 했다. 이것은 파리에 카보[지하 카바레]가 생긴 결과였는데, 술을 마시는 이 클럽에서 손님들은 잘 알려진 선율에 참신한 가사를 붙여서 노래를 부르곤 했다.[51]

프랑스 혁명은 엄청난 양의 음악을 생산하여, 찬가와 노래가 2,500곡 넘게 쏟아졌다. 대개는 오래된 곡조에 새로운 가사를 붙인 노래였고, 거리의 가수, 행상 같은 이들이 불렀다.[52] 혁명기에는 또 '국민적'인 노래들도 등장했는데, 흔히 애국적인 성격을 지녔던 이 노래들은 전국의 청중에게 호소하려고 만들어진 것이었다.[53] 혁명가를 많이 쓴 피에르 베랑제(1780~1857)는 이런 새로운 종류의, 노래로 부르는 시의 창작자 가운데 가장 유명했다. 프랑스에서는 이것이 별도의 장르로 진화해갔고, 이런 노래를 공연하는 장소도 따로 생겨났다. 바로 카바레였다. 이런 도시적인 노래들은 모든 청중에게 카바레 입구에서 이름과 주소를 경찰에게 제출하도록 요구하는 1844년의 법령 때문에 체제전복의 분위기를 더욱 강하게 띠어갔다. 베랑제의 『발표되지 않은 노래들』(1828)은 반군 주제 혐의로 재판을 받게 되었고, 그를 옹호하기 위해 불가피하게 프랑

〈라마르세예즈〉를 작곡하는 루제 드 릴. 오귀스트 피넬리의 1875년 무렵 그림. 프랑스 혁명정부의 오스트리아와 프로이센에 대한 선전포고가 스트라스부르에 전해진 1792년 4월 25일 밤에 공병대위 루제 드 릴이 작곡한 〈라인 군대를 위한 군가〉는, 7월 2일에 마르세이유를 출발한 청년 516명의 의용군이 파리까지 행군하는 동안 부르면서 강렬한 인상을 남겨 〈마르세유의 노래〉로 불리게 되었다.

스 인텔리겐치아 다수(위고, 뒤마, 비니 등)가 집결하는 결과로 이어졌으며, 또 불가피하게 그에게 국제적인 명성을 안겨주었다. 베랑제는 괴테, 헝가리의 국민시인 페퇴피, 하인리히 하이네, 카를 마르크스, 가리발디, 푸시킨의 찬사를 받았다.[54]

전에도(특히 18세기에) 풍자적인 노래와 소곡은 있었다. 그러나 정치와 노래 사이에 강한 연관성이 생긴 것은 사실 민주정치가 나타나기 시작한 19세기의 일이었다. 1792년에 루제 드 릴이 쓰고 1795년에 프랑스가 채택한 〈라마르세예즈〉를 선두로 국가國歌가 발명된 것은 그 연관성의 형성을 알리는 상징적 사건이었다. 처음에 국가는 본질적으로 '공화주의적' 혁신의 일환이었으며, 따라서 일찍이 1813년에 국가를 채택한 아르헨티나 같은 라틴아메리카 나라들도 국가를 채택했다. 이후 국가는 유럽 전역에서 유행하게 되었다. 핀란드의 〈우리나라〉는 1848년, 덴마크의 〈아름다운 나라가 있다〉는 1844년, 헝가리의 〈찬가〉는 1844년에 채택되었다. 〈신이여 왕을 구하소서〉(1745)는 19세기 초부터 영국 국가로 쓰였다. 그리스의 〈자유 찬가〉는 1864년에, 일본의 〈기미가요〉는 1893년에, 노르웨이의 〈그렇다, 우리는 이 나라를 사랑한다〉는 1864년에 채택되었다. 미국의 〈성조기여 영원하라〉는 19세기 초에 작곡되어, 1931년에 채택되었다.

프랑스 혁명기에 태어난 또 하나의 음악장르는 프랑수아 조제프 고세크(1734~1829, 1760년에 유명한 〈죽은 자들의 미사〉를 쓰기도 했다)가 쓴 〈장송곡〉 같은 새로운 종류의 장례음악이었다. 장송곡은 프랑스 혁명기의 모든 장례식에 쓰였고, 15년 뒤에는 베토벤의 피아노 소나타 작품번호 26에 다시 등장했다—지금까지도 장례음악 하면 으레 이 곡을 떠올린다. 또 하나는 거대한 합창단이 애국적인 목적으로 부르는 '시민가'였다. 교회 예배의 특권이었던 합창단은 19세기 내내 애국적 열정을 음악에 담아 표현했다. 국가는 학생들에게 단결심을 불어넣는 유용한 방법으로 학교에서 '애국의 노래들'을 부르는 것을 권장했다. 새로 등장한 노동계급 운동도 선례를 따랐다. 국가와 노동계급 운동 모두 다른 많은 경우와 마찬가지로, 먼 옛날부터 노래로 신을 찬양하는 전통을 확립해온 종교에서 그런 생각을 빌려왔다.

학교와 교회에서 노래를 부르고 차려 자세로 국가를 듣는다고 시장이 만들어지지는 않는다. 노래는 서서히, 어렵게 상업적 세계에 진입했다. 심지어는 더 세련된 노래들, 음악을 붙인 시(리트, 샹송 따위), 적절한 반주를 갖춘 민요 따위도 돈을 내고 보는 음악회에서는 오랫동안 배제되었다. 슈베르트의 리트는 그의 실내악 대부분과 마찬가지로 사실상 친구들을 위해 쓴 것이었다. 물론 카페나 선술집에서 연주하는 노래도 있었다. 여기서는 손님이 공연자에게 돈을 직접 주기도 하고(장터에서 모자를 돌릴 때처럼) 간접적으로 주기도 했다. 간접적인 방식이란 손님들에게 술과 음식을 제공하는 주인이 연주자에게 돈을 주는 것인데, 이런 경우 연주자의 역할은 먹고 마실 손님을 끌어들이는 것이었다.

낭만주의 혁명으로 더 빨라진 민담 '사냥'은 민요 사냥을 동반했다. 이런 민요는 중간계급과 상층계급 청중이 받아들일 수 있도록 지배적인 서양 음악 스타일에 맞게 개작되었다. 주요 작곡가들(이를테면 베토벤이나 하이든) 대부분이 민요와 동요를 편곡했다. 모차르트는 〈반짝 반짝 작은 별〉을 편곡했다. 러시아에서는 1790년에 니콜라이 르보프와 이반 프라크가 묶은 첫 『러시아 민요집』이 19세기의 '진정한' 민요 곡조들의 주요한 원천이 되었으며, 러시아의 색깔을 원하는 러시아 작곡가나 서양 작곡가들이 자주 이 민요집을 이용했다.[55]

19세기 초는 아직 장르 분화의 유아기였다. 인기 있는 선율은 변화하는 가사에 맞추어 바뀌고 장르를 넘나들며 쓰이곤 했다. '어린이를 위한' 유명한 프랑스 노래 몇 곡의 유래가 그 점을 잘 보여준다. 〈달빛 아래서 (내 친구 피에로……)〉는 이름이 알려지지 않은 저자가 널리 알려져 있던 선율에 보드빌 가사를 붙인 노래(한때는 장 바티스트 륄리가 썼다고 잘못 알려졌다)로, 1790년 테아트르 드 라 푸아르〔Théâtre de la Foire: 파리의 생제르망과 생로랑에서 열린 연례 축제에서 공연된 연극을 통칭하는 말〕에서 처음 등장했다. 이 노래는 1820년에 유명해졌지만, 피에로(페드롤리노)라는 인물은 이탈리아의 즉흥극 코메디아델라르테가 파리의 이탈리앵 극장에서 공연되었던 16세기 이래로 파리의 연극애호가들에게 잘 알려져 있었다. 〈달빛 아래서〉는 성을 암시하는 구절이 들어 있는데도 아이들을 위한 노래로 바뀌었다.

1910년께의 샤를 마리 비도르의 책 『어린이를 위한 옛노래: 악보 수록』에 실린 〈달빛 아래서〉와 드 몽벨의 그림. 노래는 끝소절 "하지만 난 알지, 그들이 들어가고 문이 닫혔다는 걸"까지, 이중의 뜻으로 읽힌다.

네 펜을 빌려줘

단어 하나를 쓰게.

내 초는 다 탔고,

내 불은 차가워.

빌려달라는 '펜'은 음경을 암시하고, '내 불은 차가워'는 성적인 무기력을 암시한다. 그 밖에도 비슷한 암시들이 있다. 그러나 이런 점만 빼면, 이 가사는 무해하고 아이들에게도 어울린다. 이 노래는 1870년대 말부터 프랑스 학교에서 널리 가르쳤고, 지금도 프랑스 바깥에서까지 큰 인기를 끌고 있다. 음악 기술을 가르치는 이들이 그 선율 구성을 특히 유용하게 여기기 때문이다.[56] 교육제도 덕분에 '고전'이 된 또 하나의 노래가 17세기의 〈프레르 자크〉[영어 동요 〈Are you sleeping?〉의 원곡]

였는데, 이 노래는 19세기 말까지 학교에서 사용되었다.[57]

민중적인 노래들은 상층계급 사이에서 청중을 확보하면 오래 살아남을 수 있었다. 이를테면 18세기 프랑스의 자장가 〈말버러는 전쟁터로 떠났네〉—말버러 공작의 원정과 관련이 있을지도 모른다—는 마리 앙투아네트가 워낙 좋아해서 1781년에 궁정 전체가 이 노래를 받아들였다. 이런 성화聖化는 오랜 시간에 걸쳐 바뀌어온 옛날 노래들에서 국민·국제적 레퍼토리가 점진적으로 확립되는 과정을 보여준다. 예를 들어 〈아비뇽 다리 위에서〉의 경우, 물론 실제 기원은 훨씬 오랜 옛날이겠지만, 최초의 글말 판본은 1846년까지 거슬러 올라간다. 이 노래는 학교에서 교과과정에 포함되면서 이 판본으로 고정되었다.[58] 〈작은 배가 있었네〉는 1858년 8월 클레르빌의 보드빌 극 〈자오선〉에서 처음 등장했다. 이 노래의 가사는 여러 곡조에 이용되다가, 20세기를 지나면서 현재의 판본으로 자리를 잡았다. 19세기 초의 민중음악은 순전히 공동의 오락을 위해 이용하거나 일할 때 곁들이는 것이었다. 저작권은 없었다. 지적 소유권도 없었다. 노래의 '본래 형태'에 대한 방어도 없었다. 그런 개념은 우스꽝스러웠을 것이다. 노래는 평범한 거리의 가수들이 말 그대로 끼니를 위해 부르는 경우를 제외하면, 상업의 대상이 아니었다. 현대 대중가요의 백만장자 슈퍼스타의 시대는 아직 먼 뒷날의 일이었다.

춤곡

사람들은 어디에서 춤을 추었을까? 물론 특별한 날이나 축제일이나 사육제 기간에 거리와 광장에서 추었을 것이다. 또 지체 높은 이라면 장원 저택이나 성에서 추었을 것이다. 무도장, 나이트클럽, 댄스홀은 19세기에

왈츠는 18세기 말에 빈에서 가장 사랑받는 춤이 되었다. 토머스 윌슨의 『왈츠를 추는 올바른 방법의 묘사』에 실린 삽화는 왼쪽에 앉은 연주자들 앞에서부터 시계방향으로 왈츠의 9가지 자세를 보여준다.

들어서야 발전했지만, 그 선례는 18세기 런던까지 거슬러 올라갈 수 있다. 그때 런던은 유럽 최대의 부르주아지 본거지이자, 여전히 왕의 주도면밀한 통제를 받던 프랑스 귀족보다 자신만만하고 자유로웠던 영국 귀족의 본거지였다. 이곳에서 주도권을 쥔 인물은 명민한 이탈리아 성악가 테레사 코르넬리스였다. 연극인 집안에서 태어난 마담 코르넬리스는 고향 베네치아의 흥행업계에 익숙했다. 소프라노로 훈련을 받은 그녀는 유럽을 두루 돌아다니다가 1759년에 런던의 소호에 도착했다. 코르넬리스는 도착한 지 불과 일곱 달 만에 소호 광장에서 가장 큰 집으로 꼽히던 칼리슬 하우스를 세냈다. 그녀는 막대한 비용을 들여 그 집을 반공개 클럽으로 뜯어고치고, 그에 걸맞은 값비싼 입회비를 물리면서(배타적인 분위기를 풍기려고), 잠재고객들의 관심을 끌기 위해 『퍼블릭 애드버타이저』 전면에 행사 광고를 실었다. 킹스턴 공작의 애인 엘리자베스 처들리 같은 그녀의 고위층 친구들이 영향력을 발휘하여 칼리슬 하우스를 홍보했고, 그 결과 이곳은 많을 때는 한 번에 1,000명까지 찾아오는 일종의 나이트클럽이 되었다. 사람들은 그곳에서 샴페인과 오렌지 맛이 나는 보릿물을 섞은 혼합주('칵테일'이라는 말은 아직 발명되지 않았다)를 마셨고, 식사를 했고, 실내악단의 연주를 들었고, 이야기를 나누었고, 춤을 추었고, 도박을 했다.[59]

그러나 19세기까지 이런 종류의 오락은 대부분 계속 사적 영역에 머물러 있었다. 집에서 춤을 추는 것은 엘리트만이 아니라 하급귀족과 지방 부르주아지도 즐기는 오락이 되었다. 민중에서 기원했음에도 고도로 형식화된 사라반드, 샤콘, 가보트 같은 춤이나, 정식 훈련을 받아야 익힐 수 있었던 귀족적이고 위계적인 미뉴에트를 대체할 새로운 춤들이 개발되었다. 왈츠도 바로 이때 들어왔다. 18세기 말에 이르러 왈츠는, 남녀가 서로 몸에 손을 대야 했기 때문에 지방에서는 아직도 하층계급의 음란한 춤으로 간주되었지만, 빈에서는 가장 사랑받는 춤이 되었다.[60] 집에서 왈츠를 추는 것은, 흉하지는 않더라도 대담한 일이었다. 괴테의 젊은 베르테르는 로테와 왈츠를 추면서 행복과 정열에 압도당한다.

> 나는 평생 그렇게 춤을 잘 춘 적이 없었다. 나는 이제 단순한 필멸의 인간이 아니었다. 내 품에 가장 사랑스러운 피조물을 안고 번개처럼 날아다니자 내 주위의 모든 것을 잊었다. …… 나는 내가 사랑하는 여인이…… 나 말고 다른 사람하고는 절대 왈츠를 추지 못하게 하겠다고 맹세했다. 내 목숨을 내놓더라도.[61]

제인 오스틴의 『에마』에서, 프랭크 처칠은 '품위 있는 콜 집안'에서

윌리엄 알맥이 차린 알맥스 어셈블리 룸스는 남녀가 한데 어울려 음식과 도박과 춤을 즐긴 최초의 사교클럽 가운데 하나였다. 이곳에 왈츠를 처음 들여온 이는 러시아 대사 부인인 도로테아 리벤이었다.

열린 파티에서 제인 페어팩스(브로드우드 사의 '스퀘어' 피아노를 연주한다)와 함께 노래 몇 곡을 부른다. 그러나 '저녁 연주회'가 끝나고 5분도 지나지 않아 춤을 추자는 제안이 나오자 다들 흥분해서 춤출 공간을 만들기 위해 거치적거리는 것들을 얼른 치운다. 이윽고 "프랭크 처칠은 더없이 예의바른 동작으로 에마에게 다가가 그녀의 손을 잡고 맨 위쪽으로 그녀를 이끌었다."[62] 이것을 보고 에마는 프랭크가 자신에게 관심이 있다는 잘못된 믿음을 더욱 굳히게 된다.

1816년 무렵, 런던에서는 왈츠가 엄청나게 유행했다. 런던의 알맥스 어셈블리 룸스[1765년부터 1871년까지 운영된 상층계급 사교클럽]만이 아니라 바스에서도 왈츠는 필수 예절이 되었다. 토머스 윌슨은 광범한 수요에 부응하여 『무도장 길잡이, 가장 독창적이고 품위 있는 시골춤[⋯⋯]과 왈츠곡[⋯⋯] 선별 수록』(1816)에 같은 해에 나왔던 『왈츠를 추는 올바른 방법의 묘사』의 내용을 포함시켰다.[63] 빈에는 슈페를이나 6,000명을 수용할 수 있는 아폴로잘(1808) 같은 대형 무도장이 문을 열었다. 〈디아벨리 변주곡〉에 왈츠를 도입한 베토벤부터 유명한 피아노곡 〈무도에의 권유〉(1819)에서 왈츠를 이용한 카를 마리아 폰 베버에 이르기까지, 진지한 작곡가들도 왈츠에 정통성을 부여했다. 리스트와 쇼팽이 왈츠 대유행을 활용하고 무도회 악단들이 번창하면서, 왈츠는 19세기의 가장 중요한 춤이 되었다. 귀족적인 미뉴에트는 적어도 궁정에서 추던 대로만 보자면 복잡한 사회질서를 반영했다. 한 번에 한 쌍만 스텝을 밟았고, 그동안 다른 쌍들은 모두 지켜보았다. 춤을 추는 차례는 엄격한 위계를 따랐다. 그에 비해 왈츠는 상대적으로 배우기 쉬웠고, 아찔하리만큼 자유로운 분위기에서 춤을 추면서도 엄연히 규칙은 존재했다. 대표적인 왈츠 역사가 레미 헤스가 설명하듯이, 왈츠는 낭만적인 동시에 부르주아적이었고, 새로운 사회질서를 뒷받침하는 새로운 사회적 정체성, 곧 남녀 한 쌍을 표현하는 형식이 되었다.[64] 장리스 백작부인은 『비판적이고 체계적인 궁중 예절 사전』(1818)에서 그 위험을 경고했다.

> 가벼운 차림의 젊은 여자는 젊은 남자의 품에 몸을 던지고, 남자는 여자를 가슴에 꼭 끌어안은 채 무모하게 여자를 들어올려 흔들기 때문에 여자는 심장이 두근거리고 머리가 빙빙 돌지 않을 수 없다! 바로 이것이 왈츠의 역할이다! …… 오늘날의 젊은이들은 품위는 아랑곳하지 않고 있는 그대로를 드러낸다. 그들은 또 단순하고 뜨겁게 왈츠를 추는 것으로 악명이 높다.[65]

제14장

청중과 공연자

청중의 문제

앞에서도 살펴보았지만, 혼자서 조용히 책을 읽는 묵독은 비교적 최근의 관습이다. 조용히, 정중하게, 주의 깊게 배우나 가수, 음악가들에게 귀를 기울이는 경청은 더욱 최근의 일이다. 19세기 초까지도 청중은 공공장소에서 공연되는 것에 주의를 기울이는 법이 거의 없었다. 청중은 나중에야 조금씩 규율이 잡혀갔고, 마침내 경청하는 침묵의 천사가 연주회장으로, 오페라하우스로, 극장으로, 불 꺼진 영화관으로 내려왔다.

그러나 눈에 띄는 예외가 많다. 세계의 이곳저곳에서는 지금도 영화 관객들이 조용히 영화를 보지 않는다. 그들은 큰 소리로 불평하고 참견하고 휘파람을 분다. 배우들이 키스하면 공감이나 반감을 드러낸다. 다른 지역에서는 달갑지 않은 식탐으로 팝콘을 우적거리거나, 고문이라도 하듯이 천천히 비닐 포장지를 부스럭거리며 사탕을 꺼내 빨아먹는다. 레스토랑, 나이트클럽, 몇몇 재즈 연주장에서는 음악을 대화나 다른 활동의 배경쯤으로 취급하기도 한다―꼭 18세기의 일부 오페라 관객들처럼. 심지어는 연주회나 연극에서도, 노약자 관객은 쌕쌕거리는 숨소리와 기침소리를 내고, 거기에 당연히 빠질 수 없다는 듯이, 자기 회사가 후원하는 행사라는 이유 때문에 하릴없이 그 자리에 나오긴 했지만 따분해서 몸이 뒤틀리는 임원들이 공연 팸플릿을 넘기며 귀에 거슬리는 소리를 낸다. 더욱 최근에는, 넘치는 경고에도 굴하지 않고 울어대는 휴대전화들이 악을 쓰며 공연과 경쟁한다.

관객의 참여는 다른 문제다. 그것은 주의력 결핍을 알리는 신호이기는커녕 깊은 몰입을 뜻하는 것일 수도 있다. 재즈클럽 같은 몇몇 공연장에서는 청중이 발을 구르고 몸을 움직이고 고개를 흔들면서 음악과 리듬에 동참한다. 팝 공연장에서 관객들은 주인공 역할을 놓고 공연자들과 겨루기라도 하듯이 유사 히스테리 상태에 빠져 고함과 비명을 질러가면서, 서로 마음이 통하는 다른 공동체 성원들과 함께 환호로써 현장을 공유한다. 실제 공연자들은 거의 육체가 없는 느낌을 주며, 안 그래도 조그맣게 보이는데 커다란 영사막들에 투사된 그들의 이미지 때문에 더욱 작아 보인다. 그들의 음악소리는 고성능 확성기를 통해 엄청나게 증폭된다. 그들은 그 자리에 나와 있는 것은 자신들이 존재한다는 상징일 뿐이고 진짜 존재는 전자적으로 투사되고 있는 것처럼 행동한다. 그러나 팝 공연장에서 가장 시끄러운 청중일지라도, 그들은 결코 공연에 무관심한 것이 아니고, 오히려 라디오와 음반을 통해 알게 된 음악에 찬성한다는 것을 그 자리에 참석함으로써 상징적으로 드러낸다.

오늘날의 청중보다 귀족적이었던 18세기 청중은 그렇지 않았다. 그들의 행동은 그 공연에 아무런 관심도 없다는 사실의 반영이었다. 1800년 이전의 청중이 공연장에서 보거나 듣는 대상에 쏟은 관심도를 짐작하려면 오늘날의 청중을 생각할 것이 아니라, 상대적으로 느긋하고 산만하게 텔레비전을 보는 시청자를 떠올려야 한다. 시청자는 텔레비전을 보면서

18세기에 박스석은 시간 엄수도 침묵도 경청도 필요없거나 촌스러운, 귀족들의 공간이었다. 1842년의 파리오페라 극장 박스석에서, 오른쪽의 두 남녀는 따분한 오페라가 아니라 사랑에 빠진 듯이 보인다.

전화통화를 하고, 언제든 내키면 화장실에 가고, 무언가를 마시거나 먹고, 소리 높여 이야기하고, 이 채널 저 채널로 휙휙 돌리고, 그러다가 피곤하거나 지루해지면 훌쩍 자리를 뜬다.

1800년 이전에는, 그나마 민중극장이나 선술집에서는 무대 위의 행위에 어느 정도 관심을 두었지만, 상층계급이 후원하는 오페라하우스는 그야말로 난장판이었다. 파리오페라 극장은 회원제로 운영되었는데, 사실상 회원은 극장 박스석의 임차인이었기 때문에 거기에 어울린다고 생각하는 일들을 할 수 있었다. 그들은 시간 엄수와 침묵이 필요하다고 생각하지 않았으며, 심지어 바람직하다고 보지도 않았다. 상층계급은 정각에 도착하는 것은 촌스럽다고 여겼다. 음악을 경청하거나 끝까지 자리를 지키는 것은 길거리 장사꾼들의 표본인 부르주아나 하는 짓이었다. 무대에 관심을 가지는 것은 사교적 결례였다. 각 박스석 안에서, 또 박스석 너머로 대화가 오갔다. 사람들은 큰 소리로 인사를 나누고, 술에 취하고, 노래를 불렀다.[1] 오페라하우스는 20세기의 나이트클럽 같았다. 사람들은 자기가 편할 때 불쑥 들러서는 공연 도중에 드나들었다.[2]

그때는 아카데미드뮈지크로 불리던 파리오페라 극장에서는 기름등과 양초가 연기를 내뿜어 극장 앞부분을 자욱하게 메웠지만, 구경꾼들이 서로 아는 얼굴도 못 알아볼 만큼은 아니었다.[3] 19세기 초 영국의 연극 공연장은 못 배우고 시끄러운 하층계급 사람들로 가득 찼고, 이들은 연극 내용보다는 유명한 배우들이나 특수효과에 관심이 더 많았다.[4]

파리오페라 극장(그 무렵에는 팔레루아얄에 있었다)에서 가장 선망받은 좌석은 무대 위에 있는 여섯 개의 박스석〔무대의 좌우 가장자리에 있는 3층짜리 좌석〕이었다. 무대가 잘 보여서가 아니었다—오히려 더 안 보였다. 이 가장자리 박스석에 앉으면 기름등에 눈이 부셔서 무대 위의 연기를 거의 볼 수 없었다. 그러나, 핵심은 이것이었는데, 모두가 그들을 볼 수 있었다. 다른 관객들에게 그들이 잘 보이는 것이 중요했던 것이다.[5] 관객들이 바로 쇼였다. 18세기 오페라는 하나의 사회적 행사로 보아야 한다. 거기서 관객은 공연의 일부였고, 파리오페라 극장은 파리 귀족들이 모일 수 있는 공공장소 가운데 하나였다. 이런 관행들 일부는 19세기에 들어서도 한참이나 지속되었지만 점점 용인되지 않는 일이 되었다. 발자크의 소설 『나귀 가죽』(1831)에서 아름답고 무정한 푀도라는 자기 자신이 바로 쇼라는 걸 잘 알고 있다. 쇼는 무대에서 벌어지는 게 아니었다.

그녀는 음악을 듣지 않았다. 로시니와 치마로사의 성스러운 선율은 그녀를 감동시키지 않았고, 그녀의 삶에 어떤 시적 감흥도 일으키지 않았다. 그녀의 영혼은 메말랐다. 푀도라는 자기를 구경거리 속의 구경거리로 내보였다.

1849년에 자코모 마이어베어의 〈예언자〉가 초연되었을 때의 파리오페라 극장 박스석과 관객들. 이곳에서 최고 선망의 대상은, 무대는 안 보여도 모든 관객이 쳐다보는 무대 좌우의 3층짜리 박스석이었다.

그녀의 오페라 안경은 쉬지 않고 박스석에서 박스석으로 옮겨다녔다. …… 그녀는 유행의 피해자였다. 그녀의 박스석, 모자, 마차, 개성─이것이 그녀의 세계였다.[6]

이런 자아도취적 경향은 지금까지도 완전히 사라지지 않았다. 마치 배우들의 상대역을 하려는 사람처럼 공연을 보러 갈 때 '쫙 빼입는' 관습이 그 예다. 배우와 관객 모두 자기가 아닌 어떤 사람인 체한다. 배우는 등장인물 역을 하고, 관객은 극장에 가는 사람 역을 한다.

18세기에 공연의 주인공은 취향의 심판자로 여겨지던 귀족들이었다. 그보다 평범한 구경꾼들은 다른 사람의 쇼에 나오는 엑스트라 같았다. 그들은 박스석에 앉은 귀족들을 보고 그 쇼가 만족할 만한 것인지 아닌지를 판단했고, 귀족들이 박수를 치면 따라서 박수를 쳤다. 그들이 참고했던 에티켓 책들은 '지체 높은 분'보다 먼저 좋고 싫음을 표현하는 것은 무례라고 가르쳤다.[7] 군주나 대공이 참석했다면, 그가 박수를 치기 전에 만족감을 나타내는 것은 금지되어 있었다. 그가 박수를 치지 않으면 마음껏, '부우' 하고 소리치거나 (라틴계 나라들에서) 쉿쉿 소리를 내면서 (영국) 야유를 해도, '브라보, 브라비시마'와 '다 카포'('다시', 이 이탈리아어를 쓰는 것이 유행이었다)를 외치거나 '앙코르'(프랑스와 영국), '비스'(이탈리아와 스페인)를 요구해도 괜찮았다.

프랑스 혁명이라는 형태로 나타난 정치와, 사업가 계급의 등장이라는 형태로 나타난 경제는 청중이 지배적인 위치로 떠오르는 과정을 촉진했다. 자코뱅파는 무대를 정면으로 바라보는 파르테르(오늘날의 스톨석)에 의자를 설치했다. 무대 가장자리의 박스석은 철거되었고, 청중은 전보다 다양한 계층들로 구성되었다.[8]

강고한 회원제는 분명 새로 진입하려는 이들을 가로막는 장애물이었다. 1788년 파리오페라 극장에서 가장 싼 박스석의 연간회비는 파리 노동자 1년 벌이의 세 배에 달했다. 코메디프랑세즈에서는 청중의 3분의 2가 서서 구경했지만, 그 특권을 위해서는 노동자의 하루 임금에 맞먹는 돈을 내야 했다.[9] 두 세기를 가로질러 구매력을 비교하는 것은 지나치게 도식적이라 피해야 할 유혹이겠지만, 적어도 이 경우에는 그 차이가 생각만큼 크지 않다. 2004년 런던의 웨스트엔드 연극(오페라와 뮤지컬을 제외한)에서 가장 비싼 좌석은 대략 40파운드로 시간당 최저임금의 여덟 배 가량이었지만, 가장 싼 좌석은 시간당 최저임금의 네 배쯤이었다. 영화관 최고가 좌석은 10파운드였다.

오늘날의 영화관과 상업적 극장은 보조금을 받지 않지만, 18세기 말 프랑스의 국립극장 가운데 조금이라도 상업적 기준을 충족시키며 운영되는 곳은 하나도 없었다―오늘날에도 이런 상황은 바뀌지 않았다. 파리 오페라 극장 박스석은 귀족들이 통제했다. 박스석의 10분의 1가량은 왕족과 공작, 세습귀족에게 돌아갔다. 나머지 박스석은 정치귀족, 고위 관료, 고위 군인, 왕의 고문관, 그 밖의 고위 공직자들을 위한 자리였다. 앉을 수 있는 스툴석 가운데 꽤 많은 자리는 귀족들의 후원으로 군 장교들, 왕의 몇몇 시종들, 장관 비서들에게 무료로 주어졌다. 누가 어디에 앉을지는 엄격한 규칙에 따라 정해졌다.[10] 프랑스 혁명 전야까지, 왕은 왕실의 호의로 입장을 허락할 사람들의 명단을 파리 오페라 극장 경영진에게 보냈다. 1787년까지는 심지어 그들이 앉을 자리까지 왕이 지정하기도 했다. 따라서 한 공연에서 300명이나 되는 구경꾼들이 돈 한 푼 내지 않고 가장 좋은 자리를 차지했다.[11]

　　18세기 말로 가면서 상황은 서서히 바뀌기 시작했다. 패니 버니의 소설 『이블리나』의 주인공 이블리나는 이렇게 말한다. "나는 음악을 조용히 듣는 사람이 거의 없다는 걸 알고 깜짝 놀랐다. 모두가 음악에 감탄하는 것 같아도 사실 경청하는 사람은 거의 없었다."[12] 사적인 공간에서 실내악 연주를 듣는 청중의 특징이었던 경청하는 습관이 공공영역에서도 나타나기 시작했다. 왜 그렇게 되었는지는 명백하지 않다. 아마도 이탈리아에서 선구적으로 등장한 새로운 오페라하우스들과 관계가 있을 것이다. 이 오페라하우스들은 계단식 박스석들에 천을 두껍게 씌워서 소리의 잔향을 짧게 하고, 바로크 양식으로 장식한 평평한 천장으로 반향을 억제하고 소리를 확산시켰기 때문에 음향이 훨씬 좋았다. 다른 지역 오페라하우스는 그렇지 않았다. 이를테면 1704~05년에 밴브러가 헤이마켓에 지은 킹스 극장〔개관할 때의 이름은 퀸스 극장. 현재 공식 명칭은 허매저스티스 극장〕는 궁륭천장이 지나치게 커서 배우의 목소리와 음악을 듣기가 어려왔다—물론 언제라도 아름다운 천장을 감상할 수는 있었지만.

아마도 공연 자체가 진정으로 청중의 관심을 끌기 시작했을 것이다. 음악의 경우, 연주되는 작품 대부분을 청중이 처음 듣던 시기에는 음악으로 그들의 관심을 붙잡기가 훨씬 힘들었다. 음악은 대개 반복해서 들은 다음에야 음미하고 좋아하게 된다. 그러나 이것은 20세기에 들어와서, 방송과 음반 덕에 널리 가능해진 일이었다. 19세기에 특정 오페라나 교향곡, 연극을 나중에 두 번째로 보거나 들을 기회는 매우 드물었을 것이다. 그러나 부유한 오페라 청중은 시즌 내내 똑같은 오페라를 보러 가는 경향이 있었다. 그랬으니, 어느 정도의 주의력 결핍은 정당화되지는 못할지라도 이해까지 못 할 일은 아니다. 똑같은 오페라를 거듭해서 스무 번 듣는 관객들—이탈리아의 몇몇 도시들이나 파리오페라 극장에서는 너끈히 있었을 법한 일이다—은 지루하다고 느껴지는 부분들은 건너뛰고 중요한 장면에만 주의를 기울이고 싶었을 것이다.[13] 19세기가 되자, 파리에서 딜레탕트dilettante(원래 이탈리아어로는 공연된 작품에서 기쁨diletto를 찾는 이를 뜻한다)라고 알려진 진정한 음악애호가 집단이 특정 가수와 작곡가를 우상화하면서 취향을 주도하기 시작했다.[14]

공중의 취향에 맞는 작품을 제공하는 일에 능했던 몇몇 작곡가나 공연자들이 변화를 만들어냈던 것 같다. 1774년 크리스토프 글루크가 파리 음악계에 입성해 크게 성공한 사건—파리오페라 극장의 입장료 수입이 두 배로 늘었다—은 공연의 높은 수준과 참신함에 청중이 호의적으로 반응했다는 것을 여실히 보여준다.[15] 물론 청중 자신도 바뀌기 시작했다. 현실에서 무엇이 먼저인지는 늘 확실하지 않아서, 까다로운 청중이 먼저인지, 청중을 만족시키려 애쓰는 훌륭한 신세대 작곡가와 극작가가 먼저인지 가려내기는 힘들다. 분명한 것은 1770년대에 한층 경청하는 청중의 탄생에 관한 보고들이 있었다는 사실이다. 그리고 수준 높은 공연이 진행되는 동안에 객석에 침묵이 내려앉는 일도 있었다. 1734년 11월 24일 베네치아에서 골도니의 첫 번째 희곡 〈벨리사리오〉가 상연되었을 때, 여느 때 같으면 매우 소란스러웠을 관객들은 전에 없이 조용히 귀를 기울였다―골도니의 주장에 따르면 그렇다.16)

프랑스어 리브레토로 적절하게 개작된 글루크의 〈오르페오와 에우리디케〉를 관람하면서 장 자크 루소 같은 몇몇 관객은 눈물을 흘렸다.17) 이것은 글루크가 기록한 두 번째 성공이었다. 그는 이미 1774년에 〈아울리스의 이피게네이아〉로 파리 청중을 즐겁게 해준 바 있었다. 글루크와 함께, 지금은 대부분 잊혔지만, 니콜로 피치니, 안토니오 사키니, 니콜로 조멜리 같은 이탈리아의 신세대 오페라 작곡가들이 전면에 등장했다. 이들의 경쟁관계는 대단한 주목을 끌면서 오페라 관객을 갈라놓았다.18) 1774년에서 81년까지, 글루크 지지자들과 피치니 지지자들 사이에서는 총성 없는 전쟁이 벌어졌다. 덕분에, 위태위태했던 파리오페라 극장의 재정이 꽤나 괜찮아졌다.

청중을 구성하는 계층은 점점 다양해졌고, 더 부르주아적이고 덜 귀족적이고 더 지적인 청중이 되어갔다. 파리와 빈의 청중은 글루크에게 귀를 기울였고, 나중에는 글루크의 후계자이자 제자인 안토니오 살리에리를 경청했다. 살리에리의 〈다나이드〉(1781)는 파리오페라 극장에서 127회 상연되었다. 그의 〈타라르〉는 혁명기에도 살아남아 1826년까지 파리오페라 극장에서 131회 상연되었다.

글루크가 경청하는 청중에게로 가는 길을 터주었다면, 로시니는 그 길을 다졌다. 그러나 아무리 로시니라도 늘 청중의 주의를 원하는 만큼 끌어내지는 못했다. 1812년, 그는 오페라 〈바빌로니아의 키로〉에 반복되는 내림나 음을 바탕에 깐 아리아(《누가 불행한 그를 경멸하는가》)를 집어넣었다. 이것은 곧바로 '아리아 델 소르베토'〔셔벗 아리아〕로 알려지게 되었다. 청중이 아이스크림을 사먹는 동안 이류가수—프리마돈나가 아닌 세콘다돈나seconda donna—가 부르는 아리아였다.[19] 로시니에 따르면, 가수 안나 사비넬리는 '이루 말할 수 없을 만큼 못생겼'지만, 음 가운데 딱 하나(틀림없이 내림나 음)만은 좋은 소리를 낼 줄 알았다.[20] 모든 청중이 셔벗을 먹느라 스푼과 유리잔을 달그락거리는 소리로 어수선한 제2막 중간에, 사소한 등장인물에게 아리아 한 편을 떠맡기는 것은 로시니 이전에 이미 어느만큼은 자리잡은 관행이었다. 로시니가 〈세비야의 이발사〉 제2막의 솔로 장면에서 하녀 베르타의 아리아(《얼마나 의심 많은 노인인가!》)에 또 꾀를 써먹은 걸 보면, 그것은 분명 무척이나 그럴싸한 계책이었다. 스탕달은 이것을 아주 유쾌하게 받아들였다.[21]

　이런 사전대책은 1778년에 완공된, 그 무렵의 유럽에서 가장 아름다운 오페라하우스로 무려 2,300명을 수용할 수 있었던 밀라노의 라스칼라 극장에도 필요했다. 라스칼라의 음향은 프랑스의 어느 극장보다 훌륭했지만, 청중은 파리의 청중보다 훨씬 산만했다. 라스칼라의 박스석은 비스콘티 가, 세르벨로니 가, 바르보 디 소레시나 가 같은 밀라노 명문가들이 독차지했다. 이 가문들은 심지어 하인용 박스석까지 갖고 있었다. 이런 박스석에 달린 두꺼운 실크 커튼을 닫으면 무대를 가리고 무대에서 들려오는 '소음'(다시 말해 오페라 아리아)을 줄일 수 있었다. 그래서 박스석 주인들은 카드놀이를 하고, 술을 마시고, 리소토, 닭고기, 코톨레테 알라 밀라네세(송아지고기에 빵가루를 입혀 튀긴 요리로 나머지 모든 지역에서는 비너 슈니첼로 알려져 있다)와 아이스크림을 먹고, 실컷 잡담을 나눌 수 있었다. 특별히 좋은 아리아를 부를 때가 되면 무대 위에 있는 프롬프터가 종

1882년의 라스칼라 극장. 6층짜리 박스석이 아래쪽의 스톨석을 U자형으로 둘러싸고 있었는데, 박스석은 사고팔 수 있었으며, 명문가들은 이 박스석을 자기 입맛대로 꾸밀 수 있는 일종의 집으로 여겼다.

을 울려서 알려주었다. 그러면 실크 커튼들이 일제히 활짝 열리고, 모두가 주의 깊게 귀를 기울이다가 박수갈채를 터뜨리고 브라보나 브라바를 외치고는 중단했던 게임이나 잡담을 이어가곤 했다.[22] 이런 행동에 몹시 분개한 베를리오즈는 이렇게 썼다. "나는 이탈리아인들을 위해 오페라를 쓰느니 차라리 생드니 거리에서 후추와 계피를 팔겠다."[23]

많은 지원금을 받고 있었던 파리오페라 극장의 감독은 1804년에 이렇게 불평했다. 1,700명의 관객은 "쌓이고 쌓인 입냄새, 향수냄새, 양초 연기와 싸워야 한다. …… 숨이 막히고, 거의 앞이 보이지도 않고, 심지어는 들을 수도 없다."[24] 무대감독은 요란한 휘파람을 불어 장면전환을 알리곤 했다. 청중의 주의를 끌어내기 위한 시도로 특수효과와 기계가 도입되었다. 천장에서 전차들이 내려오는가 하면, 항해 장면에서는 수많은 경첩으로 연결된 무대바닥이 삐걱거리며 넘실거리기도 했다.[25]

제14장 · 청중과 공연자 445

1817년 라스칼라에서 로시니의 〈도둑까치〉가 초연되던 밤, 밀라노에서 손꼽히는 귀족 가문들은 박스석의 앞 두 줄을 차지하고 있었다. 박스석 144개 가운데 40개가량—대부분은 그만큼 좋지는 않은 4층에 있었다—은 주인이 바뀌어 이제 다른 귀족들의 소유였다. 새 주인들 가운데 세 명은 심지어 귀족도 아닌 전문직 부르주아였다. 아래 스톨석에서는 오스트리아군 제복을 입은 장교들, 젊은 귀족들, 주로 상점주인이나 전문직인 신흥 부르주아들을 볼 수 있었다.26) 이따금 오는 매춘부들을 빼면, 사실상 스톨석에 여성은 없었다.

1750년대 프랑스에서 가장 화려한 극장이었던 파리오페라 극장에서 (가장 좋은) 1등급 박스석의 연간 회원은 135명이었다. 부유한 평민 일곱 명 빼고는 모두 귀족이었다. 1등급보다는 싼 2등급과 3등급 박스석은 하층귀족, 부유한 성직자, 변호사, 잘나가는 부르주아의 영역이었다. 오늘날의 스톨석인 파르테르에서는 하인(대개는 술에 취한), 장교, 멋쟁이 신사, 하층 부르주아, 그리고 파리의 엘리트가 되기를 꿈꾸는 모든 이로 구성된 (많게는 1,000명에 이르는) 대규모 군중이 서서(이 구역에는 좌석이 아예 없었다) 관람했다. 파르테르는 심지어 박스석보다도 음악을 듣는 여건이 나빴다. 군중은 늘 아수라장 직전이었다. 군중의 노래가 공연자들의 소리를 압도하는 일은 다반사였고, 애완동물들은 아무데나 똥오줌을 갈기면서 마구 날뛰었으며, 무장경비원들은 난폭한 행동을 저지하느라 진땀을 흘렸다.27) 맨 꼭대기 관람석 파라디('천국')의 사정은 더 심했다. 이곳 관객들은 바닥에 못으로 고정시킨 기다란 벤치에 앉을 수는 있었지만, 사방을 에워싼 작은 벽장마다 나무 양동이가 하나씩 들어 있었다. 이것이 화장실이었다. 그 냄새는 여간해서는 참기 어려웠다. 다른 모든 품위 있는 극장도 사정은 마찬가지였다. 라스칼라도 내부 위생규정(1789)

에 따라 소변만 가능한 커다란 양동이 여러 개를 들여놓았다. 이 양동이들은 금세 넘쳤다. 나머지 극장에서는 까다로운 관객이라면 극장을 나와 여관이나 번화가 화장실을 찾아가야 했다. 물론 부자들은 시종을 시켜 박스석에 요강을 갖다둘 수 있었다.[28]

소란스럽기는 어느 극장이나 마찬가지였다. 모차르트는 1778년에 아버지에게 쓴 편지에서, 뮌헨의 어느 공연에서 벌어진 일을 들려주었다. 두 여배우가 쉿쉿 하는 야유에 못 이겨 무대를 내려갔다. 그 소리를 낸 장교들에게 조금만 조용히 해달라고 부탁하자, 그들은 자릿값을 냈으니 자기네는 하고 싶은 대로 할 수 있다고 대답했다.[29]

명성이 절정에 올랐을 때, 로시니는 마침내 청중의 주의를 온전히 붙잡아둘 수 있었다. 그의 마지막 작품 〈기욤 텔〉이 파리에서 초연되던 날, 세 번의 노크소리가 공연의 시작을 알렸다. 청중은 조용해졌다. 지휘자 프랑수아 앙투안 아브네크가 팔을 들어올리자 거룩한 침묵이 흘렀다.[30] 그러나 명성이 로시니만 못한 작곡가들은 여전히 음악을 들려주기가 어려웠다. 그리고 청중의 행동이 어디서나 똑같지도 않았다. 1820년 무렵에도 파리의 많은 공연장은 부자는 자기를 과시하고 부자 아닌 이는 입을 딱 벌리고 부자들의 모습에 경탄하는 무대와도 같았다. 그러나 코메디프랑세즈는 분위기가 사뭇 달랐다. 1825년, 윌리엄 해즐릿은 이곳 청중은 런던의 청중을 부끄럽게 만들 정도라고 평했다. "커튼이 올라가자마자 청중은 고요히 가라앉았고, 더욱이 아무도 움직이지 않고 움직일 생각조차 하지 않았다."[31] 청중은 이따금 공연 도중에 졸았는데, 심지어는 하이든의 런던 연주회에서도 그랬다. 하지만 하이든의 '놀람'교향곡이 공연될 때는 졸지 않았을 것이다. 이 곡에서 갑작스레 터지는 포르티시모는 선잠 자는 청중을 깨우기 위한 것이었으니 말이다. 사실 졸리는 것도 놀랄 일은 아니었는데, 연주회는 흔히 자정을 훌쩍 넘겨서까지 계속되었기 때문이다.[32] 그리고 21세기에도 여전히 연주회에서 잠이 들곤 하지 않는가.

극장이 점점 더 시장에 의존하게 되면서, 취향의 독재자로서의 귀족의 역할은 흔들리기 시작했다. 귀족 구경은 중간계급에게는 제한된 오락거리일 뿐이었다. 따지고 보면 결국, 부르주아 정신이란 금액에 합당한 가치를 얻는 데에 있었다. 고급문화를 좋아하는 부르주아들은 그것을 편안한 분위기에서 흡수하고 싶어했다. 그리고 극장들은 더 폭넓은 유료 청중을 원했다. 엘리트 극장들을 독점하던 고전양식 연극—파리의 코메디 프랑세즈에서 공연되던 라신, 몰리에르, 코르네유의 작품들—은 도전받고 있었다. 동화 같은 대중적인 민속형식들이 문학과 연극 양쪽에서 부흥하고 있었다. 라블레 시대 고급문화의 특징이던 저속과 음란과 과장은 1830년대 프랑스의 급진적 낭만주의 운동의 한 측면이 되었다.[33]

점잖은 상류사회의 기준에서 보면, 하층민들의 오락은 과거에도 조잡했고 지금도 (거의 정의상) 조잡하다. 18세기 말 파리의 전형적인 장터 극장들은 이탈리아의 코메디아델라르테를 받아들여서 그것을 한층 더 대중용으로 각색했다. 이 희극에서는 분변학적인 유머가 넘쳐났다. 이를테면 〈똥장수〉에서 아를캥은 한 약제사를 설득해 배설물 한 통을 사게 한다. 그리고 익살극, 곡예사, 기형 쇼, 중국식 그림자극, 사자·호랑이·코끼리·코뿔소 쇼도 있었다. 이상한 동물들이 나오는 서커스 프로그램도 도입되었다. 오스만 제국의 이집트 총독 무함마드 알리는 유럽의 권력자들을 기쁘게 할 요량으로, 기이하게 목이 긴 동물을 파리와 런던에 한 마리씩 보냈다. 런던에 간 녀석은 곧바로 죽어버렸다. 프랑스에 간 녀석은 1827년 7월에 파리에 도착했고, 두 달 동안 파리 시민 10만 명이 그 생물

제임스 헤이크윌이 1831년에 그린 런던 동물원. 런던 동물학회가 설립 2년 뒤 학술 연구를 위해 리전트 공원에 만들어 1828년 4월 27일 문을 연 이 세계 최초의 동물원은 1847년부터 대중에게 공개되었다.

을 보러 갔다. 아랍어로 자라파zarafa라 불리던 그 동물은 그리하여 기린 giraffe이라 불리게 되었다.[34]

런던은 대중적인 구경거리를 두고 파리와 경쟁했다. 유원지의 유행은 18세기에 이미 시작되어 19세기까지 이어졌다. 1832년 영국 첼시에서 문을 연 크레몬가든스는 처음에는 스포츠클럽이었고, 그 뒤에는 야간무도회, 조랑말 경주, 기구 비행을 하는 곳으로 쓰였다. 조지 왕조풍의 공원들은 수익성이 더 좋은 건물들에게 공간을 내주고 사라졌다. 햄스테드히스와 블랙히스 같은 크고 널찍한 곳에 정기시장이 열리고, 그곳에서 사람들은 스포츠를 하고 미끄럼을 타고 당나귀를 탔다.[35]

1828년에 세워진 런던 동물원은 수용한 동물의 종수에서 세계 최대를 자랑했다. 코번트가든의 리틀피아차에서는 꼭두각시 쇼가 공연되었고, 플리트 가에서는 '에식스에서 온 키 큰 여인'과 '에티오피아 야만인'

이 전시되었으며, 레스터 광장에서는 환등기 쇼가 벌어졌다.[36] 스포츠 역시 공중을 참가자 또는 구경꾼으로 끌어들이며 오락거리를 제공했다. 18세기 런던에서 이런 스포츠로는 사격대회, 템스 강의 스컬, 구기(축구를 포함해)와 볼링 따위가 있었다. 공개 교수형은 1868년에 폐지될 때까지 줄곧 인기 있는 구경거리였다(교수형은 그 뒤로도 100년 동안 집행되었지만, 공중에게 공개되지는 않았다). 템스 강가에서는 글러브 없이 맨주먹으로 싸우는 권투뿐 아니라 소곯리기, 곰곯리기도 했다. 닭싸움과 개싸움은 19세기에도 합법적으로 벌어졌다(닭싸움은 1849년에 금지되었다).[37] 동물과 관련된 노동계급의 잔인한 스포츠는 19세기 말까지 모두 금지되었다. 반면 개들을 데리고 하는 여우사냥—중간계급과 상층계급이 열광했다—은 21세기 들어서도 살아남았다.

연주회장

소리를 녹음하는 기계가 발명되기 전인 19세기까지, 음악 유통의 주요 형태는 시장이 아니었다. 그래도 음악으로 돈을 버는 방법은 있었다. 18세기 말, 작곡가가 기악에서 입지를 다지는 가장 효과적인 방법은 피아노 협주곡을 작곡하고 연주하는 것이었다. 작곡가는 기량을 평가받을 수 있는 환경에서 오케스트라의 뒷받침을 받으며 피아노를 연주하곤 했다. 베토벤이 젊고 역량 있는 피아니스트이자 작곡가로서 한 일이 바로 그것이었다. 1809년 다섯 번째이자 마지막 피아노 협주곡(《황제》)을 쓸 무렵, 베토벤은 거의 귀머거리가 되었고, 더는 대중 앞에서 공연을 할 수 없어서 두 번 다시 협주곡을 쓰지는 않았지만, 그래도 피아노 소나타는 계속 작곡했다.[38]

그러나 후원자의 시대가 끝나려면 한참을 더 기다려야 했다. 후원자가 없었다면 베토벤도 살아남지 못했을 것이다. 심지어 그는 후원자가 있었는데도 추레하고 가난하게 살았다. 그럼에도 베토벤은 생전에 널리 존경을 받았는데, 그것은 뒷날의 신격화에도 그렇지만 1790년대의 빈에서 위신과 입지를 다지는 데에도 필수적인 전제조건이었다.[39] 빈에서 지낼 때 베토벤은 옛 후원 구조(악장으로서 고용되는 것)를 이용할 기회도 없었고, 진정으로 독립적인 전문 비르투오소가 될 수도 없었다. 작곡가/연주자를 위한 새로운 보수체계가 고안되었다. 부유한 후원자가 공적인 공연과 사적인 살롱 공연을 후원하는 것이었다. 따라서 19세기 말까지 후원자는 없어서는 안 될 존재였고, 작곡가에게는 특히 그랬다. 사실 진지한 음악 분야에는 지금도 후원이 있다. 일정한 형태의 공적·사적 보조금 없이는 대형 연주회장이나 오페라하우스를 운영할 수 없기 때문이다. 작곡가는 항상 연주자보다 훨씬 적은 보수를 받아왔다. 베토벤은 귀가 먹어서 비르투오소로서 먹고살 수 없게 되고 나서야 비로소 작곡에만 몰두했다. 말년에 그가 궁핍하게 산 것도 그런 이유 때문이었다.

1792년에 베토벤이 빈에 도착했을 때는, 연주자들 사이에서뿐만 아니라 후원자 집단끼리도 경쟁이 꽤 심했다. 옛 귀족들, 신흥 귀족들, 신흥 부르주아들이 문화적 패권을 둘러싼 투쟁에 가담하고 있었다. 한 가지 해결책은 음악적 표현의 수준을 구분하는 것, 다시 말해 일부 음악에 나머지 음악보다 높은 사회적 가치를 매기는 것이었다. 음악사가 티아 디노라가 내놓은 흥미로운 논문에 따르면, 바로 이것이 '천재' 베토벤을 만들어낸 배경이다. 디노라는 베토벤이 명성을 얻은 데에는 그가 빈의 귀족들과 맺은 이례적인 관계, 그리고 적절한 후원자들의 힘이 컸다고 본다.[40] 디노라는 베토벤과 마찬가지로 하이든의 제자였던 체코 작곡가 얀 라디

슬라브 두세크에게 그에게 맞는 좋은 후원자들이 있었다면, 두세크도 세상에서 잊히지 않고 베토벤과 맞먹는 명성을 누렸을지도 모른다고 넌지시 암시한다. 두세크는 나중에 주로 런던에서 활동했는데, 런던은 빈보다 덜 개인적인 '시장' 관계가 음악계를 지배하는 곳이었다.[41] 베토벤이 발트슈타인 백작(베토벤은 유명한 소나타 다장조 작품번호 53 〈발트슈타인〉을 그에게 헌정했다) 같은 귀족 후원자를 둔 것은 아마도 운이 좋아서였을 것이다. 취향의 권리주장에서는 벼락부자들보다 백작이 훨씬 힘이 셌고, 따라서 다른 이들은 줄 수 없는 상징적인 가치를 베토벤에게 줄 수 있었다. 물론 이 주장은 베토벤이 과연 천재로 여겨질 '자격'이 있는가 하는 물음에는 완전히 열려 있고, 이 물음에 답하지도 않는다(누군가는 이 물음에 답하는 것은 불가능하다고 말할 것이다). 어떤 경우든, 그 관계가 후원자에서 작곡가로 향하는 일방적 관계일 필요는 없었다. 그리고 일단 최초의 추진력을 얻은 베토벤이 나중에 천재라는 명성을 이용해 더 높은 지위의 후원자를 얻을 수 있었다는 주장도 가능할 것이다.

신흥 부르주아 엘리트들이 성장하면서 연주회 음악에 대한 수요가 팽창했다. 그렇게 되려면 음악을 애호하는 공중, 또는 적어도 지금까지 귀족들만 누리던 것과 가장 비슷한 오락에 참여하길 열망하는 공중이 있어야 했고, 또 시민적 오락으로서 음악을 지원할 준비가 되어 있는 시 당국이 있어야 했다. 다시 말해 부르주아의 자의식이 필요했다. 이 연주회 시장에 선도적으로 진출한 단체 가운데 하나가 1712년 프랑크푸르트의 콜레기움무지쿰('음악협회', 학생들과 직업음악가들이 모여 만든 일종의 아마추어 악단)이었는데, 1721년에는 함부르크의 콜레기움무지쿰이 뒤를 이었다.[42] 1743년에는 라이프치히의 상인 16명이 이른바 그로세콘체르트〔'대연주회'〕를 창단했다. 이들은 그때 라이프치히의 토마스칸토르(성 토

1750년 무렵 독일 예나에서 공연하는 콜레기움무지쿰. 독일어권에서 종교개혁기에 출현해 18세기 중반까지 번성한 이 아마추어 악단들은 부르주아 도시와 시민들의 후원을 받으며 공중 연주회를 열었다.

마스 교회의 성가대 지휘자)였던 바흐에게는, 그 무렵에 유행하던 이탈리아 양식을 제대로 쫓아가지 못한다는 이유로 자문조차 받지 않았다. 함부르크, 프랑크푸르트, 라이프치히는 막강한 궁정의 힘에 휘둘리지 않는 독일의 대표적인 부르주아 도시로서 당시 연주회 운동의 최전선에 서 있었다. 반면에, 중요한 궁정이 있는 베를린, 슈투트가르트, 뮌헨 같은 도시에서는 최고의 연주가들에게 일자리를 제공함으로써 연주회장의 건립을 늦출 수 있었다. 제국의 수도 빈은 공공 연주회 쪽에서는 런던과 파리에 뒤처져 있었다. 귀족들이 공공 연주회를 후원하지도 않았고, 중간계급은 프랑스나 영국 중간계급만큼 돈이 많지도, 세련되지도 않았기 때문이다.[43] 기술 진보에 힘입어 악기와 악보 값이 내려갔다. 덕분에 중간계급은 그때까지 귀족의 전유물이었던 음악교육과 음악취향을 접할 수 있었다.

뮌헨의 선량한 시민들은 1810년에야 궁정악단을 공공의 공연에 쓸 수 있는 권한을 얻었다.[44] 궁정의 수입을 위해 상업적 경영을 지향하고 유료 청중을 받아들이는 궁정극장이 서서히 늘어났다.[45] 파리의 청중은 과거 1770년대에 오페라를 재발견했을 때처럼, 공공 연주회에도 관심을 갖기 시작했다(파리오페라 극장은 공공 연주회를 경쟁상대로 여겨 방해하려 했다). 그전에도 기악과 실내악—그나마 종교음악에 한정된—을 들을 수 있었던 유일한 공공장소는 1725년부터 여러 극장에서 열린 콩세르스피리튀엘('종교음악 연주회')뿐이었다.[46]

연주회를 열 수 있는 더욱 큰 음악당들의 발전과 더불어, 청중과 오케스트라의 규모도 커졌다. 초기 교향악들은 상대적으로 작은 악단으로도 공연할 수 있었다. 17세기 말에는 현악 파트가 오케스트라의 중심이 되었고, 예전에는 농민의 깽깽이로 여겨졌던 바이올린이 현악 파트의 주역으로 떠올랐다. 18세기 말까지는 하나의 악보를 이용한 공연이 더욱 일반화되었다. 한편으로는 기보법이 개선된 덕분이었고, 또 한편으로는 작곡가들이 예전보다 순회연주를 훨씬 많이 다닌 덕분이었다. 지휘자의 역사적인 지위 상승이 시작되었다. 그 시작은 보잘것없는, 그저 긴 막대기를 바닥에 두들겨 박자를 알리는 '박자 재는 사람'이었다. 이어서 그 역할은 활을 흔들면서 지휘하는 수석 바이올린 주자에게 넘어갔다.[47] 1840년대 중반까지 대부분의 오케스트라에서는 단원들끼리 돌아가면서 지휘를 맡았고, 리허설은 연주회를 앞두고 딱 한 번만 했다.[48] 그러다가 마침내 지휘자는 오케스트라의 존경과 두려움을 사는 지배자로서 지금과 같은 아찔한 지위에 올랐다. 일찍이 1807년 11월에 고트프리트 베버는 『알게마이네 무지칼리셰 차이퉁』에 실은 어느 기사에서, 지휘자는 "전체의 더 큰 이익"을 위해 나폴레옹처럼 행동할 필요가 있다고 설명했다(그 무렵 나폴레옹은 실제로 유럽 대륙 대부분을 지배하고 있었다). 그리고 지휘자는 눈에는 보이지만 소리는 들리지 않는 짧은 지휘봉을 써야 한다고 덧붙였다.[49] 지휘봉은 곧 필수품이 되었다. 독일에서는 카를 마리아 폰 베버가 지휘봉을 사용했고, 잉글랜드에서는 루이스 슈포어가 지휘봉을 도입했으며, 가스파레 스폰티니는 베를린에서 멋지게 지휘봉을 들어올리고 나폴레옹 같은 자세를 취한 자신의 흉상을 수집했다.50)

아직 프랑스나 이탈리아에는 드물었지만, 연주회장은 마침내 국제적인 문화사업의 대상이 되었다. 유명한 소설가 패니 버니의 아버지 찰스 버니는 여섯 달 동안 대륙을 여행한 뒤에 『프랑스와 이탈리아의 음악 현황』(1771)을 내놓았지만, 그는 연주회에 관해서는 거의 언급하지 않는다.51) 그러나 1800년 무렵에는 상황이 달랐다. 영국에서는 일찍이 1730년대부터 활발한 연주회 생활이 시작되었다. 1740년, 독일 비평가 요한 마테존은 퍽이나 놀란 어투로 영국에는 청중이 돈을 내고 들어가는 연주회가 많이 열린다고 썼다.52) 테레사 코르넬리스는 1764년에 요한 크리스티안 바흐(요한 제바스티안 바흐의 아들), 런던에서 활동하던 또 다른 독일 작곡가 카를 프리드리히 아벨과 함께 일련의 회원제 연주회를 시작했고, 이 연주회는 횟수를 거듭하면서 점점 더 유명해졌다.53)

1783년에는 독일 출신의 바이올린 연주자 요한 페터 잘로몬을 비롯한 여러 유럽 음악가들이 런던에서 '전문 연주회' 사업을 시작했다. 그러다가 잘로몬이 독립해 자신의 회사를 꾸렸다. 1791년, 잘로몬은 니콜라우스 에스테르하지 공이 사망한 뒤로 비교적 자유로웠던 하이든을 런던으로 불러들여 그에게 커다란 찬사를 안겨주었다.54) 한동안 런던에서 작곡가 '주세페 하이든'으로 불린 하이든은 공연 한 회당 50파운드라는 제법 많은 보수를 받았다. 그는 20회의 연주회를 열어 1,000파운드를 벌었고, 200파운드를 보너스로 받았다.55) 하이든은 또 오페라 한 편 작곡료로 300파운드, 12편의 '잘로몬' 또는 '런던' 교향곡 작곡료로 300파운

토머스 하디가 1792년에 그린 프란츠 요제프 하이든. 1761년 이래 30년 동안 에스테르하지의 궁정악장으로서 귀족들의 취향에 맞춘 음악을 작곡해온 하이든은 요한 페터 잘로몬의 제안에 응해 런던으로 가서 연주회의 청중들을 위한 음악 '런던 교향곡' 12편을 작곡했다.

드, 여기에 더해 저작권료로 200파운드를 받았다.[56] 1791년 5월 16일에는 자선연주회(다시 말해 이익을 전적으로 그 자신에게 베푸는 연주회)를 열어 350파운드를 벌었다. 푯값은 0.5기니로 꽤 비싸긴 했지만, 코르넬리스 부인이 자신의 시리즈 연주회에 일시불 회비로 책정한 5기니와 엇비슷한 수준이었다.[57]

하이든은 귀족들에게 음악레슨을 했고, 많은 파티에 초대받았으며, 음악가 남편을 사별한 매력적인 과부 레베카 슈뢰터를 여자친구로 사귀기도 했다. 그는 헨델의 〈메시아〉를 들었다. 런던에서 보낸 두 시기(1791~92, 1794~95)에 하이든은 에스테르하지의 궁정에서 20년을 지내며 번 것보다 많이 벌면서, 의심할 나위 없이 더 즐겁게 지냈다. 경제적으로 앞선 런던에는 떠오르는 중간계급이 있어서, 귀족 후원자 에스테르하지 공보다 많은 돈, 많은 찬사와 존경, 많은 청중을 안겨줄 수 있었다. 이렇게 해서 하이든은 다른 종류의 음악, 특히 귀족의 살롱에 어울리는 소규모 오케스트라를 위한 비교적 짧은 작품보다 한층 복잡한 교향곡들을 작곡하게 되었다. 새로 생긴 연주회장들은 작곡가들에게 규모가 더 큰 작품을 구상할 수 있게 해주었다. 하이든의 후기 (런던) 교향곡들과 베토벤의 모든 교향곡은 분명 새로운 유형의 대형 연주회장을 위해 쓴 것이지, 만찬 뒤의 기분전환을 위해 쓴 것이 아니었다.[58] 하이든은 프랑스에서도 큰 성공을 거두었다. 1800~1815년에 하이든의 교향곡들은 파리에서만 119회 공연되었다.[59]

물론 모차르트도 잘 알려져 있었고 1815년 이후에는 그의 음악이 정기적으로 공연되었지만, 19세기에 그는 결코, 1815년 이전의 하이든이나 1830년대 베토벤과 같은 지위에는 오르지 못했다. 1784년에 모차르트는 빈의 트라트너호프 홀에서 자기만의 회원제 연주회를 시작했다. 연주회 3회당 6굴덴을 내는 회원이 176명 있었으니 총 1,000굴덴이 넘는 수입을 올리기는 했지만, 그가 지출한 경비가 얼마였는지 우리는 알지 못한다.[60] 회원들은 주로 귀족과 장교였고, 부르주아는 몇 명 없었다(그러나 2년 전만 해도 이 부르주아들이 그의 독일어 오페라 〈후궁으로부터의 도주〉를 들으려고 떼지어 몰려들었다).[61] 모차르트는 그 시대의 모든 작곡가가 그랬듯이, 음악출판업자가 아닌 청중을 염두에 두고 연주회 음악을 썼다. 청중의 존재는, 협주곡이나 교향곡 서두에 청중을 조용히 시키기 위해 갑자기 터져나오는 바이올린 소리 같은 특정한 관습들을 결정했다. 실제로 모차르트의 '파리 교향곡'(31번 라장조)은 그렇게 시작해서, 서서히 하나의 대화구조dialogue를 쌓아나가다가 마지막 악장에서 포르테로 터지면서 갈채를 유도한다. 그는 아버지에게 이런 편지를 썼다. "엄청난 박수갈채가 터져나왔습니다. 하지만 저는 그 작품을 쓸 때 그것이 여지없이 불러일으킬 효과를 알고 있었기에, 그 악절을 종결

부―청중이 '다 카포'를 외칠 부분―에 다시 도입했던 겁니다."[62]

런던은 음악소비의 거대한 중심지였다. 그러나 런던은 대륙의 인재와 음악을 수입하면서도, 직접 생산하는 음악은 거의 없었고 수출했다고 할 만한 의미있는 음악 역시 전혀 없었다. 그 덕분에, 런던의 청중은 대륙 최고의 공연과 음악을 보고 들을 수 있었다. 한편 그런 탓에, 영국 작곡가나 음악가가 그렇게 막강한 경쟁을 뚫고 성공하기란 거의 불가능했다. 그 결과, 영국의 음악은 거의 19세기 내내 음악에서 정체를 벗어나지 못했다. 그러나 영국은 외국인들을 환영했다. 이탈리아 출신 작곡가이자 피아노 비르투오소인 무치오 클레멘티는 1770년대에 런던에 정착했고, 1798년에는 자신의 출판사와 피아노 공장을 차렸다. 1811년 값싼 보급판 악보를 전문으로 내는 노벨로 출판사가 런던에서 문을 열었다. 이들 초기 음악출판사의 주요 시장은 일종의 하우스무지크(가정음악)였다. 하우스무지크는 아마추어 독주자와 소규모 앙상블 악단으로 공연이 가능했고, 혼자만의 여흥을 위해, 또는 친지들의 여흥을 위해 피아노 반주를 곁들여 노래할 수 있었다. 마침내 런던 필하모닉 소사이어티[지금은 로열 필하모닉 소사이어티](1813)가 설립되었다. 이 협회는 "가장 훌륭하며 정평 있는 기악 공연"을 장려하겠다고 선언했다.[63] 대륙 음악을 수입하겠다는 뜻이었다.

부유한 집단들은 더 유명한 연주회장에서 자리를 차지하기 위해 옛 귀족들과 정면으로 경쟁했다. 이것은 새로운 공연장의 건립으로 이어졌고, 더 많은 이들이 음악 전문직에 진출하도록 장려했다. 비공식적이고 세속적인 노래클럽(프랑스)과 교회 중심의 합창단(영국과 독일)처럼 비시장적인 형태의 음악활동이 늘어나면서, 음악산업 팽창에 필요한 인력들이 배출되었고, 적어도 런던과 파리, 독일의 주요 도시들에서는 다수의 직공, 사무직원, 점원을 포함하는 더 큰 규모의 공중이 생겨났다.(64) 늘어난 음악 수요를 충족시키기 위해 노래 수업과 합창 지도를 하는 음악교사와 음악가도 많아졌다. 1819년, 파리의 새로운 자선단체인 초등교육협회는 음악교육을 장려하면서, 이 일을 기욤 윌렘(1781~1842)에게 맡기기로 했다. 윌렘은 어린이들에게 음악을 가르치기 위한 체계를 고안했고, 그 결과로 학교에서 노래를 가르치는 사설단체 오르페옹이 등장했다. 나아가 윌렘은 보조금을 받아 약 5,000명의 어린이와 어른을 이 단체에 등록시켰다. 1836년에는 '평범한 노동자들'과 지역 학교에 다니는 어린이들이 여는 합창회에 파리 전체가 초대를 받았다. 대성공이었다. 대중적인 음악문화라는 개념이 도래한 것이다(대체로 그 뒤에는 노동계급을 음주, 부도덕, 혁명에서 떼어놓으려는 의도가 숨어 있었다). 그들이 부른 노래는 대부분 기존의 고급문화 레퍼토리에서 나온 것이었다. 『프레스』지의 저명한 칼럼니스트 델핀 게는 1836년 6월에 이렇게 썼다. "이 노동자들의 노래는 깊은 감동을 불러일으켰다. 마치 천상의 교향악, 천사들과 아기천사들이 부르는 합창을 듣는 듯했다. 그 천사들은 목수, 인쇄공, 직공들이었고, 아기천사들 가운데에는 검은 손가락으로 박자를 맞추는 통통한 흑인 꼬마도 있었다."(65)

이와 같은 공적 지원체계는 악보를 내는 출판사들의 시장을 한층 키워주었다. 노래와 악기연주를 배운 직공들은 극장, 카페, 무도장 같은 곳에서 그 기술을 반半직업적으로 활용했다.

노래하는 학교 운동은 정치적 이유로 1841년에 파리를 떠난 요제프 마인처를 통해 영국에 전파되었다. 마인처의 영국인 제자로 파리에서 기욤 윌렘 밑에서 공부하기도 했던 존 헐라는, 사적인 지원과 더불어 1870년의 초등교육법에 따른 정부의 직접적인 재정 지원을 받았다.(66) 이렇게 결합된 공적 지원과 민간 투자는 음악을 소비하는 청중 수를 늘려 놓았다. 1780년에서 1900년 사이에 형성되어 20세기에 이르면 신성화된 서양 음악의 등뼈를 이루게 되는 위대한 고전음악의 레퍼토리는 엄청난 제도적 발전에 의해 뒷받침되고 있었다. 음악은 더는 살롱이나 거리, 교회의 전유물이 아니었다. 이 시기는 또한 '고전classical' 음악이 탄생한 시기다. 실제로 영어에서 '고전'이라는 용어는 (『옥스퍼드 영어사전』에 따르면) 1836년까지는 지금처럼 '신성화된'이라는 뜻으로 쓰이지 않았으므로, 아마도 독일어와 프랑스어 단어(klassisch와 calssique)의 쓰임새를 모방한 것으로 보인다.

19세기 초 파리에서는 이미 주요한 악단 세 개가 정기적인 연주회를 열고 있었다. 그 가운데 하나인 콩세르데자마퇴르(['아마추어 교향악단'], 1769년 설립)는 600명의 회원을 거느렸다. 80명의 연주자(모두 직업연주자가 아니었다)로 구성된 이 단체는 프랑스 최대의 오케스트라이자 유럽 최고의 오케스트라 가운데 하나였다. 하이든은 단연 사랑받는 작곡가였다. 19세기의 첫 20년 동안 그의 작품이 적어도 한 곡 이상 포함되지 않은 연주회 프로그램은 거의 없었다. 가장 많이 연주된 곡들은 그의 런던 교향곡들, 특히 103번(〈큰북 연타〉)과 100번(〈군대〉)이었다. 이 두 작품은 지금도 하이든의 곡 가운데 가장 인기가 높다.[67] 콩세르드라뤼드그르넬 ['그르넬 가 교향악단']은 규모가 콩세르데자마퇴르보다는 작고 모두 직업 연주자로 짜여 있었다—그러나 일주일에 이틀은 여성들로만 구성된 아마추어 오케스트라가 "난처한 일을 피하기 위해" 친척들로만 제한된 청중 앞에서 공연했다. 하지만 콩세르데자마퇴르와 콩세르드라뤼드그르넬은 1801년 11월에 출범한 세 번째 교향악단의 성공에 밀려 활동을 접었다. 바로 얼마 전에 만들어진 콩세르바투아르[음악학교] 학생과 교사로 구성되었고 정부의 인가를 받은 에그제르시스Exercises였다. 이 악단의 수준은 앞의 두 경쟁악단보다 높았다고 한다.[68]

공연자들

공연자는 언제나 작가보다 잘나갔다. 공연자는 더 유명해졌고, 돈도 더 많이 벌었다. 지금도 그렇다. 가수와 유명 연주자가 작곡가보다 잘나간다. 배우가 극작가, 시나리오작가, 감독보다 잘나간다. 무대 앞쪽은 항상 무대 뒤쪽보다 큰 보상을 받는다. 적어도 정상에 오른 공연자는 그렇다.

18세기에도, 오페라를 지배한 것은 가수, 특히 여성의 목소리였고, 그전에는 카스트라토(이른바 남성 소프라노, 곧 '소프라니스타')였다. 위대한 카스트라토와 여성 가수는 대개 엄청난 부를 쌓았다. 나폴리 산카를로 극장의 1739년 시즌 회계장부에 따르면, 소프라노 비토리아 테시가 3,396두카트를 받아 소득순위에서 최고를 차지했고, 역시 소프라노인 안나 마리아 페루치가 2,768두카트로 2위였다. 3위는 카스트라토인 마리아노 니콜리노로 1,838두카트를 벌었다. 그 시즌에 공연된 네 편의 오페라 가운데 하나인 〈세미라미데〉를 작곡한 니콜라 포르포라는 이탈리아 전역에 이름을 떨친 작곡가였지만, 그는 딸랑 200두카트를 받았을 뿐이었다. 그다음 시즌에는 한 카스트라토가 3,693두카트를 받아 최고 소득을 올렸는데, 딱히 내세울 것 없는 필경사가 시즌 내내 일해 받은 몫은 겨우 8두카트였다. 1816년 〈세비야의 이발사〉가 로마에서 초연되었을 때 (로시니에 앞서 같은 제목의 오페라 〈세비야의 이발사〉를 작곡한 파이시엘로를 지지하는 떠들썩한 박수부대에게 무지막지하게 야유를 받았다), 젊은 로시니가 받은 돈은 400스쿠디였고, 로시나 역을 맡은 알토 젤트루데 리게티 조르지는 500스쿠디를 받았다. 알마비바 백작 역을 맡은 유명한 스페인인 테너 마누엘 가르시아는 1,200스쿠디를 벌었다.[69]

무용수도 큰 사랑을 받았다. 1770년대에 파리오페라 극장에서 공연된 작품 대부분은 노래만큼 춤이 많은, 아니 흔히 춤이 더 많은 작품들이었다. 그때까지도 작품이 가장 많이 공연되던 작곡가 장 바티스트 륄리(1633~87)가 개척한 장르 서정비극에서도, 동작의 거의 절반을 춤이 차지하고 있었다.[70] 글루크는 오페라에서 발레의 비중을 줄이려고 애썼다. 그러나 예상대로 무용수들의 저항에 부딪혔을 뿐 아니라, 노래만큼, 아니 어쩌면 노래 이상으로 춤 장면을 즐겼던 대중의 반발을 샀다. 그는 〈알체스테〉에 적절한 발레 장면을 집어넣고, 특수효과를 빼라는 요구를 취소함으로써 타협했다.[71] 발레는 무척 중요했다. 1804년의 어느 오페라 광고는 작곡가와 대본작가 이름은 아예 언급도 하지 않은 채 잽싸게 가수들 이름을 훑어내린 다음, 주요 무용수들의 이름을 열거하고, 그들이 어떤 막에서 등장해서 어떤 동작으로 공연하는지를 알려줄 정도였다(이를테면 "생타르망 씨는 2막에 다시 등장해서 가르델 부인과 함께 러시아 춤을 춥니다").[72]

작곡가들의 전략은 이해할 만했다. 그들은 자신의 음악에 걸림돌이 되는 것은 무엇이든 들어내버리려고 했다. 그러나 그것은 실패로 끝났다. 19세기 내내, 특히 파리에서는 오페라에 발레 장면이 없어서는 안 되었다. 베르디마저도 순순히 따라야 했다. 합창은 음악성보다는 힘으로 평가받았다. 끊임없는 기술 개량에 힘입어 특수효과는 갈수록 복잡해져갔다. 무대감독들은 대중의 관심을 끌 수만 있다면 동물을 무대에 올리는 것조차 마다하지 않았다. 1829년 로시니의 〈기욤 텔〉에서는 목가적인 분위기를 나타내기 위해 개, 염소, 당나귀, 양이 여러 마리 동원되었다.[73] 오케스트라 단원들이 저마다 보고 연주할 악보에는 흔히 오류가 포함되어 있었다. 필경사가 작곡가의 악보를 가지고 각 악기용 악보 사본을 베껴야 했기 때문이다.74) 발레는 그날 저녁의 공연에서 관객이 가장 애타게 기다리는 순간이었지만, 기껏해야 일련의 도약, 한쪽 발끝으로 돌기, 재주 넘기 정도에 지나지 않았다. 중요한 것은 우아함이 아니라 곡예였던 것이다. 1830년대와 1840년대가 되어서야, 그것도 신세대 발레리나들—대표적으로는 마리 탈리오니, 리즈 노블레, 카를로타 그리시—덕분에 오늘날의 발레와 비슷한 것이 등장하기 시작했다.75)

가수 입장에서, 18세기 말 유럽 최고의 오페라시장은 런던이었다. 런던 무대에서는 일류 외국 가수, 이왕이면 이탈리아 가수가 출연하지 않으면, 이탈리아 오페라는 말할 것도 없고 어떤 오페라도 성공을 기대할 수 없었다. 호가스는 〈가장무도회와 오페라〉(1724)라는 그림에서 외국 예술, 특히 이탈리아 오페라에 대한 사람들의 열광을 비꼬았다. 현지 영국 땅의 인재들이 이런 상황에 분개한 것이야 이해하고도 남음이 있다. 그리고 그런 적개심은 존 게이의 〈거지 오페라〉(1728)에서, 마상강도 맥히스의 사랑을 놓고 경쟁하는 폴리 피첨과 루시 로킷의 유명한 이중창에서 뚜렷이 표현되었다. 이 노래의 화려한 콜로라투라 스타일은 이탈리아 오페라의 패권에 도전할 수 있었던 보기 드문 영국 작품—이 경우에는 '발라드 오페라'—가운데 하나를 통해 이탈리아 오페라의 위세를 겨냥한 날카로운 비판이었다.

런던에서는 위대한 카스트라토들이 엄청난 돈을 벌었다. 파리넬리(카를로 브로스키, 1705~82)는 한 시즌에 1,500파운드를, 카파렐리는 1,000파운드를 벌었다. 최후의 위대한 카스트라토 조반니 바티스타 벨루티는 19세기 초의 한 시즌에 2,500파운드를 벌었다. 일반적으로 이탈

호가스의 〈가장무도회와 오페라 또는 도시의 (나쁜) 취향〉. 한가운데의 여인은 "폐지 수거합니다!"라고 외치면서 셰익스피어, 드라이든, 콩그리브 같은 영국 문호들의 책이 실린 수레를 밀고, 건물에 내걸린 이탈리아 오페라의 현수막에서는 귀족 세 명이 거만한 이탈리아 가수에게 거금을 건네고 있다.

리아인 가수는 영국 출신 가수보다 두 배는 더 받았다.[76] 가장 유명한 카스트라토였던 파리넬리는 이탈리아, 런던, 파리, 마드리드 등지에서 어마어마한 돈을 벌었다. 런던에서 공연하는 가수들은 그 밖에도 온갖 선물을 받고 부수입을 올렸다. 런던의 신문들은 "……한테서 다이아몬드 귀걸이를 받았다"는 둥 가수가 받은 선물목록으로 지면을 도배하다시피 했으므로, 출연료를 상품으로 받나보다 하고 오해할 정도였다.

여성 가수들은 그보다도 더 벌었다. 남성이 여성과 대등하게 경쟁할 수 없었던 직업이 딱 두 가지 있었는데, 바로 매춘과 노래였다. 위대한 디바 프란체스카 쿠초니는 1723년 시즌에 2,000파운드를 받았다. 영국 대학의 하급 교원은 250년 뒤인 1973년에 가서야 그 수준의 연봉을 받을 수 있었다. 쿠초니는 게다가 지방의 사적인 행사와 지방 공연에 출연해서 돈을 더 벌 수 있었고, 실제로 그렇게 했다. 언론에는 경외의 눈으로 쿠초니의 엄청난 보수를 전하는 기사가 실렸다. 그렇지만 그녀는 더 많은 돈을 요구하든가, 남들보다 많이 번 만큼 어딘가에 투자를 했어야 했다. 1750년 무렵에 목소리가 변해버렸으니 말이다. 그녀는 결국 빚 때문에 감옥에 갇혔고, 볼로냐에서 단추 제조공으로 살다가 세상을 떠났다.[77]

가수들은 파리보다는 영국에서 더 많은 출연료를 받았다.[78] 당대 최고의 영국 출신 소프라노 엘리자베스 빌링턴(1765년에서 68년 사이에 출생, 1818년 사망)은 빼어난 목소리로도 유명했지만, 그녀가 받아낼 수 있었던 엄청난 출연료 때문에도 그만큼 유명했다. 위대한 디바 안젤리카 카탈라니는 런던에 머무는 동안, 드루어리레인, 킹스 극장, 코번트가든에서 노래하면서 5만 파운드의 부를 쌓았다. 그러나 그녀 역시 곤경을 겪었다. 1809년 코번트가든 경영진은 입장료를 최고 7실링까지 인상하려고 시도했다(적지 않은 개축비용을 충당하려는 것도 부분적인 이유였다). 그러나 이른바 '옛 가격' 폭동이 벌어지는 바람에 인상 계획을 철회해야 했다. 성난 오페라 고객들은 이 가격인상이 (그들이 숭배하는) 카탈라니가 받는 엄청난 출연료 탓이라 여기고, 두 달 넘게 저항을 계속했다. 이것은 전 세계 극장은 물론 스포츠 행사에서 겪게 되는 고전적인 문제다. 유명한 스타는 극장을 관객으로 채워줄 수 있지만, 터무니없는 비용을 떠안길 수도 있다. 런던의 손실은 파리의 이득이었다. 카탈라니는 1814년에 파리로 이주해서 이탈리앵 극장의 감독이 되었다.[79]

높은 출연료는 오페라 장르의 한 특징으로 굳어졌다. 1827년 주디타 파스타는 여름 시즌에만 2,365파운드의 출연료를 받았지만, 독주자들은 고작 75파운드를 받았다.[80] 그렇다고 하더라도, 윌리엄 해즐릿 말대로라면, 그때 파리에서 그녀에게 들인 돈은 조금도 아까울 게 없었을 터였다.

1808년에 소실된 코번트가든은 이듬해 재개장 때 좌석 값을 올리고 일반관객용의 3층 좌석을 개인 박스석으로 바꾸었다가 67일에 걸친 '옛 가격' 폭동을 겪고 철회했다. 아이작 크룩섕크의 1809년 작품.

그녀는 자기가 맡은 등장인물을 연기하지 않는다—그녀 자체가 그 인물이며, 그 인물로 바라보고 숨 쉰다. 그녀는 효과를 연구하지는 않지만, 자신이 맡은 역할을 지배하는 감정을 자기 것으로 만들기 위해 노력하며, 그 감정으로 품위와 위엄, 편안함, 또는 힘을 딱 맞게 자아낸다. …… 그녀의 스타일과 태도는 마치 진짜로 그녀가 상사병을 앓는 여인, 살뜰한 하녀, 깊은 슬픔에 빠진 여인인 것처럼, 완벽하게 녹아 있다. …… 이것만으로도 진정한 재능이자 진정한 예술이다.[81]

『쿠리에 뒤 테아트르』지는 1829년에, 마리아 말리브란이 단 한 차례의 자선공연으로 1만 4,000프랑을 받았고, 그렇게 해서 그해에 9만 4,000프랑의 수입을 올렸다며 투덜거렸다.[82] 그 금액이 어느 정도인지를 가늠해보는 데에는, 그때 파리 식당의 값싼 식사 한 끼 값이 1프랑도 채 안 되었다는 사실, 그리고 1824년에 빅토르 위고의 가족이 보지라르 가街로 이사했을 때, 작은 방 여섯 개와 하녀 방 하나, 위고 가족만 쓰는 층계참의 호화로운 수세식 화장실이 딸린 집의 1년 치 집세로 625프랑을 지불했다는 사실만 언급해도 충분할 것이다.[83] 또 다른 관점에서 보자면, 당대 최고의 메조소프라노였던 말리브란이 그 한 해에 번 돈이면, 루브르 박물관의 회화번호 300번-〈조콘다라는 이름으로 유명한 모나리자 초상화〉를 살 수도 있었다. 이 그림은 1821년에 값이 8만 프랑 나갔다.[84] 가수들의 수입은 계속 늘어났다. 1830년 무렵, 로르 생티와 쥘리 도뤼 그라는 1년에 3만 프랑을, 주디타 파스타는 3만~3만 5,000프랑을 받았다.[85] 1855년 파리오페라 극장에서 독일 출신의 소프라노 조피 크루벨리가 받은 출연료는 10만 프랑으로, 그 극장 관리직원 전체가 받은 연봉의 두 배였다.[86]

남성들은 어땠을까? 질베르 뒤프레가 1848년에 7만 프랑을 벌었지만, 그것은 어디까지나 예외였다. 남성 가수들(베이스 표도르 샬리아핀과 테너 엔리코 카루소를 생각하면 된다)이 여성 가수들과 같은 수준으로 흥행을 좌지우지하게 된 것은 20세기 들어서의 일이다. 여성을 우대하는 임금차별의 사례(발레에도 있다)가 하도 드물어서, 이것을 설명하기란 쉬운 문제가 아니다. 남성 가수가 여성 가수만큼 수입을 올리는 유일한 방법은 사춘기가 오기 전에 거세해서 성대가 굵어지지 않도록 하는 것뿐이었다. 이런 돌이킬 수 없는 남성성 제거의 결과로, 머리숱이 매우 많아지고 몸의 나머지 부분에서 털이 적어지고 말년에 비만이 될 확률이 훨씬 높아지고 불임이 생겼다(그렇지만 일반의 믿음과는 달리 성기능이 심하게 감퇴하지는 않았다).[87]

그렇게 매몰차게 거세를 하고도, 남성 가수가 말리브란 같은 위대한 디바의 명성을 따라잡을 수는 없었다. 말리브란은 로시니의 〈세비야의 이발사〉 영국 초연에서 로시나 역으로 런던 청중을 평정해버렸다. 그녀가 정말로 얼마나 노래를 잘했는지는 알 길이 없지만, 로시니는 그녀가 음악의 천재라고 생각했으며, 비평가 에티엔 장 들레클뤼즈는 그녀가 훌륭한 배우이기도 하다고 일기에 썼다.[88] 말리브란은 최초의 근대적 '디바'였을 것이다. 말리브란은 숭배의 대상이 되었고, 그녀의 상냥함과 성스러움에 관한 일화가 끝없이 쏟아지면서 그 이미지는 더욱 강화되었다.[89] 반대로, 확고하게 자리잡은 내러티브에 따라서, 말리브란의 맞수 주디타 파스타는 본의 아니게 표독스럽고 변덕스러운 소프라노라는 두 번째 정형에 순응하게 되었다.

일류 여성 오페라 가수, 특히 소프라노들의 변덕에 관한 많은 이야기들은 까다롭고 신경질적인 프리마돈나라는 악명 높은 이미지를 만들어냈다(남성을 가리키는 프리모우오모라는 말도 있었지만, 결코 그런 이미지는 없었다)—할리우드 스타들의 선배랄까. 그러나 이런 이야기가 어느 정도 사실에 근거한다고 해도, 명심해야 할 점이 있다. 18세기와 19세기에 오페라 가수는 상대적으로 수수한 집안 출신 여성들에게 열려 있는 사실상 단 하나의 직업이었다. 그 여성들이 자기 힘으로, 그리고 자기 노력으로 (돈 많은 누군가와 결혼하지 않고서) 부자가 되고 유명해질 수 있는 유일한 길이었다. 그렇게 자주 손가락질을 받았던 그녀들의 짜증과 적절히 비교할 상대로는, 소박한 집안 출신 남자들이 음악이나 스포츠에서 빼어난 기량으로 갑작스레 부와 명성을 얻고 난 뒤, 그 변화에 대처하면서 겪는 어려움을 들 수 있을 것이다—근래의 예로는 엘비스 프레슬리, 마이클 잭슨, 마이크 타이슨, 마라도나 같은 이들이 있다. 어쨌거나 이런 이들의 명성이 얼마나 오래 갈지는 아무도 모르는 일이다. 반면에 의학이나 법

메조소프라노 마리아 말리브란이 로시니의 오페라 〈오델로〉에서 데스데모나 역을 맡았을 때의 모습. 1836년에 스물여덟 젊은 나이로 세상을 떠날 때까지, 그녀는 낭만주의의 우상으로서 가는 곳마다 열광적인 환호와 숭배를 받은 최초의 디바였다.

률 같은 다른 직업에서는 대개 명성이 높아지다가 안정을 이루고, 좀처럼 무너지는 법이 없다.

최고의 명성을 누리는 가수들은 이윤 극대화를 꾀하는 일반적인 사업가처럼 행동했다. 뉴욕에서 성공을 거둔 다음 런던에서 막 경력을 쌓아가던 아델리나 파티는 허매저스티스 극장과 코번트가든 극장의 치열한 경쟁을 이용해 지극히 유리한 계약을 끌어냈다—그녀의 매니저이자 형부인 모리스 스트라코슈의 회고록에 꼼꼼하게 기록되어 있다.[90] 1890년 무렵 파티는 하룻밤 공연에 2만 리라를 요구하고, 받았다. 그때 지방 오페라하우스의 주연 테너가 받을 수 있는 돈은 기껏해야 6리라에 지나지 않았다.[91] 오페라 가수들의 고소득으로 인한 부작용은 이류가수들의 불완전고용이었다. 그러나 한편으로 이것은 중소 지방도시들의 수많은 오페라 극장이 이류가수들을 싼 값에 고용할 수 있었다는 뜻이다.[92]

수준 높은 공연을 원하는 사람은 터무니없이 많은 돈을 내야 했다.

드레스덴 오페라하우스에서 1817년부터 21년까지 연봉 1,500탈러를 받은 카를 마리아 폰 베버에게 주어진 임무는 독일어를 쓰는 오페라단을 설립하고, 오페라를 쓰고 지휘하는 일이었다. 오케스트라는 매우 훌륭했지만, 훌륭한 가수들은 따로 섭외해야 했다. 그는 처음에는 정상급 소프라노 없이도 공연이 가능한 레퍼토리를 짜보려고 애썼지만, 머지않아 콜로라투라 소프라노인 카롤리네 빌만이나 드라마틱 소프라노인 빌헬미네 슈뢰더 드프린트 같은 스타가 필요하다는 걸 깨달았다. 그 무렵에 제1소프라노가 받는 보수는 5,000탈러였다. 제2소프라노 한 명과 제1테너 두 명은 2,000탈러씩 받았다. 세 번째 등급의 소프라노쯤 가야 베버와 똑같은 급료에 만족할 터였다.[93] 그래도 베버는 그나마 제1바이올린 주자보다는 많이 받았다.

그러므로 큰돈을 받는 슈퍼스타는 새로운 현상이 아니다. 몇몇 직업과 활동분야는 소수의 사람들에게 아주 거액의 보수를 제공하는데, 특히 무대에 오르거나 텔레비전이나 영화에 출연하는 연기자들과 운동선수들이 거금을 받는다. 교사나 제빵사에게는 이런 일이 일어나지 않는다. 연기자나 운동선수의 벌이는 그가 동원할 수 있는 사람들의 수에 어느 정도 비례해서 커진다. 축구선수들은 축구장을 가득 메운 2만 명의 관중 앞에서나 수억 명의 사람들이 텔레비전으로 그들을 지켜볼 때나 똑같이 열심히 뛴다. 그러나 후자의 경우에 생기는 총수입은 어마어마하게 커지고, 그 돈의 일부는 이들 재능 있는 개인 각자의 몫으로 돌아간다. 이렇게 큰 보상은 더 많은 새내기를 그 직업으로 끌어들이고, 그래서 그들 사이의 경쟁은 더욱더 치열해진다. 그 결과 재능이 더 뛰어난 이들(또는 더 나은 홍보체계를 갖춘 이들)이 더 많이 벌게 되는데, 그것은 슈퍼스타를 보거나 듣는 데에 들어가는 비용이 이류 재능인을 보거나 듣는 데에 쓰는 비용보다 아주 비싸지는 않기 때문이다.[94] 그러므로, 19세기의 주연급 소프라노가 무척 많은 보수를 받은 것처럼 보일지도 모르지만, 사실 그녀가 텔레비전과 라디오 방송, 음반 같은 현대적 커뮤니케이션 수단을 이용했을 때 받았을 돈에 비해서는 훨씬 덜 받은 셈이다.

19세기에도 슈퍼스타가 되기는 쉽지 않았다. 오페라에서 노래할 때의 규율은 굉장한 비범함을 요구한다. 오페라는 복잡하고 까다로운 형식이어서, 노래하는 능력뿐 아니라 목소리로 '연기'하는 능력까지 갖추어야 한다. 한순간도 긴장이 풀려서는 안 된다. 공연 한 회 한 회가 이루 말할 수 없을 만큼 중요하다. 많은 돈을 지불한 대중은 그보다도 훨씬 많은 것을 기대한다. 철도시대가 열리기 전의 끊임없는 여행으로 인한 피로, 신체적 조건을 최상으로 유지해야 한다는 압박, 더 젊고 더 적임인 맞수들의 등장으로 빚어지는 쉼 없는 경쟁, 처음엔 훌륭한 가수가 등장했다고 찬사를 늘어놓고서 이젠 몰락의 이야기를 쓰고 싶어 안달하는 비평가들의 평가와 같은 이런저런 온갖 어려움 때문에, 제아무리 균형감각이 탁월한 사람일지라도 심각한 불안에 휩싸이곤 했다.

하지만 그 어떤 경우에도, 유명한 가수들이 받는 거액의 보수는 오페라 제작비에서 일부분에 지나지 않았다. 오페라단에는 다른 가수들, 작곡가, 리브레토 작가, 지휘자, 오케스트라 단원들, 무대 담당자들, 배경을 색칠하고 의상을 만드는 여러 직인들이 있었다. 거기에 더해 프롬프터, 경영진, 오페라하우스의 나머지 직원들도 있었다.[95] 그 엄청난 비용을 충당할 만큼 청중이 많았던 경우는 거의 없다. 그렇기 때문에 어떤 형태로든 늘 보조금이 필요했고, 그게 없으면 다른 수입원을 찾아야 했다.

작곡가들과 음악 스타들은 이르게는 18세기 초부터 '글로벌'(다시 말

도니체티가 자신을 염두에 두고 작곡했던 오페라 〈안나 볼레나〉에 출연한 당대 최고의 벨칸토 가수 주디타 파스타. 영국 튜더 왕조의 헨리 8세와 앤 불린 이야기를 바탕으로 한 이 오페라는 1830년에 밀라노의 카르카노 극장에서 초연되었다.

해 유럽) 시장과 마주하고 있었다. 배우들은 언어 세력권의 제약을 벗어나기 어려웠지만, 오페라 스타들은 드넓은 국제무대를 주름잡았다. 안젤리카 카탈라니는 스물한 살에 이미 베네치아, 리보르노, 로마, 피렌체, 트리에스테, 밀라노를 포함한 이탈리아 전역에서 노래한 경험을 가지고 있었다. 그 뒤로 그녀는 리스본, 마드리드, 파리, 런던(1806~13), 독일 전역, 덴마크, 스톡홀름, 브뤼셀, 암스테르담, 바르샤바, 상트페테르부르크, 브뤼셀과 더블린에서 무대에 섰고, 마지막으로 1832년 11월에 밀라노의 라스칼라에서 그 특출한 경력의 대미를 장식했다.[96]

소프라노들은 군중을 끌어들였을 뿐만 아니라 작곡가들에게도 영향을 끼쳤다. 영화제작사가 특정한 배우를 염두에 두는 것처럼, 작곡가들은 특정한 가수를 위해 특정한 역을 썼다. 바로 그렇게 해서, 벨리니는 주디타 파스타를 위해 〈몽유병 여인〉과 〈노르마〉를 썼다. 도니체티도 〈안나 볼레나〉를 쓸 때는 주디타 파스타를, 〈람메르무어의 루치아〉를 쓸 때는 파니 페르시아니를 염두에 두었다.[97] 로시니가 1815~23년에 작곡한 오페라 18편 가운데 10편은 (그의 아내가 된) 이사벨라 콜브란을 위한 작품이었다.[98]

많은 가수들이 자신의 교섭력을 알고 있었고, 그것을 최대한으로 이용해 거액의 출연료는 물론이고 작품의 공연방식에 관해서도 꽤나 강력한 발언권을 요구했다. 독일의 소프라노로, 괴테를 격분시키고도 그로부터 대단한 찬사를 받은 카롤리네 야게만은 바이마르 궁정극장의 스타였다. 1802년에 그녀는 지휘자와 말다툼을 벌였다. 지휘자는 모차르트의 〈돈 조반니〉에서 야게만이 부를 돈나 안나의 아리아의 빠르기를 결정하는 것은 그녀가 아니라 자신이라고 주장했다. 그러나 야게만은 지휘자를 무시하고, 청중의 갈채와 격려 속에서 오케스트라보다 빠른 속도로 아리아를 불렀다.[99]

남성은 비르투오소로서 영향력을 발휘할 수 있었다. 이쪽은 피아노와 바이올린이 완벽하게 지배했다. 미천한 시장바닥 악사와는 전혀 다른 새로운 부류의 순회연주자들이 등장했다. 파가니니, 리스트, 쇼팽은 살롱과 연주회장에서 비르투오소로 활약했다. 뒷날 남성들은 음악 공연의 중심 무대를 장악하고, 지휘자를 프리모우오모의 위치로 끌어올려 프리마돈나의 패권에 맞서게 된다.

제15장

오페라

이탈리아 장르, 오페라

스펙터클, 쇼, 드라마, 연극, 연극적인 재현 따위는 고대부터 말과 더불어 노래와 음악을 이용해왔다. 우리가 지금 오페라(이탈리아어로는 '작품' 일반을 뜻한다)라고 부르는 가극은 후기 르네상스 이탈리아에서 생긴 것이다. 오페라는 피렌체에서든, 만토바에서든, 로마에서든, 베네치아에서든 이탈리아어로 공연되었다. 당시 기준으로 볼 때, 초기 오페라들의 청중에는 서로 다른 사회계급, 곧 부르주아와 귀족이 섞여 있었다. 1637년 유럽 최초의 오페라하우스 산카시아노 극장이 그 시절 유럽의 상업 중심지 베네치아에 세워졌다. 그런 상업도시에서조차 오페라를 상업적인 사업으로 여기지 않았다. 오페라는 위신을 세우기 위한 적자사업이었고, 크리스마스 이튿날부터 참회의 화요일까지의 '시즌'에만 공연하는 오락물이었지만, 그것만으로도 전 유럽에서 관광객을 끌어들였다. 1641년 무렵에 베네치아(그때 인구는 15만이었다)에는 벌써 오페라하우스가 네 개나 있었고, 1670년 무렵에는 아홉 개가 있었다. 그리고 1637년에서 78년 사이에 약 150편의 오페라가 작곡된 것으로 추산된다.[1] 베네치아의 상권과 경제력이 쇠퇴를 거듭하는 동안 베네치아의 오페라는 영광을 더해갔다. 베네치아는 이탈리아의 '관광' 중심지였으므로, 이 도시의 오페라는 유럽의 모든 궁정에 알려졌다. 오페라 시즌이 짧아서, 나머지 기간에는 오페라 가수들이 순회공연을 다녔다. 1697~99년에 오스만 제국이 베네치아령 칸디아(지금의 크레타 섬에 있는 이라클리온)를 공격하면서 벌어진 칸디아 전쟁 기간에 베네치아의 오페라하우스들이 문을 닫게 되면서 순회공연은 더욱 활성화되었다.[2]

1820년 무렵까지 이탈리아 오페라를 구성한 것은 매우 인기 있었던 희가극 오페라부파, 그리고 고전주의와 신고전주의 이야기를 토대로 한 정가극 오페라세리아였다. 두 장르 모두 음악의 독창성보다는 가수의 기량에 의존했다. 오페라 대본인 리브레토—오랫동안 리브레토가 음악보다 훨씬 중요하고, 리브레토 작가가 작곡가보다 재능이 뛰어나다고 여겨졌다—는 플롯이 엇비슷해서 모두 청중에게 친숙했고, 끊임없이 되풀이해서 쓰였다.[3] 18세기의 리브레토는 피에트로 메타스타시오(1698~1782)가 완전히 장악했다. 그는 장수를 누리면서도 평생 27편의 리브레토밖에 남기지 않았지만, 헨델, 모차르트, 글루크, 페르골레시, 니콜로 욤멜리를 비롯한 여러 작곡가들이 그의 리브레토들에 800번가량이나 곡을 붙였다. 이를테면 그의 〈티토 황제의 자비〉에는 글루크와 모차르트가 곡을 붙였다. 이탈리아 오페라가 국제적인 성공을 거둘 수 있었던 이유 가운데 하나는 오페라 이야기들이 주류 유럽 문학, 다시 말해 그리스 신화, 로마 역사, 성서, 민담 따위에서 나왔다는 데에 있었다. 나중에는 인기 소설과 연극도 오페라로 각색되었다. 고대 그리스·로마의 고전, 성서, 문학작품(실러, 셰익스피어), 최신 대중문학(월터 스콧 등)을 잘 안다면 이탈리아 오페라를 이해하기 위해 꼭 이탈리아어를 완벽하게 알

메타스타시오는 18세기 리브레토의 황제였다. 왼쪽부터 메타스타시오, 테레사 카스텔리니, 18세기를 풍미한 카스트라토 파리넬리, 그 옆에 1750년 무렵에 이 그림을 그린 화가 야코포 아미고니가 보인다.

필요는 없었다. 뒷날 할리우드 제작사들은 이 플롯들을 거리낌없이 재구성하곤 했다.

이탈리아 오페라는 외국에서도 보통 이탈리아인 가수와 이탈리아인 연주자에 의해 이탈리아어로, 이른바 이탈리아 특유의 창법으로 공연되었다. 오페라를 즐기는 데에 언어는 전혀 장애가 되지 않았다. 플롯이 대체로 비슷했고, 교양 있는 귀족들은 이탈리아어를 할 줄 알았으며, 청중 대부분은 대사는 물론 음악에도 거의 신경을 쓰지 않았기 때문이다. 그러나 대도시에도 오페라의 잠재고객은 많지 않았다. 그래서 가수와 연주자는 더 많은 청중을 만나기 위해 끊임없이 순회공연을 다녀야 했고, 그것은 오페라의 국제화를 촉진했다. '밍고티 이탈리아 오페라 순회공연단'은 오페라를 유럽 왕실들에 수출했고, 이런 극단들의 열정적인 활동으로 이탈리아 오페라의 패권은 더욱 굳건해졌다. 남성 가수 세 명, 여성 가수 다섯 명으로 이루어진 이 순회공연단은 1730년대와 1740년대에 독일, 덴마크, 오스트리아 제국을 누비며 프라하, 그라츠, 프랑크푸르트, 드레스덴, 코펜하겐, 브르노 등지에서 활발히 공연을 벌였다. 브르노에서는 이 공연단 덕에 새 오페라하우스 타베르나 극장(지금은 레두타 극장)이 문을 열었다.[4]

그 시절의 기술력(또는 기술력의 부족)을 고려할 때, 오페라는 아주 빠르게 발전한 것으로 보인다. '최초'의 오페라는 1607년에 클라우디오 몬테베르디가 작곡한 〈오르페오〉로 추정된다. 이 작품은 그때의 관습을 깨는 획기적인 사건이었는데, 그때도 '음악을 위한 연극'이 있기는 했지만 〈오르페오〉만큼 음악적으로 복잡한 작품은 없었기 때문이다. 불과 20년 만에 오페라는 합스부르크 제국 거의 전역에 전파되었고, 1627년에는 바르샤바에 있는 지그문트 3세의 궁정에까지 이르렀다. 당시 정치적으로 막강했던 나라 가운데 쇠퇴하는 스페인과 부상하는 프랑스만이 이 새로운 외래 장르를 받아들이기를 꺼렸다. 프랑스와 스페인의 지역주의가 오페라의 진입을 가로막은 것이었다. 마드리드에서 공연된 최초의 오페라는, 스페인 황금시대의 다작 극작가 로페 데 베가의 『사랑 없는 숲』에 지금은 소실된 이탈리아 곡을 붙인 작품으로 보인다. 프란체스코 사크라티의 작품 〈미친 척하는 여인〉—원작은 역시 소실되었다—은 1645년에 프랑스에서 초연될 때 최고 권력자 마자랭 추기경(이탈리아 출신이었다)의 후원을 받았다. 하지만 프랑스어로 번역하고 프랑스인 무용수와 가수들을 써야만 했는데, 그래도 기악 연주자들과 안무가, 무대 디자이너는 이탈리아인이었다.[5] 이 공연이 성공한 데에는 노래보다 화려한 무대효과 덕이 컸다.

피렌체 출신인 잠바티스타 룰리는 1646년 열네 살 나이에 프랑스로 건너가, 이탈리아 음악을 프랑스인의 취향에 맞게 개작하면서 대사를 말하듯이 노래하는 레치타티보 양식(라신의 비극에 쓰인 알렉상드랭 시형詩形과 흡사한)을 도입했다.6) 륄리는 장 바티스트 드 륄리로 개명해 프랑스 사람이 되었다. 그리고 왕실 음악교사가 되었고, 파리에서 오페라를 독점으로 공연할 권리를 왕에게서 얻어냈으며, 프랑스에서 오페라를 인기 장르로 만들었다.

독일에서는 가장 부르주아적인 도시 함부르크에서 제일 먼저 오페라가 발전하기 시작했다. 30년전쟁(1618~48)을 거치면서 상업적 번영이 급격히 쇠퇴하기는 했지만, 함부르크는 1678년에 독일 최초의 오페라하우스를 세울 만큼 여전히 부유한 도시였다. 주요 작곡가들은 대부분 독일인이었지만, 대개는 이탈리아 오페라를 각색하고 표절하고 모방했다. 1695년 무렵부터 1720년에 이르는 약 25년 동안 함부르크의 오페라를 지배한 이는 라인하르트 카이저였다. 그는 오페라 수십 편을 작곡했고 아리아 몇 편을 이탈리아어로 썼다. 카이저 주변에는 재능 있는 음악가가 많았다. 그 가운데 전직 바이올리니스트였던 하프시코드 연주자가 아주 유명해졌는데, 그가 바로 게오르크 프리드리히 헨델이다. 이탈리아어로 쓰인 헨델의 초기 오페라 〈알미라〉와 〈네로〉(지금은 소실되었다)는 함부르크에서 초연되었다.7) 그러나 야망이 있는 독일 작곡가라면 이탈리아 양식을 배우러 이탈리아로 가야만 했다. 이탈리아에 머무르는 동안(1705~10) 헨델이 이탈리아 오페라를 얼마나 완벽하게 터득했던지, 그의 오페라 〈아그리피나〉는 베네치아에서 초연(1709)되었다. 공연은 주목할 만한 성공을 거두었고, 헨델은 이탈리아에서 얻은 명성 덕에 1710년에 하노버 음악감독으로 임명되었다.

1711년에 헨델은 영국으로 건너갔다. 영국에서는 존 블로의 〈비너

필리프 메르시에가 1720년 무렵에 그린 게오르크 프리드리히 헨델. 하노버 선제후의 귀국명령에 불복하고 런던에 남았던 헨델이, 영국 왕이 되어 나타난 전 고용주 조지 1세의 노여움을 풀기 위해 템스 강에서 뱃놀이를 하는 왕 앞에서 〈수상음악〉을 초연했다는 일화도 있지만, 화해의 계기가 된 작품과 시기에는 이설이 많다.

스와 아도니스〉(당시의 '가면극'이었다)와 헨리 퍼셀의 〈디도와 아이네아스〉(1689) 같은 '토착' 작품 덕분에 오페라가 인기를 얻어가고 있었다. 이 작품들은 부분적으로 영국 궁정의 스펙터클 전통에 바탕을 두었지만 프랑스와 이탈리아의 요소들도 담고 있었다. 그러나 헨델의 〈리날도〉가 거둔 성공에 가려 이 두 작품은 곧 빛을 잃고 말았다. 헨델은 계약상 하노버로 돌아가야 했지만, 음악가가 독일보다 돈을 많이 벌 수 있는 런던에 남기로 했다. 그런데 하필이면 1714년에 전 고용주였던 하노버 선제후가 영국 왕 조지 1세가 되어 런던에 나타나는 바람에 헨델은 잠시나마 난처한 상황에 놓이게 되었다. 하지만 두 사람은 곧 화해했다. 독일 오스나브뤼크 출신인 조지 왕은 철저한 독일인이었고, 끝내 영어를 제대로 익히지 못했다. 조지 왕은 궁정에 독일어를 하는 이가 또 한 사람 있다는 게 반가웠다. 게다가 유명인이 아닌가. 헨델은 곧 왕실 음악교사가 되어 왕가의 자식들에게 음악을 가르쳤고, 아들 조지 2세 시대까지 오랫동안 왕실의 후원을 받았다. 영국에서 오페라가 문화생활로 자리매김한 것은 퍼셀의 선구적인 노력보다 헨델 덕분이었다. 1720년 무렵 헨델은 헤이마켓에 있는 킹스 극장 소속 왕립음악원의 음악감독이 되었다. 1730년까지 그는 최고의 오페라 작품들(〈줄리오 체사레〉, 〈타메를라노〉, 〈로델린다〉 등인데, 모두 이탈리아어로 쓰였다)을 작곡했고, 카스트라토 세네시노와 프리마돈나 프란체스카 쿠초니, 파우스티나 보르도니 같은 유럽 대륙 최고의 가수들을 런던으로 끌어들였다.[8]

오페라는 17세기에 처음 생긴 이래 18세기 말까지, 근본적으로 이탈리아 장르였다. 작곡가와 가수 대부분이 이탈리아인이었기 때문이기도 했지만, 리브레토가 이탈리아어로 쓰였고 음악 양식도 이탈리아 양식을 따랐기 때문이기도 했다. 헨델, 글루크, 하이든, 모차르트 같은 위대한 독일 오페라 작곡가들도 모두 대체로 이탈리아 양식에 따라 오페라를 작곡했다. 그러나 독일 작곡가들, 특히 글루크는 점차 이탈리아 오페라의 관습에 불만을 품었고, 미사여구와 불필요한 장식을 제거하여 단순한 형태로 돌아감으로써 오페라를 개혁하려고 했다. 글루크는 확실히 공중의 분위기를 간파하고 있었다. 그때까지 청중의 호응을 얻지 못했다는 것은 곧 이탈리아 오페라가 제대로 된 경쟁자가 없었던 탓에 그때까지 권세를 누려왔다는 뜻이었다. 사실상 몬테베르디의 〈포페아의 대관식〉(1642)과 치마로사의 〈비밀결혼〉(1792, 조지 콜먼의 영국 희곡을 따온 작품) 사이에 나온 이탈리아 오페라 가운데 페르골레시의 〈마님이 된 하녀〉(1733)를 빼면, 오늘날 공연 레퍼토리에 남아 있는 작품은 거의 없다. 가장 유명한 이탈리아 작곡가 비발디도 40편이 넘는 오페라를 썼지만, 그의 협주곡 〈사계〉는 해가 갈수록 유명해지는 데에 반해, 그의 오페라는 지난 세기에 그 어디에서도 정기적으로 공연되지 않았다.

그러나 글루크가 인기를 끌었다고 해서 이탈리아 오페라의 권세가 끝났다고 생각하면 오산일 것이다. 글루크의 작품 가운데 가장 뛰어나고 가장 오래도록 인기를 끈 〈오르페오와 에우리디케〉(1762)는, 음악적으로 말하면 프랑스 양식의 영향을 받은 이탈리아 오페라다. 영국의 발라드 오페라나 독일의 징슈필(노래극)처럼 뚜렷이 구별되는 장르들을 제외하면, 이탈리아 양식을 빼고는 이용할 수 있는 오페라 양식이 하나도 없었다. 글루크는 〈오르페오와 에우리디케〉에 이탈리아 리브레토를 채택했지만, 그것은 메타스타시오 것이 아니라 자기 친구인 이탈리아 시인 라니에리 칼차비지 것으로, 그 무렵의 일반적인 리브레토와 같은 터무니없이 복잡한 장식이 없는 명쾌한 플롯의 리브레토였다.

그럼에도 당시의 맥락에서 글루크는 '반反이탈리아'풍 오페라의 대표주자로 급부상했고, 이탈리아 오페라를 선도하던 작곡가 니콜로 피친니의 최대 맞수가 되었다. 그 무렵에는 파리 전체가 피친니파와 글루크파로 나뉘었다고 한다. 파리오페라 극장은 비상한 마케팅 수완을 발휘해, 두 사람에게 똑같은 텍스트 『타우리스의 이피게네이아』를 바탕으로 오페라를 작곡해달라고 요청했다. 글루크는 최대한 프랑스어처럼 들리도록 만들었다. 결국 이탈리아 오페라를 프랑스 음악취향으로 '개작'한 글루크의 오페라가 획기적인 성공을 거두었다.9) 글루크의 성공은, 이탈리아 오페라를 쓰기 위해 꼭 이탈리아인일 필요는 없다는 것을 보여주었다. 지나치게 대담한 비교인지는 몰라도, 1970년대 이탈리아의 '스파게티 웨스턴'(1960년대 중반에 등장한 서부영화 하위장르로, 대부분 이탈리아 스튜디오에서 제작되어서 붙은 이름)이 좋은 서부영화를 만들기 위해 꼭 미국인일 필요는 없다는 것을 증명했듯이 말이다. 모차르트는 이탈리아 양식의 오페라 전통을 이어갔다. 특히 모차르트의 걸작 세 편 〈피가로의 결

'단순성, 사실성, 자연스러움'으로 바로크 오페라의 기교와 과장을 극복한 '오페라의 개혁자' 크리스토프 빌리발트 글루크. 조제프 뒤플레시스의 1775년 작품. 글루크는 이탈리아, 프랑스, 독일 오페라의 양식을 융합하여 가수에 편중된 오페라에서 '음악이 리브레토에 봉사하는 오페라'로 개혁을 이루어냈다.

혼〉, 〈여자는 다 그런 것〉, 〈돈 조반니〉의 리브레토는 모두 이탈리아인 로렌초 다 폰테가 쓴 것이었다.

하나의 문화장르가 이렇게 한 나라와 긴밀히 연관되는 경우는 드물다. 19세기에 독일, 러시아, 프랑스 작곡가들의 진출로 이탈리아 오페라의 권세가 약해지고 있을 때에도, 공중은 여전히 오페라 하면 '이탈리아'를 떠올렸다. 20세기에 영화가 본질적으로 미국 장르가 된 것과 마찬가지다. 오페라 레퍼토리가 대부분 글루크의 〈오르페오와 에우리디케〉(1762)와 푸치니의 〈투란도트〉(1926) 사이에 작곡된 작품들로 한정된다는 점도 이탈리아 오페라의 지배력을 잘 보여준다. 오페라 레퍼토리에 관한 영어로 된 표준 안내서 구스타브 코베의 『오페라 전서』 제9판(1976)을 보면, 19세기의 이탈리아 오페라는 61편(21편이 베르디 작품)이 실려 있는 데에 비해 프랑스 오페라는 36편, 독일 오페라는 31편(12편이 바그너 작품)이 실려 있다. 물론 개별 오페라 작품의 명성은 시대의 흐름에 따라 계속 달라진다. 모차르트의 〈여자는 다 그런 것〉은 1939년 이전에는 거의 공연된 적이 없었다. 코베가 쓴 바로 위의 유명한 오페라 참고서 초판(1922)에는 베르디의 〈돈 카를로스〉가 빠져 있고, 〈운명의 힘〉도 거의 언급하지 않는다.

　이탈리아 오페라의 권세는 끊임없이 도전을 받아왔는데, 무엇보다도 18세기 초 프랑스의 도전이 거셌다. 이것은 예술적인 도전인 만큼이나 정치적인 도전이었고, 후원과 기금을 얻기 위해 온갖 논거들을 동원하는 치열한 싸움이었다—보기 드문 상황은 아니다. 그러나 이탈리아 오페라를 지지하는 측의 로비가 강했다. 프랑수아 라그네가 쓴 『음악과 오페라 분야에서의 이탈리아인과 프랑스인 비교연구』(1702)를 읽은 프랑스 작곡가들은 틀림없이 불쾌했을 것이다. 이 책은 이탈리아 오페라와 음악을 프랑스 작품들과 나란히 놓고는, 온갖 방법을 동원해서 이탈리아 작품을 돋보이게 한다. 이탈리아 음악은 언어도 더 음악적이고 아리아도 더 낫고 음악도 더 흥미진진한데, 프랑스 음악은 단조롭고 지루하다. 이탈리아인 카스트라토들은 프랑스 여성 가수들보다 노래도 잘 부르고 연기도 잘한다. 프랑스에 륄리가 있다는 것은 인정하지만, 륄리는 원래 이탈리아 출신이고, 그마저 죽은 지금 프랑스에는 아무도 없다는 식이었다.[10] 50년이 지난 뒤에도 장 자크 루소는 여전히 프랑스 오페라를 헐뜯었다. 루소는 『프랑스 음악에 관한 편지』(1753)에서 프랑스어는 음악에 아주 부적합하고 프랑스어로 부르는 노래는 참고 들어주기 어려울 정도라고 잘라말했다. 18세기 중반에 파리에서 이탈리아 오페라가 성공을 거두면서, 논쟁이 되살아났다. 그런데 왜 이탈리아인들이 더 성공했을까? 낭만주의의 민족성 이론은 그 성공을 단순히 '이탈리아인의 음악적 천재성' 덕으로 돌리곤 했다—이와 같은 19세기 관념들은 진부한 상투어로 적당히 바뀌어 20세기 들어서도 살아남았다(미국인의 발명 재간, 프랑스인의 임기응변, 영국인의 공명정대함, 독일인의 뛰어난 기술력, 그리고 찬사의 느낌은 덜하지만 '흑인의 천부적인 리듬감각', '유대인의 뛰어난 사업감각' 따위).

이탈리아 오페라의 진정한 성공 요인은 프랑스와 이탈리아 작곡가들이 처했던 대조적인 환경에서 찾아야 한다. 프랑스 작곡가들은 소수의 엘리트를 위해 작곡했으며, 국내시장은 전적으로 파리에 집중되어 있었고 또 전적으로 파리에 의존하고 있었다. 이탈리아 작곡가들은 이탈리아에서 성공하는 것 이상의 야망은 없었지만, 몇몇 오페라 대중심지—베네치아, 피렌체, 나폴리, 밀라노, 로마—와 다수의 소중심지를 위해 작곡했다. 그리고 독창성과 화려함이 떨어지는 작품, 촌스럽고 따분한 작품을 솎아내는 냉혹한 선별과정을 거쳐야 했다. 그 과정을 통과한 승자들은 선배들이 구축해놓은 '메이드 인 이탤리'라는 '상표'의 막대한 이점을 누리면서 전 유럽을 누빌 수 있었다. 프랑스 작곡가들은 오직 파리만 신경썼지만, 이탈리아 작곡가들은 적어도 오페라에 관해서는 '세계적'으로 생각했다.

그러나 이탈리아 오페라의 성공을 작곡가와 공연자의 탁월한 실력으로 환원해버려서는 안 된다. 일류 오페라하우스가 시즌을 준비하는 복잡하고 조직적인 사업 가운데 작곡가와 공연자는 눈에 보이고 귀에 들리는 일부분에 지나지 않았다. 시즌 준비는 그 일을 위해 극장에 고용된 흥행주의 몫이었다. 머지않아 흥행주들은 공연자와 작곡가를 끌어모으고 '시즌'을 제작하는 능력을 지닌 사업가가 되었다. 19세기 첫 25년 동안 이탈리아에서 가장 중요한 흥행주는 도메니코 바르바이아(1778~1841)였다.[11] 그는 웨이터로 일을 시작해 나중에 초콜릿과 커피, 휘핑크림을 섞은 음료수를 팔아 이탈리아 전역의 미식가들을 즐겁게 해주면서 돈을 벌었다. 1809년에 바르바이아는 나폴리에 있는 산카를로 극장에서 도박사업권을 얻어 룰렛을 들여왔다. 그 도박사업으로 돈을 번 그는 오페라로 사업을 확장했다.

1815년, 바르바이아는 떠오르는 스타 조아키노 로시니를 산카를로 극장의 작곡가 겸 미술감독으로 임명하는 6년짜리 계약을 맺음으로써 유망한 신세대를 등용하는 데에 이바지했다. 로시니가 맡은 임무는 1년에 오페라 두 편을 작곡하고 옛 작품들의 재공연을 감독하는 일이었다. 로시니는 연봉에 더해 도박 수입에 대한 배당금도 받았다. 1825년에 바르바이아는 밀라노의 라스칼라 극장 흥행주까지 겸하게 되어, 산카를로와 라스칼라 두 극장을 위해 작곡가 빈첸초 벨리니를 고용했고, 1827년에는 도니체티와 3년짜리 계약을 맺었다. 바르바이아는 1840년까지 대표적인 흥행주로서 나폴리 오페라계를 주름잡았다. 처음으로 로시니의 천재성을 알아보았던 그는 벨리니, 도니체티, 카를 마리아 폰 베버의 경력에서도 중추적인 역할을 했고, 그들에게 종종 작품을 의뢰하는 한편 아주 유명한 가수들을 섭외했다. 여기에는 이탈리아의 조반니 다비데, 프랑스의 아돌프 누리, 최초의 '높은 도음High Cs의 왕' 질베르 뒤프레 같은 당대 최고의 테너들과 위대한 마리아 말리브란, 저명한 주디타 파스타, 유명한 소프라노로 바르바이아의 정부였다가 로시니의 아내가 된 이사벨라 콜브란이 포함되었다. 바르바이아는 이탈리아 밖으로까지 사업을 확장해 1822년에 빈의 캐른트너토어 극장을 임대해 로시니의 오페라 여섯 편을 무대에 올렸다.[12]

바르바이아는 유리한 정치적 환경 속에서 활동했다. 1799년 나폴리의 부르봉 왕가 군주가 나폴레옹에게 추방당하고, 나폴레옹의 형 조제프

1831년 로시니의 오페라 〈기욤 텔〉의 이탈리아 초연에 출연한 질베르 뒤프레. 알프레드 다르주의 그림. 뒤프레는 이 공연에서 높은 도음을 팔세토 창법으로 부르던 다른 테너들과는 달리 최초로 흉성으로 불러 '높은 도음의 왕'이라는 별명을 얻었다. 그는 벨칸토 창법으로 부르던 테너 조반니 루비니와 어두운 음색의 힘찬 목소리를 지녔던 테너 도메니코 돈첼리에게 영감을 받아, 테너의 새로운 범주 '영웅 테너'가 되었다.

보나파르트가 1806년에 나폴리 왕이 되었다. 그 뒤를 이어 1808년 8월에 나폴레옹 휘하의 장군 조아생 뮈라가 왕위에 올랐다. 뮈라 덕분에 나폴리의 극장은 완전히 재편되었다. 뮈라는 바르바이아를 등용해, 1737년에 지어진 산카를로 극장을 근대화하는 일을 맡겼다. 나폴리는 당시의 이탈리아에서 오페라의 수도로 꼽혔다. 이곳에는 도메니코 치마로사와 조반니 파이시엘로 같은 유명한 작곡가들이 있었다. 호화로운 산카를로 극장은 아름답게 꾸며졌고, 각각의 박스석이 흡사 응접실의 축소판이었다.[13] 이런 화려한 장식에 자금을 대려면 후원이 필요했지만, 후원금은 넉넉하지 못했다. 그래서 라스칼라 극장을 포함한 대부분의 오페라하우스는 도박장을 겸해야 했다. 사람들은 대개 술을 마시고 도박을 하러 휴게실 입장료를 내고 그곳에 들어갔다. 객석에 들어가 오페라를 보고 싶은 사람은 추가로 돈을 냈다. 1815년에 나폴리 왕위를 되찾은 부르봉 왕가는 새로운 도덕관을 좇아 산카를로 극장의 도박면허를 폐지했다. 그러나 바르바이아는 계속 고용할 수밖에 없었는데, 그것은 그의 명성이 워낙 대단해서 건드릴 수가 없었고, 그 명성 덕분에 들어오는 많은 자금으로 나폴리 극장들의 질을 높일 수 있었기 때문이다. 산카를로 극장은 1816년에 화재로 잿더미로 변했지만, 1년 만에 똑같이 화려한 모습으로 재건되었다—그로부터 180년 뒤인 1996년에 화재로 무너진 베네치아의 라페니체 극장을 재건하는 데에는 8년이 넘게 걸렸다.

이탈리아 오페라는 직간접적으로 유럽 전역에서 승리를 거두었다. 빈 황실, 베르사유의 루이 14세 왕실, 스페인(이탈리아를 좋아하는 펠리페 5세가 이탈리아 오페라 전용으로 로스카뇨스 극장을 세웠다), 함부르크, 바이로이트, 드레스덴, 런던, 베를린 등도 다를 게 없었다.[14] 어디서나 이탈리아 오페라를 찬미하고 모방하고 표절했다. 덜 유명한 이탈리아 작곡가들은 더 유명한 이탈리아인들의 성공에 힘입어 자신을 홍보할 수 있었다. 이탈리아는 아리아, 칸타타, 칸초네, 칸초네타, 세레나타, 실내악 이중창 같은 세속적인 성악 전체를 지배했다. 그 생산량은 엄청났지만, 그 가운데 일부만 출간되었다. 대부분은 직업가수나 재능 있는 아마추어의 사적인 공연을 위해 작곡된 것이었다. 반면에 오페라는 더 많은 공중을 위한 것이었다.

오페라 작곡가는 일단 입지를 다진 다음엔 곧바로 작품을 시장에 쏟아내는 게 유리했다. 프란체스코 카발리는 40여 편을 작곡했고, 알레산드로 스카를라티는 70편이 넘게 작곡했으며, 지금은 자신이 작곡한 적도 없는 아다지오로 훨씬 더 유명한 토마소 알비노니는 50여 편을 작곡했다. 오페라는 돈이 많이 드는 장르였다—공연예술을 통틀어 가장 비용이 많이 든다. 18세기 런던에서는 오페라 좌석값이 일반 극장 좌석값보다 네 배나 비쌌다. 제작비는 계속 늘어났는데, 그랜드오페라의 경우에는 특히나 가파르게 올라갔다. 알레비의 〈유대 여인〉(1831)이 파리오페라 극장에서 공연될 때 무대장치 비용으로 4만 4,999프랑이 들었고, 마이어베어의 〈악마 로베르〉(1835)에는 4만 3,545프랑이 들었다. 1867년 베르디의 〈돈 카를로스〉를 제작하는 데에는 공연자들 인건비를 빼고도 12만 4,288프랑이나 들었다. 날마다 새롭게 발생하는 소소한 비용 때문에 제작비가 늘어나기도 했다. 마이어베어의 〈아프리카 여인〉은 합창단과 엑스트라들을 흑인으로 분장시키는 비용으로 매일 밤 128프랑이 들었다(이 오페라는 100회나 공연되었다).[15]

1721년에, 런던 헤이마켓에 있는 킹스 극장(1837년 이후로 허매저스티스 극장Her Majesty's Theatre이 되었는데, 군주의 성별에 따라서 Her가 다시 His로 바뀌기도 했다) 정기회원은 오페라 공연 50회를 볼 수 있는 회비로 20기니를 냈다. 정기회원들은 상아를 조각해 만들거나 은으로 만든 표를 받았는데, 이 표는 양도할 수도 있어서 2차시장이 생겨났다. 19세기 초에는 히즈매저스티스 극장 박스석 회원비가 180기니에서 300기니로 단계적으로 상승했다. 이제 오랫동안 박스석을 임대해왔던 귀족계급만으로는 오페라 시즌 내내 200석의 박스석을 채울 수 없게 되어, 박스석은 신흥 부르주아지에게도 개방되었다. 19세기 중반에 이르자 귀족 전용으로 남겨두었던 박스석까지 부르주아가 차지하기 시작했다. 서적상들은 특별할인가로 표를 대량매입해 런던 밖에 사는 이들에게도 팔기 시작했다. 그때쯤에는 철도를 이용해 런던에 쉽게 올 수 있었기 때문이다.[16] 결국 '대중'(중간계급 상층)이 귀족 전용석까지 접수해 그곳을 제대로 된 문화공간으로 바꾸었다. 이 시기에는 윌리엄 실드, 존 에이브럼 피셔, 찰스 디브딘, 토머스 린리 같은 지금은 모두 잊힌 수십 명의 영국 작곡가들이 코번트가든에 모인 군중을 즐겁게 해주었다.

극장의 부르주아화는 어디서나 빠르게 진행되었다. 1792년 베네치아에서는 발레와 오페라세리아를 공연하는 라페니체 극장이 문을 열었다. 18세기의 경제 쇠퇴와 위기로 베네치아의 극장 수가 줄어들기는 했지만, 새로운 흥행주들은 오히려 그것을 사업기회로 삼았다. 조반니 갈로는 산베네데토 극장(1810)과 산조반니그리소스토모 극장(1819)을 사들였고, 베네치아의 또 다른 흥행주 주세페 캄플로이(1794~1889)는 1852년에 산사무엘레 극장을 사들여 복원했다. 이때쯤 베네치아는 극장 중심지로는 이류로 전락했고, 이탈리아의 다른 도시, 특히 나폴리와 밀라노가 극장계를 지배하고 있었다. 골도니의 도시 베네치아는 프랑스에서 연극을 수입하고 있었다—오페라만 이탈리아 것이었다.[17]

18세기 말에서 19세기 중반까지, 이탈리아 반도 여러 나라의 수도에서는 발코니석과 스톨석을 갖추어 오페라와 연극을 모두 공연할 수 있는 대형극장들이 생겨났다. 또 새로 짓거나 증축한 오페라 극장들이 이탈리아 전역에서 문을 열었다. 밀라노에서는 1776년 화재로 소실된 레조두칼 극장 자리에 새롭게 라스칼라 극장이 1778년 문을 열면서 안토니오 살리에리의 〈에우로파 리코노시우타〉를 무대에 올렸다. 1801년에는 트리에스테에서 그란데 극장이, 1804년에는 피아첸차에서 누오보 극장이, 1808년에는 크레모나에서 콘코르디 극장이 문을 열었고, 카타니아에서는 1812년에 벨리니 극장이 문을 열었다. 이렇게 오페라하우스가 늘어날 수 있었던 것은 이탈리아 반도가 여러 나라로 쪼개져 있어서 저마다 왕실과 귀족들이 있었기 때문이다. 왕실마다 자기만의 오페라하우스를 원했다. 곧이어 도시들도 자기만의 오페라하우스를 가지고 싶어했고, 지역 명망가들은 필요한 자금을 마련하려고 애썼다. 모든 것이 수도에 집중되었던 프랑스나 영국과 달리, 정부의 조사자료에 따르면 이탈리아에는

1868년 무렵 775개의 극장(연극과 오페라를 모두 공연하는)이 있었다. 오페라하우스는 나폴리와 밀라노뿐 아니라 베네치아, 파도바, 베로나, 파르마, 만토바, 페라라, 모데나, 라벤나, 루카, 피렌체(라페르골라 극장), 제노바(카를로펠리체 극장), 로마(아르젠티나 극장, 코스탄치 극장), 토리노(레조 극장), 볼로냐(코무날레 극장)에도 있었다. 포 강 유역에는 장날에 오페라 공연을 열기에 알맞은 규모의 도시가 많았다. 1830년에서 95년 사이에 에밀리아로마냐 지방에서 적어도 한 번은 오페라 공연이 열린 소도시는 43곳이었다.[18] 이 극장들은 대부분 18세기의 전통적인 '벌집' 구조로 지어졌다. 사회적 위계를 반영한 이런 구조(박스석, 스톨석, 그리고 입구가 따로 있는 꼭대기 관람석)는 유럽 전역에서 모방되었다.[19]

이탈리아와 마찬가지로 여러 나라로 쪼개져 있었던 독일 전역에서도 여기저기에 오페라 극장이 생겼는데, 드레스덴에는 좌석이 2,000석이나 되는 대형 오페라하우스가 세워졌고(1719), 1742년에는 베를린의 운터덴린덴 로에 린덴오퍼 극장이, 바이로이트에는 로코코 양식의 마르크그래플리헤스 오페라하우스가 세워졌다.[20] 1825년에 러시아 모스크바에서는 페트롭스키 극장이 불탄 자리에 볼쇼이('크다'는 뜻) 극장이 문을 열었다. 물론 젊은 피와 새로운 돈이 이 극장들을 채워야 했다.

파리오페라 극장에는 1788년에도 여전히 박스석 회원이 369명 있었지만, 1819년 무렵에는 66명밖에 없었다. 회원들의 계급에도 변화가 있었다. 1788년의 회원들은 주로 귀족이었지만, 1820년대에는 왕정복고에도 불구하고 회원명단에 보통사람들 이름이 많았다. 프랑스 혁명은 오페라의 상업화를 엄청나게 가속화했다. 1791년에 제헌의회는, 파리에 있는 모든 극장이 파리오페라 극장에 작품사용료를 내도록 강제했던 '특권'체제를 폐지했다. 이제 누구나 극장을 열고 어떤 오페라와 연극이든

마테우스 푀펠만이 설계한 드레스덴 오페라하우스는 2,000명을 수용했는데, 7년전쟁으로 극장 재정이 어려워지기 전에는 왕실의 초대를 받은 청중이 무료로 입장했다. 칼 하인리히 야콥 펠링의 그림이다.

상연할 수 있게 되었다. 당연히 파리오페라 극장은 심각한 타격을 입었다. 오페라를 보러 가는 이들은 여전히 엘리트였지만 전과는 다른 새로운 엘리트였다. 이제 청중 대다수는 1회 입장권 구매자, 한마디로 뜨내기 관객이었는데, 파리 밖에서 온 이들이 많았다고 한다. 파리오페라 극장은 관광명소가 되어가고 있었다.[21]

종교적인 관념과 귀족들의 관습이 지배했던 세상은 오페라의 공연에 제약을 가했다. 사순절 기간에는 모든 공연이 금지되었고, 일요일(아직도 일요일에는 오페라 공연을 금지하는 나라가 많다)과 종교 축일에도 금지되었다. 귀족 후원자들이 여름을 시골 영지에서 보내는 관습도 오페라 시즌을 제한했다.[22] 특히 가톨릭 국가들에서는 오페라 시즌이 크리스마스에서 참회의 화요일까지로 아주 짧았다. 프로이센 같은 개신교 국가들에서는 11월에서 3월까지로 조금 더 길었고, 공연은 일주일에 두 번 있었다. 지방 극장들은 그나마 가수들을 끌어모으려면 대도시들의 시즌을 피해야 했다.

폭넓은 청중에 대한 새로운 관심은 극장계, 특히 오페라 극장계의 변모를 반영하는 것이었다. 새로운 극장들의 건물구조는 극장이 왕실의 관습 및 위계질서에서 벗어났다는 징표였다. 파리 포르트생마르탱 극장의 모든 박스석 내부는 민주적으로 똑같이 장식되었다.[23] 몇몇 지역에서는 오페라의 부르주아화가 조금 더 점진적으로 진행되었다. 1884년까지도 볼로냐 코무날레 극장의 개인 소유 박스석 36개는 여전히 귀족 차지였다.[24] 그렇지만 이탈리아 귀족은 독일 귀족과 마찬가지로 오히려 '부르주아'나 사업가에 가까웠고, 통일 전에도 나라마다 궁정이 있어서 귀족 작위가 많았는데 이것이 통일 후에는 더 많아졌다는 사실을 떠올릴 필요가 있다.

독일에는 이미 부르주아계급이 선호하는, 흔히 '저급' 오페라로 여기던 오페라 장르가 따로 있었다. 바로 징슈필이었다. 징슈필은 대체로 희극적 오페라로, 아리아 다음에 대화체 대사가 이어지곤 했다—영국의 발라드 오페라(존 게이의 유명한 〈거지 오페라〉가 대표적이다)와 다르지 않았다. 징슈필은 초기에는 대부분 라이프치히에서 만들어지다가 서서히 독일어권 도시들로 퍼져나갔다. 징슈필은 아주 인기 있는 장르여서, 19세기에는 오페레타로, 20세기에는 가장 인기 있고 이윤을 많이 내는 극형식, 곧 뮤지컬로 진화했다.

징슈필은 플롯에서 노래와 노래가 아닌 부분을 명확히 구분했다. 따라서 노래는 서사의 제약에서 벗어나 그냥 희곡의 삽화쯤으로 쓰일 수 있었다. 징슈필은 18세기에 절정을 이루었다. 모차르트의 〈후궁으로부터의 도주〉(1782)와 〈마술피리〉(1791)는 이 장르의 가장 유명한 예일 테지만, 전형적인 징슈필 작품이라고 보기는 어렵다. 〈마술피리〉는 모차르트가 새로운 황제 레오폴트 2세의 눈 밖에 났을 때 작곡한 작품이다. 돈이 궁했던 모차르트는 극장 흥행주이자 배우 겸 가수, 순회공연단 단장이던 에마누엘 시카네더의 의뢰를 받아들여 징슈필을 썼다. 시카네더는 '저급'장르와 셰익스피어(그때만 해도 흔히 저급장르로 공연되었다) 전문가였다.

그러나 모차르트는 재정적인 이유로 〈마술피리〉 작곡을 두 번 중단했다. 한 번은 유명한 레퀴엠을 쓰기 위해서였고, 또 한 번은 레오폴트 2세의 보헤미아 왕 즉위를 축하하는 오페라를 작곡해달라는 의뢰를 받아들였기 때문이다. 그 오페라가 〈티토 황제의 자비〉였다. 그 대가로 모차르트는 200굴덴과 언론의 호평을 받았지만, 새로운 황후는 이 작품을 '독일 쓰레기'라고 폄하했다.[25] 그러나 〈후궁으로부터의 도주〉를 비롯한 모차르트의 이탈리아풍 오페라가 모두 그렇듯이, 〈마술피리〉는 관객들의 대대적인 호응을 얻었고, 빈을 제외한 독일어권 전역에서 큰 성공을 거두었다. 모차르트가 1791년 12월에 죽지만 않았더라면, 레퀴엠 후원자나 보헤미아 왕에게 받은 돈보다 이 '저급한' 〈마술피리〉로 벌어들인 돈이 더 많았을 것이다. 이 작품을 프랑스어로 개작한 〈이시스의 신비〉(406쪽 참조)는 1799~1809년에 가장 많이 공연된 오페라 가운데 하나였다.[26] 국제적인 명성을 얻은 최초의 오페라인 〈이시스의 신비〉는 스톡홀름 오페라하우스(1812년 5월 30일) 무대에도 올랐고, 그후 50년 동안 179회나 공연되었다.[27]

하인리히 마르슈너(1795~1861), 알베르트 로르칭(1801~51)처럼 독일 양식에 충실했던 독일 작곡가들의 작품은 독일에서는 100년 뒤에도 널리 공연되었지만, 다른 나라에서는 별로 공연되지 않았다.[28] 모차르트

1789년에 베를린에서 열린 징슈필 〈후궁으로부터의 도주〉 공연에 참석한 모차르트(가운데). 해적들에게 납치되어 오스만 제국 총독에게 노예로 팔려간 연인 콘스탄체와 시종들을 구하려는 스페인 귀족 벨몬테 이야기인 이 징슈필을, 모차르트는 잘츠부르크 대주교와 아버지한테서 독립하게 되는 시기인 1782년, 스물여섯 살 때에 작곡했다.

이후로는 바그너가 등장하기 전까지, 카를 마리아 폰 베버 같은 몇몇 예외를 빼면, 슈베르트, 슈만, 멘델스존, 브람스처럼 아주 유명한 독일 작곡가들은 오페라를 멀리했거나 오페라로는 전혀 성공을 거두지 못했다. 슈베르트는 평생 유료 오페라 청중 앞에서 공연한 적이 단 한 번도 없었다. 베토벤은 오페라를 딱 한 편 남겼는데, 그나마 대작(〈피델리오〉)을 남겼다. 죽은 작곡가들(모차르트 같은)이나 살아 있는 이탈리아 작곡가들(특히 네 거장 로시니, 벨리니, 도니체티, 베르디)이 오페라하우스를 지배하는 동안, 독일 작곡가들은 사람 목소리를 위해 작곡할 때면 대부분 특수한 장르, 곧 리트Lied(노래)를 작곡했다. 노래는 상업적으로는 보잘것없었지만, 노래 작곡가는 오페라를 상연하자고 누군가를 설득하지 않고도 성공할 수 있었다. 노래는 악보로 출판되고 판매되어, 급격히 팽창하던 중간계급의 응접실에서 널리 공연되었다. 이 공연에 필요한 것이라고는 목소리가 좋은 젊은 남자(젊은 여자가 노래하는 경우는 드물었다)와 피아노 정도였고, 주로 젊은 여자가 피아노 반주를 맡았다.

러시아 오페라는 민족문학과 민담에 더욱 깊이 뿌리박고 있었다. 푸시킨은 글린카의 〈루슬란과 류드밀라〉, 차이콥스키의 〈예브게니 오네긴〉, 〈마제파〉, 〈스페이드 여왕〉, 무소륵스키의 〈보리스 고두노프〉, 다르고미시스키의 〈석상 손님〉(돈 후안 이야기를 각색한 작품), 림스키 코르사코프의 〈금계〉, 〈술탄 황제 이야기〉에 영감을 주었다. 독일에서는 그 계보가 더 복잡하다. 베토벤의 〈피델리오〉는 프랑스 연극을, 카를 마리아 폰 베버의 〈마탄의 사수〉(1821)는 독일 이야기를 바탕으로 한 것이었지만, 베버의 〈오이뤼안테〉(1823)와 〈오베론〉(1826)은 프랑스 이야기를 각색한 것이었다(〈오베론〉의 리브레토는 '청색문고'로 나온 프랑스 행상문학을 토대로 한 영어 리브레토였다). 알베르트 로르칭의 〈황제와 목수〉는 독일에서만 인기를 끌고 다른 나라에서는 그렇지 못했는데, 바탕이 된 작품은 프랑스 연극이었다. 바그너가 등장하면서 독일의 관심은 고대 게르만 신화로 옮겨갔다. 드보르자크는 체코 민담과 슬라브 민담을 오페라로 각색했다(〈악마와 케이트〉와 〈루살카〉).

주제와 오페라의 플롯은 지역에 토대를 둘 수도 있었고, 몇몇 민속적인 가락과 교회음악이 가미되기도 했지만, 작곡은 늘 국제적이었고, 이 장르의 일인자들이 정립한 기준을 따랐다. 1840년에 교향곡을 작곡하면서 모차르트, 하이든, 특히 베토벤을 무시한다는 것은 불가능한 일이었다. 국제적인 하나의 양식이 있었다. 미하일 글린카 같은 국민음악파 작곡가조차도 다른 러시아 작곡가들처럼 이탈리아와 독일에서 유학하면서 그런 기준을 배울 수밖에 없었다. 독일 출신인 자코모 마이어베어(원래 이름은 야코프 리프만 베어였다)는 프랑스 그랜드오페라의 대표자가 되었는데, 그도 1815년에 베네치아에서 교육을 받았고, 로시니 양식을 채택했으며, 여섯 편의 이탈리아풍 오페라를 작곡한 뒤에야 자기 나름의 고유한 양식을 발전시켰다.

빛나는 별, 로시니

19세기 이탈리아의 위대한 오페라 작곡가들은 이탈리아의 주요 문학작품을 거의 이용하지 않았다. 그들은 실러나 빅토르 위고, 스콧, 괴테, 스페인 희곡이나 셰익스피어를 선호했다. 로시니가 작곡한 오페라 39편 가운데 열세 편은 프랑스 작품을 각색한 것이었고, 세 편은 영국 작품을, 한 편은 독일 작품을 각색한 것이었다. 샤를 10세의 대관식을 기념해 로시니가 파리에서 작곡한 오페라 〈랭스 여행〉은 이탈리아가 배경인 유명한 프랑스 소설(스탈 부인의 『코린 또는 이탈리아』)에서 영감을 얻은 작품이었다. 프랑스 작곡가들도 자국 작가들의 작품을 피했는데, 그렇다고 이탈리아 작곡가들처럼 계획적으로 그런 건 아니었다. 베를리오즈와 구노는 괴테와 셰익스피어의 작품을 각색했고, 비제는 월터 스콧과 메리메의 작품을 각색했다.

1801년에 나폴레옹은 이탈리아풍 오페라 전용극장인 이탈리앵 극장(처음에는 오페라부파라고 불렸다)을 세웠다. 그 시절의 파리에서 가장 인기 있는 작곡가는 치마로사였다. 커다란 성공을 거둔 오페라부파 〈비밀 결혼〉은 1792년에 빈에서 초연되었고, 1793년에는 라스칼라 극장에서, 1794년에는 런던에서 상연되었으며, 10년 뒤에도 파리에서 여전히 인기가 있었다. 그 인기는 20년 뒤 조반니 파이시엘로의 〈세비야의 이발사〉(1782)가 누렸던 인기 못지않았다. 이탈리아의 새로운 작품들이 파리에

일흔세 살의 조아키노 로시니. 에티엔 카르자의 1865년 사진. 이탈리아 고전 오페라 최고, 최후의 작곡가 로시니는 1822년에 파리의 이탈리앵 극장에서 공연된 154편 중 119편이, 1825년에 공연된 174편 중 129편이 그의 작품이었을 만큼 명성을 떨쳤다. 그는 서른여덟 살에 서른여덟 편의 오페라를 가지고 있었다.

서 공연될 때 많은 이탈리아 가수들이 출연했다는 사실은 이탈리아 작곡가들이 거둔 성공을 분명히 보여준다.

그 무렵 프랑스에서 활동하던 이탈리아인이 아닌 주요 가수들, 이를테면 로르 생티, 쥘리 도뤼, 코르넬리에 팔콩 같은 이들은 모두 확실하게 이탈리아 진영에 속해 있었다. 가장 인기 있는 남성 가수 아돌프 누리는 로시니에게 훈련받은 이였다. 이탈리아어로 된 오페라 용어들도 체계적으로 도입되었다. 프랑스어 '샹퇴즈chanteuse'[여가수]는 이탈리아식으로 '캉타트리스cantatrice'가 되었다. '프리마돈나'라는 용어와 함께 '라 말리브란'처럼 프리마돈나의 이름 앞에 정관사 '라la'를 붙이는 이탈리아식 어법도 널리 퍼졌다.[29]

1820년대에 이르러 이탈리앵 극장은 파리의 대표적인 극장이 되었다. 19세기에 활동한 흥행주 모리스 스타르코슈는 회고록에서, 1848년

제15장 · 오페라   497

혁명 전까지 이탈리앵 극장의 회원이 된다는 것은 귀족 작위를 다는 것이나 마찬가지였다고 말했다.[30] 이탈리앵 극장은 파리의 극장 가운데 회원 수가 가장 많았다. 모차르트의 이탈리아풍 오페라 세 편을 다 폰테의 원작 리브레토로 처음 공연한 극장도 이곳이었다. 다른 주요 오페라하우스들에 미친 영향도 꽤 컸다. 파리오페라 극장과 오페라코미크 극장도 직접 로시니 작품을 상연하거나 이탈리아풍을 채택한 작곡가들을 옹호하는 식으로 이탈리아 유행을 따랐다.[31] 이탈리앵 극장이 이룩한 쾌거는 로시니를 설득해서 극장감독으로 삼은 일이었다. 로시니는 뛰어난 행정가는 아니었지만 왕정복고 사회에서 이탈리앵 극장을 왕실의 자랑거리로 바꿔놓았다. 1823년 로시니가 파리에 왔을 때 이미 청중은 로시니의 음악에 열광하고 있었다. 로시니 작품의 막이 오를 즈음이면, 극장은 이미 경청할 준비를 마친 청중으로 꽉 들어차 있었고 늦는 사람은 거의 없었다. 〈알제리의 이탈리아 여인〉(1817), 〈행복한 착각〉, 〈세비야의 이발사〉(1819), 〈이탈리아의 터키인〉, 〈토르발도와 도를리스카〉(1820), 여기에 〈도둑 까치〉를 포함한 세 작품(1821), 〈탄크레디〉, 〈이집트의 모세〉, 〈체네렌톨라〉(1822), 〈랭스 여행〉, 〈세미라미데〉(1825), 〈젤미라〉(1826) 등등, 로시니 오페라의 공연 행렬은 결코 멈추지 않을 것처럼 보였다. 1822년에 이탈리앵 극장에서 공연된 154편 가운데 119편이, 1825년에는 174편 가운데 129편이 로시니 작품이었다. 파리에서 로시니는 〈랭스 여행〉(1825)으로 시작해서 〈기욤 텔〉(1829)로 끝맺을 때까지 새로운 오페라 다섯 편을 작곡해서 무대에 올렸다. 로시니가 벌어들인 수입도 꽤 많았다. 로시니는 작곡가가 오페라 한 편으로 벌어들이는 수입을 공연당 250프랑으로 정한 1816년 법령에 따라 받은 보수 외에도 1만 프랑을 추가로 받았다.[32]

1843년의 이탈리앵 극장. 칸막이가 없는 2층 발코니석이 특징인 프랑스식 원형극장을 보여준다. 파리의 부르주아 청중은 배타적인 공간을 고집하지 않아서 이탈리아의 극장들보다 박스석이 확연히 적었다.

로시니는 숭배의 대상이었다. 1823년 11월, 파리에서 그를 위한 성대한 축하연이 열렸다. 이 일은 2주 뒤, 외젠 스크리브와 에드몽 마제르가 쓴 보드빌 〈파리의 로시니 또는 성대한 만찬〉 공연에서 풍자되었다. 로시니는 런던에서도 큰돈을 벌었다. 킹스 극장에서 받는 공연료 외에도 로시니는 수많은 사석과 공석에 참석하는 대가로 사례금을 받았다. 그냥 어떤 자리에 '참석'만 해도 사례금이 50기니였다. 그는 주디타 파스타, 안젤리카 카탈라니, 마누엘 가르시아, 이사벨라 콜브란 같은 당대 최고의 가수들에게 자신의 가장 유명한 아리아들을 부르게 하는 독주회를 조직해 판촉 효과를 높이기도 했다.[33]

로시니의 오페라 공연을 본다는 것은 대단한 사건이었다. 1819년에 베네치아에 있었던 바이런은 이렇게 썼다. "최근에 산베네데토 극장에서 로시니의 멋진 오페라 공연이 있었다. 로시니가 직접 하프시코드를 연주했는데, 사람들이 그를 졸졸 따라다녔고, 그에게 왕관을 씌워주었고, '기념으로' 그의 머리카락을 잘랐다. 로시니는 갈채를 받았고, 그에게 소네트를 지어 바쳤으며, 그를 위한 축하연이 열렸다. 로시니는 그 어떤 황제도 따를 수 없는 불멸의 명성을 얻었다." 한 영국인 여행자는 직공들이 로시니 음악을 휘파람으로 부는 소리를 자주 들었다고 한다.34) 1824년 9월 20일 저녁 6시, 헤겔이 프라하에서 빈에 도착했다. 그는 7시쯤 적당한 여인숙을 발견했는데, 7시 30분경에는 벌써 로시니의 〈세비야의 이발사〉를 보러 오페라 극장에 가 있었다. 나중에 헤겔은 아내 마리에게 보내는 편지에 이렇게 썼다. "이탈리아 오페라 입장료를 낼 돈과 나중에 집에 돌아갈 여비만 충분하다면 계속 빈에 머물고 싶소." 베를린의 비평가들은 로시니에 대해 반신반의했지만, 청중은 그의 작품을 사랑했다. 헤겔은 베를린 비평가들에겐 로시니와 이탈리아 가수들의 재능을 제대로 평가할 능력이 없다고 보았다. "공단貢緞이 위엄 있는 숙녀를 위한 것이고, 파테 드 푸아그라가 교양 있는 미식가를 위한 것이듯, 로시니의 음악은 오직 이탈리아인의 목소리를 위해 창조된 것이다."35)

로시니는 뛰어난 재담가이자 유명한 미식가라는 평판 덕분에 더욱 명성이 높아졌다. 라메종도레 레스토랑의 위대한 주방장 카지미르 무아송은 유달리 육즙이 많고 콜레스테롤이 높은 요리를 로시니의 이름을 따서 투르느도 로시니tournedos Rossini—파테 드 푸아그라를 얹은 소고기구이—라고 불렀다. 1843년에 로시니가 이탈리아에 머물다 파리로 돌아왔을 때, 두 달 전부터 그를 만나겠다고 대기자명단에 이름을 올려놓은 이가 2,000명이나 있었다.36) 로시니는 1829년 서른일곱 나이에 재능을 소진했다. 그는 은퇴나 다름없는 생활을 시작했고, 계속 관심의 중심에 있긴 했지만, 더는 새로운 오페라를 작곡하지 않았다. 어쩌면 심각한 우울증에 빠졌던 것인지도 모르지만, 그래도 로시니는 죽는 날까지 풍족하게, 여자들에게 사랑받으면서, 그의 재치와 온화함을 찾는 사람들에 둘러싸여 아주 잘 살았다.

작가들도 로시니를 찬미했다. 스탕달은 『로시니의 생애』(1823)를 썼다. 스탕달의 책이 으레 그렇듯이 로시니보다는 자기 자신에 대한 책이긴 했지만. 스탕달은 "나폴레옹이 죽은 뒤로 나폴리는 물론 모스크바에서도, 빈은 물론 런던에서도, 캘커타는 물론 파리에서도 매일 같이 회자되는 사람은 딱 한 명뿐"이라고 잘라말했다.[37] 발자크도 기회 있을 때마다 로시니를 칭찬했다. 그는 『결혼 계약』을 로시니에게 헌정했고, 『잃어버린 환상』에서는 로시니를 '새로운 음악스타'라고 불렀으며, 『랑제 공작부인』에서는 로시니의 작품을 '최고로 신성한 음악'이라고 표현했다.[38] 『마시밀라 도니』에는 로시니의 〈이집트의 모세〉에 대한 논의가 몇 쪽에 걸쳐 나오는데, 여기서 주인공은 오직 한 명의 이탈리아인만이 학대받는 민중의 불만을 느낄 수 있었다며 이렇게 외친다. "당신네 늙은 독일 거장들, 헨델, 제바스티안 바흐, 심지어 당신 베토벤도 무릎 꿇으라! 예술의 여왕이, 승리자 이탈리아가 여기 있도다!"[39] 당연한 일이지만, 『팡도르』지의 어느 비평가처럼 의견을 달리하는 이들도 있었다. "현명한 대위법에 반항하는 이 저질 음악가…… 로시니 씨로부터 우리를 구원해줄 이는 누구인가?"[40] 1868년에 로시니가 죽었을 때, 『타임스』는 "로시니의 몇몇 오페라들이 사멸하려면 음악이라는 예술 자체가 사멸해야만 할 것"이며 로시니의 죽음으로 "19세기의 가장 비범한 천재이자 가장 온화한 영혼이 떠났다"고 썼다.[41] 이와 달리 베를리오즈는 『회고록』에서 "로시니가 파리 사교계에 불붙인 맹목적인 추종에 나는 격렬한 분노를 느꼈다"고 썼다.[42]

로시니의 등장으로 프랑스 음악 옹호자와 이탈리아 오페라 옹호자 사이에 벌어졌던 18세기 중반의 대논쟁은 종지부를 찍었다. 이탈리아 오페라의 승리였다.[43] 그러나 19세기 오페라의 수도는 파리였다. 파리의 권세가 너무 세서, 산카를로 극장이 있는 나폴리도 라스칼라 극장이 있는 밀라노도 적수가 되지 못했다. 로시니와 베르디를 시작으로, 주요 이탈리아 작곡가들도 일단 이탈리아에서 명성을 얻으면 궁극적으로는 파리에서의 성공을 좇았다. 파리는 작곡가의 성공을 세계적으로 공인해주는 역할을 했다. 고유한 음악 전통이 없었던 런던이 제2의 오페라 중심지였고, 19세기 말에 빈을 대체한 베를린이 세 번째였다. 뉴욕(또는 할리우드)의 시대는 아직 오지 않았다.

프랑스와 영국의 인기 작가들이 거둔 성공이 유럽 나머지 나라들에서 상업적인 대중문화가 발전하는 것을 가로막았듯이, 오페라 분야에서 이탈리아인들과, 정도는 덜하지만 독일인들과 프랑스인들이 거둔 성공은 다른 유럽 국가들에서 오페라가 성장하는 것을 가로막았다. 스페인은 마누엘 가르시아(로시니의 〈세비야의 이발사〉에 나오는 백작 역할을 처음 맡았던 가수)와, 그보다 더 유명한 딸 마리아 말리브란(같은 오페라에 나오는 로시나를 처음 맡았던 가수로, 그때는 가르시아 양이었다) 같은 위대한 가수들을 배출하기는 했지만, 사실상 19세기 내내 오페라는 단 한 편도 생산하지 못했다. 가극 분야에서 스페인이 이룬 주요 업적은 사르수엘라라는 스페인 특유의 오페레타였고, 이 음악을 수출할 수 있는 곳은 라틴아메리카뿐이었다. 스페인과 마찬가지로 영국은 19세기 말까지 본질적으로 음악(특히 오페라)의 생산자보다는 소비자에 가까웠다. 영국은 20세기 후반, 음악 분야에서 경쟁자들이 대부분 사라진 뒤에야 벤저민 브리튼을 통해 두드러진 성공을 거두었다. 브리튼은 세계적인 명성을 얻은 사실상

마누엘 가르시아는 1816년 2월 20일 로마의 테아트로 아르젠티나에서 초연된 〈세비야의 이발사〉에서 알마비바 백작 역을 맡았는데, 로시니는 아예 그 역을 가르시아를 염두에 두고 작곡했다고 한다. 그림은 1821년께에 파리 이탈리앵 극장에서 〈오델로〉가 공연되었을 때 오델로 역을 맡은 가르시아의 모습으로 짐작된다.

유일한 영국 작곡가였다. 그 밖에 영국은 스페인처럼 고유의 경가극을 생산했는데, 윌리엄 길버트와 아서 설리번이 이 경가극을 독점하다시피 했다. 경가극은 런던 관객들을 즐겁게 해주었지만, 미국과 '백인' 식민지들을 빼면 다른 나라에서는 거의 공연되지 않았다.

유럽 나머지 나라에서 오페라, 나아가 음악의 발전은 민족의식의 성장과 연관이 있었다. 오페라 제작에 막대한 비용이 든다는 것은 곧 현실적인 상업기반에서 오페라를 무대에 올리기가 아주 힘들다는 뜻이었다. 따라서 오페라 제작은 귀족의 후원이나 중간계급의 재정지원에 의존했다. 중간계급은 자국어로 된 오페라를 원했는데, 한편으로는 민족주의적인 이유 때문이었고 또 한편으로는 상층계급과 달리 그들은 이탈리아어를 전혀 몰랐기 때문이었다. 이런 현실은 토착 작곡가들에게 어느 정도 이점으로 작용했다. 그래서 중간계급이 성장하지 못한 러시아는 주로 국가의 지원을 통해 오페라 전통을 만들어냈고, 그것은 보헤미아(지금의 체코 서부 지역)와 헝가리도 마찬가지였다. 체코, 러시아, 폴란드에서 '최초'의 오페라가 공연된 날짜를 오도하는 주장들이 흔히 제기되긴 하지만, 그런 발전은 19세기 중반 이후에야 이루어졌다.[44] 폴란드는 일찍 시작하긴 했지만, 1795년에 나라가 분할된 뒤로는 왕실 후원이 뚝 끊기는 바람에 독자적인 오페라 발전이 타격을 입었다. 확실히 국가(또는 왕실)의 지원은 필수였다. 그럼에도 폴란드는 문화적 민족주의 정신이 아주 강해서, 대부분 외국 오페라를 모방한 것이긴 했지만 1830년까지 130여 편의 오페라를 제작했다.[45] 리브레토를 폴란드어로 번역하는 일은 훨씬 간단했다. 그래서 바르샤바 국립극장에서는 로시니의 오페라가 주로 폴란드어로 공연되었다. 누구도 로시니가 천재라는 것을 의심하지 않았기 때문에 언론에서는 그의 오페라들의 본질적인 가치는 따지지 않았지만, 가수들의 연기에 관해서는 오페라 전통이 약한 나라로서 로시니의 음악에 적합한 연기자들을 배출하기 어려운 현실을 한탄했다.[46] 이후의 발전을 보면 좋은 목소리는 어느 나라에서나 나올 수 있다는 것을 알 수 있다. 20세기 후반의 위대한 소프라노들은 뉴질랜드(키리 테 카나와), 오스트레일리아(조앤 서덜랜드가 대표적이지만, 이미 20세기 초에 넬리 멜바가 있었다), 그리스(마리아 칼라스), 노르웨이(키르스텐 플라그스타트), 스웨덴(비르기트 닐손, 그에 앞서 19세기에는 예니 린드가 있었다)에서 배출되었다. 이런 국제화는 이탈리아 오페라가 전 세계로 뻗어나간 현실을 반영했다.

제16장

연극

딱 한 번뿐인 예술

음악은 마침내 기록으로 남길 수 있게 되었다. 1870년대에 처음으로 박으로 덮인 회전실린더에 기록된 다음, 음악은 왁스실린더, 플랫디스크, 자기磁氣테이프, 셀락레코드, 비닐레코드, 오디오카세트에 기록되었고, 드디어는 콤팩트디스크에 디지털 방식으로 기록되었다. 그러나 연극은 본질상 기록으로 남길 수가 없다. 설령 필름이나 오디오테이프로 보존한다고 하더라도, 각각의 공연은 딱 한 번으로 지나가버린다. 연극은 오로지 사람들의 기억 속에서만 살아 있다. 마지막 공연이 끝나면, 무대장치는 해체되고 의상과 소도구는 다른 공연에서 재활용된다. 연극을 어떻게 준비하고 무대에 올렸는지를 정확히 기록한 문서는 거의 없다. 모든 것이 스르르 녹아 사라진다.[1] 남는 것은 오직 대본뿐이다.

연극은 대체로 청중이 아무것도 모르는 상황 한가운데서 시작한다. 서서히 조명이 밝아오면, 무대 위의 인물은 보통사람이 현실에서는 절대로, 또는 거의 하지 않을 법한 낯선 방식으로 행동한다. 극중에서 그는 오래전부터 알고 지낸 다른 등장인물들과 대화하면서 자기 자신과 자신의 과거에 대해 많은 것을 드러낸다. 이렇게 비현실적인 대화는 입센의 희곡 같은 이른바 사실주의 또는 자연주의 극에서나, 해럴드 핀터와 사뮈엘 베케트의 현대극에서나 가리지 않고 나타난다. 등장인물들이 극중에서 대화를 나누는 방식은 현실 속의 일상대화와 닮은 구석이 조금도 없다.

연극은 '연기로 표현하는' 이야기다. 중세의 도덕극에서 사회주의 선전극까지, 제아무리 교훈적이고 선동적인 연극일지라도 이 사실엔 변함이 없다. '논픽션' 연극은 결국 설교로 그치고 말 것이다. 책으로 나온 희곡은 필연적으로 연극보다 훨씬 넓은 범위를 포괄할 수 있다. 그러나 연극은 책보다 오래되고 보편적인 형태다. 연극은 글말이 없는 사회를 포함해 거의 모든 사회에서 찾아볼 수 있다. 글말은 기록 보존, 회계, 연대기를 위한 것이고 이따금 오락거리가 되기도 한다. 그러나 연극은 명백히 종교적이거나 정치적인 메시지를 담고 있다 해도 언제나 오락의 한 형태다.

연극을 정확하게 정의한다는 것은 어려운 문제다. 말로 들려주는 이야기와 연기로 표현하는 이야기를 명확하게 구분할 수 있을까? 장돌뱅이 만담가가 어느 시골 장터에 자리를 잡는다. 그는 자기 이야기를 귀담아듣고 돈을 낼 의향이 있는 사람들에게 이야기를 들려준다. 그는 이야기 속 등장인물인 체하지 않는다. '연기'하지 않는 것이다. 아니, 과연 그럴까? 그는 이야기를 풀어나가다가 잠시 멈추고는, 목소리와 태도를 살짝 바꾸어 지금 말하는 사람은 자기가 아니라 '자기를 통해' 말하는 등장인물이라는 것을 청중에게 알린다. 이러한 해석 행위는 거의 무의식적으로 이루어진다. 아이들에게 '빨간 모자' 이야기를 들려주면서 커다란 나쁜 늑대인 '체할' 때면, 다시 말해 연기할 때면 우리도 목소리를 바꾸지 않는가? 끔찍한 연기가 최고로 존경받는 작가의 희곡을 순식간에 망칠 수 있는 것처럼, 재주가 비상한 이야기꾼은 가장 지루한 이야기에도 그 나름의 생기를 불어넣을 수 있다.

연극에는 대본과 목소리 말고도 필요한 것이 더 있다. 바로 관객이다. 연극은 공공장소에 모인 관객 집단이 다른 집단(배우 한 명이든 여러 명이든)을 '실시간'으로 지켜보는, 집단끼리 맺는 일군의 관계다. 두 집단은 저마다 상상과 공상을 동원해야 한다. 배우들은 자기가 아닌 다른 사람 행세를 한다. 그들은 그리스의 신이거나 팜파탈이며 바람맞은 연인이거나 의지가지없는 떠돌이, 완고한 남편이거나 피에 굶주린 폭군이다. 관객은 배우를 그가 연기하는 '배역'인 것처럼 받아들인다. 관객은 허구인 악당을 미워하고 허구인 주인공에 환호한다. 연극에서 배우와 관객이 만날 때, 그들은 비록 한순간이나마 강렬한 인간적 소망을 채우고, 다른 세상과 다른 자아를 만들려는 욕망을 채운다.

스토리텔링의 기원에 관해 거의 알지 못하듯이, 우리는 연극의 기원에 관해서도 아는 바가 거의 없다. 고대 그리스인들이 연극을 어떻게 공연했는지는 어느 만큼 알고 있지만, 관객에 관해서는 아는 게 거의 없다. 고대 아테네의 극작가는 아크로폴리스 아래 비탈에 자리잡은 디오니소스 극장에서 1년에 한 번, 연달아 네 편의 연극을 무대에 올리곤 했다. 비극 세 편과 짧고 희극적인 '사티로스'극 한 편을 아침부터 해 지기 전까지 공연했다(각 연극에는 막간이 없었다). 그리스 극작가들에 관해서도, 작품이 일부라도 남아 있는 이는 아이스킬로스, 소포클레스, 에우리피데스, 아리스토파네스 네 명뿐이라서 아는 게 거의 없다. 고대 로마의 연극도 사정은 나을 게 없어서, 극작가 플라우투스, 테렌티우스, 세네카 정도가 우리가 아는 전부다. 시간은 기록되지 않은 모든 것을 파괴하는 거인이다. 그리고 파괴를 면한 수많은 작품들은 후대에 와서 잊혔다. 16세기에서 19세기 중반까지 쓰인 수많은 희곡 가운데 오늘날 정기적으로 무대에 오르는 작품은 거의 없다.

아이스킬로스의 '오레스테이아' 삼부작(기원전 458)을 지금 공연한다면, 빠른 속도로 전개해도 다섯 시간은 걸릴 것이다. 첫 번째 작품 『아가멤논』은 출정에 앞서 딸을 신의 제물로 바친 아가멤논이 트로이 전쟁에서 이기고 돌아오자, 간통한 아내 클리타임네스트라가 딸의 복수를 위해 아가멤논을 살해한다는 이야기다. 두 번째 작품 『제주祭酒를 바치는 여인들』은 아가멤논과 클리타임네스트라의 아들 오레스테스가 아버지의 원수를 갚기 위해 어머니와 그의 정부를 죽인다는 이야기다. 세 번째 작품 『자비로운 여신들』에서 오레스테스는 어머니를 죽인 죄로 신들의 법정에 불려가지만, 아폴론 신과 아테나 여신의 중재로 풀려난다. '오레스테이아'의 플롯을 이루는 요소들—제물로 바친 자식, 간통, 남편을 죽인 아내, 어머니를 살해한 아들, 그리고 법정에서 절정에 도달하는 이 모든 요소—이 지난 2,500년 동안 얼마나 공중의 인기를 끌었는지를 강조하는 것은 꽤나 솔깃한 일이다. 그러나 청중은 플롯을 문화적 맥락과 분리해서 받아들이지 않는다. 이를테면, 오늘날 서양의 관객 대부분은 소포클레스의 『안티고네』에서 삼촌인 왕의 금지령을 어기고 오빠의 시신을 매장하는 안티고네에 공감한다. 안티고네는 국가권력에 맞서 자신의 양심을 따르는 용감한 주인공으로 여겨지기 때문이다. 그러나 고대 그리스에서 '양심을 따른다'는 개념은 적절하지 않았을 것이다. 안티고네는 전통적인 종교적 가치를 지킨 것이기 때문이다. 소포클레스의 『오이디푸스 왕』에서, 자신이 아버지를 죽이고 어머니 이오카스테와 결혼했다는 사실을 알게 된 오이디푸스는 죄책감에 번민하다가 스스로 두 눈을 찔러 맹인이 되고 이오카스테는 자살한다. 준비되지 않은 오늘날의 관객이라면,

기원전 4세기에 건축가 폴리클레이토스 2세가 설계한 에피다우로스 원형극장. 애초의 34줄에다가 로마 시대에 21줄을 더한 55줄의 객석을 메운 1만 5,000명의 관객 앞에서 연극들이 상연되었을 것이다.

오이디푸스의 비통한 마음은 이해한다고 해도 오이디푸스와 어머니 이오카스테의 죄책감은 이해하기 어려울 수도 있다. 그들의 '죄'는 고의가 아니었고, 따라서 용서받을 수 있는 것이기 때문이다.

    물론 텍스트는 연극의 한 측면을 나타낼 뿐이다. 연극의 의미를 결정짓는 것은 무대에서 벌어지는 공연이다. 오늘날 그리스 고전극을 보는 관객은 대부분 합창단의 활용이나 신화적인 암시, 원어를 그대로 옮긴 직역을 싫어할 것이다. 어느 평론가의 설명처럼, "오늘날 그리스 비극을 재현한다는 것은 연극적인 방부처리를 한 몸으로 연극적인 행동을 하는 것이다. 고대 아테네의 극장에서 시민들이 함께 향유했던 경험을 복제해내는 것은 불가능에 가깝다."[2] 그리스 연극은 많은 이들에게는 '현대적'으로 보인다. 말할 것도 없이, 정말 현대적이기 때문이 아니라 우리(관객과 배우)가 새로운 의미를 부여할 만큼 그리스 고전극의 결말이 열려 있기 때문이다. 어떤 예술작품이 당면한 현재를 넘어 계속 살아남기 위한 조건 가운데 하나는 '다의적'이어야 한다는 것이다. 곧, 다양한 해석이 가능해야 한다. 고대와 현대 사이의 오랜 기간 동안 신화(종교적 신화를 포함해)는 연극에 필요한 많은 플롯을 제공했다. 4세기에 니사의 성 그레고리우스는 소피스트인 스타기리오스에게 편지를 쓰면서, '배우'(그리스어에서 이 단어는 '놀라운 일을 하는 이'를 뜻한다)들이 어떻게 연극의 주제로 역사적 신화나 고대의 이야기를 골라 청중에게 들려주는지를 묘사했다. 배우들은 가면과 무대의상을 착용하고 배경막으로는 그림이 그려진 벽판을 쓰곤 했다.[3]

성서 이야기와 그리스·로마 신화는 끝없이 각색되어 중세 종교극과 세속극으로 만들어졌다. 영국의 기적극, 독일의 신비극, 이탈리아의 성극, 스페인의 성찬신비극, 프랑스의 신비극과 '예수회'극 따위가 그 예다. 이런 연극은 주로 장터 같은 야외에서 공연되었고, 이따금 교회에서도 전례극으로 공연되었다. 연극 공연은 몸짓과 효과, 의상에 크게 의존했지만, 배경이 민중적일수록 토박이말을 사용하는 것이 불가피했다. 중세 연극을 지배한 교회는 독점권을 잃게 될까 두려운 나머지 연극 공연을 철저히 제한하고 엄중히 검열하거나, 근엄한 배경에서 성서 속 장면을 재현하는 것만 허용하려 했다.

로마인들은 연극 외에 운동경기와 검투사 시합도 열 수 있는 상설 원형극장인 아레나를 지었지만, 16세기까지 연극 공연은 대부분 야외에 설치된 임시무대에서 열렸다. 런던은 1576년에 와서야 배우 제임스 버비지 덕택에 처음으로 공공극장을 갖게 되었다. 셰익스피어 극단이 이용했던 '글로브' 극장은 1599년에 세워졌다. 이 극장은 관객 대부분이 서서 관람하는, 지붕이 없는 건축물이었다. '점잖은' 상설극장에는 초보적

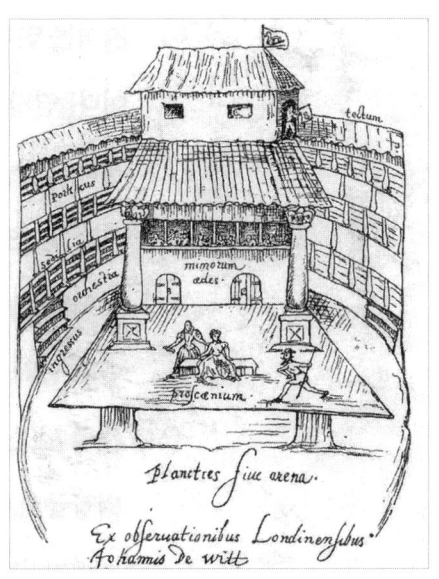

1595년에 영국 런던에서 다섯 번째로 지어진 대형 공중 극장이었던 스완 극장. 이 그림은, 지금은 일실된 네덜란드인 요하네스 드 비트가 쓴 『런던 관찰』에 실린 1596년의 스케치를 아르놀두스 부켈리우스가 베껴둔 것으로, 엘리자베스 1세 시절 영국 극장의 모습을 보여주는 현존하는 유일한 자료다.

인 무대장치만 있거나 아니면 아예 없었지만, 야외 팬터마임이나 신비극에서는 무대장치가 드물지 않게 쓰였다. 배우들은 셰익스피어의 로마극 같은, 과거가 배경인 연극에서조차 그냥 자기들 시대의 옷을 입었다. 그 무렵에 유행한 극장 건축양식은 영국 양식이 아니라, 안드레아 팔라디오의 건축원리에 따라 설계된 비첸차의 올림피코 극장(1580) 같은 르네상스 시대 이탈리아 양식이었다.

    이탈리아인들은 르네상스기에 발전한 회화 기법인 원근법을 이용해 닫힌 공간을 더 넓고 깊게 보이도록 했다. 또 복잡한 기계를 써서 특수효과를 냈다. 17세기 초에는 배경을 그려넣은 회전스크린(텔라리)으로 장면을 전환했다. 이 혁신적인 무대기술들은 곧바로 유럽 전역으로 확산되었고, 이탈리아에서 공부한 이니고 존스(1573~1652)를 통해 영국에도 도입되었다. 그러나 이탈리아는 무대디자인에서는 앞서갔지만, 희곡 전통은 그만큼 발전시키지 못하고 있었다. 이탈리아 연극은 극작가가 필요 없는 코메디아델라르테처럼 배우 중심의 즉흥극이 대부분이었기 때문이다. 배우들은 단순한 플롯과 표준적인 등장인물을 다채롭게 꾸몄다. 희곡을 쓸 줄 아는 이들은 오페라 리브레토를 쓰는 쪽이 더 쉬운 돈벌이라고 생각했다. 이것이 골도니와 카를로 고치를 빼고는 19세기까지 이탈리아에서 주요 극작가가 거의 나오지 않은 이유일 것이다.

코메디아델라르테는 16세기 중반부터 18세기 중반까지 유럽의 상업연극을 지배했다. 이 즉흥극은 늘 똑같이 반복되는 플롯과 상황에 의존했다―대개 나이 든 이들(후견인이나 부모)이 서로 사랑하는, 호감 가는 젊은 남녀의 결혼을 막는다. 공연은 순회극단의 직업배우들이 맡았는데(그래서 예술적 직업에 속한다는 뜻의 '델라르테dell'arte'라는 이름이 붙었다), 각양각색의 청중이 공유하는 언어가 전혀 없었기 때문에 배우들은 주로 음악, 춤, 그리고 무엇보다도 흉내를 많이 활용했다. 가면도 자주 썼다. 대본이 없었으므로 배우들은 공연 내내 관객과 함께 호흡하면서 다양한 관객의 분위기에 맞추어 즉각적으로 반응할 수 있었다.

팬터마임은 코메디아델라르테의 한 변형이었다. 팬터마임에는 대화가 거의 없거나, 아예 없었다. 팬터마임은 이탈리아의 표준적인 등장인물들을 사용했다. 보통 욕심 많은 하인으로 나오는 아를레키노Arlecchino(이 이름은 '할러퀸Harlequin'에서 나왔을 것이다. 그리고 할러퀸은 다시, 앵글로색슨족은 보단이라 부르고 스칸디나비인은 오딘이라 부르던 신의 독일어 이름 에를렌쾨니히Erlenkönig에서 나온 듯하다), 귀부인의 내통자이자 심복 하녀인 콜롬비나, 거칠지만 우스꽝스러운 허풍쟁이 군인 카피타노 스카라무차(때로는 '무어인을 죽인 자'를 뜻하는 카피타노 마타모로스가 되기도 한다), 음탕한 구두쇠 판탈로네(판탈롱은 헐렁한 바지를 입었던 16세기 베네치아의

코메디아델라르테의 등장인물들. 세레나데를 부르는 오른쪽의 판탈로네를 가운데의 잔니와 왼쪽의 아를레키노가 받쳐주고 있다. 프랑스의 앙리 3세 때에 활동한 이탈리아 공연자들을 묘사한 그림이다.

이 극중인물에서 나온 말이다), 매부리코를 가진 풀치넬라 등이 대표적인 등장인물이다. 1660년의 왕정복고 직후에, 영국은 실에 매달아 움직이는 마리오네트를 이용하는 인형극을 이탈리아에서 들여왔다. 18세기 초까지 인형극은 주로 시골 장터에서 공연되는, 인기는 높되 저급한 장르였다. 주요 등장인물은 펀치―이탈리아의 풀치넬라―로, 영국에서는 참을성 강한 아내 조앤 또는 주디를 상습적으로 때리는 남편이 되었다. 그리하여 익살맞은 펀치와 주디 쇼가 태어났다. 19세기 초에 이 쇼는 조지프 그리말디(이탈리아 배우의 아들) 덕분에 정기적으로 공연되었다. 그리말디는 다양한 이탈리아 등장인물들과 엘리자베스 시대의 바보를 혼합해서 '광대 조이'라는 인물을 만들었는데, 아마도 조이의 특징적인 의상 역시 그의 작품일 것이다.[4] 팬터마임은 오늘날에도 남아 있지만, 주로 크리스마스에 부모들이 텔레비전에 찌든 자녀들을 끌고서 일종의 '문화유산' 순례에 나설 때나 찾는 대상이 되었다.

팬터마임은 글로 쓰이지 않았다는 이유만으로도 처음부터 '유식'하지 않은 대중적 장르로 여겨졌다. 그러나 18세기에 들어서면서 대중적 오락과 '진짜' 연극의 구분이 다소 느슨해졌다. 이를테면 1785년 스웨덴의 드로트닝홀름 성 근처에서 벌어진 여흥에는 이것저것이 섞여 있었다. 유명한 프랑스 속담들을 극화한 단편극, 인형극, 이탈리아 오페라부파가 상연되는가 하면, 줄타기 곡예사 스피나쿠타, 묘기 부리는 동물들, 이를 뽑는—그 시절에는 구경거리였다—파리의 바리 박사 등이 출연했다. 그리고 알렉산드라 칼리폴리티도 출연했는데, 그는 이스탄불에 있는 오스만 제국 술탄의 극장에서 온 그리스인 무용수 행세를 했지만 실은 아우구스타 다이스라는 이름의 독일인이었다.[5]

영국 연극은 18세기 중반이 지나서야, 점점 높아지는 셰익스피어의 명성에 힘입어 유럽에 영향을 미치기 시작했다. 셰익스피어는 이미 17세기 중반부터 영국인들에게 '영국 대표 작가'로 인정받았지만, 가장 위대한 유럽 작가 가운데 한 사람으로 인정받으려면 다시 한 세기를 기다려야 했다.[6] 셰익스피어의 작품은 그전부터 번역되었지만, 22편의 희곡은 1762~66년에 크리스토프 마르틴 빌란트에 의해 독일어로 옮겨졌다.[7] 몇 년이 지나 1775~77년에는 독일 독자의 취향에 맞게 적절히 각색된 셰익스피어 전집이 요한 요하임 에셴부르크에 의해 독일어로 번역되었고, 1776~83년에는 피에르 르 투르뇌르에 의해 프랑스어로도 번역되었다.[8]

영국에서 셰익스피어의 명성이 높아진 것은 학자들의 노력이 아니라 배우와 극장 경영진의 노력 덕분이었다. 배우이자 극장 경영자인 데이비드 개릭(1717~79)은 셰익스피어의 작품 24편을 연출했고, 1769년 스트랫퍼드어폰에이번에서 열린 셰익스피어 탄생 200주년 기념행사를 진행했다(실제 셰익스피어의 출생년도는 1564년이다). 프랑스의 문화적 위신이 워낙 대단했기에, 셰익스피어가 유럽 대륙에서 받아들여지려면 먼저 프랑스에서 인정받아야 했다. 볼테르는 독일에서 셰익스피어를 유명하게 만드는 데에 일조했다. 러시아의 예카테리나 2세는 셰익스피어에 관해 볼테르와 많은 편지를 주고받았고, 『윈저의 즐거운 아낙네들』을 프랑스어에서 러시아어로 중역했다. 그러나 볼테르는 셰익스피어에 대해 복잡한 감정을 가지고 있었다. "영국인들이 소포클레스로 여기는 셰익스피어는…… 힘과 능력, 소박함, 장대함으로 충만한 천재지만, 훌륭한 취향이나 법칙에 대한 지식은 티끌만큼도 갖추지 못했다."9) 물론 이 '법칙'은 아리스토텔레스의 『시학』에 나오는 비극의 법칙, 곧 단 하루 동안 벌어지는 갈등을 보여주어야 하고, 결말에 가서는 카타르시스를 불러일으켜야 한다는 법칙을 말한다. 후대에는 여기에 더해, 사건들은 한 장소에서 일어나야 한다, 주인공은 고귀한 태생이어야 한다, 희곡에는 시작, 중간, 결말이 있어야 한다 따위의 법칙들이 덧붙여졌다. 코르네유, 라신, 몰리에르 같은 17세기 프랑스의 위대한 극작가들은 이 법칙들을 철저하게 지켰다. 반면 영국 작가들은 좀처럼 지키지 않았다. 고대 로마의 극작가들도 지키지 않기는 마찬가지였다. 그리고 엘리자베스 시대 영국 희곡에 큰 영향을 끼친 고전작가는, 연극에 관한 글만 썼던 그리스인 아리스토텔레스가 아니라 희곡작가이기도 했던 로마인 세네카였다. 엘리자베스 시대 사람들은 유혈극과 희극을 뒤섞고, 한 작품에서 여러 플롯을 혼합하고, 시간과 공간의 성스러운 통일을 무시하는 세네카의 성향을 좋아했다. 셰익스피어가 채택한 것이 바로 이런 기법이었다.

19세기에 가까워지면서 대륙에서도 그런 법칙들에 대해 의문을 제기하기 시작했고, 거센 저항이 뒤따랐다. 프로이센의 프리드리히 2세('대

윌리엄 셰익스피어를 그린 것으로 추정되는 '챈도스 초상화'. 이 그림을 소장했던 제1대 챈도스 공작 제임스 브리지스에서 따온 이름으로, 존 테일러의 1610년께 작품으로 알려져 있다. 하지만 셰익스피어에 대한 기록이 극히 드물어서, 이 초상화를 포함하여 그의 생애 대부분에 관한 사항이 여전히 베일에 싸여 있다.

왕')은 1780년에 「독일문학론」이라는 논문을 손수, 당연히 프랑스어로, 써서 발표하면서, 셰익스피어의 비고전적 모델을 따르는 독일 연극계의 경향과 '그 가증스럽고 혐오스러운' 통속성을 비난했다. 그 표적은, 셰익스피어를 지지하는 독일 낭만주의의 아버지 요한 고트프리트 헤르더에게서 영감을 받은 괴테의 『괴츠 폰 베를리힝겐』(1773)이었다.[10]

결국에는 너나 할 것 없이 모두가 그 '법칙'을 버리게 되면서, 상황은 셰익스피어 지지자들에게 유리해졌다. 1839년 무렵에 독일에서는, 하이네가 『셰익스피어의 소녀들과 여인들』이라는 책에서 독일인들이 영국인들보다 셰익스피어를 잘 이해한다고 주장할 만큼 셰익스피어 희곡이 유행했다. 1830년대와 1840년대에는 셰익스피어가 러시아 인텔리겐치아의 우상이 되었다. 『햄릿』에 매료된 작가들 가운데에는 청년 미하일 레르몬토프와 표도르 도스토옙스키도 있었다.[11] 19세기를 거치면서, 셰익스피어 희곡의 명성은 독일에서도―이보다는 덜했지만 프랑스에서도―점점 높아졌다. 사람들은 그의 작품에서 인용구를 수집했고, 그의 희곡들을 공들여 무대에 올렸다. 연출가들은 런던으로 달려가 에드먼드 킨이 연기하는 〈햄릿〉을 유심히 관찰한 다음 독일로 돌아와서 비슷한 기법과 원리로 연출한 〈햄릿〉을 상연했다.12)

그렇게 해서, 아직 통신망이 초보적인 수준이었음에도, 유럽 연극문화라고 부를 만한 것이 형성되고 있었다. 이 문화는 여러 지역문화의 혼합은 아니었지만, 물자교환과 비슷한 특징을 가진 체계였다. 다시 말해 몇몇 나라가 특정 분야를 전문화하거나 지배했고, 그 나라들의 문화적 상품은 각 지역의 취향에 맞게 각색되곤 했다. 성공적인 장르는 다시 한층 더 모방되고 개발되었다. 이를테면 조지 릴로의 유명한 희곡 『런던 상인 또는 조지 반웰의 일생』(1731)은 독일과 프랑스에서도 큰 성공을 거두었다. 이 작품은 매춘부에게 푹 빠진 어느 젊은이가 돈 때문에 삼촌을 죽이고 교수대에서 참회하며 죽어간다는 이야기다—섹스, 돈, 폭력이라는 보편적으로 사랑받는 주제들을 결합한 작품인 셈이다.

또 하나의 국제적 장르가 떠올랐다. 프랑스어로 눈물을 짜내는 최루극催淚劇을 뜻하는 '코메디라르무아양트'는 대개 미덕을 지키려 애쓰다가 부당하게 비난당하는 애처로운 여주인공 이야기로, 보통은 행복한 결말로 끝났다. 18세기에는 고급을 썼든 저급을 썼든, 이름이 잊혔든 문호의 반열에 들었든 상관없이, 극작가라면 거의 누구나 이 장르를 이용했다. 자기참조, 표절, 영감, 각색이 휘몰아치는 한바탕의 광풍 속에서 수백 편의 최루극이 생산되었다. 이 장르의 대표적 작가는 이제는 까맣게 잊혔지만 그때는 엄청난 인기를 끌었던 피에르 클로드 니벨 드 라 쇼세(1692~1754)로, 리처드슨을 흉내낸 『파멜라』의 저자였다. 볼테르 역시 리처드슨의 『파멜라』를 참고해 최루극 『나닌』을 썼다. 실제로 어떤 최루극이 '통한다'—성공적이라는 의미에서—는 것이 밝혀지면 극작가들은 부리나케 그 작품을 손봐서 다른 작품으로 각색했다. 장 마리 테오도르 보두앵 도비니와 루이 샤를 캐니예가 멜로드라마 〈도둑까치〉(1815)의 '하녀와 도둑까치' 플롯으로 소소한 성공을 거두자마자, S. J. 아널드는 표절작 『하녀와 도둑까치』(1815)를 내놓았고, 로시니는 그것을 오페라 〈도둑까치〉로 각색했다. 30년 뒤에도 이 플롯은 『하녀와 까치』(1848)를 쓴 찰스 스탠스필드 존스 같은 작가들에 의해 런던 무대에서 여전히 울궈먹히고 있었다.

프랑스와 영국, 독일의 소극과 멜로드라마를 재활용하는 것은 훨씬 쉬운 일이었고 게다가 창작극을 쓰는 것만큼이나 벌이가 좋았다. 스웨덴의 경우, 왕립극장에서 공연된 최초의 스웨덴어 창작극은 칼 윌렌보리 백작의 1737년 희극 『스웨덴의 멋쟁이』였다. 그러나 이 작품은 예외였고, 스웨덴은 극작가가 없어서 희곡을 대량으로 수입해야 했다. 1760년, 칼 아우구스트 에렌스베르드는 "프랑스 연극 취향이 너무나 흔하고 무척 매력적이다 보니 스웨덴 연극은 제 나라에서 추방당했다"고 불평하고는, 약간 과장해서 이렇게 덧붙였다.

무너질 듯 낡은 오두막들이 좁은 골목을 만들면서 늘어선 도시 한복판의 어느 꼭대기 다락방, 햇빛도 가까스로 들어오는 곳, 예술에겐 계단이 허락되지 않는 곳, 금방이라도 부서질 듯한 가파른 사다리를 타고 올라가야 하는 곳, 바로 거기가 스웨덴 연극이 찾아낸 비참한 거처다. …… 그곳에선 여관에서처럼 싸움이 벌어졌다. 남자배우들은 전과자 출신의 빚쟁이거나 오합지졸 병사였다. …… 여배우들은 구빈원에서 뽑고, 연주자들은 싸구려 술집에서 데려왔다. 관객은 상상 이상으로 조악한 공연을 비웃었다. 비극은 막의 순서가 뒤바뀐 채 공연되었다―어떤 관객은 불운한 배우를 발가벗겨 교수대에 매달았고, 어떤 관객은 제대로 웃기지 못하는 배우에게 야유를 퍼붓고 비극을 보며 웃었다. 관객도 배우만큼이나 공연에 참여하고 있었다.[13]

윌렌보리 자신도 리처드 스틸의 실패한 초기작 『거짓말쟁이 연인』(1703) 같은 희곡들을 번역했다. 새뮤얼 푸트 역시 1762년에 '자신의' 희극 『거짓말쟁이』를 쓰면서 스틸의 희곡을 차용했다. 스틸 자신은 피에르 코르네유의 『거짓말쟁이』(1643)를 차용한 것이었고, 코르네유는 다시 루이스 데 알라르콘의 『의심스러운 진실』(1634)을 차용한 것이었다―알라르콘의 희곡은 골도니의 『거짓말쟁이』(1750)의 원작이기도 하다. 현대의 지적재산권 변호사라면 앞으로 벌어질 법적 분쟁에 환호하고도 남을 상황이다. 그러나 오늘날에도 오래전에 죽은 저자의 작품은 아무런 처벌도 받지 않고 개작할 수 있다.

배우

18세기의 관객 대부분이 선호했던 멜로드라마와 소극, 희극은 배우 겸 단장이 이끄는 순회극단이 주로 공연했다. 이런 연극들은 낡고 작은 궁정극장의 표준적 공연물보다 훨씬 흥미진진했다. 궁정극장 배우들의 연기는, 감정을 나타내기 위해 제한된 범위의 성문화된 동작들을 써가며 산문을 낭독하는 프랑스식 연기와 별반 다를 게 없었기 때문이다. 파리 생미셸 교회의 대수도원장 프랑시스 랑이 쓴 영향력 있는 논문 「배우의 연기 규칙에 관한 논고」(1727)는 놀란 감정을 보여주는 방법이나 경고하는 방법(손가락 세 개를 오므리고 검지로 상대를 가리켜라) 따위를 가르쳤다. 이와 유사한 교본인 요한 야코프 엥겔의 『표정연기에 관한 고찰』이 1788년 베를린에서 출간되자 러시아 배우들까지 이 책을 참고했다.[14] 오페라나 연극의 '연출' 담당자를 따로 둔다는 개념은 아직 생기기 전이었다. 극장에서는 대개 주연배우가 극단의 단장 역할을 하면서 역할을 나누어주고 리허설을 지휘했다. 19세기 들어서도 한참 동안이나, 오페라와 연극에서 연출은 배우나 가수의 입장과 퇴장을 지시하는 정도에 지나지 않았다. 무대디자인은 의자나 탁자를 놓을지 말지를 결정하는 수준이었다. 조명은 비싼 데다 충분하지도 않았다. 배우들은 대개 어둑한 조명 속에서 공연했기 때문에 객석 근처에서도 늙수그레한 여배우가 젊은 처녀인 것처럼 연기할 수 있었다.[15] 1820년대에 접어들 무렵에야 전통적으로 쓰이던 양초, 기름등과 더불어 가스등이 쓰이기 시작했고, 그 덕에 비로소 공연 내내 조명을 밝힐 수 있게 되었다.

18세기에 작곡가들이 자신의 작품을 직접 연주했던 것과 마찬가지로, 많은 극작가들은 배우를 겸했다—소포클레스와 아이스킬로스, 셰익스피어와 몰리에르도 그랬다. 희극장르에는 배우 겸 작가가 특히 많았다. 희극의 경우, 대본에는 어느 부분을 어떻게 연기하라는 전체적인 방향만 제시되었다. 그런 까닭에, 희극이 성황이었던 1810년대와 1820년대의 빈에서 희극배우 페르디난트 라이문트(본명은 야코프 라이만, 1790~1836)는 자신의 연기력에 어울리는 대본을 찾을 수 없자 직접 소극을 써서 큰 갈채를 받았다.[16] 영화의 초기 단계에도 희극배우가 자신이 출연하는 영화의 대본을 직접 쓰곤 했다(찰리 채플린과 버스터 키튼이 가장 유명하고, 우디 앨런이 전통을 이었다).

영국의 순회극단들은 16세기와 17세기에 영국 연극을 대륙(특히 네덜란드와 독일)에 알리는 데에 한몫했다. 이 극단들의 초기 레퍼토리는 대부

오페라하우스 전체를 양초로 밝히려는 드문 시도였던 1790년의 바르샤바 국립극장. 19세기 초에 양초는 기름등으로 대체되었고, 기름등은 19세기 말부터 전기조명으로 대체되었다. 전기조명 전의 모든 조명에는 이런저런 결점이 있었다. 양초는 위험하고 뜨겁고 연기를 내뿜어 시야를 가렸다. 기름등은 냄새가 나고 장치가 부실하면 기름방울이 떨어졌다. 가스등은 뜨겁고 눈부실 뿐더러 공기를 탁하게 했다.

분 짧은 토막 희극으로 이루어졌는데, 이런 토막극에서는 영어에 네덜란드어나 독일어를 섞어서 낭독하는 대사보다 슬랩스틱 효과가 훨씬 중요했다. 17세기, 특히 1642년의 의회 포고로 극장이 폐쇄되고 극단이 해체된 청교도 혁명기의 공위시대(찰스 1세가 처형된 1649년부터 1660년의 찰스 2세 즉위와 왕정복고에 이르는 왕위공석기) 동안에, 영국 극단들의 해외공연 레퍼토리에는 장편극이 추가되었다. 독일과 오스트리아에서는 '엥글리셰 코뫼디안텐'(영국 희극배우단)의 명성이 얼마나 대단했던지, 18세기 중반까지도 영국에서 방문하는 극단들은 이 이름을 써먹었다. 1767~77년에는 거의 50편의 영국 희극이 독일어로 번역되었다. 19세기 유럽에서 가장 혁신적인 연기기법과 무대효과를 도입한 것은 영국 배우와 연출가들이었다. 1873년 프랑스에서 출간된 연극 특수효과에 관한 책을 보면, 배우가 무대 아래에서 불쑥 올라오거나 갑자기 사라지게 하는 트랩 기술을 최초로 개발하고 완성한 것은 영국인들이라고 인정하고 있다(그래서 이 기술은 '영국식 트랩'이라 불린다).[17] 영국인들은 무대에서 동작을 풍부하게 사용했기 때문에, 19세기 초만 해도 프랑스 관객들은 차분한 프랑스식 연기원칙을 무시하는 이런 연기법에 큰 충격을 받았다. 1821년 런던에 간 스탕달은 〈오델로〉 공연을 보고 나서 살짝 당황한 어조로, '성난 민족'인 영국인들은 똑같은 감정을 프랑스 배우들과는 다른 몸짓으로 표현한다고 썼다.[18] 하이네는 영국 비극 공연을 처음 보고 나서 "팬터마임과 아주 비슷한 배우들의 몸짓연기에 강렬한 인상을 받았다"고 썼다.[19] 런던 연극계에서는 몸짓연기가 중요했다. 헨리 시든스의 『수사적 몸짓과 연기 실용 도해』(1822)와 길버트 오스틴의 『손 연기 또는 수사적 전달에 관한 논고』(1806) 같은 책에는 배우들이 공통으로 사용할 몸짓을 제시하는 삽화들이 실려 있었다.[20]

스탕달의 흥미를 끌었던 에드먼드 킨은 드루어리레인 극장 출신으로 런던 연극계를 지배한 대배우였다. 윌리엄 해즐릿은 킨이 1814년 샤일록 역으로 데뷔한 이래로 정기적으로 그의 연기에 대한 평을 내놓았다. 킨의 데뷔 연기에 대해 해즐릿은 "격정적 갈등…… 통렬한 풍자…… 끊임없이 생생한 충격을 주는 환희와 놀라움을 표현하는 연기에서 그에 필적할 배우를 꼽기는 어려울 것이다"라고 썼다. 그리고 1814년 5월에, 해즐릿은 〈오델로〉에서 이아고로 분한 킨에 대해 이렇게 썼다.

우리 모두가 알다시피, 킨은 저자의 희곡을 글자 그대로 옮기는 배우가 아니다. 그는 인물을 아주 자유롭고 독창적으로 소화해 자신만의 언어로 번역해낸다. 그러나 우리는 동시에, 둔하고 고지식하며 진부하고 단조로운 경쟁 배우들의 연기보다 자유롭고 힘찬 그의 연기를 더 좋아하지 않을 수 없다.[21]

조지 클린트가 1820년에 그린 에드먼드 킨. 필립 매신저의 〈옛 빚을 갚는 새로운 방법〉에서 탐욕스러운 고리대금업자 자일스 오버리치 경으로 분한 모습으로, 하이네가 극찬했던 '독수리의 눈빛, 햇빛마저 꿰뚫을 듯 번쩍이는 킨의 눈빛'을 엿볼 수 있다.

하이네 역시 킨의 샤일록 연기에 깊은 인상을 받았다. "그의 목소리는 비굴하게 변한다. …… 웅어리진 분노는 아주 미세하게만 느껴진다. 그의 득의양양한 입술은 작은 뱀들처럼 순식간에 꿈틀거린다. …… 그러나 아무리 글로 써본들 아무 소용이 없다. 제아무리 잘 묘사한다고 해도 에드먼드 킨의 연기가 어떤지에 대해서는 하나도 전달할 수가 없다." 이어서 하이네는, 많은 배우가 그의 연기를 모방하고 있지만 "독수리의 눈빛, 햇빛마저 꿰뚫을 듯 번쩍이는 킨의 눈빛은 신비한 번개이자 마법사의 불꽃이라서 평범한 연극쟁이는 결코 흉내낼 수가 없다"고 단언한다.[22]

1827년 9월, 파리로 간 킨과 찰스 켐블, 해리엇 스미스슨은 시즌 내내 오데옹 극장에서 셰익스피어 극을 영어로 공연했다. 코메디프랑세즈의 프랑스 배우들처럼 무대 중앙으로 나아가 아름다운 운문을 읊고 우아하게 퇴장하는 게 아니라, 이 영국 배우들은 실제로…… 연기를 했다. 에티엔 장 들레클뤼즈는 이 영국 배우들이 공연하는 〈리처드 3세〉를 보고 나서 자신의 『일기』(1828년 5월 26일자)에, 리처드 3세 역의 킨이 연기한 단말마의 고통은 대단히 사실적이지만, "극도로 정확하게" 죽음의 고통을 표현하기 위해 그토록 애쓰는 것은 이상하다고 썼다. "리처드 3세는 리치먼드와 싸우다가 칼에 맞아 자신의 칼을 떨어뜨리고, 칼도 없이 싸우려 들다가 다시 쓰러져 바닥에서 몸부림치면서 대사를 말한다." 들레클뤼즈는 약간 불만이었지만(그런 '팬터마임'은 연극에 맞지 않는다고 불평했다) 프랑스 공중은 그런 연기를 좋아했고, 킨의 명성은 1828년 5월 12일의 초연을 열흘이나 앞두고 좌석이 매진될 만큼 대단했다.[23]

프랑스 관객들은 그때까지도 여전히 셰익스피어를 파격적이고 대담한 작가로 여기고 있었지만, 몇 년이 지나자 셰익스피어 작품이 프랑스인의 취향에 맞게 프랑스어로 각색되어 정기적으로 공연되기 시작했다. 해리엇 스미스슨은 몇 년 동안 파리에서 영어로 셰익스피어 작품을 공연했지만 보람이 없었다. 그래서 그녀는 연극을 접고 셰익스피어의 열광적 팬인 베를리오즈와 결혼했다. 프레데리크 술리에는 1828년 오데옹 극장에 올릴 〈로미오와 줄리엣〉의 극본을 '창작'했고, 빅토르 뒤캉주는 1829년 생마르탱 극장에서 공연된 〈맥베스〉를 각색했다.

이때가 파리에서 연극이 크게 팽창한 시기였다. 극장이 더 많이 지어졌고, 희곡도 더 많이 쓰였으며, 유럽 어느 도시보다 연극이 높은 수익을 올렸다. 명배우들도 탄생했다. 프랑수아 조제프 탈마(1763~1826)는 희곡에 묘사된 시간과 장소에 어울리는 의상을 입어야 한다고 주장한 첫 번째 배우로 알려져 있다. 현란한 낭만주의극 배우 프레데리크 르메트르(1800~76)도 활약을 펼쳤고, 빅토르 위고는 그를 위해 『뤼 블라스』를 썼다. 마드무아젤 마르스(본명은 안 부테, 1779~1847)는 코메디프랑세즈에서 공연되는 몰리에르와 마리보 작품에서 '바람둥이 여자'와 '순진한 처녀' 역을 전담했고, 위고의 〈에르나니〉 초연에서는 도나 솔 역을 맡았다. 1813년에 세워진 퓌낭뷜 극장은 대중적이고 현실도피적인 장르만을 다루었다. 줄타기 무용, 소극, 코메디아델라르테 따위가 공연되었고, 여기서 마임 배우 장 가스파르 드뷔로가 창백한 얼굴의 광대 피에로로 유명해졌다—마르셀 카르네의 고전영화 〈천국의 아이들〉(1945)에서 주인공의 모델이 바로 드뷔로였고, 조연의 모델은 르메트르였다.

관객이 만족할 때까지

더 집중하는 관객 앞에서 더 수준 높은 공연을 하는 더 전문적인 연극을 향한 움직임은 번창하는 중간계급과 맞물려 있었다. 중간계급 다수는 귀족을 흉내내고 싶어하면서도 부르주아지 고유의 습관 또한 만들어가고 있었다. 극장에 가는 것은 분명 새로이 격상된 그들의 사회적 지위를 나타내는 상징이었다—지금도 그렇다. 그러나 그들은 이것만으로는 만족할 수 없었다. 그들은 기껏 돈을 내고도 서서 또는 불편한 좌석에 앉아서 연극을 보았다. 그들에게는 오락거리도 필요했다. 쇼가 중요해지기 시작했다. 이런 사정은, 유럽에서 가장 상업을 지향했던 영국 연극계의 배우와 흥행주들이 관객의 관심을 무대에 붙들어두기 위해 혁신을 도입할 수밖에 없었던 이유들 가운데 하나다. 1762년에, 데이비드 개릭은 좌석 수를 늘리면서 객석과 무대의 거리를 벌렸고, 무대조명은 더 밝게, 객석조명은 더 어둡게 조정했다. 또 본공연이 끝난 뒤에 시작하는 '막후여흥'을 도입해, 여기에 노래, 활인화, 패전트리 같은 대중적 오락거리를 잔뜩 집어넣었다.[24] 개릭 시대의 전형적인 런던 쇼는 노래 몇 곡으로 시작해서 일종의 서막을 보여준 다음에 3막짜리 연극이 무대에 올랐다. 그리고 막간에는 춤과 노래, 마술, 서커스 따위를 보여주었다. 공연은 저녁 무렵 '가벼운' 팬터마임이나 짧은 소극으로 막을 내렸다.

프랑스에서 연극에 대한 관심은 혁명기에 부쩍 높아졌다. 특히 새로운 스타일의 공화주의 비극이나 애국적 보드빌에 관심이 치솟았다. 여전히 보조금이 필요했으므로, 극장은 혁명적 작가나 그렇게 가장할 줄 아는 작가를 선호했다. 극장을 경영하는 이들은, 예전에 궁정과 새로운 부자 고객을 동시에 만족시켜야 했던 것처럼 이제는 대중과 새로운 통치자를 동시에 만족시켜야 했다. 자코뱅파가 패퇴한 뒤에도, 마리 조제프 셰니에의 반군주제 희곡 『샤를 9세 또는 성 바르톨로메오 대학살』을 비롯한 애국적 희곡 몇 편이 목록에 추가되긴 했지만, 극장의 레퍼토리는 혁명 전과 크게 달라지지 않았다. 1796~97년 무렵에는, 연극 앞이나 뒤에 〈라마르세예즈〉와 〈괜찮을 거야〉를 연주하기만 하면 몰리에르, 라신을 비롯한 인기 작가들의 작품을 공연할 수 있었다.[25]

혁명 전부터도 극장생활은 어느 정도 자유화되었다. 가장 권위 있는 극장이자 한때는 궁정극장이었던 파리오페라 극장은 공중에게 개방되어 있었다. 새로운 부와 극장 자유화(허가 없이도 극장을 열 수 있었고, 혁명 이후에는 지나친 검열도 없었다)가 맞물리면서 극장 청중의 규모가 커졌다. 나폴레옹은 1806년의 법령으로 다시 극장을 통제하려 했다. 극장을 새로 내려면 허가를 받아야 했다. 또 다른 극장이 파리오페라 극장, 코메디프랑세즈 극장, 오페라코미크 극장의 레퍼토리에 들어 있는 작품을 공연하려면 반드시 이 극장들에 사용료를 내야 했다. 역사나 신화를 주제로 한 발레는 파리오페라 극장에만 올릴 수 있었다(이 때문에 포르트생마르탱 극장이 피해를 입었다). 1807년 나폴레옹은 2,000석을 갖춘 파리 최대의 포르트생마르탱 극장(대형 스펙터클과 멜로드라마 전용)을 포함해

1793년 1월 21일에 루이 16세가 처형된 지 나흘 만에 나온 영국 판화에서는, 단두대의 칼날이 황제의 목을 자를 때 하늘을 나는 마귀들이 프랑스 혁명을 상징하는 노래 〈괜찮을 거야Ça ira〉를 부르고 있다.

모든 극장을 폐쇄했다. 그가 계속 열어둔 곳은, 보조금을 받는 공인극장 네 곳—테아트르프랑세, 파리오페라 극장, 오페라코미크 극장, 오페라부프 극장—과 2급극장 네 곳—보드빌 극장(노래와 풍자를 혼합한 단막극 전용), 바리에테 극장('통속적이고 방탕하고 투박한' 오락, 곧 보드빌 전용), 앙비귀코미크 극장, 게테 극장(팬터마임, 소극, 광대극 전용으로, 가끔은 멜로드라마도 공연했다)—뿐이었다.[26]

나폴레옹 법령으로 엄격한 규정들이 확립되었다. 예를 들어 "노래와 가벼운 선율, 합주곡을 포함하는 모든 희극과 드라마"는 대화를 말로 전달하기만 하면 오페라코미크 극장의 레퍼토리에 집어넣을 수 있었다—내용이 반드시 희극적일 필요는 없었다. 그래서 케루비니의 〈메데〉(1797)는 비극적으로 끝나지만 대화를 말로 한다는 이유로 오페라코미크 극장에서 상연되었다. 반면에 스폰티니의 〈베스타 여신의 무녀〉(1807)는 행복하게 끝나지만 말로 하는 대화가 없었기 때문에 파리오페라 극장에서 상연되었다.27) 극장들은 1년 내내 문을 열지도 않으면서도, 서커스, 무도회, 카페샹탕(음악을 들려주는 카페) 따위까지를 포함하는 수많은 실연 오락물보다 청중을 많이 불러들였다. 도미니크 르루아가 추산하기로는, 1817~18년에는 파리에서 200만 장의 좌석표가 팔렸고 1850년 무렵에는 연간 500만 장이 팔렸다.28)

영국 연극계도 프랑스와 그리 다르지 않은 패턴을 따랐다. 다시 말해 극장의 자유가 확대되면서 유례 없는 팽창을 경험했다. 런던 극장들은 1642년부터 공화정 기간(1649~60) 내내 폐관했다. 1662년에, 왕정복고 이후 찰스 2세가 내린 최초의 칙령 가운데 하나는 극장 두 곳, 드루어리레인과 코번트가든(원래 이름은 링컨스인필즈)에만 칙허(곧 왕의 공인)를 내주는 것이었다. 그래서 이 두 극장만이 '진지한' 연극을 공연할 수 있었다. 18세기 중엽에 극장 다섯 개와 오페라하우스 한 개—헤이마켓에 있는 이탈리아 오페라 전용극장인 퀸스 극장(1705, 나중에는 왕의 성별에 따라 허매저스티스 또는 히즈매저스티스 극장이라 불렀다)—가 추가로 문을 열었다. 드루어리레인 극장은 1794년에 재건축되면서 3,611명이 앉을 수 있을 만큼 커졌다. 그 어마어마한 규모 때문에 경가극과 소극 같은 비교적 '대중적'인 작품들을 올려야만 했는데, 실상은 코번트가든에서 상연하던 작품들과 크게 다를 것도 없었다. 심지어는 18세기 중반에도, 드루어리레인 극장은 뚜렷이 구분되는 세 계급의 청중을 극장으로 끌어들이려고 애썼다. 이 계급들은 자신들의 자리를 잘 알았다—귀족은 박스석에, 중간계급과 그 식객들은 무대를 정면으로 바라보는 1층 '피트' 석에 앉았고, 직공, 직인, 하인 같은 하층민들의 자리는 맨 뒤쪽의 벽을 따라 설치된 이른바 '미들 갤러리'였다.29) 1843년의 극장법에 따라 극장

1808년께의 드루어리레인 극장. 1663년에 세운 첫 극장이 불에 타 1674년에 재개관하고, 120년 뒤인 1794년에 엄청난 규모로 다시 지었으나 1809년에 또 불이 나 1812년에 다시 문을 열어 오늘에 이른다.

의 허가권이 지방 당국으로 이양되었지만, 체임벌린 경은 여전히 공중도덕을 해칠 만한 연극의 상연 허가를 보류할 수 있었다. 극장 허가제가 약화되면서 빅토리아 시대 영국에서는 극장 수가 급증해, 무려 30만 석이 새로 만들어졌다. 극장건립 열풍은 영화의 발전과 함께 1920년대까지 쭉 이어졌다.[30]

이렇게 극장과 객석의 규모가 팽창하자 작품생산도 아울러 팽창했다. 1750~1800년에는 그전 50년 동안에 쓰인 것보다 두 배나 많은 희곡이 쓰였다―물론 이 가운데 '정전'의 반열에 든 것은 올리버 골드스미스의 『지는 것이 이기는 것』(1773), 리처드 셰리든의 『연적』(1775), 『험담꾼들』(1777) 정도의 극소수에 지나지 않았는데, 모두 희극이었다.[31] 레이먼드 윌리엄스는 이때를 "영국 연극사에서 가장 척박했던 시기"로 묘사했다.[32] 하지만 오래 살아남은 작품이 드물다는 점에서는 척박했을

지 몰라도, 연극산업의 관점에서 보면 이 기간은 도시인구의 팽창에 힘입어 전례 없는 성장을 이룬 시기여서, 19세기 중엽에 런던에 21개, 지방에 75개 있었던 극장의 수가 1900년 무렵에는 런던에 63개, 지방에 300개로 늘어나 있었다.

유럽 어디서나 글품팔이 작가들은 성공한 소설을 희곡으로 바꾸느라 분주했다. 앞서 살펴보았듯이(299~300쪽 참조), 월터 스콧의 작품은 연극과 오페라로 끝없이 각색되었다. 성공을 거둔 작가의 작품은 예외가 없었다. 알레산드로 만초니의 『약혼자』는 그가 기대한 것보다는 덜 팔렸을지 모르지만, 1827년에 거의 출간과 동시에 잠바티스타 나시에 의해 희곡으로 각색되었다. 1년 뒤에는 피렌체에서 오페라로 각색되었다. 만초니가 아직도 이탈리아어판을 다듬고 있었던 1830년에 벌써, 주세페 케케리니는 『약혼자』를 나폴리 방언으로 된 멜로드라마로 각색하느라 바빴다. 그는 각색을 하면서 원작에 지역색을 입혔는데, 그것은 이를테면 하인이 돈 아본디오에게 맛있는 커피 한 잔 드시겠냐고 물어보는 장면을 집어넣는 식이었다—북부 농촌지역에는 아직 커피가 알려지지 않은 시절이었다.[33]

부르주아지와 귀족이 보는 고급문화 드라마는 보조금을 받았다. 보조금 수준을 결정하는 권한을 가진 이들은 도덕·교육·정치적 이유를 들었다. 소극, 희극, 보드빌 같은 '저급한' 연극장르는 정의상 대중적이고 상업적이기에 스스로 건사할 수 있다는 것이었다. 지금처럼 그때도 정극은 고급예술이었고, 희극은 인기는 있어도 저급예술이었다. 노동계급은 교육, 비용, 거리(극장은 대개 우아한 지구에 있었다) 때문에 연극에서 배제되어 있었다. 프랑스 혁명 전에 상층계급이 '민중'이라 부르던 이들, 다시 말해 상인과 직공은 장터에서 공연을 볼 수 있었다. 이런 장터 공연에서 연극 배우와 마임 배우들은 대개 '점잖은' 레퍼토리를 각색한 소극과 희극적인 장면을 연기했다. 주요 도시 바깥에 사는 이들 역시 연극생활에서 배제되어 있었다. 기차가 등장하기 전에 극장에 간다는 것은 대다수 사람들에게 분수에 넘치는 일이었다. 제인 오스틴이 남긴 편지들을 보면, 지인들을 방문한 일을 빈번히 언급하고, 조명과 불꽃놀이와 어우러진 성대한 축제와 음악회에 관해서도 이야기하지만, 극장은 거의 언급하지 않는다. 어느 희곡(코체부의 『생일파티』)에 관한 암시와 코번트가든에서 셰익스피어의 연극(어느 극이었을까?)을 보았다는 말이 어쩌다 한 번씩 나올 뿐이다. 그리고 1805년 4월 23일자 편지에서는 음악회에 갔다고 썼는데, 우리는 오스틴이 무슨 옷을 입고 갔는지("소매에 검은 크레이프를 달았어요")는 알지만, 그 음악회가 좋았는지 어땠는지, 어떤 음악이 연주되었는지에 대해서는 알 도리가 없다.[34]

19세기 초의 파리에서 신흥 부자와 최근에 작위를 받은 소귀족들은 (귀족의 뒤를 따라) 테아트르프랑세를 드나들었지만, 그들은 동시에 이른바 불바르 극장들[파리의 대로 불바르에 있던 극장들]에 다니면서 중간계급, 중간계급 하층과 어울리기도 했다. 그들은 불바르 극장에서 거의 전적으로 멜로드라마(처음에는 음악을 꽤 많이 썼기에, 노래를 뜻하는 '멜로'가 붙었다)만을 관람했다. 게테 극장, 앙비귀코미크 극장, 포르트생마르탱 극장에서는 프레데리크 르메트르 같은 뛰어난 배우들이 나오는 멜로드라마를 꾸준히 공연했다. 품격 있는 연극 가운데에서는 가장 저급이고 희극적 공연보다 겨우 조금 높은 수준이었지만, 멜로드라마는 부르주아지에게 인기가 많았다. 귀족들이라고 더 '고급' 취향은 아니었다. 주요 도시들에서는 귀족들이 여전히 체면을 지키고 고급문화를 후원해야 한다고 믿었지만, 나머지 지역에서는 한때 왕실극장이었던 극장들마저 불바르 극장의 취향을 모방하고 있었다. 그런 이유로, 보헤미아에 있는 발렌슈타인 백작의 리토미슬 성에서 1798년 극장을 새로 단장한 다음 처음 무대에 올린 작품이 프리드리히 빌헬름 치글러의 소극 〈연인이자 적수인 사람〉이었다―모든 배역은 발렌슈타인 백작과 그의 가족이 연기했다.35)

그러나 독일과 나머지 지역에서 가장 많이 공연된 작품의 저자는 아우구스트 코체부(1761~1819)로, 지금은 까맣게 잊혔지만 그때는 도저히 잊으려야 잊을 수 없었던 독일 멜로드라마의 거장이었다. 유럽에서 코체부는 실러보다 훨씬 명성이 높았다. 그렇게 되기까지 그는 200편 이상의 희곡을 맹렬히 써야 했다. 그는 빈 궁정극장의 전속작가로 잠깐 일하다가 러시아로 가서 상트페테르부르크 극장의 감독을 지냈다. 그가 쓴 『인간증오와 회한』(1789)은 영국에서 『이방인』(1798)만큼이나 큰 성공을 거두었다. 리처드 브린즐리 셰리든은 『피자로』(1799)에서 그의 작품을 모방하기도 했다. 엘리자베스 인치볼드가 『연인의 맹세』로 각색한 코체부의 희곡 『사생아』는 제인 오스틴의 『맨스필드 파크』에서도 언급된다.36) 니콜라스 보일의 표현을 빌리자면, "부르주아지에게 아편을 댄…… 가장 성공적인 납품업자이자 동시대 문학 가운데 비현실적이고 덧없는 모든 것의 대변자"였던 이 극작가의 최후는 에둘러 표현해도 극적이었다.37) 독일학생연맹 소속의 대학생 카를 잔트가 그를 러시아 첩자로 의심하여 (근거가 없진 않았다) 단도로 찔러 죽였던 것이다. 코체부의 작품은 19세기 내내, 주로 독일어권 지역과 독일 연극이 우세했던 지역―헝가리, 세르비아, 발칸 반도 전역―에서, 그리고 영국, 미국(독일어 사용자가 많았다)에서 이따금씩 공연되었다. 프랑스에서는 19세기 초까지도 코체부가 독일 작가로는 가장 유명했다―괴테의 작품 가운데에는 『젊은 베르테르

1819년 3월 23일, 집으로 찾아온 잔트에게 살해당하는 코체부. 메테르니히는 이것을 구실로 삼아 카를스바트 결의를 내놓고, 독일학생연맹을 해체하고 언론출판을 검열하고 대학과 학문의 자유를 억압했다.

의 슬픔』만이 학계 바깥에서도 살아남았다.[38]

예상할 수 있듯이, 프랑스 멜로드라마는 어쩌다가 외국 희곡이나 소설을 각색한 것도 있긴 했지만 대체로 프랑스에서 만들어졌다. 19세기 초에 프랑스의 멜로드라마는, "나는 읽지 못하는 이들을 위해 쓴다"고 공언한 바 있는 길베르 픽세레쿠르(1773~1844)와 거의 동의어였다.[39] 픽세레쿠르의 희곡—111편을 썼고, 거의 다 직접 연출했다—은 불바르 극장에서 공연되었는데, 이곳 청중은 공인극장 청중보다 배타성이 덜했고 관습에도 덜 얽매였다. 픽세레쿠르의 작품은 그가 살아 있는 동안에만 약 3만 회 공연되었고, 그가 각색해서 1805년에 포르트생마르탱 극장에 올린 〈로빈슨 크루소〉('대스펙터클'로 묘사되었다) 같은 주요 성공작의 경우에는 표를 사려는 줄이 어마어마하게 길게 늘어섰다. 그는 작품의 플롯을 영국과 독일의 소설과 희곡에서 많이 빌려왔다. 『아프냉 성』은 앤 래드클리프의 『우돌포의 비밀』을 각색한 것이었다. 실러의 『빌헬름 텔』은 『기욤 텔』로, 『군도』는 『악마 로베르』로 개작했다. 『로크레벤 성』은 월터 스콧을 모방한 작품이었다. 픽세레쿠르의 작품들은 다시 영국과 이탈리아를 중심으로 널리 모방되고 개작되었다. 그의 대표작 『쾰리나 또는 신비로운 아이』(1800)―파리에서 387회, 지방에서 1,089회나 공연되었다―는 1802년에 곧바로 『신비로운 이야기』라는 제목을 달고 영어로 번역되었고, 이어서 다른 모든 주요 유럽어로 옮겨졌다.[40]

픽세레쿠르는, 멜로드라마는 줄곧 단순해야 한다는 것을 명확하게 인식하고 있었다. "멜로드라마의 어떤 것도 근면하게 제조하는 계급이 이해할 수 있는 선을 넘어서는 안 된다. …… 그래야 모든 가정과 사회 전체의 평화에 꼭 필요한 올바른 도덕의 길에 이 계급을 붙들어둘 수 있다."[41] 멜로드라마는 유럽의 새로운 중간계급 사이에서 인기를 얻고 있었다. 이 계급의 다수는 고전에 익숙하지 않은, 따라서 앙시앵레짐에서 통용되던 의미에서 '교육받지 못한' 사람들이었다. 그러나 부르주아지는 결코 한덩어리가 아니었다. 전문직 계급들이 눈부신 성장을 보이면서, 고급문화를 규정하는 주체를 놓고 벌이는 경쟁에서 이들이 큰 비중을 차지한다는 사실이 점점 더 분명해졌다. 계급 사이에서, 계급 내의 소집단 사이에서 문화적 패권을 다투는 투쟁이 벌어지고 있었다. 이 싸움이 가장 치열했던 나라는 정치적 격변의 소용돌이에 휩싸여 있었던 프랑스였다. 이렇듯 긴장이 잔뜩 고조된 상황에서는, 문화생활에서 다른 분야보다 명망이 높은 현장, 무엇보다도 연극이 고도로 정치화되는 것을 피할 도리가 없었다. 영국에서는 그런 일이 거의 없었다. 프랑스에서 터진 고전주의극 지지자와 빅토르 위고를 필두로 한 새로운 낭만주의극 지지자들의 충돌은 곳곳에서 벌어지고 있었던 정치적 투쟁의 복사판이었다. 19세기 이

전 프랑스의 고전주의극은 여전히 살아남았지만, (아리스토텔레스가 최고의 장르로 여겼던) 비극은 1820년대와 1830년대에 최악의 성과를 벗어나지 못했다. 테아트르프랑세의 히트작은 모두 희극이었다. 1835년의 파리에서는 새로운 희곡 221편 가운데 159편이 보드빌이었고, 1836년에는 295편 가운데 218편, 1837년에는 296편 가운데 201편이 보드빌이었다. 새로운 비극은 거의 없었다.[42]

그러나 1815~1830년에 비극으로 성공한 작가가 한 사람 있었으니, 그가 바로 카지미르 들라비뉴(1793~1843)였다. 그의 비극들은 이제 오페라로 각색된 극본으로만 전해진다. 베르디의 〈시칠리아 섬의 저녁기도〉, 도니체티의 〈마리노 팔리에로〉 따위가 그것이다. 들라비뉴의 전성기에 괴테는 그가 위고와 동급이라고 말한 바 있는데, 그것은 사실 그때는 청년이었던 위고를 치켜세워 주려고 한 표현이었다.[43] 프랑스에서 들라비뉴는 뮈세나 위고보다 인기가 많았다. 그러나 오늘날 그의 이름은, 이를테면 1992년판 『옥스퍼드 연극 사전』에서는 아예 언급조차 되지 않는다.

픽세레쿠르의 멜로드라마 역시 지금은 공연되지 않지만, 그래도 희곡 전집은 아직 남아 있어서 찾아 읽을 수가 있다. 하지만 그의 강력한 맞수였던 빅토르 뒤캉주는 사정이 다르다. 뒤캉주는 1813~33년에 46편의 희곡(몇몇은 공저)을 썼고, 프랑스 문화의 영향을 받은 모든 나라에서 명성을 떨쳤다.[44] 19세기 말의 『대백과사전』에는 그의 소설들이 한때 "많이 읽혔"지만 "지금은 완전히 잊혔다"고 적혀 있다. 1910년판 『브리태니커 백과사전』에 뒤캉주의 이름이 언급되고, 20권으로 이루어진 1982년판 『라루스 대백과사전』도 뒤캉주에 아홉 줄을 할애했지만, 그 밖에는 어디서도 언급되지 않는다. 그의 작품을 실은 전집도 없고 전기도 한 권 없다. 오직 희곡 24편만이 전해질 뿐이다.[45]

멜로드라마의 승리는 이치에 합당했다. 멜로드라마는 고전주의극을 모방하기를 공공연히 거부했고 낭만주의극(여전히 대부분 운문으로 쓰이고 있었다)보다 훨씬 혁신적이었다. 시학적 요소보다 시각적 요소를 중시했다—다시 말해 오로지 공연을 통해서만 존재할 수 있는 장르였다. 프랑스 고전주의극에서는 (영국 연극과는 달리, 그리고 고대 그리스 연극과는 비슷하게) 살해, 강간 같은 자극적인 행위는 모두 무대 바깥에서 벌어진다. 극중인물들은 무슨 일이 벌어졌는지, 무슨 일이 일어날지에 대해 계속해서 말하지만, 관객 앞에서는 그런 행동을 절대로 보여주지 않는다. 그러나 멜로드라마에서는 셰익스피어 극에서처럼, 극중인물의 행동을 청중이 직접 보게 된다.[46]

물론 멜로드라마 각각의 작품은 수명이 짧았다. 장르의 공식화된 플롯과 판에 박힌 등장인물들이 무한히 복제되면서, 이전의 시도들은 곧 잊히고 말았다. 그러나 장르 자체의 수명은 짧지 않았고, 오늘날에도 텔레비전에서 건재를 과시하고 있다. 또 멜로드라마는 쉬운 장르다. 관객은 등장인물의 도덕적 수준을 알아내기 위해 골똘히 생각할 필요가 없다. 젊은 주인공, 박해받는 여주인공, 고결하거나 폭군 같은 아버지, 한눈에 알아볼 수 있는 악당, 그리고 살짝 웃기는 인물이 등장한다. 멜로드라마의 뚜렷한 장점은 현실적으로 보이려 했고, 일관된 플롯과 현대적 의상, 대중이 실생활에서 만나보았음직한 등장인물을 갖추었다는 것이다. 이런 의미에서 멜로드라마는 현대 영화, 그리고 이후 텔레비전 '연속극'의 진정한 선구자였다. 몇몇 플롯은 사회에 책임을 돌리지 않으면서도 어떻게든 불의를 고발했다. 주인공은 피해자이지만, 그/그녀가 겪는 불행은 대개 사악한 인간의 못된 짓 때문이거나 순전히 운이 나쁜 탓이다. 결말에 가서는 상황이 바람직하게 해결되고, 온당한 질서가 회복된다. 조역은 청중이 더 쉽게 알아볼 수 있도록 대개 주인공보다 실수를 많이 저지르는 인물로 나온다. 악역은 극의 초반부터 외모나 행동으로 어김없이 본성을 드러낸다—이 점은 또 하나의 성공적인 장르인 탐정소설과 다른데, 탐정소설은 사실상 내러티브 전체에 걸쳐서 누가 악당인지를 분간할 수 없게 하는 데에 묘미가 있기 때문이다. 연극으로서의 멜로드라마와 영화(특히 무성영화)는 놀랄 만큼 닮아 있다. 무대 공연에서는 분위기와 감정, 기대감 따위를 표현하는 데에 음악이 동원되기도 했다. 멜로드라마에는 폭력이 난무했다. 프랑스 신문 『판도라』에 실린 1826년의 어느 기사는, 작년에 파리오페라 극장과 이탈리앵 극장에서 자살 107건과 독살 3건, 방화미수 9건이 벌어졌다고 비꼬았다.[47]

픽세레쿠르의 명성이 시들기 시작하자, 당대 프랑스의 대표 극작가 자리는 외젠 스크리브에게 넘어갔다. 스크리브는 그 시대의 관습을 전혀 거스르지 않으면서 대담한 주제들을 다룰 줄 아는 각별한 재능이 있었다. 이를테면 『오스카, 아내를 속인 남편』에서 남편은 어둑어둑한 지하창고에서 젊은 여자를 몰래 만날 계획을 꾸민다. 남편의 쪽지를 가로챈 아내는 변장을 하고 약속장소로 나가고, 남편은 결국 자기 아내의 애인이 된다. 그러니까 엄밀히 말해서 간통은 전혀 없다. 물론 이 착상은, 백작과 백작부인이 평범한 부르주아 부부로 바뀌었을 뿐, 보마르셰(그리고 모차르트)의 〈피가로의 결혼〉에서 그대로 가져온 것이다. 스크리브는 아마도 1820년대에 유럽에서 가장 부유한 극작가였을 것이다. 『연극사전』을 믿을 수 있다면, 1825년에 그의 수입은 5만~6만 프랑이었다—파리의 고급 주거지역에서 으리으리한 저택을 한 채 사들이고도 남을 돈이었다. 평론가들은 그의 재산이 200만~300만 프랑일 거라며 부러움을 감추지 않았다.[48]

오페라와 음악 일반이 국경을 넘어 급속히 퍼져나가고 유명한 책들이 발빠르게 번역되는 동안에도, 연극만은 유독 고도로 민족적인 문화로 남아 있었다. 프랑스인들은 영국 소설가와 이탈리아 오페라를 좋아했지만, 19세기에 무대에 올린 셰익스피어 작품은 거의 없었고 괴테나 실러의 작품도 별로 상연하지 않았다.[49] 상황은 지금까지도 거의 달라지지 않았다. 프랑스 연극의 성전인 코메디프랑세즈에서 설립년도인 1680년부터 1996년 사이에 가장 많이 상연된 극작가 30명을 살펴보면, 1,853회로 22위를 차지한 셰익스피어를 예외로 하고 나머지는 모두 프랑스 작가다. 3만 1,844회나 무대에 올려져 1위를 차지한 몰리에르에 비하면, 셰익스피어는 초라한 수준이었다. 이 300년 동안 가장 많이 상연된 작품은 몰리에르의 『타르튀프』이고, 사실 상위 여섯 편이 모두 몰리에르의 것이다. 50위 안에는 외국 작품은 단 한 편도, 심지어는 실러나 괴테의 작품도 없다.[50] 다만 스크리브는 19세기에 거둔 성과 덕분에 10위를 차지했다. 그리고 프랑스의 지역주의만큼이나 영국 지역주의도 만만치 않아서, 19세기 영국에서 상연된 외국 희곡은 거의 없었다.

후주

머리말

1. *Creative Industries Mapping Document 2001*, pp. 00-05.
2. Tylor, *Primitive Culture*, p. 1.
3. Braudel, *Écrits sur l'histoire*, pp. 258-9.
4. Braudel, *Écrits sur l'histoire*, p. 259에서 인용.
5. Arnold, *Culture and Anarchy and other Writings*, p. 59.
6. Beletski, 'Étudier l'histoire du lecteur', pp. 49-51.
7. Sismondi, *De la littérature du midi de l'Europe*, pp. 5-6.
8. Lévi-Strauss, *Entretiens avec Claude Lévi-Strauss*, p. 97의 발언 참조.
9. Propp, *Morphology of the Folktale*.
10. Lodge, *The Art of Fiction*, pp. 7, 9, 75.
11. Barthes, *Image Music Text*, pp. 142-8.
12. Jauss, 'Literary History as a Challenge to Literary Theory', in *New Directions in Literary History*, pp. 11-41 — 원제는 'Literaturgeschichte als Provokation der Literaturwissenschaft', in Hans Robert Jauss, *Literaturgeschichte als Provokation*.
13. Iser, 'The Reading Process: a phenomenological approach', p. 220.
14. Schaeffer, 'Du texte au genre', pp. 187-8.
15. Viëtor, 'L'histoire des genres littéraires', p. 29.
16. Jauss, 'Littérature médiévale et théorie des genres', p. 49.
17. Bourdieu, *Distinction*과 그의 *The Field of Cultural Production* 참조.
18. Bourdieu, 'Vous avez dit "populaire"', p. 98.
19. Certeau, *La Culture au pluriel*, pp. 72-4.
20. Scholes, *Structuralism in Literature*, pp. 129-38.
21. www.uis.unesco.org/ev-en.php?ID=2867201&ID$_2$=DOTOPIC.
22. Latouche, *L'occidentalisation du monde*, p. 29.
23. *Creative Industries Mapping Document 2001*, p. 3-10.
24. Anderson, *The Origins of Postmodernity*, p. 94.
25. Lallement, 'Essai d'une definition économique du livre', p. 107.
26. Moulin, *De la valeur de l'art*, p. 188.

제1장. 문화 팽창의 근원

1. 'India's advertising luminaries take a bow', *Financial Times*, 30 October 2003.
2. Livi-Bacci, *La popolazione nella storia d'Europa*, pp. 14-5. Armengaud, 'Population in Europe', p. 29에서는 약간 다른 자료를 찾아볼 수 있다.
3. Anderson, 'Western Nationalism and Eastern Nationalism', p. 32.
4. 이민 통계는 Bairoch, *Histoire économique et sociale du monde du XVIe siècle à nos jours*, Vol. 2, *Victoires et deboires*, pp. 176-9 참조.
5. Gallaway and Vedder, 'Emigration from the United Kingdom to the United States: 1860-1913', pp. 885-97.
6. Higgs, 'Race, Skills, and Earnings: American Immigrants in 1909', p. 424.
7. Stearns, 'The Effort at Continuity in Working-Class Culture', p. 638.
8. Lopez, *The Birth of Europe*, pp. 260-1.
9. Porter, *London. A Social History*, p. 98.
10. Burke, 'The Invention of Leisure in Early Modern Europe', p. 137, 그러나 Burke는 산업화 이전 문화에 대하여 지나치게 단일한 이미지를 갖는 것은 위험하다고 경고한다.
11. Headrick, *The Tools of Empire*, p. 130.
12. Barbier, 'Le commerce international de la librairie française au XIXe siècle', pp. 100-3.
13. Aveni, *Empires of Time*, p. 96.
14. Klancher, *The Making of English Reading Audiences 1790-1832*, p. 27.
15. Berend, *The Crisis Zone of Europe*, p. 4.
16. Cipolla, *Literacy and Development in the West*, pp. 18, 77-8.
17. Graff, *The Legacies of Literacy*, pp. 301-2.
18. Johansson, 'The History of Literacy in Sweden', pp. 153, 156.
19. Gough, 'Implications of Literacy in Traditional China and India', p. 70.
20. Harris, *Ancient Literacy*, p. 7.
21. Goody, *Capitalism and Modernity*, p. 74. J. M. Bloom, *Paper Before Print: the History and Impact of Paper in the Islamic World*, Yale University Press 2001을 인용한 것.
22. Gregory of Nyssa's sermon *De deitate filii et spiritus sancti, in Patrologiae Graecae*, Vol. 46, column 557. 이 자료를 찾는 데에 도움을 준 Beatrice de Gerloni에게 감사한다.
23. Amanda Vickery's *The Gentleman's Daughter*, 특히 'Prudent Economy'라는 제목의 장 참조.
24. Germaine de Staël., *De l'Allemagne*, Vol. I, p. 134.
25. White, *Women's Magazines 1693-1968*, pp. 23-40.

26. Sterns, 'Stages of Consumerism: Recent Work on the Issues of Periodization', p. 105.
27. Ibid., pp. 109, 113.
28. Jardine, *Worldy Goods*, p. 421.
29. Haskell, 'The Market for Italian Art in the seventeenth Century', p. 50.
30. Wilson, *Bohemians*, p. 16에서 인용.
31. Brewer, *The Pleasures of the Imagination*, p. 146에서 인용.
32. Ibid., pp. 146-7. 문단에 대한 Goldsmith의 양면적 태도에 관해서는 pp. 148-9 참조.
33. Germaine de Staël, *De l'Allemagne*, Vol. I, p. 149.
34. Weil, *L'Interdiction du roman et la librairie 1728-1750* 참조.
35. Gersmann, 'Le monde des colporteurs parisiens de livres prohibés 1750-1789', p. 39.
36. Darnton, *The Forbidden Best-Sellers of Pre-Revolutionary France*, p. 88.
37. Association Hôtel Mame Centre Culturelle, *Mame. Angers-Paris-Tours. Deux siècles du livre*, p. 10.
38. Chandler, *England in 1819*, p. 350.
39. Stone, 'Literacy and Education in England 1640-1900', p. 96.
40. Williams, *The Long Revolution*, p. 136.
41. Grew and Harrigan, 'The Availability of Schooling in Nineteenth-Century France', 특히 p. 34.
42. Stone, 'Literacy and Education in England 1640-1900', p. 89.
43. Einhard, *The Life of Charlemagne*, section 25 at www.fordham.edu/halsall/basis/einhard.htmlStudies.
44. Burke, 'The Uses of Literacy in Early Modern Italy', p. 22.
45. Botrel, 'Les recherches sur le livre et la lecture en Espagne aux XVIIIe-XXe siècles', p. 53.
46. Cipolla, *Literacy and Development in the West*, pp. 71-2.
47. Albertini, *L'École en France XIX-XX siècle de la maternelle à l'université*, p. 7.
48. Graff, *The Legacies of Literacy*, p. 302.
49. Van Horn Melton, 'From Image to Word: Cultural Reform and the Rise of Literate Culture in Eighteenth-Century Austria', pp. 95-6.
50. Davis, 'Italy', p. 84.
51. Lopez, 'Notes sur le fonds ancien des petits récits en prose dans la *Literatura de Cordel*', p. 13.
52. Cipolla, *Literacy and Development in the West*, p. 11.
53. Hammond, *The Town Labourer*, pp. 48-9.

54. Lyons, *Le Triomphe du livre*, p. 72.
55. Charle, *Les intellectuels en Europe au XIXe siècle*, p. 59.
56. Johansson, 'The History of Literacy in Sweden', p. 152.
57. Graff, *The Legacies of Literacy*, p. 13.
58. Fox, *Oral Literate Culture in England, 1500-1700*, pp. 13-4.
59. Baron, 'Will Anyone Accept the Good News on Literacy?' p. B10.
60. Stephens, *Education, Literacy and Society 1830-70*, and Thomas, 'The Meaning of Literacy in Early Modern England' p. 102 참조.
61. Cipolla, *Literacy and Development in the West*, p. 71.
62. 이탈리아에 관해서는 Sallmann, 'Les niveaux d'alphabétisation en Italie au XIXe siècle', p. 186 참조.
63. Burke, 'The Uses of Literacy in Early Modern Italy', p. 22.
64. Saul, 'Aesthetic humanism (1790-1830)', p. 209.
65. Ridders-Simoens. 'Mobility', pp. 416-48, 특히 pp. 441-2 참조.

제2장. 승리한 언어들

1. D'hulst, 'Traduire l'Europe en France entre 1810 et 1840', p. 143.
2. Asor Rosa (ed.), *Letteratura italiana. Storia e geografia*, Vol. 3, p. 11 and De Mauro, *Storia linguistica dell'Italia unita*, Vol. 1, p. 43 참조.
3. Fernández-Armesto, *Civilizations*, p. 185.
4. 종교를 이루는 것에 대한 서양인들의 생각과 아프리카인들의 생각은 아주 달랐을 것이다. Goody, *The Logic of Writing and the Organization of Society*, p. 4와 그의 *The Interface Between The Written And The Oral*, pp. 125-6 참조.
5. Charles A. Fergusson이 1959년에 프랑스어 디글로시diglossie를 토대로 다이글로시아라는 말을 만들었다. 그의 'Diglossia', pp. 325-40 참조.
6. Ibid., p. 336.
7. Ong, 'Writing is a Technology that Restructures Thought', p. 42.
8. Houston, *Literacy in Early Modern Europe*, p. 204.
9. Carmichael, 'Coming to terms with the Past: Language and Nationalism in Russia and its Neighbours', pp. 268, 272.
10. Lyttelton, 'Origins of a National Monarchy: the House of Savoy', p. 327.
11. De Mauro, *Storia linguistica dell'Italia unita*, Vol. 1, p. 32.
12. Foster, *Modern Ireland 1600-1972*, pp. 121, 311, 340.
13. Phillips, *Printing and Bookselling in Dublin, 1670-1800*, pp. 100ff.
14. Schlegel, *Lectures on the History of Literature, Ancient and Modern*, p. 159.

15. Bernard, 'J. Kopitar, lien vivant entre la slavistique et la germanistique', pp. 191-209.
16. Deme, 'Writers and Essayists and the Rise of Magyar Nationalism in the 1820s and 1830s', p. 626.
17. Törnquist-Plewa, 'Contrasting Ethnic Nationalisms: Eastern Central Europe', p. 188.
18. Wachtel, *Making a Nation, Breaking a Nation*, pp. 25-7.
19. Kostallari, 'La langue littéraire nationale albanaise et notre époque', pp. 10, 27.
20. Berend, *The Crisis Zone of Europe*, p. 14.
21. Lloshi, 'Modern Albanian in different culture contexts', p. 171.
22. Sokolova, 'L'Intelligentsia Albanaise à l'époque de la renaissance et la nouvelle culture albanaise', pp. 57, 62, 69-70.
23. Törnquist-Plewa, 'Contrasting Ethnic Nationalisms: Eastern Central Europe', pp. 193-7.
24. Todorova, 'Dialogue de la littérature macédonienne avec la tradition nationale et les littératures étrangères', p. 844.
25. Lehtonen, 'La littérature finlandaise au carrefour des cultures', pp. 691-2.
26. Vikør, 'Northern Europe: Languages as Prime Markers of Ethnic and National Identity', pp. 113-4. 노르웨이어의 복잡했던 언어적 갈등은 다음 책에서 다룬다. E. Haugen, *Language Conflict and Language Planning: the Case of Modern Norwegian*, Harvard University Press 1966.
27. Morton and Morris, 'Civil Society, Governance and Nation, 1852-1914', p. 361.
28. Habermas, *The Postnational Constellation*, pp. 6-8에서 인용.
29. Balibar and Laporte, *Le Français national*, p. 31, Ferdinand Brunot이 1906년에 시작한 여러 권의 저작 *Histoire de la Langue française*에서 인용.
30. Weber, *France Fin de Siècle*, p. 44.
31. Balibar and Laporte, *Le Français national*, pp. 198-215에 전문이 실려 있다.
32. Certeau, Julia and Revel, *Une politique de la langue*, pp. 11, 47.
33. Balibar and Laporte, *Le Français national*, p. 59.
34. Chartier, 'Frenchness in the History of the Book: from the History of Publishing to the History of Reading', pp. 304-5.
35. Quaghebeur, 'L'identité ne se réduit pas à la langue', p. 68.
36. Frickx, 'Littérature belge de langue française ou littéature française de Belgique?', pp. 24-5 참조.
37. Grassi, 'Introduction' 참조.
38. Asor Rosa, 'Centralismo e policentrismo nella letteratura italiana unitaria', p. 8.

39. Lanza, *Porta e Belli*, pp. 12-3.
40. Belli, Sonetti, p. 8. Gibellini, *Il coltello e la corona*, p. 15에서 인용.
41. Gibellini, '"Peuple" et "Nation": Notes sur la littérature dialectale italienne', 1982, p. 4.
42. Gramsci, *Selections from the Cultural Writings*, p. 268.
43. Yates and McKenzie (eds), *Viennese Popular Theatre*, preface.
44. Duţu, 'La circulation de l'imprimé dans le Sud-Est européen entre le XVIIIe et le XIX siècle', p. 165.
45. Staël, *De l'Allemagne*, Vol. I, p. 96.
46. Lüsebrink and Reichardt, 'La traduction, indicateur de diffusion: imprimés français traduits en allemand', p. 409. 이 글은 1770년에서 1815년까지 독일어로 번역된 텍스트 6,500편을 분석한 것이다. 독일 낭만주의자들이 번역에 몰두한 사정은 다음을 참조. Berman, *L'épreuve de l'étranger. Culture et traduction dans l'Allemagne romantique*.
47. Alfieri, 'La lingua di consumo', p. 210.
48. Calvet, *La guerre des langues et les politiques linguistiques*, pp. 249-50.
49. Staël, *De l'Allemagne*, pp. 119-20.
50. Rietbergen, *Europe. A Cultural History*, p. 296.
51. Jonard, *La France et l'Italie au siècle des lumières. Essai sur les échanges intellectuels*, p. 37.
52. Calvet, *La guerre des langues et les politiques linguistiques*, pp. 73-4.
53. Graf, *L'anglomania e l'influsso inglese in Italia nel secolo XVIII*, p. 2에서 인용.
54. McMahon, *Enemies of the Enlightenment*, pp. 6-7.
55. Staël, *De l'Allemagne*, Vol. I, p. 93.
56. Graf, *L'anglomania e l'influsso inglese in Italia nel secolo XVIII*, p. 57에서 이렇게 묘사했다.
57. Lai (ed.), *Adam Smith Across Nations*, p.xvi.
58. Robb, *Balzac*, p. 85.
59. Mollier, 'Un siècle de transition vers une culture de masse', p. 187에서 인용.
60. Arnould, *Essais de théorie et d'histoire littéraire*, p. 321.
61. Crystal, *The Cambridge Encyclopedia of the English Language*, p. 54.
62. Fox, *Oral Literate Culture in England*, p. 51.
63. Joyce, 'The People's English: Language and Class in England c.1840-1920', pp. 156-8, 163.
64. Brontë, *Jane Eyre*, Chapter 31.
65. Joyce, 'The People's English', p. 165.

66. Ibid., p. 157.
67. Crystal, *English as a Global Language*, p. 66에서 인용.
68. Goethe, *Conversations of Goethe with Eckermann*, p. 255, entry for 12 March 1828.
69. Rousseau, *Émile, ou de l'éducation*, p. 316.
70. Soriano, *Guide de littérature pour la jeunesse*, p. 25.
71. Heiderich, *The German Novel of 1800*, p. 168n. 여기서 Heiderich는 다음 책을 언급한다. Peter Michelsen, *Laurence Sterne und der deutsche Roman des achtzehnten Jahrhunderts*, Göttingen 1962.
72. *Les Sauvages de l'Europe*과 *Les Amants François* 모두 익명으로 출간되었다.
73. Cooper-Richet, 'Les imprimés en langue anglaise en France au XIXe siècle: rayonnement intellectuel, circulation et modes de pénétration', pp. 123-5
74. On Robinson Crusoe in Russia see Cross, *Anglo-Russica*, p. 76.
75. Vainchtein, 'Les bardes anglais et la critique russe', pp. 147-56.
76. Eliot, 'Patterns and Trends and the *NSTC*: Some initial observations. Part Two', p. 103.
77. Anderson, 'Western Nationalism and Eastern Nationalism', p. 40.
78. Orton, 'Did the Slavs Speak German at Their First Congress?', p. 517.

제3장. 출판

1. Rubinstein, *Wealth and Inequality in Britain*, 특히 p. 33 참조.
2. 자세한 내용은 Hodgkin, 'New Technologies in Printing and Publishing: the Present of the Written Word', p. 153 참조.
3. Sadleir, 'Aspects of the Victorian Novel', p. 7. 이것은 1937년 11월에 했던 강의 텍스트다.
4. Pollard, 'The English Market for Printed Books', p. 35; 이것은 Pollard가 1959년 케임브리지 대학에서 했던 샌다스 강의의 텍스트를 손대지 않은 것이다.
5. Barrell, 'Divided we Grow', p. 10.
6. Lyons, *Le Triomphe du livre*, pp. 56-7.
7. Bellos, 'La conjuncture de la production', p. 731.
8. Erickson, *The Economy of Literary Form*, p. 4.
9. Chartier, 'Lecteurs dans la longue durée: du *codex* à l'écran', p. 272.
10. Ibid., pp. 276-7.
11. Ibid., p. 273.
12. Chartier, 'Du livre au livre', p. 70.

13. Eisenstein, 'The Advent of Printing and the Problem of the Renaissance', pp. 19-89.
14. Williams, *The Long Revolution*, p. 159.
15. Schlegel, *Charakteristiken und Kritiken II*, p. 53.
16. Carlyle, *Sartor Resartus*, p. 31. 원래는 월간지 *Fraser's Magazine*에 이름을 밝히지 않고 실은 기사다.
17. Febvre and Martin, *The Coming of the Book*, p. 30.
18. Goody, *Capitalism and Modernity*, p. 133.
19. Hobson, *The Eastern Origins of Western Civilisation*, pp. 184-5.
20. Houston, *Literacy in Early Modern Europe*, p. 157.
21. Pollard, 'The Englhsh Market for Printed Books', p. 12.
22. Houston, *Literacy in Early Modern Europe*. p. 156. 다음도 참조. Febvre and Martin, *The Coming of the Book*, pp. 181-6.
23. Febvre and Martin, *The Coming of the Book*, p. 209. 러시아에 관해서는 Gary Marker, 'Russian and the "Printing Revolution": Notes and Observations' in *Slavic Review*, No. 2, 1982 Summer p. 269 참조.
24. Febvre and Martin, *The Coming of the Book*, p. 218.
25. Fox, *Oral Literate Culture in England*, pp. 13-4 인용.
26. Jardine, *Worldly Goods. A New History of the Renaissance*, p. 147.
27. Houston, *Literacy in Early Modern Europe*, p. 185.
28. Thomson, *The Making of the English Working Class*, p. 261.
29. Warner, *Licensing Entertainment*, p. 133n.
30. Hobbes, *Leviathan*, p. 100.
31. Angenot, 'La littérature populaire française au dix-neuvième siècle', p. 314.
32. Crubellier, 'L'élargissement du public', p. 31.
33. Chartier, 'Frenchness in the History of the Book', p. 302.
34. Barbier and Bertho Lavenir, *Histoire des médias, de Diderot à Internet*, p. 22.
35. Mollier, 'Un siècle de transition vers une culture de masse', p. 188.
36. Santoro, *Storia del libro italiano*, p. 289.
37. Berengo, *Intellettuali e librai nella Milano della restaurazione*, pp. 3-5.
38. Lyons, 'Les best-sellers', pp. 410, 419.
39. 'The Popular Novel in the Nineteenth Century', Special issue of *Canadian Review of Comparative Literature* Vol. 9, No. 3, 1982, September.
40. Bellos, 'Le Marché du livre à l'époque romantique: recherches et problèmes', pp. 647-9.
41. Eliot, '*Patterns and Trends and the NSTC*: Some initial observations. Part One', p. 80.

42. Barker, 'The Rise of the provincial book trade in England and the growth of a national transport system', p. 141. Barker는 영국에서 인쇄된 서적 카탈로그인 ESTC를 사용하고 있다.
43. Cross, *Anglo-Russica*, p. 76.
44. Marker, 'Russian and the "Printing Revolution": Notes and Observations', pp. 276-7.
45. Karamzin, 'The Book Trade and the Love of Reading in Russia', p. 113.
46. Botrel, 'Les recherches sur le livre et la lecture en Espagne aux XVIIIe-XXe siècles', pp. 52, 55.
47. Kortländer, 'Traduire. "La plus noble des activités" ou "la plus abjecte des pratiques"', p. 126.
48. Blackbourn, *The Fontana History of Germany 1780-1918*, pp. 39-40. 자료는 다음에서 인용. Rolf Engelsing, *Analphabetentum und Lektüre*, Stuttgart 1973, pp. 119-20, 128.
49. Angenot, 'Ceci tuera cela, ou: la chose imprimée contre le livre', p. 87.
50. Barbier and Lavenir, *Histoire des médias, de Diderot à Internet*, pp. 41, 46.
51. Ibid., pp. 43-4.
52. Bienkowska and Chamerska, *Books in Poland*, p. 26.
53. Saul, 'Aesthetic humanism (1790-1830)', p. 210.
54. Schuster, 'Popular Literature in Germany: 1800-1850', pp. 334, 341-2.
55. Saul, 'Aesthetic humanism (1790-1830)', p. 217.
56. Staël (Madame de), *De l'Allemagne*, Vol. I, p. 42.

제4장. 행상문학

1. Cooper, 'Surviving the Reformation', p. 21.
2. Fontaine, 'Colporteurs de livres dans l'Europe du XVIIIe siècle', pp. 27-8.
3. Chartier, *The Cultural Uses of Print in Early Modern France*, p. 240.
4. Houston, *Literacy in Early Modern Europe*, pp. 182-3.
5. Andries. 'Les livres de savoir pratique dans la France des XVIIe et XVIIIe', p. 173.
6. Bollème, *La Bibliothèque Bleue*, pp. 8-13.
7. Chartier, *The Cultural Uses of Print in Early Modern France*, pp. 241-6.
8. Coleridge, *Biographia Literaria*, Vol. 2, pp. 1-2.
9. Fontaine, *Histoire du colportage en Europe (XVe-XIXe siècle)*, p. 189.
10. Chartier, *The Cultural Uses of Print in Early Modern France*, p. 268.
11. Houston, *Literacy in Early Modern Europe*, p. 183.

12. Angenot, 'La littérature populaire française au dix-neuvième siècle', pp. 308-9; Darmon, *Le Colportage de Librairie en France sous le Second Empire*, p. 142.
13. Eisenstein, 'The Impact of Printing on Western Society and Thought: A preliminary report', p. 31.
14. Ó Ciosáin, *Print and Popular Culture in Ireland*, 1750-1850.
15. Brooks, *When Russia Learned to read*, p.xvii.
16. Cox, 'Fairy-Tale Plots and Contemporary Heroes in Early Russian Prose Fiction', pp. 86, 89-90.
17. Behrman, 'Le Lecteur des vies des saints', p. 65.
18. Warrilow, 'Some Recent German Periodicals on Book and Book-Trade History, a Summary', p. 87.
19. Capp, *Astrology and the Popular Press* 참조.
20. Darmon, *Le Colportage de Librairie en France sous le Second Empire*, pp. 294-5.
21. Mills Todd III, 'Periodicals in literary life of the early nineteenth century', pp. 45, 47.
22. Beaven, 'Russian Literary Almanacs of the 1820s and their Legacy', 특히 pp. 65-6, 76-7 참조.
23. Chartier, *The Cultural Uses of Print in Early Modern France*, p. 177 도판 참조. 이 작품 〈콜포르퇴르〉는 파리의 민중예술전통 국립박물관에 전시되어 있다.
24. Chartier, 'Introduction', p. 13; Fontaine, 'Colporteurs de livres dans l'Europe du XVIIIe siècle', p. 24도 참조.
25. Alexandu Duţu, 'La circulation de l'imprimé dans le Sud-Est européen entre le XVIIIe et le XIXe siècle' p. 166.
26. Braida, Quelques considérations sur l'histoire de la lecture en Italie...', p. 30.
27. Fontaine, *Histoire du colportage en Europe (XVe-XIXe siècle)*, p. 189 and Berengo, *Intellettuali e librai nella Milano della restaurazione*, p. 75.
28. Botrel, *La diffusion du livre en Espagne(1868-1914)*, pp. 11, 28.
29. Chartier, 'Introduction', p. 14.
30. Botrel, 'La littérature de cordel en Espagne. Essai de synthése', pp. 271, 275; Ouimette, '"Monstrous Fecundity": The Popular Novel in Nineteenth-Century Spain', p. 383.
31. Fontaine, *Histoire du colportage en Europe*, p. 190.
32. Botrel, *La diffusion du livre en Espagne(1868-1914)*, p. 19.
33. Sauvy, 'Noël Gille dit La Pistole, "marchand forain libraire rouland par la France"', p. 183, 185, 190.
34. Fox, *Oral Literate Culture in England*, p. 15.

35. Chartier, *The Cultural Uses of Print in Early Modern France*, p. 168.
36. Bollème, *La Bibliothèque Bleue*, pp. 18, 21, 29ff, 53, 64, 115.
37. Seguin, *L'Information en France avant le périodique*, p. 74. 이 책의 부록에는 1529년에서 1631년까지 출간된 카나르 517권의 서지목록이 수록되어 있다.
38. 이 수치는 Williams, *The Long Revolution*, p. 165에 나오지만, 이렇게 엄청난 판매량에 대한 정확한 출처는 제시하지 않는다.
39. http://gaslight.mtroyal.ab.ca/gaslight/martbald.htm 참조.
40. Chatto and Windus: *Chapbooks of the Eighteenth Century*, edited by John Ashton, 1882년 초판 참조.
41. Rowe and Schelling, *Memory and Modernity*, pp. 86-7.
42. Reprinted in Pecchio, *Della produzione, letteraria*, p. 14.
43. Ibid., p. 161.
44. Ibid., pp. 153-6.
45. 제8장 참조.
46. Cross, *The Common Writer*, pp. 169-70.
47. Ibid., p. 172.
48. Bellos, 'Le Marché du livre à l'époque romantique', p. 654.
49. Villot, *Notice des Tableaux exposés dans les galeries du Musée National du Louvre*, p. 108.
50. Bellos, 'Le Marché du livre à l'époque romantique', p. 655.
51. Ibid., p. 652.
52. Vachon, 'Balzac en feuilletons et en livres...', p. 276.
53. Ibid., p. 260-2.
54. 바르베리노에 관해서는 Allaire, *Andrea da Barberino and the language of chivalry*, pp. 6-7 참조.
55. Manzoni, *I Promessi sposi*, pp. 328-9, 329n.
56. Chartier, *Cultural History*, pp. 152-4.
57. Ibid., p. 157.
58. Ibid., p. 163.
59. Farci, 'Le temps libre au village', p. 260.
60. Chartier, *Cultural History*, p. 167. 그러나 Chartier는 *The Cultural Uses of Print in Early Modern France*, p. 155에서는 덜 회의적인 입장이다.
61. Chartier, *The Cultural Uses of Print in Early Modern France*, p. 146; 이 책에 인용된 16세기 아미앵 유산목록에 대한 연구는 Albert Labarre, *Le Livre dans la vie amiénoise du seizième siècle. L'Enseignement des inventaires après décès 1503-1576* (1971)이다.

62. Daumard, *Les Bourgeois de Paris au XIXe siècle* 참조.
63. Hunter, 'The Novel and Social/Cultural History', p. 25.
64. Carson, 'Enlightenment, popular culture, and Gothic fiction', p. 262.
65. Chartier, *The Cultural Uses of Print in Early Modern France*, p. 204.
66. Hunter, 'The novel and social/cultural history)', p. 25.
67. Brewer, *The Pleasures of the Imagination*, p. 177.
68. Houston, *Literacy in Early Modern Europe*, p. 174.
69. Cross, *The Common Writer*, p. 168.
70. Houston, *Literacy in Early Modern Europe*, p. 175. 다른 자료들은 더 큰 수치를 제시한다. 일례로 Erickson, *The Economy of Literary Form*, p. 127 참조.
71. Botrel. *La diffusion du livre en Espagne (1868-1914)*, p. 26.
72. Saul, 'Aesthetic humanism (1790-1830)', p. 210.
73. Bödeker, 'D'une "histoire littéraire du lecteur" à l'histoire du lecteur. Bilan et perspectives de l'histoire de la lecture en Allemagne', p. 107.
74. Berengo, *Intellettuali e librai nella Milano della restaurazione*, pp. 133-4.
75. Ibid., pp. 185, 192.
76. Ibid., p. 200.
77. Mollier, 'Un siècle de transition vers une culture de masse', p. 191.
78. Bellos, 'Le Marché du livre à l'époque romantique', p. 658.
79. Parent-Lardeur, *Lire à Paris au temps de Balzac*, p. 200.
80. Bellos, 'Le Marché du livre à l'époque romantique', p. 656.
81. Pichois, 'Les Cabinets de Lectures à Paris, durant la première moitié du XIXe siècle', p. 526.
82. Parent-Lardeur, *Lire à Paris au temps de Balzac*, p. 200.
83. Boscq, 'L'implantation des librairies à Paris (1815-1848)', pp. 36-7.
84. Lyons, *Le Triomphe du livre*, p. 127.
85. Pichois, 'Les Cabinets de Lectures à Paris...' p. 528.
86. Fantham, *Roman Literary Culture. From Cicero to Apuleius*, p. 38.
87. Rutherford, 'Introduction' to Cervantes, *Don Quixote*, p.xix.
88. Ashton, *George Eliot*, p. 144.
89. Waugh, *Brideshead Revisited*, pp. 150-1.
90. Price, *The Anthology and the Rise of the Novel: From Richardson to George Eliot*, p. 84.
91. 1814년 10월 23일자 편지, Hayden (ed.), *Walter Scott. The Critical Heritage*, p. 75.
92. Ashton, *George Eliot*, p. 313에서 인용.
93. Chandler, *England in 1819*, p. 309에서 인용.

94. Erickson, *The Economy of Literary Form*, p. 158.
95. Alfieri, 'La lingua di consumo', p. 189.
96. Ashton, *George Eliot*, p. 286.
97. 1968년 10월 10일자 *The Listener*에 재수록된 BBC2와의 1968년 인터뷰에서 나보코프의 발언 참조.
98. Price, *The Anthology and the Rise of the Novel*, p. 105.
99. Ibid., p. 87.
100. Ibid., pp. 13, 17.
101. Adburgham, *Silver Fork Society*, pp. 23-5.
102. Price, *The Anthology and the Rise of the Novel*, p. 106.

제5장. 근본을 찾는 이야기들

1. Figgis, 'Artistes et amateurs des îles britanniques à Rome', p. 121.
2. Raspi Serra, 'Fouilles et decouvertes, personnages et débats', p. 116.
3. Schlegel, *Lectures on the History of Literature, Ancient and Modern*, p. 21.
4. Close, *The Romantic Approach to 'Don Quixote'*, p. 29.
5. Schlegel, 'Letter about a Novel', p. 77.
6. Schlegel, *Lectures on the History of Literature, Ancient and Modern*, p. 3.
7. Houston, *Literacy in Early Modern Europe*, p. 221 참조. 여기서는 보카치오 작품과의 연관성만 언급한다.
8. 이탈리아의 오시안 숭배에 관해서는 Graf, *L'anglomania e l'influsso inglese in Italia nel secolo XVIII*, pp. 294-5 참조.
9. Price, *English Literature in Germany*, p. 123.
10. Boswell, *Life of Johnson*, p. 614, entry for 7 April 1775.
11. 영국인들의 반응에 관해서는 Shiach, *Discourse on Popular Culture*, p. 112 참조.
12. Fabrizi, *Studi inediti di Vittorio Alfieri sull'Ossian del Cesarotti*, and Alfieri, *Estratti d'Ossian e da Stazio per la Tragica* 참조.
13. Darnton, 'Extraordinary Commonplaces', p. 83.
14. Cottin, *Malvina*, Vol. 1, p. 67.
15. Scott, *The Singing Bourgeois*, p. 28.
16. Goethe, *The Sorrows of Young Werther*, p. 95.
17. MacDonald, *In Defence of Ossian*, 1906 참조.
18. Thiesse, 'Littérature et folklore, l'invention érudite de la culture populaire', p. 244.
19. Herder, 'Extract from a Correspondence on Ossian and the Songs of the Ancient Peoples', pp. 154-61. 이 책 p. 154에서 인용.

20. Ibid., p. 155.
21. Ibid., 다음도 참조. Bruckner, 'Histoire de la *Volkskunde*', p. 226.
22. Boyle, Goethe. *The Poet and the Age*, Vol. 1, pp. 97-100. 『괴츠 폰 베를리힝겐』은 다시 장 폴 사르트르의 희곡 『악마와 신』에 영감을 주었다.
23. Francillon, 'La quête d'une identité helvétique dans la Suisse romande du XVIIIe siècle', pp. 54-5.
24. Staël, *De l'Allemagne*, Vol. I, p. 70.
25. Staël, *Corinne ou l'Italie*, pp. 172, 160. 엘리자베스 배럿 브라우닝의 표현은 Caplans, Introduction to *Aurora and other poems*, p. 17에 나온다.
26. Giuli, 'Tracing Sisterhood: Corilla Olimpica as Corinne's unacknowledged Alter Ego' 참조.
27. Staël, *Corinne*, p. 136.
28. Weinmann, 'Étranger, étrangeté: de l'allemand au français au début du XIXe siècle', p. 53.
29. Macherey, *À quoi pense la littérature?*, pp. 30-1.
30. Thiesse 'Littérature et folklore, l'invention érudite de la culture populaire', p. 248-9.
31. Besançon, 'Comment la Russie a pensé au peuple' p. 110. 볼테르와 관련해서는 Dmitrieva, 'Vers l'âge d'or de la culture russe', p. 127. 참조. 리처드슨과 관련해서는 Cross, *Anglo-Russica*, p. 81 참조.
32. Wachtel의 의미심장한 제목의 책 *An Obsession with History*에서 인용.
33. Besançon, 'Comment la Russie a pené au peuple' p. 110-1.
34. Marquis de Custine, *Letters from Russia*, p. 20.
35. Haxthausen, *Studies on the Interior of Russia* (초판은 1843-44년 출간) 참조.
36. Florovsky, 'The Problem of Old Russian Culture', pp. 5-7.
37. Plakans, 'Peasants, Intellectuals, and Nationalism in the Russian Baltic Provinces, 1820-90', pp. 468-9; 다음도 참조. Vâikis-Friebergs (ed.), *Linguistics and poetics of Latvian folk songs*.
38. Boyer, *Histoire des littératures scandinaves*, pp. 106, 131.
39. Wachtel, *An Obsession with History*, p. 32.
40. Thiesse, 'Littérature et folklore, l'invention érudite de la culture populaire', p. 245.
41. Ibid., p. 242.
42. Šilbajoris, 'Kristijonas Donelaitis, A Lithuanian Classic', pp. 252, 261-2.
43. Lehtonen, 'La littérature finlandaise au carrefour des cultures', pp. 691-3.
44. 영어 완역본은 다섯 권짜리 *The Complete Sagas of Icelanders* edited by Vidar Hreinsson, Leifur Eiriksson, Reykjavik가 있다. 선집으로는 *The Sagas of Icelanders: A*

Selection with a preface by Jane Smiley and an introduction by Robert Kellogg, Penguin, Harmondsworth 2000이 있다..
45. 역사적 기록은 Cardini, *Europe and Islam*, pp. 45-8 참조.
46. 이에 대한 견해와 주석은 'Jugements', the appendix to the Classiques Larousse edition of *La Chanson de Roland*, edited and trans. by André Cordier, Larousse, Paris 1935, pp. 104-5 참조.
47. Werner 'La place relative du champ littéraire dans les cultures nationales...', p. 29.
48. Belmont, 'L'Académie celtique et George Sand', pp. 29-31; Agulhon, 'Le problème de la culture popolaire en France autour de 1848', p. 55.
49. Acocella, 'The Neapolitan Finger', p. 48.
50. Mar-Molinero, 'The Iberian Peninsula: Conflicting Linguistic Nationalisms', pp. 88, 92, 101.
51. Kiberd, *Inventing Ireland*, pp. 286-7.
52. Bruckner, 'Histoire de la *Volkskunde*: Tentative d'une approche à l'usage des français', p. 242.
53. Mouralis, *Les contres-littératures*, pp. 123-4. '영국'의 형성에 관해서는 Colley, *Britons, Forging the Nation 1707-1837* 참조.
54. Lefebvre, 'L'introduction de la philosophie allemande en France au XIXe siècle. La question des traductions', pp. 467, 473.

제6장. 동화
1. Lévi-Strauss, *Anthropologie structurale*, p. 249.
2. Lévi-Strauss, *Tristes tropiques*, p. 205.
3. Carter, *The Virago Book of Fairy Tales*, p.x.
4. Propp, *Morphology of the Folktale*, pp. 19-65.
5. Pentikäinen, 'Structural Patterns of an Oral Repertoire', 특히 pp. 827-8, 839와 Larivaille, *Le Réalisme du merveilleux*, 1982 참조.
6. Gianni Rodari가 *Grammatica della fantasia. Introduzione all'arte di inventare storie*에서 어린이를 위해 고안한 교육놀이로 제시했다.
7. Thurber, 'The Little Girl and the Wolf', pp. 16-7.
8. Roal Dahl, *Revolting Rhymes* in Tatar(ed.), *The Classic Fairy Tales*, p. 22.
9. Canepa, '"Quando 'nc'è da ccà a lo luoco dove aggio da ire?": Giambattista Basile's Quest for the Literary Fairy Tales', pp. 37-80 참조. 바실레의 중요성에 대한 더 폭넓은 논의로는 Canepa, *From Court to Forest* 참조.
10. Tatar, *The Classic Fairy Tales*, p. x and Warner, *From the Beast to the Blonde: On*

Fairy tales and Their Tellers, pp. 16-36.
11. Larivaille, *Le Réalisme du merveilleux*, p. 118.
12. Figes, *Natasha's Dance*, p. 112.
13. Cardini, *Europe and Islam*, p. 168.
14. Zipes, *When Dreams Come True*, p. 75.
15. Wyss, 'Jacob Grimm et la France', p. 62.
16. François, 'Les échanges cuturels entre la France et les pays germaniques au XVIIIe siècle', p. 46.
17. Zipes, *When Dreams Come True*, p. 69-70.
18. Shklovsky, *Theory of Prose*, p. 18 참조. Shklovsky가 참고한 연구는 Vsevolod F. Miller, 'The Universal Legend in the Light of Culture and History' published in *Russkaya mysl* (Russian Thought), November 1894.
19. Zipes, *Happily Ever After*, pp. 42-51.
20. Velay-Vallantin, 'Little Red Riding Hood as Fairy Tale...', p. 311.
21. Kinnell, 'Childhood and Children's Literature: the Case of M.J. Godwin and Co., 1805-25', p. 83에서 인용.
22. Zipes, 'Of Cats and Men: Framing the Civilizing Discourse of the Fairy Tale', p. 191.
23. 근대에 '아동기'라는 개념이 생겨난 과정에 관해 더 알고 싶다면 Ariès, *L'Enfant et la vie familiale sous l'Ancien Régime* 참조.
24. Caradec, *Histoire de la Littérature enfantine en France*, p. 90.
25. Crubellier, 'L'élargissenment du public', p. 36.
26. Cardigos, *In and Out of Enchantment*, pp. 43-4.
27. Shklovsky, *Theory of Prose*, pp. 27-9, 42.
28. Coleridge, *Biographia Literaria*, Vol.2, pp. 1-2 (Chapter XIV).
29. Shklovsky, *Theory of Prose*, pp. 11.
30. Doody, 'Samuel Richardson: fiction and Knowledge', p. 117.
31. Watt, *Myths of Modern Individualism*, pp. 190-3.
32. MacKay, *The Double Invitation in the Legend of Don Juan*. 부록 pp. 118-235에 81가지 돈 후안 이야기가 수록되어 있다.
33. Hoffmann, 'Don Giovanni' in *Six German Romantic Tales*, p. 114 참조.

제7장. 소설

1. Levitt, *Russian Literary Politics and the Pushkin Celebration of 1880*, pp. 96-7, 108, 128-30.

2. 이것은 Doody가 *The True Story of the Novel*에서 구분한 것이다.
3. Barber, *Daphnis and Chloe, the markets and metamorphoses of an unknown best-seller.*
4. *Byron's Letters and Journals* Vol. 10, p. 161. 다음도 참조. Erickson, *The Economy of Literary Form* pp. 22-3.
5. Robb, *Victor Hugo*, p. 100.
6. Lyons, *Le Triomphe du livre*, p. 130.
7. Erickson, *The Economy of Literary Form*, p. 22.
8. Aristotle, *Poetics*, p. 59.
9. Robb, *Balzac*, p. 122.
10. Trollope, *An Autobiography*, pp. 139, 140, 141.
11. Robb, *Balzac*, p. 422.
12. Boyd, *Vladimir Nabokov. The American Years*, pp. 122, 478, 494.
13. Karamzin, 'The Book Trade and the Love of Reading in Russia', p. 114.
14. Gasperetti, *The Rise of the Russian Novel*, p. 59.
15. Meynieux, 'Les traducteurs en Russie avant Poushkine.'
16. Gasperetti, *The Rise of the Russian Novel*, p. 55.
17. Toschi, 'Alle origini della narrativa di romanzo in Italia', p. 16에서 인용.
18. Moretti, 'Conjectures on World Literature', p. 55. 같은 저자의 'The Slaughterhouse of Literature', pp. 207-27도 참조.
19. Sutherland, *Longman Guide to Victorian Fiction*, p. 1.
20. Schulte-Sasse, 'High/Low and Other Dichotomies', p. 3.
21. Davis, *Factual Fictions*, p. 125.
22. Louandre, 'Statistique littéraire de la production intellectuelle en France depuis quinze ans', p. 681.
23. Woolf, 'A Feminine Past? Gender, Genre, and Historical Knowledge in England, 1500-1800', pp. 650-5.
24. Wollstonecraft, 'A Vindication of the Rights of Woman', p. 330.
25. Douchin, 'L'influence des publications populaires sur l'oeuvre de Flaubert', pp. 27-38.
26. Tieck, 'Eckbert the Fair', p. 25.
27. Pushkin, *Eugene Onegin*, p. 69.
28. Burney, Evelina, p. 7; 다음도 참조. Harman, *Fanny Burney. A Biography*, p. 91.
29. *The Lounger*, No. 20, 18 June 1785.
30. Gasperetti, *The Rise of the Russian Novel*, pp. 64-5.
31. Boetcher Joeres, 'The German Enlightenment (1720-1790)', p. 165.

32. Schlegel, *Lectures on the History of Literature, Ancient and Modern.*
33. Miltchina, '"Sacrée leur apparaît toute feuille imprimée …"', p. 131.
34. Darnton, *The Forbidden Best-Sellers of Pre-Revolutionary France*, p. 133에서 인용.
35. Reeve, *The Progress of Romance*, Vol. 1, pp. 13-4, 112, 115, 117, 118, 126, 133, 135 와 Vol. 2, pp. 13-4, 30. 이 판본은 원본의 복사본이다.
36. Sauvy, 'Une littérature pour les femmes', p. 501.
37. de Vigny, *Poèmes antiques et modernes. Les Destinées*, p. 207.
38. Davis, *Factual Fictions*, p. 123에서 인용.
39. Tomkins, *The Popular Novel in England 1770-1800*, pp. 70-1, 1932년 초판.
40. 18세기 프랑스의 자유분방주의와 자유지상주의의 관계에 대한 분석은 Darnton, *The Forbidden Best-Sellers of Pre-Revolutionary France* 참조.
41. Schuster, 'Popular Literature in Germany: 1800-1850', p. 342.
42. Unwin, 'On the Novel and the Writing of Literary History', p. 10.
43. Davis, *Factual Fictions*, p. 108.
44. Ibid., pp. 180-1.
45. Miltchina, ' "Sacrée leur apparaît toute feuille imprimée …"', pp. 134-5.
46. McMahon, *Enemies of the Enlightenment*, pp. 3-5.
47. Watt, *Myths of Modern Individualism*, p. 147.
48. Price, *English Literature in Germany*, pp. 41-2. 캄페의 영향에 관해서는 Shavit, 'Literary Interference between German and Jewish-Hebrew Children's Literature during the Enlightenment: the Case of Campe', pp. 41-61 참조.
49. Watt, *Myths of Modern Individualism*, pp. 280-1.
50. Ibid., p. 255.
51. 소설에 대한 서구의 정의에 반대하는 입장은 Lynch and Warner (eds), *Cultural Institutions of the Novel*, p. 4 참조.
52. 해럴드 블룸의 *The Western Canon*, 1994에 재수록된 Bloom, *Cervantes's 'Don Quixote'*, p. 145; 그리고 Guardian, 13 December 2003에 일부가 실린 Cervantes, *Don Quixote*, trans. by Edith Grossman, Random House, London 2003에 붙인 서문.
53. Defoe, *Essay upon Literature* (1726), p. 308.
54. Warner, *Licensing Entertainment*, 특히 pp. 46-7.
55. Pope, *The Dunciad*, p. 120 (154-5행), 이 경멸적인 언급은 p. 119의 주석 149에 있다.
56. The Project Gutenberg, 10 December 2002 www.gutenberg.net/etext04/cpsng10. txt에 처음 포스팅된 파일 Defoe, *The Life, Adventures and Piracies of the Famous Captain Singleton* Ebook 6422에 Edward Garnett가 붙인 소개글에서 인용.
57. Davis, *Resisting Novels*, pp. 114, 122, 165ff. Oakley, 'A Taxonomy of the Emotions of Literary Response and a Theory of Identification in Fictional Narrative', pp.

53-74, 특히 pp. 67-8 참조.
58. Watt, *Myths of Modern Individualism*에 논의된 소설들을 일부러 예로 들었다.
59. Adorno, *Notes to Literature*, Vol. 1, p. 30
60. Stone, *The Family, Sex and Marriage in England 1500-1800*, pp. 282-4.
61. Brunel, *Vincenzo Bellini*, pp. 125-6.
62. Angenot, 'La littérature populaire française au dix-neuvième siècle', pp. 317-8.
63. Hunter, 'The Novel and Social/Cultural History', p. 28.
64. Lyons, *Le Triomphe du livre*, pp. 115-6, 129, 140과 Lyons 'Les best-sellers', p. 428.
65. Rousseau, *Émile, ou de l'education*, pp. 166-70.

제8장. 선구자들

1. Escarpit, *La révolution du livre*, p. 22.
2. Rutherford, 'Introduction', pp. xii-xiii, 본문의 59-60장도 참조.
3. Moretti, *Atlas of the European Novel 1800-1900*, pp. 171-3.
4. Paulson, *Don Quixote in England*, p. ix.
5. Watt, *Myths of Modern Individualism*, pp. 219-25.
6. Close, *The Romantic Approach to 'Don Quixote'*, pp. 1, 43-4.
7. Nietzsche, *On the Genealogy of Morals*, p. 48.
8. Hartmann, 'La réception de Paméla en France: Les anti-Paméla de Villaret et Mauvillon', pp. 45-56, p. 46.
9. Carlo Goldoni, Memoirs of Goldoni, pp. 380-1.
10. Graf, *L'anglomania e l'infiusso inglese in Italia nel secolo XVIII*, pp. 281-2.
11. Brewer, *The Pleasures of the Imagination*, p. 129.
12. Hill, 'Clarissa Harlowe and her Times', pp. 102-23.
13. Doody, 'Samuel Richardson: fiction and knowledge', pp. 106-8.
14. Beebee의 뛰어난 연구 *Clarissa on the Continent: Translation and Seduction*, 특히 pp. 3, 9, 199 참조.
15. Ibid., p. 9. 다음도 참조. Sgard, *Prévost romancier*, pp. 539-43.
16. Pigoreau, *Petite Bibliographie biographico-romancière ou dictionnnaire des romanciers*, p. 352.
17. Kahn, *Narrative transvestism: rhetoric and gender in the eighteenth-century English novel*.
18. Novak, 'Defoe as an innovator of fictional form', p. 58.
19. Park and Daston, 'Unnatural Conceptions: the Study of Monsters in Sixteenth- and Seventeenth-Century France and England', pp. 20-54 참조.

20. Altick, *The Shows of London*, p. 39.
21. Ibid., pp. 252-6.
22. Cardini, *Europe and Islam*, p. 105.
23. Moretti, *Atlas of the European Novel 1800-1900*, pp. 16-17.
24. Peck, *A Life of Matthew G. Lewis*, p. 20.
25. Thackeray, *Vanity Fair*, p. 112.
26. Austen, *Northanger Abbey*, pp. 60-1.
27. Clery, 'Introduction', pp. xii-xiii 참조.
28. Montesinos, *Introducción a una historia de la novela en España en el siglo XIX*, p. 73.
29. Clery, 'Introduction', p.viii.
30. Scott, *Waverley, or, 'Tis Sixty Years Since*, pp. 3-4.
31. Heiderfch, *The German Novel of 1800*, pp. 32-8.
32. Frank, *The First Gothics*, p. ix. 이 금광 같은 책에는 고딕소설 500여 편의 플롯을 비롯한 유용한 정보가 실려 있다.
33. 사실 1997년에 같은 책이 두 종 나왔다. 하나는 Kim I. Michasiw이 편집해서 Oxford University Press에서 펴냈고, 또 하나는 Adriana Craciun이 편집해서 Canadian Broadview Press에서 펴냈다.
34. Roper, *Reviewing before the 'Edinburgh' 1788-1802*, p. 125.
35. Ibid.
36. Ibid., pp. 135-6, 142.
37. Killen, *Le Roman terrifiant ou Roman Noir de Walpole à Ann Radcliffe*, p. 95
38. Angenot, 'La littérature populaire française au dix-neuvième siècle', p. 313 and Killen, *Le Roman terrifiant*, p. 102.
39. 이 주장은 Angenot가 *Le roman populaire. Recherches en paralittérature*, p. 19에서 했다.
40. Angenot, 'La littérature populaire française au dix-neuvième siècle', pp. 311-5.
41. Sand, *Histoire de ma vie in Oeuvres autobiographiques*, Vol. 1, Gallimard/Pléiade, p. 887, 또 p. 1416의 편집자 주도 참조.
42. Gautier, *Voyage en Italie*, p. 69.
43. Killen, *Le Roman terrifiant*, pp. 83-4.
44. July 1804, in Stendhal, *Correspondance Générale*, Vol. 1, 1800-1809, pp. 184-5.
45. Brooks, *When Russia Learned to read*, p. 248.
46. Honoré de Balzac, *La muse du département*, pp. 716-8.
47. Robb, *Balzac*, p. 89.
48. Peck, *A Life of Matthew G. Lewis*, p. 29.

49. Killen, *Le Roman terrifiant*, p. 116.
50. Bellos, 'Le Marché du livre à l'époque romantique', p. 656.
51. Killen, *Le Roman terrifiant*, p. 128.
52. Ibid., pp. 97-8.
53. Korwin-Piotrowska, *Balzac et le monde slave*, pp. 90-1; 다음도 참조. Sinko, 'La mode "Gothique" en Pologne dans le contexte européen', pp. 399-404.
54. Lundin, *The Swedish Crime Story*, p. 11.
55. Staël (Madame), *De l'Allemagne*, Vol. I, p. 237.
56. Heiderich, *The German Novel of 1800*, pp. 15-7.
57. Coward, 'Popular fiction in the nineteenth century', p. 75.
58. Coward, *The Philosophy of Restif de La Bretonne*, pp. 5-6.
59. Cellard, *Un génie dévergondé. Nicolas-Edme Rétif, dit 'de La Bretonne' (1734-1806)*, pp. 420, 546.
60. Cellard, *Un génie dévergondé*, p. 387-8.
61. Parent, 'Des nouvelles pratiques de lecture', pp. 810-6.
62. Lyons, *Le Triomphe du livre*, p. 117.

제9장. '밝은 광채 속'의 월터 스콧

1. "밝은 광채 속에 아침이 찾아왔다"는 월터 스콧의 『아이반호』 제12장 첫 구절이다.
2. Haskell, 'The Manufacture of the Past in Nineteenth-Century Painting', pp. 110, 116.
3. Clayton, *The English Print: 1688-1802*, p. 215.
4. Anderson, 'The Political Uses of History in Mid-Nineteenth Century England', pp. 90-4.
5. Erickson, *The Economy of Literary Form*, p. 148.
6. Edgeworth, *Letters from England 1813-1844*, p. 341, letter of 4 February 1822.
7. Gramsci, *Selections from the Cultural Writings*, pp. 215-6.
8. Jameson, *Postmodernism or the Cultural Logic of Late Capitalism*, p. 23.
9. Trollope, *An Autobiography*, p. 141.
10. Anderson, *The Journal of Sir Walter Scott*, p. 319.
11. Edgeworth, *Letters from England 1813-1844*, p. 323.
12. Anderson, *The Journal of Sir Walter Scott*, p. 319에서 인용.
13. Lamont, in her Introduction to Walter Scott, *Waverley*, p. ix에서 인용.
14. Scott, *Rob Roy*, p. 5.
15. Lukács, *The Historical Novel*, p. 31.

16. Daiches, 'Sir Walter Scott and History', pp. 459-64.
17. Lukács, *The Historical Novel*, p. 37.
18. Moretti, *Atlas of the European Novel 1800-1900*, pp. 38-40.
19. Shaw, *The Forms of Historical Fiction*, p. 22.
20. Wachtel, *An Obsession with History*, p. 50.
21. 스콧의 회고록에 대한 칼라일의 서평. 원래는 *London and Westminster Review*, No. 12, 1837에 게재. 현재는 *Critical and Miscellaneous Essays*, Vol. 2, pp. 148, 156, 176-7에 수록.
22. Price, *English Literature in Germany*, p. 329.
23. Hazlitt, 'Sir Walter Scott' in *The Spirit of the Age in The Selected Writings*, Vol. 7, p. 130. 원래는 *New Monthly Magazine*, April 1824에 게재.
24. Chandler, *England in 1819*, pp. 11, 350.
25. Ibid., p. 12.
26. Ibid., p. 311.
27. Anderson, 'Introduction' in *The Journal of Sir Walter Scott*, p. xxix.
28. Ibid., p. xxxiii.
29. Erickson, *The Economy of Literary Form*, p. 81.
30. Gasperetti, *The Rise of the Russian Novel*, P. 44.
31. 확인되지 않은 16권도 아마 프랑스어에서 번역되었을 것이다. Cross, *Anglo-Russica*, pp. 82-3 참조.
32. Montesinos, *Introducción a una historia de la novela en España en el siglo XIX*, pp. 60-1.
33. Maigron, *Le roman historique à l'époque romantique*, pp. 99-100.
34. Lyons, *Le Triomphe du livre*, pp. 137-9.
35. Legouis, 'La fortune littéraire de Walter Scott en France', pp. 493-4; 이것은 1933년 1월 21일에 소르본에서 한 강연이다.
36. Bellos, 'Le Marché du livre à l'époque romantique', p. 655.
37. Maigron, *Le roman historique à l'époque romantique*, p. 105.
38. Ibid., p. 107.
39. Ibid., p. 108.
40. Mitchell, *The Walter Scott Operas*, p. 57.
41. Lyons, *Le Triomphe du livre*, p. 135에서 인용.
42. Wright and Joannides, 'Les Romans historiques de Sir Walter Scott et la peinture française, 1822-1863' 참조.
43. Lyons, *Le Triomphe du livre*, p. 134 and Robb, *Bahc*, p. 62.
44. Robertson, 'Scott', p. 429.

45. Benedetti, *Le traduzioni italiane di Walter Scott e i loro anglicismi*, p. 16.
46. Mitchell, *The Walter Scott Operas. An analysis of operas based on the works of Walter Scott*과 같은 저자의 *More Scott Operas* 참조.
47. Charlton, 'The Nineteenth Century France', p. 136.
48. 발자크의 분개는 Robb, *Balzac*, p. 135 참조.
49. Ashton, *George Eliot*, p. 21.
50. Ibid., p. 313.
51. Hayden (ed.), *Walter Scott. The Critical Heritage*, p. 373.
52. Balzac, *Le Curé de village*, p. 58.
53. Balzac, *Illusions perdues*, p. 161.
54. Ibid., p. 227.
55. Flaubert, *L'éducation sentimentale*, p. 48.
56. Anfray, 'La lectrice ou la révélation du désir: étude de la scène de lecture dans les romans du XIXe siècle', pp. 113-4.
57. Smith III, 'Honoré de Balzac and the "Genius" of Walter Scott: Debt and Denial', p. 214에서 인용.
58. Hayden (ed.), *Walter Scott*, p. 305.
59. Legouis, 'La fortune littéraire de Walter Scott en France', p. 497.
60. Hayden (ed.), *Walter Scott*, pp. 326-8.
61. Boyle, *Goethe*, Vol. 1, p. 168.
62. Ibid., p. 546.
63. Louandre, 'Statistique littéraire de la production intellectuelle en France depuis quinze ans', pp. 682-3.
64. Goethe, *Conversations with Eckermann*, pp. 263, 268, conversations of 3 and 9 October 1828.
65. Ibid., p. 394, conversation of 8 March 1831.
66. Ouimette, '"Monstrous Fecundity": The Popular Novel in Nineteenth-Century Spain', pp. 385-6.
67. Bettencourt Pires, *Walter Scott e o romantismo português*, pp. 26, 40, 121-8, 137-43.
68. Klaniczay, *Histoire de la littérature hongroise des origines à nos jours*, p. 198, 다음도 참조. Tezla, *Hungarian Authors. A Biographical Handbook*, pp. 260-1.
69. Verzea, 'The Historical Novel as Popular Literature. Notes on the Success of the English and American Novel in Nineteenth Century Romanian Literature', p. 266.
70. Wachtel, *An Obsession with History*, p. 80.
71. Clyman and Vowles (eds), *Russia Through Women's Eyes*, pp. 60, 85에서 인용.
72. Boyer, *Histoire des littératures scandinaves*, p. 118.

73. Berengo, *Intellettuali e librai nella Milano della restaurazione*, p. 122.
74. Benedetti, *Le traduzioni italiane di Walter. Scott e I loro anglicismi*, p. 11.
75. Rovani, *Cento anni*, Vol. 2, p. 259.
76. Ruggieri Punzo, *Walter Scott in Italia 1821-1971*, pp. 20, 24, 30, 36, 43.
77. Ceserani and Salibra, 'Popular Literature in Nineteenth-Century Italy: *Letteratura amena*', pp. 363-4.
78. Baynard Quincy Morgan, *A Critical Bibliography of German Literature in English Translation 1481-1927*, p. 34 참조.
79. Lindop, *The Opium-Eater. A Life of Thomas De Quincey*, pp. 272-5에 실린 내용. 드퀸시의 서평과 '번역'은 *The Works of Thomas De Quincey*, Vol. 4에 실려 있다.
80. Gasperetti, *The Rise of the Russian Novel*, p. 23.
81. Price, *English Literature in Germany*, pp. 331-43.
82. Del Litto, 'Stendhal et Walter Scott' 참조. 스탕달의 평론 'Walter Scott et la Princesse de Clèves'는 *Le National* 1830년 2월 19일자에 실렸다.
83. Stendhal, *Souvenirs d'égotisme*, p. 1472.
84. Flaubert, *Bouvard et Pécuchet*, pp. 200-2.
85. Balzac, *Illusions perdues*, p. 228.
86. Rubinstein (ed.), *Sir Walter Scott: An Annotated Bibliography of Scholarship and Criticism 1975-1990*.
87. Shaw, *The Forms of Historical Fiction*, p. 10.
88. Maigron, *Le roman historique à l'époque romantique*, p. iv.
89. Punzo, *Walter Scott in Italia 1821-1971*, pp. 5-6, 207-8, 229 참조.
90. Arslan, 'Romanzo popolare e romanzo di consumo tra Ottocento e Novecento', p. 23.
91. Costa, 'Storia e "fictio" nelle pagine delle "Biblioteche Italiane"', pp. 44-5.
92. Turchi, 'K.X.Y.: Una sigla per recensire', pp. 24, 30.
93. Manzoni, *Tutte le Opere*, Vol. 2, pp. 1762-3에 재수록된 주요 구절 참조.
94. De Sanctis, *Teoria e storia della letteratura*, pp. 259-60.
95. Maigron, *Le roman historique à l'époque romantique*, p. 109, 하이네가 1822년 3월 16일 베를린에서 *Rhine-Westphalia Chronicle*에 보낸 편지 인용.
96. Ibid., p. 99.
97. Lukács, *The Historical Novel*, p. 33.
98. Lyons, *Le Triomphe du livre*, pp. 137-8.
99. Lukács, *The Historical Novel*, p. 66에서 인용.

제10장. 문화적 패권

1. Marx and Engels, *The Communist Manifesto*, pp. 223-4. 괴테의 생각을 보려면 특히 다음 참조. *Conversations with Eckermann*, p. 165, 31 January 1827.
2. Moretti, *Atlas of the European Novel 1800-1900*, pp. 174-85.
3. *Conversations with Eckermann*, p. 202, 3 May 1827.
4. Staël, *De l'Allemagne*, Vol. I, pp. 213-4.
5. Grimmelshausen, *Mother Courage*, p. 34.
6. Adorno, *Notes to Literature*, Vol. 1, p. 80.
7. D'hulst, 'Traduire l'Europe en France entre 1810 et 1840', p. 144.
8. Boyle, *Goethe*, Vol. 1, pp. 170, 193에서 인용.
9. Ibid., p. 187.
10. Ibid., pp. 175, 262.
11. Hulse, 'Introduction' to Goethe's *The Sorrows of Young Werther*, p. 14.
12. Boetcher Joeres, 'The German Enlightenment (1720-1790)', p. 188. 클롭슈토크 이야기는 다음을 참조. Goethe, *The Sorrows of Young Werther*, p. 43.
13. Goethe, *Sorrows of Young Werther*, p. 134.
14. Schuster, 'Popular Literature in Germany: 1800-1850', p. 335.
15. Louandre, 'Statistique littéraire de la production intellectuelle en France depuis quinze ans' pp. 674-5, 682.
16. Berengo, *Intellettuali e librai nella Milano della restaurazione*, p. 211.
17. Ibid., p. 205.
18. Petronio, *L'attività letteraria in Italia*, p. 519; 스탈 부인의 기고문은 다음 글이다. 'Sulle maniera e l'utilità delle traduzioni.'
19. Carpi, 'Egemonia moderata e intellettuali nel Risorgimento', pp. 436-9, 442.
20. Ricuperati, 'I giornalisti italiani dalle origini all'Unità', pp. 1113-4.
21. Ibid., pp. 1120, 1123.
22. Derla, *Letteratura e politica tra la Restaurazione e l'Unità*, p. 219.
23. Gautier, *Voyage en Italie*, p. 53.
24. Santoro, *Storia del libro italiano*, pp. 291-3.
25. Figures in Berengo, *Intellettuali e librai nella Milano della restaurazione*, pp. 344, 375.
26. Ibid., pp. 265-8, p. 289.
27. Ibid., pp. 300-1.
28. Ibid., p. 275.
29, Raven, 'Le commerce de librairie "en gros" à Londres au XVIIIe siècle', p. 157.
30. Camerino, 'Un topos critico: il riassunto dei romanzi nelle recensioni ottocente-

sche', p. 32.
31. Vecchiotti, 'Poetica e ideologia nei romanzi di Pietro Chiari', pp. 123-5.
32. Alfieri, 'La lingua di consumo', p. 181.
33. De Sanctis, *Storia della letteratura italiana*, Vol. 2, pp. 386-7.
34. Jonard, *La France et l'Italie au siècle des lumières*, p. 81.
35. Alfieri, *Vita scritta da esso*, Vol. 1, p. 93; 다음도 참고. Natali, *Storia letteraria d'Italia. Il Settecento* Vol. II, p. 409.
36. Jonard, *La France et l'Italie au siècle des lumières*, p. 84.
37. Camerino, 'Il romanzo nella prima metà dell'Ottocento' in *Problemi*, p. 207.
38. Jonard, *La France et l'Italie au siècle des lumières*, p. 93.
39. Strazzuso, 'F. D. Guerrazzi e l' "Assedio di Firenze": aspetti politici di un mito repubblicano', p. 101.
40. Petronio, *Viaggio nel paese della poesia*, p. 60.
41. Berengo, *Intellettuali e librai nella Milano della restaurazione*, pp. 311-2.
42. Vegliante, 'Perception française de l'Italie et traduction de l'italien. Histoire d'un malentendu', pp. 73-5.
43. Ouimette, ' "Monstrous Fecundity": The Popular Novel in Nineteenth-Century Spain', pp. 383-4.
44. Bretz, *Voices, Silences, and Echoes*, p. 3.
45. Bianchini, *Cent'anni di romanzo spagnolo 1868-1962*, p. 54.
46. Ouimette, ' "Monstrous Fecundity": The Popular Novel in Nineteenth-Century Spain', pp. 385-6.
47. Beletski, 'Étudier l'histoire du lecteur: un problème actuel de l'histoire littéraire', p. 41.
48. Ibid., p. 46.
49. Zorine and Nemzer, 'Les paradoxes de la sentimentalité' (1989), p. 91.
50. Freeborn, *The Rise of the Russian Novel. Studies in the Russian Novel from Eugene Onegin to War and Peace*, p. 5.
51. Gasperetti, *The Rise of the Russian novel*, p. 5.
52. Cross, *Anglo-Russica*, p. 180.
53. Ibid., p. 197.
54. Garrard, 'Narrative Technique in Chulkov's *Prigozhaia povarikha*', pp. 554-6.
55. Schaarschmidt, 'The Lubok Novels: Russia's Immortal Best Sellers', pp. 430, 435.
56. Berend, *The Crisis Zone of Europe*, pp. 15-7.
57. Andreeva-Popova, 'Le siècle des Lumières et la renaissance bulgare', p. 440.
58. Najder, 'The Development of the Polish Novel: Functions and Structure', p. 651-3.

59. '순교의 병리학'과 미츠키에비치에 관해서는 다음을 참조. Zamoyski, *Holy Madness. Romantics, Patriots and Revolutionaries 1776-1871*, pp. 291, 286.
60. Boyer, *Histoire des littératures Scandinaves*, pp. 126-7.
61. D'hulst, 'Traduire l'Europe en France entre 1810 et 1840', p. 143.
62. Wachtel, *Making a Nation, Breaking a Nation*, p. 1.
63. Martinenche, *L'Espagne et le romantisme français*, p. 18.
64. Ibid., p. 154.
65. Ádám, 'Les traductions hongroises de l'oeuvre de Chateaubriand', pp. 171-80.
66. Dekker and Williams (eds), *Fenimore Cooper. The Critical Heritage*, pp. 83-5.
67. 원래 출처는 *Autour de ma table*, Paris 1856, pp. 261-72, 여기서는 다음에서 인용했다. Dekker and Williams (eds), *Fenimore Cooper. The Critical Heritage*, p. 261.
68. Boyle, *Goethe*, Vol. 2, p. 451.
69. Battestin (ed.), *Dictionary of Literary Bibliography*, Vol. 39: *British Novelists 1660-1800*.
70. Pigoreau, *Petite Bibliographie biographico-romancière ou dictionnnaire des romanciers*, 1821, 저자 목록은 pp. 141-347 참조.
71. 리코보니가 'Suite de Marianne'를 덧붙여 완성한 마리보의 『마리안의 일생』 p. 627에 있는 편집자 주의 인용문들 참조.
72. Crosby, *Une romancière oubliée: Mme Riccoboni*, pp. 7, 63, 162.
73. Austen, *Letters*, p. 54, 1800년 9월 9일자 편지 참조.
74. Sand, *Histoire de ma vie*, pp. 210-1.
75. Cohen, *The Sentimental Education of the Novel*, p. 27.
76. Kobak, 'Malvina Recovered', p. 21 참조.
77. Balayé, Preface to de Staël, *Corinne ou l'Italie*, p. xvii.
78. Heiderich, *The German Novel of 1800*, p. 23.

제11장. 이것은 픽션이 아니다

1. 자료는 다음을 참조. *Guardian*, 27 December 2003.
2. Bellos, 'La conjuncture de la production', p. 739.
3. Maurice Crubellier, 'L'élargissement du public', p. 31.
4. Chartier, 'Frenchness in the History of the Book', p. 302.
5. Lyons, *Le Triomphe du livre*, p. 13.
6. Brewer, *The Pleasures of the Imagination*, p. 171.
7. Simon Eliot, 'Patterns and Trends and the NSTC: Some initial observations. Part Two', pp. 100, 106.

8. Webb, 'The Victorian Reading Public', p. 199.
9. Davis, *Factual Fictions*, p. 201.
10. Macaulay's 'Review of Henry Neale's *The Romance of History*' in *The Edinburgh Review*, May 1828, pp. 364-5 참조. 다음에서 인용. Chandler, *England in 1819*, p. 158.
11. Barber, 'The English-language guide book to Europe up to 1870', p. 98.
12. Brewer, *The Pleasures of the Imagination*, p. 181, 다음에서 인용. Paul Kaufman, *Borrowing from the Bristol Library, 1773-1784: A Unique Record of Reading Vogues*.
13. Barber, 'The English-language guide book to Europe up to 1870', p. 101.
14. '동유럽'의 구성을 검토하려면 다음을 참조. Wolff, *Inventing Eastern Europe*.
15. Mattlock, 'Novels of Testimony and the "invention" of the modern French novel', pp. 24-5.
16. Neville-Sington, *Fanny Trollope*, pp. 148-67.
17. Trollope, *Domestic Manners of the Americans*, p. 20.
18. Ibid., p. 38.
19. Ibid., p. 40.
20. Ibid., p. 314.
21. Trollope, *Paris et les Parisiens en 1835*, pp. 12, 301-4.
22. Neville-Sington, *Fanny Trollope*, pp. 301, 302.
23. Ibid., p. 352.
24. Cardini, *Europe and Islam*, p. 142.
25. Said, *Orientalism*, p. 81.
26. Taymanova, 'Alexandre Dumas in Egypt: Mystification or Truth?', pp. 182-3.
27. 오빈의 소설은 다음 책에 주와 함께 재수록되었다. Backscheider and Richetti (eds), *Popular Fiction by Women 1660-1730*, pp. 114-51.
28. Gasperetti, *The Rise of the Russian Novel*, pp. 199-202, 206.
29. Ackroyd, *Dickens*, pp. 40-7.
30. Thakeray, *Vanity Fair*, p. 79; Dickens, *David Copperfield*, pp. 59-60.
31. Conant, *The Oriental Tale in England in the Eighteenth Century* 참조. 이 책에 동방 이야기 93편 목록이 실려 있다. 다음도 참조. Pierre Martino, *L'Orient dans la littérature française au XVIIe Siècle* (1908).
32. Colley, *Captives. Britain, Empire and the World 1650-1850*, pp. 43-6, 59.
33. Collini and Vannoni, 'Un'impresa editoriale del primo Ottocento...', pp. 218-22.
34. 다음 책에 수집된 텍스트들 참조. Hellegouarc'h (ed.), *L'art de la conversation*; 다음 책도 참조. Burke, *The Art of Conversation*.
35. Chartier, 'Des "Secrétaires" pour le peuple?', pp. 159-207.

36. 가장 이른 판본 가운데 하나는 트루아에서 Baudot가 출간했다. 다음도 참조. Darmon, *Le Colportage de Librairie en France sous le Second Empire*, pp. 138ff.
37. Cross, *Anglo-Russica*, p. 86.
38. Andries, 'Les livres de savoir pratique dans la France des XVIIe et XVIIIe siècles', p. 173.
39. Lyons, 'Les best-sellers', p. 433.
40. Ibid.
41. Vigarello, 'De la "médecine du peuple" aux magazines de santé', p. 227.
42. Spang, *The Invention of the Restaurant*, p. 27.
43. Adburgham, *Silver Fork Society* 참조.
44. Porter, *London*, p. 99.
45. Woolf, 'A Feminine Past? Gender, Genre, and Historical Knowledge in England, 1500-1800', p. 645.
46. Lyons, 'Les best-sellers', p. 426.
47. Gay, *The Naked Heart*, p. 332.
48. Ibid., pp. 102-49, 특히 pp. 107-8.
49. Doody, 'I am an Irregular Verb', p. 22-3.
50. 지금은 학술판이 하나 있다. *The Memoirs of Laetitia Pilkington* edited by A.C. Elias Jr, University of Georgia Press, Athens 1997.

제12장. 뉴스와 이미지

1. Pinkard, *Hegel. A Biography*, p. 242.
2. Carlyle, 'The Hero as Man of Letters' in On Heroes, *Hero-Worship, and the Heroic in History*, p. 141.
3. Carlyle, *The French Revolution. A History*, Vol. I. *The Bastille*, Book VI, p. 223.
4. O'Boyle, 'The 'Image of the Journalist in France, Germany and England, 1815-1848', p. 300.
5. Ibid., p. 300.
6. Stendhal, *Correspondance Générale*, pp. 76-77, 1837년 10월 13일자 편지. 스탕달은 이 이야기를 1837년 10월 4일자 *Gazette des Tribunaux*에서 찾아냈다.
7. *Thomas Hardy's 'Facts' Notebook*, edited by William Greenslade, Ashgate, Aldershot 2004, pp. 51, 113, 172-3 참조.
8. Robb, *Balzac*, p. 171.
9. Reîtblat, 'Les honoraires littéraires, médiation entre les écrivains et le public', pp. 146-148.

10. Houston, *Literacy in Early Modern Europe*, p. 213.
11. Wachtel, *Making a Nation*, p. 27.
12. Albert, *Histoire de la Presse*, p. 10; Houston, *Literacy in Early Modern Europe*, p. 177-8.
13. Porter, *London*, p. 171.
14. Harris, *London Newspapers in the Age of Walpole*, pp. 192-3.
15. Porter, *London*, p. 170.
16. *The History of the Times. 'The Thunderer' in the making 1785-1841* (Vol. 1), Times Publishing Company, London 1935, p. 27, 강조는 내가 했다.
17. Ibid., p. 47.
18. Scott, 'Victorian Newspaper Advertising: Counting What Counts', p. 12.
19. Curran and Seaton, *Power without Responsibility*, pp. 7-8.
20. Lyons, *Le Triomphe du livre*, p. 49.
21. Scott, 'Victorian Newspaper Advertising: Counting What counts', p. 12.
22. Fox Bourne, *English Newspapers. Chapters in the History of British Journalism*, 1887 reprinted by Routledge and Thoemmes Press in the series *Chapters in the History of British Journalism*, 1998, Vol. 1, pp. 354, 358.
23. Klancher, *The Making of English Reading Audiences 1790-1832*, p. 21.
24. Porter, *Flesh in the Age of Reason*, pp. 113, 116.
25. Klein, 'Politeness and the Interpretation of the British Eighteenth Century', p. 875 에서 인용.
26. Jonard, *La France et l'Italie au siècle des lumières*, p. 65.
27. Gasperetti, *The Rise of the Russian Novel*, p. 21.
28. Klancher, *The Making of English Reading Audiences*, p. ix.
29. Boetcher Joeres, 'The German Enlightenment (1720-1790)', pp. 197-9.
30. Quin, *A Steam Voyage Down the Danube*, Vol. I, pp 167-171, text in www.fordham.edu/halsall/mod/1836mikequin.html.
31. Brewer, *The Pleasures of the Imagination*, p. 139.
32. Roper, *Reviewing before the "Edinburgh" 1788-1802*, p. 20.
33. Ibid., pp. 24-6.
34. Erickson, *The Economy of Literary Form*, p. 28.
35. Ibid., pp. 72, 80.
36. Ibid., p. 75.
37. Ibid., pp. 77-9. 다음도 참조. Klancher, *The Making of English Reading Audiences*, p. 69.
38. Erickson, *The Economy of Literary Form*, pp. 88-90.

39. Haskell, 'The Market for Italian Art in the 17th Century', pp. 48-9.
40. Ibid., p. 55.
41. Gray, 'Early Victorian scandalous journalism...', pp. 318-20.
42. Ibid., p. 330.
43. Darnton, *The Forbidden Best-Sellers of Pre-Revolutionary France*, p. 138.
44. Gray, 'Early Victorian scandalous journalism...', pp. 337-45.
45. Clayton, *The English Print: 1688-1802*, p. 155.
46. Ibid., p. 209.
47. Taylor, '1790', p. 94.
48. Twyman, *Lithography 1800-1850*, pp. 4-5, 13, 18.
49. Ibid., p. 243.
50. Ibid., pp. 41-55.
51. Solomon-Godeau, 'The Other Side of Venus', pp. 147-8. Lemercier firm에 관한 Jeffrey Howard Rosen의 1988년 미발표 박사논문(Northwestern University)에서 인용.
52. Goldstein, 'Realism without a Human face', p. 82; 다음 전시도록도 참조. *Putting Pen to Paper: Honoré Daumier and the Literary World* at the UCLA Hammer Museum.
53. Summers, *Empress of Pleasure*, illustration 23.
54. Goldstein, 'Realism without a Human face', pp. 68, 75.
55. Brooks, *When Russia Learned to read*, p. 65.
56. Barbier and Lavenir, *Histoire des médias, de Diderot à Internet*, pp. 77-8.
57. Watt, *Myths of Modern Individualism*, p. 282.
58. Graff, *The Legacies of Literacy*, p. 335.

제13장. 음악시장

1. Musée des Beaux-Arts at Lille에 소장된 Louis Watteau의 *Le Violoneux* (1785) 참조. Chartier, *The Cultural uses of Print*, p. 229에도 묘사되어 있다.
2. Kramer, *Music as Cultural Practice, 1800-1900*, pp. 9-10.
3. Vignal. *Joseph Haydn*, p. 1196; Johnson, *Listening in Paris*, pp. 210-11.
4. Rice, *Antonio Salieri and Viennese Opera*, pp. 525-6.
5. Staël, *De l'Allemagne*, Vol. I, p. 95.
6. Stanley Sadie (ed.), *New Grove Dictionary of Music and Musicians*, Macmillan 1980 의 'Notation' 참조.
7. Shankar 'Interview' (August 1972), p. 157.

8. Mathiesen, 'Harmonia and Ethos in Ancient Greek Music', pp. 264-79, 특히 pp. 269-78.
9. Weber, 'Learned and General Music Taste in Eighteenth Century France', pp. 60-1.
10. Mahling 'The Origin and Social Status of the Court Orchestral Musician in the Eighteenth and Early Nineteenth Century in Germany', p. 226.
11. Robinson, 'Music', p. 243.
12. Weber, 'Learned and General Music Taste...', p. 68.
13. Mahling 'The Origin and Social Status of the Court Orchestral Musician...', pp. 224-5.
14. Berlioz, *Mémoires*, pp. 106-7.
15. John, *The Magic Flute*, p. 47; 다음도 참조. Barbier, *Opera in Paris, 1800-1850*, p. 67.
16. Rosen, 'The Future of Music', p. 64.
17. Raynor, *A Social History of Music*, p. 337.
18. Vignal, *Joseph Haydn*, p. 219.
19. Rosen, 'The Great Inventor', p. 52.
20. Ong, 'Writing is a Technology That Restructures Thought', p. 32.
21. Geertz, *The Religion of Java*, pp. 262-3 참조. Inglis, *Clifford Geertz*, p. 79에서 인용.
22. Chanan, *Musical Pratica*, p. 77.
23. Lesure, et al., *La Musique à Paris en 1830-1831*, p. 10.
24. Hopkinson, *A Dictionary of Parisian Music Publishers 1700-1950*, pp. ix, 6.
25. Staël, *De l'Allemagne*, Vol. I, p. 58.
26. Hortschansky, 'The Musician as Music Dealer', pp. 207-15.
27. Weber, 'Mass Culture and the Reshaping of European Musical Taste, 1770-1870', p. 9.
28. Lawford-Hunrichsen, *Music Publishing and Patronage*, p. 3.
29. Ibid., pp. 5-6.
30. Beethoven, *The Letters of Beethoven*, pp. 47-8.
31. Chanan, *Musica Pratica*, p. 121.
32. Weber, 'Mass Culture and the Reshaping of European Musical Taste, 1770-1870', p. 11.
33. Nenadic, 'Middle-Rank Consumers and Domestic Culture in Edinburgh and Glasgow 1720-1840', p. 153.
34. Harding, *The Piano-Forte*, p. 76.
35. Ibid., p. 158.
36. Ibid., p. 160.
37. Russell, *Popular Music in England, 1840-1914*, p. 1.

38. Loesser, *Men, Women and Pianos*, p. 56.
39. Ibid., p. 155. 피아노 제작의 기술적 발전에 대한 자세한 연대기는 Barrie Heaton and David S. Grover의 에세이들, *http://www.uk-piano.org/* 참조.
40. Loesser, *Men, Women and Pianos*, pp. 59-60.
41. Ibid., pp. 64-5; 다음도 참조. Chanan, *Musica Pratica*, p. 202.
42. Casanova, *Histoire de ma vie*, Vol. 3 (Chapter 4), p. 511. 이 주석과 다음 주석을 제공해준 Judith Summers에게 감사한다.
43. Jean-Marc Nattier의 화실 작품으로 여겨지는 이 초상화는 현재 Château de Versailles et de Trianon에 소장되어 있다.
44. Castiglione, *The Book of the Courtier*, p. 215.
45. *The Poems of Schiller*, trans. by E.P. Arnold-Forster, Heinemann, London 1901. 이 번역에서는 독일어 'Clavier'가 소형 쳄발로를 가리키는 'spinet'으로 잘못 번역되어 있다. spinet을 가리키는 독일어는 Spinet이다.
46. Loesser, *Men, Women and Pianos*, p. 143.
47. Leroy, *Histoire des arts du Spectacle en France*, p. 211.
48. Loesser, *Men, Women and Pianos*, p. 147.
49. Chanan, *Musica Pratica*, p. 201.
50. *www.uk-piano.org/broadwood/lvb_wood.html* (2001년에 접속).
51. Dillaz, 'Diffusion et propagation chansonnières au XIXe siècle', p. 57.
52. Bércy, 'Chanson et révolution', pp. 404-8 참조.
53. Biget, 'Long terme et court terme des acquis musicaux de la Révolution française', p. 35.
54. Brochon (ed.), *Béranger et son temps*, pp. 25, 35-6, 41.
55. Figes, *Natasha's Dance*, pp. 114-15.
56. Klein, *Florilège de la Chanson Française*, p. 55.
57. Ibid., p. 60.
58. Ibid., p. 35.
59. Summers, *Empress of Pleasure*, 특히 pp. 108, 111, 125-6 참조.
60. Hess, *La Valse*, p. 92.
61. Goethe, *The Sorrows of Young Werther*, p41.
62. Austen, *Emma*, p. 229.
63. Hess, *La Valse*, p. 168.
64. Ibid., p. 139.
65. Lotmnan, 'Conversations on Russian Culture...', p. 24에서 인용.

제14장. 청중과 공연자

1. Johnson, *Listening in Paris*, pp. 28-31.
2. Christiansen, *Prima Donna*, p. 12.
3. Johnson, *Listening in Paris*, pp. 10-1.
4. Fischler, 'Guano and Poetry: Payment for Playwriting in Victorian England', p. 45.
5. Johnson, 'Musical Experience and the Formation of a French Musical Public', p. 196.
6. Balzac, *La Peau de Chagrin*, pp. 184-5.
7. Johnson, 'Musical Experience and the Formation of a French Musical Public', p. 202.
8. Johnson, *Listening in Paris*, pp. 99-100.
9. Leroy, *Histoire des arts du Spectacle en France*, pp. 126-7.
10. Giuliani, 'Le public de l'Opéra de Paris de 1750 à 1760', pp. 174-6.
11. Johnson, *Listening in Paris*, p. 55.
12. Weber, *Music and the Middle Class*, pp. 3-4에서 인용.
13. Rosselli, 'Opera as a Social Occasion', pp. 451, 466.
14. Johnson, *Listening in Paris*, p. 192.
15. Johnson, 'Musical Experience and the Formation of a French Musical Public', p. 208.
16. Carlo Goldoni, *Memoirs*, Vol. 1, p. 238.
17. Johnson, *Listening in Paris*, pp. 59, 60.
18. Ibid., p. 60.
19. Gay, *The Naked Heart*, p. 16.
20. *Tutti I libretti di Rossini*, edited by Beghelli and Gallino, p. 74에서 인용.
21. Stendhal, *Vie de Rossini*, p. 229.
22. Blondeau, *Voyage d'un musicien en Italie (1810-1812)*, p. 153. 다음도 참조. Venturini, 'Il rapporto segnale-rumore: note sull'ascolto contemporaneo', p. 85; Barbieri, *Vite Ardenti nel teatro*, Milan 1931.
23. Berlioz, *Mémoires*, p. 248.
24. Barbier, *Opera in Paris, 1800-1850*, pp. 32-3.
25. Johnson, *Listening in Paris*, p. 23.
26. Sorba, *Teatri*, pp. 96-7.
27. Johnson, *Listening in Paris*, pp. 17-8, 27.
28. Rosselli, 'Opera as a Social Occasion', pp. 471-2.
29. 모차르트가 1778년 11월 12일에 아버지에게 쓴 편지, *The Letters of Mozart and his Family*, p. 630.

30. Johnson, *Listening in Paris*, p. 240.
31. Robb, *Victor Hugo*, p. 142에서 인용.
32. Landon, *Haydn in England 1791-1795*, p. 151.
33. Bakhtin, *Rabelais and His World*, and Mitzman, 'Roads, Vulgarity, and Pure Art: The Inner Space in Flaubert and French Culture', p. 516 참조.
34. Allin, *Zarafa: A Giraffe's True Story* 참조.
35. Porter, *London*, p. 289.
36. Ibid., p. 178.
37. Ibid., pp. 175-6, 289.
38. Kerman, 'Beethoven and the Big Change', p. 27.
39. 베토벤의 후기 이미지에 관한 자세한 연구는 다음을 참조. Comini, *The Changing Image of Beethoven. A Study in Mythmaking*.
40. DeNora, *Beethoven and the Construction of Genius*, pp. 61, 69, 145.
41. Ibid., pp. 61-7, 78 외 여러 곳. DeNora에 대한 비판은 Menger, 'Le génie et sa sociologie. Controverses interprétatives sur le cas de Beethoven', pp. 967-99, 특히 pp. 977-85 참조.
42. Raynor, *A Social History of Music*, p. 314.
43. Weber, *Music and the Middle Class*, pp. 5-6.
44. Raynor, *A Social History of Music*, pp. 317-18.
45. Ibid., p. 351.
46. Johnson, *Listening in Paris*, p. 71과 같은 저자의 'Musical Experience and the Formation of a French Musical Public', p. 196.
47. Durant, *Conditions of Music*, pp. 36-40.
48. Weber, *Music and the Middle Class*, p. 59.
49. Buch, 'Le chef d'orchestre: pratiques de l'autorité et métaphores politiques', p. 1004.
50. Ibid., p. 1006.
51. Raynor, *A Social History of Music*, p. 319.
52. Loeser, *Men, Women and Pianos*, p. 205.
53. Summers, *Empress of Pleasure*, p. 171.
54. Raynor, *A Social History of Music*, p. 320.
55. Porter, *London*, p. 177.
56. Landon, *Haydn in England 1791-1795*, p. 30.
57. 하이든에 관해서는 Larsen, *Haydn*, p. 62에 실린 *The Times* 광고 참조; 코르넬리스 부인에 관해서는 Summers, *The Empress of Pleasure*, p. 171 참조.
58. Raynor, *A Social History of Music*, p. 326.

59. Johnson, *Listening in Paris*, p. 201.
60. 모차르트가 1784년 3월 3일과 3월 20일에 아버지한테 보낸 편지 참조. *The Letters of Mozart and his Family*, pp. 869-72.
61. Raynor, *A Social History of Music*, p. 323.
62. 1778년 7월 3일 Leopold Mozart에게 보낸 편지, *The Letters of Mozart and his Family*, p. 558.
63. Parakilas, 'Classical Music as Popular Music', pp. 1-3.
64. Weber, 'Artisans in Concert Life of Mid-Nineteenth-Century London and Paris', p. 254.
65. Gumplowicz, *Les travaux d'Orphée*, pp. 40-2.
66. Weber, 'Artisans in Concert Life of Mid-Nineteenth-Century London and Paris', pp. 257-60.
67. Johnson, *Listening in Paris*, pp. 197-8.
68. Ibid., p. 200.
69. De Van, *L'opera italién*, p. 31.
70. Johnson, *Listening in Paris*, p. 20.
71. Ibid., p. 67.
72. Barbier, *Opera in Paris, 1800-1850*, p. 213.
73. Ibid., p. 49.
74. Ibid., pp. 53-4.
75. Ibid., pp. 41-3.
76. Barbier, *Histoire des Castrats*, pp. 120-3.
77. Wierzbicki, 'Dethroning the Divas. Satire Directed at Cuzzoni and Faustina', pp. 176, 183-4.
78. Leroy, *Histoire des arts du Spectacle en France*, p. 307.
79. Barbier, *Opera in Paris, 1800-1850*, p. 177.
80. Christiansen, *Prima Donna*, pp. 14, 45, 82.
81. Hazlitt, 'Madame Pasta and Mademoiselle Mars' in *The Selected Writings of William Hazlitt*, Vol. 8, p. 303, 원래는 *New Monthly Magazine* 1825년 1월호에 게재.
82. Barbier, *Opera in Paris, 1800-1850*, p. 211.
83. Robb, *Victor Hugo*, pp. 94-5,113.
84. Villot, *Notice des Tableaux exposés dans les galeries du Musée National du Louvre*, p. 108.
85. Barbier, *Opera in Paris*, p. 155.
86. Leroy, *Histoire des arts du Spectacle en France*, p. 262.
87. Christiansen, *Prima Donna*, p. 20.

88. Delécluze, *Journal de Delécluze*, pp. 488-9.
89. Segalini, *Divas*, p. 36.
90. Strakosch, *Souvenirs d'un impresario*, pp. 32-4.
91. De Van, *L'opéra italien*, p. 13.
92. Durante, 'The Opera Singer', p. 395.
93. Raynor, *Music and Society since 1815*, p. 29.
94. 이것은 Sherwin Rosen의 고전적 논문 'The Economies of Superstars', pp. 845-58의 요점이다. 여기서 제시한 서술에 대한 더 상세한 논의는 Adler, 'Stardom and Talent', pp. 208-12 참조.
95. Rosselli, 'Opera as a Social Occasion', p. 450.
96. *Dizionario Biografico degli Italiani*, pp. 266-7에 실린 정보.
97. Barbier, *Opera in Paris, 1800-1850*, p. 149.
98. Osborne, *Rossini*, p. 26.
99. Boyle, *Goethe*, Vol. 2, p. 701.

제15장. 오페라

1. De Van, *L'opéra italien*, pp. 8-9.
2. Carter, 'The Seventeenth Century', pp. 28-9.
3. Caruzzi, 'Il libretto d'opera e la società romantica', p. 1161.
4. Summers, *Empress of Pleasure*, p. 41.
5. Murata, 'Why the first opera given in Paris wasn't Roman', pp. 87-105.
6. Cannone, *Musique et littérature au XVIIIe siècle*, pp. 26-7, 32-3.
7. Abraham, *The Concise Oxford History of Music*, pp. 366-7.
8. Bauman, 'The Eighteenth Century: Serious Opera', p. 57.
9. Abraham, *The Concise Oxford History of Music*, pp. 467-8의 뮤지컬 비평 참조.
10. Raguenet, *Parallèle des Italiens et des Français en ce qui regarde la musique et les opéras*, pp. 28-9, 30-41, 68, 76-7, 82-3.
11. Barbaja라고도 표기함.
12. Osborne, *Rossini*, pp. 25, 51.
13. Ibid., pp. 23-4.
14. Abraham, *The Concise Oxford History of Music*, p. 372.
15. Moynet, *L'envers du Théâtre*, pp. 279-84.
16. Christiansen, *Prima Donna*, p. 81.
17. Mangini, 'Tramonti di un antico teatro veneziano', pp. 94-6.
18. De Van, *L'opéra italien*, pp. 18-9.

19. Sorba, 'Teatro d'opera e società nell'Italia ottocentesca', pp. 37-8.
20. Bauman, 'The Eighteenth Century: Serious Opera', p. 48.
21. Johnson, *Listening in Paris*, pp. 186-8.
22. Bauman, 'The Eighteenth Century: Serious Opera', p. 49.
23. Johnson, Listening in Paris, p. 57.
24. Körner, 'The Theatre of Social Change: nobility, opera industry and the politics of culture in Bologna ...', p. 352.
25. John, *The Magic Flute*, p. 7에서 인용.
26. John, *The Magic Flute*, p. 47; 다음도 참조. Barbier, *Opera in Paris*, 1800-1850, p. 67.
27. *http://m1.300.telia.com/~u30006326/opera5.html*에 실린 정보(2004년 2월에 접속).
28. 로르칭에 관해 더 알려면 다음을 참조. Millington, 'The Nineteenth Century: Germany', p. 214.
29. Barbier, *Opera in Paris*, pp. 147-8.
30. Strakosch, *Souvenirs d'un impresario*, p. 130.
31. Charlton, 'The Nineteenth Century: France', p. 130.
32. Barbier, *Opera in Paris, 1800-1850*, pp. 162-3.
33. Osborne, *Rossini*, pp. 61-5.
34. *Byron's Letters and Journals*, p. 132 and Rose, *Letters from the North of Italy*, 1819, II, p. 123, 둘 모두 다음에서 인용. Osborne, *Rossini*, p. 47.
35. Pinkard, *Hegel*, pp. 519-20 참조.
36. Johnson, *Listening in Paris*, pp. 182-4.
37. Stendhal, *Vie de Rossini*, p. 35.
38. Balzac, *Illusions perdues*, in *La Comédie humaine*, Vol. 5, p. 198 and *La duchesse de Langeais*, in Vol. 5, p. 909 참조.
39. Balzac, *Massimila Doni*, in *La Comédie humaine*, Vol. 10, p. 589.
40. Barbier, *Opera in Paris, 1800-1850*, p. 211에서 인용.
41. 『타임스』의 로시니 부고기사는 1868년 11월 16일에 실렸다. *www.the-times.co.uk/*.
42. Berlioz, *Mémoires*, p. 92.
43. Bordas, 'Bel ou mal canto? Le chant romantique selon Hector Berlioz', p. 57
44. Tyrrell, 'Russian, Czech, Polish, and Hungarian Opera to 1900', pp. 237-9.
45. Ibid., p. 245.
46. Zórawska-Witkowska, 'La stampa polacca degli anni 1825-1830 su "Il Barbiere di Siviglia" di Gioacchino Rossini', pp. 163-76.

제16장. 연극

1. Eyre, *National Service. Diary of a Decade*, p. 340에 나오는 표현.
2. Mendelsohn, 'When not in Greece', p. 35.
3. Grégoire de Nysse, *Lettres*, p. 179.
4. Gili, *La Comédie italienne*, p. 13.
5. *http://m1.300.telia.com/~u30006326/opera5.html*에 실린 정보. 2004년 2월에 접속.
6. Taylor, '1790', pp. 88-9.
7. Larson, 'Wieland's Shakespeare: A Reappraisal', pp. 229-52.
8. Larson, 'Shakespeare between Aufklärung and Sturm und Drang' *http://aurora.wells.edu/~klarson/papers/mmla88wells.htm*. 2000년 2월 17일에 갱신.
9. Voltaire, *Lettres philosophiques*, p. 149; 다음도 참조. Price, *English Literature in Germany*, p. 221.
10. Boyle, *Goethe*, Vol. 1, p. 250.
11. Bradshaw, 'Shakespeare's Peculiarity', *Proceedings of the British Academy*, pp. 121-2 (Eleanor Rowe, *Hamlet: A Window on Russia*, New York 1976에서 인용).
12. Price, *English Literature in Germany*, p. 276; 킨이 독일 연극에 미친 영향에 관해서는 Braun, *The Director and the Stage*, p. 11 참조.
13. *http://m1.300.telia.com/~u30006326/opera5.html*에 실린 정보. 2004년 2월에 접속.
14. Kupzova, 'La gestuelle théâtrale en Russie', pp. 159-60.
15. Descotes, *Les Grands rôles du théâtre de Molière*, pp. 3-5.
16. Branscombe, 'Reflections on Raimund's Artistic Relationships with his Contemporaries', p. 34.
17. Moynet, *L'envers du Théâtre*, p. 59, 또 p. 91도 참조.
18. Stendhal, *Souvenirs d'égotisme*, p. 1443.
19. Heine, *Italian Travel Sketches*, p. 231, 이 책에는 프랑스 연극에 관해 August Lewald에게 보낸 편지들이 들어 있다.
20. Vlock, *Dickens, Reading, and the Victorian Popular Theatre*, pp. 24-5 and Peters, *Theatre of the Book 1480-1880*, p. 285.
21. *The Selected Writings of William Hazlitt*, Vol. 3, *A View of the English Stage*, pp. 9, 20; 원래는 *Morning Chronicle* 1814년 1월 26일자와 5월 9일자에 게재.
22. Heine, *Italian Travel Sketches*, p. 231.
23. Delécluze, *Journal de Délecluze*, p. 492.
24. Brewer, *The Pleasures of the Imagination*, p. 327.
25. Place, 'Le théâtre de l'Opéra sous la Révolution: les rapports entre l'admini-stration du théâtre et le gouvernement', pp. 72-3, 78, 79, 83.

26. Barbier, *Opera in Paris, 1800-1850*, pp. 8-10; Le Hir, *Le romantisme aux enchères*, pp. 7-8.
27. Barbier, *Opera in Paris, 1800-1850*, p. 60.
28. Leroy, *Histoire des arts du Spectacle en France*, pp. 142.
29. Porter, *London*, pp. 177-8.
30. Ibid., p. 292.
31. Taylor, '1790', p. 89.
32. Williams, *The Long Revolution*, p. 263.
33. Candiani, '"Quegli eterni *Promessi sposi*". La fortuna musicale del romanzo manzoniano', pp. 676-83.
34. *Jane Austen's Letters*, pp. 43, 53, 103, 181.
35. Citizen Association Milislav, Litomyšl에서 얻은 정보(2004년 2월 6일에 접속). http://web.quick.cz/sdruzeni.milislav/Pages/aRepertoar.htm.
36. Austen, *Mansfield Park*, p. 93 (Chapter 13).
37. Boyle, *Goethe*, Vol.2, pp. 716, 729.
38. Biré, *Nouvelles causeries littéraires*, p. 97, 원래는 1894년에 쓴 글.
39. Descotes, *Le public de théâtre et son histoire*, pp. 220-2.
40. 『퀼리나 또는 신비로운 아이』에 관한 자료는 다음을 참조. Le Hir, *Le romantisme aux enchères*, p. 155.
41. Krakovitch, *Hugo censuré. La liberté au théâtre au XIXe siècle*, p. 34.
42. Louandre, 'Statistique littéraire de la production intellectuelle en France depuis quinze ans', pp. 693-4.
43. Goethe, *Conversations with Eckermann*, p. 143.
44. Le Hir, *Le romantisme aux enchères*, p. 45.
45. Ibid., p. 15.
46. Ibid., p. 5.
47. Descotes, *Le public de théâtre*, pp. 225-6, 229.
48. Ibid., pp. 281-8.
49. Mounin, *Linguistique et traduction*, pp. 162-3.
50. 프랑스 극장 통계에 관해서는 다음을 참조. www.quid.fr/2000/Q010320.htm. (2004년 2월 25일에 접속).

유럽 문화사 I

2012년 7월 31일 초판 1쇄 펴냄
2022년 11월 28일 초판 7쇄 펴냄

지은이 도널드 서순
옮긴이 오숙은·이은진·정영목·한경희

펴낸이 정종주
편집주간 박윤선
편집 박소진 김신일
마케팅 김창덕

펴낸곳 도서출판 뿌리와이파리
등록번호 제10-2201호(2001년 8월 21일)
주소 서울시 마포구 월드컵로 128-4 2층
전화 02)324-2142~3
전송 02)324-2150
전자우편 puripari@hanmail.net

디자인 씨디자인
출력 경운프린테크
종이 화인페이퍼
인쇄 영신사
라미네이팅 금성산업

값 28,000원

ISBN 978-89-6462-019-9 (04920)
ISBN 978-89-6462-018-2 (세트)

이 도서의 국립중앙도서관 출판시도서목록(CIP)는 e-CIP 홈페이지(http://www.nl.go.kr/ecip)에서 이용하실 수 있습니다(CIP 제어번호: CIP2012003139).